엑스포지멘터리

# 창세기 I

*Genesis*

엑스포지멘터리 창세기 I

**초판 1쇄 발행** 2010년 2월 18일
**개정4판 1쇄 발행** 2020년 7월 10일

**지은이** 송병현

**펴낸곳** 도서출판 이엠
**등록번호** 제25100-2015-000063
**주소** 서울시 구로구 공원로 3번지
**전화** 070-8832-4671
**E-mail** empublisher@gmail.com

**내용 및 세미나 문의** 스타선교회: 02-520-0877 / EMail: starofkorea@gmail.com / www.star123.kr

ISBN 979-11-86880-73-9 93230



---

「이 도서의 국립중앙도서관 출판시도서목록(CIP)은 서지정보유통지원시스템 홈페이지(http://seoji.nl.go.kr)와 국가자료공동목록시스템(http://www.nl.go.kr/kolisnet)에서 이용하실 수 있습니다. (CIP제어번호:CIP2015000753)」

엑스포지멘터리

# 창세기 I

*Genesis*

| 송병현 지음 |

EXPOSItory comMENTARY

# 한국 교회를 위한 하나의 희망

저의 서재에는 성경 본문 연구에 관한 많은 책이 있습니다. 그중에는 주석서들도 있고 강해서들도 있습니다. 그러나 그중에 송병현 교수가 시도한 이런 책은 없습니다. 엑스포지멘터리, 듣기만 해도 가슴이 뛰는 책입니다. 설교자와 진지한 성경 학도 모두에게 꿈의 책이 아닐 수 없습니다. 이런 책이 좀 더 일찍 나올 수 있었다면 한국 교회가 어떠했을까를 생각해 봅니다. 저는 이 책을 꼼꼼히 읽어 보면서 가슴 깊은 곳에서 큰 자긍심을 느꼈습니다.

이 책은 지금까지 복음주의 교회가 쌓아 온 모든 학문적 업적을 망라하고 있을 뿐만 아니라 한국 교회 강단이 목말라하는 모든 실용적 갈망에 해답을 던져 줍니다. 이 책에서는 실제로 활용할 수 있는 충실한 신학적 정보가 일목요연하게 제시됩니다. 그러면서도 또한 위트와 감탄을 자아내는 감동적인 적용들도 제공됩니다. 얼마나 큰 축복이며 얼마나 신나는 일이며 얼마나 큰 은총인지요. 저의 사역에 좀 더 일찍 이런 학문적 효과를 활용하지 못한 것이 아쉽기만 합니다. 진실로 한국 교회의 내일을 위해 너무나 소중한 기여라고 생각합니다.

일찍이 한국 교회 1세대를 위해 박윤선 목사님과 이상근 목사님의 기여가 컸습니다. 그러나 이제 한국 교회는 새 시대의 리더십을 열어야 하는 교차로에 서 있습니다. 저는 송병현 교수가 이런 시점을 위해 준비된 선물이라고 생각합니다. 진지한 강해 설교를 시도하고자 하는 모든 이와 진지한 성경 강의를 준비하고자 하는 모든 성경공부 지도자에게 어떤 대가를 지불하고서라도 우선 이 책을 소장하고 성경을 연구하는 책상 가까운 곳에 두라고 권면하고 싶습니다. 앞으로 계속 출판될 책들이 참으로 기다려집니다.

한국 교회는 다행스럽게 말씀과 더불어 그 기초를 놓을 수 있었습니다. 이제는 그 말씀으로 어떻게 미래의 집을 지을 것인가를 고민하고 있습니다. 이 〈엑스포지멘터리 시리즈〉는 분명한 하나의 해답, 하나의 희망입니다. 이 책과 함께 성숙의 길을 걸어갈 한국 교회의 미래가 벌써 성급하게 기다려집니다. 더 나아가 한국 교회 역사의 성과물 중의 하나인 이 책이 다른 열방에도 나누어졌으면 합니다. 이제 우리는 복음에 빚진 자로서 열방을 학문적으로도 섬겨야 하기 때문입니다. 이 책을 한국 교회에 허락하신 우리 주님께 감사와 찬양을 드립니다.

**이동원** | 지구촌교회 원로목사

# 총체적 변화를 가져다줄 영적 선물

교회사를 돌이켜 볼 때, 교회가 위기에 처해 있었다면 결국 강단에서 하나님의 말씀이 제대로 선포되지 못한 데서 그 근본 원인을 찾을 수 있습니다. 영적 분별력이 있는 사람이라면 모두 이에 대해 동의할 것입니다. 사회가 아무리 암울할지라도 강단에서 선포되는 말씀이 살아 있는 한, 교회는 교회로서의 기능이 약화되지 않고 오히려 사회를 선도하고 국민들의 가슴에 희망을 안겨 주었습니다. 백 년 전 영적 부흥이 일어났던 한국의 초대교회가 그 좋은 예입니다. 이러한 영적 부흥은 살아 있는 하나님의 말씀이 강단에서 영적 권위를 가지고 "하나님께서 이렇게 말씀하셨다"라고 선포되었을 때 나타났던 현상입니다.

오늘날에는 날이 갈수록 강단에서 선포되는 말씀이 약화되거나 축소되고 있습니다. 이런 상황 속에서 출간되는 송병현 교수의 〈엑스포지멘터리 시리즈〉는 한국 교회와 전 세계에 흩어진 7백만 한인 디아스포라에 주는 커다란 영적 선물이 아닐 수 없습니다. 이 시리즈는 하나님의 말씀을 쉽게 이해할 수 있도록 풀이한 것으로, 목회자와 선교사는 물론이고 평신도들의 경건 생활과 사역에도 큰 도움이 될 것입니다. 무엇보다도 저는 이 시리즈가 강단에서 원 저자이신 성령님의 의도대로 하나님 나라 복음이 선포되게 하여 믿는 이들에게 총체적 변화(total transformation)를 다시 경험할 수 있는 계기를 마련해 주리라 확신합니다.

송병현 교수는 지금까지 구약학계에서 토의된 학설 중 본문을 석의하는 데 불필요한 내용들은 걸러내는 한편, 철저하게 원저자가 전하고자 하는 메시지를 현대인들이 가장 잘 이해할 수 있도록 전하고자 부단히 애를 썼습니다. 이 시리즈를 이용하는 모든 이에게 저자의 이런 수고와 노력에 걸맞은 하나님의 축복과 기쁨과 능력이 함께하실 것을 기대하면서 이 시리즈를 적극적으로 추천합니다.

**이태웅** | GMTC 초대 원장, 글로벌리더십포커스 원장

# 주석과 강해의 적절한 조화를 이뤄 낸 시리즈

한국 교회는 성경 전체를 속독하는 '성경통독' 운동과 매일 짧은 본문을 읽는 '말씀 묵상'(QT) 운동이 세계 어느 나라 교회보다 활성화되어 있습니다. 얼마나 감사한 일인지 모릅니다. 그러나 상대적으로 책별 성경연구는 심각하게 결핍되어 있는 것이 사실입니다. 때때로 교회 지도자들 중에도 성경해석의 기본이 제대로 갖춰져 있지 않아 성경 저자가 말하려는 의도와 상관없이 본문을 인용해서 자신이 하고 싶은 말을 하는 분들이 적지 않음을 보고 충격을 받은 일도 있습니다. 앞으로 한국 교회가 풀어야 할 과제가 '진정한 말씀의 회복'이라면 이를 위해 가장 중요한 것은 바른 말씀의 세계로 인도해 줄 좋은 주석서와 강해서를 만나는 일일 것입니다.

좋은 주석서는 지금까지 축적된 다른 성경학자들의 연구 결과가 잘 정돈되어 있을 뿐 아니라 저자의 새로운 영적·신학적 통찰이 번뜩이는 책이어야 합니다. 또한, 좋은 강해서는 자기 견해를 독자들에게 강요하는(impose) 책이 아니라, 철저한 본문 석의 과정을 거친 후에 추출되는 신학적·사회과학적 연구가 배어 있는 책이어야 할 것이며, 글의 표현이 현학적이지 않은, 독자들에게 친절한 저술이어야 할 것입니다.

그러나 솔직히 말씀드리면, 저는 서점에서 한국인 저자의 주석서나 강해서를 만나면 한참을 망설이다가 내려놓게 됩니다. 또 주석서를 시리즈로 사는 것은 어리석은 행동이라는 말을 신학교 교수들에게 들은 뒤로 여간해서 시리즈로 책을 사지 않습니다. 이는 아마도 풍성한 말씀의 보고(寶庫) 가운데로 이끌어 주는 만족스러운 주석서를 아직까지 발견하지 못했기 때문일 것입니다. 그러나 제가 처음으로 시리즈로 산 한국인 저자의 책이 있는데, 바로 송병현 교수의 〈엑스포지멘터리 시리즈〉입니다.

송병현 교수의 〈엑스포지멘터리 시리즈〉야말로 제가 가졌던 좋은 주석서와 강해서에 대한 모든 염원을 실현해 내고 있습니다. 이 주석서는 분명 한국 교회 목회자들과 평신도 성경 교사들의 고민을 해결해 줄 하나님의 값진 선물입니다. 지금까지 없었던, 주석서와 강해서의 적절한 조화를 이뤄낸 신개념의 해설주석이라는 점도 매우 신선하게 다가옵니다. 또한, 쉽고 친절한 글이면서도 우물 깊은 곳에서 퍼 올린 생수와 같은 깊이가 느껴집니다. 이 같은 주석 시리즈가 한국에서 나왔다는 사실에 저는 감격하지 않을 수 없습니다. 이 땅에서 말씀으로 세상에 도전하고자 하는 모든 목회자와 평신도에게 이 주석 시리즈를 적극적으로 추천합니다.

**이승장** | 예수마을교회 목사, 성서한국 공동대표

# 시리즈 서문

"너는 50세까지는 좋은 선생이 되려고 노력하고, 그 이후에는 좋은 저자가 되려고 노력해라." 내가 시카고 근교에 위치한 트리니티 신학교(Trinity Evangelical Divinity School) 박사과정을 시작할 즘에 지금은 고인이 되신 스승 맥코미스키(Thomas E. McComiskey)와 아처(Gleason L. Archer) 두 교수님께서 주신 조언이었다. 너무 일찍 책을 쓰면 훗날 아쉬움이 많이 남는다며 하신 말씀이었다. 박사학위를 마치고 1997년에 한국에 들어와 신대원에서 가르치기 시작하면서 나는 이 조언을 마음에 새겼다. 사실 이 조언과 상관없이 내가 당시에 당장 책을 출판한다는 일은 불가능한 일이었다. 중학교에 다니던 70년대 중반에 캐나다에 이민을 갔다가 20여 년 만에 귀국하여 우리말로 강의하는 일 자체가 당시 나에게는 매우 큰 도전이었으며, 책을 출판하는 일은 사치로 느껴졌기 때문이다.

세월이 지나 어느덧 나는 선생님들이 말씀하신 50을 눈앞에 두었다. 1997년에 귀국한 후 지난 10여 년 동안 나는 구약 전체에 대한 강의안을 만드는 일을 목표로 삼았다. 나 자신에게 동기를 부여하기 위하여 내가 몸담고 있는 신대원 학생들에게 학기마다 새로운 구약 강해과목을 개설해 주었다. 감사한 것은 지혜문헌을 제외한 구약 모든 책의 본문관찰을 중심으로 한 강의안을 13년 만에 완성할 수 있었다는 점이다. 앞으로 수년에 거쳐 이 강의안들을 대폭 수정하여 매년 2-3권씩을 책으로 출판하려 한다. 지혜문헌은 잠시 미루어두었다. 시편 1권(1-41편)에 대하여 강의안을 만든 적이 있었는데, 본문관찰과 주해는 얼마든지 할 수 있었지만, 무언가 아쉬움이 남았다. 삶의 연륜이 가미되지 않은 데서 비롯된 부족함이었다. 그래서 나는 지혜문헌에 대한 주석은 60을 바라볼 때쯤 집필하기로 작정했다. 삶을 조금 더 경험한 후로 미루어 놓은 것이다. 아마도 이 시리즈가 완성될 때쯤이면, 자연스럽게 지혜문헌에 대한 책들을 출판할 때가 되지 않을까 싶다.

이 시리즈는 설교를 하고 성경공부를 인도해야 하는 중견 목회자들과 평신도 지도자들을 마음에 두고 집필한 책들이다. 나는 이 시리즈의 성향을 exposimentary("해설주석")이라고 부르고 싶다. Exposimentary라는 단어는 내가 만들어낸 용어이다. 해설/설명을 뜻하는 expository라는 단어와 주석을 뜻하는 commentary를 합성하였다. 대체로 expository는 본문과 별 연관성이 없는 주제와 묵상으로 치우치기 쉽고, commentary는 필요 이상으로 논쟁적이고 기술적일 수 있다는 한계를 의식해서 이러한 상황을 의도적으로 피하고 가르치는 사역에 조금이나마 실용적이고 도움이 되는 교재를 만들기 위하여 만들어낸 개념이다. 나는 본문의 다양한 요소와 이슈들에 대하여 정확하게 석의하면서도 전후 문맥과 책 전체의 문형(文形; literary shape)을 최대한 고려하여 텍스트의 의미를 설명하고 우리의 삶과 연결하려고 노력했다. 또한, 히브리어 사용은 최소화했다.

이 시리즈를 내놓으면서 감사할 사람이 참 많다. 먼저, 지난 25년 동안 나의 인생의 동반자가 되어 아낌없는 후원과 격려를 해주었던 아내 임우민에게 감사한다. 아내를 생각할 때마다 참으로 현숙한 여인을(cf. 잠 31:10-31) 배필로 주신 하나님께 감사할 뿐이다. 아빠의 사역을 기도와 격려로 도와준 지혜, 은혜, 한빛에게도 고마운 마음을 표한다. 평생 기도와 후원을 아끼지 않은 친가와 처가 친척들에게도 감사하다는 말을 전하고 싶다. 항상 옆에서 돕고 격려해준 평생친구 장병환·윤인옥, 박선철·송주연 부부들에게도 고마움을 표하는 바이며, 시카고 유학 시절에 큰 힘이 되어주셨던 이선구 장로·최화자 권사님 부부에게도 이 자리를 빌려 평생 빚진 마음을 표하고 싶다. 우리 가족이 20여 년 만에 귀국하여 정착할 수 있도록 배려를 아끼지 않으신 백석학원 설립자 장종현 목사님에게도 감사하는 바이다. 우리 부부의 영원한 담임 목자이신 이동원 목사님에게도 고마움을 표하고 싶다.

2009년 겨울 방배동에서

# 감사의 글

스타선교회의 사역에 물심양면으로 헌신하여 오늘도 하나님의 말씀이 온 세상에 선포되는 일에 기쁜 마음으로 동참하시는 김형국, 백영걸, 정진성, 장병환, 임우민, 정채훈, 송은혜, 강숙희 이사님들께 감사의 마음을 전하고 싶습니다. 이사님들의 헌신이 있기에 세상은 조금 더 살맛 나는 곳이 되고 있습니다.

2016년 여름이 시작된 방배동에서

# 일러두기

엑스포지멘터리(exposimentary)는 "해설/설명"을 뜻하는 엑스포지토리(expository)라는 단어와 "주석"을 뜻하는 코멘터리(commentary)를 합성한 단어이다. 본문의 뜻과 저자의 의도와는 별 연관성이 없는 주제와 묵상으로 치우치기 쉬운 엑스포지토리(expository)의 한계와 필요 이상으로 논쟁적이고 기술적일 수 있는 코멘터리(commentary)의 한계를 극복하여 목회현장에서 가르치고 선포하는 사역에 실질적으로 도움이 되도록 하는 새로운 장르이다. 본문의 다양한 요소와 이슈들에 대하여 정확하게 석의하면서도 전후 문맥과 책 전체의 문형(文形; literary shape)을 최대한 고려하여 텍스트의 의미를 설명하고 성도의 삶과 연결하려고 노력하는 설명서이다. 엑스포지멘터리는 다음과 같은 원칙을 바탕으로 인용한 정보를 표기한다.

1. 참고문헌을 모두 표기하지 않고 선별된 참고문헌으로 대신한다.
2. 출처를 표기할 때 각주(foot note) 처리는 하지 않는다.
3. 출처 표기는 괄호 안에 하되 페이지는 밝히지 않는다.
4. 여러 학자가 동일하게 해석할 때 모든 학자를 표기하지 않고 일부

만 표기한다.

5. 한 출처를 인용하여 설명할 때, 설명이 길어지더라도 문장마다 출처를 표기하지 않는다.

주석은 목적과 주 대상에 따라 인용하는 정보 출처와 참고문헌 표기가 매우 탄력적으로 제시되는 장르이다. 참고문헌이 없이 출판되는 주석들도 있고, 각주가 전혀 없이 출판되는 주석들도 있다. 또한, 각주와 참고문헌이 없이 출판되는 주석들도 있다. 엑스포지멘터리 시리즈는 이 같은 장르의 탄력적인 성향을 고려하여 제작된 주석이다.

# 선별된 약어표

| | |
|---|---|
| 개역 | 개역성경 |
| 개정 | 개역성경 개정판 |
| 공동 | 공동번역 |
| 새번역 | 표준새번역 개정판 |
| 현대 | 현대인의 성경 |
| 아가페 | 아가페 쉬운성경 |
| BHK | Biblica Hebraica Kittel |
| BHS | Biblica Hebraica Stuttgartensia |
| ESV | English Standard Version |
| CSB | Nashville: Broadman & Holman, Christian Standard Bible |
| KJV | King James Version |
| LXX | 칠십인역(Septuaginta) |
| MT | 마소라 사본 |
| NAB | New American Bible |
| NAS | New American Standard Bible |
| NEB | New English Bible |

| | |
|---|---|
| NIV | New International Version |
| NRS | New Revised Standard Bible |
| TNK | Jewish Publication Society Tanakh |
| TNIV | Today's New International Version |
| AAR | American Academy of Religion |
| AB | Anchor Bible |
| ABD | The Anchor Bible Dictionary |
| ABRL | Anchor Bible Reference Library |
| ACCS | Ancient Christian Commentary on Scripture |
| AJSL | American Journal of Semitic Languages and Literature |
| ANET | J. B. Pritchard, ed., The Ancient Near Eastern Texts Relating to the Old Testament. 3rd. ed. Princeton: Princeton University Press, 1969. |
| ANETS | Ancient Near Eastern Texts and Studies |
| AOTC | Abingdon Old Testament Commentary |
| ASORDS | American Schools of Oriental Research Dissertation Series |
| BA | Biblical Archaeologist |
| BAR | Biblical Archaeology Review |
| BASOR | Bulletin of the American Schools of Oriental Research |
| BBR | Bulletin for Biblical Research |
| BCBC | Believers Church Bible Commentary |
| BDB | F. Brown, S. R. Driver & C. A. Briggs, A Hebrew and English Lexicon of the Old Testament. Oxford: Clarendon Press, 1907. |
| BETL | Bibliotheca Ephemeridum Theoloicarum Lovaniensium |
| BibOr | Biblia et Orientalia |
| BibSac | Bibliotheca Sacra |

| | |
|---|---|
| BibInt | Biblical Interpretation |
| BJRL | Bulletin of the John Rylands Library |
| BJS | Brown Judaic Studies |
| BLS | Bible and Literature Series |
| BN | Biblische Notizen |
| BO | Berit Olam: Studies in Hebrew Narrative & Poetry |
| BR | Bible Review |
| BRS | The Biblical Relevancy Series |
| BSC | Bible Student Commentary |
| BT | The Bible Today |
| BV | Biblical Viewpoint |
| BTCB | Brazos Theological Commentary on the Bible |
| BZAW | Beihefte zur Zeitschrift für die alttestamentliche |
| CAD | Chicago Assyrian Dictionary |
| CBC | Cambridge Bible Commentary |
| CBSC | Cambridge Bible for Schools and Colleges |
| CBQ | Catholic Biblical Quarterly |
| CBQMS | Catholic Biblical Quarterly Monograph Series |
| CB | Communicator's Bible |
| CHANE | Culture and History of the Ancient Near East |
| DSB | Daily Study Bible |
| EBC | Expositor's Bible Commentary |
| ECC | Eerdmans Critical Commentary |
| EncJud | Encyclopedia Judaica |
| EvJ | Evangelical Journal |
| EvQ | Evangelical Quarterly |
| ET | Expository Times |

| | |
|---|---|
| ETL | Ephemerides Theologicae Lovanienses |
| FOTL | Forms of Old Testament Literature |
| GCA | Gratz College Annual of Jewish Studies |
| GKC | E. Kautszch and A. E. Cowley, Gesenius' Hebrew Grammar. Second English edition. Oxford: Clarendon Press, 1910. |
| GTJ | Grace Theological Journal |
| HALOT | L. Koehler and W. Baumgartner, The Hebrew and Aramaic Lexicon of the Old Testament. Trans. by M. E. J. Richardson. Leiden: E. J. Brill, 1994–2000. |
| HBT | Horizon in Biblical Theology |
| HSM | Harvard Semitic Monographs |
| HOTC | Holman Old Testament Commentary |
| HUCA | Hebrew Union College Annual |
| IB | Interpreter's Bible |
| ICC | International Critical Commentary |
| IDB | Interpreter's Dictionary of the Bible |
| ISBE | G. W. Bromiley (ed.), The International Standard Bible Encyclopedia. 4 vols. Grand Rapids: 1979–88. |
| ITC | International Theological Commentary |
| J–M | P. Joüon–T. Muraoka, A Grammar of Biblical Hebrew. Part One: Orthography and Phonetics. Part Two: Morphology. Part Three: Syntax. Subsidia Biblica 14/I–II. Rome: Editrice Pontificio Istituto Biblico, 1991. |
| JAAR | Journal of the American Academy of Religion |
| JANES | Journal of Ancient Near Eastern Society |
| JNES | Journal of Near Eastern Studies |

| | |
|---|---|
| JBL | Journal of Biblical Literature |
| JBQ | Jewish Bible Quarterly |
| JJS | Journal of Jewish Studies |
| JSJ | Journal for the Study of Judaism |
| JNES | Journal of Near Eastern Studies |
| JSOT | Journal for the Study of the Old Testament |
| JSOTSup | Journal for the Study of the Old Testament Supplement Series |
| JPSTC | JPS Torah Commentary |
| LCBI | Literary Currents in Biblical Interpretation |
| MHUC | Monographs of the Hebrew Union College |
| MJT | Midwestern Journal of Theology |
| MOT | Mastering the Old Testament |
| MSG | Mercer Student Guide |
| NAC | New American Commentary |
| NCB | New Century Bible Commentary |
| NCBC | New Collegeville Bible Commentary |
| NEAEHL | E. Stern (ed.), The New Encyclopedia of Archaeological Excavations in the Holy Land. 4 vols. Jerusalem: Israel Exploration Society & Carta, 1993. |
| NIB | New Interpreter's Bible |
| NIBC | New International Biblical Commentary |
| NICOT | New International Commentary on the Old Testament |
| NIDOTTE | W. A. Van Gemeren, ed., The New International Dictionary of Old Testament Theology and Exegesis. Grand Rapids: Zondervan, 1996. |
| NIVAC | New International Version Application Commentary |

| | |
|---|---|
| OBC | Oxford Bible Commentary |
| Or | Orientalia |
| OTA | Old Testament Abstracts |
| OTE | Old Testament Essays |
| OTG | Old Testament Guides |
| OTL | Old Testament Library |
| OTM | Old Testament Message |
| OTS | Oudtestamentische Studiën |
| OTWAS | Ou-Testamentiese Werkgemeenskap in Suid-Afrika |
| PBC | People's Bible Commentary |
| PEQ | Palestine Exploration Quarterly |
| PSB | Princeton Seminary Bulletin |
| RevExp | Review and Expositor |
| RTR | Reformed Theological Review |
| SBJT | Southern Baptist Journal of Theology |
| SBLDS | Society of Biblical Literature Dissertation Series |
| SBLMS | Society of Biblical Literature Monograph Series |
| SBLSymS | Society of Biblical Literature Symposium Series |
| SHBC | Smyth & Helwys Bible Commentary |
| SJOT | Scandinavian Journal of the Old Testament |
| SJT | Scottish Journal of Theology |
| SSN | Studia Semitica Neerlandica |
| TBC | Torch Bible Commentary |
| TynBul | Tyndale Bulletin |
| TD | Theology Digest |
| TDOT | G. J. Botterweck and H. Ringgren (eds.), Theological Dictionary of the Old Testament. Vol. I–. Grand Rapids: |

| | |
|---|---|
| | Eerdmans, 1974–. |
| TGUOS | Transactions of the Glasgow University Oriental Society |
| THAT | Theologisches Handwörterbuch zum Alten Testament. 2 vols. Munich: Chr. Kaiser, 1971–1976. |
| TJ | Trinity Journal |
| TOTC | Tyndale Old Testament Commentaries |
| TS | Theological Studies |
| TWAT | Theologisches Wörterbuch zum Alten Testament. Stuttgart: W. Kohlhammer, 1970–. |
| TWBC | The Westminster Bible Companion |
| TWOT | R. L. Harris, G. L. Archer, Jr., and B. K. Waltke (eds.), Theological Wordbook of the Old Testament, 2 vols. Chicago: Moody, 1980. |
| TZ | Theologische Zeitschrift |
| UBT | Understanding Biblical Themes |
| VT | Vetus Testament |
| VTSup | Vetus Testament Supplement Series |
| W–O | B. K. Waltke and M. O'Connor, An Introduction to Biblical Hebrew Syntax. Winona Lake: Eisenbrauns, 1990. |
| WBC | Word Biblical Commentary |
| WBCom | Westminster Bible Companion |
| WCS | Welwyn Commentary Series |
| WEC | Wycliffe Exegetical Commentary |
| WTJ | The Westminster Theological Journal |
| ZAW | Zeitschrift für die alttestamentliche Wissenschaft |

# 차례

# 선별된 참고문헌

(Select Bibliography)

Aalders, G. Ch. *Genesis*, 2 vols. BSC. Translated by William Heynen. Grand Rapids: Zondervan, 1981.

Albright, W. F. *Archaeology and the Religion of Israel*. OTL. Louisville: Westminster–John Knox Press, 2006.

_____. "Are the Ephod and the Teraphim Mentioned in Ugraritic Literature?" BASOR 83 (1941): 39–42.

Alexander, T. D. *Abraham in the Negev: A Source–Critical Investigation of Genesis 20:1 to 22:19*. London: Paternoster Press, 1997.

Alter, R. *The Art of Biblical Narrative*. Berkeley: Basic Books, 1981.

_____. *The World of Biblical Literature*. San Francisco: Basic Books, 1992.

Andersen, F. I. *The Sentence in Biblical Hebrew*. Berlin: Walter de Gruyter, 1974.

Anderson, B. W. "From Analysis to Synthesis: The Interpretation of Genesis 1–11." JBL 97 (1978): 23–29.

_____. "Babel: Unity and Diversity in God's Creation." CurTM 5 (1978):

69–81.

Archer, G. *A Survey of Old Testament Introduction*. Chicago: Moody Publishers, 2007.

Armstrong, K. *In the Beginning: A New Interpretation of Genesis*. 7th ed. New York: Ballantine Books, 1997.

Arnold, B. T. *Encountering the Book of Genesis*. Grand Rapids: Baker Academic Books, 2003.

Astour, M. C. "Sabtah and Sabteca: Ethiopian Pharaoh Names in Genesis 10." JBL 84 (1965): 422–25.

Bailey, L. *Noah: The Person and the Story in History and Tradition*. Columbia: University of South Carolina Press, 1989.

Barnes, W. E. "Teraphim." JTS 30 (1929): 177–79.

Barnouin, M. "Recherches numériques sur la généalogie de Gen V." RB 77 (1970): 347–65.

Basset, F. W. "Noah's Nakedness and the Curse of Canaan. A Case of Incest?" VT 21 (1971): 232–37.

Blenkinsopp, J. *The Pentateuch*. Anchor Bible Reference Library. New York: Doubleday, 1992.

Bright, J. A History of Israel. 4th ed. Louisville: Westminster–John Knox Press, 2006.

Brueggemann, W. *Genesis*. Interpretation. Atlanta: John Knox, 1982.

Buchanan, G. W. "The Old Testament Meaning of the Knowledge of Good and Evil." JBL 75 (1956): 114–20).

Bullinger, E. W. *Figures of Speech Used in the Bible Explained and Illustrated*. Eastford, CT: Martino Fine Books, 2011 reprinted.

Calvin, J. *A Commentary on Genesis*. Edited and translated by J. King. London: Banner of Truth, 1965.

Carr, D. M. *Reading the Fractures of Genesis: Historical and Literary Approaches*. Louisville: Westminster John Knox Press, 1996.

Cassuto, U. *A Commentary on the Book of Genesis, Part 1: from Adam to Noah(Genesis 1-6:8)*. Translated by Israel Abrahams. Jerusalem: Magnes, 1961.

__________. *A Commentary on the Book of Genesis, Part 2: from Noah to Abraham(Genesis 6:9-11:32)*. Translated by Israel Abrahams. Jerusalem: Magnes, 1964.

Caspari, W. "Imago divina Gen 1." Pp. 197-208 in *Zur Theorie des Christentums: Festschrift für R. Seeberg*. Leipzig, 1929.

Childs, Brevard S. *Introduction to the Old Testament as Scripture*. Philadelphia: Westminster, 1979.

_____. *Memory and Tradition in Israel*. London: SCM Press, 1962.

Clark, "A Legal Background to the Yahwist's Use of 'Good and Evil' in Genesis 2-3." JBL (88 (1969): 266-278.

Clements, R. *Abraham and David: Genesis XV and Its Meaning for Israelite Tradition*. SBT. Naperville, Ill.: Allenson, 1967.

Clines, D. A. *The Theme of the Pentateuch*. JSOT Sup. 10. Sheffield: JSOT Press, 1978.

_____. "The Significance of the 'Sons of God' Episode (Genesis 6:1-4) in the Context of the 'Primeval History' (Genesis 1-11)." JSOT 13 (1979): 33-46.

Coats, G. W. *Genesis with an Introduction to Narrative Literature*. FOTL. Grand Rapids: Eerdmans, 1983.

_____. *From Canaan to Egypt: Structural and Theological Context for the Joseph Story*. CBQMS. Washington: Catholic Biblical Association of America, 1976.

Cooke, G. "The Sons of (the) God(s)." ZAW 76 (1964): 22–47.

Cotter, David. W. *Genesis*. Berit Olam. Collegeville, MN: The Liturgical Press, 2003.

Dahood, M. "*mkrtyhm* in Genesis 49,5." CBQ 23 (1961): 54–56.

Danube, D. *Studies in Biblical Law*. Cambridge: Cambridge University Press, 1947.

Darr, K. P. *Isaiah's Vision and the Family of God*. LCBI. Louisville: Westminster John Knox, 1994.

De Hoop, R. "'Then Israel Bowed Himself…' (Genesis 47.31)." JSOT 28 (2004): 467–80.

De Vaux, R. *The Early History of Israel*. Philadelphia: Westminster–John Knox Press, 1978.

DeWitt, D. S. "The Historical Background of Genesis 11:1–9: Babel or Ur?" JETS 22 (1979): 15–26.

Delitzsch, F. *New Commentary on Genesis*. Tr. by S. Taylor. Edinburgh: T. & T. Clark, 1888.

Dorsey, D. A. *The Literary Structure of the Old Testament: A Commentary on Genesis–Malachi*. Grand Rapids: Baker, 1999.

Dothan, T. K.; M. Dothan. *People of the Sea: the Search for the Philistines*. New York: Macmillan Publishing Company, 1992.

Dozeman, T. B. "The Wilderness and Salvation History in the Hagar Story." JBL 117 (1998): 23–43.

Driver, S. R. *The Book of Genesis*. London: Methuen, 1916.

Emery, W. B. *Archaic Egypt*. Middlesex, England: Penguin, 1972.

Engnell, I. "'Knowledge' and 'Life' in the Creation Story." Pp. 103–119 in M. Noth and W. Thomas, eds. *Wisdom in Israel and in the Ancient Near East*, vol. 3. Leiden: E. J. Brill, 1955.

Feldman, L. "Abraham the General in Josephus." Pp. 43-49 in *Nourished with Peace: Studies in Hellenistic Judaism in Memory of Samuel Samuel.* Ed. by F. E. Greenspahn et. al. Chico, CA: Scholars Press, 1984.

Fewell, D.; D. Gunn. "Tipping the Balance: Sternberg's Reader and the Rape of Dinah." JBL 110(1991): 193-211.

Fishbane, M. *Text and Texture: Close Readings of Selected Biblical Texts.* New York: Schocken, 1979.

Fokkelman, J. P. *Narrative Art in Genesis: Specimens of Stylistic and Structural Analysis.* 2nd ed. Sheffield: JSOT Press, 1991.

Fox, E. *In the Beginning: A New English Rendition of the Book of Genesis.* New York: Schocken, 1983.

Frethheim, T. E. *The Pentateuch.* Interpreting Biblical Texts Series. Nashville: Abingdon Press, 2010.

_____. "The Book of Genesis. Introduction, Commentary, and Reflections." Pp. 319-674 in *The New Interpreter's Bible*, vol. 1. Louisville: Abingdon Press, 1994.

_____. *The Suffering of God: An Old Testament Perspective.* Philadelphia: Fortress, 1984.

Frick, F. S. *The City in Ancient Israel.* SBLDS. Missoula, MT: Scholars, 1977.

Friedman, R. E. *Commentary on the Torah.* San Francisco: HarperCollins, 2001.

Garrett, D. A. *Rethinking Genesis: Sources and Authorship of the First Book of the Pentateuch.* Grand Rapids: Baker, 1991.

Gaster, T. H. *Myth, Legend and Custom in the Old Testament: A Comparative Study With Chapters from Sir James G. Frazer's Folklore in the Old Testament, vol. 1*. New York: HarperCollins, 1969.

Gevirtz, S. "Abram's 318." Israel Exploration Journal 19 (1969): 110–113.

Gordis, R. "The Knowledge of Good and Evil in the Old Testament and the Qumran Scrolls." JBL 76 (1957): 123–138.

Gordon, A. R. *The Early Traditions of Genesis*. Edinburgh: T. & T. Clark, 1907.

Gordon, C. H. *Before Columbus: Links between the Old World and Ancient America*. New York: Crown, 1971.

_____. "Ebla as Background for the Old Testament." Pp. 293–297 in *Congress Volume: Jerusalem, 1986*. VTS. Leiden: Brill, 1988.

_____. Greenberg, M. *Biblical Prose Prayer*. Berkeley: University of California, 1983.

Gowan, D. E. *From Eden to Babel: A Commentary on the Book of Genesis 1–11*. Grand Rapids: Eerdmans, 1988.

Gunkel, H. *The Legends of Genesis*. New York: Schocken, 1964.

Hamilton, Victor P. *The Book of Genesis*. 2 vols. NICOT. Grand Rapids: Eerdmans, 1990, 95.

Harrison, R. K. *Introduction to the Old Testament*. Grand Rapids: Eerdmans, 1969.

Hart, I. "Genesis 1:1–2:3 as a Prologue to the Book of Genesis." TynBul 46.2 (1995): 315–336.

Hasel, G. F. "The 'Days' of Creation in Genesis 1: Literal 'Days' or Figurative 'Periods/Epochs' of Time? AUSS 21 (1994): 5–38.

_____. "The Meaning of 'Let Us' in Gen. 1:26." AUSS 13 (1975): 58–66.

_____. *The Remnant: The History and Theology of the Remnant Idea from*

*Genesis to Isaiah*. 2nd ed. Berrien Springs, MI: Andrews University, 1975.

Hendel, R. *The Epic of the Patriarch: The Jacob Cycle and the Narrative Traditions of Canaan and Israel*. HSM. Atlanta: Scholars Press, 1987.

Higgins, J. M. "Anastasius Sinaita and Superiority of the Woman." JBL 97[2] (1978): 53–56.

Hoffmeier, J. K. *Israel in Egypt: The Evidence for the Authenticity of the Exodus Tradition*. Oxford: Oxford University Press, 1999.

Hoffner, H. A. "Hittite Tarpiš and Hebrew Terãphîm." JNES 27 (1968): 61–68.

Honeyman, A. M. "Merismus in Biblical Hebrew." JBL 71 (1952): 11–18.

Humphreys, W. L. *Joseph and His Family: A Literary Study*. *Studies in Personalities of the Old Testament*. Columbia: University of South Carolina Press, 1988.

Ibn Ezra, *Ibn Ezra's Commentary on the Pentateuch: Genesis, Vol. 1* Trans. by N. H. Strickman and A. M. Silver. New York: Menorah Publishing Co., 1988.

Jeansonne, S. *The Women of Genesis*. Minneapolis: Fortress, 1990.

Jobling, D. "The Myth Semantics of Genesis 2:4b–3:24. Semeia 18 (1980): 41–49.

Johnson, M. D. *The Purpose of the Biblical Genealogies*. SNTSMS. Cambridge: Cambridge University Press, 1969.

Joines, K. R. *Serpent Symbolism in the Old Testament*. Haddonfield, NJ: Haddonfield House, 1974.

Jones, F. N. *The Chronology of the Old Testament*. 15th ed. Green Forest,

AR: Master Books, 2005.

Jonsson, G. *The Image of God: Genesis 1:26–28 in a Century of Old Testament Research*. Lund: Gleerup, 1988.

Joüon, P.; T. Muraoka. *A Grammar of Biblical Hebrew*. Rome: Editrice Pontificio Istituto Biblico, 2006.

Kaiser, W. C. *Toward an Old Testament Theology*. Grand Rapids: Zondervan, 1978.

Kidner, D. *Genesis: An Introduction and Commentary*. TOTC. Downers Grove, Ill.: InterVarsity Press, 2008.

Kline, M. "Divine Kingship and Genesis 6:1–4." WTJ 24 (1962): 187–204.

_____. Kingdom Prologue: Genesis Foundations for a Covenantal Worldview. Eugene, OR: Wipf & Stock, 2006.

Kikawada, I. M.; and A. Quinn. *Before Abraham Was: The Unity of Genesis 1–11*. Nashville: Abingdon, 1985.

Kitchen, K. A. "Genesis 12–50 in the Near Eastern World." Pp. 67–92 in *He Swore an Oath: Biblical Themes from Genesis 12–50*. Ed. by R. Hess et al. Cambridge: Tyndale House, 1993.

_____. *The Bible in Its World: The Bible and Archaeology Today*. Downers Grove, Ill.: InterVarsity, 1977.

_____. *Ancient Orient and Old Testament*. London: Tyndale Press, 1966.

Koch, K. T*he Growth of the Biblical Tradition: The Form-Critical Method*. Trans. by M. Cupitt. New York: Scribner's, 1969.

Köhler, L. *Theologie des Alten Testaments*. Tübingen: Mohr Siebeck, 1966.

Kraeling, E. "The Significance and Origin of Gen. 6:1–4." JNES 6 (1947): 193–208.

Labuschagne, C. J. "The Life Spans of the Patriarchs." Pp. 121–127 in *New Avenues in the Study of the Old Testament*. Ed. by A. S. van der Woude. Leiden: Brill, 1989.

_____. "Teraphim—A New Proposal for its Etymology." VT 16 (1966): 115–117.

Lambdin, T. O. *Introduction to Biblical Hebrew*. London: Darton Longman and Todd, 1973.

Letellier, R. *Day in Mamre Night in Sodom: Abraham and Lot in Genesis 18–19*. BIS Leiden: Brill, 1995.

Leupold, H. C. *Exposition of Genesis*, 2 vols. Grand Rapids: Baker Book House, 1942.

Levenson, J. *Creation and the Persistence of Evil*. San Francisco: Harper & Row, 1988.

Levin, S. "The More Savory Offering: A Key to the Problem of Gen 4:3–5." JBL 98 (1979): 85.

Longacre, R. E. *Joseph: A Story of Divine Providence: A Texttheoretical and Textlinguistic Analysis of Genesis 37 and 39–48*. Winona Lake, IN: Eisenbrauns, 1989.

Luther, M. *Luther's Lectures on Genesis*, 8 vols. St. Louis: Concordia Publishing House, 1958–68.

MacDonald, N. "Listening to Abraham—Listening to YHWH: Divine Justice and Mercy in Genesis 18:16–33." CBQ 66 (2004): 25–43.

Malamat, A. "King Lists of the Old Babylonian Period and Biblical Genealogies." JAOS 88 (1968): 163–173.

Mann, T. *The Book of Torah: The Narrative Integrity of the Pentateuch*. Atlanta: John Knox, 1988.

Mathews, K. A. *Genesis*. 2 vols. NAC. Nashville: Broadman & Holman, 1996, 2005.

_____. *Pastoral Nomadism in the Mari Kingdom (ca. 1830–1760BC)*. ASOR Dissertation Series. Cambridge, Mass.: ASOR Publishing Company, 1978.

Meyers, C. *Discovering Eve: Ancient Israelite Women in Context*. New York: Oxford University Press, 1988.

McKenzie, S. "You Have Prevailed: the Function of Jacob's Encounter at Peniel in the Jacob Cycle." RQ 23 (1980): 225–31.

Mendelsohn, I. *Slavery in the Ancient Near East*. New York: Oxford, 1949.

Millard, A. R. "A New Babylonian 'Genesis' Story." TynBul 18 (1967): 3–18.

Miller, P. D. "Eridu, Dunnu and Babel: A Study in Comparative Mythology." HAR 9 (1985): 227–251.

_____. *Mysterious Encounters at Mamre and Jabbok*. BJS Chico: Scholars Press, 1984.

_____. *Genesis 1–11: Studies in Structure and Theme*. JSOTSS. Sheffield: JSOT Press, 1978.

Moberly, R. W. *The Old Testament of the Old Testament: Patriarchal Narratives and Mosaic Yahwism*. Minneapolis: Fortress, 1992.

Radday, Y. T. "The Spoils of Egypt." ASTI 12 (1983): 127–147.

Ramban, *Nachmanides: Commentary on the Torah*, 5 vol. Trans. by C. B. Chavel. New York: Judaica Press, 2005.

Rashi, *Commentary on Genesis*. Trans. by Rosenbaum and Silbermann. New York: Hebrew Publishing Company, 1973.

Rendsburg, G. A. *The Redaction of Genesis*. Winona Lake, IN:

Eisenbrauns, 1986.

Rendtorff, R. *The Old Testament: An Introduction*. Philadelphia: Fortress, 1991.

______. *The Problem of the Process of Transmission in the Pentateuch*. JSOTSS. Sheffield: JSOT Press, 1990.

Rogerson, J. *Genesis 1–11*. OTG. Sheffield: JSOT Press, 1991.

Roop, E. F. *Genesis*. Believers Church Bible Commentary. Scottdale, PA: Herald, 1987.

Ross, A. P. *Creation and Blessing: A Guide to the Study and Exposition of the Book of Genesis*. Grand Rapids: Baker, 1988.

Sailhamer, J. H. *The Pentateuch as Narrative*. LBI. Grand Rapids: Zondervan, 1992.

______. "Genesis." Pp. 21–331 in *The Expositor's Bible Commentary Revised Edition*, vol. 1. Grand Rapids: Zondervan, 2008.

Sarna, N. *Genesis*. JPS Torah Commentary. Philadelphia: Jewish Publication Society, 1989.

Sasson, J. M. "A Genealogical 'Convention' in Biblical Chronology?" ZAW 90 (1978): 171–185.

______. "Wordplay in the OT." Pp. 968–970 in *The Interpreter's Dictionary of the Bible: An Illustrated Encyclopedia Supplementary Volume*. Ed. by K. Crim et al. Nashville: Abingdon Press, 1976.

Schaeffer, F. *Genesis in Space and Time*. Downers Grove, Ill.: InterVarsity Press, 1972.

Skinner, J. *A Critical and Exegetical Commentary on Genesis*. ICC. Edinburgh: T. & T. Clark, 1910.

Speiser, E. A. *Genesis*. AB. New York: Doubleday, 1964.

Spiegel, S. *The Last Trial*. New York: Schocken, 1967.

Steinmetz, D. *From Father to Son: Kinship, Conflict and Continuity in Genesis*. Louisville: Westminster/John Knox, 1991.

Stern, H. S. "The Knowledge of Good and Evil." VT 8 (1958): 405–18.

Sternberg, M. *The Poetics of Biblical Narrative: Ideological Literature and the Drama of Reading*. Bloomington: Indiana University, 1987.

Stigers, H. G. *Commentary on Genesis*. Grand Rapids: Zondervan, 1976.

Thompson, T. L. *The Origin Tradition of Ancient Israel*. JSOT Sup. 55. Sheffield: JSOT Press, 1987.

______. *The Historicity of the Patriarchal Narratives*. BZAW. Berlin: de Gruyter, 1974.

Throntveit, M. "Are the Events in the Genesis Account Set Forth in Chronological Order? No." Pages 36–55 in *The Genesis Debate*. Edited by R. F. Youngblood. Nashville: Thomas Nelson, 1986.

Tropper, H. R. "trpym rituels de guérison et culte des ancêtres d'après I Samul xix 17–17 et les textes parallèles d'Assur et de Nuzi." VT 37 (1987): 340–361.

Tsumura, D. T. *The Earth and the Waters in Genesis 1 and 2: A Linguistic Investigation*. JSOTSS. 83 Sheffield: JSOT Presss, 1989.

Turner, L. *Announcements of Plots in Genesis*. JSOTSS. Sheffield: JSOT Press, 1990.

Van Gemeren, W. A. "The Sons of God in Genesis 6:1–4 (An Example of Evangelical Demythologization?)." WTJ 43 (1981): 320–48.

Van Seters, J. *Abraham in History and Tradition*. New Haven, CT: Yale University Press, 1975.

Von Rad, G. *Genesis*. OTL. Translated by J. H. Marks. Philadelphia: Westminster, 1972.

Wallace, H. *The Eden Narrative*. HSM. Atlanta: Scholars Press, 1985.

Waltke, Bruce K.; and Cathi J. Fredricks. *Genesis: A Commentary*. Grand Rapids: Zondervan, 2001.

Walsh, J. T. "Genesis 2:40–3:24: A Synchronic Approach." JBL 96 (1977): 161–177.

Walton, John H. *Genesis*. NIVAC. Grand Rapids: Zondervan, 2001.

______. *Chronological and Background Charts of the Old Testament*. Rev. ed. Grand Rapids: Zondervan, 1994.

______. *Ancient Near Eastern Thought and the Old Testament: Introducing the Conceptual World of the Hebrew Bible*. Grand Rapids: Baker Academic Books, 2006.

Watson, P. "The Tree of Life." RQ 23 (1980): 232–38.

Weinfeld, M. "Jeremiah and the Spiritual Metamorphosis of Israel" ZAW 88 (1976): 17–56.

Wellhausen, J. *Prolegomena to the History of Ancient Israel*. Edinburgh: Adam and Charles Black, 1885.

Wenham, Gordon J. *Genesis*, 2 vols. WBC. Dallas: Word, 1987, 1994.

______. "The Coherence of the Flood Narrative." VT 28 (1978): 336–48.

Westbrook, R. "Purchase of the Cave of Machpelah. Israel Law Review 6 (1971): 29–38.

Westermann, C. *Genesis*, 3 vols. CC. Translated by J. J. Scullion. Minneapolis: Augsburg, 1985.

White, H. C. *Narration and Discourse in the Book of Genesis*. Cambridge: Cambridge University Press, 1991.

Whybray, R. N. *The Making of the Pentateuch*. JSOTSS. Sheffield: JSOT Press, 1987.

Wilson, R. R. *Genealogy and History in the Biblical World*. New Haven: Yale University Press, 1977.

Wolff, H. W. *Anthropology of the Old Testament*. Philadelphia: Fortress, 1974.

Yarchin, W. "Imperative and Promise in Genesis 12:1–3." Studia biblica et theological 10 (1980): 167–88.

Youngblood, R. *The Book of Genesis: An Introductory Commentary*. Grand Rapids: Baker, 1992.

Zohary, M. *Plants of the Bible*. Cambridge: Cambridge University Press, 1983.

# 서론

아담이 이르되

"이는 내 뼈 중의 뼈요
살 중의 살이라
이것을 남자에게서 취하였은즉
여자라 부르리라"

하니라 이러므로 남자가 부모를 떠나 그의 아내와 합하여 둘이 한 몸을 이룰지로다 아담과 그의 아내 두 사람이 벌거벗었으나 부끄러워하지 아니하니라 (2:23–25).

여호와께서 아브람에게 이르시되 너는 너의 고향과 친척과 아버지의 집을 떠나 내가 네게 보여 줄 땅으로 가라 내가 너로 큰 민족을 이루고 네게 복을 주어 네 이름을 창대하게 하리니 너는 복이 될지라 너를 축복하는 자에게는 내가 복을 내리고 너를 저주하는 자에게는 내가 저주하리니 땅의 모든 족속이 너로 말미암아 복을 얻을 것이라 하신지라(12:1–3).

"창세기"라는 이름이, 구약성경의 첫 번째 책의 내용과 성향을 잘 반영하고 있는 이름은 아니다. 창세기는 여호와 하나님이 어떠한 과정을 통해 세상을 창조하셨는가에 대한 회고를 담고 있다. 그러나 천지창조부터 인간이 죄를 지어 에덴동산에서 쫓겨날 때까지의 일은 고작 3장에 걸쳐 기록되어 있을 뿐이다. 비율로 계산하면, 창세기 50장 전체에서 천지창조 이야기는 겨우 6퍼센트에 불과하다. 반면에 아브라함과 요셉의 이야기는 각각 14장씩 구성되어 있으며(28퍼센트씩), 여기에 이삭과 야곱의 이야기를 더하면 이스라엘 민족의 4대 조상, 일명 4대 족장의 이야기가 39장에 달하므로 창세기 대부분을 차지한다고 할 수 있다(78퍼센트). 그러므로 창세기는 이스라엘 선조들의 행보를 중심으로 구성된 "선조의 책"인 것이다.[1]

총 50장 구성에서, 창조에 관한 이야기가 겨우 3장을 차지하는 것에 비해 선조들의 이야기가 책 대부분을 차지한다는 사실이 시사하는 바가 크다. 전반적으로 성경에서는 많은 분량을 차지하는 요소나 사건이 적은 분량을 차지하는 요소나 사건보다 더 중요하다는 것을 의미한다. 그렇다면 이스라엘 선조들의 삶을 회고하는 일이 천지창조 이야기를 기록하는 것보다 더 중요하단 말인가? 이 사실에 대한 각자의 해석은 다를 수 있겠지만, 한 가지 확실한 것은 창세기에서 하나님의 지대한 관심은 천지창조가 아닌 이스라엘의 선조들에게 있었다는 사실이다. 이러한 사실은, 창세기가 강조하고자 하는 중요 주제는 단순

---

1 "창세기"라는 이름보다는 "근원서/유래서"(Book of Origins)라는 명칭이 더 어울린다. 이 책이 세상의 여러 가지 풍습과 일들이 어떻게 해서 그렇게 되었는지 그 근원과 유래를 설명하고 있기 때문이다. 예를 들자면, 온 인류가 아담과 하와에서 비롯되었다는 사실(1-2장)과 이스라엘 민족이 아브라함이라는 한 사람에게서 유래되었다는 사실(12장), 그리고 하나님과 아브라함의 후손 사이에 어떻게 해서 왕과 백성의 고유한 관계가 맺어지게 되었는가에 대한 설명(15장) 등을 들 수 있다. 이외에도 창세기는 남자와 여자가 결혼하게 된 유래(2장), 창조주가 아름답게 창조하신 세계에 어떻게 죄가 들어와 온 세상을 지배하게 되었는지에 대한 설명(3장), 무지개가 언제부터 주의 백성들에게 특별한 의미가 되었는가에 대한 회고(9장), 세상 민족들이 여러 언어들을 사용하게 된 계기(11장), 세상에 가득한 여러 인종들과 종족들의 시작(10-11장), 이스라엘 사람들이 환도뼈의 큰 힘줄을 먹지 않게 된 이유(32장) 등을 설명하고 있다.

히 하나님의 천지창조 사역에 머물지 않고 인류의 구속을 위하여 역사 속에서 사역하시는 하나님임을 의미한다. 그러므로 선조들의 이야기는 천지창조 이야기와 긴밀한 연관성을 유지하며 해석되어야 한다(cf. Fretheim).

훗날 성육신하신 하나님으로 이 땅에 오신 예수님은 한 사람이 온 천하보다 귀하다고 말하며(눅 9:25), 인간의 가치와 존엄성을 강조하신 바 있다. 삼위일체 하나님은 인간 한 사람, 한 사람을 귀히 여기고 매우 사랑하시기 때문에 죄로 인하여 깨어져 버린 창조주 하나님과의 관계를 회복할 수 있는 기회를 성자 하나님의 십자가 사건을 통해 인류에게 허락하셨을 뿐만 아니라, 성령 하나님을 보내어 우리가 천국 가는 날까지 우리를 인도하며 돕도록 하셨다. 아울러 다음 사항을 생각해 보라.

창세기에 등장하는 계보와 자료 들을 분석해 보면, 창세기는 아담과 하와가 창조된 날부터 요셉이 죽은 날까지 총 2,309년간의 역사를 회고하고 있음을 알 수 있다(cf. Jones). 아담이 창조된 때부터 아브라함이 가나안으로 가기 위하여 하란을 떠난 때까지가 2,023년에 달하는데, 모세는 이 기간에 있었던 일을 1장부터 11장까지 비교적 간략하게 기록하였다.

그에 비해 아브라함이 하나님의 소명을 받아 하란을 떠나 가나안으로 향한 해부터 요셉이 죽은 해까지는 불과 286년밖에 되지 않는다. 그러나 모세는 이때 있었던 일들을 12장부터 50장까지 상세하고도 자세하게 기록하고 있다. 비율로 말하자면, 창세기 전체 분량의 약 80퍼센트(12-50장)가 책이 조명하는 전체 기간(2,309년)의 12퍼센트에 지나지 않는 286년간의 선조 시대에 할애되었다. 그러므로 창세기는 분량 할애에 있어서 매우 불균형적인 성향을 보이고 있는 것이다(cf. Sarna).

이러한 불균형은, 하나님이 천지를 창조하고 피조물 중 인간을 특별히 구별하여 구원을 베푸신 일과 매우 밀접한 관계가 있음을 암시한다. 천지창조의 가장 중요한 목적이 인간의 창조와 구원이라고 말할 수는 없다(cf. 1장 주해). 그러나 인간 구원은 온 우주를 위한 하나님의 구속사역의 서곡이다. 또한, 창조는 놀라운 하나님의 구속사역의 시작을 알리는 것에 불과하다(cf. von Rad). 학자들은 이 같은 성경적 상황을 두고, 천지창조에 관한 이야기, 곧 창조론이 하나님의 구원 이야기, 곧 구속론의 서론이라고 표현하기도 하고, 창조론은 구원론에 종속된다고 말하기도 한다.

창세기가 심각한 불균형을 초래하면서까지 인간에 대하여 지대한 관심을 가지는 것은 우연히 이루어진 일이 아니라 분명 창조주 하나님의 의도가 반영된 결과이다. 천지창조가 책의 중요 테마들 중 하나이기는 하지만, 가장 중심 테마인 "인류 역사 속에서 꾸준히 사역하시는 하나님"에 대한 서론에 불과하기 때문이다. 또한, 하나님이 천지를 창조하기 전부터 꾸준히 사역해 오신 것이 사실이지만, 이스라엘 선조들의 이야기가 시작되는 12장 이후부터 더욱 본격적으로 인류 역사에 개입하시기 때문이다.

그러므로 하나님이 이스라엘의 선조 아브라함을 어떻게 택하셨고, 그와 그의 후손들을 통해 하나님의 계획과 섭리를 어떻게 펼쳐 나가셨는지를 알며, 꾸준히 사역하시는 하나님의 거룩한 성품과 인간의 죄성에 대해 알 뿐만 아니라 극적인 대조를 이루어 가는 두 성품 사이의 관계를 제대로 이해하기 위해서는 세상이 시작된 천지창조 때의 이야기를 돌아봐야 한다(Sarna). 세상의 시작을 알리는 창조 이야기가 성경적 세계관과 가치관을 포함하고 있으며 이것은 바로 이스라엘 종교와 이 종교를 바탕으로 하고 있는 기독교의 신학적 근간이 되기 때문이다.

### 1. 창세기와 다른 책들의 관계

창세기는 가까이는 바로 뒤에 이어지는 모세오경 네 권과 멀리는 신약

성경과도 밀접한 관계를 지니고 있다. 먼저 창세기와 출애굽기, 레위기, 민수기, 신명기 등 모세오경과의 관계성을 생각해 보자. 하나님은 아브라함에게 그의 후손들이 이집트에서 400년 종살이 후에 많은 재산을 가지고 나올 것이라고 미리 말씀하셨다(창 15:14). 이 말씀이 출애굽기에서 유월절을 통해 이루어졌다(cf. 출 12-14장). 요셉도 이러한 하나님의 말씀을 알고 있었기 때문에, 먼 훗날 이스라엘 자손들이 이집트를 떠날 때 꼭 자신의 유골을 함께 가져가 가나안에 묻어 달라고 당부하고 죽었다(창 50:24-25). 훗날 모세가 요셉의 유언대로 그의 유골을 안고 출애굽의 여정을 시작했으며(출 13:19), 40년이 지난 다음 여호수아와 이스라엘 사람들이 요셉이 꿈에도 그리던 약속의 땅 세겜에 그의 뼈를 묻어 주었다(수 24:32).

창세기는 하나님이 시내 산에서 모세를 통하여 이스라엘에 주실 율법을 기대하며 쓰였다. 하나님은 6일 동안 천지를 창조하고 7일째 되던 날에는 쉬시고 그날을 복되게 하셨다(창 2:1-3). 이 사실을 근거로 훗날 이스라엘에게 안식일 율법이 선포되었다(출 20:8-11). 아브라함은 조카 롯을 구하는 전쟁에서 돌아오는 길에 지극히 높으신 하나님의 제사장인 멜기세덱에게 십일조를 바쳤다(창 14:20). 야곱도 에서의 진노를 피해 도망가면서 벧엘에서 만난 하나님께 훗날 십일조를 바치겠다고 약속했다(창 28:22). 시내 산에서 십일조에 관한 율법(레 27:30-33; cf. 신 14장)이 주어지기 전부터 아브라함과 야곱은 십일조 규정을 이미 준수하고 있었던 것이다. 이러한 현상은 창세기의 여러 곳에서 포착된다. 노아는 방주에 들어갈 때 정결한 짐승은 7쌍씩, 부정한 짐승은 2마리씩 실었다(창 7:2). 그런데 정결한 짐승과 부정한 짐승의 구분은 시내 산 율법을 통해서야 비로소 구체화된다(레 11장). 노아는 정결한 짐승과 부정한 짐승에 대한 율법이 선포되기 훨씬 이전에 벌써 그 내용을 알고 있었던 것이다.

하나님은 아브라함의 자손들이 복을 받게 될 것을 선언하시면서 그 이유를, 그들의 조상 아브라함이 일생 하나님의 모든 규례와 율법을 잘 준수했기 때문이라고 하셨다: "아브라함이 내 말을 순종하고 내 명령과 내 계명과 내 율례와 내 법도를 지켰음이라"(창 26:5). 그런데 "[내] 명령과 [내] 계명과 [내] 율례와 [내] 법도"(מִשְׁמַרְתִּי מִצְוֹתַי חֻקּוֹתַי וְתוֹרֹתָי)는 훗날 모세가 시내 산에서 선포한 율법을 칭하는 전문적인 용어가 된다. 그렇다면 아브라함 시대에 이미 율법이 있었단 말인가? 시내 산에서 선포된 율법처럼 체계화되고 조직화된 율법은 당연히 없었다. 그러나 창조주 하나님이 온 인류에게 주신 기본적인 가치관과 도덕성을 중심으로 어느 정도의 윤리와 예식적인 규례들은 이미 있었던 것이 확실하다.

성경은 시내 산 율법이 "무(無)에서 유(有)"를 창조하는 것이 아니었음을 시사한다. 시내 산에서 모세를 통해 구체화되고 체계화된 율법이 선포되기 전부터 이미 율법의 다양한 성향과 내용이 미완성된 형태로 부분적으로나마 세상에 존재했다는 것이다. 시내 산 율법과 어느 정도 유사성을 보이고 시대적으로는 모세의 율법보다 수백 년 앞서는 함무라비 법전도 이러한 현상을 반영하는 듯하다. 그러므로 하나님의 율법을 중개한 모세는 이때까지 세상 누구도 들어보지 못한 100퍼센트 새로운 율법과 규례를 선포한 것이 아니라, 이미 인류 사회 곳곳에 존재해 있던 규례와 율례들을 모아 보완할 것은 보완하고, 하나님의 직접적인 계시를 통해 추가할 것은 추가해서 조직적이고 체계화된 시스템을 제시한 것이다.

하나님께로부터 받은 계시라 해서 모든 것이 새로울 필요는 없다. 오히려 기독교 세계관이 이러한 생각을 부인하는 듯하다. 우리는 "모든 진리는 하나님께로부터 온 것"이라는 사실을 인정한다. 또한, 하나님이 주의 백성들만을 위한 특별은총(성경)을 주셨지만 동시에 온 세상을 창조한 창조주로서 그들이 사회를 이루며 살아갈 때 사용할 만한 원리와 가치관 들을 일반은총으로 주셨다는 것을 인정한다(cf. 롬 2장).

모세는 여호와에 대한 신앙과 상관없이 창조주가 세상에 이미 주셨던 여러 형태의 규정들을 모아서 체계화했고 이것을 율법에 삽입했던 것이다. 그러므로 이스라엘의 선조들은 율법이 주어지기 전부터 "율법"을 지킬 수 있었다(cf. Sailhamer).

창세기와 신약성경의 연계성을 생각해 보자. 최초의 인간들이 선악과를 따 먹자 하나님은 하와를 심판하면서 그녀의 자손과 뱀의 관계에 대하여 "여자의 후손은 네 머리를 상하게 할 것이요 너는 그의 발꿈치를 상하게 할 것이니라"(창 3:15)라고 선언하셨다. 전통적으로 학자들은 이 말씀을 "원시복음"(proto-evangelion)이라 부르며 십자가 사건에 관해 성경에 기록된 최초의 예언으로 간주했다. 또한 어떤 사람들은 아담과 하와가 부끄러움을 가리기 위해 입은 무화과 잎으로 만든 옷을 하나님이 가죽옷으로 바꾸어 입히신 일을 예수 그리스도의 죽음을 예시한 것으로 해석하기도 했다. 가죽옷은 짐승의 죽임을 전제로 하기 때문이다. 이처럼 에덴동산에서 있었던 일이 예수 그리스도의 십자가 사건을 예고하고 있다고 보았다.

아브라함이 조카 롯을 구하기 위한 전쟁을 마치고 돌아오는 길에 만난 "지극히 높으신 하나님의 제사장" 멜기세덱은 매우 신비스러운 인물이다(창 14:18-20). 창세기에서 이곳 외에는 다시는 그를 만나지 못하며 구약성경 전체에서는 시편에 딱 한 번 더 언급되었을 뿐이다(시 110:4). 그런데 신약성경의 히브리서 저자는 이 사람을 자신의 기독론을 전개해 나가는 데 매우 중요한 예수님의 예표(type)로서 인용한다(cf. 히 5-7장). 그는 우리가 보지 못한 예수와 멜기세덱의 연관성을 하나님의 영감에 따라 보고 있는 것이다.

방주에 탔던 노아의 가족과 짐승들을 제외하고 세상 모든 사람과 짐승들이 홍수로 인해 멸망했다(cf. 창 6-8장). 노아와 가족들이 방주에서 나와 땅에서 예배를 드리고 나자 하나님은 인류 때문에 온 세상을 물로 심판하시는 일이 다시는 없을 것이라며 그 증표로 무지개를 주셨다

(창 9장). 베드로와 요한은 이 사실을 근거로 인류의 최후가 불 심판을 통해 올 것이라고 예언한다(벧후 3:5-12; 계 8:7-9).

창세기에 의하면 창조 이후 자연 만물은 인간의 죄 때문에 이미 세 차례에 걸쳐 심판을 받았다(창 3장; 4장; 6-9장). 태초부터 많은 파괴를 경험했던 것이다. 훗날 바울은 이러한 사실을 근거로, 거듭된 심판으로 파괴된 자연이 예수 그리스도의 재림을 갈망하고 있다고 말한다(롬 8:19). 왜냐하면, 그날이 되면 인간뿐 아니라 만물이 회복될 것이기 때문이다. 창세기 때부터 파괴되어 온 자연은 예수님의 재림으로 시작되는 종말에 가서야 완전히 회복된다.

최초의 인류는 죄로 인하여 온갖 고통과 질병을 앓게 되었다. 죄와 질병은 하나님의 창조 섭리의 한 부분이 아니라 타락을 통해서 들어온 이질적인 상황이다. 예수 그리스도의 초림을 통해 우리는 인류의 죄와 질병 문제가 하나님의 은혜로 치유되고 본래의 인간성이 회복될 수 있음을 확인받았다. 그러나 최종적인 치유와 회복은 그의 재림 때에나 실현될 것이다. 창세기 이후 죄와 질병에 시달리고 있는 인류는 메시아의 재림을 갈망하게 된 것이다.

이와 같은 사실은 간략하게나마 평안(שָׁלוֹם)과 안식(שָׁבַת)의 개념으로 설명할 수 있다. 죄로 인하여 인간은 에덴동산이라는 낙원을 잃었을 뿐만 아니라 그 안에서 누렸던 평안과 안식도 잃었다. 이후 인류는 영원한 방랑자가 되어 평안과 안식을 회복할 길을 찾아 나섰다. 바벨탑으로 상징되는 연합을 통하여 이것들을 추구했지만 실패했다. 많은 세월이 흐른 후 이스라엘은 율법을 준수함으로써 평안과 안식을 실현코자 했지만, 이 또한 성공하지 못했다. 선지자들의 가르침에 따라 도덕과 윤리적인 삶을 실현하여 보려고 했지만 역부족이었다. 결국, 인류는 예수 그리스도의 십자가 사역을 통해서야 비로소 평안과 안식을 맛볼 수 있었다. 그러나 겨우 맛만 보았을 뿐이다. 온전한 평안과 안식은 주님의 재림 때에야 주의 백성들에게 임할 것이기 때문이다. 에덴동산을 떠나며 잃은 것들을 종말에 가서야 완전히 되찾게 될 것이다.

인류가 창세기에서 잃고 종말에 되찾게 될 또 다른 것은 영원한 생명이다. 에덴동산의 생명나무(창 3:24)가 계시록에 가서야 다시 모습을 드러내는 것이다(계 22장).

## 2. 책의 저자

전통적으로 창세기를 포함한 처음 다섯 권은 모세가 저작한 것으로 간주되어 왔으며, 이러한 이유로 인해 지금까지도 이 다섯 권을 "모세오경"(Pentateuch)이라고 부르고 있다. 18세기 계몽주의의 품에서 태어난 합리주의 철학이 학문을 지배하기 전까지는 전통적인 입장, 즉 이 책들이 주전 15세기에 이스라엘을 이집트에서 인도해 냈던 모세에 의하여 쓰였다는 견해가 학계를 지배하다시피 했다. 다만 극소수의 유대인들만이 제한된 범위 내에서 이러한 관점에 문제를 제기했다. 만일 모세가 오경을 모두 기록하였고 오늘날까지 그대로 보존되었다면, 그를 3인칭으로 묘사하는 텍스트들이 왜 오경 곳곳에 있으며, 신명기 마지막 부분에 기록된 모세의 죽음 이야기는 어떻게 이해할 것인가 등이 그들이 제기한 문제들의 주류를 이루었다. 그러나 이들의 문제 제기는 대부분 무시되었다.

비평학이 활성화되면서 전통적 견해는 학계의 혹독한 비판의 대상이 되었다. 여러 추론과 정제 단계를 거친 다음, 비평학계는 모세오경이 바빌론 포로 생활에서 돌아온 이스라엘 공동체가 그들이 전수받은 네 가지 문서를 편집하여 하나로 묶어 놓은 것이라는 주장을 내놓았다. 이 네 문서는 성향에 따라 J-문서, E-문서, D-문서, P-문서로 불렸고, 학자들은 이 문서들이 각기 다른 시대에 서로 다른 곳에서 다른 학파의 저자에 의하여 저작되었기에 신학적인 관심사와 관점이 제각기 다르다고 주장했다. 이 학설이 일명 문서설(Documentary Hypothesis)이다.

문서설은 1876년에 독일의 율리우스 벨하우젠(Julius Wellhausen)이 이전 시대 학자들이 오경의 모세 저작권을 부인하면서 내놓았던 다양한 문제들과 학설들을 총체적이며 체계적으로 정리하여 궤도에 올린 가설로서 오경뿐 아니라 구약학 전반에 매우 다양하고 커다란 영향을 미쳤다. 모세오경 연구에서 비롯된 학설인 만큼 창세기를 연구하게 될 우리가 관심을 가지고 생각해 보아야 할 주제이다. 벨하우젠은 J-문서, E-문서, D-문서, P-문서가 순서대로 집필되었다고 주장한다. 그가 제시한 각 문서의 저작 시대와 특성은 다음과 같다.

제일 먼저 저작된 J-문서는 "야훼 문서"(Jahweist Document)라고 불리며 주전 950년경에 이름이 알려지지 않은 남 왕국 유다 사람에 의하여 저술되었다.[2] 창세기와 출애굽기의 반 이상을 차지하는 야훼 문서(J)는 다음과 같은 특성을 보인다. 첫째, 저자가 각 개인의 사생활에 많은 관심을 가졌다. 아브라함, 이삭, 야곱, 요셉 등 이스라엘 선조들에 관한 이야기의 대부분이 이 특성에 속한다. 둘째, 하나님을 의인화(anthropomorphism)하여 설명하기를 즐겼다. 하나님이 사람과 동행하거나 대화하고 때로는 화를 내시는 등 인간적인 모습을 보이는 장면들이 대체로 이 문서에 속한다. 셋째, 저자가 선지자적인 사상을 지닌 사람이었기 때문에 윤리적, 도덕적, 신학적 이슈들에 관심을 가졌지만 제사나 의식에는 그다지 큰 관심을 나타내지 않았다. 넷째, 이 문서는 하나님의 성호를 주로 여호와(יהוה)로 표기했다.[3] "야훼 문서"라는 명칭이 여기에서 비롯되었다. 다섯째, J-문서는 오경 편집에 사용된 문서 중 가장 오래된 원시 문서다. 하나님이 제물의 냄새를 맡고 기뻐하시는 장면 등은 대부분 이 문서에 속한다.

그다음으로 저작된 것은 E-문서로 창세기의 3분의 1과 출애굽기의

2 벨하우젠은 J-문서가 저작된 시기를 주전 850년이라고 했지만, 그의 후예들은 주전 969-930년경이라고 수정했으며, 오늘날 이들의 관점이 정설로 받아들여지고 있다.

3 벨하우젠의 후예들은 이 사항을 거의 언급하지 않는다.

반을 차지한다. 이 문서는 주전 850년경에 북 왕국 이스라엘에 살았던 이름을 알 수 없는 저자에 의해 집필되었으며 다음과 같은 특징을 지녔다. 첫째, 사건 묘사에 있어서 E-문서 저자는 J-문서 저자보다 더 객관적이지만 신학적, 윤리적 관심도는 낮았다. 둘째, 도시 이름, 사람 이름, 다양한 풍습들이 어디서 유래되었는가와 같은 실제적인 일들을 즐겨 회고했다. 셋째, 북 왕국 이스라엘과 실로에서 사역했던 제사장들에 대해 많은 관심이 있었다. 넷째, 하나님을 엘로힘(אֱלֹהִים)으로 칭하는 특징을 보인다. 그래서 이 문서를 "엘로힘 문서"(Elohist Document)라고 부르게 되었다.

세 번째로 저작된 D-문서는 주전 650-621년경에 남 왕국 유다에서 쓰였으며 특징은 다음과 같다. 첫째, 신명기의 대부분을 차지하며, 설교를 통해 율법을 강론하고 제시한다. 둘째, 하나님을 여호와 우리 하나님(יְהוָה אֱלֹהֵינוּ)으로 칭하고 있다.[4] 셋째, 요시야 왕 시대에 대제사장 힐기야의 주도 아래 예루살렘 제사장들이 왕의 개혁을 돕기 위해 저작했다.[5] 넷째, 남 왕국 유다 백성들 모두가 우상숭배를 버리고 여호와의 성전에 제물을 가지고 오게 하기 위한 목적으로 쓰였다.[6] 학자들은 이 문서를 신명기(Deuteronomy)와 거의 동일한 것으로 간주하고 신명기 문서(Deuteronomist Document)라고 부른다.

마지막으로 저작된 P-문서는 주전 550-450년경에[7] 초대 대제사장 아론 계열의 제사장들이 집필하고 개정한 문서로 훗날 율법학자 에스

4 창세기에서는 이 표현이 한 번도 사용되지 않았고, 출애굽기에서는 서너 차례 사용되었으며, 나머지는 모두 신명기에서 사용되었다.

5 요시야 왕의 명령에 따라 제사장 힐기야가 성전을 보수하다가 율법 두루마리를 발견했는데(대하 34:14), 이때가 주전 621년이다. 그래서 문서설을 주장하는 학자들은 이때쯤에 신명기가 완성되었을 것으로 본다.

6 학자들은 이들이 훗날 여호수아, 사사기, 사무엘 상하, 열왕기 상하를 편집했다고 전해지는 신명기적 사가들(deuteronomistic historians)의 시초가 되었다고 주장한다.

7 일부 주석가들은 에스겔 선지자가 이미 주전 570년경에 이 작업을 시작했다고 보기도 한다.

라가 오경에 도입했다.[8] 레위기 대부분과 창세기, 출애굽기, 민수기 일부를 차지하는 P-문서는 다음과 같은 특성을 보인다. 첫째, 짐승을 어떻게 취급하여 제물로 드리는가와 같은 성결의식(Holiness Code)이 주요 관심사다. 둘째, 계보, 숫자, 날짜 등에 관한 관심이 무척 크다. 셋째, 하나님을 엘로힘으로 칭하며 인간과 거리를 두는 매정한 분으로 묘사한다. 넷째, 다루는 내용이 주로 제사 절차, 제물 등 제사장의 일과 관련이 깊으므로 제사장 문서(Priestly Document)라고 불린다.

상이한 네 문서가 어떤 과정을 통해 한 권으로 묶이게 되었을까? 벨하우젠에 의하면, 주전 750년경에 네 가지 문서 중 J-문서와 E-문서가 첫 번째 편집자에 의해 먼저 하나로 묶여 JE-문서가 탄생했고, 주전 450년경에 두 번째 편집자가 JE-문서에 D-문서와 P-문서를 더해 오경을 완성했다(cf. Archer).

벨하우젠이 처음 제시한 이후 문서설은 많은 "진화/변화"를 거듭했으며, 오늘날 그의 주장을 그대로 수용하는 사람은 별로 없다(cf. Whybray; Blenkinsopp). 왜냐하면, 문서설이 많은 문제를 안고 있기 때문이다. 간략하게 살펴보면 다음과 같다.[9] 첫째, 벨하우젠은 J-문서와 E-문서가 합쳐져 JE-문서가 탄생했다고 했는데, JE-문서에서 J-문서와 E-문서를 구분해 내는 것이 불가능하다고 생각하는 학자들이 많다. 즉, JE-문서는 각각 존재했던 고유 문서들의 결합체가 아니라 원래부터 하나의 문서였다는 것이다. 각각 독립된 문서였다면 출처를 명확하게 구분할 수 있어야 하기 때문이다. 둘째, 문서설을 전적으로 수용하는 학자들 사이에도 오경 내 문서별 구분이 동일하지 않으며 상당한 논란과 의견 차이가 존재한다. 게다가 오경에는 JEDP 네 문서로 분

---

8 카프맨(Kaufmann), 후르빗츠(Hurvitz), 하란(Haran), 밀그롬(Milgrom), 바인펠트(Weinfeld) 등 유대인 학자들은 P문서가 J문서와 같은 시대에 저작된 것이라고 본다(cf. Harrison).

9 문서설이 안고 있는 문제에 대한 보수적 학자들의 반응에 대하여는 아처(Archer), 해리슨(Harrison) 등의 구약 개론서들을 참조하라. 진보적인 학계의 문서설에 대한 문제 제기에 대하여는 렌톨프(Rendtorf)의 구약 개론을 참조하라.

류될 수 없는 부분들이 많다. 학자들은 이러한 텍스트들을 모아 L-문서(Layman Document), 즉 평신도주의 문서라고 부르기도 한다. 셋째, 한 종류의 문서 안에서도 여러 층(layers)이 논의된다. 예를 들자면, P-문서는 P1, P2, P3… 등으로 나뉘며, L-문서 역시 L1, L2, L3… 등으로 나뉜다. 따라서 현실적으로 생각할 때 이러한 현상은 문서설을 출범시켰던 "증거/단서"들이 벨하우젠이 주장했던 것과 달리 확고하지 않음을 드러내고 있다.

그러므로 오늘날 비평학자 대부분은 문서설의 증거를 더 이상 논하지 않는다(cf. Fretheim). 한 학자는 이 문제에 대하여 "우리는 오경 문서들의 저작 시기를 가늠할 때 사용할 만한 기준을 더 이상 가지고 있지 않음을 인정해야 한다"고 고백한다(Rendtorff). 다른 학자는 문서설의 관점에서 창세기를 자세히 연구해 본 다음에 이 같은 결론을 내린다: "문서설은 더 이상 지지될 수 없다. 그러므로 버려야 한다"(Rendsburg). 그렇다면 비평학계가 문서설을 완전히 버렸는가? 절대 아니다. 오히려 관련 학문을 연구하기 위한 전제로서 문서설을 거론한다. 성경비평학을 하기 위해서는 문서설을 의심의 여지 없는 사실로 "믿어야 한다"(Darr). 마치 생물학을 공부하는 사람에게 진화론이 강요되는 것과 마찬가지 경우이다. 그럼에도 불구하고 문서설에 만족하지 못하는 비평학자들의 대안 찾기는 최근 30-40년 동안 매우 활발하게 전개되어 왔다.[10] 아쉬운 점은 문서설처럼 학계를 주도할 만한 학설이 아직까지 나오지 않고 있다는 점이다.

지난 2000년 동안 교회에 전수되어 온 전통적인 견해, 곧 모세가 오경 전체를 저작했다는 설은 설득력을 잃어버린 역사적 유물에 불과한가? 아니다. 조금만 보완하면 그 어떤 학설보다도 더 설득력이 있다.

---

10 와이브레이(R. N. Whybray), 슈미트(H. H. Schmid), 렌토르프(R. Rendtorff), 블룸(E. Blum), 존 반 시터즈(J. Van Seters), 톰슨(T. L. Thompson), 프리드먼(R. E. Friedman), 카우프만(Y. Kaufmann) 등이 문서설을 대체할 만한 대안에 대해 논의를 활발히 진행하고 있다.

다음 사항을 생각해 보자. 성경은 모세가 오경 일부를 저작했을 가능성을 많은 곳에서 암시한다. 하나님이 모세에게 율법을 기록하라고 명령하시는가 하면(출 17:14; 34:27), 모세가 이미 문서화된 자료(책)를 읽기도 한다(출 24:7). 하나님의 명령을 따라 광야 생활의 여정을 순서대로 자세하게 기록하고 있기도 하고(민 33:2), 이스라엘에 이미 문서화된 율법을 준수하라는 권면도 한다(신 28:58, 61; 29:20–21, 27; 30:10; 31:9, 24, 26). 모세 이후 한 세대가 지난 시대를 배경으로 하고 있는 여호수아서는 "모세의 율법책" 혹은 "모세를 통해 주신 율법"이란 표현을 사용한다(수 1:7–8; 8:31; 23:6). 그 외에도 "[모세의] 율법책"을 가리키는 표현이 다수 등장한다(왕상 2:3; 왕하 18:6; 23:2; 대하 25:4; 스 6:18; 느 8:12, 18; 13:1). 이처럼 성경은 모세가 오경의 상당 부분을 기록했음을 전제하고 있다.

그렇다면 모세는 처음부터 끝까지 하나님이 말씀하신 대로 받아썼던 것일까? 그건 아닌 것 같다. 창세기 5장은 "이것은 아담의 계보를 적은 책(סֵפֶר)이니라"(1절, 개정개역)라는 말씀으로 이야기를 시작한다. 우리말 성경에 "책"으로 번역된 히브리어 세페르(סֵפֶר)는 대체로 두루마리 형태의 문서를 뜻한다. 모세가 이미 존재하던 사료들을 인용하고 있음을 시사하고 있는 것이다. 이러한 결론은 민수기 21장 14절에서 "여호와의 전쟁기"(סֵפֶר מִלְחֲמֹת יְהוָה)("Book of the Wars of Yahweh")가 언급된 것에서도 설득력을 얻는다. 모세는 오경을 저작하면서 상당한 양의 자료들을 참조했다. 그는 이 자료들을 인용하여 자신의 책들을 집필해 나갔다. 그의 앞에 "도서관"이 놓여 있었던 것이다. 보충 설명이 필요한 부분은, 하나님이 직접 보여주시거나 가르쳐 주셨을 것이다.

더욱이 창세기에는 구약성경의 다른 어떤 기록보다도 더 오래된 것으로 여겨지는 내용이 많다. 그 내용의 대부분이 모세가 살았던 시대 이전의 문화와 정황을 반영하고 있음이 확실하다(cf. Sarna). 첫째, 창세기에서 사용되는 하나님의 호칭이 독특하다. "내 아버지의 하나님"(אֱלֹהֵי אָבִי)(31:5; 31:42; 32:9) 혹은 "네 아버지의 하나님"(אֱלֹהֵי אָבִיךָ)(26:24; 28:13; 31:29; 43:23; 46:3; 49:25; 50:17)이란 표현은 창세기 외에는 거의 사용되지 않는다. 이렇듯 창세기에서만 사용되고 나머지 구약성경에서는 거의 사용되지 않는 성호들이 있다. 엘 엘리온(אֵל עֶלְיוֹן)(14:18, 19, 22), 엘 샤다이(אֵל שַׁדַּי)(17:1; 28:3; 35:11; 43:14; 48:3), 엘 로이(אֵל רֳאִי)(16:13), 엘 벧엘(אֵל בֵּית־אֵל)(35:7), 엘 올람(אֵל עוֹלָם)(21:33), 엘 엘로헤 이스라엘(אֵל אֱלֹהֵי יִשְׂרָאֵל)(33:20), 엘로헤 하 샤마임(אֱלֹהֵי הַשָּׁמַיִם)(24:3, 7), 엘로헤 하 아렛츠(אֱלֹהֵי הָאָרֶץ)(24:3, 7), 이삭의 두려움(פַּחַד יִצְחָק)(31:42), 야곱의 전능자(אֲבִיר יַעֲקֹב)(49:24), 천지의 주재(קֹנֵה שָׁמַיִם וָאָרֶץ)(14:19, 22).

둘째, 예배 및 제사와 관련된 관례를 생각해 보자. 창세기는 이스라엘의 선조 야곱이 돌기둥(מַצֵּבָה)을 제단으로 세운 일을 기록하고 있다(28:18, 22; 31:13; 35:14). 그러나 후대에 모세는 돌기둥을 하나님이 혐오하시는 것으로 규정하고 이런 제단을 세우지 못하도록 금했다(레 26:1; 신 16:21-22). 창세기의 내용이 모세의 율법에 따라 제한되거나 보충 설명이 없는 것으로 보아 이 이야기는 모세 이전 시대에서 유래한 것이 확실하다. 또한, 아브라함은 브엘세바에서 여호와께 제단을 쌓고 그 옆에 에셀 나무(אֶשֶׁל)를 심었다(21:33). 아브라함의 이런 행동은 훗날 모세를 통해 주어진 율법에 따르면 금지되는 행위다. "네 하나님 여호와를 위하여 쌓은 제단 곁에 어떤 나무로든지 아세라 상을 세우지 말며"(신 16:21). 이 역시 창세기가 모세의 율법이 주어지기 전에 있었던 일의 기록임을 분명히 보여 준다.

셋째, 창세기에 기록된 이스라엘 선조들의 가족 관계를 생각해 보자. 아브라함은 이복동생과 결혼했다(20:12). 그러나 율법은 이러한 행위를 여러 차례 금한다(레 18:9, 11; 20:17; 신 27:22). 야곱은 레아와 라헬 두 자매와 동시에 결혼했는데 레위기 율법은 이러한 혼례를 허용하지 않는다. "너는 네 아내가 살아 있는 동안에는, 네 아내의 형제를 첩으로 데려다가 그 몸을 범하면 안 된다"(레 18:18, 새번역). 창세기는 다말이 남편이 죽은 후에 시아버지 유다에게서 쌍둥이 아들을 얻는 이야기를 기록함으로써 계대 결혼이 죽은 자의 아버지에게까지 유효한 것으로 간주하고 있는데, 신명기 율법에 따르면 계대 결혼의 책임은 형제들에게만 적용된다(신 25:5–10). 실제로 훗날 규례에 의하면 다말과 유다의 관계는 '부적절한 관계'(illicit union)이다. 또한, 율법은 가나안 사람들과의 결혼을 금하고 있는데(출 34:16; 신 7:3), 창세기에서는 이러한 금기를 찾아볼 수 없다. 이 모든 사실이 창세기의 내용이 시내 산에서 율법이 주어지기 전부터 있었음을 암시한다.

넷째, 창세기에서 언급된 풍습, 법적 관례, 사회적 배경 등을 생각해 보자. 허벅지 밑에 손을 집어넣고 맹세하는 행위(24:2–3, 9; 47:29)는 창세기 외에 다른 곳에서는 찾아볼 수 없다. 또한, 아이를 낳지 못하는 아내가 자신의 몸종을 남편에게 씨받이로 붙여 주는 행위(16장; 30:1–13)나 장자가 장자권을 포기하는 행위(25:31–34)도 다시 반복되지 않는다. 그리고 신명기 율법에 따르면 야곱이 태생적 순서를 무시하고 맏이가 아닌 동생에게 장자의 복을 빌어 준 것은 불법이다. "어떤 사람이 두 아내를 두었는데 하나는 사랑을 받고 하나는 미움을 받다가 그 사랑을 받는 자와 미움을 받는 자가 둘 다 아들을 낳았다 하자 그 미움을 받는 자의 아들이 장자이면 자기의 소유를 그의 아들들에게 기업으로 나누는 날에 그 사랑을 받는 자의 아들을 장자로 삼아 참 장자 곧 미움을 받는 자의 아들보다 앞세우지 말고 반드시 그 미움을 받는 자의 아들을 장자로 인정하여 자기의 소유에서 그에게는 두 몫을 줄 것이니 그는 자기의 기력의 시작이라 장자의 권리가 그에게 있음이니라"(신 21:15–17). 땅을 사고팔 때 문서를 주고받지 않는 것도 매우 독특한 일이라고 할 수 있다(23:18; 33:19–20).

다섯째, 창세기에 등장하는 사람들의 이름을 생각해 보자. 창세기에는 이스라엘의 선조들과 그 가족들의 이름이 38개 등장하는데 그중 27개는 성경에서 다시 사용되는 일이 없다(Sarna). 모세 시대 이후에는 창세기의 이름들이 더 이상 대중화되지 않았음을 시사한다. 또한, 창세기에 기록된 여러 이름이 하나님의 성호와 연관이 있는데(e.g. 이스라엘, 이스마엘), 이 이름들은 엘로힘(Elohim)의 약식인 엘(El)에 근거한 것들로 야훼(Yahweh)의 약자 야, 야후(Yah, Yahu)와 관련 있지는 않다. 이러한 사실은 출애굽기 6장 2–3절이 언급한 것처럼 모세 이전 시대에는 야훼가 하나님의 기본 성호가 아니었음을 시사하는 듯하다.

여섯째, 장소들의 옛 이름을 생각해 보자. 성경에서 헤브론이 마므레로 불리는 책은 창세기가 유일하다(13:18; 14:13; 18:1; 23:17, 19; 25:9; 35:27; 49:30; 50:13). 또한, "밧단 아람"이 언급된 것도 창세기뿐이다(25:20; 28:2, 5–7; 31:18; 33:18; 35:9, 26; 46:15).

이와 같이 창세기는 모세가 (자료들을 통하여) 전수받은 매우 오래된 이야기들을 반영하고 있다. 그러므로 우리는 모세가 이미 존재했던 여러 자료들을 인용하여 창세기를 비롯한 오경을 저작했다고 결론지을 수 있다.

그렇다면 오경은 모세가 처음 집필했던 그대로 원본이 보존되어 오늘날까지 내려온 것인가? 창세기를 포함한 오경 자체가 이러한 주장을 부인하고 있다. 다음 증거들을 생각해 보자. 모세의 죽음과 장례식에 대하여 기록하고 있는 신명기 34장을 어떻게 이해할 것인가? 일부가 주장하는 바와 같이 모세가 자기 죽음에 대하여 예언적으로 기록한 것일까? 그렇다면 "벳브올 맞은편 모압 땅에 있는 골짜기에 장사되었고 오늘까지 그의 묻힌 곳을 아는 자가 없느니라"(6절)라는 말씀과 "그 후에는 이스라엘에 모세와 같은 선지자가 일어나지 못하였나니 모세는 여호와께서 대면하여 아시던 자요" (10절)라는 말씀을 어떻게 해석할 것인가? 모세가 자신이 죽은 이후에 있을 일까지도 예언하여 남긴 것인가?

그렇게 결론짓기에는 많은 무리수가 있는 듯하다. 첫째, 창세기에 "오늘날/지금까지"(עַד־הַיּוֹם)라는 문구가 자주 등장하는데(19:37, 38;

22:14; 26:33; 32:32; 35:20; 47:26) 학자들은 이 문구를 "저자가 전승 자료를 참조하여 편집하였음을 확인하는 표현"으로 간주한다(Albright; Bright; Childs). 자료를 인용하여 옛이야기를 회고하던 저자가 자신의 시대에 대해 추가 설명이 필요하다 싶으면 "오늘날"이란 말을 첨부하여 이야기를 완성시킨 것이다. 그렇다면 창세기의 저자는 어느 시대를 두고 "오늘"이라고 말한 것일까? 만일 "지금까지"라는 표현이 오경에서만 발견되었다면 "오늘날"을 모세의 시대로 해석하는 데 별로 어려움이 없을 것이다. 그러나 이 표현은 창세기 이후 세대의 이야기인 여호수아나 열왕기에서도 자주 눈에 띈다. 정녕 "오늘"은 언제를 가리키는 것일까? 자세히 살펴보면 "오늘날"은 시대적으로 매우 다양한 때를 나타냄을 알 수 있다.

둘째, 민수기 12장 3절은 "이 사람 모세는 온유함이 지면의 모든 사람보다 더하더라"라고 기록하고 있다. 만일 모세가 이것을 기록했다면, 그는 왜 자신에 대하여 3인칭을 사용했을까? 게다가 과연 그는 정말로 온유한(겸손한) 사람이었던가. 그가 백성들에게 종종 분을 폭발했던 것을 보면 그다지 온유한 사람은 아니었던 듯싶다. 누군가가 모세에 대해 그와 같은 평가를 내려 준 것이다.

셋째, 창세기 36장 31절은 "이스라엘 자손을 다스리는 왕이 있기 전에"라는 시대를 짐작할 수 있는 단서를 보여 준다. 이것은 저자가 이스라엘에 왕이 있던 시절을 살았다는 걸 암시하기 때문이다. 최소한 이스라엘 왕정시대 때 이 구절이 삽입되었음을 확신할 수 있다. 이와 비슷한 증거를 하나 더 살펴보자. 신명기는 가나안 입성을 앞둔 이스라엘이 모압 평지에서 모세의 마지막 가르침과 권면을 받고 있는 상황을 배경으로 하고 있다. 그런데 신명기 2장 12절은 이스라엘이 아직 가나안에 입성하지도 않은 상황에서 이런 평가를 내린다. "이스라엘이 여호와께서 주신 기업의 땅에서 행한 것과 같았느니라." 이 말씀을 삽입하거나 편집한 자는 이스라엘의 가나안 생활이 상당한 부분 실패했음을 이미 역사적 사실로 알고 있다. 창세기 저자는 "그 때에 가나안 사람이 그 땅에 거주하였다"는 표현을 두 차례나 쓰고 있다(12:6; 13:7). 저자가 살던 시대에는 거기에 가나안 사람들이 더 이상 살고 있지 않았기 때문에 이렇게 설명할 필요가 생겼던 것이다. 또한 창세기 14장 14절에 의하면 아브라함은 단까지 쫓아가서 조카 롯을 구했는데, 단은 여호수아 시대 이후에나 그 지역에 붙여진 이름이다(cf. 수 19:47; 삿 18:29).

이 같은 상황을 감안해 일부 학자들은 창세기를 포함한 오경이 다양한 시대의 다양한 신학을 반영하는 "누더기 옷감"(patchwork quilt)과 같다고 함으로써 모세의 저작설을 전적으로 부인한다(Fretheim). 그러나 우리는 오경의 역사성에 대해 비관할 필요가 없다. 이러한 입장은 본문을 이해하는 데도 도움이 되지 않는다. 필자의 생각에는 모세가 오경의 기본적인 것들을 모두 문서로 기록하였고, 먼 훗날 누군가가 과거를 잘 모르는 사람들을 위하여 옛 지명을 최근 이름으로 대체하고, 필요하다고 생각되는 곳에 자신의 설명을 덧붙였을 것이다. 모세의 죽음에 대한 언급도 이러한 맥락에서 충분히 설명될 수 있다.

그렇다면 과연 누가 이러한 작업을 했을까? 필자는 모세오경을 최종적으로 편집한 사람은 율법학자 에스라였을 것으로 생각한다.[11] 성경은 에스라를 "이스라엘의 하나님 여호와께서 주신 모세의 율법에 익숙한 학자(學者)"로 평가하고 있다(스 7:6). 일부 학자들은 에스라가 하나님의 말씀을 이스라엘 사람들에게 올바르게 가르쳤을 뿐만 아니라(cf. 느 8장), 역대기, 에스라, 느헤미야를 쓰기도 했을 것이라고 본다. 그는 하나님 말씀인 정경의 일부를 집필할 수 있을 만한 영감을 지녔던 자였음이 분명하다. 그러므로 그가 바빌론 포로기 이후 시대를 살아가는

---

11 주전 400년대에 에스라가 마지막으로 오경을 편집하기 전에, 언제쯤 몇 명이나 오경을 개정하고 보완했는지 알 수 없다. 그러나 설령 밝혀낸다 해도 본문을 해석하고 이해하는 데 별다른 도움이 되지 않는다.

이스라엘 사람들을 위하여 모세오경을 개정했다고 해도 성경 영감설과 전혀 상충되지 않으며, 동시에 오경 안에서 포착되는 편집자(들)의 손길에 대한 설득력 있는 답을 제시할 수 있다. 에스라가 최종적으로 오경을 편집할 때 하나님은 그를 통해 전(前) 편집자(들)에 의하여 본문에 도입되었을 수도 있는 모든 오류도 함께 제거하셨을 것이므로 성경의 무오성(無誤性) 교리 또한 침해받지 않는다.

### 3. 저작연대

앞에서 언급한 것처럼 창세기를 포함한 오경은 모세가 대부분을 저작한 이후 몇몇 사람의 손에 의해 부분적으로 편집되었다가 최종적으로 에스라에 의해 오늘날의 모습을 갖춘 것으로 생각된다. 그렇다면 오경의 원(original) 저자 모세는 언제 이 책들을 집필한 것일까? 모세가 창세기를 포함한 오경을 저작한 시기를 가늠하는 일은 출애굽한 때를 언제로 보느냐와 맞물려 있다. 물론 출애굽은 역사적 사건이 아니라 이스라엘 사람들의 상상력이 낳은 전설에 불과한 것이라고 주장하는 사람들도 있다. 그러나 그들이 제시하는 증거는 그다지 설득력이 있어 보이진 않으며 이러한 주장은 이질(異質)적인 가설에 불과하기 때문에 신경 쓸 필요가 없다. 여기서는 보수 진영의 학자들이 주장하는 두 시대만을 논하고자 한다. 이른 출애굽설(Early Exodus)과 늦은 출애굽설(Late Exodus)이다.

이른 출애굽설을 주장하는 학자들은 이스라엘이 이집트에서 출발한 때를 주전 1450년경으로 추정한다. 성경이 이스라엘의 역사를 논하면서 곳곳에서 언급한 여러 연대가 그 증거라고 주장하는데, 연대들을 고려할 때 1450년대가 가장 잘 어울린다는 것이다. 그에 비해, 늦은 출애굽설을 주장하는 학자들은 출애굽이 주전 1450년대보다 200년 뒤인 주전 1250년경에 있었을 것으로 추정한다. 그들은 발굴된 여러 고고학적 물증들을 증거로 제시한다. 특히 여리고 성이 함락되던 때의 고고학적 흔적이 증거로서 중요한 위치를 차지한다. 그러나 출애굽이 실제 역사적 사건임을 견지만 한다면 이른 출애굽설을 따르든 늦은 출애굽설을 수용하든 별로 중요하지 않다.

필자는 개인적으로 이른 출애굽설을 선호한다. 늦은 출애굽설을 따를 경우에 여호수아가 죽은 후부터 사울이 왕으로 즉위한 때까지가 고작 150년밖에 되지 않는다는 것이 가장 큰 이유이다. 이 기간을 역사적 배경으로 삼고 있는 사사 시대부터 엘리—사무엘 시대까지(삿 1장~삼상 12장)의 이야기를 보면 그보다 훨씬 더 오랫동안 지속되었다는 느낌을 받기 때문이다. 다음 도표들은 두 학설이 각기 제시한 증거들과 그에 대한 반증들을 요약해 놓은 것이다(cf. Walton).

**이른 출애굽설의 증거와 늦은 출애굽설의 반증**

| 이른 출애굽설의 증거 | 늦은 출애굽설의 반증 |
|---|---|
| 성경은 이스라엘이 이집트를 떠나온 때부터 솔로몬이 성전을 건축하기 시작한 때까지를 480년으로 밝히고 있다(왕상6:1). 이스라엘이 성전 건축을 시작한 때는 주전 967년이었으므로 이때로부터 480년을 거슬러 올라가면 출애굽은 1447년에 있었음이 분명하다. | 480이란 숫자를 문자적으로 해석할 필요는 없다. 상징적인 의미를 지닌 숫자로 간주할 수 있기 때문이다. 성경은 한 세대를 40년으로 계산하므로 480년은 12세대가 지났음을 뜻할 뿐이다(12x40=480). 그러나 한 세대를 40년으로 보기보다는 25년으로 보는 것이 더 현실적이므로 12세대의 실제 기간은 480년이 아니라 300년에 더 가깝다(12x25=300). |
| 스핑크스상에 새겨진 투트모세 4세(주전 1401/1397–1391)의 '꿈의 비석'(Dream Stela)은 그가 왕국의 합법적인 상속자가 아님을 증언한다. 논리적으로 생각할 때 모세의 열 번째 재앙 때문에 왕가의 장자가 죽었음을 알 수 있다. | 투트모세 4세가 출애굽과 관련된 이집트 왕이라는 것은 여러 가능성 중의 하나일 뿐이다. 또한, 열 번째 재앙이 합법적 상속인의 죽음과 연루되었다는 증거도 없다. |

| | |
|---|---|
| 사사 입다는 가나안 정복 전쟁 이후 자신의 시대(주전 1100년대로 추측)까지를 300년으로 언급한다(삿11:26). 이러한 사실은 이스라엘이 이집트를 떠난 때가 주전 15세기였음을 암시한다. | 입다가 이스라엘 역사에 대한 정확한 기록물을 접했을 가능성은 희박하다. 따라서 300년은 입다가 대충 추측한 기간이거나 정확성이 없는 짐작에 불과하다. |
| 모세가 살인하고 미디안 광야로 도망하여 그를 처벌하고자 했던 바로가 죽을 때까지 40년간 기다렸던 점을 감안할 때, 바로의 재위 기간이 40년 이상이어야 한다. 이에 해당하는 바로는 투트모세 3세와 람세스 2세뿐이다. | 모세가 미디안 족과 40년간 함께 있었다는 것은 실제적인 기간이 아니라 한 세대를 의미하는 상징적인 기간일 수 있다. |
| 바락과 드보라가 정복한 하솔(Hazor)의 최종 층에서 미케네III B시대의 도기들이 출토되었다. 이로써 연대를 늦어도 주전 13세기 후반기로 추정할 수 있다. 이것은 출애굽 시기가 매우 빨랐음을 암시한다. | 사사기는 일련적으로 대를 이은 사사들의 연대기가 아니다. 사사들이 여러 지역에서 동시적으로 통치했다는 점을 고려할 때 바락과 드보라가 정복한 하솔에서 발굴된 유물들은 별다른 어려움 없이 설명될 수 있다. |
| 주전 1220년경에 세워진 메르넵타 석비(Merneptah Stela)에는 이집트 왕 메르넵타가 가나안 원정에서 이스라엘을 정복했다는 기록이 쓰여 있다. 이 사실은 이스라엘이 이미 오래전에 가나안에 정착하여 한 국가를 형성하고 있었음을 시사한다. | 50년은 이스라엘이 국가로 자리 잡기에 충분한 시간이다. |
| 아마르나 토판(Amarna Tablets, 주전 1400년경)는 하비루족(Habiru)으로 인해 일어난 격변을 회고한다. 일반적인 범주에서 분류할 때 하비루족이 히브리인이었을 것으로 추측할 수 있다. | 하비루족을 이스라엘인과 동일시할 근거가 전혀 없으며 당시 사회적으로 소외된 계층을 일컫는 용어였을 뿐이다. |
| 사사기가 회고하고 있는 사사들의 통치 기간이 상당 부분 겹쳤다 할지라도 주전 13세기 출애굽설을 주장하는 사람들이 제시하는 것처럼 150년 정도로 단축될 수는 없다. 그렇게 보기에는 사사기가 훨씬 더 많은 시간이 흘렀음을 전제한다. | 겹침과 기간의 상징적 성향에 대한 이해를 가지고 접근하면 그 길이는 적절하게 조정될 수 있다. |

## 늦은 출애굽설의 증거와 이른 출애굽설의 반증

| 늦은 출애굽설의 증거 | 이른 출애굽설의 반증 |
|---|---|
| 에돔, 모압, 암몬 등의 문명은 주전 15세기에는 아직 존재하지도 않았다. 이스라엘이 가나안에 입성하면서 이 민족들과 접촉했다는 것은 출애굽이 주전 15세기 이후에 있었음을 확실시한다. | 팀나 성전(Timna Temple)에서 발굴된 기록물에 의하면 늦어도 주전 14세기 초에 네게브(Negev)에 자리를 잡고 정착한 문명이 있었다. 그 이전에는 여러 족속이 이곳저곳을 떠돌고 있었는데, 이스라엘이 가나안에 입성할 때 그들이 지나던 땅에서 만났던 족속들을 이렇게 묘사한 것이다. |
| 라기스, 드빌, 베델의 폐허층(the layer of ash) 발굴에서 드러난 것처럼 이 도성들은 주전 13세기에 파괴되었다. 이러한 사실은 가나안 정복이 이때 있었던 일임을 시사한다. | 여호수아서에는 라기스, 드빌, 베델이 가나안 정복 때에 불태워졌다는 기록이 없다. 이 도성들은 이집트 바로 메르넵타의 가나안 원정 때 파괴되었다. |
| 출애굽기 1장 11절에 의하면 이스라엘 노예들은 람세스의 도시를 건축하고 있었다. 이 성은 주전 13세기에 람세스 2세에게 경의를 표하기 위하여 세워졌음이 틀림없다. | "람세스"라는 명칭은 주전 13세기 훨씬 이전부터 사용되었다.<br>모세가 태어나기 전부터 이 성들은 건축되고 있었다. 그러므로 늦은 출애굽설과 연관시킨다고 해도 람세스 2세가 즉위하기 전에 이미 완공되었다. 이 성들은 국고성이지 도성이 아니었다. |
| 출애굽기 12장 40절은 이스라엘이 이집트에 머문 기간을 430년이라고 하는데, 그렇다면 이른 출애굽설은 야곱이 이집트로 내려간 시점을 힉소스 왕조시대(주전 1620-1530년대)와 조화시킬 수 없다. | 히브리인들을 힉소스 왕조와 연관시킬 필요는 없다. 힉소스 왕조가 시작되기 약 150년 전에 야곱이 이집트로 내려갔음을 입증할 만한 증거들이 많다. |
| 투트모세 3세는 위대한 건축가로 알려지지 않았다. 따라서 그는 출애굽기의 역사적 정황과 들어맞는 인물이 아니다. | 투트모세 3세가 위대한 건축가로 알려지진 않았지만 나일 강 델타 지역에서 상당한 건축 사업을 전개했던 것으로 알려져 있다. |

| 성경은 세티 1세나 람세스 2세의 팔레스타인 지역 침략을 언급하지 않고 있다. 그러므로 출애굽은 주전 13세기에 있었음이 틀림없고, 이때 이스라엘은 아직 팔레스타인에 정착하지 않았다. | 사사시대의 잔여기간 동안 이집트의 매우 강력한 통치가 있었던 것으로 보이며 이때 이집트의 침략은 가나안 족에 대한 침략이었지 이스라엘을 겨냥한 것은 아니었다. |
|---|---|

## 4. 신학과 메시지

창세기는 매우 다양한 신학과 메시지를 담고 있다. 이 때문에 창세기는 성경의 어느 책보다도 서구 문명과 문학에 많은 영감을 주었으며 큰 영향을 끼쳤다. 그렇다고 해서 창세기의 절대적인 영향력이 서구 사회에서만 감지되는 것은 아니다. 성경에 기록된 사건들을 배경으로 하는 유대 문학에서도 창세기의 영향이 역력하게 드러난다. 중간사 시대에 쓰인 위경(pseudepigrapha)들 중에 매우 많은 책이 창세기에 묘사된 사건들을 변증하거나 출발점으로 삼았다. 위경 문학의 세계에서 창세기의 영향은 내용이나 분량에 있어서 성경의 다른 책들보다 압도적으로 크다. 이처럼 창세기는 역사 속에서 수많은 사람의 상상력을 자극했으며 이러한 현상은 오늘날까지 지속되고 있다.

창세기가 많은 사람에게 영감을 주게 된 동기는 무엇일까? 아마도 저자의 메시지 전달 방법일 것이다. 그는 이야기를 통해 하나님의 메시지를 선포하고 있다. 이야기들은 우리 주변에 흔히 있을 법한 평범한 일들이 주류를 이루고 있다. 그러므로 사람들은 창세기의 이야기들을 통해 자신들의 삶을 조금 더 객관적인 관점에서 점검할 기회를 갖게 된다. 창세기는 이야기의 능력이 어느 정도인가를 보여 주는 좋은 예라고 할 수 있다.

이제 창세기의 다양한 사상과 메시지들 가운데 몇 가지만 간략하게 살펴보자.

**첫째, 창세기는 지속되는 하나님의 창조와 재창조 사역을 보여 준다.** 창세기는 끊임없는 하나님의 창조 역사를 묘사하고 있다. 하나님은 맨 처음 세상을 창조하셨고, 그 세상을 유지하고 운영할 청지기로 최초의 인간들을 지으시고, 그들에게 생육하고 번성하라는 축복을 내리셨다(1:26-28). 그러나 최초의 인간들은 하나님의 소명을 잘 감당하지 못하였고, 범죄하여 에덴동산에서 쫓겨나 세상에 유배되었다. 이후 인간들은 세상에서 하나님이 축복해 주신 대로 생육하고 번식했지만, 인구가 늘어날수록 죄악도 늘어 갔다. 결국, 하나님은 인류의 죄 문제 때문에 온 세상을 심판하셨다. 노아 일가와 그와 함께 방주에 탔던 짐승들을 제외하고, 모든 인간과 짐승들을 멸망케 하신 것이다. 아름다운 창조 섭리에 반대되는 역(逆)창조(reversing of creation/anti-creation)가 세상에 임했다.

홍수가 끝난 다음에 하나님은 노아 일가와 그와 함께했던 짐승들에게 옛적에 아담에게 주셨던 생육과 번성의 축복을 다시 내려 주셨다(9:7). 노아 일가를 통한 새 창조, 즉 재창조가 시작된 것이다. 세월이 흐르면서 인류는 다시 번성하여 온 땅을 가득 채웠다. 그러나 인간의 부패는 날이 갈수록 심화되었고, 결국에는 하나님의 권위에 도전하는 범죄를 저지르게 되었다. 이것이 바벨탑 사건이다(11:1-9). 이 일로 인하여 인간은 하나님의 심판을 다시 받게 되었다. 인간을 축복하시고자 하는 하나님의 창조 섭리에 반대되는 일이 다시 한 번 이 땅에 임한 것이다. 그러므로 우리는 1-11장을 읽다 보면 시간이 지날수록 더 심각하게 부패해 가는 인류의 미래에 대해 불안감을 가질 수밖에 없게 된다.

그러나 12장에 접어들면서, 새로이 시작되는 하나님의 창조사역이 우리의 모든 불안을 말끔히 씻어 버린다. 하나님이 온 인류가 아닌 한 부부, 즉 아브라함과 사라를 통해 창조사역을 펼쳐 나갈 의지를 보이신 것이다. 이들은 훗날 여호와의 백성이 되는 이스라엘의 선조들이다. 다만 문제는 이들이 부름을 받았을 때, 자손이 없었는데 자식을 낳을 만한 형편이 안 되었다는 점이다. 그러나 무(無)에서 유(有)를 창조하시는 하나님이 기적을 행하심으로써 이들에게 자손을 주셨다. 이스라엘은 선조 때부터 하나님의 창조사역의 열매였던 것이다. 이후 아브라함의 후손이자 이스라엘의 선조가 되는 이삭과 야곱의 아내들도 불임에 시달렸지만, 그때마다 하나님의 창조사역이 그들을 번성케 하였다. 이처럼 창세기는 끊임없는 하나님의 창조 역사를 회고하고 있으며 창조사역은 오늘날에도 계속되고 있다.

**둘째, 창세기를 통해 하나님의 주권이 어떻게 행사되는지 알 수 있다.** 하나님은 천지 만물을 창조하신 후에 세상이 홀로 돌아가도록 내버려 두거나 방치하지 않으셨다. 필요에 따라 인류 역사와 각 개인의 삶에 직접 개입하고 간섭하셨다. 인간의 죄와 부패에도 불구하고, 세상 역사를 하나님의 계획과 섭리에 따라 이끌어 가시기 위하여 절대적인 주권을 행사하시는 것이다. 창세기에 기록된 여러 현상이 이러한 사실을 입증하고 있다.

그중 중요한 현상 세 가지를 생각해 보자. 첫 번째 현상은 장자보다 동생들을 통해서 하나님의 사역이 진행된다는 것이다. 고대 근동의 정서에 의하면 동생이 형을 제치고 부모로부터 축복이나 상속을 받는 것은 매우 비정상적인 일이었으며, 시내 산 율법도 이러한 행위를 금하고 있다. 그런데 하나님은 이스마엘이 아닌 이삭을, 에서가 아닌 야곱을, 르우벤이 아닌 유다와 요셉을 선별하여 주님의 역사를 펼쳐 나가는 도구로 사용하셨다. 하나님의 주권이 근동의 정서와 관례를 초월한 것이다.

하나님의 강력한 주권 행사를 드러내는 두 번째 현상은 선조들이 당면했던 위기의 반전에서 찾을 수 있다. 라반은 다양한 모략을 통해 야곱을 착취했고 더 착취하려고 했지만, 결국 하나님이 야곱이 라반에게 착취당한 모든 노동에 대한 대가를 충분히 받을 수 있도록 상황을 만들어 가셨다(30장). 라반의 착취를 반전시키신 것이다. 라반이 야곱을 죽이기 위해 뒤를 쫓았지만, 하나님의 경고를 받고 오히려 그를 축복해 주고 떠나보내야 했다(31장). 에서는 20년 만에 고향으로 돌아오는 동생 야곱을 죽이려고 군대를 이끌고 왔지만, 결국 울면서 그를 환영했다(33장). 형제들은 요셉을 노예로 팔아넘겼지만, 훗날 요셉은 하나님이 야곱의 자손들을 살리기 위하여 먼저 자신을 이집트로 보내셨다고 회고한다(45:5). 하나님이 형제들의 악한 음모를 자신들을 살리는 길로 반전시키신 것이다. 이처럼 창세기는 인간의 음모와 죄가 하나님의 계획과 섭리의 진행을 결코 방해할 수 없음을 강조하고 있다.

하나님이 절대적인 주권을 행사하며 역사를 주도해 나가신다는 세 번째 현상은 숫자의 독특한 사용에서 나타난다. 다음 사항들을 생각해 보자. 아브라함이 죽었을 때 나이가 175세였고(25:7), 이삭이 180세였으며(35:28), 야곱은 147세였다(47:28). 요셉은 이집트 사람들이 가장 이상적인 수명으로 생각했던 110세에 죽었다(50:26). 당시 사람들이 보통 40–50년 정도 살았던 점을 감안하면 이들은 파격적으로 오래 살았다고 할 수 있다.

게다가 선조들의 나이를 살펴보면 다음과 같은 수학 공식을 도출해 낼 수 있다(cf. Wenham).

| | |
|---|---|
| 아브라함 | $175 = 5^2 \times 7$ |
| 이삭 | $180 = 6^2 \times 5$ |
| 야곱 | $147 = 7^2 \times 3$ |
| 요셉 | $110 = (5^2 + 6^2 + 7^2) \times 1$ |

또한, 요셉의 나이를 제외한 다른 나이들에 사용된 숫자의 합은 각각 17이다(cf. Waltke). 같은 방식으로 요셉의 나이 110을 계산해 보면 37이 나온다.

아브라함 $175 = 5^2 \times 7 \rightarrow 5+5+7 = 17$

이삭 $180 = 6^2 \times 5 \rightarrow 6+6+5 = 17$

야곱 $147 = 7^2 \times 3 \rightarrow 7+7+3 = 17$

요셉 $110 = (5^2 + 6^2 + 7^2) \times 1 \rightarrow 5+5+6+6+7+7+1 = 37$

그뿐만 아니라 창세기에서 여러 숫자가 상징성을 지니고 사용된 듯하다. 몇 가지 예를 들어 보자. 야곱은 삼촌 라반의 집에서 두 아내를 얻기 위하여 14년 동안 종살이를 했다(31:41). 요셉이 이집트로 팔려 갔을 때 나이가 17세였고(37:2), 30세에 국무총리가 되었다(41:46). 종살이와 감옥살이 14년 만에 있었던 일이다. 이 두 사건에서 14는 고난과 아픔으로 얼룩진 종살이와 연관되어 있다.

아브라함은 75세에 하나님의 부르심을 받아 가나안으로 갔다(12:4). 그는 100세 되던 해에 이삭의 아버지가 되었고, 그 후 75년을 더 살았다. 하나님의 말씀에 따라 가나안으로 이주했던 때부터 이삭의 탄생을 전후로 75라는 숫자가 그의 삶을 장식하고 있다(75–25–75). 야곱은 130세에 이집트로 내려가서 17년을 더 살다가 147세에 죽었다(47:28). 요셉이 이집트로 내려갔을 때 나이가 17세였다. 17이란 숫자가 야곱과 요셉의 삶을 일부 장식하고 있다.

창세기 저자는 이러한 현상들을 통하여 역사는 우연한 일들의 연속이 아니라 하나님의 철저한 섭리 속에 모든 것이 조화를 이루며 진행되도록 계획된 것임을 강조하고 있다. 저자에게 인간의 역사란 하나님의 계획이 순서대로 펼쳐지는 무대에 불과했던 것이다. 그러므로 주의 백성들은 자신이 처한 상황이 아무리 어렵고 힘들더라도 절망할 필요가 없다. 세상에서 일어나는 모든 일은 좋으신 하나님이 펼쳐 나가시는 섭리에 따라 진행되기에, 참고 견디면 언젠가는 좋은 날이 올 것이 확실하기 때문이다.

**셋째, 창세기는 하나님의 소명(calling)을 받은 사람들의 삶을 보여 준**

**다. 창세기는 부르심의 책이라고 해도 과언이 아닐 것이다.** 피조세계와 이스라엘은 서로 다른 주제이지만 둘 다 하나님의 소명의 대상이라는 점에서 동일하다고 볼 수 있다(Brueggemann). 하나님은 소명을 통하여 세상 혹은 이스라엘과 특별한 관계를 형성하시기 때문이다. 또한, 소명의 대상들에게 약속과 축복을 주신다. 세상과 자연 만물을 불러 축복하며 생육하고 번식하라는 축복을 주셨다. 아담과 하와를 부르시어 온 땅을 정복하고 다스리라는 축복을 주셨다. 노아를 부르셔서 온 세상을 멸망에 이르게 한 심판 속에서 살길을 주셨다. 아브라함을 부르시어 온 세상의 복의 근원이 되고 많은 자손의 선조가 되라는 축복과 함께 그의 자손들이 가나안 땅을 차지할 것이라는 약속을 주셨다. 야곱을 부르셔서 항상 그와 함께하며 보호하겠다는 약속을 주셨다. 요셉을 부르시어 모든 형제가 심지어 그의 부모까지도 그에게 절하게 될 것이라고 약속하셨다.

이처럼 하나님은 지속적으로 사람을 부르시며 그의 부르심에 순종하는 자들에게 축복과 약속을 주신다. 하나님이 부르시면, 그 소명에 순응하기 위해서 큰 희생이나 대가를 치러야 한다고 생각하는 사람들이 많다. 그러나 소명이야말로 가장 확실한 축복의 통로라는 것이 성경의 실제적인 가르침이다. 아울러 하나님이 사람들에게 소명을 주실 때 약속을 축복으로 주시는 것은 그들에게 주님이 무엇을 요구하시는지를 암시하는 듯하다. 하나님은 소명을 받은 자들에게 그의 약속을 믿고 따르는 믿음을 요구하신다. 경우에 따라 하나님의 약속이 이루어지기 전에 가장 근본적인 것들을 뒤흔드는 혼란과 고통이 먼저 임할 수도 있다. 하지만 그럴 때마다 절망하지 않고 오직 하나님만 믿고 기다리는 믿음을 바라시는 것이다.

**넷째, 언약의 주권적인 이행.** 창세기의 특징은 하나님이 사람들과 끊임없이 언약을 맺으신다는 점이다. 하나님은 태초에 아담과 그 후에 노아, 아브라함 등과 언약을 맺으셨고, 이스라엘의 선조가 되는 아브라함의 자손들, 즉 이삭, 야곱 등에게는 언약을 재확인해 주셨다. 하나님이 인간과 언약을 맺으면서 언급하시는 주제들이 비슷하다 보니 창세기의 신학이나 메시지를 논할 때 많은 학자가 씨앗/자손(seed), 영토/땅(land), 축복(blessing) 등을 논한다(Hamilton; Mathews; Waltke). 하나님이 아브라함에게 약속하신 땅과 자손과 축복은(12:1-3; 15:1-21) 이스라엘의 가장 중요한 유산이 되어 선조로부터 후손에 이르기까지 대물림을 거듭했다. 그런데 문제는 아브라함을 포함하여 그의 후손들이 끊임없이 하나님의 약속을 위기에 빠뜨렸다는 점이다. 다음 사항들을 생각해 보자.

아브라함이 가나안에 들어서자마자 땅에 기근이 닥쳤다. 그와 식솔들의 생명이 위협받게 된 것이다. 이런 상황에서 아브라함은 하나님의 뜻을 구하기보다는 아주 쉽게 "약속의 땅"을 포기하고 이집트로 내려갔다. 이집트에 들어서면서 그는 자신의 생명을 위협하는 요소들을 최대한 제거한다는 취지에서 아내 사라를 여동생이라고 속였으며, 이러한 사실을 알 리 없는 이집트 왕은 사라를 아내로 취했다(12:10-16). 아브라함의 행동은 인간적으로 매우 수치스러운 일이었을 뿐만 아니라, 하나님이 약속하신 자손 번성의 축복이 사라의 몸에서 태어날 이삭을 통해서 성취되어야 한다는 점을 감안할 때 하나님의 언약을 위기에 빠뜨리는 무책임한 일이었다. 만일 바로가 사라와 관계를 가짐으로써 그녀가 임신하는 상황에 도달했다면 하나님이 아브라함에게 약속하신 자손의 축복은 어떻게 된단 말인가? 결국, 하나님이 이 문제에 직접 개입하여 아브라함이 아무런 해를 입지 않고 아내 사라와 이집트를 떠날 수 있도록 해주셨다(12:17-20).

훗날 아브라함은 동일한 방식으로 아비멜렉도 속였다(20:1-2). 아비멜렉에게 사라를 자신의 아내가 아닌 여동생으로 소개한 것이다. 이집트 왕처럼 아비멜렉도 아브라함의 말만 믿고 사라를 아내로 취했다. 하나님의 약속이 또 한 번 위기를 맞은 것이다. 이번에도 하나님이 직접 개입하셔서 아브라함 부부에게 해가 가지 않는 선에서 이 문제를 해결해 주셨다. 부전자전이라고, 이삭도 아버지 아브라함을 따라 아내 리브가를 자기 누이로 속였다(26:7).[12] 이삭도 하나님의 약속을 위험에 빠뜨렸던 것이다.

아브라함은 이집트의 왕에게 아내를 여동생으로 속인 수치스러운 사건을 통해 큰 부를 축적하게 되었다(12:16, 20). 많은 가축을 이끌고 가나안 땅으로 다시 돌아왔지만, 땅이 비좁았기 때문에 아브라함의 종들과 조카 롯의 종들 사이에 다툼이 잦았다(13:6). 아브라함은 문제를 해결하기 위하여 롯에게 한 가지 제안을 했다. 롯이 먼저 원하는 땅을 선택하여 떠나면 자신은 그 반대 방향으로 가겠다고 한 것이다(13:8-9). 조카를 배려하는 듯 보이는 그의 평범한 제안은 사실 하나님의 약속을 다시 한 번 위험에 빠뜨리는 지혜롭지 않는 처사였다. 하나님은 아브라함의 자손에게 가나안 땅을 기업으로 주시겠다고 약속했는데, 그는 롯에게 가나안 땅을 택할 권한을 주었던 것이다! 이때 만일 롯이 요단 강 서편을 선택하여 정착했다면, 하나님은 아브라함과 그의 후손들에게 약속한 땅을 주기 위해 새로운 계획을 구상하셔야만 했을 것이다. 다행히 롯이 약속의 땅 바깥쪽에 있는 요단 강 동편 소돔과 고모라를 택함으로써 위기를 피할 수 있었다(13:10). 롯이 소돔과 고모라를 마치 "주의 동산"(13:10)처럼 여기도록 하나님이 간접적으로 개입하시어 그로 하여금 그곳을 선택하도록 하신 것으로 생각된다.

야곱이 라반의 집에서 돌아와 가나안 지역에 정착하기 시작했을 무렵에 딸 디나가 마을에 나갔다가 세겜에게 강간을 당하는 일이 일어났다(34장). 세겜은 디나를 자기 집에 둔 채 아버지를 야곱에게 보내 결혼을 허락해 줄 것을 요청했다. 야곱은 아들들과 상의한 뒤 세겜의 아버지 하몰의 제의를 받아들여 딸을 주기로 했을 뿐만 아니라 그들과 피

12 일부 주석가들은 창세기가 한 번 있었던 일을 재탕, 삼탕하고 있다고 하지만, 그렇게 결론짓기에는 증거와 설득력이 부족하다.

를 섞으며 함께 살기로 했다. 오랜 타향살이와 방랑 생활에 지쳤던 탓일까? 야곱은 그곳에 안착하려고 했던 것이다. 그러나 만일 그때 야곱의 자녀들이 세겜 사람들과 피를 섞고 함께 살았다면 이스라엘의 미래가 어떻게 되었겠는가? 34장에 기록된 내용을 종합해 볼 때 세겜 사람들의 수가 야곱의 자손들보다 월등히 많았음이 틀림없다. 그렇다면 야곱과 그의 자손들이 이방 민족인 세겜을 흡수하기보다는 오히려 흡수당할 확률이 훨씬 더 높다. 결국, 야곱은 본의 아니게 하나님이 아브라함과 자손들에게 약속하셨던 모든 축복을 위험에 빠뜨린 셈이 되었다. 그러나 두 아들, 시므온과 레위가 잔인하게 복수함으로써 다행히 하나님의 약속이 위기에 빠지는 것을 방지했다.

유다와 며느리 다말 사이에 벌어진 일(38장) 역시 이러한 맥락에서 이해될 수 있다. 유다의 장남이자 다말의 남편이었던 엘이 자식을 두지 않은 채 죽었다. 유다는 당시 풍습에 따라 다말과 둘째 아들 오난을 결혼시켰다. 그러나 하나님이 오난을 죽이셨다. 하나님의 축복을 다음 세대로 전승해야 하는 자들이 씨앗을 남기지 못한 채 죽은 것이다. 관례에 의하면 셋째 아들 셀라가 형수 다말과 결혼하도록 하여 대를 잇도록 해야 하는데, 유다는 셀라마저 잃게 될까 봐 다말을 친정으로 돌려보냈다. 오랜 세월이 지나도 유다가 셀라를 다말과 결혼시키지 않자 결국 다말이 꾀를 내어 시아버지를 통해 죽은 남편의 대를 잇는 망측한 일이 벌어졌다. 유다가 처음에는 다말을 불에 태워 죽이려고 했지만, 정황을 파악하고는 "네가 나보다 옳다"고 말하며 그녀를 놓아주었다. 무슨 뜻일까? 창세기 49장 8-12절은 메시아가 오실 때까지 이스라엘의 통치권이 유다 지파와 함께할 것을 선언하고 있다. 그런데 유다는 집안의 대를 이을 자손을 생산해 내야 한다는 부담감을 전혀 느끼지 않고 방관함으로써 그의 후손을 통해 축복의 약속을 이루고자 하시는 하나님의 뜻을 저버릴 위험에 처했던 것이다.

선조들의 이 같은 행동은, 비록 그들이 하나님의 놀라운 축복을 약속으로 받긴 했지만, 그들에게는 약속이 성취될 때까지 자신들의 몫을 감당할 만한 능력이 없었다는 점을 강조한다. 인간은 이처럼 나약한 존재이다. 창세기 저자는 인간에게 은혜로운 약속을 주신 분도, 그 약속이 실현되도록 철저하게 지켜 주셔야 할 분도 하나님이심을 강조한다. 인간은 주님께 받은 축복을 자신의 것으로 지켜 낼 능력마저 갖추지 못했다. 그렇기 때문에 그가 받은 축복을 누리는 복된 삶은 하나님의 절대적인 주권과 능력만이 가능케 한다.

## 5. 창세기를 읽으면서 유념할 점

창세기를 공부할 때 염두에 두어야 할 사항들이 있다. 먼저 숫자에 관심을 두어야 한다. 우리는 3, 7, 10, 12 등을 완전수 혹은 거룩한 숫자라고 생각한다. 반면에 666은 적그리스도의 숫자로 간주한다. 이스라엘이 이집트에서 430년 동안 종살이를 한 뒤부터 성경에서 430이란 숫자는 노예생활과 속박을 상징하기 시작했다. 40은 고통과 위기의 숫자인 동시에 한 세대를 상징하는 숫자다. 이처럼 우리는 일부 숫자들이 상징하는 바에 초점을 두어 텍스트를 해석하곤 한다. 창세기에서도 이러한 가능성에 마음을 열어 두고 본문을 읽어 내려간다면 말씀을 훨씬 더 풍요롭게 접할 수 있을 것이다.

창세기와 관련된 숫자 하나를 예로 들어 보자. 마태는 아브라함으로부터 다윗까지, 다윗에서 바벨론 포로생활까지, 포로생활에서 예수 그리스도의 시대까지를 각각 14대로 구분한다(마 1장). 그러나 구약에 기록된 계보를 추적해 보면, 14대씩 균형 있게 구분되지 않는 것을 알 수 있다. 실제로 아브라함과 예수님 사이에는 42대보다 더 많은 세대가 끼어 있다. 게다가 구약에서 "누구의 아들"이란 개념은 매우 유동적이다. 경우에 따라서는 몇 세대의 차이를 "아들"로 표현하기도 하기 때문이다.

그런데 14라는 숫자가 어떤 의미가 있기에 마태가 예수님의 계보를 14대씩 3개 시기로 제시한 것일까? 두 가지 이유에서다. 첫째, 마소라 사본은 숫자를 표기할 때 아라비아 숫자를 사용하지 않았다. 각 히브리어 알파벳이 고유 숫자를 의미하도록 해서 사용했다. 다윗의 히브리어 이름(דוד)에 사용된 알파벳에 해당되는 숫자를 더해 보면 14가 된다. 마태는 이러한 표현 방식을 통해 예수님은 참으로 다윗의 후손이심을 강조하고자 했다. 둘째, 창세기에서 숫자들이 상징하는 바를 바탕으로 추측해 보면 다음과 같은 이유를 도출해 낼 수 있다. 야곱은 라반의 집에 머물면서 두 아내를 위하여 14년 동안 종살이를 했다. 요셉은 17살 때 이집트로 끌려갔다가 14년째 되던 해인 30세 때 국무총리가 되었다. 창세기에서는 14가 속박과 억압의 숫자인 것이다. 이러한 배경을 바탕으로 마태가 예수님의 계보를 14—14—14대로 정리한 것은, 죄의 노예가 되어 고통받고 있던 인류에게 그들을 묶고 있는 모든 억압의 사슬을 끊고 자유케 하실 구세주가 오셨다는 점을 강조하고자 했던 게 아닐까?

구약의 연대에 대하여서도 생각해 보자. 인간이 창조된 해를 원년(anno mundi, "창조의 해로부터")으로 간주했을 때 구약은 다음과 같은 연대기를 사용한다(Blenkinsopp).

| | |
|---|---|
| 아담과 하와 탄생(창 1:26-27) | 1년 |
| 셋의 탄생(창 5:3) | 130년 |
| 노아의 탄생(창 5:28) | 1056년 |
| 셈의 탄생(창 5:32) | 1556년 |
| 노아의 홍수(창 7:6, 11) | 1656년 |
| 땅에서 물이 빠짐(창 8:13) | 1657년 |
| 아르박삿의 탄생(창 11:10) | 1658년 |
| 데라의 탄생(창 11:24) | 1876년 |

| | |
|---|---|
| 아브람의 탄생(창 11:26) | 1946년 |
| 아브람의 가나안 입성(창 12:4-5) | 2021년 |
| 야곱 집안의 이집트 행(창 47:9) | 2236년 |
| 이집트 탈출(출 12:40-41) | 2666년 |
| 장막 건축(출 40:1-2, 17) | 2667년 |
| 시내 광야 출발(민 10:11) | 2668년 |
| 모세의 죽음과 가나안 입성 | 2706년 |
| 솔로몬의 성전 건축 시작(왕상6:1) | 3146년 |
| 바벨론 귀양 | 3576년 |
| 성전 재건 결정 | 3626년 |
| 성전 헌당 | 4000년(주전 164년) |

위 연대표에 의하면 아담과 하와가 창조된 이후 4000년 되는 해에 이스라엘 사람들이 안티오코스 4세에[13] 의해 훼손되었던 성전을 정결하게 하여 주님께 헌당했다. 이때가 주전 164년이다. 4000년에 정확히 3분의 2에 해당되는 해가 2667년인데, 이때 이스라엘이 이집트에서 출발하여 광야에서 장막을 지었다. 성경은 이스라엘이 이집트에서 종살이한 햇수를 430년이라고 하는데, 솔로몬이 성전 건축을 시작한 해로부터 이스라엘 민족이 포로가 되어 바빌론으로 끌려가던 해까지가 또한 430년이다. 이스라엘이 이집트를 떠나온 때부터 솔로몬의 성전 건축이 시작되던 해까지가 480년인데, 솔로몬 성전이 건축되기 시작한 해로부터 귀향민들이 바빌론에 의하여 파괴되었던 성전을 재건하기로 결정한 때까지가 480년이다. 이처럼 각 시대 사람들의 삶과 이스라엘 역사의 주요 이벤트들이 신기하게도 특정 숫자들을 중심으로 관계를 맺고 있음을 알 수 있다. 성경의 세계에서는 숫자들이 신비한 면모를

13 시리아를 중심으로 했던 셀레우코스 왕조의 왕으로 주전175-164년에 군림했다. 그는 유대인들과 예루살렘 성전에 엄청난 비극을 초래한 사람이었다(cf. 단 11장; 외경 마카비 1서).

드러냄을 염두에 두고 책을 읽어야 한다.

마지막으로, 창세기를 읽으며 염두에 두어야 할 것은 "족보"(generations)라는 개념이다.[14] 족보의 히브리어 톨레돗(תּוֹלְדֹת)은 창세기에서 섹션을 구분하는 표제로 11차례 사용되었다(2:4; 5:1; 6:9; 10:1; 11:10, 27; 25:12, 19; 36:1, 9; 37:2). 이 단어가 책을 세분화시키는 기능을 하는 것은 확실하지만, 그 기능을 정의하기는 쉽지 않다.[15] 이 단어가 상당히 다양한 역할을 하고 있기 때문이다. 앞서 기록된 내용과 연관되거나(5:1) 그 섹션의 중심인물과 연관되거나(6:9) 아니면 뒤따르는 내용의 중심인물의 아버지와 연관되어 있는(11:27) 등 상당히 다양한 면모를 보인다. 게다가 이 단어는 짤막한 직선 계보(linear genealogy: 한 세대에 대표자 한 사람만 언급하는 계보; cf. 5:1; 11:10) 혹은 단층 계보(segmented genealogy: 각 세대의 자손 여럿을 동시에 나열하는 계보; cf. 25:12; 36:1)뿐만 아니라, 긴 이야기와 연관되어 사용되기도 하며(2:4; 6:9; 11:27; 25:19; 37:2), 이 두 가지를 섞어 놓은 텍스트에서도 사용된다(10:1-11:26)(cf. Wilson). 이 단어가 사용된 곳을 살펴보면, 그다지 필요하지 않은 곳에서도 쓰여 오히려 글의 흐름을 끊어 놓는 듯한 느낌을 주기도 한다(e.g. 36:1, 9). 한편, 서로 다른 장르나 내용을 하나로 묶는 역할도 하는 듯하다. 예를 들면, 6장 9절은 직접적인 연관성이 없어 보이는 셋의 계보(5:1-32)와 하나님의 인류 심판 결정(6:1-8)을 함께 묶는 역할을 하는 것이다(Wilson).

톨레돗의 기능이 이처럼 다양하다 보니 단어의 정확한 의미와 역할은 아직도 학자들 사이에 논란이 되고 있다. 개역한글이 톨레돗 한 단어를 다섯 개 다른 단어로 번역한 것을 보면 이 단어의 의미를 정확히 규정하는 것이 얼마나 힘든가를 알 수 있다: 대략(2:4; 36:1); 계보(5:1);

---

14 개역개정은 이 단어를 주로 "족보"(6:9; 10:1; 11:10, 27; 25:12, 19; 36:1, 9; 37:2)로 번역했지만, 일부 "내력"(2:4)과 "계보"(5:1)로 번역하기도 했다.

15 창세기에서 이 단어가 11차례 사용된 점을 근거로 하여 어떤 학자가 창세기 1장 1절에서 37장 2a절까지가 원래 11개의 토판에서 도입된 것이며 모세가 여기에 요셉 이야기를 더한 것이라고 주장하기도 했다(Harrison).

사적(6:9); 후예(10:1; 11:10, 27; 25:12, 19); 약전(37:2). 이같이 의미적 다양성과 폭넓은 기능을 가졌음에도 불구하고 톨레돗이 창세기에서 지속적으로 사용되었던 것은 저자가 이야기를 전개해 나갈 때 이 단어를 전략적으로 사용하고 있음을 암시한다(Wilson). 이 단어의 사용이 창세기의 구조에 결정적인 영향을 미친 것이다(cf. 구조 섹션). 그래서 창세기의 구조를 논할 때, 많은 학자가 이 단어의 사용을 기준으로 섹션을 구분한다. 학자들은 이 단어가 저자가 창세기를 저작하면서 인용한 출처에서 텍스트를 도입할 때 함께 따라온 것이라는 데는 공감하지만, 출처에 기록된 내용 전부가 몇 개로 나뉘어 창세기 곳곳에 삽입된 것인지, 아니면 일부분만 선별적으로 책에 반영된 것인지에 대해서는 의견이 분분하다. 한 가지 확실한 것은 이 단어가 사용될 때마다 새로운 섹션이 시작되거나, 이때까지 전개된 이야기가 마무리됨을 알린다는 점이다.

톨레돗의 다양한 기능이 어떻게 정의되든 간에 단어의 가장 기본적인 의미는 "족보"이다. 그렇다면 창세기는 왜 이렇게 족보에 깊은 관심을 쏟는 것일까? 무엇보다도 이스라엘의 역사가 시작되기 전에 세상의 역사가 어떻게 진행되어 왔는가를 보여 주기 위해서일 것이다.

이러한 사실은 우리의 존재성과도 깊은 연관이 있다. 사람의 가치와 자존감을 논할 때 가장 중요한 이슈는 아마도 "우리는 누구에게서/어디서 왔는가?"일 것이다. 창세기는 이 문제에 대하여 명쾌한 답을 제시하고 있다: "인간은 하나님께로부터 왔으며, 하나님의 형상대로 지음을 받았다." 그렇기 때문에 아무리 흉악한 자라도 사랑받을 자격이 있는 것이다.

## 6. 구조

창세기가 다양한 장르의 텍스트로 구성된 책이다 보니 보는 시각에 따라 성향과 구조를 매우 다르게 볼 수 있다. 베스터만(Westermann)은 창세기가 근본적으로 이야기체(Narrative)와 숫자체(Numerative), 두 가지 문체로 구성되어 있다고 주장한다. 숫자체는 계보(목록)와 나이 등에 관한 기록을 뜻한다. 창세기의 구조를 연구하는 데 있어서 계보의 위치가 매우 중요하다는 것은 모두가 인정하는 바이다. 심지어 "창세기의 플롯은 계보다"라고 주장하는 학자도 있다(Steinberg). 그러나 이 책 안에는 시/노래도 많이 등장한다(2:23; 3:14-19; 4:23-24; 9:25-27; 16:11-12; 25:23; 27:27-29, 39-40; 49:1-27). 실제로 창세기를 포함한 오경의 전체 구조를 보면 시/노래가 중요한 위치에 전략적으로 배치된 듯한 느낌을 받는다.

창세기뿐 아니라 오경 전체에서 반복되는 장르의 변화를 가장 정확하게 정리한 학자는 세일해머(Sailhamer)다. 세일해머는 아브라함의 이야기가 시작되는 창세기 12장에서 모세의 죽음을 언급하는 신명기 34장 사이에 다음과 같은 사이클이 반복되고 있음을 발견했다: (1) 이야기(Narrative) — (2) 시/노래(Poetry) — (3) 끝말(Epilogue). 이러한 구조에서 시/노래는 이때까지 진행된 이야기가 곧 마무리될 것임을 알리는 기능을 담당한다.

**선조들의 이야기**(창 12-50장)

창 12-48장 사건의 전개(Narrative)
창 49장 야곱의 노래: 예언(Poetry)
창 50장 끝말(Epilogue)

**출애굽 이야기**(출 1-15장)

출 1-14장 사건의 전개(Narrative)
출 15:1-21 모세와 미리암의 노래(Poetry)
출 15:22-27 끝말(Epilogue)

**광야 이야기**(출 16장–민 36장)

| | |
|---|---|
| 출 16장–민 22장 | 사건의 전개(Narrative) |
| 민 23–24장 | 발람의 노래: 예언(Poetry) |
| 민 25–36장 | 끝말(Epilogue) |

**출애굽 2세들을 위한 율법 강론**(신 1–34장)

| | |
|---|---|
| 신 1–31장 | 강론과 설득(Narrative) |
| 신 32–33장 | 모세의 노래: 축복(Poetry) |
| 신 34장 | 끝말(Epilogue) |

위와 같은 사이클의 반복이 창세기 1–11장에서도 상당 부분 포착된다. 오경은 이 사이클의 반복을 염두에 두고 최종적으로 정리되었음을 암시하는 듯하다. 그러므로 특별한 경우가 아니라면, 이와 같은 경계선들을 존중하면서 창세기의 구조를 논하는 것이 바람직하다. 다음 내용을 참조하라(Sailhamer).

**천지창조 이야기**(1–2장)

| | |
|---|---|
| 1:1–2:22 | 사건의 전개(Narrative) |
| 2:23 | 아담의 노래(Poetry) |
| 2:24 | 끝말: 결혼에 대한 설명(Epilogue) |

**첫 인간들의 타락 이야기**(3장)

| | |
|---|---|
| 3:1–13 | 사건의 전개(Narrative) |
| 3:14–19 | 하나님의 심판(Poetry) |
| 3:20–24 | 끝말: 보충 설명(Epilogue) |

**가인과 아벨 이야기**(4장)

4:1-22 사건의 전개(Narrative)

4:23-24 라멕의 노래(Poetry)

4:25-26 끝말(Epilogue)

위 내용을 중심으로, 창세기는 다음과 같은 역사적 순서대로 구성된 책으로 이해될 수 있다. (1) 창조의 과정 설명(1:1-2:3), (2) 인류의 등장과 발전 그리고 타락(2:4-11:26), (3) 이스라엘 선조들의 삶(11:27-50:26)(Sarna). 비슷한 맥락에서 해밀턴(Hamilton)은 창세기를 인류의 시작(generation)(1-2장)에서 타락(degeneration)(3-11장)으로, 최종적으로 회심(regeneration)(12-50장)에 이르는 책으로 이해한다.

한편, 창세기를 소명/부르심(calling)의 책으로 간주하는 부르그만(Brueggemann)은 다음과 같은 구조를 제시한다. (1) 하나님의 주권적인 부르심(The Sovereign Call of God)(1:1-11:29), (2) 하나님의 껴안으시는 부르심(The Embraced Call of God)(11:30-25:18), (3) 하나님의 갈등적인 부르심(The Conflicted Call of God)(25:19-36:43), (4) 하나님의 숨겨진 부르심(The Hidden Call of God)(37:1-50:26).

위 학자들 모두 창세기의 가장 자연스러운 구분을 1-11장과 12-50장으로 의식하고 있는 것이다. 실제로 창세기의 구조를 가장 간략하게 분석하자면 다음과 같다.

I. 인류 역사의 시작(1-11장)
  A. 천지창조(1-2장)
  B. 인간의 타락(3-11장)
    1. 원인(3장)
    2. 결과(4-11장)

II. 선조들의 이야기(12–50장)
A. 아브라함 이야기(12–25장)
B. 야곱 이야기(26–36장)[16]
C. 요셉 이야기(37–50장)

그러나 이미 언급한 것처럼 11차례나 등장하는 톨레돗(תּוֹלְדֹת; 계보/대략)의 위치를 무시하고 책의 구조를 파악하는 일은 어떠한 경우에라도 정당화될 수 없다(Wilson; cf. Westermann; Sailhamer; Walton; cf. 2:4; 5:1; 6:9; 10:1; 11:10, 27; 25:12, 19; 36:1, 9; 37:2).

천지창조 이야기(1:1–2:3)를 따로 취급하면, 톨레돗이 처음 등장하는 2장 4절부터 책의 끝인 50장 26절까지의 구조를 다음과 같이 분석할 수 있다. 개역한글판에서 톨레돗(תּוֹלְדֹת)을 번역한 단어를 따옴표로 표시하였다.

천지창조 이야기(1:1–2:3)
천지의 창조된 "대략"(2:4–4:26)
아담 자손의 "계보"(5:1–6:8)
노아의 "사적"(6:9–9:29)
노아의 아들 셈과 함과 야벳의 "후예"(10:1–11:9)
셈의 "후예"(11:10–26)
데라의 "후예"(11:27–25:11)
이스마엘의 "후예"(25:12–18)
이삭의 "후예"(25:19–35:29)
에돔의 "대략"(36:1–8)

16 이삭의 이야기는 독자적으로 분리되지 않고, 아브라함과 야곱의 이야기 속에 편입되었다.

에서의 "대략"(36:9-37:1)[17]
야곱의 "약전"(37:2-50:26)

또한 톨레돗을 기준으로 1-11장을 분석해 보면, 다음과 같은 규칙적 패턴을 발견하게 된다(Kikawada & Quinn). 이 구조에서 아벨이 죽은 후 하와가 셋을 얻게 된 일(4:25-26)만이 예외적이다.

A. 천지창조(1:1-2:3)
  톨레돗 = 하늘과 땅(2:4)
B. 아담과 하와(2:5-3:24)
  톨레돗 = 하와의 아들들(4:1-2)
C. 가인과 아벨(4:3-16)
  톨레돗 = 가인의 후손들(4:17-22)
C′. 라멕의 교만과 셋의 탄생(4:23-24; 4:25-26)
  톨레돗 = 아담/셋의 후손들(5:1-32)
D. 노아의 홍수(6:1-9:29)
  톨레돗 = 열방 족속들(10:1-32)
E. 흩어짐(11:1-9)
  톨레돗 = 셈의 후손들(11:10-26)

선조들의 이야기가 전개되는 과정도 분명 톨레돗(תּוֹלְדֹת)의 사용과 연관이 있어 보인다. 1-11장의 구조에서 셋의 탄생 이야기(4:25-26)가 예외적이었던 것처럼 다음 구조에서는 에서의 두 톨레돗이 예외적으로 하나로 취급된다(Wenham).

---

17 36장에 등장하는 두 가지 "에서의 족보"를 하나로 묶어 취급하는 학자들도 있다(Wilson; Waltke; Walton). 그러나 36장 9절에서의 족보의 기능을 감안하면 이 섹션을 둘로 구분하는 것이 바람직하다(cf. Mathews).

셈의 톨레돗(11:10–26)

아브라함 이야기(데라의 톨레돗)(11:27–25:11)

이스마엘의 톨레돗(25:12–18)

야곱 이야기(이삭의 톨레돗)(25:19–35:29)

에서의 톨레돗(36:1–8; 36:9–37:1)

요셉 이야기(야곱의 톨레돗)(37:2–50:26)

이처럼 톨레돗은 창세기의 구조를 파악하는 중요한 단서가 된다.

창세기는 또한 평행적 구조와 교차대구법적 구조가 매우 광범위하게 사용된 책이기도 하다(Rendsburg; cf. Dorsey).[18]

| 섹션 | 범위 | 구조 |
|---|---|---|
| 원시적 역사 | 1:1–11:26 | 평행(alternating) |
| 아브라함 이야기 | 11:27–22:24 | 교차대구법(concentric) |
| 연결 자료 | 23:1–25:18 | 35:23–36:43a와 평행(alternating) |
| 야곱 이야기 | 25:19–35:22 | 교차대구법(concentric) |
| 연결 자료 | 35:23–36:43a | 23:1–25:18과 평행(alternating) |
| 요셉 이야기 | 37:2–50:26 | 교차대구법(concentric) |

각 섹션의 내용을 조금 더 구체적으로 살펴보자. 원시적 역사(1:1–11:26)는 다음과 같은 평행적 구조를 지녔다(Rendsburg). 다만 E′과 D′의

18 원시적 역사(1–11장)와 선조들의 이야기(12–50장)를 평행적 구조로 보는 견해도 있다. 이 관점이 안고 있는 가장 큰 문제는 2장 4절에 등장하는 톨레돗을 무시해야 한다는 점이다. 다음을 참조하라(Blenkinsopp).

| 하늘과 땅(1:1–4:26) | 데라(아브라함)(11:27–25:11) |
|---|---|
| 아담(5:1–6:8) | 이스마엘(25:12–18) |
| 노아(6:9–9:29) | 이삭(야곱)(25:19–35:29) |
| 노아의 아들들(10:1–11:9) | 에서—에돔(36:1–37:1) |
| 셈(11:10–26) | 야곱(요셉)(37:2–50:26) |

위치가 바뀌어 있다.[19]

| A. 창조, 아담에게 임한 하나님의 말씀(1:1–3:24) | A′. 홍수, 노아에게 임한 하나님의 말씀(6:9–9:17) |
|---|---|
| B. 아담의 아들들(4:1–16) | B′. 노아의 아들들(9:18–29) |
| C. 기술/문명 사회의 발전(4:17–26) | C′. 인종적 사회의 발전(10:1–32) |
| D. 아담에서 노아까지 10대(5:1–32) | E′. 몰락: 바벨탑(11:1–9) |
| E. 몰락: 네피림(6:1–8) | D′. 노아에서 데라까지 10대(11:10–26) |

원시적 역사(1–11장)가 평행적 구조를 지닌 반면, 12장에서부터 시작되는 선조들의 이야기는 각각 교차대구법적 구조를 지녔다. 책 대부분을 차지하는 아브라함, 야곱, 요셉의 사이클이 모두 상당한 짜임새와 통일성을 보이는 것이다. 선조별 이야기 구조는 다음과 같다(cf. Rendsburg; Dorsey; Mathews; Waltke).

19 이와 비슷하지만 조금은 다르게 제시된 평행적 구조도 있다(Waltke). 이 구조는 Rendsburg의 구조보다 다소 부자연스러운 느낌을 준다(cf. B, B'; C, C').

A. 창조 이야기: 첫 시작; 신적 축복(1:1–2:3)
  B. 아담의 죄: 벌거벗음; 바라봄/부끄러움을 가림(2:4–3:24)
    C. 살해된 의로운 동생 아벨의 자손이 없음(4:1–16)
      D. 죄인 가인의 후손들(4:17–26)
        E. 선택받은 아들 셋의 자손들: 아담에서 노아까지 10대(5:1–32)
          F. 몰락: 경건치 못한 결합(6:1–4)
            G. 노아에 대한 간략한 소개(6:5–8)
A'. 홍수 이야기: 역(逆)창조; 새로운 시작; 신적 축복(6:9–9:19)
  B'. 노아의 죄: 벌거벗음, 바라봄/부끄러움을 가림; 저주(9:20–29)
    C'. 의로운 동생 야벳의 자손들(10:1–5)
      D'. 죄인 함의 후손들(10:6–20)
        E'. 선택받은 아들 셈의 자손들: 노아에서 데라까지 10대(10:21–32)
          F'. 몰락: 반역적인 결합(바벨탑)(11:1–9)
            G. 인류를 축복하실 통로 아브라함에 대한 간략한 소개(11:27–32)

**아브라함 이야기**

A. 데라의 계보(11:27–32)
  B. 아들 약속과 아브라함의 신앙생활 시작(12:1–9)
    C. 아브라함의 사라에 대한 거짓말(12:10–20)
      D. 롯이 소돔에 정착함(13:1–18)
        E. 아브라함의 롯을 위한 소돔과의 전쟁(14:1–24)
          F. 아브라함과의 언약—이스마엘 탄생 예고(15:1–16:16)
          F′. 아브라함과의 언약—이삭 탄생 예고(17:1–18:15)
        E′. 아브라함의 소돔과 롯을 위한 중보(18:16–33)
      D′. 롯이 소돔을 떠남(19:1–38)
    C′. 아브라함의 사라에 대한 거짓말(20:1–18)
  B′. 아들 탄생과 아브라함 신앙의 클라이맥스(21:1–22:19)
A′. 나홀의 계보(22:20–24)

**야곱 이야기**

A. 어려운 출산—야곱 탄생(25:19–34)
  B. 이방인 왕실에 머문 리브가—이방인과 언약(26:1–35)
    C. 야곱이 에서를 두려워함(27:1–28:9)
      D. 메신저 등장: 벧엘(28:10–22)
        E. 하란에 도착(29:1–30)
          F. 야곱의 아내들이 자식을 낳음(29:31–30:24)
          F′. 야곱의 짐승들이 새끼를 낳음(30:25–43)
        E′. 하란을 떠남(31:1–55)
      D′. 메신저 등장: 얍복강(32:1–32)
    C′. 야곱이 에서를 두려워함(33:1–20)

B′. 이방인 왕실에 머문 디나—이방인과 언약(34:1–31)

A′. 어려운 출산—야곱이 이스라엘이 됨(35:1–22)

**요셉 이야기**

A. 서론: 꿈꾸는 자 요셉(37:2–11)

B. 야곱이 요셉의 죽음을 슬퍼함(37:12–36)

C. 유다와 다말(38:1–30)

D. 이집트인이 요셉을 노예로 삼음(39:1–23)

E. 요셉이 이집트의 구원자가 됨(40:1–41:57)

F. 형제들이 이집트를 찾음(42:1–43:34)

G. 요셉이 형제들을 시험함(44:1–34)

G′. 요셉이 형제들에게 자신을 밝힘(45:1–28)

F′. 야곱이 이집트를 찾음(46:1–27)

E′. 요셉이 야곱 집안의 구원자가 됨(46:28–47:12)

D′. 요셉이 이집트인들을 노예로 삼음(47:13–31)

C′. 야곱이 요셉과 유다를 편애함(48:1–49:28)

B′. 요셉이 야곱의 죽음을 슬퍼함(49:29–50:14)

A′. 결론: 부양자 요셉(50:15–26)

위에서 보는 바와 같이 창세기는 보는 시각에 따라 매우 다양한 구조를 제시한다. 그러나 이러한 다양성에도 불구하고 역력히 드러나는 것은 책의 통일성이다. 문서설이 주장하는 것처럼 창세기가 다양한 문서들이 조합된 책이라고 보기에는 텍스트의 점착성(cohesiveness) 수준이 너무 높은 것으로 생각된다.

따라서 창세기의 성향과 특성을 종합적으로 고려하여 다음과 같은 골자로 책을 주해해 나가고자 한다.

I. 아담에서 데라까지(1:1–11:26)
  A. 하늘과 땅의 창조(1:1–2:3)
    1. 창조주와 창조(1:1–2)
    2. 6일 동안 진행된 창조(1:3–31)
    3. 일곱째 날–거룩한 날(2:1–3)
  B. 동산의 안과 밖(2:4–4:26)
    1. 동산 안에 있는 사람들(2:4–25)
    2. 동산에서 쫓겨난 사람들(3:1–24)
    3. 동산 밖에 거하는 사람들(4:1–26)
  C. 아담의 자손들(5:1–6:8)
    1. 서론: 창조와 축복(5:1–2)
    2. 아담에서 노아까지(5:3–32)
    3. 결론: 번성과 타락(6:1–8)
  D. 노아와 가족들(6:9–9:29)
    1. 노아와 그의 세계(6:9–12)
    2. 다가오는 심판과 방주(6:13–7:10)
    3. 심판의 물결(7:11–24)
    4. 노아가 방주를 떠남(8:1–19)
    5. 예배와 약속의 말씀(8:20–22)
    6. 새로운 질서와 언약(9:1–17)
    7. 노아와 아들들(9:18–29)
  E. 열방과 바벨탑(10:1–11:9)
    1. 열방 목록(10:1–32)
    2. 바벨탑(11:1–9)
  F. 셈의 후손들(11:10–26)
    1. 홍수 이후의 셈(11:10–11)
    2. 셈의 자손들(11:12–26)

II. 아브라함 이야기(11:27-25:11)

A. 아브람의 시작(11:27-32)

B. 아브람의 부르심과 순종(12:1-9)

C. 이집트로 내려간 아브람과 사래(12:10-13:1)

D. 아브람과 롯의 분가(13:2-18)

E. 아브람이 롯을 구함(14:1-24)

F. 언약 체결(15:1-21)

G. 아브람의 첫아들 이스마엘(16:1-16)

H. 언약의 증표 할례(17:1-27)

I. 심판과 은혜(18:1-19:38)

J. 그랄로 간 아브라함과 사라(20:1-18)

K. 약속의 아들 이삭(21:1-21)

L. 아비멜렉과 맺은 협정(21:22-34)

M. 아브라함의 시험(22:1-19)

N. 나홀의 가족(22:20-24)

O. 사라의 죽음(23:1-20)

P. 이삭의 아내 리브가(24:1-67)

Q. 아브라함의 죽음과 장례(25:1-11)

III. 이스마엘의 집안(25:12-18)

IV. 이삭의 가정: 야곱과 에서(25:19-35:29)

A. 탄생과 장자권(25:19-34)

B. 이삭의 속임수와 갈등(26:1-35)

C. 훔친 축복과 야반도주(27:1-28:9)

D. 벧엘에서의 축복과 약속(28:10-22)

E. 라반이 야곱을 속임(29:1-30)

F. 야곱의 자녀들(29:31-30:24)
G. 야곱의 가축들(30:25-43)
H. 야곱이 라반을 속임(31:1-55)
I. 브니엘에서 생긴 일(32:1-32)
J. 에서와의 상봉과 세겜 정착(33:1-20)
K. 세겜 사람들과의 갈등(34:1-31)
L. 하나님의 축복과 라헬의 출산과 이삭의 죽음(35:1-29)

V. 에서의 집안(36:1-8)
A. 에서의 가족들(36:1-5)
B. 에서의 세일 이주(36:6-8)

VI. 에서와 에돔(36:9-43)
A. 에서의 후손들(36:9-14)
B. 에서의 족장들(36:15-19)
C. 세일의 아들들과 족장들(36:20-30)
D. 에돔의 왕들(36:31-39)
E. 에서의 족장들(36:40-43)

VII. 야곱의 가정: 요셉과 형제들(37:1-50:26)
A. 요셉의 어린 시절(37:1-36)
B. 유다와 다말(38:1-30)
C. 이집트로 내려간 요셉(39:1-23)
D. 요셉이 감옥에서 꿈을 해몽함(40:1-23)
E. 요셉이 바로의 꿈을 해몽함(41:1-57)
F. 형제들이 이집트를 찾음(42:1-43:34)
G. 요셉이 형제들에게 자신을 밝힘(44:1-45:28)

H. 야곱이 요셉과 상봉함(46:1-47:12)

I. 요셉이 이집트를 경영함(47:13-31)

J. 야곱의 축복(48:1-49:28)

K. 야곱의 죽음과 장례(49:29-50:14)

L. 요셉의 마지막 날들(50:15-26)

# I. 아담에서 데라까지:
## 인류의 실패 행진곡(1:1-11:32)

독자들이 성경의 첫 책인 창세기를 열자마자 맨 먼저 접하게 되는 것은 여호와 하나님의 존재하심을 입증할 만한 논리나 증거 제시가 아니다. 하나님의 존재하심을 증명하고자 하는 변증적 기능은 성경의 중요 목적이 되지 못하는 것이다. 오히려 모세는 책의 첫 사건으로 창조 이야기(1:1-2:3)를 다룸으로써 창조주 하나님의 존재를 전제(前提)하며, 이 전제하에 하나님은 어떤 분이신가에 대해 묘사해 나간다. 그러므로 정경을 시작하는 첫 번째 책인 창세기의 첫 이야기는 독자들에게 여호와가 온 세상을 창조한 창조주이심을 고백하거나 이 전제에 동의해 줄 것을 요구하고 있다고 할 수 있다. 즉 성경은 불신자들이 읽어도 많은 것을 얻을 수 있는 책이지만, 근본적으로 하나님을 믿고 고백하는 신자들을 위하여 쓰인 책인 것이다.

성경에 기록된 첫 번째 이야기인 천지창조 이야기를 살펴보면, 세상이 어떻게 창조되었는가를 회고하면서도 초점은 피조세계가 아닌 세상을 창조하신 창조주께 맞추어져 있음을 확실히 알 수 있다. 저자는 이야기의 초점을 창조주께 맞춤으로써 독자들에게 위대한 창조주께 경배와 찬양을 드리도록 권면하고 있는 것이다(Levenson). 또한, 이 위대한 창조주는 훗날 시내 산에서 이스라엘과 특별한 관계를 맺으실 것이다. 그러므로 주님이 이곳에서 모습을 드러내는 것은 곧 시내 산 언약 체결을 암시하고 있다고 할 수 있다(cf. Sailhamer).

저자는 여호와 하나님이 언제, 어떻게, 무슨 목적으로 이 세상을 창조하셨는가를 회고한다. 그러나 이 이야기를 해석해 나가며 염두에 두어야 할 점은, 하나님의 놀랍고도 신비로운 창조 능력이 인간의 언어를 통해 서술되다 보니 표현과 묘사에 있어서 상당한 제한이 있을 수밖에 없다는 사실이다. 그러므로 우리는 하나님이 세상을 어떻게 창조하셨는가를 논함에 있어 최선을 다하지만, 창조 사역의 신비를 다 밝혀낼 수는 없다는 사실을 인정해야만 한다(Sarna). 여호와 하나님은 인간의 어떠한 언어로도 정확히 표현될 수 없는 놀라운 일을 하셨기 때문이다.

창조에 관한 전설과 신화는 고대 근동에서 흔히 발견되는 장르이다(cf. ANET). 그러나 성경의 창조 이야기는 몇 가지 측면에서 근동의 창조 신화들과 현저한 차이가 있다. 가장 기본적인 차이점은, 근동의 신화들에서는 하늘에서 신들 사이에 일어났던 일이 천지창조에 지대한 영향—예를 들어, 신들 사이에 벌어진 갈등으로 세상이 탄생하였다는 등—을 끼친 요소로 등장하는데, 성경의 창조 이야기에는 그러한 요소가 전혀 없다는 것이다. 또 한 가지 중요한 차이는, 근동의 신화들이 대체로 천지창조 이전에 세상을 지배했던/채웠던 혼돈과 무질서(chaos)에 대하여 상당히 자주 언급하는 것에 반해 성경의 창조 이야기는 이러한 무질서의 존재를 전혀 인정하지 않고 있다는 사실이다. 또한, 고대 근동인들이 흔히 우상화했던 해, 달, 별 등을 성경은 모두 피조물에 불과하다고 말한다.

이처럼 성경의 창조 이야기는 당시 주변 문화를 지배하던 여러 창조론에 일침을 가하는 반론적(polemic) 성향을 분명히 띠고 있다. 그러나 여호와께서 천지를 창조하신 이야기를 전투적이거나 논쟁적인 언어로 표현하지 않고 매우 평온하고 차분한 언어로 회고하고 있다(Cassuto). 마치 진리가 아닌 것들은 때가 되면 스스로 무너지고 붕괴하고 말 것이라는 확신에서 비롯된 여유로움의 표현인 듯하다.

아쉬운 점은 1-11장에 기록된 사건들을 입증할 만한 고고학적 물증이나 역사적 자료들이 아직 발견되지 않았다는 점이다. 이 섹션을 뒷받침할 만한 구체적인 역사적 물증들을 요구하는 것 자체가 무리일지도 모른다. 왜냐하면, 텍스트의 성향이 옛적에 있었던 일들에 대한 과학적인 설명이라기보다 하나님의 창조 섭리를 노래하는 시에 가깝기 때문이다(cf. 1장 주해 섹션). 실제로 1-11장에 기록된 이야기들이 진행되는 동안 얼마만큼의 시간이 흘렀는지조차 알 수 없다. 그래서 폰라트(von Rad)는 창세기 1-11장을 "초월한 역사"(supra history; 시대를 도저히 가늠할 수 없는 역사라는 뜻)라고 불렀다(cf. Brueggemann).[20]

그럼에도 불구하고 본 텍스트를 저자의 의도에 따라 바르게 이해하려면, 우리는 이 섹션 또한 성경의 여느 내러티브(narrative)처럼 역사성을 전제로 하고 있음을 인정해야 한다. 저자가 이 섹션을 역사성을 전제로 읽기를 요구하고 있기 때문이다. 이러한 차원에서 창조 이야기는 성경의 다른 메시지들처럼 믿음을 요구한다. 세상은 시간이 지나면서 우연히 생겨난 것이 아니라 전능하신 창조주가 자신의 계획과 의지에 따라 처음부터 아름답게 빚어낸 걸작품이라는 것이다. 그렇다면 우리가 창조 이야기를 읽는 것은 천지창조의 의미를 추구하는 행위일 뿐만 아니라 동시에 신앙적인 입장을 선언하는 일이 되는 것이다(Levenson). 어떤 신앙적 입장을 선언한단 말인가? 세상은 창조주 하나님의 계획과 섭리에 의해 만들어진 특별한 의미를 지닌 곳이라는 입장의 선언이다. 창조주 하나님은 스스로 존재하며 전지전능하시고, 이 세상의 한 부분이 아니라 세상을 초월하여 존재하시는 분이다.

---

20 일부 학자들은 창세기 안에서 1-11장이 갖는 독특성을 의식하여 이 부분을 따로 구분하여 연구한 결과를 출판하기도 했다(cf. Fretheim; Gowan; Rogerson; Miller).

창세기 1-11장을 읽다 보면, 시간이 흐를수록 인간이 짓는 죄의 강도가 높아진다는 사실을 깨닫게 된다. 선악과 사건(3장)이 기록하고 있는 인류의 첫 번째 죄는 불순종이다. 이후 인류는 살인, 그것도 형제를 살해하는 죄를 범한다(4장). 사람이 땅 위에 번성할수록 거룩함과 경건이 많아져야 할 텐데 죄만 더 많아졌다(6장). 결국, 하나님은 오염된 인류와 세상을 더 이상 방치할 수 없어서 타락한 세상을 심판하셨다(7장). 그러나 그 후에도 인간은 죄짓는 일을 멈추지 않았고, 죄의 정도가 더욱 심해졌다. 바벨탑 사건을 통하여 하나님의 권위에 도전장을 내밀었던 것이다. 이 기간의 죄를 요약하면, 불순종(선악과)—살인(가인과 아벨)—온 인류의 전적인 부패(노아의 홍수)—하나님의 권위에 대한 노골적 도전(바벨탑)이 된다.

시간의 흐름에 따라 인간이 저지르는 죄의 강도가 높아지는 만큼 하나님의 심판 수위도 높아져만 갔다. 하나님은 최초의 인간인 아담과 하와가 죄를 짓자 그들을 낙원에서 추방하셨다(3장). 동생 아벨을 살해한 가인에게 땅에서 피하며 유리하는 자의 삶을 살도록 판결하셨다(4장). 온 땅이 인간에 의하여 부정하게 되자 물로써 땅 위의 모든 생명을 쓸어버리셨다(6-9장). 하나님은 흩어짐을 면하고자 탑을 쌓았던 인간들을 흩으심으로써 그들이 함께하지 못하게 하셨다(11장). 이 기간 하나님의 심판을 요약하면, 내쫓음(아담과 하와)—방랑케 함(가인의 살인)—물로 쓸어버림(노아의 홍수)—같이 있지 못하게 함(온 인류)이 된다.

한 가지 재미있는 현상은 1-11장에 수록된 죄 이야기들은 대체로 동일한 양식을 취하고 있다는 점이다. 유독 바벨탑 이야기만 형벌 완화 내용이 포함되어 있지 않다. 바벨탑 사건으로 인해 하나님의 분노가 극에 달했었기 때문일까? 다음 도표를 참조하라(Sailhamer).

| | 죄 | 심판 선언 | 형벌 완화 | 심판 집행 |
|---|---|---|---|---|
| 최초의 죄 | 3:6 | 3:14-19 | 3:21 | 3:22-24 |

| 가인의 살인 | 4:8 | 4:11-12 | 4:15 | 4:16 |
|---|---|---|---|---|
| 노아의 홍수 | 6:6, 11 ff. | 6:7, 13-21 | 6:8, 18 ff. | 7:6-24 |
| 바벨탑 사건 | 11:4 | 11:6 ff. | | 11:8 |

이미 서론에서 언급한 것처럼 1-11장은 다음과 같은 평행적 구조를 지녔다(Rendsburg).[21] 저자는 이 구조를 통해 인류가 비슷한 역사를 반복하고 있음을 시사한다. 인류는 하나님이 주신 기회와 축복(A, A′)을 제대로 활용하지 못하고, 숫자가 많아지고(B, B′) 발전을 거듭할수록(C, C′) 오히려 더 많은 죄를 지을 뿐이다(E, E′). 그래서 하나님은 온 인류보다는 한 집안의 후손을 중심으로 구원의 역사를 이루어 가기 시작하신다(D, D′).

A. 창조, 아담에게 임한 하나님의 말씀(1:1-3:24)
  B. 아담의 아들들(4:1-16)
    C. 기술/문명사회의 발전(4:17-26)
      D. 아담에서 노아까지 10대(5:1-32)
        E. 몰락: 네피림(6:1-8)
A′. 홍수, 노아에게 임한 하나님의 말씀(6:9-9:17)

21 다음과 같은 분석도 가능하다.
A. 천지창조(1:1-2:24)
  B. 아담과 하와의 죄와 심판(3:1-24)
    C. 가인 추방(4:1-26)
      D. 계보(5:1-32)
        E. 노아 홍수(6:1-8:22)
A'. 재창조(9:1-17)
  B'. 함의 죄와 심판(9:18-28)
    C'. 인류 추방/흩음(11:1-9)
      D'. 계보(10:1-32; 11:10-29)
이 구조에 의하면 1-11장의 초점은 노아 홍수에 맞추어져 있다. 노아 홍수를 기점으로 인류는 홍수 이전의 죄와 삶의 방식을 답습하고 있다. 즉, 온 인류와 짐승들을 쓸어버리는 홍수도 인간의 근본적인 성향을 고치지 못했던 것이다.

B′. 노아의 아들들(9:18-29)

C′. 인종적 사회의 발전(10:1-32)

E′. 몰락: 바벨탑(11:1-9)

D′. 노아에서 데라까지 10대(11:10-26)

다음 이슈와 질문들을 마음에 두고 창세기 1-11장을 읽으면 그만큼 얻는 것이 많아질 것이다. 첫째, 저자는 하나님이 세상을 창조하실 때 모든 것을 아름답게 만드셨다고 회고한다. 그는 1장에서 "좋았더라/심히 좋았더라"는 말을 반복적으로 사용한다(1:4, 10, 12, 18, 21, 25, 31). 하나님도 당신의 작품에 만족하신 것이다. 그러나 이후 죄로 말미암아 인간과 자연은 하나님의 심판과 저주를 받게 되었다. 그렇다면 오늘날 우리가 살아가는 이 세상은 아직도 "좋은 것"인가? 아니면 이제는 더 이상 좋은 것이 아닌가? 즉 창세기 3장을 기준으로 나뉜 전후 세상은 얼마나 비슷하며 또 동시에 얼마나 다른가?

둘째, 많은 시편이 자연에 하나님을 찬양하는 데 동참하라고 권면한다. "강들도 손뼉을 치고, 산들도 함께 큰소리로 환호성을 올려라. 주님께서 오신다"(시 98:8-9a, 새번역) 등. 시편의 이러한 사상과 창세기 1-3장에 기록된 천지창조는 어떠한 연관이 있을까? 시편 기자들이 단순히 은유법으로 이 표현을 사용한 것일까? 아니면 C. S. 루이스(C. S. Lewis)가 《나니아 연대기》(The Chronicles of Narnia)에서 암시한 것처럼 처음에는 모든 피조물이 하나님을 찬양할 수 있는 능력을 가졌었단 말인가? 바울이 로마서에 기록한 말씀이 떠오른다.

> 피조물이 고대하는 바는 하나님의 아들들이 나타나는 것이니 피조물이 허무한 데 굴복하는 것은 자기 뜻이 아니요 오직 굴복하게 하시는 이로 말미암음이라 그 바라는 것은 피조물도 썩어짐의 종 노릇 한 데서 해방되어 하나님의 자녀들의 영광의 자유에 이르는 것이니라 피조물이

> 다 이제까지 함께 탄식하며 함께 고통을 겪고 있는 것을 우리가 아느니라 그뿐 아니라 또한 우리 곧 성령의 처음 익은 열매를 받은 우리까지도 속으로 탄식하여 양자 될 것 곧 우리 몸의 속량을 기다리느니라(롬 8:19-23).

셋째, 죄가 이 세상에 들어오게 된 동기는 무엇인가? 언제 들어왔는가? 아담과 하와가 선악과를 나누어 먹을 때 세상에 들어온 것일까? 아니면 그 이전부터 이미 존재하고 있었을까? 또한, 조직신학에서 말하는 "원죄"란 과연 무엇이고, 아담의 후손들에게 어느 정도 영향을 미쳤을까? 예수님을 믿는 자들과 원죄의 관계는 어떠한가?

넷째, 하나님은 노아 시대 때 타락한 인류를 물로 심판하셨다. 그러나 인간은 하나님의 심판과 징벌에 아랑곳하지 않고 계속 더 심하게 타락해 갔다. 심지어 바벨탑을 쌓음으로써 하나님의 절대 권위에까지 도전했다. 하나님은 날로 타락해만 가는 인류에 대하여 어떤 계획을 가지고 계셨는가? 하나님의 권위에 도전하는 것을 두려워하지 않는 인류에게 과연 소망은 있는 것일까?

다섯째, 하나님이 세상 모든 민족 가운데 한 집안/민족을 선택하신 기준은 무엇인가? 어떤 기준에 의하여 한 민족을 택하고 다른 민족들은 버리셨는가? 무엇을 근거로, 같은 집안사람들 중에 누구는 택하고, 누구는 버리시는가? 이러한 선택 기준은 장차 인류의 구세주로 오실 메시아의 사역과 어떠한 연관이 있는가?

여섯째, 인간의 수명은 과연 어느 정도가 적절한가? 태초의 인간들은 매우 오래 살았다. 몇백 년은 보통이었다. 그러나 이후 인간의 수명이 급격하게 줄어들었다. 무엇 때문일까? 하나님이 인간을 어느 정도 살다가 죽도록 디자인하신 것일까?

이러한 질문들을 마음에 두고, 성경에서 가장 난해한 부분이라 할 수 있는 창세기 1-11장을 포함한 창세기 전체를 살펴보고자 한다.

이 섹션은 다음과 같이 구성되어 있다.

A. 하늘과 땅 창조(1:1-2:3)
B. 동산의 안과 밖(2:4-4:26)
C. 아담의 자손들(5:1-6:8)
D. 노아와 가족들(6:9-9:29)
E. 열방과 바벨탑(10:1-11:9)
F. 셈의 후손들(11:10-26)

I. 아담에서 데라까지(1:1-11:32)

## A. 하늘과 땅의 창조(1:1-2:3)

"천지는 언제, 어떻게, 무슨 목적으로 창조되었는가?"

이 질문은 유대인이나 기독교인들만 묻는 것은 아니다. 온 인류가 태초부터 끊임없이 던져 온 질문이기도 하다. 각 문화는 이 질문에 답하기 위하여 신화를 만들기도 하고, 전설을 지어내기도 했다. 성경은 창조 이야기를 어떻게 회고하는가? "우리는 어디서 왔으며, 어디로 가고 있는가?" 본문은 우리로 하여금 이러한 질문을 하도록 만든다.

본 텍스트는 독자들에게 천지창조에 대한 가르침을 주기 때문에 교훈적(didactic) 내러티브이지만 동시에 창조주를 찬양하도록 하는 송축적(doxological) 노래이며, 역사적인 정보를 제공하기에 역사적(historical) 내러티브라고 할 수 있다. 동시에 창조주 하나님을 찬양하므로 찬송적(hymnic)이라고 할 수 있다(Levenson). 또한, 학자들은 이 섹션에서 다양한 문구와 사건 전개 순서가 지속적으로 반복되는 것을 보고 1장은 내러티브가 아닌 시/노래 혹은 내러티브 노래(narrative poem)로 부르기도 한다(Cassuto; cf. Brueggemann; Fretheim). 텍스트를 해석할 때 장르를 정확히 파악하는 것이 매우 중요한데, 1장의 장르에 대하여 논란의 여지가 아직도 상당히 남아 있는 것이다. 그러므로 우리는 1장의 내용을 정확하게 해석하고 이해하기 위하여 최선을 다하면서도 다른 가능성에 대하여도 어느 정도 마음을 열어 놓아야 한다.

태초의 첫 일주일 동안 있었던 일을 회고하는 창세기 1장 1절부터 2장 3절까지 3, 7, 10 등 숫자를 매우 특별하고 짜임새 있게 사용하여 텍스트에 통일성과 점착성(cohesive)이 더해졌다(Cassuto). 숫자가 쓰인 예를 보면 다음과 같다. 첫째, 본 텍스트는 하나님이 천지를 7일 동안 창조하셨던 일을 기본 틀로 삼고 있다. 둘째, 섹션의 첫 문장인 1장 1절은 히브리어 단어 7개로, 두 번째 문장인 2절은 14(=7x2)개로 구성되어 있다. 셋째, 이 섹션의 마지막 단락이자 7번째 날에 대하여 기록하고 있는 2장 1–3절은 히브리어 단어 35(=7x5)개로 구성되어 있으며, "일곱째 날"(יוֹם הַשְּׁבִיעִי)이란 표현을 3차례 사용했다. 넷째, 창조에 사용된 7일 중 첫 6일은 두 그룹(1–3일과 4–6일)으로 나뉜 3일 사이클이 반복되는 구조를 띠고 있으며, 마지막 날(7일)에는 평행적 대칭이 없다. 다섯째, 이 섹션에서 하나님은 정확히 10차례 말씀하였으며(אמר), 세상을 창조하기 위하여 7번 명령하였고, 사람에 관하여 3가지를 선언하셨다. 또한 "보시기에 [심히] 좋았더라"가 7차례 등장한다.

이처럼 3, 7, 10을 짜임새 있게 사용한 것은 본문의 통일성을 보여줄 뿐만 아니라 하나님의 창조 사역이 완벽하고 완전했음을 강조하기 위해서다. 인류의 타락으로 망가지기 전에 있었던 피조세계는 창조주 하나님의 완벽하심과 완전하심에 대한 증언이었던 것이다. 오늘날 우리는 망가진 자연을 보고도 그분의 지혜와 멋에 감탄하는데, 망가지기 전의 자연은 어떠했을까? 상상조차 할 수 없을 정도로 놀랍고 아름다웠을 것이다.

하나님이 태초에 세상을 어떻게 창조하셨는가를 회고하고 있는 본 텍스트는 다음과 같이 구분될 수 있다.

A. 창조주와 창조(1:1-2)
B. 6일 동안 진행된 창조(1:3-31)
C. 7번째 날—거룩한 날(2:1-3)

I. 아담에서 데라까지(1:1-11:32)
A. 하늘과 땅의 창조(1:1-2:3)

## 1. 창조주와 창조(1:1-2)

**[1] 태초에 하나님이 천지를 창조하시니라 [2] 땅이 혼돈하고 공허하며 흑암이 깊음 위에 있고 하나님의 영은 수면 위에 운행하시니라**

유대교와 기독교의 경전인 성경이 하나님의 존재 여부를 논하거나 변호하지 않은 채 존재를 이미 전제(前提)하고서 첫 문장을 시작한다는 것이 매우 인상적이다. 이 같은 사실은 고대 근동의 신화들이 신들의 기원에 대해 많은 관심을 두고 있는 것과 매우 대조적이다. 이것은 모세가 이 책을 믿지 않는 사람들에게 신앙을 변증할 목적으로 쓰지 않고, 하나님을 믿고 따르는 주님의 자녀들에게 주님께 합당한 경배와 찬양을 드리게 하도록 썼으며, 동시에 하나님의 가르침과 교훈을 전달하기 위해 저작했음을 암시한다. 성경은 독자들로 하여금 창조주이자 통치자이신 하나님을 찬양하고 경배하도록 유도하는 책이기 때문에 하나님에 대한 올바른 믿음과 고백이 없이는 이 책을 제대로 읽을 수 없다.

오늘날 신학계에 혼돈과 혼란이 가득하게 된 데는 여호와 하나님을 유일하게 존재하시는 신으로 믿지 않는 사람들이 신학을 하게 된 것도 큰 요인으로 작용했다고 할 수 있다. 이들은 성경 저자들의 전제를 수용하지 않은 채 출발하기 때문에 당연히 저자들이 하는 말에 대하여 비관적이고 부정적일 수밖에 없다. 여호와를 유일하신 하나님으로, 예수 그리스도를 유일하신 구세주로 믿는 사람들만이 기독교 신학을 올바로 연구할 수 있다.

구약에서 "태초/시작"(רֵאשִׁית)은 자주 "종말/끝"(אַחֲרִית)과 함께 쌍으로 사용되며, 이것은 이 둘 사이에 시간이 존재함을 의미한다(욥 8:7; 42:12; 전 7:8; 사 46:10 등). 이러한 맥락에서 "태초에"(בְּרֵאשִׁית)(1절)는 피조세계의 시작을 알리는 표현인 동시에 창조된 세상과 인류 역사에 "종말"(אַחֲרִית)이 있음을 암시한다고 하겠다(Sailhamer). 즉 모세는 인류 역사가 태초에 시작되었으며, 태초에 시작된 역사는 종말을 향해 가고 있음을 말하고 있는 것이다. 또한, 역사가 진행되는 과정에서 빚어지는 모든 일은 우연히 일어난 것이 아니라 창조주 하나님이 태초에 계획하신 뜻에 따라 진행되는 것에 불과하다. 하나님이 태초에 천지를 창조하고 역사를 시작하셨을 때부터 역사가 종말을 향해 가도록 디자인하셨기 때문이다. 또한 "태초에"(In the beginning)는 "종말에"(In the end)와 쌍을 이루지 않는 한 별 의미가 없다(Köhler). 크리스천으로서 이러한 사실을 마음에 품고 산다면, 세상이 아무리 험악하고 미래가 불투명해 보일지라도 결코 좌절할 필요가 없다. 역사란 분명 하나님의 계획에 따라 주께서 세우신 목표를 향해 가고 있는 것임을 알기 때문이다.

창조 이야기를 시작하면서 창조주에 대하여 "여호와"라는 언약적 성호를(이 성호는 2장 4절에 가서야 등장함) 사용하지 않고 "하나님"(אֱלֹהִים)이라는 성호를 사용한 것은 창조의 주체와 객체의 구분을 암시하기 위해서이다. "하나님"(אֱלֹהִים)은 창조주를 나타내는 복수(複數) 형태의 성호이며, 이 창조주는 우주의 통치자일 뿐 아니라 자기가 창조한 피조물들로부터 철저하게 구분된 매우 특별하고 거룩한 존재임을 의미한다(Waltke). 학자들은 주님의 이러한 성향을 강조하기 위하여 사용되는 복수형 성호 "하나님"(אֱלֹהִים)을 "위엄적 복수"(plural of majesty)라고 부른다(Mathews; cf. Cassuto). 복수형 성호는 이스라엘의 하나님이 여러 명이라는 뜻이 아니라 그 누구/무엇과도 견줄 수 없는 영광과 위엄을 가지신

분이라는 사실을 강조하기 위한 고유적 표현이다. 이처럼 세상 그 누구와도 비교할 수 없는 위대하신 창조주가 우리 아버지가 되셨다는 사실은 참으로 놀라운 일이 아닐 수 없다.

'창조하다'라는 뜻의 동사 바라(ברא)(1절)는 구약에서 하나님의 사역과 연관해서만 사용되며 새로운 행위/활동을 의미한다(NIDOTTE). 이 동사는 피조물이 어떠한 모델을 따라 만들어진 것이 아니라 항상 새롭다는 것과 피조물이 세상에 존재하게 된 이유는 오직 하나님의 의지에 의한 것임을 강조한다(cf. HALOT). 새로움(newness) 혹은 갱신/회복(renewing)을 이루어 내시는 하나님의 사역을 묘사하는 매우 역동적인 동사인 것이다(Mathews). 또한, 동사 바라(ברא)는 항상 피조물을 목적어로 사용하고, 그 피조물의 구성 물질을 목적어로 삼는 일은 없다(Sarna; Fretheim).

창세기의 창조 이야기(1:1–2:3)에서 바라(ברא)가 6차례 쓰였다(1:1, 21, 27[3x]; 2:3). 많은 주석가들이 이 동사를 '만들다'라는 뜻의 아사(עשה)와 구별하여, '바라'는 무에서 유를 창조하는 행위(creatio ex nihilo)를, '아사'는 이미 존재하는 재료를 사용하여 새로운 형태로 빚어 내는 행위를 의미한다고 주장한다. 그러나 이 동사들이 성경에서 사용된 예를 살펴보면 설득력이 별로 없는 주장임을 알 수 있다. 창조 이야기에서는 두 동사가 서로 교체될 수 있는 비슷한 말로 사용되고 있기 때문이다(cf. 1:26–27; 2:3). 한편 많은 사람이 하나님의 창조 사역은 이미 오래전에 끝난 것으로 간주하지만, 주님의 창조 사역은 오늘도 계속되고 있다. 특히 죄인이 회심하고 돌아올 때마다 하나님의 창조 사역이 새로운 빛을 발한다.

"하늘과 땅"(אֵת הַשָּׁמַיִם וְאֵת הָאָרֶץ)(1절)은 대조되는 두 단어로 구성된 쌍(merismus)이며 온 세상을 뜻한다(cf. 시 89:11). 당시 사람들이 생각할 수 있는 가장 높은 곳(하늘)과 가장 낮은 곳(땅)을 언급함으로써 그 사이에 있는 모든 것들을 포괄적으로 포함하여 온 세상을 뜻하게 된 것이다.

이 쌍에 정관사가 붙어 있을 때는 사람이 눈으로 관측할 수 있는 조직화된 우주를 뜻하며 모든 우주적인 현상들을 상징한다(cf. NIDOTTE). 우주의 모든 사물과 현상이 하나님의 창조 섭리에 의하여 진행되고 있음을 시사하는 것이다(Sarna).

하나님의 창조 사역이 시작되던 순간, 땅은 아직 생명을 지탱할 수 없는 환경이었다. "혼돈과 공허"(תֹהוּ וָבֹהוּ)(2절)는 아직 땅에 생명이 없을 뿐만 아니라, 생명을 생산할 능력도 지니지 않았음을 뜻한다(Tsumura). 일부 학자들은 혼돈과 공허가 하나님이 천지를 창조할 때 사용하셨던 물질을 뜻한다고 주장한다(Friedman). 한마디로 무에서 유를 창조(creatio ex nihilo)하셨다는 전통적인 고백을 인정하지 않는 것이다. 그러나 "혼돈과 공허"는 하나님이 무에서부터 창조하셨으나 아직 형체를 알아볼 수 없는 상태에 있던 땅을 묘사한 표현이다.

"혼돈과 공허"는 오늘날 우리가 살고 있는 질서적이며 조직화된 우주("하늘과 땅," 1절)와 극명한 대조를 이룬다. 하나님은 앞으로 진행될 6일 동안의 창조 사역을 통해 이 불모지를 생기와 생명으로 가득 채우실 것이다. 학자들 대부분은 첫째 날부터 셋째 날까지의 창조 사역은 혼돈(תֹהוּ) 문제를, 넷째 날부터 여섯째 날의 사역은 공허(בֹהוּ) 문제를 해결했다고 해석한다. 혼돈은 하나님이 창조하신 것들이 뒤섞여 있어서 아직 생명을 생산해 낼 수 없는 상황을 묘사한 것으로, 뒤섞인 것들을 나누고 구분하여 생명을 생산할 수 있도록 질서와 한계를 정해 주시는 하나님의 사역을 필요로 한다. 공허는 피조세계에 질서와 한계가 확립되긴 했지만, 아직 텅 비어 있는 상태를 묘사한 것으로, 텅 빈 공간을 풍성한 생명으로 가득 채우시는 하나님의 사역을 필요로 한다.

어떤 사람들은 천지창조에 혼돈과 공허(תֹהוּ וָבֹהוּ)(2절)라는 과정이 있는 것 자체를 문제로 여긴다. 전능하신 하나님이 왜 창조 사역을 한순간에 완벽하게 끝내지 않으시고, 한동안 땅을 혼돈하고 공허한 채 버려두셨느냐는 것이다. 그러나 하나님이 혼돈과 공허가 먼저 있게 하시고, 이것들에 질서와 충만을 부여하여 변화시켜 가심이 특별히 문제가 될 것은 없다. 이런 논리로 생각한다면, 천지창조도 6일이나 걸릴 필요없이 한순간에 하셨어야 할 것이다.

우리가 기억해야 할 것은 창조의 과정과 방식이 창조주 하나님의 고유 권한이라는 사실이다. 예수님도 맹인들을 때로는 한 번에(cf. 마 9:27–30), 때로는 점차적으로(cf. 막 8:23–25) 치유하시지 않았던가! 아울러 창조 이야기의 요지는 하나님이 사용하신 방법이 아닌 하나님의 계획에 따라서 온 세상에 펼쳐진 질서와 하모니에 있다는 것을 기억해야 한다.

성경에서 "흑암"(חֹשֶׁךְ)(2절)은 악, 불행, 죽음, 망각 등을 뜻하기도 한다(욥 10:20–22; 시 88:11–13; 사 5:20, 30; 8:22; 9:1; 렘 3:2; 습 1:15). 본문에서 흑암은 단순히 빛의 부재가 빚어내는 어둠이 아니라 세상을 어둡게 하는 독특한 물질을 의미한다는 해석도 있다(Sarna). 이 해석에 의하면, 흑암이라는 물질이 없으면 세상에 빛이 사라져도 어둠이 존재하지 않게 된다. 그러나 모세는 생명을 상징하는 빛과 대조되는 어둠이 땅을 덮고 있었다는 사실을 강조하기 위해서 흑암이라는 단어를 사용했던 것이다. 따라서 본문에서는 흑암을 빛에 대조되는 어둠으로 해석하는 것이 바람직하다(cf. Fretheim). 빛은 하나님의 피조물이지만 흑암은 피조물이 아니며 천지창조에서 독립된 것이라고 주장하는 사람도 있지만(Hamilton), 이사야는 흑암도 하나님의 피조물이라 선언하고 있으며 이것을 문자 그대로 받아들이는 것이 바람직하다(사 45:7).

"깊음"(תְּהוֹם)(2절)은 한때 땅 밑 깊숙한 곳에 있었던 심해(abyssal water) 혹은 대양(ocean)으로 이해된다(Cassuto). 노아의 홍수 때 이 "깊음"에서 물이 흘러나와 세상을 심판하는 하나님의 도구가 되었다(7:11; 8:2). 흑암이 빛과 대조되는 것처럼 깊음은 땅과 대조된다. 흑암과 깊음은 생명을 생산하는 빛과 땅에 반대되는 개념들인 것이다(Waltke). 하나님은 생명을 잉태하는 빛과 땅을 창조하셨지만, 생명을 위협하는 흑암과 깊음도 창조하셨다. 신앙생활에서 중립이란 없다. 생명을 주는 빛을 추구하지 않으면, 어느 순간에 생명을 위협하는 흑암이 엄습해 올 것이다.

"깊음"은 성경 어디에서도 정관사를 받지 않는다. 또한, 이 단어가 여성형의 형태를 지니지 않았음에도 불구하고 자주 여성 동사, 형용사와 함께 사용된다(창 7:11; 49:25; 신 33:19; 시 36:6; 사 51:10; 겔 31:4; 암 7:4). 깊음(תְּהוֹם)은 때로 의인화되기도 하고(창 49:25; 신 33:13; 합 3:10), 신화적인 정황에서 사용되기도 한다(사 51:10). 이처럼 깊음(תְּהוֹם)이 구약에서 고유명사로 취급되고 있는 듯하자 이 개념을 고대 근동 신화에 등장하는 용처럼 생긴 바닷괴물 티아맛(Tiamat)의 정경적 표현이라고 해석하는 학자들도 있다(Speiser; Friedman). 그러나 별로 설득력이 있는 주장은 아니다(Fretheim). 또한, 설령 이 개념이 고대 근동 신화 속 괴물에서 비롯되었다 할지라도 성경은 철저하게 이것을 비신화화하여 사용하고 있다. 특히 창세기의 창조 이야기가 고대 근동 신화들이 주장하는 내용들을 반박하고 있다는 점을 감안하면(cf. Cassuto), 이러한 사실이 더욱더 확실해진다. "깊음"은 하나님이 창조하신 세상을 위협하는 괴물이 아니라 여느 피조물과 마찬가지로 하나님의 작품에 불과하다. 깊음이 어떻게 창조되었는가에 대해 성경이 밝히고 있지는 않지만, 잠언 기자가 8장 22-24절에서 깊음도 하나님의 피조물이라고 선언한 바 있기 때문이다.

학자들 사이에 "하나님의 영"(רוּחַ אֱלֹהִים)(2절)에 대한 논란은 지금도 끊이지 않고 있다. 논쟁의 근원은, 영(靈)으로 번역되는 히브리어 루아크도 헬라어 프뉴마처럼 '영/신'이라는 뜻과 함께 '바람'이란 뜻도 가졌기 때문에 문맥에 따라 의미를 결정해야 한다는 데 있다(cf. 8:1). 본문을 "영"으로 해석한다면 우리는 성령이 천지창조 사역에 깊이 관련되어 있었다는 결론을 내리게 된다. 반면에 단순히 비인격적인 요소인 "바람"으로 해석할 경우, 창조 이야기에는 성령이 함께하지 않았던 것으로 간주해야 한다. 전통적으로 탈무드(Hagiga 12a)를 포함한 유대인 문헌들은 영 대신 바람으로 해석하는 것을 선호해 왔다. 유대인들은 삼위일체를 믿지 않기 때문이다. 그러나 삼위일체 하나님을 믿는 보수적인 기독교인들은 영/신을 선호한다. 영어 번역본들도 견해가 나뉘어 있다: "바람"(NRS; JPS; RSV), "영"(KJV; NIV; NAS).

문맥을 감안할 때, 본문에서는 영으로 해석하는 쪽이 더 설득력이 있다(Cassuto; Hamilton; Mathews). 이유는 이러하다. 첫째, 하나님이 천지를 창조하실 때, 처음에는 비인격적이며 생동감이 없는 것들을 창조하셨다가(2절), 3절 이후부터 이것들을 생동감 있게 획기적으로 변화시키셨는데 이 과정이 시작되기 전에 하나님의 임재와 생명으로 가득한 무언가가 세상을 감싸고 있었기 때문이다. 이것이 바로 하나님의 영이다. 둘째, 2절에서 하나님의 영과 함께 쓰인 동사 "운행하다"(רחף)는 구약에서 창세기와 신명기 단 두 곳에서 각각 한 절씩만 사용되었는데, 신명기 32장 11절에서 이 동사가 제시하는 이미지는 어미 독수리가 새끼들을 보호하기 위하여 둥지 위에서 맴도는 모습이기 때문이다. 매우 인자하고 자상한 모습이다(Cassuto). 어미 독수리의 이 같은 모습은 비인격적이고 차가운 바람의 모습과는 거리가 멀다(cf. Sailhamer). 그러므로 "운행하다"(רחף)는 따뜻하며 자비와 생동감으로 가득한 "영"과 훨씬 더 잘 어울리는 동사이다.

자신들의 신학적 정체성에서 율법을 가장 중요하게 여기는 유대인들에게 정경이 율법 이야기가 아닌 천지창조 이야기로 시작된다는 사실이 시사하는 바는 매우 크다.

> [중세기 랍비] 라쉬(Rashi)는 토라(Torah: 오경을 뜻하는 유대인들의 용어)가 유월절을 지키라는 명령으로(cf. 출 12장) 시작할 수 있었지만 그렇게 하지 않고 창조 이야기로 시작한다는 점에 의미를 부여했다. 토라가 창조 이야기로 시작하는 것은 여호와가 온 세상의 주인이심을 확인하기 위함이며, 이 점이 선포되어야 하는 이유는 하나님은 이스라엘에 약속의 땅

을 주실 수 있는 권한을 가지신 분이심을 확인하기 위함이다. 필자는 토라가 율법이나 계명으로 시작하지 않고 이야기로 시작하는 것은 율법과 계명이 하나님이 이스라엘에 토라를 주신 유일한 이유가 아님을 시사한다고 생각한다. 토라가 담고 있는 역사적 이야기들은 율법과 계명만큼이나 중요하며, 율법은 결코 역사적 이야기들에서 분리될 수 없는 것이다(Friedman).

십계명이 "어떻게 하라"는 명령으로 시작하지 않고 "나는 너를 애굽 땅, 종 되었던 집에서 인도하여 낸 네 하나님 여호와"(신 5:6)라는 역사적 이야기로 시작한 점도 이러한 사실을 입증한다. 크리스천들도 자신들의 신앙과 윤리적 기준을 선진들이 물려준 신앙적 유산과 기독교의 역사적 흐름 속에서 주해하고 이해한다면, 훨씬 더 의미 있고 즐거운 생활을 할 수 있을 것이다.

I. 아담에서 데라까지(1:1-11:32)
A. 하늘과 땅의 창조(1:1-2:3)

## 2. 6일 동안 진행된 창조(1:3-31)

본문을 살펴보면 두 가지 패턴이 역력히 드러남을 알 수 있다. 첫 번째 패턴은 각 날의 창조 사역이 일정한 순서에 따라 진행되었다는 점에서 찾을 수 있다. 엿새 동안 천지창조(1:3-31)는 매일 다음과 같은 순서로 반복 진행되었다. 일부 주석가들은 사건 전개 순서와 문장의 이 같은 반복을 1장이 시(詩) 혹은 내러티브 시임을 입증하는 근거라고 주장하기도 한다. 천지창조 이야기는 한 편의 시처럼 지속적으로 반복되는 후렴구를 통해 하모니를 이룸으로써 하나님이 천지를 창조하실 때 리듬과 하모니에 따라 섬세하고 아름답게, 그러나 절제된 힘과 능력으로 품위 있게 사역하셨음을 의미한다.

| 순서 | 사건 |
|---|---|
| 1 | 선언(서론): "하나님이 이르시되"(3, 6, 9, 11, 14, 20, 22, 24, 26, 28, 29) |
| 2 | 명령: "…이 되라/있으라" (3, 6, 9, 11, 14, 15, 20, 22, 24, 28, 30) |
| 3 | 완성: "…이 되니라/있으니라" (3, 7, 9, 11, 15, 24, 30) |
| 4 | 평가: "보시기 좋았더라"(4, 10, 12, 18, 21, 25, 31) |
| 5 | 시간의 흐름: "저녁이 되고 아침이 되니"(5, 8, 13, 19, 23, 31) |

위 도표에 기록된 순서의 의미를 생각해 보자. 6일 동안 지속된 창조는 매일 "하나님이 이르시되"라는 선언(#1)으로 시작된다. 짤막하나마 하나님이 말씀하셨다는 선언이 그날에 있을 창조의 시작을 알리고, 뒤이어 각 날에 무엇이 창조되었는가에 대한 설명이 이어진다. 하나님은 창조 노래를 부르는 솔리스트(solist)이시며, 내레이터는 반주자(accompanist)에 불과한 것이다(Hamilton). 모든 과정은 창조의 주인공이자 영웅이신 하나님의 뜻에 따라 선포된 말씀을 통해 진행된다.

내래이터의 선언(#1)은 하나님의 명령(#2)으로 이어진다: "…이 되라/있으라." 하나님의 영(cf. 2절)이 함께하시는 상황에서 하나님의 명령은 곧 그 누구도 저항할 수 없는 주님의 고유한 창조 능력이 된다(Waltke). 이때까지 세상을 덮고 있던 혼돈과 공허와 흑암은 하나님의 명령에 따라 아름답게 창조된 피조물들에 자리를 내주어야 한다. 마치 사람의 삶에 하나님의 말씀이 임하면 그를 지배하고 위협했던 모든 어둠과 혼돈과 공허가 사라지게 되는 것처럼 말이다.

이어지는 완성(#3)은 하나님이 명령하신 것이 어떠한 하자도 없이 그대로 이루어졌음을 강조한다. 처음 3일 동안, 하나님은 피조물들에 이름을 주셨다(예, "빛을 낮이라 부르시고, 어둠을 밤이라 부르시니라" 5절). 이름을 지어 주는 일은 주권을 확인하는 행위다(von Rad). 하나님이야말로 그 누구와 비교할 수 없는 절대적인 통치자이심을 강조하는 것이다. 또한 하나님은 빛과 어둠, 낮과 밤, 물과 땅, 물고기와 새 등을 나누셨다. 각 피조물의 본질과 역할에 따라 영역을 구분하여 주신 일은 주님이 새로운 피조물을 창조하신 일만큼이나 중요하다. 피조물이 각자에게 주어진 위치와 영역을 이탈하지 않고 한계를 초월하지 않을 때 세상의 질서가 유지되기 때문이다. 이처럼 적절한 영역과 한계를 유지하는 것은 자연계에서만 중요한 것이 아니라 인간 세상을 유지하는 데도 매우 중요하다. 율법이 남자가 입을 수 있는 옷과 입을 수 없는 옷들까지 구분하는 이유가 여기에 있다.

평가(#4)는 하나님이 창조하신 피조물들의 아름다움과 완성도에 스스로 매우 만족하셨음을 의미한다. 지으신 모든 것들이 아름답다는 뜻이다. 심지어 어둠(4-5절)까지도 아름다운 피조세계의 일부이다(Fretheim). 그러므로 창조주 하나님과 함께하는 한 인간은 세상 그 어떤 것에도 두려움을 느낄 필요가 없다. 피조세계가 하나님의 통치 아래 있는 한 모든 것이 조화를 이루어 아름다운 세상을 만들기 때문이다. 창조에 매우 만족하신 하나님이 마음껏 생육하고 번성하라고 피조물들에 축복해 주셨다(22절).

시간의 흐름(#5)은, 하나님은 분명 시간에 지배받지 않으시는 분임에도 불구하고 창조된 시간을 존중하신다는 것을 나타낸다. 하나님은 모든 것을 한순간에 창조하실 수도 있었는데, 그렇게 하시지 않고 6일에 걸쳐 시간의 흐름에 따라 창조하셨다. 우리 삶과 일에도 적절한 때와 시간의 흐름이 필요함을 시사한다. 사역자들은 하나님의 뜻을 구분하는 것보다 하나님의 때를 분별하는 것이 훨씬 더 어려운 일이라는 사실을 실감한다.

두 번째 패턴은 1-3일과 4-6일에 있었던 일들이 서로 대칭과 평행을 이루고 있다는 것에서 발견된다. 많은 사람이 하나님의 창조 사역의 목적(purpose) 내지 절정은 인간이라고 생각한다. 하나님이 인간에게 살아갈 곳을 주기 위하여 천지를 창조하셨다는 것이다. 그러나 태초 6

일이 만들어 내고 있는 패턴을 7일째와 비교해서 보면, 인간이 창조의 하이라이트라고 할 수는 있지만, 목적이나 절정은 결코 아님을 알 수 있다.

성경의 창조 이야기는 7일 주기를 사용하고 있는데, 이것은 고대 근동에서 흔히 쓰였던 유형이다. 주전 22세기에 남메소포타미아 지역에 위치했던 라가쉬(Lagash)의 왕 구데아(Gudea)가 7일간의 축제를 통해 신전을 제헌했다는 기록이 남아 있다(Sarna). 그 외에도 메소포타미아와 우가릿 문헌들이 7일 주기를 자주 언급한다. 어떤 일이 6일 동안 평범하게 진행되다가 7일째에 결정적인 변화를 일으키는 것이 당시의 가장 흔한 패턴이었다. 성경의 창조 이야기가 이처럼 근동에서 흔히 사용되었던 7일 주기를 채택하고는 있지만, 내용에 있어서는 매우 독특하다. 창조 이야기에서 나타나는 패턴과 유사한 7일 주기는 아직까지 어디에서도 발견된 적이 없다.

창세기 1장 3절부터 2장 3절까지 6일 동안 있었던 일을 살펴보면, 다음과 같이 1-3일과 4-6일이 대칭을 이루는 평행 사이클이 보인다.

<table>
<tr><td>첫째 날(3-5절): 빛<br>빛과 어두움이 나뉨(낮과 밤)</td><td>넷째 날(14-19절): 빛을 발하는 것들-해, 달, 별</td></tr>
<tr><td>둘째 날(6-8절): 궁창<br>궁창 위의 물과 아래의 물로 나뉨</td><td>다섯째 날(20-23절): 하늘의 궁창을 채우는 것들- 공중의 새<br>물들을 채우는 것들- 온갖 수중 생물들</td></tr>
<tr><td>셋째 날(9-13절): 땅과 바다로 나뉨<br>마른 땅(9-10절)<br>나무와 채소(11-13절)<br>(가장 낮은 수준의 생명 유형)</td><td>여섯째 날(24-31절):<br>마른 땅을 채우는 것들- 땅의 짐승(24-25절)<br>인간(26-31절)<br>(가장 높은 수준의 생명 유형)<br>인간에게 열매와 채소를 먹이로 주심(29절)</td></tr>
<tr><td colspan="2">일곱째 날(2:1-3): 안식일</td></tr>
</table>

위 분석에 의하면 대칭되는 쌍이 없는 일곱째 날은 따로 취급되어야 한다. 처음 6일 동안의 창조 이야기는 다음과 같이 구분된다.

A. 첫째 날(1:3–5)
  B. 둘째 날(1:6–8)
    C. 셋째 날(1:9–13)
A′. 넷째 날(1:14–19)
  B′. 다섯째 날(1:20–23)
    C′. 여섯째 날(1:24–31)

### (1) 첫째 날(1:3–5)

**[3] 하나님이 이르시되 빛이 있으라 하시니 빛이 있었고 [4] 빛이 하나님이 보시기에 좋았더라 하나님이 빛과 어둠을 나누사 [5] 하나님이 빛을 낮이라 부르시고 어둠을 밤이라 부르시니라 저녁이 되고 아침이 되니 이는 첫째 날이니라**

고대 근동에서 발견된 창조 신화들은 다음 네 가지로 정리될 수 있다(Hamilton). (1) 신(들)의 행동을 통한 창조, (2) 서로 갈등 관계에 있는 신적 세력들 간의 싸움을 통한 창조, (3) 탄생과 번성을 통한 창조, (4) 말씀을 통한 창조. 창세기 1–2장에 1번과 4번 유형이 반영된 것을 알 수 있다. 반면에 2, 3번 개념은 찾아볼 수 없다.

하나님의 말씀이 우주적인 침묵을 깨고 세상의 탄생을 예고했다. 하나님이 "말씀하셨다"는 것은 곧 "생각하셨다" 혹은 "계획하셨다" 심지어 "예언하셨다"라고까지 의미를 해석할 수 있으며, 이러한 표현은 하나님이 피조물로부터 완전히 분리된 독립체라는 점을 강조한다. 하나님의 말씀으로 창조된 피조물들은 결코 창조주와 동일시되거나 창조주의 일부가 될 수 없다(von Rad). 또한, 하나님이 특별한 노력이나 노동을 통해서 세상을 창조하시지 않고, 단순히 말씀을 통해 창조하셨다는 것은 피조세계가 그의 절대적인 주권 아래 놓여 있음을 암시한다.

하나님이 맨 처음 창조하신 것은 빛이다.[22] 성경에서 빛은 생명, 즐거움, 정의, 구원을 상징한다. 이 점을 감안할 때, 하나님이 제일 먼저 빛을 창조하셨다는 것은 성경의 전체적 사고와 잘 어울리는 듯하다. 태양이 존재하기 전에 빛이 있었다는 사실이 이해되지 않을 수 있다. 하지만 욥기 38장 19-20절, 이사야 30장 26절 등에 이 같은 상황이 언급되어 있다. 본문에서 언급된 빛이, 태양이 보이지 않는 흐린 날에도 어느 정도 밝은 현상을 가리킨 것이라고 생각하는 학자도 있지만(Sarna), 오늘날 우리가 경험하는 빛의 근원이 되는 태양이 존재하기 전에 이미 빛이 있었음을 시사한다고 생각된다. 그런 의미에서 한 유대 문헌은 빛은 하나님의 찬란한 영광 혹은 그의 임재에서 비롯된 것이라고 해석하기도 했다(Genesis Rabba 3:4). 빛이 태양에서 비롯된 것이 아니라 하나님에게서 유래되었기 때문에, 태양이 존재하기 전부터 이미 세상을 비출 수 있었던 것이다. 훗날 구세주로 오실 예수님도 하나님으로부터 비롯된 빛이라 불리셨다(요 1:4-5).

하나님의 "…이 있으라"는 명령은 "…이 있었고"(그대로 되니라)"로 연결된다(3절). 1장에서 이 표현은 7차례나 반복되는데, 온 세상이 하나님의 절대적인 권위에 순종하고 있음을 의미한다. 지존하신 하나님의 의지는 불가항력적이기에 주님의 말씀은 반드시 성취된다. 이러한 현상은 고대 근동의 창조 신화들이 묘사하는 신들 간의 끊임없는 갈등과 반역의 긴장 상태와는 매우 대조적인 모습이다. 성경은 모든 것이 하나님의 말씀/명령에 의해 순서에 따라 질서 있게 창조되었다는 사실을 강조한다.

---

22 하나님이 무에서 유를 창조하신 것(creato ex nihilo)이 아니라 이미 존재하던 물질을 사용하여 세상을 빚으셨다고 주장하는 학자들도 빛만큼은 무에서 유를 만들어 내는 원리에 따라 창조하셨다고 한다(Friedman).

"보시기에 좋았더라"(4절)는 피조세계가 하나님의 선하심을 반영하고 있음을 암시하는 표현이다. 좋으신(טוב) 하나님이 세상을 창조하실 때 아름답게, 당신의 선하심을 반영하도록 만드셨기 때문에 보시기에 좋았던 것이다. 또한 창조된 것들이 하나님 보시기에 "좋았다"(טוב)는 것은 하나님이 창조주이실 뿐만 아니라 평가자(재판관)이기도 하심을 뜻한다(cf. Fretheim). 창조주 하나님은 당신의 기준에 따라 세상을 판단할 수 있는 권한을 지니신 분인 것이다.

하나님의 천지창조 사역에는 일종의 흐름과 하모니가 있는 듯하다. C. S. 루이스의 《나니아 연대기》를 보면, 사자 아슬란이 노래로 나니아를 창조한다. 그가 높고 낮은 음으로, 길고 짧은 음절로 노래할 때마다 새로운 꽃과 풀, 나무와 동물 등이 창조되었다. 이는 창조 방식에 대한 매우 멋진 상상이며 창세기 본문이 루이스의 상상력을 뒷받침해 준 듯하다. 하나님도 세상을 창조하실 때 콧노래를 부르며 매우 기분 좋아하셨으리라.

하나님은 빛과 어두움을 나누셨고, 빛을 낮이라 어두움을 밤이라 이름하셨다(4절). 고대 근동의 정서에 의하면, 이름이 없다는 것은 존재하지 않는 것과 같은 의미였다. 바빌로니아의 창세 서사시인 에누마 엘리쉬(Enuma Elish)는 창조 이전 세계를 "위로는 하늘에 이름이 아직 주어지지 않았고, 아래로는 땅에 이름이 아직 주어지지 않았던 때"라고 묘사했고, 이집트에서 발견된 창조 신화는 이때를 "세상의 아무것도 이름이 지어지지 않은 시대"라고 서술했다(cf. ANET). 그러므로 하나님이 피조물에 이름을 지어 주신 것 자체가 창조 사역이며, 창조주와 피조물 사이에 형성된 관계를 확인하는 일이라고 할 수 있다(Fretheim). 또한, 고대 근동에서는 이름을 지어 주는 자가 이름을 받는 자를 통치하는 것을 전제했다(von Rad). 첫째 날에 하나님이 빛과 어둠을 창조하시고, 이것들에 이름을 지어 주신 것은 빛과 어둠에 대한 주님의 절대적 주권을 확인하고 계심을 의미한다. 창세기 2장에서는 하나님의 형상을 따라 창조된 아담이 생물들의 이름을 짓는 장면을 볼 수 있다.

동사 '나누다'(בדל)의 기본 개념은 구분하는 것이며(HALOT), 이것은 하나님의 창조 사역의 중요한 부분을 차지한다. 창조에는 서로 함께 있을 수 없는 것들, 즉 함께 있어서는 안 될 것들을 구별 짓는 행위(making of distinctions)가 포함된다(Friedman). 그래서 창세기의 창조 이야기에는 질서를 추구하는 다양한 구분/구별 행위들이 포함되어 있다: 빛과 어둠, 궁창 아래의 물과 궁창 위의 물, 낮과 밤, 남자와 여자 등이 그 예이다. 반면에 하나님의 아름다운 창조 섭리를 위협하는 죄 이야기(3장)에는 무질서를 향한 여러 가지 구분이 배어 있다. 하나님으로부터 쫓겨난 남자와 여자, 한 몸이었던 여자와 남자의 관계 분리, 땅으로부터 분리되는 남자, 동산에서 쫓겨나는 사람들(Hamilton).

"저녁이 되고 아침이 되니"(5절)라는 말씀에서 유래되어, 오늘날까지도 유대인들은 하루를 해가 진 다음부터 다음날 해가 질 때까지로 정의한다. 그러나 구약을 살펴보면 하루의 시작을 해가 뜰 때부터로 전제하는 곳도 있다(cf. 창 19:33-34; 삿 6:38; 21:4). 또한 "낮과 밤"이라는 표현이 "밤과 낮"이라는 표현보다 월등히 많이 사용된 것도 이러한 사실을 뒷받침해 준다.

그렇다면 본문의 "저녁이 되고 아침이 되니"라는 표현은 무엇 때문에 쓰였을까? 학자들은 이것이 하루라는 시간에 초점을 맞춘 표현이 아니라 하루가 저물고 다음 날이 시작되는 아침까지의 빈 시간을 염두에 둔 표현이라고 생각한다(de Vaux; Cassuto). 하나님은 천지를 창조하실 때, 하루에 해당하는 시간 일체를 사용하신 것이 아니라 하루 중 일부만 일에 쓰고 나머지 시간은 휴식하며 보내셨음을 암시한다. 아침은 지난밤의 불안했던 어둠을 매일 몰아내 줄 뿐만 아니라 피조물을 향한 창조주의 신실하심과 인자하심의 증거가 되기도 한다(cf. 8:22). 주의 자녀들에게는 하나님의 인자하심의 증거인 아침이 항상 찾아온다.

오늘날 우리에게 하루는 24시간을 뜻한다. 그런데 해와 달이 창조되기 전에 "하루"(יוֹם)는 얼마의 시간이었을까? 크게 세 가지 해석이 가능하다(cf. Hasel): (1) 24시간; (2) 지질학에서 말하는 세(世) 혹은 생물학에서 말하는 기(紀)(epoch/age); (3) 구체적인 시간/기간과 연관이 없는 문학적 표현. 처음 두 가지는 본문의 문맥과 정황에 어울리지 않으며, 과학적으로 설명할 수도 없다(cf. Fretheim). 그래서 대부분의 학자는 세 번째 해석을 수용한다(Hamilton; Sailhamer; Mathews). 이 해석은, 하루가 창조에 소요되는 실제적인 시간이나 순서를 강조하기 위한 시간이 아니며, 세상이 하나님의 주권에 의하여 신적 질서에 따라 순서적으로 창조되었다는 사실을 인간이 이해할 수 있는 언어로 설명하기 위해 쓰인 표현이라고 한다(Waltke). 즉, 6일 동안 기록된 창조의 순서를 실제적인 순서로 간주할 필요가 없으며, 하루를 일정한 시간/기간으로 해석할 의무도 없다는 것이다.[23] 창세기 1장의 장르와 내용을 감안할 때, 아직까지 가장 설득력 있는 해석으로 여겨진다.

I. 아담에서 데라까지(1:1-11:32)
A. 하늘과 땅의 창조(1:1-2:3)
2. 6일 동안 진행된 창조(1:3-31)

(2) 둘째 날(1:6-8)

**[6] 하나님이 이르시되 물 가운데에 궁창이 있어 물과 물로 나뉘라 하시고 [7] 하나님이 궁창을 만드사 궁창 아래의 물과 궁창 위의 물로 나뉘게 하시니 그대로 되니라 [8] 하나님이 궁창을 하늘이라 부르시니라 저녁이 되고 아침이 되니 이는 둘째 날이니라**

23 트론트베이트(Throntveit)는 처음 5일에 관한 언급에서 정관사(הַ)가 사용되지 않았다는 사실을 창세기 1장에 기록된 창조의 순서가 실제 순서가 아닐 수 있음을 시사하는 증거로 간주한다. 비슷한 맥락에서 아처(Archer)는 6일째 되는 날에 비로소 정관사가 사용된 것은 이때부터 우리가 이해하는 "하루/날"(24시간)이 시작되었음을 의미한다고 풀이한다.

둘째 날에 하나님은 궁창(רָקִיעַ)을 만드셔서 하늘의 물과 땅의 물로 나뉘게 하셨다. 궁창이 무엇인가? 안타깝게도 이 단어의 의미가 성경에 명확하게 나타나지 않는데다가 다른 셈족어에서도 이 단어의 사용이 전혀 발견되지 않아 정확하게 정의하기는 어렵다(cf. Delitzsch; Wenham). 궁창을 욥기 37장 18절은 "거울 같이 단단한 것"이라고 하고, 이사야 40장 22절은 "차일(차양)"이라고 부른다. 궁창의 동사형은 "쇠를 망치로 두들겨 늘리며 펴다"이다(NIDOTTE). 이에 근거하여 태초에 하나님이 하늘을 [망치로 두들겨] 펼쳐 나가신 모습을 묘사한 것으로 해석하는 학자들도 있다(Westermann; Hamilton; cf. 시 136:6; 사 42:5; 44:24). 어느 정도 가능한 해석이다. 그러나 궁창이 사람들이 일상적으로 경험하는 세상의 일부라는 사실을 감안한다면, 궁창은 땅에서부터 해와 달 등이 떠 있는 곳 사이의 공간, 곧 공중/대기를 뜻하는 것으로 간주하는 것이 바람직하다(Sailhamer).

창세기 저자는 8절에 이르러 하나님이 궁창을 하늘이라 부르셨다고 전한다. 당시 고대 근동 문화에 하늘에 떠 있는 것들을 신으로 숭배하는 정서가 있었던 것을 감안하면, 하나님이 하늘을 창조했으며 통치하기까지 하신다는 선언은 매우 파격적이다. 이웃 민족들이 신으로 숭배하는 천체들은 사실 이스라엘의 하나님이 만드신 한낱 피조물에 불과하다는 것이다. 그러므로 모세는 창조 이야기를 통해 피조물이 아닌 창조주 하나님만을 경배하고 찬양하기를 권면하고 있다.

고대 근동의 세계관에 의하면, 세상은 하늘, 땅, 지하 세상("저 세상") 등 세 부분으로 구성되어 있는 것으로 생각되었다. 세상의 날씨는 하늘(궁창)에서 조정하는데, 궁창이 습기와 햇볕의 양을 조절하는 것으로 생각되었다. 고대 사람들은 궁창이 우리가 생각하는 것보다 훨씬 더 단단한 물질로 형성되어 있다고 생각했으나(Westermann), 이들에게 중요한 것은 궁창의 기능이었으므로 궁창을 구성하고 있는 물질이 무엇인지에 대해서는 별로 관심을 두지 않았다(cf. Fretheim).

하늘의 물과 땅의 물을 나눈다는 것은 하늘에서 내리는 비와 그것이 땅에 떨어져 고임으로써 형성된 강과 바다를 구분한다는 뜻이다. 그런데 왜 둘째 날에만 "보시기 좋았더라"라는 말이 빠져 있는가? 열매와 채소를 생산해 낼 땅이 없으면 비는 제 기능을 하지 못한다(Sarna; cf. Sailhamer). 비가 적셔야 할 땅은 3일째 되는 날에야 창조된다. 비가 제 기능을 하지 못하는 상황은 하나님이 보시기에 좋은 일이 아니었던 것이다(Cassuto; Hamilton). 비가 적실 땅이 마침내 드러난 셋째 날에 "보시기에 좋았더라"가 둘째 날 몫까지 더해 두 차례 사용되었다. 인간을 포함한 모든 피조물이 창조주가 부여하신 제 기능을 다 할 때 비로소 하나님이 기뻐하신다. 교회도 마찬가지이다. 교회에 속한 모든 성도가 제각기 할 일을 다 할 때 비로소 하나님이 기뻐하시는 공동체가 된다.

첫째 날을 "하루"(יוֹם אֶחָד)(5절, 새번역)라는 기수(cardinal number)로 표현한 저자가 둘째 날(יוֹם שֵׁנִי)부터 여섯째 날까지는 모두 서수(ordinal number)로 표기했다. 이 같은 차이는 6일 동안 진행된 창조 사역 중에서도 첫째 날의 사역이 매우 특별했음을 암시한다. 피조물 중에서도 빛은 매우 특별한 것이며, 창조의 모든 과정이 첫째 날부터 시작되었기에 이날은 6일 중에서도 매우 특별한 날이다(Friedman).

I. 아담에서 데라까지(1:1-11:32)
A. 하늘과 땅의 창조(1:1-2:3)
2. 6일 동안 진행된 창조(1:3-31)

### (3) 셋째 날(1:9-13)

**[9] 하나님이 이르시되 천하의 물이 한 곳으로 모이고 뭍이 드러나라 하시니 그대로 되니라 [10] 하나님이 뭍을 땅이라 부르시고 모인 물을 바다라 부르시니 하나님이 보시기에 좋았더라 [11] 하나님이 이르시되 땅은 풀과 씨 맺는 채소와 각기 종류대로 씨 가진 열매 맺는 나무를 내라 하시니 그대로 되어 [12]**

**땅이 풀과 각기 종류대로 씨 맺는 채소와 각기 종류대로 씨 가진 열매 맺는 나무를 내니 하나님이 보시기에 좋았더라 [13] 저녁이 되고 아침이 되니 이는 셋째 날이니라**

셋째 날에 이르러서야 그동안 온 우주를 바라보시던 하나님의 눈길이 드디어 인간이 살게 될 땅에 고정된다(Friedman). 이날 하나님은 두 가지 사역을 하셨다. 먼저 바다와 뭍을 나누셨고, 그다음에 땅 위에 갖은 채소와 나무를 자라게 하셨다. 하나님은 두 가지 모두 "보시기에 좋았다"고 말씀하신다(10, 12절). 두 사역 모두 인간에게 이로운 일이기 때문이다(Sailhamer). 하나님의 인간에 대한 사랑과 염려가 태초부터 지금까지 변함없이 지속되고 있는 것이다.

하나님의 첫 번째 사역(바다와 뭍을 나누는 일)은 두 번째 사역(땅에 채소와 나무가 자라게 하는 일)을 위한 준비 과정이었다. 그때까지는 하나님이 원하시는 것을 말씀함으로써 직접 창조하셨다. 그러나 셋째 날의 창조 사역 방식은 달랐다. 하나님이 땅에 "풀과 씨 맺는 채소와 각기 종류대로 씨 가진 열매 맺는 나무를 내라"고 명령하셨다. 마치 땅이 스스로 생명을 만들어 낼 수 있는 능력을 지닌 것처럼 말씀하신 것이다. 이 말씀은, 하나님이 천지를 창조하실 때 땅에 자체적인 생산력과 어느 정도의 창조력을 주셨음을 암시한다(Waltke). 하나님의 명령을 받은 땅이 채소와 풀과 각기 열매 맺는 나무들을 생산해 냈다. 그러나 이러한 사실에 근거하여 땅/자연을 신격화해서는 안 된다. 자연의 능력은 하나님의 말씀으로부터 비롯된 것이기 때문이다.

한때 유대인들은 일주일의 셋째 날인 화요일에 결혼식을 많이 올렸다. 6일 중 이날에 유독 "하나님이 보시기에 좋았더라"라는 말이 두 차례(10, 12절) 사용되었으므로, 하나님이 이날에 각별한 관심과 축복을 쏟으신 것을 간주한 것이다. 이날 결혼하면 하나님의 축복이 특별히 두 배로 임할 것으로 생각했다. 그러나 크리스천들에게는 모든 날이 주님의 날이다. 참고로, 하나님은 셋째 날에 두 가지 사역을 하셨듯이 여섯째 날에도 두 가지 사역을 해내셨다. 하나님이 셋째 날과 여섯째 날에 "초과 근무/야근"(overtime)을 하신 것이다.

I. 아담에서 데라까지(1:1–11:32)
A. 하늘과 땅의 창조(1:1–2:3)
2. 6일 동안 진행된 창조(1:3–31)

(4) 넷째 날(1:14–19)

**[14] 하나님이 이르시되 하늘의 궁창에 광명체들이 있어 낮과 밤을 나뉘게 하고 그것들로 징조와 계절과 날과 해를 이루게 하라 [15] 또 광명체들이 하늘의 궁창에 있어 땅을 비추라 하시니 그대로 되니라 [16] 하나님이 두 큰 광명체를 만드사 큰 광명체로 낮을 주관하게 하시고 작은 광명체로 밤을 주관하게 하시며 또 별들을 만드시고 [17] 하나님이 그것들을 하늘의 궁창에 두어 땅을 비추게 하시며 [18] 낮과 밤을 주관하게 하시고 빛과 어둠을 나뉘게 하시니 하나님이 보시기에 좋았더라 [19] 저녁이 되고 아침이 되니 이는 넷째 날이니라**

넷째 날에 진행된 일은 첫째 날과 평행을 이루고 있다. 첫째 날에 빛을 창조하셨던 하나님이 이날에는 땅을 밝히는 빛의 근원이 될 해와 달과 별들을 창조하신다. 저자는 1절에서 하늘이 이미 창조되었다고 했는데, 그렇다면 이때까지 하늘이 텅 빈 상태로 있었단 말인가? 옛 주석가들은 그렇게 이해했다. 천체가 창조된 4일째에 이르기까지 천지가 완전한 모습을 갖추지 못했다는 것이다(Calvin; Keil). 그러나 1절에서 천체가 창조되었으나, 4일째 되던 날에 하나님이 비로소 이것들을 하늘에 두셨다는 해석도 있다(Rashi). 그런가 하면, 해와 달과 별들이 1절에서 창조되어 이미 하늘에 있었지만, 수증기로 가려져 있다가 4일째 되던 날에 비로소 땅에서 보이기 시작한 것이라는 해석도 있다(cf.

Scofield Bible). 또, 해와 달과 별들이 이미 존재하고 있었지만 넷째 날이 되어서야 비로소 낮과 밤을 지배하도록 '임명받은 것'이라는 해석도 있다(Sailhamer). 이처럼 다양한 해석이 가능한 것은 1절과 넷째 날을 연결하여 해석하기가 쉽지 않다는 것을 의미한다. 넷째 날 이야기의 초점이 천체들의 기능을 강조하는 것에 있는 것으로 보아 마지막 해석이 가장 설득력 있는 것으로 생각된다.

저자는 의도적으로 해(שֶׁמֶשׁ)와 달(יָרֵחַ)이라는 단어를 피하고 있다. 그는 이것들을 단순히 "큰 광명"(הַמְּאֹרֹת הַגְּדֹלִים)과 "작은 광명"(הַמָּאוֹר הַקָּטֹן)이라고 부른다. 창조 이야기의 논쟁적 의도(polemic intention)를 감안할 때, 고대 근동에서 해와 달과 별들이 신으로 숭배되었기 때문으로 보인다. 모세는 이스라엘의 이웃들이 우상으로 숭배하는 천체들도 하나님이 창조하신 피조물에 불과하다는 사실을 강조하고자 했다. 해와 달을 신격화하여 숭배하는 이방 종교들에 일침을 가하고 있는 것이다(Fretheim). 저자가 반신화적 입장을 취하고 있다는 것이 광명체들을 나열하는 순서에서도 역력히 드러난다. 그가 해, 달, 별의 순서로 나열한 데 반해, 고대 근동 신화들은 별들에 가장 강조점을 두었고 그다음 달, 해의 순서로 중요하게 여겼다(cf. Enuma Elish).

해와 달은 세 가지 기능을 지녔다: (1) 낮과 밤을 나누는 일; (2) 시간의 흐름을 관리하는 일; (3) 세상을 밝히는 일(14-15절). 이 기능들이 얼마나 중요한지 저자는 17-18절에서 재차 강조한다. 흥미로운 것은 별들의 기능에 대하여는 아무런 언급이 없다는 사실이다. 저자는 별들에 대하여 의도적으로 침묵함으로써 별자리를 보고 점치는 점성술 등을 비난하는 듯하다(Sarna; Waltke).

I. 아담에서 데라까지(1:1–11:32)
A. 하늘과 땅의 창조(1:1–2:3)
2. 6일 동안 진행된 창조(1:3–31)

(5) 다섯째 날(1:20–23)

**[20] 하나님이 이르시되 물들은 생물을 번성하게 하라 땅 위 하늘의 궁창에는 새가 날으라 하시고 [21] 하나님이 큰 바다 짐승들과 물에서 번성하여 움직이는 모든 생물을 그 종류대로, 날개 있는 모든 새를 그 종류대로 창조하시니 하나님이 보시기에 좋았더라 [22] 하나님이 그들에게 복을 주시며 이르시되 생육하고 번성하여 여러 바닷물에 충만하라 새들도 땅에 번성하라 하시니라 [23] 저녁이 되고 아침이 되니 이는 다섯째 날이니라**

다섯째 날에 하나님은 궁창을 나는 새들과 물을 삶의 터전으로 삼는 짐승들을 창조하셨다(20절). 둘째 날에 궁창을 창조하여 하늘에 있는 물과 땅에 있는 물, 즉 하늘의 구름과 땅 위의 바다, 강, 호수 등으로 나누셨던 점을 감안할 때, 다섯째 날은 둘째 날과 평행을 이루고 있다. 둘째 날에 창조된 것들(궁창과 물)을 채울 생명체들을 창조하신 것이다.

하나님은 셋째 날에 땅에 각종 채소와 열매 맺는 나무들을 내라고 명령하셨던 것처럼(11절), 이번에도 물들에 생물이 번성하도록 하라고 명령하신다. "생물"(נֶפֶשׁ חַיָּה)은 호흡이 있는 것을 의미하며 식물과는 구분되는 것이다. 저자는 물속에 사는 생물들을 두 가지로 구분한다(21절). 첫째, 몸집이 매우 큰 포유류와 악어, 뱀과 같은 파충류를 포함한 "큰 바다 짐승들"이다. 한동안 "큰 물고기"(תַּנִּינִם)와 우가릿 신화에 바알의 원수로 등장하는 바닷괴물 얌(Yam)의 다른 이름인 tnn이 흡사하다 하여 이 단어(תַּנִּינִם)가 뜻하는 짐승의 정체에 대해 많은 추론이 있었지만 큰 지지를 받지는 못했다(cf. Cassuto; Friedman; 출 7:9, 10, 12; 신 32:33; 시 91:13; 겔 29:3; 32:2). 이 생물이 무엇이든 간에 이것 역시 하나님이 창조하신 아름다운 피조물이다.

둘째, 몸집이 상대적으로 작은 것들과 그 외 물속이나 물가에서 서식하는 "물에서 번성하여 움직이는 모든 생물"들이다. 대부분의 물고기와 갯벌과 바닷가에 서식하는 생명체들이 여기에 속한다. 벌레와 같은 일부 생명체들이 때로 우리에게 혐오감을 준다 할지라도 그것들 역시 하나님의 아름답고 놀라운 창조 세계의 일부라는 것을 인정해야 한다. 또한, 하나님이 몸집이 큰 생물뿐 아니라 아주 작은 것들까지도 창조하셨다는 것은 이 세상에 하나님이 창조하지 않으신 것이 없다는 사실을 강조한다.

동사 "창조하다"(ברא)가 1절 이후 21절에서 처음으로 다시 사용되고 있다. 이것은 생물들의 등장과 함께 창조의 단계가 새로운 경지에 도달했음을 시사한다(Westermann; von Rad). 하나님이 처음 나흘 동안 피조세계의 물리적 환경을 갖추고 식물들을 창조하셨는데, 다섯째 날에 이르러 처음으로 "생물"을 창조하셨다(ברא)(21절). 잠시 후 하나님은 생물 창조의 절정이라고 할 수 있는 인간을 창조하신다(ברא)(26절). "창조하다"(ברא)라는 동사가 사용될 때마다 하나님의 창조가 새로운 경지에 이르는 것이다.

본문은 인간이 최초로 혹은 유일하게 하나님의 축복을 받은 피조물이 아님을 밝힌다. 하나님은 새들과 바다의 생물들에게 "생육하고 번성하여 여러 바닷물에 충만하라 새들도 땅에 번성하라"(22절)는 복을 주셨다. 하나님이 주시는 복의 요지는 번식이다. 사람과 짐승은 번성하라는 축복을 받았는데, 왜 식물은 그 축복을 받지 못했을까? 아마도 식물은 이미 스스로 번식할 수 있는 능력을 지니고 있기 때문에 이러한 축복을 받을 필요가 없어서일 것이다(Sarna).

I. 아담에서 데라까지(1:1-11:32)
A. 하늘과 땅의 창조(1:1-2:3)
2. 6일 동안 진행된 창조(1:3-31)

### (6) 여섯째 날(1:24-31)

**[24] 하나님이 이르시되 땅은 생물을 그 종류대로 내되 가축과 기는 것과 땅의 짐승을 종류대로 내라 하시니 그대로 되니라 [25] 하나님이 땅의 짐승을 그 종류대로, 가축을 그 종류대로, 땅에 기는 모든 것을 그 종류대로 만드시니 하나님이 보시기에 좋았더라 [26] 하나님이 이르시되 우리의 형상을 따라 우리의 모양대로 우리가 사람을 만들고 그들로 바다의 물고기와 하늘의 새와 가축과 온 땅과 땅에 기는 모든 것을 다스리게 하자 하시고 [27] 하나님이 자기 형상 곧 하나님의 형상대로 사람을 창조하시되 남자와 여자를 창조하시고 [28] 하나님이 그들에게 복을 주시며 하나님이 그들에게 이르시되 생육하고 번성하여 땅에 충만하라, 땅을 정복하라, 바다의 물고기와 하늘의 새와 땅에 움직이는 모든 생물을 다스리라 하시니라 [29] 하나님이 이르시되 내가 온 지면의 씨 맺는 모든 채소와 씨 가진 열매 맺는 모든 나무를 너희에게 주노니 너희의 먹을 거리가 되리라 [30] 또 땅의 모든 짐승과 하늘의 모든 새와 생명이 있어 땅에 기는 모든 것에게는 내가 모든 푸른 풀을 먹을 거리로 주노라 하시니 그대로 되니라 [31] 하나님이 지으신 그 모든 것을 보시니 보시기에 심히 좋았더라 저녁이 되고 아침이 되니 이는 여섯째 날이니라**

여섯째 날은 두 가지 측면에서 셋째 날과 평행을 이룬다. 첫째, 셋째 날에 창조하신 땅에서 살아갈 짐승과 사람이 이날 창조된다. 둘째, 셋째 날에 창조하신 채소와 열매 맺는 나무들을 여섯째 날에 창조된 짐승과 사람에게 먹을거리로 주신다. 또한, 하나님이 셋째 날에 바다와 뭍을 나누고, 땅에서 채소와 열매 맺는 나무들이 자라게 하는 등 두 가지 일을 하셨던 것처럼, 여섯째 날에도 두 가지 일, 즉 땅에 서식하는 짐승들의 창조와(24-25절) 인간 창조(26-30절)를 하셨다.

하나님은 "가축과 기는 것과 땅의 짐승"을 종류대로 만드셨다. "가축"(בְּהֵמָה)은 소와 말 같이 집에서 기르는 짐승을 뜻하며, "기는 것"(רֶמֶשׂ)은 다리가 없거나 다리가 별 기능을 하지 않는 뱀이나 도마뱀 같은 파충류를 가리키고, "땅의 짐승"(חַיְתוֹ־אֶרֶץ)은 그 외 모든 동물을 가리키는 말이다(Hamilton; Waltke). 우리가 세상에서 발견하는 모든 짐승이 하나님에 의해 창조되었다는 것이다.

그런 다음 하나님은 "우리의 형상을 따라 우리의 모양대로 우리가 사람을 만들고 그들로 바다의 물고기와 하늘의 새와 가축과 온 땅과 땅에 기는 모든 것을 다스리게 하자"(26절)고 선언하신다. 그동안 많은 학자가 이 말씀의 의미에 대하여 수많은 논문과 책들을 쏟아 냈다.

논쟁의 핵심 중 하나는 본문의 "우리"라는 일인칭 복수형을 어떤 의미로 어떻게 해석할 것이냐 하는 것이다. 지난 2000년 동안 대부분의 기독교 해석자들은 이 말씀을 삼위일체의 증거로 보았다(cf. 요 1장). 삼위일체 하나님이 태초부터 함께 계셨고, 천지창조도 함께 하셨다는 것이다. 그러나 본문은 일위론(Unitarianism)과 삼위일체론(Trinitarianism)을 논하기 위한 것이 아니며, 본문의 메시지가 스스로 존재하시는 하나님이 자신의 의지에 따라 천지를 창조하셨다는 사실을 강조하고 있음을 감안하여, 전통적인 해석은 설득력이 별로 없는 추측일 뿐이라고 말하는 학자들도 많다(Hamilton). 그러나 이 교리가 본문에서 직접적으로 이슈화되지 않는다고 해서 삼위일체론을 설명하는 일에서 배제할 필요는 없다.

본문의 "우리"에 대하여 역사적으로 최소한 6가지 해석이 제시되어 왔다(Hasel; cf. Clines; Westermann; Hamilton). 첫째, 고대 근동 신화들을 통해 "우리"를 해석하는 사람들은 이 개념이 다신주의(多神主義)를 배경으로 하고 있다고 본다. 본문에서 "우리"란 "신들"이란 것이다. 그러나 유일신을 주장하는 성경 안에서 다신주의적 성향이 웬 말인가? 이들 주장에 따르면, 원래 다신론이었던 유대교가 세월이 지나면서 유일신교로 진화했는데, 다신론의 흔적을 완전히 씻어 버리지 못했기 때문에 그러한 성향의 텍스트가 정경에 남아 있게 되었다는 것이다(Gunkel; Friedman). 둘째, "천상 어전회의"의 개념을 전제로 "우리"를 이해하는 사람들은 원래 이 표현이 신들이 서로를 향해 사용했던 것인데 다신주의가 성경에 도입되면서 신들이 천사들로 대치되었다고 주장한다. 그러므로 본문에서 "우리"는 다른 신들이 아니라 성경에서 일명 "하나님의 아들들"이라고 불리는 천사들을 가리키는 말이라는 것이다(Miller; Sarna; Fretheim; Waltke). 셋째, 하나님이 창조하신 피조물 중에 땅/흙을 두고 "우리"라고 하셨다는 해석이 있다. 이 해석은 하나님이 인간을 흙으로 빚으셨다는 점을 근거로 삼고 있다. 하나님이 흙에게 함께 인간을 만들자고 제안하고 계시다는 것이다(Caspari). 이와 관련된 해석으로, 인간이 남자와 여자, 복수로 창조될 것을 예고하기 위하여 신적 복수인 "우리"가 사용되었다는 주장이 있다(Sailhamer). 넷째, 하나님(אֱלֹהִים)의 이름이 근본적으로 복수이기 때문에 위엄적 복수(plural of majesty)라는 개념이 등장한다. 창세기 11장 7절과 이사야 6장 8절에서도 이러한 현상이 포착된다(cf. Joüon). 다섯째, "우리"는 신중의 복수(plural of deliberation)라는 해석이다. 마치 어떤 일에 심취해 있는 사람이 혼자 심사숙고하면서 "가만 있자. 우리가 해야 할 일은…" 하는 식으로 혼자 중얼거리는 형태를 뜻한다는 것이다(Cassuto; Westermann). 여섯째, 삼위일체적 해석은 "우리"를 하나님의 인격을 의미하는 것으로 본다. 그러면서도 삼위일체적 언어를 구체적으로 강조하지는 않는다. "우리"를 하나님의 전인(全人)적 의미로 해석하기도 하고(Hasel), 하나님의 창조 사역 파트너인 그분의 영을(cf. 2절) 가리키는 것으로 해석하기도 한다(Clines).

현재로써는 여섯 번째 해석이 가장 바람직하고 설득력이 있어 보인다. 창세기 저자가 오늘날 우리가 이해하고 있는 삼위일체 교리에 대하여 구체적으로 알고 있지 않았다고 해서 이러한 개념이 본문에서 부재하다는 결론은 옳지 않다.

하나님이 창조 사역 중에 "우리"라는 용어를 사용한 경우는 인간을 창조하실 때가 유일하다. 또한, 하나님의 창조 사역을 묘사할 때 지속적으로 쓰였던 "그대로 되었다"가 인간의 창조에서는 세 가지 축복 선언으로 대치되었다(28절). 이것은 인간이 다른 피조물들에 비해 하나님과 얼마나 가까운가를 암시해 주는 것이다(Sarna).

하나님은 인간을 당신의 "형상"(צֶלֶם)을 따라, 당신의 "모양"(דְּמוּת)대로 만드셨다(26절). 인간이 하나님의 모양과 형상대로 창조되었다는 개념은 지난 수백 년 동안 엄청난 양의 다양한 해석들을 양산해 냈다(cf. Jonsson). "하나님의 형상"이란 표현은 구약성경에서 창세기에서만 네 차례밖에 쓰이지 않았다(1:26, 27[2x], 9:6). 창세기 5장 3절은 아담이 자기의 형상과 같은 아들을 낳았다고 기록하고 있다. 다른 곳에서 "형상"(צֶלֶם)은 흔히 우상을 뜻한다(민 33:52; 왕하 11:18; 대하 23:17; 겔 7:20; 16:17; 23:14; 암 5:26).

고대 근동 사람들은 형상/우상이 그것이 묘사하는 존재의 본질을 그대로 지니고 있다고 믿었다. 이들이 우상을 섬긴 이유도 여기서 비롯되었다. 물론 형상/우상들이 신들이 할 수 있는 일들을 다 할 수 있다고 생각하지는 않았다. 그러나 신들이 우상을 통해 일한다고 생각했다. 인간이 하나님의 형상에 따라 창조되었다는 것에는 아마도 이러한 의미가 내포되어 있을 것이다(Walton). 인간이 하나님의 능력을 지니고 있지는 않지만, 그분의 일을 하는 것이 인간의 사명이란 것이다. 하나님의 일을 한다는 차원에서 인간은 다른 피조물들과 차별화된다고 할 수 있다(cf. von Rad).

"모양"(דְּמוּת)은 형상보다 더 불확실하고 비구체적인 개념으로 간주되어, 형상보다 덜 중요한 것을 의미하는 것으로 해석된다(Hamilton). 그러나 주전 9세기 아시리아에서 제작된 동상에 기록된 문헌을 보면, 이 두 단어가 완전히 서로 교환될 수 있는 비슷한 말이었음을 알 수 있다

(Sarna). 그러므로 인간이 지니고 있는 성향들을 구분하는 기준으로 모양과 형상을 사용할 수는 없다.

"하나님/신의 모양"과 "하나님/신의 형상"은 이스라엘의 주변 문화권에서 주로 왕들에게 적용되는 표현이었다(Fretheim; Waltke). 고대 근동의 왕은 자신을 "신(들)의 형상, 모양"이라고 주장함으로써 평민들로부터 자신을 차별화했다. 그러나 성경은 하나님의 피조물인 인간 모두에게 이 표현을 적용함으로써 그러한 차별화의 정당성을 인정하지 않는다. 모든 인간은 하나님의 모양으로 만들어졌기 때문에 왕적인 신분을 가진다(Hart).

하나님은 인간을 짐승들로부터 구분하여 창조하셨다. 짐승들에게는 "종류대로" 번성하도록 축복하셨지만(25절), 인간에게는 "종류대로"라는 말을 덧붙이지 않으셨다. 온 인류는 하나이며 모두 하나님의 모양과 형상대로 창조되었기 때문이다. 그러나 인간은 하나님의 모양과 형상대로 창조되었음에도 불구하고, 하나님과는 본질적으로 다른 성향을 지닌다. 하나님에게는 성(性)이 없지만, 인류에게는 남자와 여자라는 성의 구분이 있는 것이다(27절). 그러므로 사람이 하나님의 모양과 형상대로 창조되었다는 것은 분명 짐승들과 다른 면모를 지녔음을 시사하고는 있지만 동시에 하나님과 질적으로 다르다는 사실을 암시하는 것이다.

본문은 남자와 여자를 구분하지만 차별하지는 않는다. 남자와 여자가 동등하게 하나님의 모양과 형상대로 만들어졌다. 그러므로 인류 공동체가 하나님이 의도하신 모습을 갖추려면 남성과 여성이 공동체 내에 함께 존재해야 한다(Sarna). 한 유대인 해석에 따르면, 인간이 한 단위(unit)로 창조된 것은 한 사람의 생명을 해하는 것은 곧 온 세상을 죽이는 것과 같고, 한 생명을 보존하는 것은 온 세상을 보존하는 것과 같다는 점을 가르치기 위해서라고 한다(Mishna Sanhedrin 4:5).

하나님은 당신의 모양과 형상대로 인간을 창조하신 후 이들에게 두 가지 사명을 주셨다. 첫째는 생육하고 번성하라는 축복이다(28절). 온 땅에 충만하라는 뜻이다. 둘째는 세상/땅을 정복하고 지배하라는 명령이다(28절). 첫 번째 명령을 이해하는 데는 별문제가 없지만, 두 번째 명령인 땅을 "정복하고 지배하라"(כִבְשֻׁהָ וּרְדוּ)는 것은 그 의미가 명쾌하지 않다. 성경에서 '정복하다'(כבשׁ)는 매우 강력한 의미로 사용되는 동사이다(cf. HALOT). 사람을 복종시켜 노예로 만들거나 고용하는 것(대하 28:10; 느 5:5; 렘 34:11, 16), 신체적인 폭행이나 치사(에 7:8), 발로 짓밟는 일(미 7:19; 슥 9:15), 도시를 정복하여 무릎을 꿇게 하는 일(민 32:22, 29; 수 18:1) 등을 뜻한다(cf. NIDOTTE). 성경에서 "정복하다"(כבשׁ) 동사가 사용될 때에는 모두 강력한 무력 사용을 전제하는 것이다(Hamilton).

그러나 이 동사가 무력 사용을 전제한다고 해서 폭력을 남용하거나 인간 마음대로 자연을 무절제하게 파괴하는 일을 정당화하지는 않는다(Friedman). 인간은 자연에 대하여 절대적인 주권을 갖고 있지 못하기 때문이다. 인간의 자연에 대한 권리는 하나님의 은혜로운 위임에서 비롯되었다. 본문은 인간이 자연을 왕처럼 다스릴 수 있는 권한을 가진 것으로 묘사하지만, 여기서 전제된 왕권은 피지배자인 백성들에게 솔선수범하여 신앙적인 모범을 보이는 이스라엘의 왕권이다(Sarna). 이스라엘의 왕권은 그들의 하나님 여호와의 통치권을 부분적으로 위임받아 그분이 주신 율법의 테두리 안에서 권력을 행사하는 것이다. 이스라엘의 왕에 대한 율법을 기록하고 있는 신명기 17장 14-20절은 왕이 휘두를 수 있는 권력에 대하여는 아예 언급조차 하지 않는다. 오히려 왕은 백성들 앞에서 신앙의 모범을 보여야 한다고 규정한다. 이 원리를 본문에 적용하면, 인간은 자연 만물을 보살피고, 피조물들에 하나님을 찬양하고 경배하는 것이 어떤 것인가를 솔선수범하여 보여 주어야 하는 사명을 받은 것이다(Fretheim). 이것이 바로 "정복하다"(כבשׁ)의 진정한 의미이다.

이스라엘의 왕들이 자신의 행동에 대하여 하나님 앞에 책임져야 했던 것처럼, 인간이 자연을 다스리는 일에 있어서도 언젠가는 창조주 앞에서 잘잘못을 따져 볼 때가 올 것이다. 하나님이 인간을 창조하고 나서 처음으로 하신 말씀("생육하고 번성하여 땅에 충만하라, 땅을 정복하라")이 인간과 하나님의 관계에 대한 것이 아닌 인간과 피조세계의 관계에 관한 것인 이유가 여기에 있다. 그러므로 인간은 자연을 잘 보살피고 보존하여 필요 이상의 파괴는 절대 하지 않는 훌륭한 지배자가 되어야 한다(Mathews; Waltke).

하나님이 사람과 짐승들에게 먹이를 주시는 것은(29-30절) 이들 모두가 전적으로 하나님만 의존하면서 살아가야 한다는 것을 뜻한다(Waltke). 하나님은 사람에게 채소, 과일, 열매 등 채식만 음식으로 주셨다(29절). 인간은 원래 채식을 하도록 디자인되었던 것이다. 짐승들도 처음에는 모두 채식을 했다(30절). 말일(末日)에 죄로 인하여 파괴되었던 자연질서가 회복되고, 먹이사슬(food chain)도 제자리를 찾는 비전을 노래하고 있는 이사야 11장에 의하면, 암소와 곰이 함께 먹고, 사자가 소처럼 풀을 먹게 될 것이다: "그 때에 이리가 어린 양과 함께 살며 표범이 어린 염소와 함께 누우며 송아지와 어린 사자와 살진 짐승이 함께 있어 어린 아이에게 끌리며 암소와 곰이 함께 먹으며 그것들의 새끼가 함께 엎드리며 사자가 소처럼 풀을 먹을 것이며"(사 11:6-7). 태초에 세상은 이런 모습으로 창조되었던 것이다.

당시 짐승들은 모두 초식을 할 뿐만 아니라 성격도 온순했을 것이다. 초식동물치고 사나운 동물이 흔치 않다는 점을 감안할 때 쉽게 상상이 되는 대목이다. 그런데 온순했던 짐승들이 언제부터 변하기 시작했을까? 아마도 육식을 하기 시작한 후부터일 것이다. 그렇다면 언제부터 짐승들이 육식을 하게 되었는가? 하나님이 공식적으로 인간에게 짐승을 먹이로 허락하신 것은 노아의 홍수 이후이지만(cf. 9:3), 이미 가인과 아벨의 시대에 육식을 했던 것으로 생각된다.

창조를 마치신 하나님이 최종적인 평가를 하신다(31절). 하나님이 보시기에 모든 것이 "심히/매우 좋으셨다." 그동안에 "좋았다"(טוֹב)라는 말이 반복되어 왔으나 모든 것이 완성되어 하모니를 이루니 "심히 좋았다(טוֹב מְאֹד)." 하나님이 보시기에 심히 좋았다고 한 여섯째 날에 관한 서술은 다른 날들에 비해 월등히 길다. 그뿐만 아니라 이날은 다른 날들에 비해 특별하다. 날을 계수할 때, 5일째까지는 정관사가 붙지 않았다. 그런데 여섯째 날과 일곱째 날에는 정관사가 붙는다(יוֹם הַשִּׁשִּׁי). 두 날은 참으로 특별한 날이며 지금까지의 하나님의 창조 사역에서 가장 중요한 날들임을 암시한다(Waltke; cf. Cassuto).[24]

인간이 하나님의 특별한 피조물인 것은 확실하다. 성경과 고대 근동 신화들이 말하는 인간의 창조 목적과 성향에는 큰 차이가 있다. 신화들에 의하면, 인간은 신들이 천지를 창조한 다음에 즉흥적으로 탄생하였으며(문화적—경제적으로 잘 발달되고 성숙한 민족들이 순식간에 창조되었다), 신들이 인간을 창조한 이유는 그들을 노예로 부려 먹기 위해서였다. 반면에 성경은 하나님이 치밀하고 지혜로운 계획에 따라 인간을 창조하셨으며, 세상은 인간의 인도와 지휘 아래 운영되도록 디자인된 시스템이라는 사실을 강조한다.

또한, 고대 근동 신화들은 신들의 갈등에서 인간이 창조되었다고 말한다. 대개의 경우, 약한 신(들)이 권력을 쥐고 있는 신에게 반역했다가 실패하여 처형당할 때, 처형된 신[들]의 피와 진흙을 섞어서 빚어낸 것이 인간이라고 묘사된다. 이와 달리 모세는 신들의 갈등이 빚어낸 결과로써 인간이 창조된 것이 아님을 확실하게 선언한다. 성경은 매우 평화롭고 아름다운 환경에서 가장 이상적인 방식으로 인간이 창조되었다고 말한다. 저자는 하나님이 창조하신 세상에서 인간이 그만큼 중요한 위치라는 것을 강조하고자 한다.

처음 6일 동안 진행된 하나님의 창조 사역 중 처음 3일간의 사역은

---

24 아처(Archer)는 이 사실에 근거하여 오늘날 우리가 이해하는 "시간"이 이때부터 흐르기 시작했다고 주장한다.

세상에 만연해 있는 혼돈에 질서를 확립하는 데 초점이 맞추어져 있고, 나머지 3일간의 사역은 공허했던 세상을 아름다운 피조물들로 채우는 데 강조점이 맞추어져 있다. 이러한 창조 원리가 우리에게 시사하는 바가 크다. 만일 우리가 하나님의 채우심(축복)을 소망한다면, 먼저 우리 삶에 만연해 있는 혼돈부터 정리해야 한다는 것이다. 하나님이 세상에 가득했던 혼돈 문제를 먼저 정리하고 난 다음에 아름다운 것들로 채우신 것처럼, 우리 삶도 정리가 선행되어야 한다.

피조물들은 저마다 역할을 감당하기 위하여 창조되었다. 고대 사람들에게는 세상이 무엇, 즉 어떤 물질로 창조되었는가보다는 창조된 것들이 어떤 역할을 하는가가 더 중요한 관심사였다. 창세기 저자는 하나님이 창조하신 모든 것이 각자 제 역할을 잘 해냈으므로 하나님이 보시기에 "심히 좋았다"고 기록한다. 어느 특정 피조물이 피조세계를 독재적으로 억압하지 않고, 모든 피조물이 각자의 역할을 감당하며 더불어 살아가는 것이 하나님의 창조 섭리에 따른 아름다운 세상 모습이다. 이처럼 각 지체가 맡은 일을 잘 감당하여 하모니를 이루는 것이 교회의 모습이 되어야 한다. 이상적인 교회는 모든 구성원이 자기 할 일을 잘 감당하여 특정인들의 독재가 없도록 해야 한다. 일꾼이 부족할 때는 독재가 생길 수밖에 없는 것이 현실이다.

피조물 중 하나님의 모양과 형상에 따라 창조된 것은 인간뿐이다. 소나 양들보다 인간이 하나님을 훨씬 더 많이 닮았다는 뜻이다. 그래서 하나님은 피조물 중에서 사람하고만 대화를 나누신다. 인간에게는 다른 피조물들에는 주지 않았던 지적(知的) 능력을 주었기 때문에 명령과 금지령도 내리신다(cf. 2장). 그러나 안타깝게도 그 어떤 피조물보다 하나님을 가장 많이 닮은 인간이 하나님을 가장 괴롭게 하는 피조물로 전락한다. 하나님의 아름다운 창조 섭리를 하나님을 가장 많이 닮은 인간이 가장 많이 범하는 것이다.

I. 아담에서 데라까지(1:1–11:32)
A. 하늘과 땅의 창조(1:1–2:3)

## 3. 일곱째 날(2:1–3)

**[1] 천지와 만물이 다 이루어지니라 [2] 하나님이 그가 하시던 일을 일곱째 날에 마치시니 그가 하시던 모든 일을 그치고 일곱째 날에 안식하시니라 [3] 하나님이 그 일곱째 날을 복되게 하사 거룩하게 하셨으니 이는 하나님이 그 창조하시며 만드시던 모든 일을 마치시고 그 날에 안식하셨음이니라**

저자는 6일 동안의 이야기를 통일성 있게 일관된 문체로 진행하다가 7일째 이야기는 전혀 다른 스타일로 진행함으로써 "6+1" 패턴으로 창조 이야기를 마무리한다. 처음 6일 동안 하나님은 일하고 말씀하셨다. 그러나 7일째 되는 날에는 일도 하지 않고 말씀도 하지 않으신다. 이날은 매우 특별한 날이기 때문이다. 또한, 텍스트의 문학적 구조를 분석하는 일에 있어서 대개의 경우, 대칭이 없는 섹션이 텍스트의 가장 중요한 포인트가 된다. 그러므로 이러한 점들을 고려할 때, 7일째 되는 날이 창조의 진정한 클라이맥스이다. 인간이 창조의 하이라이트는 될지언정 클라이맥스는 되지 못하는 것이다.

본문에서 "일곱째 날"(יוֹם הַשְּׁבִיעִי)이 세 차례 반복되며 이날의 특별한 위치를 강조한다(Mathews). 일곱 번째 날에 하나님이 안식하셨다는 점도 두 차례 기록되어 있다. 동사 "안식하다"(שׁבת)의 기본적인 뜻은 "쉼"보다는 "하던 일을 멈춤"에 있다(HALOT; Cassuto). 안식일과 연관된 쉼은 십계명을 통해서야 요구된다(Friedman; cf. 출 20:8–11). 동사 "마치다"(כלה)도 세 차례나 사용되며 하나님이 모든 창조 사역을 완벽하게 마무리하셨음을 강조한다. 이러한 사실은 훗날 율법이 일곱째 날을 안식일로 지정하여 특별한 날로 삼게 된 밑바탕이 된다. 하나님이 사역을 마치고 일곱째 날 안식하셨다고 해서 하나님의 모든 창조 사역이 이때 끝났다는 것을 의미하지는 않는다. 하나님의 창조 사역은 지금도 계속되고 있으며, 본문은 다만 하나님이 일정한 시간적 간격을 두고 창조 사역을 계속해 가시는 것을 의미할 뿐이다(Fretheim). 하나님의 모양과 형상대로 만들어진 인간이 보여야 할 가장 기본적인 모습은 하나님처럼 쉴 때는 쉬고 안식할 때에는 안식하는 것이다(Sailhamer).

고대 근동 신화들에서 신(들)이 창조를 마치고 쉬었다는 말이 간혹 발견되곤 한다. 멤피스에서 발견된 신화에 의하면, 창조주 프타(Ptah)가 세상을 창조한 다음에 쉬었다는 기록이 있다(cf. ANET). 메소포타미아 지역의 창조 신화에도 신들이 일을 마친 다음에 쉬었다는 기록이 있다. 그러나 이 경우에 신들의 안식은 그들을 대신해서 일할 인간들이 창조된 다음에야 가능했다. 신들에 의해 창조된 인간들이 드디어 신들이 지겨워하는 일을 대신 맡아 해 주기 시작했기 때문이다.

성경은 인간이 창조된 날이 여섯째 날이며, 바로 그다음 날인 일곱째 날이 안식일이라는 점을 강조한다. 그렇게 함으로써 하나님이 인간을 창조하신 목적은 그를 노예처럼 부려 먹기 위해서가 결코 아님을 암시하는 것이다. 물론 인간은 노동을 하도록 창조되었다(cf. 2장 주해). 그러나 노동보다 더 우선되는 것이 바로 안식이다. 인간은 안식일을 통해 하나님과 교통하기 위하여 창조된 피조물이다. 그래서 하나님은 인간을 창조하고 난 바로 다음 날 그로 하여금 안식을 누리도록 하신 것이다.

7일 사이클은 고대 근동은 물론이고 세상 곳곳에서 오래전부터 사용되어 온 시간 개념이다(Friedman). 그러나 성경의 천지창조 7일은 매우 독특하며, 일주일이 7일로 구성된 것(Sarna)과 1년이 52주로 구성되어 정확히 364일로 이루어진 것도 이스라엘에서만 찾아볼 수 있는 특징이었다.

하나님이 일곱째 날을 축복하고 거룩하게 하셨다(קדשׁ)(3절). "거룩하다"는 동사가 뜻하는 바는 이스라엘 종교에 매우 중요하다. 인상적인 것은 이 중요한 동사가 성경에서 처음으로 안식일과 연관되어 사용되었다는 사실이다. 천지를 창조하신 하나님이 성경에서 처음으로 거룩하게 하신 것이 안식일이다. 그러나 하나님이 이날을 어떻게 축복하셨는가에 대한 구체적인 설명은 없다. 베스터만(Westermann)은 하나님이 일곱째 날을 특별히 구분하시는 것에 대하여 다음과 같은 해석을 덧붙인다.

> 일곱 번째 날을 거룩하게 구분하신 것은 앞으로 인류가 시간이 어떻게 나뉘는가를 의식하며 그 순리와 질서에 따라 살아가도록 명령하는 것이다… 일곱 번째 날을 거룩하게 함으로써 하나님은 인간이 존재하기 위해서는 꼭 의식하고 준수해야 할 평일과 거룩한 날의 양극성을, 일하는 날들과 쉬는 날의 양극성을 제정하신 것이다.

하나님은 모든 피조물이 일하는 날들과 쉬는 날을 준수하며 살아가기를 원하신다. 실제로 피조물은 쉬지 않으면 제 기능을 하지 못한다. 땅도 종종 몇 년에 한 번씩 놀리지 않으면 수확량이 감소한다. 사역자도 형편이 안 되면 어쩔 수 없지만, 쉴 때 쉬어야 제대로 사역할 수 있다. 제때 쉬는 것이 사역 감당에 바람직하다. 노동 후에 취하는 안식은 육신의 회복에도 중요하지만, 하나님의 창조 목적을 조금이나마 체험하고 누리는 좋은 기회가 되기 때문이다.

안식일은 시내 산에서 내려지는 하나님의 율법의 중요한 부분을 차지한다. 민수기 15장에는 안식일에 나무하다가 발견되어 돌에 맞아 죽은 사람의 이야기가 기록되어 있다. 십계명에서도 안식일은 의미상 큰 비중을 차지한다(cf. 출 20:8-11). 안식일 율법이 종교적인 차원에서 강요된다고 해서 하나님을 위한 율법이라고만 말할 수는 없다. 사실은 인간과 가축을 배려한 차원이 훨씬 더 크다. 창조하신 생명들로 하여금 번성하며 주님의 풍성한 은혜를 누리게 하는 것이 하나님의 창조 섭리이다. 사람이나 가축이나 쉼 없이 혹사당하는 삶은 하나님의 창조 섭리와는 절대 어울리지 않는 것이다. 하나님은 율법을 통해서라도 사람과 짐승이 적절한 쉼을 가지길 원하신다. 이런 차원에서 안식일은 하나님을 위한 것이라기보다 사람을 위한 것이다.

창조의 클라이맥스는 안식일이다. 이 좋은 안식일에 사람은 무엇을 해야 하는가? 사람들은 흔히 안식일을 휴식을 취하는 날로 생각한다. 그들은 월요일에 시작될 한 주의 노동을 위하여 하루 쉬는 것을 우선으로 삼는다. 그러나 안식일의 의미를 제대로 누리려면 관점을 바꾸어야 한다. 이날은 단순히 휴식을 취하는 날이 아니다. 안식일은 일주일 동안 열심히 일한 노동의 대가이자 사람이 일주일 동안 일하는 목표이자 클라이맥스가 되어야 한다. 일하기 위해서 안식하는 것이 아니라 안식하기 위하여 일해야 한다는 뜻이다. 이것이 창조주 하나님이 인간에게 주신 섭리이다. 하나님도 일곱째 날을 기대하며 6일 동안 열심히 천지를 창조하셨다. 하나님께도 안식일은 그다음 한 주의 노동을 위하여 준비하는 날이 아니라, 한 주 동안 일하신 것에 대한 열매였던 것이다.

안식일은 거룩한 날이다. 동사 "거룩하다"(קדש)(3절)의 가장 기본적인 뜻은 "구분하다"이다. 안식일이 다른 날들과 어떻게 다르단 말인가? 하나님이 다른 날에는 온갖 것들을 창조하셨다. 그러나 이날에는 아무것도 창조하지 않으셨다. 안식일은 물건이나 공간에 관한 날이 아니라 시간에 관한 날이라는 뜻이다. 하나님이 세상을 창조하고 제일 먼저 거룩하게 하신 것이 시간이다. 이날은 주중, 즉 노동하는 날들 동안에 할 수 없는 일을 하는 "구별된 시간"이다. 차분하게 말씀을 읽고 묵상하는 일, 병든 지체를 방문하고 성도들과 친교를 나누는 일 등, 평상시에는 학업이나 직장 일 등으로 인해 못하는 일을 하는 것이다. 이날 할 수 있는 많은 일 중에서 가장 중요한 것은 함께 모여 하나님을 예배하는 일이다. 우리의 일주일 동안의 삶이 창조주 하나님을 예배하는 일을 목표로 삼아 진행되어야 한다는 것이다. 일주일 동안 열심히 일한 노동의 열매 중 일부를 하나님께 드리며, 그동안 함께하고 축복해 주신 하나님께 감사의 제단을 쌓는 날이 안식일이다. 예배는 안식일뿐만 아니라 우리 삶의 중심이자 절정이 되어야 한다. 피조물 중 인간만이 유일하게 하나님의 모양과 형상에 따라 창조되었다는 것은 주님을 마음껏 경배할 수 있는 특권이 인간에게만 주어졌다는 의미가 아니겠는가?

창조 이야기에서 안식일이 다른 날들과 다른 점 한 가지는, 다른 날들에 관한 서술은 한결같이 "저녁이 되고 아침이 되니 이는 몇째 날이니라"라는 표현으로 마무리되는데, 안식일은 그렇지 않다는 것이다. 그래서 많은 학자가 안식일에는 종말론적인 의미가 담겨 있다고 생각한다(von Rad; Sailhamer; Fretheim; Mathews). 처음 6일 동안 창조 사역을 완전하게 마치신 하나님께 7일째 되는 날에는 안식이 있을 뿐이다. 인간은 일주일에 한 번씩 반복되는 안식일을 통해 하나님이 누리고 계시는 안식을 조금이라도 맛보려고 노력한다. 그러나 우리는 세상이 끝나는 날에 가서야 비로소 참 안식을 누리게 될 것이다(히 4:3-11).

유대인들은 오늘날도 안식일을 지키는데, 한 주의 마지막 날로서 지킨다. 반면에 크리스천들은 주일/일요일에 예배를 드리며 이날을 일주일의 첫째 날로 삼는다. 왜 그런가? 예수님을 메시아로 믿지 않고 아직도 다른 메시아를 기다리고 있는 유대인들에게 신약의 가르침은 의미가 없기 때문이다. 그들은 율법이 제정한 안식일을 반드시 지켜야 한다고 믿는다. 반면에 신약을 통해 하나님의 계시가 완성되었다고 믿는 크리스천들은 일요일을 주일(主日)이라 부르며 특별하게 여긴다. 예수님이 십자가에서 돌아가신 후 주(週)의 첫째 날에 부활하셨기 때문이다(마 28:1; 막 16:2, 9). 초대교회 성도들은 주님의 부활을 기념하기 위하여 이날 종일 일하고 나서 저녁에 모여 예배를 드렸다(행 20:7; cf. 고전 16:2). 더 나아가 요한계시록 1장 10절은 이날을 "주의 날"(τῇ κυριακῇ ἡμέρᾳ)이라고 부른다.

기독교가 안식일이 아닌 주일에 예배를 드리게 된 것에는 다음과 같은 역사적 배경이 있다. 로마제국의 갖은 핍박을 견디며 예배를 드렸던 지하 교회가 주후 325년에 지상 교회가 되어 세상에 모습을 드러냈다. 고대 로마 황제 콘스탄티누스(Constantinus) 대제(大帝)가 기독교를 국가 종교로 인정한 덕분이었다. 당시 교회가 안식일과 주일을 함께 기념했기 때문에 콘스탄티누스는 토요일과 일요일을 모두 휴일로 지정했다. 그러나 얼마 지나지 않아 문제가 생겼다. 그때까지 유대인들만이 일주일에 한 번씩 안식일을 준수해 왔고, 로마제국 백성들은 한 달에 하루나 이틀 쉬는 것이 고작이었던 것이다. 그러다가 갑자기 매주 이틀씩 쉬려니까 제국의 경제가 흔들린 것이다. 하는 수 없이 콘스탄티누스는 교회 지도자들과 이 문제를 논의했고, 교회 지도자들은 안식일(토요일)이 아닌 주일(일요일)을 예배와 휴식의 날로 정했다.

그들이 주일을 정하면서 제시한 이유는 이렇다. 안식일이 첫 번째 창조의 절정이라면, 주님이 부활하신 주일은 두 번째 창조의 절정이라는 것이다. 주님이 부활하지 않으셨다면 십자가, 구원, 성도들의 부활 등 기독교의 모든 가르침이 무의미하기 때문이다. 또한, 예수님이 안식일의 주인이기 때문에 안식일의 주인이 부활하신 날이야말로 성도들에게 특별한 의미가 된다는 것이다. 안식일이 주님을 위해서 있는 것이지 주님이 안식일을 위해서 있는 것이 아니며, 그분의 자녀 된 우리도 동일한 자격으로 안식일을 생각해야 한다. 이렇게 해서 기독교는 안식일이 아닌 주일을 지키게 되었다.

창조 이야기는 이스라엘이 하나님을 처음으로 만나는 지점이다. 이러한 점을 감안하여 모세는 하나님과 그분의 사역을 매우 인상적으로 소개한다. 첫째, 하나님은 세상을 창조하실 때, 확실한 질서와 균형에 따라 아름답게 만드셨다. 창조 이야기를 읽다 보면 한 편의 짜임새 있는 교향곡이 떠오른다. 하나님의 창조 사역에는 리듬이 있고 하모니가 있으며 균형이 있는 것이다. 천지를 창조하신 분은 질서와 균형의 하나님이기 때문이다.

이러한 사실을 우리 삶에 적용해 보자. 하나님을 닮아 간다는 것은 곧 우리 삶에서 거룩한 질서와 균형을 추구하고 유지한다는 뜻이 아니겠는가? 좋은 것이라도 과하면 해가 된다는 말이 있다. 균형이 얼마나 중요한가를 강조하는 말이다. 또한, 삶의 질서가 무너지면 어떤 결과가 초래되는지는 설명할 필요도 없다. 그렇다면 우리는 어떻게 해야 질서와 균형을 유지할 수 있단 말인가? 성경을 통해 하나님이 주시는 가르침을 따라 삶에서 추구해야 가치들을 배우고, 이 가치들의 우선순위를 정하여 그에 따라 살아가야 한다. 물론 쉽지는 않지만, 의미 있고 보람된 열매들을 분명 맛보게 될 것이다.

둘째, 하나님은 매우 다양한 방법으로 세상을 창조하셨다. 때로는 무에서 유를 창조하고, 때로는 이미 창조된 물질에서 새로운 것을 창출해 내셨다. 때로는 만들고, 때로는 나누셨다. 때로는 펼치고, 때로는 모으셨다. 이러한 점을 강조하기 위하여 하나님의 창조 사역과 관련하여 본문은 다양한 동사들을 사용한다: "창조하다"(ברא)(1:1, 21, 27; 2:3); "만들다/짓다"(עשה)(1:7, 11, 12, 16, 25, 26, 31; 2:2, 3, 4); "나누다/펼치다"(בדל)(1:4, 6, 7, 14, 18); "세우다/두다"(נתן) (1:17, 29).

하나님이 사역하시는 방법은 매우 다양하고 창의적이기 때문에 인간이 하나님의 사역에 대하여 모든 것을 알고 이해하는 것은 불가능하다. 하나님의 능력이 우리를 겸손케 하시는 것이다. 그러므로 우리가 어떤 일을 하든 간에 최선을 다하여 하나님의 방식에 따라 사역하려고 노력해야 하지만, 우리의 방법이 하나님이 마음에 두신 것이 아닐 수도 있다는 가능성에 대해 늘 마음이 열려 있어야 한다. 생각해 보면 교회의 불화와 갈등의 대부분이 방법의 차이에서 오는 것이라고 할 수 있다. 성도들은 누구나 하나님의 영광을 구하며 하나님 나라의 일을 하고자 한다. 그러나 그 일을 하는 방식이 서로 달라서 대립하고 다툰다. 서로에 대해 마음을 열고, 상대방의 관점에서 바라본다면 많은 문제가 해결될 것이다.

셋째, 하나님은 세상을 우리가 살아가면서 의지할 수 있는 곳으로 만드셨다. 세상은 하나님이 정해 주신 이치에 따라 모든 것이 움직이는 곳이다. 밤에 해가 져도 두려워할 필요가 없는 것은 몇 시간 후에 태양이 다시 빛날 것이기 때문이다. 가을에 나뭇잎이 모두 떨어져도 봄이 되면 싹이 다시 돋을 것이라는 확신이 있다(cf. 8:22). 하나님이 세상을 이처럼 믿을 만한 곳으로 만드셨기 때문이다. 그럼에도 불구하고 우리가 항상 기억해야 할 것은, 신뢰할 만한 이 세상을 결코 신뢰해서는 안 된다는 것이다. 즉 이 세상을 의지할 만한 곳으로 창조하신 하나님을 믿고 의지해야 한다는 것이다.

넷째, 모든 사람은 하나님의 모양과 형상대로 창조되었다. 하나님이 짐승들과 나무들은 종류대로 창조하셨지만, 인간만은 남자와 여자, 딱 한 쌍만 지으셨다. 인종차별은 죄의 결과이지 창조 섭리의 일부가 아니다. 또한, 아무리 포악하고 흉측한 사람이라 할지라도 창조주의 형상에 따라 창조되었다는 사실 하나만으로도 사랑받고 존중받을 자격이 있다. 불행하게도 우리 주변에는 생김새, 장애, 출생 여건, 저지른 죄 등으로 인해 따돌림당하고 무시당하는 사람들이 너무 많다. 인간이 인간을 대하는 자세가 바뀌어야 한다.

다섯째, 하나님은 세상을 참으로 아름답게 만들고 나서 스스로 참으로 만족해하셨다. 낮을 만들고 좋아하셨고, 밤을 창조하고 기뻐하셨다. 가축들을 창조하고 좋아하셨고, 들짐승들을 빚고 만족해하셨다. 인간을 지으며 흥분하셨고, 벌레들을 만들면서 노래하셨다. 하나님은 당신의 기쁨과 즐거움으로 탄생시킨 세상을 우리에게 주셨다. 그러니 주님이 주신 세상을 기뻐하자. 하나님의 영광과 아름다우심을 반영하고 있는 이 세상을 거룩하고 경건하게 즐기고 누리자. 물론 죄 많은 이 세상은 우리가 영원히 거할 집은 아니다. 우리는 머지않아 본향으로 돌아갈 것이다. 그러나 고통과 아픔으로 얼룩진 세상일지라도 이곳에 사는 동안 소풍 온 아이의 마음으로 아름다운 세상을 마음껏 즐기다가 하나님 앞에 설 때 "세상으로 소풍을 보내 주셔서 고맙습니다" 하고 고백할 수 있었으면 좋겠다. 천상병 시인의 〈귀천〉(歸天)이라는 시가 생각난다.

나 하늘로 돌아가리라.
새벽빛 와 닿으면 스러지는 이슬 더불어
손에 손을 잡고,
나 하늘로 돌아가리라
노을빛 함께 단 둘이서 기슭에서 놀다가
구름 손짓하면은,
나 하늘로 돌아가리라
아름다운 이 세상 소풍 끝내는 날,
가서, 아름다웠더라고 말하리라.

오래전부터 사람들은 천지가 창조된 시기에 대하여 지대한 관심을 가져 왔다. 300여 년 전에 아일랜드의 대주교 제임스 어셔(James Ussher)는 구약에 기록된 계보들을 근거로 천지가 주전 4004년에 창조되었다고 결론지었다. 그 이후로도 천지가 창조된 시점을 주전 7000년에서 3500년 사이로 보는 견해가 수백 가지나 나왔다. 창세기의 정황과 장르 그리고 성경의 성향을 감안할 때, 구체적으로 어느 때라고 지목하는 것은 모두 헛수고에 불과하다. 우리는 천국에 가서야 정확한 때를 비로소 알 수 있을 것이다.

I. 아담에서 데라까지(1:1-11:32)

## B. 동산의 안과 밖(2:4-4:26)

창조된 세상은 창조주 하나님이 매우 만족해하시는 걸작품이었다. 주님은 이 완벽하고 아름다운 세상을 사람에게 맡기시며 관리하라고 하셨다(1:28). 인간은 피조세계를 잘 다스림으로써 다른 피조물들과 함께 창조주를 경배해야 할 사명을 받았다. 그러나 땅은 인간의 손에 맡겨지자마자 인간 때문에 두 번이나 저주를 받아야 했다(3:18; 4:12). 왜 이렇게 되었는가? 인간은 원래 하나님이 창조하신 세상에서 하나님이 창조하신 피조물들과 함께 하나님이 제시하신 조건에 따라 살도록 디자인되었는데, 하나님의 조건을 거부하고 자기 마음대로 하다가 일을 그르친 것이다(Brueggemann). 이 일로 인간과 세상은 하나님의 구원이 필요하게 되었다.

창세기 2장 4-25절이 1장 내용에 추가로 설명하고 있기 때문에 1장과 함께 취급될 수도 있지만, 책을 섹션으로 구분하는 첫 번째 톨레돗(תּוֹלְדוֹת)(2:4)과 두 번째 톨레돗(5:1)의 위치를 감안하여 이 둘 사이에 있는 2장 4절부터 4장 26절을 한 섹션으로 간주하는 것이 바람직하다(Mathews; Waltke). 이 섹션은 동산 안에 있는 사람들(2:4-25), 동산에서 쫓겨난 사람들(3:1-24), 동산 밖에 거하는 사람들(4:1-26) 등 세 파트로 구분될 수 있다. 이 중 동산에서 있었던 일을 회고하고 있는 처음 두 파트(2-3장)는 하나의 짜임새 있는 이야기로 생각된다. 다음 사항을 생

각해 보라(Wenham).[25]

| 장면 | 말씀 | 스타일 | 중심인물 |
|---|---|---|---|
| 1(A) | 2:4-17 | 내러티브 | 하나님 |
| 2(B) | 2:18-25 | 내러티브 | 하나님 |
| 3(C) | 3:1-5 | 대화 | 뱀과 여자 |
| 4(D) | 3:6-8 | 내러티브 | 남자와 여자 |
| 5(C') | 3:9-13 | 대화 | 하나님, 남자, 여자 |
| 6(B') | 3:14-21 | 내러티브 | 하나님 |
| 7(A') | 3:22-24 | 내러티브 | 하나님 |

위 도표에서 보는 바와 같이 창세기 2-3장은 7개 장면(scene)으로 나뉠 수 있으며 각 장면의 스타일과 중심인물을 감안할 때, A-B-C-D-C′-B′-A′의 구조를 도출해 낼 수 있다. 제1장면(A)과 제7장면(A′)은 둘 다 내러티브이다. 두 장면 모두 하나님이 주체이시고, 인간은 객체에 불과하다. "동쪽", "생명나무", "에덴동산", "[땅을] 가꾸다", "지키다" 등의 단어는 이 두 장면에서만 사용되었다(Wenham). 제1장면에서 인간은 "흙에서" 와서 "에덴동산"에 머물게 된다. 제7장면에서는 인간이 "에덴동산"에서 쫓겨나 "흙으로" 돌아간다. "흙에서 동산으로, 동산에서 흙으로"의 반전(inversion)이 있다.

제2장면(B)과 제6장면(B′)을 살펴보자. 창조 이야기에서 모든 등장인

25 웬햄(Wenham)과 달리 월쉬(Walsh)는 다음과 같이 분석한다.
A. Narrative: God sole actor and man passive(2:5-7)
B. Narrative: God main actor, man minor actor, woman and animals passive(2:18-25)
C. Dialogue: snake and woman(3:1-5)
D. Narrative: man and woman(3:6-8)
C'. Dialogue: God, man and woman(3:9-13)
B'. Narrative: God main actor, man minor actor, woman and snake passive(3:14-21)
A'. Narrative: God sole actor and man passive(3:22-24)

물이 한꺼번에 등장하는 것은 이 두 장면뿐이다: 하나님, 남자, 여자, 짐승들. 두 장면 모두 주인공은 하나님이시다(Wenham). 이들 장면에서는 인간과 다른 피조물들과의 관계가 강조되는데, 제2장면은 인간과 짐승 사이에 있어야 할 이상적인 관계를, 제6장면은 죄로 인하여 파괴된 관계의 현실을 보여 준다. 특히 제6장면은 여성의 어머니로서 해야 할 역할과 하나님이 지어 주신 가죽옷에 대한 언급을 담고 있다.

제3장면(C)과 제5장면(C')은 선악과를 먹기 전과 먹고 난 후를 대조하고 있으며 대화로 진행된다. 선악과에서 조금 떨어진 곳에서 이야기가 진행된다(Wenham). 제3장면에서는 뱀과 여자가 선악과나무에 대해 세 가지를 말하고, 제5장면에서는 하나님이 남자와 여자에게 세 가지 질문을 던지신다.

제4장면은 구조의 중심에 있는데, 등장인물은 인간이 유일하다(Wenham). 하나님도, 뱀도 등장하지 않는다. 인간이 동산에서 죄를 짓게 된 일은 전적으로 그들의 책임이라는 뜻이다. 뱀이 인간을 유혹한 것은 사실이지만, 죄의 책임은 인간에게 있다. 인간이 선택한 결과이기 때문이다. 아담과 하와는 에덴동산의 중심부, 즉 선악과나무 앞에서 있다. 세상의 위계질서가 제2장면에서 성립되고, 제5장면에서 재확인된다. 하나님이 세우신 위계질서는 '하나님—남자—여자—짐승' 순이었다. 그런데 제4장면에서 이 순서가 바뀐다. '뱀(짐승)—여자—남자—하나님'으로 변질한 것이다. 창조주의 의도가 완전히 전도(顚倒)된 것이다. 선악과의 영향력을 강조하는 두 번의 언급 사이에 "그[아담]가 먹었다" 라는 말이 끼어 있다(6절). 인류가 범한 최초의 죄에 대한 책임이 하와보다 아담에게 더 크다는 뜻이다.

이 섹션의 전반적인 흐름은 동산 안에 거하던 사람들이 어떻게 해서 동산에서 쫓겨나게 되었고, 결국 동산 밖에서 살게 되었는가를 회고하고 있다. 한때는 동산에서 하나님과 교통하며 살던 사람들이 동산 밖에서 하나님과 단절된 채 살면서 옛 동산을 사모하는 이야기이다.

이에 본 텍스트를 다음과 같이 구분할 수 있다.

A. 동산 안에 있는 사람들(2:4-25)
B. 동산에서 쫓겨난 사람들(3:1-24)
C. 동산 밖에 거하는 사람들(4:1-26)

I. 아담에서 데라까지(1:1-11:32)
B. 동산의 안과 밖(2:4-4:26)

## 1. 동산 안에 있는 사람들(2:4-25)

1장이 천지창조에 대한 것이라면, 2장은 하나님이 진흙으로 인간과 짐승들을 빚으신 이야기를 회고하는 이야기이다. 1장과 2장은 어떤 관계인가? 학자 중에는 2장이 1장의 이야기와 대립할 뿐만 아니라 1장과 다른 저자에 의해 저작된 새로운 창조 이야기라고 간주하는 이들이 있다(Westermann; Friedman). 1장과 2장은 서로 다른 출처 혹은 전승에서 비롯된 서로 다른 형태의 창조 이야기들이란 것이다.[26]

그러나 내용을 살펴보면 1장과 2장은 동일한 창조 사건의 다른 면모를 회고할 뿐 출처가 다른 두 개의 창조 이야기가 아님을 알 수 있다. 2장은 1장에 기록된 내용 중 몇 가지를 확대/추가하여 설명하고 있을 뿐이다(Sailhamer; Mathews). 특히 여섯째 날 이야기의 일부인 1장 26-28절에 대하여 좀 더 자세하게 설명하고 있다. 이제부터 온 세상이 어떻게 창조되었는가에 대한 이야기보다 여섯째 날 땅에서 있었던 일—사람과 짐승이 창조된 일—만을 집중적으로 자세하게 회고하기를 저자가 원했던 것이다. 이러한 의도는 이 섹션이 시작되는 2장 4절에 암시되어 있다. 그는 "하늘과 땅"(הַשָּׁמַיִם וְהָאָרֶץ)(2:4a)으로 이야기를 시작했다가 곧바로 "땅과 하늘"(אֶרֶץ וְשָׁמָיִם)(2:4b)로 그 순서를 바꾸어 말한다. 이러한 변화는 그의 관심이 땅에 집중되어 있으며, 이제부터는 땅에 관해 이

26 자세한 내용은 해밀턴(Hamilton), 베스터만(Westermann), 매튜스(Mathews)를 참조하라.

야기할 것임을 알리는 신호이다(Wenham; Fretheim; Waltke).

또한, 2장의 내용을 고대 근동 지역의 창조 이야기들과 비교해 보면, 2장이 결코 독립적인 창조 이야기가 될 수 없다는 사실이 역력히 드러난다. 근동의 창조 신화 중에서 해, 달, 별과 바다 등에 대한 언급이 없는 것이 사실 거의 전무하다. 이런 시대적 배경을 감안할 때, 해, 달, 별과 바다 등이 전혀 등장하지 않는 2장 이야기를 창조 이야기의 다른 형태라고 보기는 쉽지 않다. 그리고 창세기 1장과 2장처럼 한 권의 책 안에서 서로 다른 각도에서 회고하는 이야기 형식은 고대 근동 신화들에서도 자주 발견된다.[27] 그러나 지금까지 발굴된 고대 근동 자료들 중에 창세기 2장과 비슷한 내용의 창조 이야기는 찾아볼 수 없었다.

저자가 2장에서 1장의 일들에 대하여 보충 설명을 하고 있다는 것은 2장이 1장의 내용에 대하여 잘 알고 있는 사람을 위한 것임을 암시한다(cf. Sailhamer). 하나님은 1:26-29에서 남자와 여자를 창조하시고 그들의 앞날을 축복하셨다. 그러나 1장은 인간이 어떠한 과정을 통하여 창조되었는지, 하나님의 모양과 형상대로 만들어졌다는 것이 무슨 뜻인지, 땅을 정복한다는 것이 무엇을 의미하는지, 사람이 공중의 새와 땅에 사는 모든 생물을 다스린다는 것이 시사하는 바가 무엇인지 등에 대하여는 구체적으로 설명하지 않았다. 이제 2장은 이것들에 대하여 설명하고자 한다. 하나님의 창조사역 중 6일째 있었던 일들에 대하여 설명하고 있는 본 텍스트는 다음과 같이 구분할 수 있다.

A. 남자의 창조(2:4-7)

    B. 동산에서(2:8-17)

A'. 여자의 탄생(2:18-25)

---

27 수메르와 바빌론 신화에서 이런 형식이 자주 발견된다. 창조에 대한 전체적인 이야기가 먼저 제시되고, 그다음에 일부 사항에 대한 추가 설명이 뒤따르는 형식이다(Kikawada & Quinn).

I. 아담에서 데라까지(1:1-11:32)
B. 동산의 안과 밖(2:4-4:26)
1. 동산 안에 있는 사람들(2:4-25)

### (1) 남자의 창조(2:4-7)

**[4] 이것이 천지가 창조될 때에 하늘과 땅의 내력이니 여호와 하나님이 땅과 하늘을 만드시던 날에 [5] 여호와 하나님이 땅에 비를 내리지 아니하셨고 땅을 갈 사람도 없었으므로 들에는 초목이 아직 없었고 밭에는 채소가 나지 아니하였으며 [6] 안개만 땅에서 올라와 온 지면을 적셨더라 [7] 여호와 하나님이 땅의 흙으로 사람을 지으시고 생기를 그 코에 불어넣으시니 사람이 생령이 되니라**

하나님은 당신의 모양과 형상대로 사람을 창조하셨다(1:26-27). 그러나 인간이 하나님의 형상에 따라 만들어지기는 했지만, 그는 오로지 피조물에 불과하며 그를 지으신 창조주와는 질적으로 다른 존재이다. 그런데 1장은 창조주 하나님과 피조물 인간의 다른 점에 관하여 전혀 언급하지 않는다. 이제 2장에서 하나님과 인간의 차이에 대해 명확히 언급할 것이다. 인간은 영이신 하나님과 다를 수밖에 없다. 왜냐하면, 흙으로 빚어진 불완전한 존재이기 때문이다. 이것이 창조주와 피조물 인간의 극명한 차이점이다. 만약에 2장이 없었다면 인간은 창조주의 모양과 형상에 따라 창조되었고, 온 세상을 다스릴 권세를 부여받았다는 이유만으로 매우 교만했을 것이다. 인간이 흙으로 지어진 존재라는 사실을 기록함으로써 겸손케 한다.

본 텍스트는 톨레돗(תּוֹלֵדוֹת)으로 이야기를 시작한다(2:4). 톨레돗이 쓰인 다른 구절들과 비교해 보면 이곳에서의 쓰임새가 특별하다는 것을 알 수 있다. 다른 곳에서는 전 인류의 후손 또는 한 인물의 자손들에 대해 쓰였지만, 2장에서는 '하늘과 땅'에 대해 쓰였기 때문이다. 그래서 여기서는 '계보'나 '족보'가 아닌 '내력'으로 번역되었다.

저자가 4절에서 사용한 히브리어 단어들을 순서대로 정리해 보면 '하늘-땅-창조-만듦-땅-하늘'로 이루어져 있다.[28] 앞의 '하늘-땅'을 뒤에서 '땅-하늘'로 바꾼 것은, 온 우주를 창조하신 하나님에게 초점을 맞추어 이야기를 전개했던 1장과 달리 2장에서는 인간에게 초점을 맞추어 이야기를 진행해 나갈 것을 암시하는 것이다(Sarna). 인간에게 가장 중요한 피조물은 땅이기 때문이다.

"여호와 하나님"(יְהוָה אֱלֹהִים)(4절)이라는 성호가 2-3장에서 정확히 20차례 사용되었다. 그런데 이 성호는 출애굽기 9장 30절에서 한 번 더 사용되었을 뿐, 구약성경 나머지 부분에서는 잘 사용되지 않는 상대적으로 희귀한 표현인 것이다. 문서설을 주장하는 학자들은, 1장에서 줄곧 "하나님"(אֱלֹהִים)이 사용되다가 2-3장에서 "여호와 하나님"(אֱלֹהִים יְהוָה)이 집중적으로 사용된 것은, 1장과 2-3장이 서로 다른 자료들에서 왔기 때문이라고 말한다. 문서설에 의하면, 1장은 제사장 문서(P), 2-3장은 야훼 문서(J)에 해당된다. 그런데 문제는 창세기의 나머지 J-문서에서 한 번도 쓰인 없는 "하나님"(אֱלֹהִים)이란 성호가 2-3장에서는 20회나 사용되었다는 점이다. 그러므로 문서설의 주장은 별로 설득력이 없어 보인다.

이 이야기에서 여호와(יְהוָה)와 하나님(אֱלֹהִים)이 함께 사용된 것은 온 세상을 창조하신 초월적인 창조주 하나님(אֱלֹהִים)이 다름 아닌 우리와 관계를 맺으며 내재하시는 인격적인 여호와(יְהוָה)라는 사실을 강조하기 위함이다(Sarna). 또한 "여호와 하나님"이란 성호가 에덴동산 이야기를 기록하고 있는 2-3장에서만 사용되었다는 것은 인간이 에덴동산에서 주님을 여호와 하나님으로 알고, 하나님과 매우 특별한 관계를 누렸으

28 A. "하늘과 땅"(הַשָּׁמַיִם וְהָאָרֶץ)
B. 창조되었다(ברא)
B'. 만드셨다(עשׂה)
A'. "땅과 하늘"(אֶרֶץ וְשָׁמָיִם)

나 동산에서 쫓겨난 후로는 이런 관계를 누리지 못하고 있음을 암시하는 듯하다(Sailhamer).

"여호와 하나님이 땅에 비를 내리지 아니하셨고 땅을 갈 사람도 없었으므로 들에는 초목이 아직 없었고 밭에는 채소가 나지 아니하였으며"(5절)는 초목과 채소가 사람이 창조된 후에야 세상에 모습을 드러냈음을 뜻한다. 그 때문에 이 내용이 셋째 날에 풀과 채소와 열매 맺는 나무들이 창조된 것(1:9-12)과 대립한다고 주장하는 사람들이 있다. 즉, 1장과 2장의 창조 순서가 다르다는 것이다.

그러나 5절은 내용상 창조 3일째 있었던 일과 연관된 것이 없으므로, 1장과 2장의 창조 순서가 다르다고 성급하게 결론 내리는 것은 옳지 않다. 본문은 인간이 아직 창조되지 않아 "초목"(שִׂיחַ)과 "채소"(עֵשֶׂב)가 아직 세상에 없었다고 하는데 이것들은 하나님이 셋째 날에 창조하신 "풀"(דֶּשֶׁא)과 "나무"(עֵץ)와는 전혀 다른 것이다(1:11). "채소"가 유일하게 같은데, 이것마저도 1장 11절은 "씨 맺는 채소"(עֵשֶׂב מַזְרִיעַ זֶרַע)로 규정하고 있다. 또한, 나무(עֵץ)도 그냥 나무가 아니라 "씨 가진 열매 맺는 나무"(עֵץ פְּרִי עֹשֶׂה פְּרִי לְמִינוֹ אֲשֶׁר זַרְעוֹ־בוֹ)라고 하였다(1:11). 셋째 날에 하나님이 스스로 번식할 수 있는 것들을 창조하셨음을 강조한 것이다. 그렇다면 1장과 2장에서 언급된 식물의 차이가 명백해진다. 셋째 날 창조된 식물들은 모두 자연에서 자생하는 것들이고, 반면에 2장에서 언급된 식물들은 인간이 경작해야만 하는 것들인 것이다. 이처럼 두 본문이 서로 다른 것을 가리켜 말하고 있으므로 둘을 비교하여 창조 순서를 논하는 것은 바람직하지 않다.

또한, 본문은 창조(cf. 1:11)보다 인간이 죄를 지어 심판을 받은 일(3:18)과 더 연관되어 있다는 사실을 기억해야 한다(Hamilton). 인간의 죄로 인하여 땅이 저주를 받음으로써 인간의 노동을 방해하는 가시덤불(קוֹץ)과 엉겅퀴(דַּרְדַּר)를 내게 되었으므로, 심판 이후 인간은 "씨 맺는 채소"(עֵשֶׂב מַזְרִיעַ זֶרַע)(1:11)가 아니라 경작해야 얻을 수 있는 "밭의 채소"(עֵשֶׂב הַשָּׂדֶה)(3:18)만을 먹고 살아야 한다. 본문이 언급하고 있는 "초목"(שִׂיחַ)과 "채소"(עֵשֶׂב)가 바로 이러한 상황의 묘사를 뒷받침해 준다. 같은 맥락에서 "땅에 내리는 비"(5절)와 "땅에서 올라오는 안개/물"(6절) 또한 노아 시대에 인류가 겪게 될 홍수를 염두에 둔 표현이다(Sailhamer). 2장 5-6절은 1장의 일을 회고하는 것이 아니라 오히려 장차 3장과 6-7장에서 있을 일을 예고하는 것이다. 따라서 인간이 창조될(7절) 당시 배경을 소개하는 역할을 하는 5-6절은 "사람이 땅을 열심히 가꾸어야 살 수 있게 되기 전에" 인간이 창조되었다는 사실을 확인시켜 준다. 즉 땅이 사람이 살기에 매우 적합한 환경이었을 때가 있었다는 뜻이다. 결론적으로 1장에 기록된 피조물의 창조 순서와는 거리가 먼 말씀인 것이다.

비가 내리지 않는 동안 땅에서 물이 올라와 온 땅을 적셨다(6절). 이 부분은 번역하기가 어렵다. "올라온 물"(אֵד)이란 단어는 욥기 36장 27절에서 한 번 더 사용된다. 이 단어에 대한 우리말 번역은 크게 두 가지로 나뉜다. "땅에서 솟아나는 물(샘)"(공동번역, 새번역), "안개"(개역개정, 개역한글). 칠십인역(LXX)과 라틴어 번역본들은 "솟아나는 샘물"로 해석하고 있으며, 영어 번역본들은 우리말 번역본처럼 반씩 나뉘어 있다. 때로는 이 단어를 아카디아어 id와 연결하여 "강"으로 해석하기도 하지만(Albright; Friedman), 강이라는 것이 중력에 의해 위에서 아래로 내려가는 것이지 솟아오르는 것은 아니라는 점을 근거로 반론을 제기하기도 한다(Gordon). 또는 지하에서 강을 이루며 흐르고 있는 원초적이고 신화적인 물줄기를 뜻하는 것으로 풀이하는 사람들도 있다(Dahood; Sarna). 수메르의 엔키(Enki)와 닌후르삭(Ninhursag) 신화에 물에 대한 이런 언급이 있기 때문이다. 그러나 땅 밑에서 물줄기를 형성하며 흐르는 지하수로 단순하게 해석하는 것이 무난하다(Mathews; Waltke).

하나님이 흙에서 사람(הָאָדָם ... מִן־הָאֲדָמָה)을 지으셨다(7절) 이 문구를 구성하고 있는 유사음("ha'adam…min-ha'adamah")을 생각해 보라. 저자는 이 유사음을 통하여 인간은 결코 흙에서 "떨어질 수 없는" 관계에 있음을 암시한다. 1장은 인간이 창조될 때 어떤 물질로부터 만들어졌는지에 대해 아예 언급하지 않았다. 이제 저자는 인간을 형성한 "재료"가 흙에서 취한 티끌/먼지(עָפָר מִן־הָאֲדָמָה)였음을 밝힌다. 동사 "짓다/빚다"(יצר)(7절)는 토기장이가 토기를 빚는 일을 뜻한다(삼하 17:28; 사 29:16; 렘 18:2-4). 본문에서도 흙이 등장하는 점을 감안할 때, 저자는 토기장이가 진흙을 다루어 그릇을 빚어내듯 하나님이 인간을 만드셨다고 묘사한 것이다(cf. 욥 4:19; 10:9; 33:6). 토기장이가 정성을 다하여 조심스럽게 그릇을 빚는 것처럼 하나님도 인간이란 작품을 신중하게 만드셨다.

이 이야기는 인간의 영광과 비천함을 동시에 전한다. 인간은 땅에서 취한 흙에 불과하다. 이것이 인간의 비천함이다. 그러나 다른 피조물들과는 달리 하나님의 손에 의해 직접 빚어졌으며 그분의 "생기"(נִשְׁמַת חַיִּים)를 받아 생명이 시작되었다. 구약에 단 한 번 등장할 만큼 독특한 단어인 "생기"를 받은 인간은 창조주와 독특한 관계를 설정할 뿐만 아니라 피조세계의 위계질서에서도 가장 특별한 위치를 차지한다. 이것이 인간의 영광이다. 흙이 흙으로 존재할 때는 별로 가치가 없지만, 하나님의 손에 들린 흙은 피조세계의 영광으로 거듭났다. 이처럼 잡초 같은 우리 인생도 창조주의 손에 잡힐 때 온 세상이 흠모하는 아름다운 것으로 변화하는 것이다.

하나님은 예술가로서 인간을 빚으셨다. 바빌론의 《아트라하시스 서사시》(Atrahasis Epic)에서는 처형당한 신의 피와 진흙이 섞여서 사람이 탄생하였다. 이집트 신화인 《메리카레의 교훈》(Instructions of Merikare)에서는 신의 눈물과 진흙이 섞여서 사람이 태어났다(cf. Walton). 그러나 성경은 인간을 하나님이 치밀하고 섬세하게 만드신 걸작품으로 소개한다. 또한, 하나님의 생기를 인간의 코에 불어 넣으셨다는 것은 하나님의 따뜻하고 인격적인 얼굴이 인간의 얼굴에 매우 가까이 다가왔음을 의미한다. 그만큼 인간은 하나님께도 소중한 존재인 것이다.

| I. 아담에서 데라까지(1:1-11:32)<br>B. 동산의 안과 밖(2:4-4:26)<br>1. 동산 안에 있는 사람들(2:4-25) |
|---|

### (2) 동산에서(2:8-17)

하나님은 당신이 아름답게 빚어내신 인간을 에덴에 있는 동산(גַּן־בְּעֵדֶן)에 두셨다(8절). 동산을 경작하고 가꾸게 하기 위해서였지만(cf. 15절), 그보다 더 중요한 목적은 동산에서 인간과 교제하기 위해서였다. 에덴동산은 어떤 곳이었을까? 먼저, 저자는 "에덴에 있는 동산"(גַּן־בְּעֵדֶן)이라고 말함으로써 에덴이 곧 동산은 아니라며 에덴과 동산을 구분한다. 에덴은 한 지역을 칭하는 이름이었으며, 하나님의 동산이 그곳에 있었다는 뜻이다. "에덴"(עֵדֶן)은 "행복의 땅/축복의 땅"이란 뜻으로 풀이되지만(HALOT), "물 댄 동산"으로 해석되기도 한다(Mathews). 매우 생동감 있고 물이 풍부한 지역임을 의미한다. "동산"(גַּן)은 풀이나 채소가 자라는 밭이라기보다는 과수원 내지는 경계가 명확한 나무가 많은 공원 같은 땅을 뜻한다.

에덴동산은 훗날 이스라엘이 건축하게 될 성막의 모형이기도 하다(Wenham; Sailhamer). 천사들이 동산과 성막의 신성함을 보호하여(창 3:24; 출 26:1; 대하 3:7) 죄와 죽음이 들어오지 못하게 했다(창 3:23; 계 21:8). 하나님의 말씀을 불신하면 동산에 거할 수 없듯이, 믿음이 없으면 성막에 들어갈 수 없다. 또한, 성막의 지성소에는 에덴동산처럼 여러 나무가 있었으며, 말일에 성전은 낙원과 비교될 것이다(계 20-21장). 아담이 동산에서 하나님을 만날 수 있었듯이 이스라엘은 성막에서 하나님을 만날 수 있었다. 성막의 지성소에 있는 나무 모양의 촛대는 에덴동산의 생명나무를 상징하는 것으로 간주하기도 한다. 남자가 에덴동산에서 거했던 이야기를 기록하고 있는 본문은 다음과 같이 구성되어 있다.

A. 나무들(2:8-9)

B. 에덴의 강들(2:10-14)

A′. 나무에 대한 금지령(2:15-17)

I. 아담에서 데라까지(1:1-11:32)
B. 동산의 안과 밖(2:4-4:26)
1. 동산 안에 있는 사람들(2:4-25)
(2)동산에서(2:8-17)

a. 나무들(2:8-9)

**[8] 여호와 하나님이 동방의 에덴에 동산을 창설하시고 그 지으신 사람을 거기 두시니라 [9] 여호와 하나님이 그 땅에서 보기에 아름답고 먹기에 좋은 나무가 나게 하시니 동산 가운데에는 생명 나무와 선악을 알게 하는 나무도 있더라**

하나님은 에덴동산에 보기에도 좋고 먹기에도 좋은 과실수가 셀 수 없이 많이 자라게 하셨다. 에덴은 의식주를 전혀 걱정하지 않아도 되는, 인간이 상상할 수 있는 최고의 낙원이었다. 하나님이 동산에 두신 나무 중에 아주 특별한 나무 두 그루가 있다(8-9절). 먼저, 인간이 먹으면 영원히 살 수 있는 열매를 가진 생명나무(עֵץ הַחַיִּים)가 있었다. 에덴동산에 생명나무가 심겼고, 인간이 선택할 수 있도록 하신 것으로 보아 인간은 처음부터 영원히 살 수 있도록 창조된 것이 아니었음을 알 수 있다. 하나님이 흙으로 빚어진 남자의 코에 불어 넣어 주신 "생기"(7절)가 인간으로 하여금 영원히 살 수 있도록 하는 요소는 아니었던 것이다(Fretheim). 생명나무의 열매를 먹어야만 영원히 살 수 있다. 본문에서 처음 모습을 드러낸 생명나무는 비록 비유로 사용되기는 하지만 구약의 다른 곳에서도 몇 차례 등장한다(잠 3:18; 11:30; 13:12; 15:4). 신약의 요한계시록에서도 종말과 연관되어 모습을 나타낸다(계 2:7; 22:2, 14, 19). 그러나 본문은 생명나무보다 이 나무를 심으신 하나님께 초점을 맞춘다. 이것은 인간이 추구해야 할 영원한 생명이 이 나무로부터 나오는 것이 아니라 하나님께로부터 비롯되는 것임을 암시한다(Watson). 또 한 그루는 열매를 먹으면 선과 악을 알게 하는 나무(עֵץ הַדַּעַת טוֹב וָרָע)이다. 이 나무는 에덴동산 이야기 이후에 성경에서 완전히 모습을 감춘다.

그런데 본문이 말하는 "선과 악"(טוֹב וָרָע)을 안다는 것은 어떤 종류의 지식을 뜻하는 것일까? 학자들의 의견이 매우 다양하다. 그중 몇 가지만 간추리자면 다음과 같다(cf. Gordis; Stern; Buchanan; Hamilton).

첫째, '선과 악'은 성적(性的) 지식을 뜻한다. 이 해석에 의하면 인간들이 처음 창조되었을 때 그들은 상대의 성적 기능에 대하여 전혀 관심이 없었다. 성에 대한 지식이 없었기 때문이다. 중세 유대 학자 에스라(Ibn Ezra)가 주장한 이후로 많은 사람이 지지하는 이론이며, 최근까지도 이 해석을 따르는 사람들이 많다(Gordis; Engnell). 이들이 제시하는 첫 번째 증거는 최초의 인간들이 선악과를 따 먹고 난 후에야 자기들이 '벗은 것'을 알게 되었다는 것이다(3:7). 두 번째 증거는 구약에서 '알다'(ידע)라는 동사가 성적인 뉘앙스를 지니고 있다는 점이다(HALOT). 아담이 하와를 '알자'(ידע) 하와가 임신했다(4:1). 그러나 문제는, 아직 여자가 창조되지 않은 때였고 성적인 구분은 하나님이 하신 일이며(1:27), 결혼도 하나님이 시작하신 제도임을 감안할 때(cf. 2:18-24), 인간이 선악과를 따 먹기 전에도 성적인 지식은 가지고 있었다고 보는 것이 본문의 정황에 들어맞는다. 게다가 1장에서 이미 하나님이 인간에게 '생육하고 번성하라'고 축복하시지 않았던가. 생육과 번성은 성적 지식이 없이는 불가능하다. 더 나아가 가장 큰 문제는 아담과 하와에 대하여 하나님이 "보라 이 사람이 선악을 아는 일에 우리 중 하나 같이 되었으니"(3:22)라고 말씀하신 것을 어떻게 해석하느냐이다. 그렇다면 하나님도 성적인 존재란 말인가?

둘째, '선과 악'은 완벽하고 완전한 지식을 뜻한다. 선과 악은 '하늘과 땅'처럼 두 개의 반대되는 단어를 사용하여 전체를 뜻하는 표현(merismus)이라는 것이다(Honeyman). 인간이 선악과를 먹음으로써 그들의 지식 범위가 상상을 초월할 정도로 팽창되었다. 증거로 제시되는 것은, 성경에서 '선'과 '악'이 쌍을 이루어 사용될 때에는 총체적인 의미를 지닌다는 것이다(창 24:50; 31:24; 삼하 14:17). 그러나 문제는 아담과 하와가 선악과를 먹음으로써 과연 무한한 지식을 갖게 되었는가 하는 것이다. 성경이 말하는 바와 다르기 때문이다. 선악과를 먹고 난 다음에도 아담은 제한적인 범위에서 보고 깨달을 수 있었다. 하나님이 인간이 되셨다는 것은 성경적인 언어이지만, 인간이 하나님이 된다는 것은 비(非)성경적인 개념이다.

셋째, '선과 악'은 윤리적 혹은 문화적인 지식을 상징한다. 문화와 문명에 대한 인간의 열망과 관심이 이때부터 생겨났다는 것이다(Wellhausen). 문제는, 아담이 선악과를 먹은 다음부터 인류가 문화와 문명의 발전을 추구하게 되었다는 힌트를 성경은 주지 않는다는 것이다. 그뿐만 아니라 맨 처음 인간들이 에덴동산을 경작한 것을 문화와 문명이 아니라고 할 수 없다.

넷째, '선과 악'을 알게 된 것은 도덕적인 자율권을 갖게 되었음을 뜻한다(Clark, Hamilton). 선과 악은 법적인 판결을 내리는 것과 연관되어 있다는 점에서 비롯된 해석이다(창 24:45-50; 신 1:39; 왕상 3:9; 왕하 22:18). 선악과를 먹음으로써 인간은 일종의 '신'이 되어 자신의 이익과 관심을 중심으로 모든 것을 판단하고 결정하게 된 것이다(Fretheim). 비슷한 맥락에서 선악과를 먹은 후 인간은 신적(神的) 지혜(divine wisdom)를 갖게 되었다는 해석이 있다(Mathews). 선악과를 먹은 다음, 인간의 세계관이 자기중심으로 바뀐 점을 감안할 때 이 해석이 가장 설득력 있는 것으로 보인다.

I. 아담에서 데라까지(1:1-11:32)
B. 동산의 안과 밖(2:4-4:26)
1. 동산 안에 있는 사람들(2:4-25)
(2) 동산에서(2:8-17)

### b. 에덴의 강들(2:10-14)

**[10] 강이 에덴에서 흘러 나와 동산을 적시고 거기서부터 갈라져 네 근원이 되었으니 [11] 첫째의 이름은 비손이라 금이 있는 하윌라 온 땅을 둘렀으며 [12] 그 땅의 금은 순금이요 그 곳에는 베델리엄과 호마노도 있으며 [13] 둘째 강의 이름은 기혼이라 구스 온 땅을 둘렀고 [14] 셋째 강의 이름은 힛데겔이라 앗수르 동쪽으로 흘렀으며 넷째 강은 유브라데더라**

에덴동산에서 네 개의 강이 시작되어 세상으로 흘렀다. 고대사회에서부터 넷(4)은 총체성/완성을 상징하는 숫자였으며, 성경에서도 온 세상을 뜻할 때 네 방향 혹은 세상의 네 코너를 언급하기 일쑤이다(cf. 겔 1장). 에덴동산에서 네 개의 강이 흘러 온 세상을 적셨다는 것은 이 세상의 모든 축복이 하나님의 동산에서 비롯됨을 상징한다(Westermann). 비록 네 강이 흐르는 방향을 정확히 파악할 수는 없지만 대체로 세상의 네 방향, 즉 동서남북을 향해 흐르는 것을 상징하는 것으로 본다.

성경에서 힛데겔(חִדֶּקֶל)로 알려진 티그리스 강과 유프라테스 강(פְּרָת)는 오늘날에도 있는 강들이기 때문에 그 위치를 쉽게 파악할 수 있다. 저자는 티그리스 강이 아시리아 동쪽(קִדְמַת אַשּׁוּר)으로 흘렀다고 말한다. 그런데 아시리아(אַשּׁוּר)가 아시리아 지역 전체를 가리키는 것일까 아니면 아시리아의 수도 앗술(Asshur)을 가리키는 것일까? 이 문구가 "구스 땅"과 평행을 이루고 있는 점을 감안한다면, 아시리아 전체 지역을 의미하는 것으로 볼 수 있다. 그러나 티그리스 강이 아시리아 지역을 가로지른다는 점을 감안하면, 본문의 아시리아는 수도 앗술을 가리키는 것으로 해석하는 것이 바람직하다(Hamilton; Sarna). 한 가지 재미있는 사실은, 앗술이 주전 1400년대에 접어들면서 중요성을 잃기 시작했다는 점이다. 만일 비평학자들이 주장하는 것처럼 본문이 J-문서에서 비롯된 것이라면, 이 문서가 저작되었다고 하는 주전 900년대에 무명의 저자가 앗술의 옛 영화에 대하여 알고 있었을 것이라는 결론에 도달한다. "만일 본문이 아시리아의 옛 도시 앗술을 뜻한다면, 니느웨가 아시리아의 수도가 되기 이전의 매우 오래된 전승이 여기에 반영되어 있어야 한다"(Westermann). 문서설의 유래 시기를 훨씬 전으로 끌어올릴 수 있는 자료가 되는 것이다.

대부분 학자들이 에덴동산이 페르시아만(Persian Gulf)의 북쪽 끝부분에 위치했을 것으로 추정한다. 티그리스 강과 유프라테스 강이 이곳으로 흘러들기 때문이다. 그러나 노아의 홍수가 강들의 흐름을 바꾸어 놓았을 수도 있다는 점을 의식해야 한다. 기혼(גִּיחוֹן) 강이 구스(כּוּשׁ)의 온 땅을 적셨다고 한다(13절). 성경에서 구스는 에티오피아를 뜻하기도 하지만, 오늘날 예멘을 뜻하기도 하는 명칭이다. 만일 기혼 강이 페르시아만 위에서 발원했다면, 이 강이 어떻게 아프리카의 에티오피아까지 흘렀을까 하는 의문이 생긴다. 반면에 발원지가 예멘이라면 별 어려움 없이 설명할 수 있다. 또한, 성경은 모세의 아내 십보라가 구스 사람이었다고 하는데(민 12:1), 이때 구스는 오늘날의 사우디아라비아인 미디안 지역이었을 가능성이 매우 높다.

아직까지 비손(פִּישׁוֹן) 강의 위치가 밝혀진 적이 없다. 성경은 비손 강이 하윌라(הַחֲוִילָה) 온 땅을 둘렀다고 전한다. 성경에서 하윌라는 사람의 이름이자 지역의 명칭이다. 구스의 다섯 아들 중 하나의 이름이 하윌라이다(창 10:7; 대상 1:9). 셈의 6대 손이자 욕단의 아들도 하윌라였다

(창 10:29; 대상 1:23). 창세기 25장 18절에서는 하윌라가 이스마엘의 자손들이 거주하던 지역의 경계를 뜻한다. 만일 이 이름이 히브리어에서 유래된 것이라면, 단어의 기본 뜻은 "모래땅"이다(HALOT). 이 경우 아라비아를 두고 하는 말일 수 있다(Sarna).

모세도 이 강들의 위치에 대하여 정확히 몰랐던 것 같다. 그는 유프라테스 강과 티그리스 강은 이름만 언급하는 수준에서 끝내지만, 비손 강에 대하여는 상당히 자세히 설명한다: "첫째의 이름은 비손이라 금이 있는 하윌라 온 땅을 둘렀으며 그 땅의 금은 순금이요 그 곳에는 베델리엄과 호마노도 있으며"(11-12절). 그러나 강의 위치에 대한 설명 대신에 그 강들에서 나오는 산물에 대해 언급하고 있다. 그도 강의 위치를 몰랐기 때문이다(Sailhamer). 이 강들에서 생산된 베델리엄과 호마노가 정확히 무엇이었는지는 알 수 없다. 다만 매우 귀한 보석이었던 것만은 확실하다(cf. 겔 28:13). 이 보석들은 금과 함께 하나님이 창조하신 세상의 영화와 풍요를 상징한다(Mathews; Waltke).

I. 아담에서 데라까지(1:1-11:32)
B. 동산의 안과 밖(2:4-4:26)
1. 동산 안에 있는 사람들(2:4-25)
(2) 동산에서(2:8-17)

c. 나무에 대한 금지령(2:15-17)

**[15] 여호와 하나님이 그 사람을 이끌어 에덴 동산에 두어 그것을 경작하며 지키게 하시고 [16] 여호와 하나님이 그 사람에게 명하여 이르시되 동산 각종 나무의 열매는 네가 임의로 먹되 [17] 선악을 알게 하는 나무의 열매는 먹지 말라 네가 먹는 날에는 반드시 죽으리라 하시니라**

우리는 노동을 인류 타락(cf. 3장)의 결과로 여기곤 한다. 그러나 이것은 착각이다. 성경은 인간이 타락하기 이전에도 노동을 했다고 기록하고 있기 때문이다. 땅에 경작이 필요하기는 인간이 타락하기 전이나 후나 마찬가지였다. 다만 타락으로 인하여 잡초와 엉겅퀴 등이 생겨났기 때문에 경작의 어려움의 차이가 생기기는 했지만 말이다. 노동은 신성한 것이다. 창조주가 인간을 창조하고 처음으로 주신 것이 노동이기 때문이다.

땅은 영속되는 것(self-perpetuating)이 아니었다. 태초부터 인간이 땅을 필요로 하는 것만큼이나 땅도 인간의 손길이 필요했다. 그래서 하나님은 에덴동산을 경작하고(לְעָבְדָהּ) 지키게(לְשָׁמְרָהּ) 하시려고 인간을 그곳에 두셨다(15절). 개역개정이 '경작하다'로 번역하고, 개역한글이 '다스리다'로 번역한 히브리어 동사(עבד)는 기본 뜻이 '섬기다/봉사하다'이다(HALOT). 그래서 이 동사는 하나님을 예배하는 것과 남에게 봉사하는 것을 뜻할 때 자주 사용된다(Cassuto; cf. 창 29:18; 31:6; 출 3:12 등). 정황을 고려할 때 본문에서는 '경작하다'보다는 '가꾸다/보살피다'가 더 적합한 번역이다. 두 번째 개념인 '지키다'(שמר)는 매우 신경 써서 보살피는 것을 뜻한다(HALOT). 아울러 간혹 잘 보살피기 위하여 감시하는 행위도 포함되어 있다(Hamilton). 이 동사는 제사장들이 성막에서 하는 사역과 관련하여 자주 사용된다(cf. 레 8:35; 민 1:53; 18:5 등). 그러므로 두 개념을 합하여 '맡아서 돌보게 하셨다'(새번역)고 번역하는 것이 바람직하다. 인간에게 에덴동산은 소유물이기 전에 가꾸고 보살피는 곳이었으며, 인간은 에덴동산에서 제사장 역할을 하도록 부르심을 받았던 것이다.

인간이 동산을 경작하고 가꾼다는 것은 노동을 전제로 한다. 육체적인 노동은 죄와 상관없으며 그 자체로 신성하다. 왜냐하면, 죄가 세상에 들어오기 전부터 인간은 노동을 했기 때문이다. 낙원이라고 불리는 에덴동산에서 첫 인간이 무료하고 태만하게 시간을 보내지 않고 열심히 일했다는 사실은 오늘날 일하기를 꺼리는 사람들에게 강력한 권면이 될 것이다. 노동은 하나님이 인간에게 내려 주신 축복이자 특권이기 때문에 일을 하지 않는 것은 스스로 특권을 포기하는 것이나 마찬가지이다. 또한, 일하지 않는 삶은 인간의 존엄성을 훼손한다 (Westermann).

하나님은 남자를 창조하고 그를 에덴동산에 '두셨다'(שׂים)(8절). 저자는 본문에서 비슷한 상황을 설명하면서 '두다'에 대해 다른 히브리어 동사를 사용하고 있다(15절). 이 히브리어 동사(נוח)의 기본 뜻은 '쉬다, 휴식을 취하다'이다(HALOT). 이 동사가 하나님과 연관되어 사용될 때는, 사람이 사는 땅에서 하나님이 그에게 안식이나 안전을 주심을 뜻하거나(창 19:16; 신 3:20; 12:10; 25:19), 하나님께 무엇을 헌정하는 것을 의미한다(출 16:33-34; 레 16:23; 민 17:4; 신 26:4, 10)(Sailhamer). 이러한 용례를 감안할 때, 하나님이 남자를 에덴동산에 두신 이유는 그가 동산에서 쉬며 하나님 안에서 평안을 누리게 하기 위해서이다(Sailhamer). 비록 남자가 에덴동산에 거하게 된 데에 노동이 중요한 부분을 차지하고는 있지만, 더 중요한 것은 하나님과 교통하며 교제하는 것임을 암시한다.

하나님은 인간으로 하여금 동산에 있는 모든 나무의 열매를 먹을 수 있게 하셨다(16절). 여기에는 앞서 소개된 생명나무 열매도 포함되어 있다. 인간이 이 열매를 먹었더라면 죄를 지은 후에도 영원히 살 수 있었을 것이다. 하나님은 다만 선악과는 먹지 말라는 금지령 하나만을 더하셨다. 본문은 태초에 인간이 채식을 했음을 암시하고 있다(cf. 1:29). 아직까지는 육식을 했다는 힌트가 어디에도 없다. 과일과 채소로 충분히 살아갈 수 있었기 때문이다. 인간은 모든 나무의 열매를 따 먹을 수 있었지만, 오직 한 열매만은 먹을 수 없었다. 이것을 보면 하나님이 인간에게 주시는 자유가 어느 정도인지를 가늠할 수 있다. 하나님이 선악을 알게 하는 나무의 열매만은 먹지 말라고 하신 것은 절대로 인간에 대한 억압이 아니라는 뜻이다(Fretheim).

하나님이 인간에게 선악과를 먹지 말라고 하신 것은 인간이 명령의 의미를 이해할 수 있을 정도의 지능을 소유했음을 암시한다. 그러므로 이 금지령은 인간이 하나님의 명령을 성실하게 준수함으로써 하나님을 예배할 수 있다는 해석의 기회를 제공한다(Mathews). 하나님은 피조물인 인간 앞에 두 가지 선택을 두셨다. 첫째, 생명나무를 통하여 영원히 살 수 있는 길이다. 언젠가는 죽도록 창조된 인간이 생명나무 열매를 먹으면 죽음을 피할 수 있었다. 둘째, 선악을 알게 하는 나무를 통하여 죽게 되는 일이다. 이 나무의 열매를 먹으면 인간은 정녕 죽게 될 것이었다.

선악과에 대한 금지령은 세상에 제한 없는 자유란 존재하지 않음을 의미한다. 인간은 자신의 욕망과 식욕을 충족시키는 일에 있어서 절제와 자기 수양(self-discipline)을 발휘해야 하며 남의 권리를 침해해서는 안 된다. 이것은 우리가 모두 지켜야 할 금지령이다. 본문에서 선포되고 있는 하나님의 금지령은 앞으로 율법에서 선포될 음식법에 대한 전형적인 패러다임, 즉 모형/예시가 된다(Sarna). 일부 음식은 몸에 해로워서라기보다 하나님이 금지하셨기 때문에 먹지 못한다. 오직 하나님만이 사람에게 좋은 것과 나쁜 것을 구분하실 수 있기 때문이다(Sailhamer).

하나님은 인간이 금지령을 어기는 날(בְּיוֹם)에 "반드시 죽으리라"(מוֹת תָּמוּת)고 선포하셨다(17절). 하나님의 경고는 정확히 무슨 뜻이었을까? 아담과 하와가 선악과를 먹은 날 바로 죽지 않았기 때문에 설명이 필요하다. 어떤 학자는 이 문장을 "네가 그것을 먹는 날, 너는 죽음을 면할 수 없는 존재가 될 것이다"(one the day you eat of it you will become mortal)로 해석한다(Jobling). 그러나 이 해석을 따르자면, 인간이 하나님처럼 영원히 살 수 있는 존재(immortal)로 창조되었다고 전제해야 하는데, 그렇다면 누구를 위하여 "생명나무"가 에덴동산에 존재했는가가 문제가 된다. 천사들을 위해서인가, 짐승들을 위해서인가? 성경은 오직 하나님만이 처음부터 영원하신 분임을 고백한다(cf. 딤전 6:16).

또는 "생명나무 열매를 먹고 영원히 살 수 있는 특권"을 박탈하는 의미로 보기도 한다(Sarna; Friedman). 그러나 만일 인간이 처음부터 하나님의 허락 없이는 생명나무 열매를 먹을 수 없었거나 생명나무가 일종의 보상으로 약속된 것이었다면 설득력 있는 해석이 되겠지만, 지금까지 내용에 의하면 인간은 아무런 제약 없이 생명나무의 열매를 먹을 수 있는 위치에 있었던 것으로 보이므로 별로 매력적인 해석이 못 된다.

이 외에도 여러 대안이 제시되었지만 모두 만족스럽지 못하다(cf. Hamilton). 그날 아담과 하와가 죽지 않았기 때문에 육체적인 죽음을 배제한다면, 이 말씀이 단순히 영적인 죽음을 뜻하는 것은 아닐까? 인간이 선악과를 먹은 날, 인간과 하나님 사이의 교제가 완전히 끊겼으며 인간은 하나님을 두려워하기 시작했다. 그날 인간은 영적인 죽음을 체험했기 때문이다.

> I. 아담에서 데라까지(1:1-11:32)
> B. 동산의 안과 밖(2:4-4:26)
> 1. 동산 안에 있는 사람들(2:4-25)

### (3) 여자의 탄생(2:18-25)

하나님은 남자와 여자를 창조하셨을 때에 "심히 좋다"(טוֹב מְאֹד)고 말씀하셨다(1:31). 그러나 남자와 여자의 창조 과정을 설명하는 본문에서는 남자가 먼저 창조된 후에 여자가 태어나기 전까지의 빈 시간을 보고 "좋지 않다"(לֹא־טוֹב)고 말씀하셨다(2:18). 인간이란 사회적 존재임을 시사하는 대목이다(Sarna). 사람은 특별한 경우를 제외하고는 항상 공동체를 형성하여 함께 더불어 사는 것이 하나님의 선하신 뜻이다. 그래서 고대 이스라엘 사회에서는 독신을 탐탁지 않게 여겼다. 한 고대 유대인 문헌은 이렇게 말한다: "아내가 없는 사람은 선이 없이(without goodness), 배필이 없이(without helpmate), 낙이 없이(without joy), 복이 없이(without blessing), 속죄 없이(without atonement)⋯ 행복이 없이(without well-being), 충만한 삶이 없이(without a full life) 존재한다⋯ 진정으로, 아내가 없이 사는 사람은 이 세상에서 하나님을 대표해야 하는 임무를 잘 수행할 수 없다"(Genesis Rabba 17:2).

하나님은 여자를 창조함으로써 좋지 않은 상황(לא־טוב)을 좋은 것(טוב)으로 바꾸셨다. 여자의 창조는 하나님이 행하시는 선(טוב)의 대표적인 사례가 되는 것이다(Sailhamer). 고대 근동의 창조 신화들과 비교해 봐도 남자는 여자와 함께해야 한다며 여자의 진가를 인정하는 내용이 매우 독특하다(Westermann). 또한, 그들 신화 중에 본문처럼 여자의 창조 이야기를 남자의 창조 이야기와 함께 회고하지 않고, 독립적으로 취급하는 예는 아직까지 발견된 적이 없다(Fretheim). 고독한 남자에게 배필이 될 여자가 어떻게 해서 창조되었는가를 회고하고 있는 본 텍스트는 다음과 같이 구분된다.

A. 아담의 고독(2:18-20)
B. 첫 부부(2:21-25)

I. 아담에서 데라까지(1:1-11:32)
B. 동산의 안과 밖(2:4-4:26)
1. 동산 안에 있는 사람들(2:4-25)
(3) 여자의 탄생(2:18-25)

### a. 아담의 고독(2:18-20)

**[18] 여호와 하나님이 이르시되 사람이 혼자 사는 것이 좋지 아니하니 내가 그를 위하여 돕는 배필을 지으리라 하시니라 [19] 여호와 하나님이 흙으로 각종 들짐승과 공중의 각종 새를 지으시고 아담이 무엇이라고 부르나 보시려고 그것들을 그에게로 이끌어 가시니 아담이 각 생물을 부르는 것이 곧 그 이**

**름이 되었더라 [20] 아담이 모든 가축과 공중의 새와 들의 모든 짐승에게 이름을 주니라 아담이 돕는 배필이 없으므로**

하나님이 아담을 위하여 만드실 여자는 그의 "배필"(עֵזֶר)이며 "그[아담]와 동일한 자"(כְּנֶגְדּוֹ)라고 하신다(18절). 이 표현들은 여자가 남자보다 못하다는 뉘앙스를 전혀 내포하고 있지 않다(cf. Clines). 여자는 최소한 아담과 같은 위치에 있는 존재이다(Friedman). 그뿐만 아니라 '배필'로 번역되는 히브리어 단어 '에제르'(עֵזֶר)는 인간을 돕는 하나님께 흔히 적용되는 단어이다(출 18:4; 신 33:7, 26, 29; 시 33:20; 115:9-11; 121:1-2; 124:8; 146:5). 칠십인역(LXX)은 이 히브리어 단어를 '보에도스'(βοηθός)로 번역한다. 이 단어는 다양한 히브리어 단어들을 헬라어로 번역해 놓은 것이며 칠십인역에 45차례나 등장한다. 45곳 중 세 곳만 제외하고(대상 12:18; 겔 12:14; 나 3:9) 나머지 42곳에서는 한결같이 '남의 도움이 전혀 필요 없는 [스스로] 강한 자에게서 오는 도움'을 뜻한다(Higgins). 칠십인역을 번역한 사람들도 이 히브리어 단어에서 여자가 남자보다 열등하다는 의미를 전혀 찾지 못했던 것이다.

배필로서 여자는 남자를 어떻게 도와야 하는가? 어거스틴(Augustine) 이후 가장 전통적인 견해는 남자가 후손을 잇는 일에 여자의 도움이 필요하다는 것이다. 남자가 에덴동산을 가꾸고 경작하는 일을 여자가 도와야 한다는 의미로 해석하는 사람들도 있다(Delitzsch). 부부가 함께 살아가면서 남편이 언제, 어떤 도움을 필요로 하든지 간에 여자가 그를 도와야 한다는, 광범위한 도움으로 풀이하기도 한다(Westermann). 3장에서 하와의 출산에 대해 구체적으로 언급하는 것으로 보아, 남자가 자손을 보는 일을 여자가 도와야 하는 것으로 이해하는 것이 가장 자연스러운 해석이다. 그러나 자녀 출산과 상관없이 남자가 하는 모든 일을 도우라는 뜻으로 해석하는 것도 매우 매력적이다.

아담이 짐승들에게 이름을 지어 주는 것은(19-20절) 피조물들에 아담 자신의 권위를 확인하는 행위이다. 인간은 이름 짓는 일을 통해 만물을 '다스리는 일'(1:26)이 무엇을 의미하는지를 비로소 알게 된다. 하나님은 흙으로 들짐승과 새들을 만든 후 아담에게로 이끌어 그로 하여금 이름을 짓게 하셨다(19절). 주님은 1장에서 빛, 어두움, 궁창, 땅 등에 친히 이름을 지어 주셨다. 이제 이름 짓는 일을 인간에게 위임하신 것이다. 구약에서 이름은 매우 중요하다. 어떤 이름에는 사람의 일생이 요약되어 있는 듯하다. '이삭'은 사라의 비웃음에서 비롯된 이름으로 '웃다', 좀 비하하면 '비웃다'라는 뜻이다. 이삭은 매우 온순하고 '법없이도 살 수 있는' 착한 사람이었지만, 어떤 면에서는 매우 무능하여 남들의 '비웃음'을 살 만한 삶을 살았다. '야곱'은 태어날 때 형의 발꿈치를 잡고 나왔다 해서 주어진 이름이다. 그래서 그런지 그는 여러 차례 남을 속였다. 그의 교활함에 매우 어울리는 이름이었던 것이다.

또한 이름은 높은 자가 낮은 자에게 지어 주는 것이다. 그러므로 야곱이 밤새 하나님과 씨름했을 때 하나님이 그에게 새 이름을 주셨다(32:28). 아브라함과 사라도 하나님으로부터 새 이름을 받았다(17:5, 15). 바로가 요셉에게 새로운 이름을 주었다(41:45). 모세도 호세아에게 여호수아라는 이름을 주었다(민 13:16). 이름은 또한 낮은 자가 높은 자에게 먼저 아뢰는 것이며, 높은 자는 낮은 자에게 자신의 이름을 밝힐 필요가 없다. 그러므로 밤새 씨름한 후에 야곱이 주님께 이름을 알려 달라고 했지만, 주님은 "네가 알 바 아니다" 하고 말씀하셨다(32:29). 예수님이 귀신을 쫓을 때 제일 먼저 귀신의 이름을 물으신 것도 이러한 이유에서이다(막 5:9; 눅 8:30). 영적 전투에서 적의 이름을 고백받는 것은 항복을 받아 내는 것을 뜻한다.

이처럼 아담은 자기 앞을 지나가는 모든 짐승과 새들의 이름을 지어 줌으로써 자신의 지위와 권한을 확인한다. 인간은 이 세상에서 하나님을 대신하여 피조물들을 다스릴 수 있는 권한을 위임받은 존재인 것이다. 그러나 인간이 만물을 다스리는 위치에 있기는 하지만, 또한 그가 다스리는 짐승들과 같은 재료인 흙으로 만들어졌다는 사실을 기억해야 한다. 또한, 앞서 언급한 것처럼 다스린다는 개념이 무엇보다도 섬기고 보살핀다는 뉘앙스를 지니고 있음을 감안할 때, 인간은 자연을 혹사하거나 학대하지 않고 피조세계의 한 부분으로서 자연과 어우러져 하모니를 이루며 살아가야 함을 알 수 있다. 인간에게는 자연을 혹사하거나 악용할 수 있는 권한이 없는 것이다. 우리는 자연을 보호하고 지키는 청지기로서 부름을 받았다. 따라서 무책임한 파손은 자제해야 한다.

짐승들에게 이름을 지어 주는 과정에서 인간은 자신의 권위와 위엄을 다른 피조물들에 보여 주었다. 동시에 이름 짓는 일은 또 하나의 매우 중요한 목적을 가지고 있다. 아담이 동물 중에는 그가 마음을 열고 교제할 수 있는 짝(배필)이 없음을 알고 스스로 고독감을 느끼게 함으로써 함께 살아갈 동반자의 필요성을 깨닫게 하신 것이다. 그래야 하와가 탄생할 때 아담이 진정으로 그녀를 환영할 것이기 때문이다. 하나님은 이처럼 여자의 창조를 처음부터 계획하셨지만, 남자가 준비될 때까지 기다리셨다. 아담 스스로가 홀로 있는 것이 좋지 않다는 사실과 짐승 중에는 함께할 자가 없음을 깨달아야 한다(18, 20절). 아담이 다스리는 짐승 중에 여자가 없다는 사실은 여자는 남자의 다스림 아래 있지 않음을 의미한다(Mathews).

많은 주석가가 본문이 1장의 창조 이야기와 대립한다고 생각한다. 1장에서는 짐승이 인간보다 먼저 창조되었는데(1:24-25), 본문에서는 인간이 창조된 후에 짐승이 만들어졌다는 것이다(2:19). 따라서 서로 앞뒤가 맞지 않는 창조 이야기라고 생각한다. 그러나 본문은 하나님이 짐승들을 이때 처음 창조하셨다고 전제하지 않는다(cf. Fretheim). 여기서 언급된 짐승들은 아담에게 보이기 위하여 특별히 추가로 창조하신 것들이라는 것이다(Cassuto). 또한, 이 섹션의 중심 테마는 인간과 인간이 처한 상황이다. 인간이 짐승들에게 어떠한 권한을 지니고 있는가에 초점을 두고 이야기가 진행되고 있는 것이다. 그래서 짐승들의 창조는 부수적으로(incidentally) 언급되는 것뿐이다. 그러므로 본문에서 사람과 짐승의 창조 순서를 논하는 것은 별 의미가 없다.

I. 아담에서 데라까지(1:1-11:32)
B. 동산의 안과 밖(2:4-4:26)
1. 동산 안에 있는 사람들(2:4-25)
(3) 여자의 탄생(2:18-25)

### b. 첫 부부(2:21-25)

**[21] 여호와 하나님이 아담을 깊이 잠들게 하시니 잠들매 그가 그 갈빗대 하나를 취하고 살로 대신 채우시고 [22] 여호와 하나님이 아담에게서 취하신 그 갈빗대로 여자를 만드시고 그를 아담에게로 이끌어 오시니 [23] 아담이 이르되**

**이는 내 뼈 중의 뼈요**
**살 중의 살이라**
**이것을 남자에게서 취하였은즉**
**여자라 부르리라**

**하니라 [24] 이러므로 남자가 부모를 떠나 그의 아내와 합하여 둘이 한 몸을 이룰지로다 [25] 아담과 그의 아내 두 사람이 벌거벗었으나 부끄러워하지 아니하니라**

여자의 탄생 이야기는 인류 역사상 처음 있었던 일들로 가득하다. 우선 인류 최초로 '마취수술'이 시행되었고, 인간의 말(speech)이 성경에 처음으로 기록되었다. 인류 최초의 연가인 〈아내에게 바치는 노래〉가 기록되었다. 최초의 혼인에 대한 기록이기도 하다.

아담의 고독(cf. 20절)에 공감하신 하나님이 남자를 깊이 잠들게 한 후에 그의 '갈비뼈'(צֵלָע)를 취하여 여자를 만들어 주셨다. 아담이 인류 최초로 마취 수술을 받은 것이다. 아담의 희생을 바탕으로 하와가 탄생한 만큼, 아담에게 하와는 값진 존재였을 것이다. 갈비뼈로 번역되는 히브리어 단어(צֵלָע)는 단순히 '옆면'(side)을 가리키는 단어이다(HALOT). 성경에 자주 등장하는 이 단어가 '갈비뼈'로 번역되는 것은 이곳뿐이다. 사람의 '옆면'에 가장 가까이 있는 것이 갈비뼈라는 점에서 비롯된 해석으로 생각된다. 성경에서 이 단어는 법궤의 옆면(출 25:12, 14; 37:3, 5), 건물의 옆면(출 26:20; 36:25) 등 사물의 옆면을 가리키는 평범한 단어이다.

탈무드는 본문에 대하여 이런 질문을 한다: "하나님은 여자를 만드실 때 왜 남자의 머리나 발꿈치에서 취하지 않고, 가슴에서 취하여 여자를 창조하셨는가?" 이 질문에 대한 탈무드의 답은 이렇다. "하나님이 여자를 만들 때, 남자의 머리에서 취하지 않은 것은 여자가 남자를 억누르는 일이 없게 하기 위해서이며, 남자의 발에서 취하지 않은 것은 여자가 남자에 의하여 짓밟히는 일이 없게 하기 위해서이고, 남자의 가슴에서 취하신 것은 여자가 남자와 동등한 자격으로 평생을 같이 가라고 하기 위해서이다." 여기에 매튜 헨리(Mathew Henry)는 "여자가 남자의 어깨 아래에서 그의 보호를 받으며 가슴 곁에 있으며 사랑받게 하기 위해서"라는 해석을 더 한다.

아담의 신체의 한 부위로 만들어진 하와는 피조물 중 처음으로 살아 있는 생명체로부터 창조된 존재이다. 그녀의 창조는 아담을 포함한 모든 피조물의 창조 방식으로부터 차별화된 것이다(Hamilton). 남자와 짐승들은 흙으로 빚어졌지만, 하와는 남자의 갈비뼈로 만들어졌다. 사람에게 갈비뼈가 항상 필요하듯 남자와 여자는 떼어 놓을 수 없는 특별한 관계이다(Waltke). 이처럼 남자의 가장 소중한 곳에서 채취된 재료로 특별하게 빚어진 여자는 남자의 가장 가까운 곳에서 그와 함께해야 한다(Cassuto).

하나님은 마치 결혼식에서 신부의 손을 이끌고 입장하는 아버지처럼 여자를 잠에서 깨어난 아담에게로 데려오셨다. 여자는 하나님이 남자에게 주신 최고의 선물이다(Mathews). 아담도 이러한 사실을 잘 알기 때문에 여자를 처음 보는 순간 서슴없이 사랑을 고백했다: "이는 내 뼈 중의 뼈요 살 중의 살이라 이것을 남자에게서 취하였은즉 여자라 부르리라"(23절). 아담이 배필을 여자라 칭하는 것은 짐승들에게 자신의 주권을 확인하며 이름을 지어 주었던 일과는 다르다. 아담은 자신이 남자이고 하와가 남자에게서 왔으니 여자라고 부를 것이라고 말한다. 여자(אִשָּׁה)는 남자(אִישׁ)에 여성형 접미사를 더한 것뿐이다. 그는 여자에게 이름을 지어 주어 자신의 주권을 확인하는 것이 아니라 여자가 자신과 동등한 자격을 가진 존재임을 인정한 것이다. 그러므로 남자와 여자는 동등하지만, 또한 다르다는 것을 강조하는 표현이라 할 수 있다(cf. Fretheim).

아담이 하와를 처음 본 순간, 입에 담았던 말은 짤막한 시/노래이다. 인간이 세상에서 처음으로 지어 부른 노래는 다름 아닌 남편이 아내에게 바치는 사랑의 고백이었던 것이다! 어느 유행가 가사처럼 "젖은 손이 애처로워 살며시…"와 같은 섬세함이나 감미로움은 없다. "내 뼈 중의 뼈요 살 중의 살"이란 아담의 표현은 매우 원시적으로 느껴지기도 하지만, 그가 살던 곳과 정황을 감안할 때, 이 고백은 그야말로 "순도 100%"의 사랑 노래가 아니겠는가! 성경에 기록된 첫 노래이자 인간이 세상에서 부른 첫 노래가 남편의 아내를 향한 사랑 고백이라는 점이 시사하는 바가 크다. 부부 관계는 하나님이 인류에게 주신 최고의 축복인 것이다.

구약에서 살(בָּשָׂר)은 연약함을, 뼈(עֶצֶם)는 강인함을 상징한다. 이 점을 감안할 때, 아담은 아내와 전적으로 하나 되어 그녀를 보살필 것을 선언하고 있는 것이다: "당신은 나의 연약함이며 강인함이오"(Wolff). 또한 "나의/당신의 뼈와 살"이란 표현은 언약적 용어라는 해석도 있다(Brueggemann). 이 표현은 같은 부모에게서 혹은 같은 곳에서 태어나지 않았더라도 서로에게 충성을 다짐한다는 뜻이라는 것이다(cf. 삼하 5:1). 성경이 하나님과 이스라엘의 언약 관계를 결혼으로 묘사하는 것도 이 해석에 설득력을 더한다. 아담은 하와에게 절대적인 충성/헌신을 약속하고 있다. 마치 오늘날의 결혼 서약처럼 말이다: "나는 당신을 아내로 맞아 우리가 사는 날 동안 기쁠 때나 슬플 때나 건강할 때나 병들 때나 부유할 때나 가난할 때나 항상 그대를 사랑하고 성실한 남편이 될 것을 서약합니다."

남자와 여자가 처음 만나 가정을 이루는 일을 기록하고 있는 2장은 그러나 자손을 낳는 일에 대해서는 전혀 언급하지 않는다. 1장에서 하나님이 "생육하고 번성하라"고 축복하신 것에 자손을 낳는 일이 내포되어 있지만, 정작 인류 최초로 한 남자가 한 여자를 만나 사랑하고 가정을 꾸리기 시작한 이야기에서는 자녀에 대한 언급이 빠져 있다. 여자를 자손을 생산하는 기능적인 존재로만 보지 말고 먼저 존재 자체를 귀하게 여기며 존중하라는 뜻이다. 더 나아가 남자가 결혼하면 부모를 떠나라는 말씀(24절) 역시 부부는 주변의 모든 요소에서 독립하여 서로를 아끼고 보호하며 사랑해야 한다는 것을 암시한다. 인류 최초의 결혼은 세 가지를 뜻한다(24절): 떠남, 결합, 공개적 선언(Mathews).

고대사회에서는 우리 옛 문화처럼 남녀가 결혼하면 여자가 집을 떠나 남편의 집으로 갔다(von Rad; cf. 창 24장). 그런데 24절은 결혼하는 남자가 부모를 떠나야 한다고 말한다. 무슨 뜻일까? 어떤 사람들은 이 말씀 뒤에 한국의 "데릴사위" 제도와 비슷한 에레부(erēbu)라는 결혼 제도가 서려 있다고 주장한다(Gordon). 그러나 이 말씀이 강조하고자 하는 것은 남자가 실제로 집을 떠나야 한다는 뜻이 아니다. 남자가 한 여자를 아내로 맞이할 때는 그를 키워 준 부모로부터 정신적으로 독립해야 한다는, 심리적인 해석이 더 설득력 있다. 여러 문화권에 이런 말이 있다: "아들은 결혼할 때까지만 아들이지만, 딸은 평생 딸이다." 남녀가 결혼하면, 여자보다는 남자가 자기 부모로부터 감정적으로 훨씬 더 멀어진다는 것이다. 또한, 본문에서 동반자의 필요성을 절실히 느끼고 배필을 구한 사람은 여자가 아니라 남자였다. 그러므로 배필을 구하는 사람이 그 배필을 찾아 떠나는 것이 당연하다.

그러나 이 말씀의 의미를 이해하는 데 가장 결정적인 것은 [부모를] "떠나다"(עזב)와 [아내와] "연합하다"(דבק)에 대한 성경적 이해이다. 구약에서 "떠나다"(עזב)는 흔히 이스라엘이 하나님과의 언약 관계를 파괴하는 것을 묘사하는 데 사용된다(렘 1:16; 2;13, 17, 19; 5:7; 16:11; 17:13; 19:4; 22:9; cf. HALOT). 반면에 "연합하다"(דבק)는 이스라엘이 하나님과 맺은 언약을 잘 이행하고 유지하는 것을 의미한다(신 4:4; 10:20; 11:22; 13:4; 30:20; cf. HALOT). 그러므로 부모를 떠나 아내와 연합한다는 것은 결혼 전에 남자가 자기 부모에게 하던 충성을 정리하고 새로이 아내에게 충성을 맹세하는 행위인 것이다(Hamilton). 물론 그렇다고 해서 결혼하고 나서 부모를 등한시해도 된다는 뜻은 아니다. 십계명 중 다섯째 계명이 이러한 생각을 금하고 있다(cf. 출 20:12 주해). 본문은 결혼을 언약/계약 행위로 묘사하고 있다(cf. "뼈와 살" 주해).

결혼하면 남자가 부모의 집을 떠나야 한다는 말씀은 훗날 모세가 백성들에게 결혼에 대하여 가르치기 위해 제시한 원칙이다. 아담이 하와와 결혼할 때에는 그에게 부모가 없었기 때문이다. 누가가 하나님을 아담의 부모로 묘사하기는 한다(눅 3:38). 그러나 이 말씀은 하나님이 최초의 인간인 아담을 창조하셨다는 것을 의미할 뿐이다. 결혼을 앞둔 아담에게 부모인 하나님을 떠날 것을 요구하는 것이 절대 아니라는 뜻이다. 모세는 아담이 하와와 결혼하여 가정을 이룬 이야기를 회고하면서 결혼하는 남자는 이런 마음으로 아내를 맞이해야 하며, 결혼한 뒤에는 부모와의 관계를 새로이 설정하고 아내를 더 우선으로 삼아야 하는 책임이 있음을 가르치고자 했다.

남자와 여자가 한 몸을 이룬다는 것은 일부일처제(一夫一妻制)에 대한 성경의 가장 확실한 가르침이다(Mathews). 남자와 여자가 한 몸을 이룰 때 둘 사이에는 부끄러움이나 수치가 없어야 한다(25절). 물론 벌거벗음이 대체로 육체적인 벗음을 의미하지만, 본문에서는 아담과 하와 사이에 어떠한 허물이나 장벽이 없었다는 것을 뜻하는 듯하다. 그러므로 벌거벗음은 두 사람 사이에 있었던 신뢰와 열린 마음을 상징한다(Waltke). 다가올 3장에서 죄로 인해 그들이 신뢰와 열린 마음이 훼손되고 말 것이다.

아내는 남편의 가장 소중한 부분으로 존중되어야 한다. 부부 관계는 인간관계 중에서 가장 기본적이고 소중한 관계이다. 부모와 자식 간의 관계보다 더 소중하고 아름다운 것이다. 앞서 언급했듯이 인류 최초의 남자와 여자가 사랑하여 결혼에 이르는 이 이야기 속에 자녀에 대한 언급은 전혀 없다. 부부 사이에 자식은 있을 수도 있고, 없을 수도 있다. 자식 때문에 이혼하는 것은 옳지 않다. 또한, 본문은 부모를 떠나라고 노골적으로 권고하고 있다. 남자는 아내를 조건 없는 상태에서 사랑하고 즐겨야 한다는 의미이다. 또한, 둘의 결합은 영구적이며 서로 독점적이다. 둘 사이에 완전한 평안과 즐거움이 있을 수 있다.

하나님의 인간 창조 이야기를 정리해 보자. 언어를 가지고 말을 할 줄 아는 피조물은 인간뿐이다. 3장에서 말하는 "뱀"이 등장하기는 하지만, 그 뱀은 보통 뱀이 아니다. 언어는 하나님이 사람에게 주신 아름다운 선물이다. 이 선물을 우리는 어떻게 활용하고 있는가? 선물을 제대로 사용하지 못하면, 그 선물을 준 이의 얼굴에 먹칠하게 마련이다. 하나님은 사람들끼리 서로 소통할 수 있도록만이 아니라 하나님 당신이 인간과 소통하기를 원하셨기 때문에 우리에게 언어를 주셨다. 하나님의 대화 상대가 되는 피조물은 인간뿐인 것이다. 우리는 하나님의 아름다운 선물을 통해 그분과 교제하려고 노력해야 한다.

2장은 몇 가지 면에서 3장에서 있을 인간 타락의 배경을 제공한다. 에덴동산 가운데 서 있는 선악과나무와 생명나무는(2:9) 인간의 선택이 빚어낼 필연적인 결과를 예견한다. 그리고 다음 장의 인간 타락 사건에서 중요한 역할을 하게 될 하와가 어떻게 창조되었는가를 설명하고 있다. 아담과 하와가 "벌거벗었으나 부끄러워하지 아니했다"(2:25)는 말씀은 후에 벗은 줄을 알고 부끄러움을 알게 된 것이(3:7-9) 죄의 결과임을 암시하고 있다.

I. 아담에서 데라까지(1:1-11:32)
B. 동산의 안과 밖(2:4-4:26)

## 2. 동산에서 쫓겨난 사람들(3:1-24)

학자들 사이에 히브리어 성경은 아주 간략한 내용의 텍스트를 통해 매우 많은 것을 이야기하는 것으로 정평이 나 있다. 그중에서도 3장에서 전개될 이야기는 더욱더 그렇다(Friedman). 본문에서 묘사될 타락 사건의 중요성, 즉 아담과 하와의 타락이 온 인류에 끼칠 영향을 생각한다면, 일명 "원죄"로 불리는 죄가 세상에 처음 등장하는 3장이 당시 상황을 아주 상세하게 들려주길 기대하는 것은 당연하다. 그러나 모세는 이 사건을 지나치리만큼 간략하게 회고하고 만다. 그러다 보니 텍스트를 해석하기가 쉽지 않다. 특히 시 형식으로 진행되는 하나님의 심판 선언(14-19절)이 담고 있는 메시지는 지금도 학자들 사이에 많은 논란을 불러일으키기도 한다.

저자는 이 이야기를 통해 인류를 괴롭히는 죄의 근원을 밝혀 준다. 그러나 1장의 내용이 전제되지 않는다면 3장이 제시하는 내용을 전혀 이해할 수 없을 것이다. 하나님이 세상을 창조하신 후에 피조세계를 보고 "좋다"는 말씀을 7차례나 하셨고, 그때에는 하나님과 인간과 자연이 어우러지며 매우 이상적인 하모니를 이루고 있었다. 이것이 1장의 가르침이다. 이러한 배경 속에서 3장은 죄가 좋지 않은 것이며 하나님의 창조 섭리의 한 부분이 아니었고, 인간이 지닌 본질의 한 부분도 아니었음을 강조한다.

고대 근동 신화들은 악을, 아름답게 창조된 세상을 위협하는 다른 신(들)의 힘 또는 원초적인 무질서로 표현하곤 하는데, 성경은 악의 근원이 인간의 도덕적 부패에 있었다고 지적한다. 또한, 악이 인류 역사를 초월하여 존재한 것이 아니라 인류가 악을 역사 속으로 끄집어들인 것이다(Sarna). 1장의 배경을 모르면 3장에 대한 이러한 해석이 불가능하다. 하나님이 창조하신 아름다운 세상에 죄가 어떻게 들어오게 되었으며, 그 죄가 세상에 가져온 참담한 결과가 어떠했는가를 설명하는 본문은 다음과 같이 구분될 수 있다.

A. 죄지은 사람들(3:1-7)
B. 하나님의 추궁(3:8-13)
C. 심판 선언(3:14-19)
B'. 하나님의 은혜(3:20-21)
A'. 추방된 사람들(3:22-24)

I. 아담에서 데라까지(1:1-11:32)
B. 동산의 안과 밖(2:4-4:26)
2. 동산에서 쫓겨난 사람들(3:1-24)

### (1) 죄지은 사람들(3:1-7)

하나님은 인간에게 모든 채소와 과일을 음식으로 허락하셨다. 다만 한 가지, 선과 악을 알게 하는 과일만은 먹지 말라고 경고하셨다(2:17). 하나님의 금지령이 아담에게 내려질 때는 하와가 창조되기 전이었으니 그녀는 아마도 남편을 통해서 하나님의 말씀을 듣게 되었을 것이다. 인간이 시험에 들 수도 있는 문젯거리를 왜 하나님은 그들 옆에 두셨을까? 선악과나무를 그들 눈에 띄지 않도록 한구석에 심어 놓으셨다면 좋았을 텐데, 중앙에 두신 것이 못내 안타깝다.

확실한 것은, 하나님이 시험의 소재가 될 선악과를 인간 옆에 두신 것은 인간이 이 시험을 이겨 낼 충분한 지능과 능력을 소유하고 있음을 의미한다는 것이다. 다만 인간이 이 능력을 적절히 사용하기를 스스로 포기했을 뿐이다. 에덴동산 중앙에 서 있는 선악을 알게 하는 나무가 인간이 이겨 내야 할 시험이었다면, 뱀은 그 나무가 지닌 잠재력을 현실화하는 역할을 한 것이다(Fretheim). 아담과 하와가 어떻게 해서 죄를 짓게 되었는가를 기록하고 있는 본문을 다음과 같이 두 파트로 구분할 수 있다.

A. 인류의 숙적, 뱀(3:1-5)
B. 죄지은 부부(3:6-7)

I. 아담에서 데라까지(1:1-11:32)
B. 동산의 안과 밖(2:4-4:26)
2. 동산에서 쫓겨난 사람들(3:1-24)
(1) 죄지은 사람들(3:1-7)

a. 인류의 숙적, 뱀(3:1-5)

**[1] 그런데 뱀은 여호와 하나님이 지으신 들짐승 중에 가장 간교하니라 뱀이 여자에게 물어 이르되 하나님이 참으로 너희에게 동산 모든 나무의 열매를 먹지 말라 하시더냐 [2] 여자가 뱀에게 말하되 동산 나무의 열매를 우리가 먹을 수 있으나 [3] 동산 중앙에 있는 나무의 열매는 하나님의 말씀에 너희는 먹지도 말고 만지지도 말라 너희가 죽을까 하노라 하셨느니라 [4] 뱀이 여자에게 이르되 너희가 결코 죽지 아니하리라 [5] 너희가 그것을 먹는 날에는 너희 눈이 밝아져 하나님과 같이 되어 선악을 알 줄 하나님이 아심이니라**

인간을 선동하는 이 "들짐승"(חַיַּת הַשָּׂדֶה)(1절)의 정체는 무엇일까? 모세는 이 들짐승을 흔한 말로 "뱀"(נָחָשׁ)이라 부른다(cf. 민 21:7-9; 신 8:15; 잠 23:32). 그는 뱀을 사탄이라 부르지 않는다. 단순히 어원에 있어서 뱀(נָחָשׁ)은 놋/구리(נְחֹשֶׁת)와 연관이 있어 보인다(cf. HALOT). 모세는 놋뱀(נְחַשׁ הַנְּחֹשֶׁת)을 만든 적이 있다(민 21:9). 많은 세월이 지난 후 모세가 만든 놋뱀이 느후스단(נְחֻשְׁתָּן)이라 불리기도 했다(왕하 18:4). 하와가 뱀의 번쩍이는 구릿빛 피부에 매료되었던 것일까(Hamilton).

뱀(נָחָשׁ)과 연관될 수 있는 다른 히브리어 단어는 동사 '점치다'(נִחֵשׁ)이다. 이 단어는 구약에 11차례 등장하는데 항상 점성술과 연결되어 사용된다(cf. 창 44:5, 15; 레 19:26; 신 18:10). 뱀은 고대 근동의 점성술에 자주 등장하는 짐승이었다(Joines). 본문에서 뱀은 마치 점괘를 보는 점쟁이처럼 확신을 가지고 여자를 꼬드긴다. 뱀이 사탄으로 처음 규명된 것은 주전 2세기쯤 저작된 것으로 추정되는 외경의 지혜서 2장 34절에서였다(Sarna).

이 들짐승을 "뱀"이라 부르고 있지만, 사실 발이 있어 걸어 다녔는지 날개가 있어 날아다녔는지 알 길이 없다. 신체 묘사가 전혀 없기 때문이다. 뱀은 특이한 생김새와 독특한 움직임 때문에 예로부터 상상력을 자극하는 신비로운 동물로 여겨져 왔다. 뼈마디가 보이지 않을 정도로 매우 유연하고 우아하게 움직이며, 눈꺼풀이 없어 깜박거리지 않으면서도 눈이 수정처럼 빛나니 마치 사람의 마음을 꿰뚫어 보는 것 같고, 심지어 맹독을 품은 것은 사람이나 짐승을 순식간에 죽일 수도 있다. 뱀은 정기적으로 허물을 벗기 때문에 젊음의 지속, 넘치는 생기, 소생 등 매우 다양한 상징성을 지니게 되었다. 뱀은 매혹적이면서도 동시에 혐오감과 두려움을 주는 동물이다. 고대 근동 신화에서 뱀은 매우 중요한 위치를 차지했으며, 건강, 다산, 생명, 죽음, 지혜, 무질서한 악 등의 표상이었다.

본문에서 뱀은 지혜와 죽음의 이미지를 동반하고 있다. 그러나 하나님이 지으신 들짐승 중에 가장 간교했다고 설명함으로써 뱀이 가질 수 있는 모든 신적인 요소를 배제한다. 또한, 피조세계를 다스리는 권위를 위임받은 인간이 들짐승 중의 하나인 뱀의 말을 들을 필요가 없음을 암시한다. 게다가 가장 "간교한"(עָרוּם) 들짐승(1절)이므로 뱀이 하는 말을 곧이곧대로 들으면 안 된다고 경고한다. 사실 인간이 선악과를 먹게 된 동기는 인간 내면의 악함보다는 간교한 들짐승에게 꼬드김을 당한 어리석음에 기인한다. 인간과의 대화에서 뱀은 겨우 두 마디밖에 하지 않았지만, 그동안 인간이 하나님에 대해 가져 왔던 신뢰를 뿌리째 흔들기에 충분했다. 뱀은 참으로 간교한 짐승이었던 것이다.

'간교'로 번역되는 히브리어 아룸(עָרוּם)은 원래 부정적인 의미를 지니지 않은 중립적인 단어이다. 성경은 지혜가 있는 자는 이것(עָרוּם)을 추구하고 강조해야 한다고 한다(잠 12:16; 13:16). 그러나 잘못 사용하면 아주 좋지 않은 결과를 초래할 수 있다(욥 15:5). 인간은 지식을 추구하도록 창조되었는데, 뱀은 인간이 추구하지 않아도 될 지식을 줄 수 있는 존재였던 것이다. 또한, 아룸(עָרוּם)은 아담과 하와의 벌거벗음(עֲרוּמִּים, 2:25; עֵירֹם, 3:10)과 독음이 유사하므로(아룸밈과 에이롬) 언어유희를 이룬다고 할 수 있다. 뱀의 간교함은 인간의 벌거벗음을 상기시키며, 인간의 벌거벗음은 간교한 뱀의 표적이 되었던 것이다. 또한, 이 언어유희가 2장과 3장 사이에 연결 고리 역할을 했다.

본문의 뱀이 말할 수 있는 능력을 지닌 것으로 보아 결코 평범한 피조물이 아니었음을 알 수 있다(3:1-5; cf. 15절). 뱀은 남자가 아닌 여자에게 다가갔다. 여자가 하나님의 금지령을 남편에게서 들었을 테니, 둘 중에 여자를 더 쉬운 상대로 보고 표적으로 삼았던 것 같다(Sarna). 여자와 대화를 시작한 뱀은 2장 16절의 [하나님이] "명령하다"(צוה)를 "말하다"(אמר)로 바꿔치기하여 금지령의 심각성을 한결 누그러뜨리고 있다. 뱀의 교묘하면서도 도발적인 말을 보라. "하나님이 참으로 너희에게 동산 모든 나무의 열매를 먹지 말라 하시더냐"(3:1) 뱀의 말은 질문이라기보다는 믿지 못하겠다는 의심의 표현이다(Hamilton). 또한, 하나님이 인간에게 주신 것["동산 각종 나무의 열매는 네가 임의로 먹되"(2:16b)]은 언급하지 않고 주시지 않은 것["선악을 알게 하는 나무의 열매는 먹지 말라"(2:17a)]만을 대화의 주제로 삼는다. 유혹과 시험이란 이런 것이다. 이미 가지고 있는 좋은 것, 열 가지보다는 가지지 못한 것, 한 가지가 사람의 마음을 더 자극하는 법이다.

뱀이 여자를 유혹한 수법이 우리에게 교훈을 준다. 뱀은 여자에게 하나님의 말씀(2:16-17)에 "조그만 것"을 더해 질문을 던졌다(1절). 그러고 나서 여자의 마음을 확인하자마자 하나님의 말씀에서 모든 것을 제거해 버렸다(4절). 이것은, 사람이 하나님의 규례와 말씀에 작은 것이라도 인위적인 것을 더하기 시작하면 끝에 가서는 모든 규례와 말씀을 버리는 결과를 초래하리라는 경고이다(Rashi). 이런 이유로 모세는 하나님의 말씀에 무엇을 더하거나 빼는 행위를 두 번에 걸쳐 금지한다(신 4:2; 12:32).

여자의 첫 번째 실수는, 하나님의 말씀에 대하여 비아냥거리는 뱀에게 대꾸한 것이다(Mathews). 거기서 더 나아가 뱀의 말에 맞장구치며 한 술 더 뜨기까지 했다. 먹지 못하게 하실 뿐만 아니라 "만지지도 못하게 하셨다"(3절)고 말을 덧붙인 것이다. 하나님이 아담에게 금지령을 내리셨을 때 여자는 그곳에 없었으므로 남편에게서 전해 들을 수밖에 없었다. 아담이 그녀에게 하나님의 말씀을 잘못 전했는지 아니면 그녀 스스로 말을 덧붙여 자신의 불편한 심기를 드러낸 것인지는 알 수 없다. 그러나 하나님의 말씀을 전할 때 있는 그대로를 정확하게 전달하고 또한 받아들이는 일이 얼마나 중요한가를 생각하게 만드는 대목이다(Friedman). 여자는 하나님의 말씀을 엉뚱하게 해석하는(cf. 4-5절) 뱀에게 맞장구침으로써 마음을 열고 말았다. 뱀은 자신의 계략에 말려든 여자에게 선악과를 먹으면 하나님의 말씀과 달리 세 가지를 경험하게 될 것이라고 주장한다: (1) 죽지 않을 것이다; (2) 눈이 밝아질 것이다; (3) 하나님처럼 되어서 선과 악을 알게 될 것이다(4-5절).

뱀은 여자에게 "결코 죽지 아니하리라"(4절)라는 권위 있는 말을 함으로써 그녀의 마음에 남아 있을 수 있는 조그마한 의심과 두려움마저도 완전히 씻어 내린다. 그러고는 "먹으면 너희 눈이 밝아지고 하나님같이 될 것"이라고 속삭인다(3:5). 뱀은 하나님이 인간에게 선악과를 먹지 말라고 하신 것은 인간이 하나님처럼 되는 것을 원하지 않으셨기 때문이라는 창조주의 이기적 태도의 뉘앙스를 추가했다.

"너희의 눈이 밝아진다"(5절)는 말을 어떻게 이해할 것인가? 새로운 통찰력과 심적 능력이 생긴다는 것으로 해석되기도 한다(Sarna). 하지만 하나님이 인간을 창조할 때 설정해 주셨던 한계를 초월할 가능성에 대하여 속삭이고 있기도 하다. 선과 악을 알 수 있는 인간의 지적 능력을 향상시켜 삶을 풍요롭게 할 뿐만 아니라 창조주가 정하신 인간의 한계를 초월한 능력과 신비로움을 가질 수 있다는 유혹의 말이다(von Rad).

I. 아담에서 데라까지(1:1-11:32)
B. 동산의 안과 밖(2:4-4:26)
2. 동산에서 쫓겨난 사람들(3:1-24)
(1) 죄지은 사람들(3:1-7)

b. 죄지은 부부(3:6-7)

**[6] 여자가 그 나무를 본즉 먹음직도 하고 보암직도 하고 지혜롭게 할 만큼 탐스럽기도 한 나무인지라 여자가 그 열매를 따먹고 자기와 함께 있는 남편에게도 주매 그도 먹은지라 [7] 이에 그들의 눈이 밝아져 자기들이 벗은 줄을 알고 무화과나무 잎을 엮어 치마로 삼았더라**

뱀은 여자에게만 말하지 않고, 부부에게 말하고 있다. 비록 하와가 대변인 역할을 하고 있긴 하지만, 아내와 함께 있었던 아담도 범죄에 동참한 것이다. 하나님이 금지령을 내리실 때는 아담이 혼자 있었기 때문에 2인칭 남성 단수가 사용되었다(2:16-17). 그런데 본문에서 뱀이 하와와 대화할 때를 보면, 2인칭 복수가 사용되었다: "너희에게… 먹지 말라(לֹא תֹאכְלוּ) 하시더냐?"(1절). 유도 심문에 걸려든 하와가 "우리"와 "너희"라는 1인칭 복수와 2인칭 복수를 사용하여 답했다: "동산 나무의 열매를 우리가 먹을 수 있으나(נֹאכֵל) 동산 중앙에 있는 나무의 열매는 하나님의 말씀에 너희는 먹지도 말고(לֹא תֹאכְלוּ) 만지지도 말라 너희가 죽을까 하노라(תְּמֻתוּן) 하셨느니라"(2-3절). 여자의 말에 뱀이 다시 2인칭 복수를 사용하여 하나님의 말씀이 거짓이라고 단언한다: "너희가 결코 죽지 아니하리라 너희가 그것을 먹는 날에는 너희 눈이 밝아져 하나님과 같이 되어 선악을 알 줄 하나님이 아심이니라"(4-5절). 아담이 하와와 함께 뱀의 꼬임에 넘어갔다는 결정적인 증거는, 여자가 선악과를 먹으면서 "자기와 함께 있는 남편"(אִישָׁהּ עִמָּהּ)(6절)에게도 주었다는 사실이다(Higgins; Sarna; Hamilton). 하와가 뱀과의 대화를 주도하긴 했지만, 아담도 곁에서 그녀를 거들었던 것이다.

뱀의 계략에 말려든 인간은 하나님의 금지령을 어기고 선악과를 따먹는 죄를 저질렀다(6절). 여자가 지식의 근본인 하나님을 거역하면서까지 자신만의 지식을 추구한 것이다. 하나님이 아담에게 금지령을 내리셨을 때, 그에게 요구하신 것은 순종이었다. 그런데 하와는 금지령의 요구를 순종으로 보지 않고 추가적인 지식의 확보 여부로 보고 있다(Sailhamer). 또한, 여자는 자기보다 못한 '들짐승'의 말을 듣고 선악과를 먹었으며, 남자는 하나님보다 아내의 말에 귀를 더 기울임으로써 먹었다. 가치관과 우선순위에 엄청난 혼란이 온 것이다.

이 사건을 통해 죄의 속성에 대해 생각해 보자. 첫째, 죄는 논리와 이성을 초월한다. 저자는 뱀이 "하나님이 지으신 들짐승" 중에 하나라고 말한다(1절). 그런데 하와는 하나님의 말씀보다 이 '들짐승'의 말을 더 신임한다. 논리적으로 맞지 않은 일이다. 창조의 위계질서는 하나님-남자-여자-짐승으로 되어 있다. 그런데 하와는 뱀의 말에 그릇되게 반응함으로써 짐승-여자-남자-하나님 순으로 바꾸어 놓았다. 죄는 "먹음직도 하고," "보암직도 하고," "탐스럽기도" 했다(3:6). 선악과는 겉으로 매력적이고, 느낌이 좋고, 지적으로도 호감이 가는 그런 것이다. 사실 죄가 보기에 추악하고 가증스럽기만 하다면 누가 죄를 짓겠는가! "보암직도 하다"는 말은 창세기 1장의 "하나님이 보시기에 좋았더라"를 연상케 한다. 1장에서는 하나님의 말씀과 기준에 따라 "보기 좋다"는 결론이 내려졌는데, 여기서는 인간의 주관적인 생각, 그것도 사악한 욕심으로 가득한 기준에 의해 "보암직하다"라는 평가가 내려진다. 인간이 하나님의 말씀과 기준을 거부하고 자기 자신을 스스로 지혜롭다고 여길 때 죄가 싹튼다(cf. 사 5:20-21).

둘째, 죄는 욕심이다. 하나님은 당신의 "모양과 형상대로" 인간을 창조하셨다. 그러나 인간은 이 사실에 만족하지 않고 더 많은 것을 원한다. 급기야 "하나님과 같아지기 위하여" 선악과를 먹기까지 한다. 하나님과 동등한 지위를 갖고 싶은 욕심에 죄를 짓고 만 것이다. 하나님의 형상대로 지어진 것에 만족하지 못하고, 하나님처럼 되고자 하는 욕망을 품는 인간의 심리를 뱀이 간파했다. 다른 어떤 피조물보다도 많은 것을 소유하고 누리고 있는 인간이 자신의 지위와 신분에 만족할 줄 모르는 유일한 피조물이라는 사실이 아이러니하다. 인간이 하나님처럼 되기 위해 금지령을 위반하면서까지 얻은 지식의 결과는 무엇인가? 삶의 허무와 고뇌이다. 죄의 결과는 항상 이렇다.

인류가 저지른 최초의 죄는 뱀이 진실과 거짓을 섞어서 인간을 유혹함으로써 시작되었다. 뱀은 완전한 거짓말을 하지 않고, 진실이 섞인 거짓말을 했다. 이것이 우리가 흔히 접하는 유혹의 성격이다. 뱀은 여자에게 선악과를 먹으라고 직접 권하지 않았다. 인간 스스로 죄를 지은 것이다. 개혁주의의 악의 근원에 대한 다음의 정의는 옳다: "악은 잘못 인도된/사용된 선이다." 인간의 가장 큰 죄는 무엇보다도 그들 마음속 하나님의 형상을 일그러뜨렸다는 데 있다. 너무 이기적인 하나님이라 인간이 선악과를 먹는 것을 금지하셨다고 생각한 것이다. 인간에게 언제나 가장 좋은 것을 주시는 하나님을 믿지 못한 것이다.

하나님처럼 되기 위하여 선악과를 따 먹은 인간이 얻은 것은 수치와 두려움뿐이다(7절). 분명 뱀이 말한 대로 그들의 눈이 밝아지긴 했지만, 그들이 기대했던 것과는 전혀 다른 의미에서 밝아졌기 때문이다. 눈이 밝아지자 그들 시야에 들어온 것은 오직 한 가지, 자신들의 벌거벗음이었다. 속은 것을 깨달은 후에도 인간은 하나님께 나아가기보다 주님의 시선을 피해 오히려 숨으며, 자신들의 수치와 부끄러움을 가리기 위하여 무화과나무 잎으로 몸을 가린다. 이들이 왜 하필 무화과나무 잎을 선택했는지는 확실하지 않다. 무화과나무는 팔레스타인 지역에 외래종이 들어가기 전에 가장 큰 잎사귀를 자랑하던 나무로 알려져 있다. 아마도 다른 식물에 비해 상대적으로 넓고 튼튼한 잎사귀가 자신들의 수치를 가장 잘 가려 줄 것으로 생각해서 무화과나무 잎을 선택했을 것이다(Hamilton). 이렇게 해서 인류 역사상 "최초의 의상"이 개발되었다. 오늘날 의상은 사람을 돋보이게 하는 기능을 하지만, 맨 처음에는 수치를 가리는 수단에 불과했다.

그런데, 남자와 여자가 범죄한 시점은 정확히 언제일까? 그들 죄의 열매는 선악과를 먹을 때 비로소 나타났다(3:6). 그러나 하와의 말투로 보아 이미 오래전부터 마음속에서 죄를 짓고 있었던 것 같기도 하다. 내레이터(narrator)는 이야기를 시작하면서 하나님을 "여호와 하나님"(יְהוָה אֱלֹהִים)이라 부른다(1절). 반면에 뱀은 단순히 "하나님"(אֱלֹהִים)이라고만 부른다. 여자도 주님에 대하여 언급할 때, 단순히 "하나님"(אֱלֹהִים)이라고 불렀다. 뱀이 "너희에게"(1절)라는 복수형으로 대화를 시작하자 여자는 그대로 맞받아쳐서 "우리"(2절)라는 복수형으로 대꾸한다. 그녀의 마음이 뱀에 의해 이미 움직여졌음을 의미한다(Sailhamer). 하나님은 선악과를 "먹지 말라"고 하셨다(2:17). 대신에 "각종(every) 나무의 열매"는 마음껏 먹어도 된다고 하셨다(2:16). 그런데 하와는 뱀과의 대화에서 "각종"이란 말을 아예 빼 버리고(3:2), 그 대신 "먹지도, 만지지도 말라"고 하셨다면서 하나님의 금지령에 살을 붙였다(3:3). 하와는 마음속에 죄를 이미 작정했고, 다만 그것을 표출할 동기와 용기가 필요했다. 뱀은 그 여건을 만들어 준 것뿐이다. 히브리 문학에서는 단어 하나가 의미상 상당한 차이를 가질 때가 많다. 바로 이것이 그런 예이다.

I. 아담에서 데라까지(1:1-11:32)
B. 동산의 안과 밖(2:4-4:26)
2. 동산에서 쫓겨난 사람들(3:1-24)

(2) 하나님의 추궁(3:8-13)

**[8] 그들이 그 날 바람이 불 때 동산에 거니시는 여호와 하나님의 소리를 듣고 아담과 그의 아내가 여호와 하나님의 낯을 피하여 동산 나무 사이에 숨은지라 [9] 여호와 하나님이 아담을 부르시며 그에게 이르시되 네가 어디 있느냐 [10] 이르되 내가 동산에서 하나님의 소리를 듣고 내가 벗었으므로 두려워하여 숨었나이다 [11] 이르시되 누가 너의 벗었음을 네게 알렸느냐 내가 네게 먹지 말라 명한 그 나무 열매를 네가 먹었느냐 [12] 아담이 이르되 하나님이 주셔서 나와 함께 있게 하신 여자 그가 그 나무 열매를 내게 주므로 내가 먹었나이다 [13] 여호와 하나님이 여자에게 이르시되 네가 어찌하여 이렇게 하였느냐 여자가 이르되 뱀이 나를 꾀므로 내가 먹었나이다**

3장은 이야기가 느린 템포로 아주 자세하게 소개되며 시작되다가 6-8절에 이르러서는 매우 급진적인 템포로 바뀐다. 히브리 문학에서 느린 템포는 동사가 거의 없는 긴 문구들의 전개로 표현되고, 급진적인 템포는 별 수식어 없이 여러 개의 동사를 한순간에 나열하는 기법을 통해 표현된다. 이야기가 얼마나 긴박하게 진행되는지 사용된 동사의 개수를 보면 역력히 드러난다. 이 섹션에서만 무려 11개의 동사가 동시에 사용되었다. 이곳에 기록된 모든 일이 순식간에 일어났다는 사실을 강조하고자 저자가 의도한 것이다.

하나님이 동산을 거니시는 소리가 들리자 인간은 주님을 피해 동산 나무 사이에 숨는다(8절). 에덴동산 이야기에서 나무는 하나님과 인간의 관계 변화를 묘사하는 데 중요한 역할을 한다(Sailhamer). 하나님은 2장에서 인간에게 각종 나무의 열매를 양식으로 주셨다. 그런데 인간은 나무로 인해 하나님께 반역했다. 죄인이 된 인간들이 이제 나무 사이에 숨는다. 곧 하나님은 그들을 동산에서 내보내어 생명나무에 접근하지 못하도록 막으실 것이다.

고대 근동 신화에서 '서늘할 때'(רוּחַ הַיּוֹם; cool/wind of the day)라는 표현은 우레와 천둥을 동반한 신들의 등장을 알릴 때 쓰이곤 했다(cf. 습 2:2). 즉, 아담과 하와를 심판하기 위하여 하나님이 오시는 모습을 암시하는 것이다(Walton). 그러므로 인간이 숨는 것은 당연하다. 그러나 나무는 결코 그들을 숨길 수 없다. 아담에게 금지령을 내리셨던 하나님이 이번에는 부드럽게 질문하신다: 아담아 "네가 어디 있느냐?"(9절) 하나님은 인간을 숨어 있는 곳에서 몰아내기보다는 끌어내기를 원하시기 때문에 이렇게 부드럽게 질문하신다(Kidner).

하나님이 사람에게 "어디 있느냐?"(אַיֶּכָּה)고 물으시는 경우는 성경에서 흔한 일이 아니다. 이 질문의 의도는, 그가 어디에 숨었는지 알고자 함이 아니라 "네가 무슨 짓을 저질렀는지 아느냐"는 질문으로 마지막으로 회개를 종용하는 것이다. 다가올 4장에서, 가인이 아벨을 죽인 것을 아시는 하나님이 가인에게 "네 아우 아벨이 어디 있느냐"고 물으시는 것도 그에게 회개할 수 있는 마지막 기회를 주기 위함이다.

하나님은 아담에게 어디 있느냐고 물으셨는데, 아담은 "왜 숨어 있느냐?"는 질문으로 잘못 이해했다: "내가 동산에서 하나님의 소리를 듣고 내가 벗었으므로 두려워하여 숨었나이다"(10절). 벌거벗음은 고대 근동 문화에서뿐 아니라 성경에서도 매우 큰 수치였다(cf. 9:22-25). 저자는 인류의 첫 번째 죄가 인간에게 이런 수치심을 안겨 주었다고 말한다.

하나님은 질문의 본래 의도와 다른 대답을 하는 아담에게 두 개의 새로운 질문을 하신다: "누가 너의 벗었음을 네게 알렸느냐 내가 네게 먹지 말라 명한 그 나무 열매를 네가 먹었느냐"(11절). 첫 번째 질문이 잘 이해되지 않을 수 있다. 벌거벗은 것은 숨길 수 없는 사실인데, 이 질문에 의하면 인간은 이때까지 자신이 발가벗음을 몰랐단 말인가? 그러므로 이 질문은 아담이 스스로 벗었음을 의식하고 있는지 여부를 묻는 것이 아니라, 누구(예, 뱀, 아내, 혹은 자신)를 통해 본인이 벗었음을 알게 되었는가를 묻는 것이다. 하나님은 아담에게 그의 수치와 죄의 출처를 물으셨다(Hamilton). 두 번째 질문인 "내가 네게 먹지 말라 명한 그 나무 열매를 네가 먹었느냐"는 아담에게 회개의 기회를 한 번 더 주시는 것일 뿐만 아니라 하나님이 그를 심문하시는 단계에 이미 접어들었음을 시사한다.

아담은 아내를 핑계 삼았고, 하와는 뱀의 속임수에 넘어가 선악과를 먹었다고 변명했다(12-13절). 죄인은 두 명인데, 죄에 대해 책임지는 사람은 하나도 없다! 이처럼 죄는 남에게 책임을 떠넘긴다. 만일 이 순간에라도 아담이 자신의 잘못을 인정하고 하나님께 용서를 구했더라면 인류의 역사는 어떻게 바뀌었을까?

아담의 행실에 대하여 생각해 보자. 그는 아내가 주는 과일을 대꾸 한마디 하지 않고 덥석 받아먹었다(6절). 과연 사랑하는 아내가 벌을 받아 죽으면 자기도 더 이상 살 이유가 없다고 생각하여 함께 죽겠다는 각오로 한 일이었을까? 하나님이 그를 추궁하시자, 그가 여자 때문에, 그것도 "하나님이 주셔서 나와 함께 있게 하신 여자"(12절) 때문에 먹게 되었다면서 책임을 회피하는 것으로 보아 절대 그렇지 않다는 걸 알 수 있다. 또한, 그의 말은 하나님의 능력을 의심하는 발언이기도 하다: "당신이 나에게 돕는 배필로 주신 이 여자가 내게 영 도움이 안 됩니다." 모든 핑계와 원망을 하와와 하나님께로 돌린 것이다. 아담은 한 여자의 남편이자 한 집안의 영적 지도자라는 자신의 위치를 잊고 있다. 그뿐만 아니라 아담은 하나님의 아름다운 창조 섭리에 반박함으로써 피조물로서의 위치까지도 망각하고 있다. 지도자가 잘못되면 모든 구성원이 그 대가를 치르게 마련이다.

우리는 이 섹션에서 깨어진 관계들을 본다. 관계를 깨뜨림은 죄의 가장 기본적인 성향이다. 여기서 우리는 죄의 강력한 파괴력을 확인한다. 죄는 부부 사이의 관계를 깨뜨리고, 인간과 하나님 사이의 관계까지도 깨뜨렸다. 다가올 4장에서는 형제들 사이도 갈라놓을 것이다. 이처럼 죄의 가장 근본 속성은 관계 파괴에 있다. 그렇다면 교회가 추구해야 할 신앙에서 가장 기초가 되는 열매는 무엇일까? 깨어진 관계들의 회복이다. 먼저 하나님과의 관계를 회복해야 하며, 이웃과의 관계도 회복되어야 한다.

I. 아담에서 데라까지(1:1–11:32)
B. 동산의 안과 밖(2:4–4:26)
2. 동산에서 쫓겨난 사람들(3:1–24)

(3) 심판 선언(3:14–19)

**[14] 여호와 하나님이 뱀에게 이르시되**

**네가 이렇게 하였으니**
**네가 모든 가축과 들의 모든 짐승보다**
**더욱 저주를 받아 배로 다니고**
**살아 있는 동안 흙을 먹을지니라**
**[15].내가 너로 여자와 원수가 되게 하고**
**네 후손도 여자의 후손과 원수가 되게 하리니**
**여자의 후손은 네 머리를 상하게 할 것이요**
**너는 그의 발꿈치를 상하게 할 것이니라**

하시고 [16] 또 여자에게 이르시되

내가 네게 임신하는 고통을 크게 더하리니
네가 수고하고 자식을 낳을 것이며
너는 남편을 원하고
남편은 너를 다스릴 것이니라

하시고 [17] 아담에게 이르시되

네가 네 아내의 말을 듣고
내가 네게 먹지 말라 한 나무의 열매를 먹었은즉
땅은 너로 말미암아 저주를 받고
너는 네 평생에 수고하여야 그 소산을 먹으리라
[18].땅이 네게 가시덤불과 엉겅퀴를 낼 것이라
네가 먹을 것은 밭의 채소인즉
[19].네가 흙으로 돌아갈 때까지 얼굴에 땀을 흘려야
먹을 것을 먹으리니
네가 그것에서 취함을 입었음이라
너는 흙이니 흙으로 돌아갈 것이니라

하시니라

하나님이 지으신 들짐승 중 "가장 간교한"(עָרוּם מִכֹּל)(3:1) 뱀이 이제 모든 가축과 들의 모든 짐승보다 더욱 저주를 받아(אָרוּר מִכָּל) 배로 다니게 된다(14절). 두 문구의 유성음적인 성향('arum mikkol과 'arur mikkol)은 "이에는 이, 눈에는 눈"식의 심판이 선언되고 있음을 시사하는 듯하다(Sarna). 또한, 들짐승 중 가장 간교하기로 유명했던 뱀이 이제는 하나님의 저주를 받은 유일한 들짐승으로서 유명해지게 되었다. 뱀은 종신토록 흙/먼지를 먹어야 한다. 구약에서 먼지/티끌을 먹는 것은 최고의 수치를 상징한다(시 72:9; 사 49:23; 65:25; 미 7:17). 사람을 유혹한 죄의 대가로 뱀은 피조물 중 가장 혐오스럽고 수치스러운 짐승으로 전락

했다. 또한, 인간은 흙(עָפָר)에서 창조되었는데(2:7), 뱀이 흙(עָפָר)을 먹는다는 것은 사람은 "흙이니 흙으로 돌아갈 것"(עָפָר אַתָּה וְאֶל־עָפָר תָּשׁוּב)(19절)이라는 심판을 예고하며, 뱀이 사람의 죽음에 한몫했다는 사실을 확고히 한다(Mathews).

재미있는 사실은, 장차 피조세계가 완전히 회복되는 세상이 와도 뱀은 여전히 흙/먼지를 먹고살 것이라는 점이다(사 65:25). 물론 문자 그대로 해석할 표현은 아니다. 실제로 뱀은 흙을 먹지 않기 때문이다. 그러나 뱀은 피조물 중에 머리를 흙에 가장 가까이 대고 다니는 짐승이기 때문에 "흙을 먹는다"는 표현이 충분히 가능하다. 또한, 이 말씀은 뱀이 어떻게 하여 머리를 흙/땅에 대다시피 하고 살게 되었는가를 설명하는 유래(etiology)로 볼 수 있다(Hamilton). 고대 근동 미술에서는 뱀이 머리를 들고 꼿꼿하게 서서 걸어 다니는 모습이 종종 등장한다. 뱀은 하나님의 권위에 도전한 죄로 말미암아 다시는 걸을 수 없게 된 것일까?

하나님은 뱀에게 제일 먼저 "네가 이렇게 하였으니"(14절)라는 전제를 들려줌으로써 그에게 내려지는 형벌은 그가 저지른 죄에 대한 적절한 보응임을 밝히신다. 하나님은 사전에 기준을 정하지 않은 채 임기응변으로 책임을 추궁하시는 분이 아니다(Mathews). 사람이 아무리 흉악한 죄를 저질렀을지라도 이성을 잃는 법이 없으시며, 이미 선포한 공평과 정의대로 그를 심판하신다.

이 일로 인해 여자와 뱀 사이에 세 종류의 원수 관계가 생겨났다: (1) 뱀과 여자 사이; (2) 뱀의 후손과 여자의 후손 사이; (3) 뱀과 여자의 [한] 후손 사이. 뱀과 여자의 한 후손은 영원한 원수 관계가 될 것이다(15절). 본문은 사람들이 뱀을 왜 가증스러운 짐승으로 여기게 되었는가에 대한 유래를 말해 주는 듯하다. 세 번째 원수 관계를 선언하는 "여자의 후손은 네 머리를 상하게 할 것이요 너는 그의 발꿈치를 상하게 할 것이니라"(15b절)라는 구절은 인류 구원에 대한 매우 중요한 말씀인 동시에 구약에서 가장 논란이 되는 텍스트 중 하나이다.

해석가들은 대체로 두 입장으로 나뉜다: (1) 메시아 예언으로 보는 해석; (2) 예언이 아닐 뿐만 아니라 메시아와 전혀 상관없는 평범한 선언문이라는 해석. 교회는 지난 2000년 동안 첫 번째 견해를 고수해 왔으며 오늘날도 보수적인 입장에서 성경을 해석하는 학자들은 이 견해를 따른다. 그들은 이 구절이 성경에 기록된 최초의 메시아 예언이라는 주장을 주저 없이 펼치며, 이 말씀을 "원시복음"(proto-evangelion)이라 부른다(Kidner; Schaeffer). 반면에 역사비평적인 입장을 취하는 학자들은 이 말씀에서 메시아에 대한 예언 요소를 찾아볼 수 없다고 결론짓는다(Skinner; Speiser; von Rad; Westermann; Fretheim). 그들의 반론은 텍스트에 근거한 것이라기보다는 신학적 선입견에서 비롯된 것이기 때문에 전통적인 견해를 고수하는 것이 바람직하다.

하나님은 여자에게 잉태의 고통을 더하신다(16절). 여자가 자식을 낳는 일은 죄와 전혀 상관없이 하나님의 축복으로 이미 주어진 것이다(1:28). 다만 선악과 사건으로 인해 임신 중 고통을 더하신 것이다. 남자가 고생해야 먹고살 수 있는 것처럼(19절), 여자도 수고해야 아이를 낳을 수 있게 되었다.

여자는 남편을 원하게/사모하게(תְּשׁוּקָה) 된다(16절). 이 말은 정확히 무엇을 의미하는가? 원함/사모함(תְּשׁוּקָה)은 성경에서 자주 사용되는 단어가 아니다(cf. HALOT). 이곳과 4장 7절과 아가서 7장 10절, 단 세 곳에서만 사용되었다. 오래전부터 유대인 주석가들 사이에서 이 단어의 정확한 의미가 무엇인지 논란이 되어 왔다. 람반(Ramban)은 여자가 아이를 낳을 때 고통과 불편을 겪음에도 불구하고 다시 아이를 갖고 싶어서 남편과의 성관계를 갈망하는 것을 의미한다고 봤고, 라쉬(Rashi)는 여자의 성적 만족이 남자의 선제(先制)(initiative)에 의해 가능한 상황을 뜻하는 것으로 풀이했다. 남자가 일해서 들여오는 식량에 전적으로 의존해야 했던 고대 상황을 배경으로 해석하여, 여자는 경제적으로 남자에 의존해야 한다는 뜻으로 해석하기도 한다(Sarna). 에덴동산에서 마음껏 먹었던 여자가 이 일로 인해 남편의 도움 없이는 식량을 조달할 수 없는 상황에 부닥치게 되었다는 것이다. 그러나 이 노래에서 "사모함"이 다음에 이어지는 "[남편의] 지배"와 평행을 이루고 있는 점을 감안할 때, 여자가 남자를 지배하려고 하는데 하나님이 남자가 여자를 지배하게 하셨음을 뜻하는 것으로 보인다. 즉 여자의 "사모함"은 남편이 그녀를 지배하는 것을 의미한다는 것이다(Hamilton; Mathews; Waltke).

하나님이 인간을 창조하셨을 때, 이들 사이에는 절대적인 동등성이 존재했다. 그러나 이 일 이후로 남편이 아내를 다스리게 된다. 전에는 남편이 리더가 되어 아내를 인도(lead)했다. 그러나 죄로 인해 이제부터는 남자가 여자를 지배하게(dominate) 된 것이다. 아담이 여자를 '하와'라는 이름으로 새롭게 부르는 일에서도 이러한 사실이 확인된다(20절). 여자는 죄로 인해 자유 대신 통제를, 번성 대신 분열을, 설득 대신 강요를 당하게 되었다(Waltke). 더 많은 통치권을 얻으려고 범죄했던 여자가 오히려 통치를 받는 신세로 전락한 것이다.

여자에게 해산의 고통(עִצָּבוֹן)이 더해진 것처럼 남자에게는 먹고사는 일에 대한 고통(עִצָּבוֹן)이 더해진다. 가족의 생존을 위해 허리가 휘도록 일하는 고통과 해산하는 고통이 동일하게 취급되고 있다(Sarna; cf. Fretheim). 여자의 고통과 남자의 고통이 같은 단어로 묘사되었다고 해서 둘의 고통이 똑같다는 뜻은 아니다. 사실 세 죄인 중에 남자에게 내려진 처벌이 가장 가중하다(17-19절). 죄로 인해 남자는 땀 흘려 일해야 먹고살 수 있게 되었다. [선악과를] 먹은 것(6, 12절)이 남자의 죄가 된 탓에 먹는 일을 중심으로 그에게 심판이 선포된 것이다. 하나님이 남자에게 벌을 내릴 때 먹는 행위를 5차례나 언급하신 것을 봐도 확연히 알 수 있다(17[3x], 18, 19절). 노동을 통해 식량을 힘겹게 확보해야 하는 고통은 죽는 순간까지 인간을 괴롭힐 것이며, 인류가 세상에 존재하는 한 절대 끊이지 않을 시련과 갈등이다. 그러므로 죽음만이 인간을 세상의 고통으로부터 자유롭게 하는 능력을 지니고 있다(Skinner, von Rad, Westermann).

하나님같이 되어서 더 나은 삶을 살려고 죄를 지었던 남자는 결국 죄 때문에 죽어서 그가 태어난 곳(흙)으로 돌아가게 되었다: "너는 흙이니 흙으로 돌아갈 것이니라"(19절). 인간이 흙에서 와서 흙으로 돌아가는 것은, 사람이 하나님과 같아지려고 아무리 노력해도 결국 넘을 수 없는 선이 있다는 사실을 강조한다. 인간은 하나님처럼 높아지기 위해 죄를 지었다. 하나님은 그런 인간을 생존 자체를 위해 무한한 노력과 고통의 대가를 치러야 하는 "밑바닥 인생"으로 낮추셨다. 이것이 인간이 처음 범했던 죄의 결과이다.

인류 최초의 죄는 인간 삶의 모든 영역에 지대한 영향을 미치는 결과를 초래했다(Fretheim): 결혼과 성생활; 노동과 먹고사는 일; 탄생과 죽음; 사람과 자연. 죽음이 모든 영역에서 삶을 위협한다. 하나님의 창조 의도와 목적이 죄로 인해 왜곡된 것이다. 그러므로 우리가 예수님을 믿고 하늘나라 시민으로서 살아가는 것은 죄로 인해 왜곡된 가치관을 삶의 모든 영역에서 회복시켜 가는 것을 의미한다.

자연 또한 인간의 죄 때문에 저주를 받았다. 좋은 나무와 식물로 가득했던 세상에(1:11-12) 가시덤불과 엉겅퀴 같은 좋지 않은 풀들이 나게 되었다(18절). 인간의 삶을 방해하고 괴롭히는 것들이다. 앞으로 자연은 인간 때문에 두 번 더 고통을 당하게 될 것이다. 가인의 죄 때문에 저주를 받고(4장), 온 인류의 죄 때문에 "물고문"을 당하게 된다(7장). 인간의 죄 때문에 저주를 받은 자연이 오늘도 신음 속에서 회복을 기다리고 있다: "그 바라는 것은 피조물도 썩어짐의 종 노릇 한 데서 해방되어 하나님의 자녀들의 영광의 자유에 이르는 것이니라 피조물이 다 이제까지 함께 탄식하며 함께 고통을 겪고 있는 것을 우리가 아느니라"(롬 8:21-22).

I. 아담에서 데라까지(1:1-11:32)
B. 동산의 안과 밖(2:4-4:26)
2. 동산에서 쫓겨난 사람들(3:1-24)

### (4) 하나님의 은혜(3:20-21)

**[20] 아담이 그의 아내의 이름을 하와라 불렀으니 그는 모든 산 자의 어머니가 됨이더라 [21] 여호와 하나님이 아담과 그의 아내를 위하여 가죽옷을 지어 입히시니라**

죄의 결과로 남자와 여자의 절대적인 평등이 깨지고, 남자가 여자를 지배하게 되었다(16절). 이에 따라 남자는 여자에 대한 지배권을 확인하는 차원에서 그녀에게 하와(חַוָּה)라는 새 이름을 주었다(20절). 아담은 하와를 처음 만났을 때 그녀가 남자(אִישׁ)에게서 나왔다 해서 '여자'(אִשָּׁה)라 불렀다(2:23). 히브리어로 여자는 남자의 여성형이다. 평등이 전제되었다는 뜻이다. 그러나 이제 그 균형이 깨져 버렸다. 여자의 새 이름, 하와는 "살아있는 것"의 의인화로 해석된다(Sarna). 모든 인류의 어미에 어울리는 이름이다.

하나님은 죄인에 대한 배려로 가죽옷을 지어 입히셨다(21절). 아담과 하와가 만들어 입은 무화과 나뭇잎 치마는 부끄러움을 가리기에는 완전하지 못하다. 사실 부끄러움을 겨우 가려 줄 뿐 옷이라고 할 수도 없다. 무언가 안전하고 영구적인 것이 필요하다. 하나님이 그들의 필요를 채워 주신다. 인간의 죄를 심판하신 다음에 인간 스스로 할 수 없는 일을 해결해 주신 것이다. 인간은 자신의 수치와 부끄러움을 가리기 위하여 아무것도 할 수 없는 상황인데 하나님은 하실 수 있었고, 그들을 위하여 이 일을 하신 것이다(Brueggemann). 요나단의 탈굼(Targum Jonathan)은 하나님이 옷을 짓기 위하여 사용하신 가죽이 다름 아닌 뱀에서 벗겨 낸 것이라는 해석을 남겼다! 고대판 〈복수혈전〉이 행해진 것이다!

또한 "옷"(כְּתֹנֶת)과 "[옷을] 입히다"(לבשׁ)(21절)는 제사장의 의복과 관련된 용어들이다. 그래서 이 단어들은 동산과 성막이 지니고 있는 추가적 연결성으로 간주된다(Wenham; Sailhamer). 일부 주석가들은 하나님이 아담과 하와를 위하여 가죽옷을 지으실 때 짐승을 죽게 하셨다는 것을 전제할 필요가 없다고 말하지만(Fretheim), 이 이야기를 회고하고 있는 모세가 살았던 시대에는 짐승을 죽이지 않고 가죽을 얻는 일은 불가능했다. 그러므로 하나님이 직접 만드신 옷이 가죽이라는 것은 인간의 부끄러움을 가리기 위하여 생명이 희생되었음을 전제한다(Mathews; Waltke). 더 나아가 이 짐승의 죽음이 예수 그리스도의 죽음의 모형이라고 하는 해석도 있다.

I. 아담에서 데라까지(1:1-11:32)
B. 동산의 안과 밖(2:4-4:26)
2. 동산에서 쫓겨난 사람들(3:1-24)

(5) 추방된 사람들(3:22-24)

**[22] 여호와 하나님이 이르시되 보라 이 사람이 선악을 아는 일에 우리 중 하나 같이 되었으니 그가 그의 손을 들어 생명 나무 열매도 따먹고 영생할까 하노라 하시고 [23] 여호와 하나님이 에덴 동산에서 그를 내보내어 그의 근원이 된 땅을 갈게 하시니라 [24] 이같이 하나님이 그 사람을 쫓아내시고 에덴 동산 동쪽에 그룹들과 두루 도는 불 칼을 두어 생명 나무의 길을 지키게 하시니라**

범죄한 인간은 더 이상 동산에서 하나님과 함께 있을 수 없게 된다. 하나님이 그들을 동산에서 추방하시기 때문이다. 두 가지 이유에서다. 첫째, 선악과를 먹음으로써 이제 인간은 "하나님처럼" 되었기 때문이다. 인간이 하나님처럼 되었다는 말을 어떻게 이해해야 하는가? 문자적으로 그대로 이해할 것인가, 아니면 일종의 비아냥거림으로 해석할 것인가? 문자 그대로 받아들이면 뱀이 나름대로 옳았다는 결론에 도달하게 된다. 그러나 선악과를 먹음으로 인해서 인간이 어떻게, 어떤 면에서 하나님처럼 되었단 말인가? 그러므로 선과 악을 아는 일에서는 어느 정도 하나님처럼 되었지만, 나머지 부분에서는 여전히 창조주와는 질적으로 다른 한계를 지닌 존재임을 비꼬는 듯 말한 것으로 해석하는 것이 바람직하다(cf. Sailhamer; Sarna).

둘째, 혹시 인간이 생명나무 열매를 먹고 영원히 살게 될까 봐 염려하였기 때문이다. 인간이 생명나무 열매를 먹고 영원히 살게 되면 어떤 문제가 생기길래 하나님이 막으시는가? 어쩌면 죄인으로 영원히 사는 것이 죽는 것보다 더 고통스럽기 때문이 아닐까? 생명나무가 계시록에 다시 등장하는 것으로 보아 언젠가는 하나님이 인간의 죄를 사하여 주시는 때가 도래할 것이라는 막연한 기대를 소망으로 주시는 것인지도 모른다. 하나님은 인간이 생명나무에 접근하지 못하도록 동산의 동쪽에 그룹들(כְּרֻבִים)과 "두루 도는 불 칼"을 감시원으로 배치하셨다(24절). 이 말씀 역시 정원과 성막을 연결하는 고리가 된다. 성막은 동쪽을 향하고 있으며, 지성소와 언약궤는 서쪽에 있다. 아담과 하와가 에덴동산의 동쪽으로 쫓겨났다는 것은, 동산과 평행을 이루는 성막의 구조를 염두에 두고 생각할 때, 하나님이 계신 곳으로부터 더 멀어졌음을 의미한다. 가인도 동생 아벨을 죽인 후 하나님께 추방되어 더 동쪽으로 가게 된다. 성경은 그룹들이 어떤 존재들인지, 두루 도는 불 칼이란 어떤 것인지 설명하지 않는다. 다만 두 명사 앞에 각각 정관사를 붙인 것으로 보아 고대 유대인들이 쉽게 상상할 수 있는 익숙한 것들이었음은 분명하다(Sarna).

인류가 지은 첫 번째 죄는 죄의 영향력에 대하여 몇 가지를 생각하게 만든다. 첫째, 죄는 사람으로 하여금 모르면 좋았을 것을 알게 했다(7절). 죄를 짓기 전에 그들은 부끄러움을 알지 못했다. 뱀은 그들이 선악과를 먹으면 눈이 밝아질 것이라고 했고(5절), 어떤 면에서 실제로 눈이 "밝아졌다." 그러나 밝아진 그들 눈에 보인 것은 자신들의 벌거벗음이었다. 하나님이 이들을 창조하고 결혼으로 축복하셨을 때에도 그들은 벗은 채 있었지만 부끄러움을 느끼지 않았다(2:25). 그런데 죄를 짓고 나자 가릴 것이 많아졌다. 심지어 부부 사이에도 숨기고 가리는 것이 얼마나 많은가! 다행히 믿는 우리를 위하여 그리스도가 대신해 죽으심으로써 우리의 부끄러움을 모두 덮어 주셨다. 그분의 보혈이 우리를 덮고 있기 때문에 우리는 누구 앞에서도 더 이상 부끄러움을 느낄 필요가 없다.

둘째, 죄가 인간에게 끼친 가장 심각한 영향은 하나님의 낯을 피하게 만들었다는 것이다(8절). 사랑과 정성으로 인간을 창조하고, 그들과 교제하기를 원하셨던 자상한 하나님이 어느새 마주하기에도 두려운 분이 되셨다. 하나님이 어떤 일을 하셔서 두렵게 된 것이 아니라, 인간이 죄를 지음으로써 스스로 초래한 결과이다. 이날 이후로 인간은 하나님의 낯을 피해 세상 곳곳으로 도망 다니며 살아간다. 예수님이 우리 죄를 대속하시어 더 이상 하나님을 피하지 않고, 은혜의 보좌 앞으로 담대히 나갈 수 있도록 하신다.

셋째, 인간은 "하나님처럼 되기 위하여" 죄를 지었다(cf. 5절). 그리고 어떤 면에서 "하나님과 같아졌다"(cf. 22절). 그러나 "하나님과 같아진" 인간은 더 이상 "하나님과 같이 있을 수가 없게" 되었다. 우리가 삶에서 추구하는 것이 무엇인가? 아담과 하와처럼 하나님처럼 되기를 추구할 것이 아니라 하나님과 같이 있는 것을 훨씬 더 갈망해야 할 것이다.

## 3. 동산 밖에 거하는 사람들(4:1-26)

인간을 통해 세상에 들어온 죄는 인간과 하나님 사이의 수직적 관계를 파괴했을 뿐만 아니라 인간 사회의 가장 기본 관계인 부부 관계도 위기에 빠뜨렸다. 그러나 죄는 이것에 만족하지 않고 형제 관계마저도 여지없이 파괴해 버린다. 이 이야기는 가인과 아벨의 이야기가 아니라 형제를 죽인 가인의 이야기이다(Friedman). 이 점을 강조하기 위하여 저자는 아벨을 가리켜 "그[가인]의 형제"라고 부른다. 본문 이야기는 인간의 가장 원초적인 본능 중 하나인 시기(猜忌)가 형제들 사이에 어떤 비극을 초래했는가를 말한다. 가인의 이야기가 인간이 죄를 지어 에덴동산에서 추방당한 이후 성경에 기록된 첫 번째 사건임을 감안할 때, 저자는 이 사건을 통해 죄가 남긴 후유증 가운데 시기가 으뜸이라는 점을 강조하고자 한 것으로 생각된다.

가인의 이야기는 여러 면에서 3장과 대조를 이룬다. 아담과 하와의 이야기는 절제되지 않은 욕망에 초점을 맞추고 있는 데 비해 가인의 이야기는 불합리함이 인간의 행실에 어떤 결과를 초래할 수 있는가에 초점을 맞춘다. 아담과 하와의 죄는 하나님을 향한 반역이었는데, 가인의 죄는 형제에 대한 반역이다. 아담과 하와의 이야기에서는 "나무의 열매"가 화근이 되었는데, 가인의 이야기에서는 "땅의 소산(열매)"이 화근이 된다. 아담과 하와는 죽음에 대한 두려움을 알게 되었는데, 가인은 죽음을 현실적으로 목격했다.

그러나 한편으로 가인의 이야기는 여러 면에서 아담과 하와의 이야기와 연결되어 있기도 하다(cf. Fretheim; Sailhamer). 우선, "모든 산 자의 어미"(3:20)인 하와가 가인의 이야기에서도 모습을 드러낸다. 그런데 이야기가 끝나자 성경에서 자취를 감춰 버린다. 3장은 죄가 결과적으로 인간의 삶에 고뇌와 노동을 안겨 주었다고 말하는데, 4장은 죄의 결과가 가인과 아벨에게 어떤 영향을 끼쳤는가에 대해 들려준다. 그리고 동사 "알다"(ידע)가 3장과 4장에서 각각 4차례씩 사용되었다. 또한, 하나님이 죄인들(아담과 가인)에게 "어디에 있느냐"고 물으시는 것과 하나님의 물음에 죄인들이 책임 회피성 답변을 하는 것도 같다(3:9-12; 9절). 하나님이 아담과 가인에게 선언하신 심판의 내용도 비슷하다(3:14; 11절). 선고가 내려진 후 아버지 아담처럼 아들 가인도 추방된다. 심판을 받은 두 사람 모두 자신이 살던 곳에서 동쪽으로 거주지를 옮긴다.

이 섹션은 다음과 같이 네 파트로 구성되어 있다: (1) 가인과 아벨(1-16절); (2) 가인의 계보(17-22절); (3) 라멕의 노래(23-24절); (4) 셋과 에노스(25-26절). 각 파트의 내용을 살펴보면 표면적으로는 서로 연관성이 없어 보인다. 그러나 문명의 발전을 암시하는 문구들을 통해 통일성을 유지한다. 저자가 언급하는 문명 발전의 면모는 7가지이다. 농업(agriculture), 축산업(sheep-breeding), 도시화(urbanism), 목축(pastoralism), 음악(music), 광물(metallurgy), 종교(religion).

본문을 살펴보면, 완벽을 상징하는 숫자 7이 지속적으로 사용되고 있다. 7배의 심판이 선언되고(15, 24절), 라멕은 아담의 7대 손이며, 라멕은 가인의 벌과 자신의 벌을 비교하며 '7배'와 '77배'를 노래한다. 아담에서 라멕의 자손에 이르기까지 14(=7x2)개 이름이 언급되고, '아벨', '형제', '이름'이 각각 7차례 언급된다. '하나님', '여호와', '여호와 하나님'이 1장 1절에서 2장 3절에서처럼 2장 4절에서 4장 26절까지 35(=7x5)차례 등장하며, 성경에 기록된 70번째 성호의 사용이 4장 26절 하반의 "그 때에 비로소, 사람들이 주님의 이름을 불러 예배하기 시작하였다"(새번역)에서 이루어진다.

아담과 하와가 에덴동산에서 쫓겨난 후 처음 있었던 일을 기록하고 있는 본문은 다음과 같이 구분된다. 가인과 아벨(A)의 이야기로 시작해서, 셋과 에노스(A')의 이야기로 마무리되도록 구성되어 있으며, 중앙에는 가인의 후손들(B)과 그의 후손 중 가장 대표적인 인물이라 할 수 있는 라멕이 부른 노래가 위치해 있다.

A. 가인과 아벨(4:1-16)
  B. 가인의 후손들(4:17-22)
  B'. 라멕의 노래(4:23-24)
A'. 셋과 에노스(4:25-26)

I. 아담에서 데라까지(1:1-11:32)
  B. 동산의 안과 밖(2:4-4:26)
    3. 동산 밖에 거하는 사람들(4:1-26)

### (1) 가인과 아벨(4:1-16)

성경에서 예배에 관한 기록이 처음 등장하는 이야기를 통해 예배에 대한 마음가짐, 적절한 제물 등 여러 가지 면에서 우리에게 많은 도전을 준다.[29] 인류가 범죄하여 에덴동산에서 쫓겨난 후, 그들 삶에 대한 최초의 기록이 예배에 관한 내용이라는 것은 매우 고무적이다. 예배를 통해 깨어진 하나님과의 관계가 회복되기를 바라기 때문이다. 그러나 문제는, 예배를 드리는 사람들이 모두 온 마음과 정성을 다해 제단을 쌓으면 좋으련만 정성과 마음이 담기지 않은 예배를 드리기도 한다는 것이다.

가인이 아벨을 살해하고 쫓겨난 일을 회고하고 있는 이 이야기의 문체 구조와 전개 순서는 에덴동산에서 살다가 쫓겨난 부모의 이야기와 흡사하다. 두 이야기에서 사용되는 단어와 주제들도 많은 공통점을 지니고 있다(cf. Fretheim). 하나님의 질문들(9절과 3:9; 10절과 3:13), 아담이

29 "세월이 지난 후에"(וַיְהִי מִקֵּץ יָמִים)(3절)는 3장에서 사건이 벌어진 후에 제법 많은 시간이 흘렀음을 뜻하며(거의 130년), 이 기간에 인류는 지속적으로 예배를 드려 왔을 것이다. 이 사건은 최초의 예배가 아니라, 그동안 수없이 드려졌던 예배 중에 사건의 발단이 된 "문제의 예배"일 뿐이다(Mathews).

하나님의 음성을 들은 것처럼 하나님이 땅의 호소(음성)를 들으심(10절과 3:10), 인간과 땅이 심판을 받은 것처럼 가인과 땅이 심판을 받음(12절과 3:17-18), 쫓겨나는 아담과 하와에게 가죽옷을 입히셨던 것처럼 떠나가는 가인에게 보호의 증표를 주심(15절과 3:21), 아담과 하와가 에덴동산에서 쫓겨난 것처럼 가인도 쫓겨남(16절과 3:24) 등이 그것이다(Mathews). 아담과 하와의 이야기에서는 그들이 죄를 지은 3장 6-8절이 분기점이었다면, 이 이야기에서는 가인이 아벨을 죽이는 8절이 분기점이다(Wenham).

A. 4:2b-5 진행: 가인, 아벨이 활동적, 주님은 수동적.
　B. 4:6-7 대화: 주님이 가인에게 질문하심.
　　C. 4:8 진행(대화 포함): 가인이 아벨을 살해함.
　B′. 4:9-15a 대화: 주님과 가인이 대화를 나눔.
A′. 4:15b-16 진행: 주님이 활동적, 가인은 수동적.

아담과 하와는 에덴동산에서 쫓겨난 후에 자녀들을 낳았다. 그들이 얼마나 많은 자녀를 낳았는지는 알 수 없다. 그러나 아벨을 죽인 죄로 인해 벌을 받게 되자 가인이 사람들로부터 생명의 위협을 느끼고, 하나님이 그들로부터 그를 보호하는 증표를 주시는 것을 보면 이 무렵 아담과 하와의 자손들이 이미 상당수에 달했던 것이 확실하다(14-15절; cf. 5:4). 아벨이 죽은 후 하와가 다시 아들을 낳았을 때 아담의 나이가 130세였다(5:3). 이때 태어난 아이를 아벨을 대신할 아들이라 해서 이름을 셋이라고 불렀다(4:25). 그렇다면 가인이 아벨을 죽였을 때 아담은 130세쯤 되었을 것이다. 성년으로 창조된 아담과 하와가 평균 2년에 한 번꼴로 아이를 낳았다 해도 130년 동안 상당수의 자녀를 두었을 것이며, 이 자녀들 또한 많은 자손을 보았을 것이다. 가인은 참으로 자기 친척들을 두려워할 만했던 것이다. 인류 최초의 살인 사건을 기록하고 있는 본문은 다음과 같이 두 파트로 구분된다.

A. 열납된 제물과 거부된 제물(4:1–7)

B. 재판관과 피고인(4:8–16)

| I. 아담에서 데라까지(1:1–11:32)<br>B. 동산의 안과 밖(2:4–4:26)<br>3. 동산 밖에 거하는 사람들(4:1–26)<br>(1) 가인과 아벨(4:1–16) |
|---|

a. 열납된 제물과 거부된 제물(4:1–7)

[1] 아담이 그의 아내 하와와 동침하매 하와가 임신하여 가인을 낳고 이르되 내가 여호와로 말미암아 득남하였다 하니라 [2] 그가 또 가인의 아우 아벨을 낳았는데 아벨은 양 치는 자였고 가인은 농사하는 자였더라 [3] 세월이 지난 후에 가인은 땅의 소산으로 제물을 삼아 여호와께 드렸고 [4] 아벨은 자기도 양의 첫 새끼와 그 기름으로 드렸더니 여호와께서 아벨과 그의 제물은 받으셨으나 [5] 가인과 그의 제물은 받지 아니하신지라 가인이 몹시 분하여 안색이 변하니 [6] 여호와께서 가인에게 이르시되 네가 분하여 함은 어찌 됨이며 안색이 변함은 어찌 됨이냐 [7] 네가 선을 행하면 어찌 낯을 들지 못하겠느냐 선을 행하지 아니하면 죄가 문에 엎드려 있느니라 죄가 너를 원하나 너는 죄를 다스릴지니라

가인과 아벨의 이야기는 두 사람의 이름과 직업과 행동을 교차해 가면서 묘사하는 방식으로 진행된다. '아벨–가인–가인–아벨–가인' 순으로 이름이 교차로 사용되고 있으며, 그들의 직업과 제물 또한 '양–곡식–곡식–양'의 순서로 교차적으로 등장한다. 다음을 참조하라(Anderson).

A. 아벨은 양을 치는 목자가 되었다.

A′. 가인은 밭을 가는 농부가 되었다.

B. 가인은 땅에서 거둔 곡식을 주님께 제물로 바쳤다.

B′. 아벨은 양 떼 가운데서 첫 새끼의 기름을 바쳤다.

C. 주님은 아벨과 그가 바친 제물은 반기셨다.

C′. 가인과 그가 바친 제물은 반기지 않으셨다.

하와가 가인을 낳고 "내가 여호와로 말미암아 득남하였다"고 말했다(1절). 하나님의 성호 "여호와"가 인간에 의해 불리기는 처음이다. 가인(קַיִן)의 이름과 그녀가 사용하는 동사 '얻다/만들다/생산하다'(קנה)의 소리가 매우 흡사하여, 비슷한 음을 통해 일종의 언어유희가 이루어지고 있다. 또한, 가인의 이름은 아람어 '케나야'(qênāyā')혹은 아랍어 '카이눔'(qaynum)에서 비롯된 것으로써 '[대장]장이'(smith/metal worker)로 풀이되기도 한다(Westermann; cf. HALOT). 그러나 우가릿어 동사 qny에서 유래된 것으로써 "창조하다/만들다"라는(Friedman) 의미를 내포하는 것으로 이해하는 것이 바람직한데, 앞으로 접하게 될 하와의 행실과 더 잘 어울리기 때문이다.

하와의 말 중에 "여호와로 말미암아"(אֶת־יְהוָה)라는 표현은 해석하기가 매우 난해하다. 히브리어 단어 אֶת는 전치사로 '…와 함께' 혹은 목적어를 표기하는 불변화사(particle)로 사용되며 본문에서처럼 홀로 등장하는 경우는 거의 없다. 그래서 대부분 번역본들은 이 문구에서 단어가 하나 누락된 것으로 간주하여 "여호와의 도우심으로"로 해석한다(새번역; NIV; NAS; NRS; JPS). 그러나 문법적으로 생각할 때 이 해석은 그다지 자연스럽지 않다. 그래서 "하나님과 함께"(Sarna; Fretheim), "하나님으로부터"(KJV), "하나님처럼"(Cassuto) 등 다양한 대안이 제시되었다.

마지막 해석의 경우, 하와가 자신이 아이를 낳은 것을 하나님이 인간을 창조한 것에 빗대는 교만함을 드러내는 것이다(Cassuto). 이 말씀이 하와의 교만을 묘사하고 있다는 해석은 여러 주석가들로부터 선호를 받았으며 앞으로 그녀의 교만을 꺾을 만한 일이 있을 것을 암시한다(Waltke). 베스터만(Westermann)도 카수토(Cassuto)의 해석을 따르지만, 저자가 자연스러운 전치사 כְּ를 버리고 왜 매우 부자연스러운 אֶת를 사용했는가에 대해서는 당혹스러워한다. 그러나 아벨이 죽은 후에 셋이 태어날 때 하와가 드디어 겸손해진 모습을 보이는 것을 감안하면(cf. 25절), 이 말씀이 그녀의 교만을 묘사한 것으로 보는 것이 바람직하다. 교만했던 하와가 아벨의 죽음을 경험한 후에 비로소 겸손해졌다는 것이다(Sailhamer).

성경은 하나님이 인간의 탄생과 연관되어 있음을 누차 강조한다. 유대인 문헌은 이렇게 표현한다: "한 인간이 탄생하는 데는 세 파트너가 필요하다. 하나님, 아버지, 어머니"(Niddah 31a; cf. Ramban). 가인이 태어난 후 아벨이 태어났다. 한 유대인 전승에 의하면, 이들이 쌍둥이였다고 하는데 그렇게 해석할 필요는 없다. 가인의 이름에 설명이 붙여졌는데, 이와 달리 아벨의 이름에는 아무런 설명이 없다. 아벨(הֶבֶל)은 문자적으로 "안개" 혹은 "무(無)"(nothingness)를 뜻하며 성경에서 인생의 허무함을 표현하는 데 많이 사용된다(cf. 전도서). 가인은 아버지 아담처럼 농부가 되었고, 아벨은 새로운 직업을 선택하여 목자의 길을 갔다. 이때까지 가축이 인간에게 음식으로 주어지지 않았다는 점을 감안할 때, 목축업은 우유, 털, 가죽 등을 얻는 것이 주목적이었을 것으로 생각된다.

가인과 아벨은 각자 자신들의 직업상 적절한 예물(מִנְחָה)을 드렸다. 농부였던 가인은 당연히 땅의 소산물을 하나님께 드렸고, 목자였던 아벨은 자신이 키운 양의 첫 새끼와 그 기름을 드렸다(3-4절). 그러나 하나님은 아벨의 제물은 받고, 가인의 제물은 받지 않으셨다. 하나님이 우리가 드리는 헌금/헌물을 무조건 받으실 것으로 생각하는 크리스천들에게 본문이 시사하는 바가 무엇인지 생각해 보라.

하나님이 예물을 받으시는지 안 받으시는지 어떻게 알 수 있었을까?

중세기 해석가들은 다음과 같이 현상적인 차이로 알았을 것이라고 풀이했다. 즉 하나님께로부터 불이 내려 아벨의 제물을 태웠는데, 가인의 제물에는 아무런 반응이 없었다는 것이다. 레위기 9장 24절, 사사기 6장 21절, 열왕기상 18장 38절, 역대기하 7장 1절 등을 감안하면 충분히 가능한 해석이다.

그렇다면 하나님은 왜 아벨의 제물은 받으시고 가인의 예물은 거부하시는가? 그 이유에 대하여 다양한 해석이 있다. 첫째, 하나님은 농부보다 목자를 더 좋아하신다(Skinner). 이 해석은 가인과 아벨의 이야기를 농부와 유목민의 갈등 이야기로 이해하고, 목축업을 이상화하려는 이스라엘의 의도가 이야기에 숨겨져 있다고 주장한다. 군켈(Gunkel)은 하나님이 농업을 인정하지 않으신 것은 농사가 성격상 사람을 한 곳에 정착하게 만들기 때문이라고 주장한다. 반면에 목축업은 끊임없는 이동을 요구하며 이러다 보면 더 넓은 세상과 관계를 유지하게 되기 때문에 하나님이 좋아하신다는 것이다. 그러나 문제는 본문 어디에서도 농업과 목축업을 비교하려는 의도를 찾아볼 수 없다는 점이다. 게다가 아담과 하와는 타락하기 전부터 농부들이었다.

둘째, 하나님은 짐승 제물(일명 "피의 제사")을 곡물 제물보다 더 좋아하신다. 제물로 바쳐진 짐승이 불에 태워져 연기처럼 하늘로 피어오르는 냄새를, 곡물이 타는 냄새보다 훨씬 더 좋아하신다는 것이다(Levin; cf. Sailhamer). 이 해석의 문제는, 하나님이 이성과 공의로써 사리를 판단하시는 분이 아니라 제물의 형태와 냄새로 판단하시는 분으로 매도될 수 있다는 점이다. 또한, 가인과 아벨 형제가 드리는 것은 하나님께 의무적으로 드려야 하는 피와 관련된 제물(זֶבַח)이 아니라 자원해서 드리는 예물(מִנְחָה)이다. 그러므로 이 해석은 성경의 가르침에 잘 들어맞지 않는다.

셋째, 소나 양처럼 "자연적으로 성장하는 것"이 경작해서 수확하는 곡물보다 더 훌륭한 제물이다. 이 해석은 요세푸스(Josephus)에 의해 처음 제시된 것으로, 오늘날에도 지지하는 학자들이 있다. 만일 이 해석이 옳다면, 오늘날 공장에서 일하거나 사무실에서 일하는 사람들이 드리는 헌물은 어떻게 된단 말인가? 율법은 하나님이 곡물과 짐승을 차별 없이 받으신다는 것을 누누이 강조한다. 예배의 가장 중요한 부분은 예배자 자신이지 그가 가져온 제물이 아니기 때문이다.

넷째, 하나님이 왜 아벨의 제물은 받고, 가인의 제물은 받지 않으셨는지 알 수 없다(Westermann). 아벨의 제물을 받으신 것은 하나님의 예정과 선택에 달린 문제라는 것이다. 일견 하나님의 주권에 초점을 맞춘 심오한 해석인 듯 보이지만, 사실 제대로 고민한 흔적이 보이지 않는 무책임한 해석이며 성경을 필요 이상으로 신비하게 보는 성향이 짙다. 성경에 기록된 사건들을 이런 식으로 생각한다면 성경을 해석할 필요가 없다.

그러나 본문을 자세히 살펴보면 하나님이 아벨의 제물을 받고, 가인의 것은 거부하시는 이유가 상당히 정확하게 암시되어 있다. 예물들의 차이는 이것을 바친 예배자들에게 있다. 가인과 아벨은 예배드리는 목적과 자세에서 큰 차이를 보인다. 히브리서 11장 4절에 의하면, 아벨은 믿음으로 제사를 드렸다. 반면에 이러한 평가가 가인에게는 적용되지 않는다. 오히려 가인의 제물은 마음속 의로움이 같이 하지 않았다는 말씀이 있다(요일 3:12; 유 1:11). 그렇다면 이렇게 해석할 만한 단서들이 본문에 있는가? 이미 3장에서 지적한 것과 같이 히브리 문학에서는 단어 하나가 의미상 큰 차이를 나타낼 수 있다는 점을 염두에 두고 본문을 살펴보자.

모세는 독자들이 이 이야기를 통해 제물 뒤에 숨겨진 예배자의 마음을 엿보기를 원한다. 내레이터는 가인과 아벨을 설명할 때 분명한 차이를 두고 있다. 아벨의 제물은 "첫 열매"(מִבְּכֹרוֹת צֹאנוֹ)(cf. 출 23:19)이며 "기름진 것"(מֵחֶלְבֵהֶן)(cf. 레 3:3-17)으로 묘사하여 그가 가장 좋은 것을 하나님께 드렸음을 나타내는 반면에, 가인의 예물은 그저 "땅의 소산물"(מִפְּרִי הָאֲדָמָה)을 드렸을 뿐이다(Waltke; Ibn Ezra; Philo). 아벨은 자기 짐승 중에서 가장 좋고 기름진 양을 제물로 선별하는 일을 통해, 예배를 드리러 오기 전부터 이미 예배를 준비했다. 반면에 가인은 때가 되어서, 혹은 별생각 없이 동생 아벨을 따라와 예배를 드린 것으로 보인다. 아벨은 마음속 깊은 곳에서 우러나는 예배를 드렸지만, 가인은 그냥 드리는 식의 형식에 치우친 예배를 드렸던 것이다(Waltke).

모세는 이 이야기를 통해 예배에서는 무엇보다도 순수한 마음(pure heart)이 가장 중요함을 가르치고자 한다. 그래서 이것은 제물에 관한 이야기가 아니라 예배에 임하는 자의 마음가짐에 대한 이야기인 것이다. 헌물의 종류나 양 같은 외형적인 것보다는 예배자의 마음가짐 같은 내적인 것이 더 중요하다고 강조한다(Sailhamer; Hamilton). 가인처럼 마지못해 형식적으로 드리는 예배는 하나님께 죄가 된다. 하나님이 혐오하시기 때문이다. 하나님은 준비된 마음으로 자원해서 예배의 단을 쌓는 것을 가장 기뻐하신다. 하나님은 제물을 살피듯 예배자의 마음가짐을 살피시는 분이기에, 예배자와 제물은 결코 분리될 수 없다(Waltke).

자신의 예배가 거부되자 가인은 하나님께 매우 분을 냈다(חרה)(5절). 이 단어(חרה)의 기본 뜻은 화내는 것이지만(NIV; NRS; NAS; NJB), 이곳에서는 "의기소침" 혹은 "우울함"으로 해석하는 학자들이 제법 있다(Sarna; Hamilton; cf. TNK). 그러나 가인에게 임하는 하나님의 경고와 그가 아벨에게 하는 짓을 보아 "화내다"라는 전통적인 번역이 더 적절하다. 가인은 하나님이 자기의 제물을 받지 않으신 것을 용납할 수가 없었던 것이다. 그러나 우리는 기억해야 한다. 제물과 예배는 대가 없이 드려져야 한다는 사실을 말이다. 심지어 우리의 제물이나 제사가 꼭 받아들여져야 한다는 생각마저도 버려야 한다. 인간은 하나님께 예배에 대하여 어떠한 강요도 할 수 없기 때문이다.

"네가 선을 행하면 어찌 낯을 들지 못하겠느냐 선을 행하지 아니하면 죄가 문에 엎드려 있느니라 죄가 너를 원하나 너는 죄를 다스릴지니라"(7절)는 해석하기가 매우 어려운 문장이다(cf. Hamilton). 한 주석가의 좌절감에 많은 학자가 동감한다: "이 문장에서 의미를 채취하려는 모든 학자의 노력이 결국에는 난제를 극복하려는 수완/재주(tour de force)에 불과하다"(Skinner). 그러나 텍스트의 기본적인 의도는 어느 정도 확신을 가지고 파악할 수 있다. 만일 가인이 의지로 자신의 원초적인 감정을 다스리지 못하면, 그 감정이 그를 지배할 것임을 경고하는 것이다. 덮칠 희생자를 찾고 있는 매우 포악한 짐승이나 악령으로 죄를 묘사되고 있다(Waltke). 죄란 기회만 있으면 죄인을 억압하고 지배하려는 강력한 의지와 힘을 가진 악이라는 뜻이다(Mathews). 그러므로 죄의 노예가 되지 않으려면, 결단과 각오가 있어야 한다.

I. 아담에서 데라까지(1:1-11:32)
B. 동산의 안과 밖(2:4-4:26)
3. 동산 밖에 거하는 사람들(4:1-26)
(1) 가인과 아벨(4:1-16)

b. 재판관과 피고인(4:8-16)

**[8] 가인이 그의 아우 아벨에게 말하고 그들이 들에 있을 때에 가인이 그의 아우 아벨을 쳐죽이니라 [9] 여호와께서 가인에게 이르시되 네 아우 아벨이 어디 있느냐 그가 이르되 내가 알지 못하나이다 내가 내 아우를 지키는 자니이까 [10] 이르시되 네가 무엇을 하였느냐 네 아우의 핏소리가 땅에서부터 내게 호소하느니라 [11] 땅이 그 입을 벌려 네 손에서부터 네 아우의 피를 받았은즉 네가 땅에서 저주를 받으리니 [12] 네가 밭을 갈아도 땅이 다시는 그 효력을 네게 주지 아니할 것이요 너는 땅에서 피하며 유리하는 자가 되리라 [13] 가인이 여호와께 아뢰되 내 죄벌이 지기가 너무 무거우니이다 [14] 주께서 오늘 이 지면에서 나를 쫓아내시온즉 내가 주의 낯을 뵈옵지 못하리니 내가 땅에서 피하**

**며 유리하는 자가 될지라 무릇 나를 만나는 자마다 나를 죽이겠나이다 [15] 여호와께서 그에게 이르시되 그렇지 아니하다 가인을 죽이는 자는 벌을 칠 배나 받으리라 하시고 가인에게 표를 주사 그를 만나는 모든 사람에게서 죽임을 면하게 하시니라 [16] 가인이 여호와 앞을 떠나서 에덴 동쪽 놋 땅에 거주하더니**

"종로에서 뺨 맞고 한강에서 눈 흘긴다"는 속담이 있다. 가인에게 어울리는 말이다. 가인이 하나님께 거부당한 분풀이를 동생에게 했기 때문이다. 그는 얼마 동안 치밀한 계획을 세운 후에 동생을 들로 불러내 살해하고 땅에 묻었다. "가인이 그의 아우 아벨에게 말하고"(וַיֹּאמֶר קַיִן אֶל־הֶבֶל אָחִיו)(8절)라는 구절의 의미가 분명하지 않다. 그가 무엇을 말했는지가 기록되어 있지 않기 때문이다. 많은 유대인 해석자들은 가인이 하나님께 들은 말씀을 아벨에게 전한 것으로 해석했다(Ramban). 반면에 우리말 번역본들과 영어 성경들은 칠십인역(LXX), 탈굼(Targum), 시리아어(Syriac), 라틴어(Vulgate), 사마리아 오경(Samaritan Pentateuch)을 근거로 "우리, 들로 나가자"라는 문구를 더한다(새번역; NIV; NRS). 가인이 아벨에게 한 말이 "나랑 같이 들로 나가자"였다는 것이다. 또는 "가인이 아벨을 찾았다"라고 번역하는 사람도 있다(Hamilton). 문맥상으로는 가능한 해석이지만 문법적으로는 납득하기 어려운 번역이다. 이러한 어려움 때문에 영어 번역본 TNK는 "가인이 아벨에게 …라 말했고, 그들이 들판에 있을 때"(Cain said to his brother Abel … and when they were in the field)로 번역하여 아예 무엇을 말했는가를 비워 놓았다. 정확한 의미를 가늠하기 힘들 때는 이렇게 표기하는 것도 괜찮은 방법이다.

이야기의 흐름을 감안할 때 살인의 동기는 "질투"였음이 분명하다. 하나님이 동생의 제물을 받으면서 자신의 것은 받지 않으셨다는 이유로 몹시 화가 난 형이 동생을 시기하여 저지른 죄악인 것이다. 우리가 삶에서 겪는 갈등의 저변에는 질투라는 근본적인 문제가 있지 않던가!

또한, 이 이야기는 잘못된 종교나 신앙은 살인까지도 유발한다는 경고 메시지를 준다. 오늘날도 이런 일들이 우리 주변에서 종종 일어난다.

가인은 동생을 살해한 일을 하나님 앞에 숨겨 속이려 든다(9절). 하나님은 인류 최초의 죄를 지은 아담과 하와에게 했던 것(3:9)과 비슷한 질문을 그들의 아들에게 하셨다: "어디 있느냐?"(אֵי). 이 질문 역시 하나님이 가인으로부터 정보를 얻어 내고자 함이 아니라 자백하고 회개할 기회를 주시기 위함이다(Friedman). 이러한 하나님의 배려를 아는지 모르는지 가인은 옛적에 그의 아버지가 그랬듯이 자신을 변명하기에 급급하다: "내가 알지 못하나이다 내가 내 아우를 지키는 자니이까"(9절). 사실 가인은 그의 아버지 아담보다 더 나쁘다. 아담은 마지못해서라도 자기 잘못을 시인했는데, 가인은 하나님을 속이기 위해 고의로 거짓말까지 하고 있기 때문이다(Mathews).

앞서 언급한 것처럼 본문에서 '형제/아우'(אָח)라는 단어가 7번 사용되었다. 저자는 가인의 어이없는 발언을 통해 우리가 모두 진정으로 '형제를 지키는 자'가 되어야 한다고 권면한다(Sarna). 또한, 모든 살인은 결국 형제 살해죄(fratricide)인 것이다.

가인이 회개할 기미를 보이지 않자 하나님이 죄인을 심문하는 검사처럼 질문을 바꾸셨다. "네가 무엇을 하였느냐?"(10절) 이전에 가인의 아비인 아담에게 하셨던 질문과 비슷하다(cf. 3:13). 이것은 사실을 밝히기 위한 질문이라기보다 가인이 저지른 일을 도무지 믿을 수 없으시다는 뜻이다. 저자는 가인이 고백하지 않는 죄를 땅이 고발하고 있다고 말한다(10절). 훗날 히브리서 기자는 이 사건을 돌아보며 "아벨은 죽었지만 말하였다"라고 회고한다(히 11:4). 우리는 이 이야기를 읽으며 안타까운 마음으로 질문을 던져 본. "만약에 가인이 이 순간 회개하고 하나님께 모든 것을 고백했더라면 그는 어떤 처벌을 받았을까?"

우리는 가인이 늘어놓는 변명에서 죄의 어리석음을 보아야 한다. 만물을 창조하신 하나님이 어찌 그가 한 일을 모르시겠는가? 모든 것을 알면서도 죄인이 회개하는 모습을 보고자 묻는 하나님이시다. 그런 분 앞에서 거짓말을 하려 들다니, 이것이 바로 죄의 참모습인 것이다.

가인은 동생을 살해한 일로 인해 저주를 받았다(11절). 성경에서 하나님이 사람에게 저주를 내리신 것은 가인이 처음이다. 이것은 그의 죄가 얼마나 심각한 범죄이며 창조주의 창조 섭리에 어긋나는 일이었는가를 암시한다. 가인이 지은 죄 때문에 땅이 또 한 번 저주를 받는다(12절): "네가 밭을 갈아도, 땅이 이제는 너에게 효력을 더 나타내지 않을 것이다"(12절, 새번역). 이제부터 땅이 이전과 같은 풍요를 더 이상 주지 않을 것이라고 선언하신 것이다. 에덴동산의 선악과 사건으로 말미암아 땅은 이미 태초의 생산성을 잃어버린 상태였는데, 그나마 남아 있던 생산력이 더 약화될 것이라는 뜻이다.

가인은 "땅의 소산"을 하나님께 드린 후 죄를 지었다. 그리고 죄를 짓는 과정에서 땅을 더럽혔다. 그러므로 땅이 그를 벌하는 도구로 사용되는 것은 적절한 처벌 방법인 듯하다. 가인은 정착하지 못하고 세상을 떠돌며 살아야 하는 선고를 받았다. 농부인 그가 한곳에 머물며 농사짓는 것을 원천적으로 막는 형벌인 것이다. 평생 농부로 살아온 그가 이제부터는 농사를 지을 수가 없다. 세상을 떠도는 도피자/방랑자가 되었다(Hamilton). 가인은 동생 아벨을 죽임으로써 하나님에게서 그를 떼어 냈다. 이제 가인도 그가 일구던 땅에서 떨어져 나가야 한다(Waltke; Fretheim).

선고를 받은 가인이 하나님께 호소했다: "이 형벌은, 제가 짊어지기에 너무 무겁습니다"(13절, 새번역). "형벌"(עָוֹן)은 죄와 그에 따른 벌을 의미하는 단어이다(HALOT). 성경적 사고에 의하면 죄와 벌은 결코 나눌 수 없는 것이기 때문이다(Sarna). 가인은 자신에게 임한 형벌을 네 가지로 정리한다: (1) 땅이 생산력을 잃게 된 것; (2) 하나님의 얼굴을 볼 수 없게 된 것; (3) 한곳에 정착하지 못하고 떠도는 삶을 살게 된 것; (4) 누구든지 그를 보면 죽이려 할 것임(14절). 네 가지 형벌 중 가장 심각한 것은 하나님의 얼굴을 볼 수 없게 된 것(#2)이다. 우리가 이웃에게 죄를 지으면 그 사람과의 관계만 영향을 받는 것이 아니라, 하나님과의 관계도 심각하게 훼손된다는 점을 기억해야 한다. 하나님은 네 번째 일을 방지하기 위하여 "그렇지 않다. 가인을 죽이는 자는 일곱 갑절로 벌을 받을 것이다"(15a절, 새번역)라고 말씀하시며 그에게 증표(אוֹת)를 주셨다. 하나님의 형벌 선고가 보호의 은혜와 약속으로 이어지고 있는 것이다(cf. 3:21).

"가인을 죽이는 자는 벌을 칠 배나 받으리라"(15절)는 말씀을 유대인 해석가들은 은유적으로 해석하여 매우 혹독한 벌을 받게 될 것이라고 해석하기도 했고(Radak), 문자적으로 해석하여 가인을 죽이는 자의 집안에서 7명이 죽게 될 것이라거나 혹은 7대에 이르기까지 그 대가를 치르게 될 것이라고 해석하기도 했다(Rashi; cf. Targum).

가인이 받은 증표는 무엇이었을까? 외형적으로 드러나는 육체적인 표시였을 것이다. 누구든지 이 표를 보면 즉시 알 수 있어 가인을 피하게 되는 보호의 표로 해석할 수밖에 없다(cf. 겔 9:4-6). 그런데 가인은 회개했을까? 하나님의 처벌이 예상외로 관대하다는 것이 이러한 추측을 가능케 하기도 한다(cf. Sailhamer). 그러나 구체적인 언급은 없으며 그의 탄식이 죄에 대한 뉘우침이라기보다는 불만의 표출처럼 느껴진다(Cassuto). 또한, 가인이 하나님으로부터 쫓겨나는 것으로 보아 용서받지는 못한 것으로 생각된다(Mathews). 가인이 용서받지 못한 것은, 그가 하나님이 내리신 벌에 대하여 불만을 토로하면서도 죄를 고백하며 용서를 구하지는 않았기 때문이다.

가인이 두려워하는 자들은 누구였을까? 아담과 하와의 자손들인 형제와 친척들이었을 것이다. 위경에 포함된 〈희년서〉(Book of Jubilee)에 의하면 가인의 아내는 그의 누이였다(4:9). 친척들만 사는 세상에서 그는 왜 그렇게까지 후환(後患)을 두려워하는가? 고대 근동 문화에서는 각 집안의 명예를 보존하는 일을 매우 중요하게 여겼다. 아무리 작은 불명예라도 온 집안이 합심하여 씻어 내려고 노력했다. 명예를 회복하지 못할 때는 볼품없는 집안으로 낙인찍히기도 했다. 그러므로 "눈에는 눈으로, 이에는 이로" 대응해야 한다는 원칙이 사회적인 분위기를 주도했다. 그러니 가인은 그가 죽인 동생 아벨의 후손들을 두려워할 수밖에 없다. 그들이 아벨의 피의 복수를 위해 그를 죽이려 들 것이기 때문이다.

위경은 가인의 남은 생에 대하여 이렇게 설명한다. "가인은 돌로 만들어진 집에 살고 있었다. 하루는 저녁을 잘 먹고 집에 들어갔는데 갑자기 지진이 났다. 집이 흔들려 무너지면서 가인은 돌에 깔려 죽었으며 그가 살던 집은 자연스럽게 그의 무덤이 되었다." 가인이 지은 죄는 분명히 심판을 받아야 한다는 입장에서 해석한 것이다. 중세기 랍비 라쉬(Rashi)는 라멕이 두발가인과 함께 가인을 죽였다고 말한다. 그의 설명에 의하면, 라멕이 눈이 어두워져서 장님이 되었을 때 아들 두발가인과 서 있는데, 두발가인이 멀리서 다가오는 할아버지 가인을 가리켜 짐승이라고 하자 라멕이 활을 쏘아 죽였다는 것이다. 라멕이 뒤늦게 사실을 깨닫고는 화가 나서 아들 두발가인도 때려죽였다고 한다!

에덴동산의 선악과 사건 이후 악화일로에 있는 인간의 죄상을 생각해 보자. 인간은 하나님 앞에 스스로 나오기에는 너무나 타락했다. 죄성은 계속해서 심해져만 간다. 11장에 가서 우리는 이런 질문을 하게 된다: "점점 더 타락해만 가는 인간들에게 하나님은 변함없이 자비를 베푸실 수 있을 것인가?"

I. 아담에서 데라까지(1:1-11:32)
B. 동산의 안과 밖(2:4-4:26)
3. 동산 밖에 거하는 사람들(4:1-26)

### (2) 가인의 후손들(4:17-22)

**[17] 아내와 동침하매 그가 임신하여 에녹을 낳은지라 가인이 성을 쌓고 그의 아들의 이름으로 성을 이름하여 에녹이라 하니라 [18] 에녹이 이랏을 낳고 이랏은 므후야엘을 낳고 므후야엘은 므드사엘을 낳고 므드사엘은 라멕을 낳았더라 [19] 라멕이 두 아내를 맞이하였으니 하나의 이름은 아다요 하나의 이름은 씰라였더라 [20] 아다는 야발을 낳았으니 그는 장막에 거주하며 가축을 치는 자의 조상이 되었고 [21] 그의 아우의 이름은 유발이니 그는 수금과 퉁소를 잡는 모든 자의 조상이 되었으며 [22] 씰라는 두발가인을 낳았으니 그는 구리와 쇠로 여러 가지 기구를 만드는 자요 두발가인의 누이는 나아마였더라**

이 섹션은 가인과 7대에 이르는 그의 후손 9명을 중심으로 한 "가인 집안"의 이야기이다. 하나님이 천지를 7일 동안 창조하셨던 것처럼 이들의 사회가 궤도에 오르는 데도 7대가 걸렸다(Caussuto; Sarna). 하나님의 심판을 받은 가인은 에덴의 동편 놋에 거하며 아들을 낳아 에녹이라고 부른다(17절). 성을 쌓고 아이의 이름을 따서 에녹 성이라 부른다. 사람이 하나님의 이름을 기념하는 일은 당연한데, 가인은 사람, 그것도 자기 아들의 이름을 기념한다(Waltke). "에녹"(חֲנוֹךְ)이 "시작하다"(חנך)라는 동사의 파생어라는 것에 근거하여 이때부터 가인의 새로운 삶이 시작된 것으로 해석하기도 한다(Sarna).

본문 어디에도 하나님이 불편한 심기를 나타내셨다는 이야기는 없지만, 가인이 성을 쌓고 한곳에 머물러 산 것은 죄가 될 수밖에 없다. 하나님으로부터 "땅에서 피하며 유리하는 자가 되라"는 선고를 받았는데도 이를 거역하고 한곳에 정착했다는 뜻이기 때문이다. 하나님이 그에게 보호의 "증표"를 주시긴 했지만, 그는 이것이 그를 완벽하게 보호해 주진 못할 것이라고 생각하여 자신을 스스로 지키기 위해 성을 지었을 것이다. 이곳에 머물며 여러 가지 보호 장치를 구상하는 것이 효과적으로 자신을 보호하는 길이라고 여겼을 것이다. 어찌 되었건 가인은 인류 역사에 기록된 첫 살인을 저질렀고, 도시 문화를 처음 시작했다. 가인의 계보는 다음과 같이 10개의 이름으로 구성되어 있다.

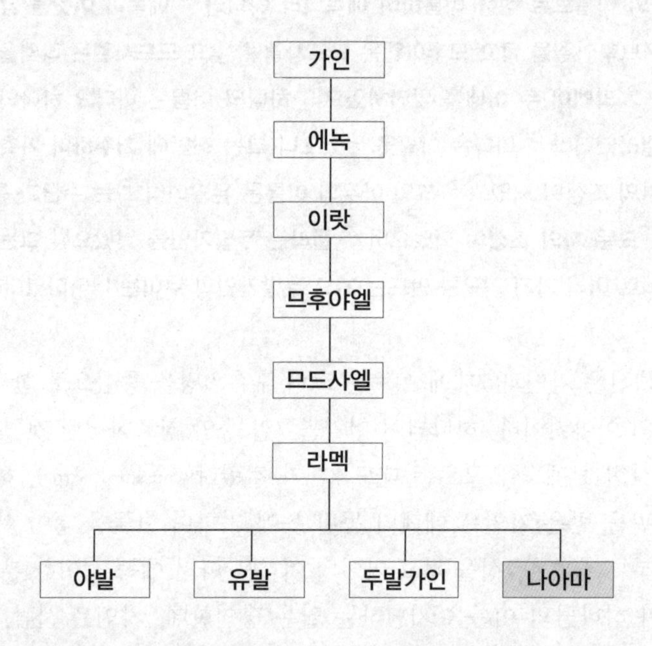


가인의 계보는, 인류의 문명과 문화의 발전이 모두 신적(神的) 혹은 반(半)신적인 존재들에게서 비롯되었다고 믿었던 고대 근동 신화들에 반론을 제기한다. 저자는 신들이 아니라 가인의 후손들에 의하여 인류의 모든 문명과 문화가 시작되고 발전되었다고 선언한 것이다. 가인의 6대손 라멕의 시대에 이르러서 후손들은 씨족사회의 완성된 면모를 갖추기 시작했다. 학자들은 대체로 가인의 후손들이 이같이 문화적으로 발전을 이룬 것을 부정적으로 평가하지만, 긍정적으로 간주하는 주석가들도 있다(Fretheim). 문명은 인류가 이룩한 가장 중요한 업적에 속한다는 것이다. 문명의 발달 자체가 부정적으로 평가될 필요는 없다. 자연스러운 현상이고 생육하고 번성하라는 하나님의 축복의 일부일 수 있기 때문이다.

라멕은 아다와 씰라, 두 여자와 결혼하여 인류 최초로 일부다처를 채택했다(19절). 첫째 아내 아다(עָדָה)의 이름 뜻은 "장식"이며, 둘째 아내 씰라(צִלָּה)의 이름 뜻은 "[보호의] 그늘"(HALOT) 혹은 "심벌즈"(Cassuto)로 풀이된다. 이름 풀이를 바탕으로 두 여인이 아름다움으로 많은 사람의 칭찬을 들었을 것이라는 추측이 있다(Cassuto). 아다는 야발과 유발을 낳았고, 씰라는 두발가인과 나아마를 낳았다(21-23절).

이때까지 인류는 일부일처제를 지켜 왔는데, 죄가 깊어 감에 따라 하나님이 남자와 여자 둘이 한 몸을 이루라고 하신 말씀을 거역하기 시작했다. 하나님이 일부다처를 문제 삼는 발언을 직접적으로 하신 적은 없지만, 일부다처는 죄의 결과임이 분명하다(Mathews; cf. 2:24). 구약에서 일부다처를 실행했던 사람들의 집안을 보면 문제가 매우 많았던 것을 알 수 있다. 아브라함의 집에서는 사라와 하갈이 갈등을 빚었고, 야곱의 집에서는 네 명의 아내들이 싸웠고, 그들의 자식들은 한 형제를 표적으로 삼아 노예로 팔기까지 했다. 다윗의 집이 "콩가루 집안"이 된 것도 일부다처 때문이다.

고대 사람들은 왜 일부다처제를 행했던 것일까? 그럴 만한 이유가 몇 가지 있다. 첫째, 남자와 여자의 수가 균형을 이루지 못했기 때문이다. 부족 간의 갈등과 전쟁 등으로 남자들이 희생되는 일이 많았으며, 결과적으로 여자가 남자보다 많아졌다. 둘째, 생존을 위한 수단이 되었기 때문이다. 농사와 생업에 종사할 자녀를 최대한 많이 낳아야 했던 것이다. 셋째, 집안의 명예와 재산을 늘리는 좋은 길이었기 때문이다. 자식이 많을수록 가족의 규모가 커지고, 그럴수록 집안의 부가 늘어나는 것은 당연한 일이다. 넷째, 당시에는 아이를 낳는 과정에서 죽는 여자들이 많았기 때문이다. 그러므로 아내를 여럿 둠으로써 이러한 위기에 대응하고자 했다.

야발(יָבָל)은 축산업의 선구자가 되었다(20절). 생산업을 창시한 것이다. 짐승들이 가축화(domesticate)되기 시작한 것은 주전 9000년대로 추정된다(Walton). 기록에 의하면, 제일 먼저 길든 가축은 양과 염소였다. 유발(יוּבָל)은 음악의 조상이 되었다(21절). 예술 문화의 창시자가 된 것이다. 고고학적 증거에 의하면, 최초의 발명품 중 하나가 악기이다. 가장 오래된 악기 유물은 주전 4000년대에 이집트에서 제작된 피리(flute)의 일종이다. 우르(Ur)에서 주전 3000년대 초의 것으로 보이는 수금, 비파, 은 피리가 발견되기도 했다(Walton). 두발가인(תּוּבַל קַיִן)은 대장장이의 선조가 되었다(22절). 수공업의 선조가 된 것이다. 인류는 주전 4000년대부터 구리로 만든 도구와 무기를 사용했다. 청동은 주전 3000년대, 철은 주전 2000년대 말부터 사용되기 시작했다(Walton). 이처럼 가인의 후손들은 산업과 문화를 눈부시게 발전시켰지만, 그들의 삶 속에 정작 하나님은 없었다.

두발가인의 누이인 나아마(נַעֲמָה)에 대한 기록이 특이하다. 나아마는 창세기 계보에 등장하는 유일한 여자인데, 나아마는 "아름다운, 우아한, 화려한"이란 뜻을 지녔다(HALOT; cf. Hamilton; Sarna). 나아마는 다른 형제들처럼 산업을 시작하지는 않았다. 그런데도 그녀의 이름이 계보에 포함된 것은 아마도 그녀의 시대에 이르러 미학(美學)(aesthetics)에 대한 새로운 관념이 생겨난 것을 암시하는 듯하다.[30] 한편 창세기에서 계보는 숫자 10을 중심으로 정리되곤 하는데, 가인의 계보에 나아마가 포함되어야만 10개 이름으로 계보가 완성된다. 요나단의 탈굼(Targum Jonathan)은 그녀가 '직업 가수'(professional singer)였다는 말을 더한다.

---

30 한 유대인 문헌은 여자임에도 불구하고 그녀의 이름이 이곳에 포함된 것은 그녀가 훗날 노아의 아내가 되었기 때문이라고 한다(Genesis Rabba 23:3). 흥미로우면서도 황당한 발상이다.

### (3) 라멕의 노래(4:23-24)

**[23] 라멕이 아내들에게 이르되**

**아다와 씰라여 내 목소리를 들으라**
**라멕의 아내들이여 내 말을 들으라**
**나의 상처로 말미암아 내가 사람을 죽였고**
**나의 상함으로 말미암아 소년을 죽였도다**
**[24] 가인을 위하여는 벌이 칠 배일진대**
**라멕을 위하여는 벌이 칠십칠 배이리로다**

**하였더라**

많은 사람이 라멕의 노래를 단순히 죄와 폭력을 미화한 것으로 여긴다(Waltke). 그래서 이 노래를 〈칼의 노래〉(Song of the Sword)로 부르기도 한다. 칼을 직접적으로 언급하지는 않지만, 대장장이였던 두발가인이 세상에 칼을 보급했고, 라멕이 칼을 이용하여 살인을 저질렀다는 것이다(Mathews). 라멕의 시대에 이르러 가인의 사회는 매우 폭력적으로 변질하였고, 라멕은 그에게 상처를 입힌 자를 죽이고도 후환을 두려워하지 않을 정도로 거리낌이 없는 뻔뻔하고 잔인한 인물이었다.

라멕이 매우 폭력적이며 잔인한 사람이라는 데는 의심의 여지가 없다. 그러나 이 노래가 4장의 가인의 후손들 이야기 중에 소개된 것을 보면, 또 한 가지 역할을 하고 있음이 확실하다. 무죄한 아벨을 죽인 가인을 해하면 7배의 벌을 받는데(24절), 라멕을 해하면 77배의 벌을 받아야 한다고 왜 그는 주장하는가? 라멕이 두 사람을 죽였다는 것인지, 아니면 한 사람을 죽인 일을 두 번 반복하는 것인지는 확실하지 않다(cf. Fretheim). 그의 노래에서 살생에 대한 대목이 평행을 이루고 있기

때문이다: "나의 상처로 말미암아 내가 사람(אִישׁ)을 죽였고 // 나의 상함으로 말미암아 소년(יֶלֶד)을 죽였도다"(23절).[31] 라멕이 상대방의 폭력에 폭력적으로 과잉 대응했을 소지가 다분하긴 하지만, 자신의 살인을 정당방위라고 주장하는 것은 분명하다. 그의 주장이 인정되든 안 되든 상관없이 당시 사회가 일반적인 폭력과 정당방위로 인한 폭력을 다르게 취급했음을 암시한다. 즉 정당방위의 적법성을 허용할 정도로 법적 개념이 많이 발전한 시대였음을 보여 주는 것이다. '가인의 도시'는 사법제도를 포함하여 모든 면에서 고루 갖추어진 매우 발전된 사회였음이 분명하다. 가인이 세웠던 에녹 성과 라멕의 이야기가 합해지면서 율법의 "도피성"을 암시하게 되었다고 해석하는 학자들도 있다(Sailhamer).



### (4) 셋과 에노스(4:25-26)

**[25] 아담이 다시 자기 아내와 동침하매 그가 아들을 낳아 그의 이름을 셋이라 하였으니 이는 하나님이 내게 가인이 죽인 아벨 대신에 다른 씨를 주셨다 함이며 [26] 셋도 아들을 낳고 그의 이름을 에노스라 하였으며 그 때에 사람들이 비로소 여호와의 이름을 불렀더라**

가인과 아벨의 이야기는 전반적으로 인류의 역사에 어두운 그림자를 드리웠다. 그러나 셋의 탄생은 새로운 빛과 희망을 제시한다. 셋(שֵׁת)은 '두다/놓다/정하다'라는 뜻의 동사(שִׁית)의 파생어이며, 이 동사의 명사

31 공동번역의 "나를 해치지 마라. 죽여버리리라. 젊었다고 하여 나에게 손찌검을 하지 마라. 죽여버리리라"는 해석일 뿐 정확한 번역은 아니다.

형(שָׁת)은 '바탕'(foundation)을 의미한다(Fretheim; cf. HALOT). 셋의 탄생이 인류의 새 출발의 바탕이 된 것이다. 가인을 낳을 당시, 자신이 마치 창조주와 견줄 만한 능력을 지닌 것처럼 교만을 떨었던 하와가(cf. 1절) 가인이 아벨을 살해한 사건을 겪으면서 많이 겸손해졌다. 그래서인지 셋을 낳은 후에는 "하나님이 내게 가인이 죽인 아벨 대신에 다른 씨를 주셨다"(25절)고 고백했다. 셋이 하나님이 인류 보존을 위해 허락하신 새로운 소망의 '씨'(זֶרַע)임을 고백하며 기대했던 것이다.

셋이 자라서 아이를 낳고, 이름을 에노스라 하였다(26절). 에노스(אֱנוֹשׁ)는 '사람'이란 뜻이다(HALOT). 그래서 '사람' 에노스는 가인의 후손과 다른 종류라는 의미로 새로운 인류의 시작을 알리는 것으로 간주되기도 한다. 저자는 이때에야 비로소 사람들이 여호와의 이름을 불러 예배하기 시작했다고 전한다. 그렇다면 에노스가 태어나기 이전에는 사람들이 하나님을 예배하지 않았단 말인가? 가인과 아벨의 시대에 이미 예배가 드려지고 있었던 것으로 보아 그러한 의미는 아닌 듯하다. 이때 비로소 사람들이 자신들의 연약함과 한계를 의식하고 하나님께 전적으로 의지했다는 뜻이다(Sarna; Waltke).[32]

또한 "사람들이 비로소 여호와의 이름을 불렀다"(복수형 동사가 사용됨)는 것은 이전까지 개인적인 차원에서 예배를 드렸던 사람들이 이때부터 공동체적인 예배를 드리기 시작했다는 것을 의미하는 것으로 해석할 수 있다. 일부 주석가들은 이 말씀의 중심 동사가 '부정하게 하다'(חלל; to profane)라는 점을 근거로 이때부터 사람들이 하나님의 이름을 망령되게 부르기 시작했다고 하는데(Fretheim), 이 동사가 본문에서처럼

32 대부분의 유대인 문헌들과 해석자들도(cf. LXX; Philo) 이렇게 해석했고, 교회도 이러한 해석을 선호했지만, 탈굼(Targum)은 동사 "시작하다"(חלל)를 또 다른 의미인 "더럽히다"(cf. HALOT)로 간주하여 이때부터 인간이 여호와의 우상을 만들어 하나님의 이름을 모욕했다고 해석했다. 또한, 이 일로 인해 세상에 홍수가 오게 되었다고 말한다. 그러나 25-26절의 전반적인 분위기가 긍정적이라는 점과 본문의 목적이 가인의 후손과 셋의 후손을 대조하는 데 있다는 점을 감안할 때, 이때부터 사람들이 올바른 예배를 드리기 시작한 것으로 해석하는 것이 바람직하다.

호팔(hophal) 형태를 취할 때는 '시작하다'라는 의미를 지니므로(HALOT) 에노스 시대에 이르러 사람들이 함께 모여 예배를 드리기 시작한 것으로 보는 것이 바람직하다.

가인의 후손과 셋의 후손이 큰 대조를 이룬다. 가인의 후손은 문명 사회를 형성하며 많은 성과를 이루어 냈다. 산업, 예술, 사법제도 등이 상당한 수준에까지 발달한 사회를 이룬 것이다. 그러나 그들의 의식이나 도덕성은 사회의 발전에 미치지 못하여 폭력이 난무했고, 라멕과 같이 오만하고 포악한 사람이 용인되었다. 반면에 셋의 후손은 상대적으로 연약했고, 괄목할 만한 업적을 남기지도 못했다. 다만 한 가지, 그들이 잘한 것은 하나님의 이름을 부르며 예배하는 일이었다(26절). 하나님이 이 사실을 소중히 여기어 메시아를 탄생시킬 씨앗(cf. 3:15)을 셋의 후손을 통해 보존하셨다는 점이 중요하다. 하나님은 위대한 문명의 발달을 이룩한 사람들보다는 겸손히 하나님을 찾아 예배하는 사람들, 곧 연약하여 세상에서 내세울 만한 업적을 남기지 못하는 사람들을 통하여 역사하신다.



## C. 아담의 자손들(5:1-6:8)

하와는 셋을 낳고, 그를 아벨을 대신할 아담의 후예라고 불렀다(4:25). 이 섹션은 셋의 자손에 관한 이야기로 하나님의 구속 역사가 무엇에 기초를 두고 펼쳐 나가는가를 잘 보여 준다. 저자는 아담에서 노아까지를 10대로 정리한다. 이후 11장에서도 노아의 아들 셈의 계보를 10대로 정리할 것이다. 홍수 이전과 이후, 각 시대의 계보를 10대로 정리하고 있는 것이다. 저자가 이처럼 일정한 짜임새에 따라 계보를 정리하는 것은 창조주 하나님이 인류의 역사를 균형적으로 조화롭게 펼쳐

나가심을 강조하기 위해서이다.

계보를 10대로 정리하는 것은 성경에만 국한된 일은 아니며 고대 근동 문헌들에서 자주 발견되는 방식이다(Malamat). 또한, 계보에서 흔히 사용되는 'X가 Y를 낳았다'는 식의 표현이 X와 Y가 친부자 관계임을 뜻하는 것은 아니다. 경우에 따라서 'X가 Y의 몇 대 위 조상이었다'는 말로 해석될 수 있다(Wilson, cf. 마 1:1-16). 그러므로 계보를 보고 지구의 나이를 계산하거나 특정한 연대를 계산하려는 시도는 무모하다.

5장 1-32절은 지금까지 다른 이야기들에서 경험한 바와 같이 특정 단어의 반복을 보인다. 아담(אָדָם)이 14회 언급되는데, 정관사와 함께 7회, 정관사 없이 7회 사용되었다. 하나님(אֱלֹהִים)이 14회 언급되었고, '창조하다'(ברא)와 '만들다'(עשׂה)가 총 7회 등장한다. 그리고 '아들들'(בָּנִים)이 12회, '딸들'(בָּנוֹת)이 12회 등장한다(Cassuto). 단어들의 반복적 사용은 텍스트에 점착력(cohesiveness)을 더하여 통일성에 기여한다. 여기에 6장 1-8절이 더해지며 다음 섹션에서 전개될 이야기의 밑바탕을 그려 준다. 셋을 통한 아담의 후손 이야기를 기록하고 있는 본 텍스트는 다음과 같이 구분된다.

A. 서론: 창조와 축복(5:1-2)
B. 아담에서 노아까지(5:3-32)
C. 결론: 번성과 타락(6:1-8)



## 1. 서론: 창조와 축복(5:1-2)

**[1] 이것은 아담의 계보를 적은 책이니라 하나님이 사람을 창조하실 때에 하나님의 모양대로 지으시되 [2] 남자와 여자를 창조하셨고 그들이 창조되던 날에 하나님이 그들에게 복을 주시고 그들의 이름을 사람이라 일컬으셨더라**

저자는 '족보/톨레돗'(תּוֹלְדֹת)을 두 번째로 사용함으로써 셋을 통한 아담의 후손 이야기를 하고자 한다. 태초로 돌아가서 하나님의 "형상"대로 창조되고 그분의 축복을 받은 인간의 이야기에서 셋의 계보가 시작된다(1절; cf. 1:26). 창세기의 두 번째 계보는 하나님의 창조 사역과 연관 지어 생각할 때 비로소 의미가 있으며, 세상의 모든 족속이 한 사람에게서 비롯되었음을 강조하기 위해서 쓰였다.

그뿐만 아니라 하나님은 남자만 창조하신 것이 아니라 남자와 여자를 창조하셨다는 점을 재차 확인한다(2a절; cf. 1:27). 여자도 남자와 마찬가지로 하나님의 모양과 형상대로 창조되었으며, 셋 족속이 하나님이 최초의 남자와 여자에게 주셨던 성적인 차이에 따라 번성하고 있음을 암시한다(Mathews). 하나님의 창조 섭리가 셋의 자손들을 통해 잘 준수되어 가고 있음을 시사하는 것이다. 하나님은 남자와 여자를 "사람"(אָדָם)이라 부르고 복을 주셨다(2b절; cf. 1:28). 비록 그들이 죄를 지어 하나님의 동산에서 쫓겨났지만, 여전히 하나님의 축복 대상임을 확인하는 것이다. 본문이 언급하고 있는 하나님의 복은 생육하고 번성하는 것이다(cf. 1:28). 하나님의 축복은 태초부터 이때까지 별로 바뀐 것이 없다. 하나님은 우리가 이 땅에서 왕성하게 번성하기를 바라신다.

I. 아담에서 데라까지(1:1-11:32)
C. 아담의 자손들(5:1-6:8)

## 2. 아담에서 노아까지(5:3-32)

**[3] 아담은 백삼십 세에 자기의 모양 곧 자기의 형상과 같은 아들을 낳아 이름을 셋이라 하였고 [4] 아담은 셋을 낳은 후 팔백 년을 지내며 자녀들을 낳았으며 [5] 그는 구백삼십 세를 살고 죽었더라 [6] 셋은 백오 세에 에노스를 낳았고 [7] 에노스를 낳은 후 팔백칠 년을 지내며 자녀들을 낳았으며 [8] 그는 구백십이 세를 살고 죽었더라 [9] 에노스는 구십 세에 게난을 낳았고 [10] 게난을 낳은 후**

**팔백십오 년을 지내며 자녀들을 낳았으며 [11] 그는 구백오 세를 살고 죽었더라 [12] 게난은 칠십 세에 마할랄렐을 낳았고 [13] 마할랄렐을 낳은 후 팔백사십 년을 지내며 자녀들을 낳았으며 [14] 그는 구백십 세를 살고 죽었더라 [15] 마할랄렐은 육십오 세에 야렛을 낳았고 [16] 야렛을 낳은 후 팔백삼십 년을 지내며 자녀를 낳았으며 [17] 그는 팔백구십오 세를 살고 죽었더라 [18] 야렛은 백육십이 세에 에녹을 낳았고 [19] 에녹을 낳은 후 팔백 년을 지내며 자녀들을 낳았으며 [20] 그는 구백육십이 세를 살고 죽었더라 [21] 에녹은 육십오 세에 므두셀라를 낳았고 [22] 므두셀라를 낳은 후 삼백 년을 하나님과 동행하며 자녀들을 낳았으며 [23] 그는 삼백육십오 세를 살았더라 [24] 에녹이 하나님과 동행하더니 하나님이 그를 데려가시므로 세상에 있지 아니하였더라 [25] 므두셀라는 백팔십칠 세에 라멕을 낳았고 [26] 라멕을 낳은 후 칠백팔십이 년을 지내며 자녀를 낳았으며 [27] 그는 구백육십구 세를 살고 죽었더라 [28] 라멕은 백팔십이 세에 아들을 낳고 [29] 이름을 노아라 하여 이르되 여호와께서 땅을 저주하시므로 수고롭게 일하는 우리를 이 아들이 안위하리라 하였더라 [30] 라멕은 노아를 낳은 후 오백구십오 년을 지내며 자녀들을 낳았으며 [31] 그는 칠백칠십칠 세를 살고 죽었더라 [32] 노아는 오백 세 된 후에 셈과 함과 야벳을 낳았더라**

아담이 130세에 "자기의 모양 곧 자기의 형상과 같은 아들" 셋(Seth)을 낳았다(cf. 1:26). 하나님이 인간을 창조하실 때의 상황을 연상케 하는 이 표현은 아담이 셋의 아버지인 것 같이 하나님이 아담의 아버지/근원이심을 강조하며, 하나님이 최초의 인간에게 내려 주신 축복이 아직 유효함을 암시한다.[33]

셋과 그의 자손들에 대해서는 누가 누구를 몇 살에 낳고 얼마나 살다가 죽었는지 자세히 기록되어 있다. 그러나 가인의 자손들에 대하여는 이러한 정보가 제공되지 않는다는 점을 주시해야 한다. 두 계보에는

33 창세기 1장 26절과 비교했을 때 "모양"과 "형상"의 순서가 바뀌어 있는 것은 이 텍스트가 태초의 인간 창조를 되돌아보고 있음을 의미하는 문학적인 기법이다(Mathews).

분명히 차별점이 있다. 가인의 계보와 셋의 계보에 같거나 비슷한 이름들이 몇 있다는 이유로 둘이 동일한 계보에서 유래했다고 주장하는 학자가 있지만(Speiser), 내용과 양식을 비교해 보면 터무니없는 주장이라는 것을 알 수 있다.

계보에 등장하는 인물들은 모두 동일한 양식에 따라 일생이 다음과 같이 요약되어 있다.

1. _____가 _____세에 _____를 낳았다.
2. _____를 낳은 후 ______년을 지내며 자녀들을 낳았다.
3. _____세를 살고 죽었더라.

에녹만 유일하게 예외인데, 그가 "죽었다"(#3)는 언급이 없다. 셋의 계보는 11장 10-26절의 셈의 계보와 거의 흡사하다. 일정한 형식에 따라 각 세대를 표현하고 있는 것이다. 셋의 계보는 다음과 같은 순서로 전개된다.

| 이름 | 대를 잇는 아들을 낳았을 때 나이 | 그 후 살아간 햇수 | 죽을 때 나이 |
|---|---|---|---|
| 아담 | 130 | 800 | 930 |
| 셋 | 105 | 807 | 912 |
| 에노스 | 90 | 815 | 905 |
| 게난 | 70 | 840 | 910 |
| 마할랄렐 | 65 | 830 | 895 |
| 야렛 | 162 | 800 | 962 |
| 에녹 | 65 | 300 | 365 |
| 므두셀라 | 187 | 782 | 969 |
| 라멕 | 182 | 595 | 777 |
| 노아 | 500 | 450 | 950 |

가장 오래 살았던 인물은 므두셀라(מְתוּשֶׁלַח)로 969년을 살았다. 그의 이름은 '창을 던지는 자'라는 뜻이다. 므두셀라조차도 하나님께는 "하루"와 다름없는 1,000년을 넘기지 못했다(시 90:4). 인간의 현실적인 한계를 표현한 것으로 생각된다. 마소라 사본(Masoretic text)에 의하면 므두셀라는 노아의 홍수가 시작된 해에 죽었고, 사마리아 오경(Samaritan Pentateuch)에 의하면 같은 해에 야렛과 라멕도 함께 죽었다. 칠십인역은 므두셀라가 홍수가 일어나기 6년 전에 이미 죽었다고 주장한다. 기타 고대 사본들은 아담 후손들의 나이에 대해 각각 상당한 차이를 보인다. 번역과 보존 과정에서 빚어진 혼란이다. 다음 도표를 참조하라.

| 사본별 / 이름 | 마소라 사본 | | 사마리아 오경 | | 칠십인역 | |
|---|---|---|---|---|---|---|
| | 아들을 낳을 때 | 죽을 때 | 아들을 낳을 때 | 죽을 때 | 아들을 낳을 때 | 죽을 때 |
| 아담 | 130 | 930 | 130 | 930 | 230 | 930 |
| 셋 | 105 | 912 | 105 | 912 | 205 | 912 |
| 에노스 | 90 | 905 | 90 | 905 | 190 | 905 |
| 게난 | 70 | 910 | 70 | 910 | 170 | 910 |
| 마할랄렐 | 65 | 895 | 65 | 895 | 165 | 895 |
| 야렛 | 162 | 962 | 62 | 847 | 162 | 962 |
| 에녹 | 65 | 365 | 65 | 365 | 165 | 365 |
| 므두셀라 | 187 | 969 | 67 | 720 | 167 | 969 |
| 라멕 | 182 | 777 | 53 | 653 | 188 | 753 |
| 노아 | 500 | 950 | 500 | 950 | 500 | 950 |
| 대홍수 당시 노아 | 600 | | 600 | | 600 | |
| **아담에서 홍수 때까지** | **1,556** | | **1,307** | | **2,262** | |

각 인물이 살다 간 연수를 보면 상당한 상징성이 내포되어 있는 듯하다(cf. Barnouin). 고대 유대인들은 1년을 364일로 계산했지만, 바빌론

사람들은 365일로 간주했다. 에녹은 바빌론력의 1년에 해당하는 365일에 수적으로 정확히 일치하는 365년을 살았다(23절). 라멕은 777년을 살았는데(31절), 이는 목성(Jupiter)과 토성(Saturn)이 태양을 한 바퀴 도는 데 걸리는 기간을 합한 것과 같은 연수이다. 야렛은 962년을 살았는데(20절), 금성(Venus)과 토성(Saturn)이 태양을 한 바퀴 도는 데 걸리는 일수의 합과 같은 연수이다. 또한, 바빌론 사람들이 자주 사용했던 60진법을 바탕으로, 각 인물이 대를 이을 아들을 낳았을 때의 나이를 합친 1,556년을 60으로 나누고, 죽었을 때의 나이를 합한 8,575년을 60으로 나눈 후 각각을 더하면 365가 된다(Barnouin). 이것은 계보에 등장하는 사람들의 나이가 특정 관점에 따라 짜 맞추어졌음을 나타내는 것이 아니라, 인생은 우연의 연속이 아니며 분명 의미 있는 패턴과 사이클에 의하여 진행되고 있음을 강조하는 것이다. 창조주 하나님이 자연 만물을 다스리는 이치와 사람의 일수가 하모니를 이룰 수 있도록 정하셨다(Waltke).

아담은 130세에 셋을 낳았다(3절). 우리가 잘 알다시피 셋은 아담의 첫아들이 아니다. 그가 태어나기 전에 가인과 아벨이 있었으며, 그 외 아담의 자손이 여럿 있었다(cf. 4:14). 셋에게는 그보다 먼저 태어난 형과 누이 들이 있었을 뿐만 아니라 그의 뒤를 이어 태어난 동생들도 많았다(4절). 그러나 그들의 이름을 모두 기록하는 대신에 그들을 대표하는 셋의 이름만 기록했다. 아담뿐 아니라 계보에 등장하는 인물들은 그 상황이 동일하다. 에노스(6절)가 셋의 첫째 아들이라는 근거는 전혀 없다. 게난(9절) 역시 마찬가지다. 그가 에노스의 첫째 아들이 아닐 소지가 다분하다. 이처럼 계보에 등장하는 인물들은 자신의 세대를 대표할 뿐, 그들을 선대의 유일한 자식이거나 장자라고 전제할 이유는 전혀 없는 것이다.

셋의 계보에서 중요한 인물은 에녹과 노아이다. 에녹은 10대로 구성된 이 계보에서 7번째로 등장한다. 그의 특별한 위치가 “7”이란 숫자에서 벌써 드러나는 것이다. 노아(נֹחַ)는 "안식"이란 뜻이며 홍수에 대한 예언을 담은 이름이다. 에녹은 "하나님과 동행하였다"(וַיִּתְהַלֵּךְ חֲנוֹךְ אֶת־הָאֱלֹהִים)(22, 24절). "동행했다"는 표현은 그가 경건한 삶을 살았음을 전제하지만, 더 나아가 하나님과 특별한 교제를 나눴음을 뜻한다. "하나님이 그를 데려가시므로"(כִּי־לָקַח אֹתוֹ אֱלֹהִים)(24절)라는 표현은 하나님이 선지자 엘리야를 하늘로 데려가신 장면을 묘사하는 데 사용했던 것과 같다(왕하 2:1, 5, 9, 10).

이 땅에서 365년을 보낸 에녹을 하나님이 데려가셨다. 당시 사람들이 보통 800-900년을 살던 시대에 365년은 참으로 짧은 삶이다. 그럼에도 불구하고 그는 하나님과 동행하는 삶을 살았다. 그가 얼마(how long)를 살았는가보다는 어떻게(how) 살았는가에 초점이 맞춰져 있는 것이다. 에녹의 삶에 대한 조명은 하나님과 동행하는 삶을 추구하며 살 것을 권면하기 위함이다. 특히 영생에 대한 소망을 품은 크리스천들에게 권면하는 것으로 이 땅에서 얼마나 오래 사는가는 큰 문제가 될 수 없다.

결국은 에녹도 죽었으리라고 많은 학자가 생각한다. "하나님이 그를 데려가시므로"와 "세상에 있지 아니하더라"를 일종의 완곡어법으로 이해하는 것이다(Sarna; cf. Fretheim). 그런데 다른 사람들에 대하여는 한결같이 "죽었다"고 표기한 저자가 왜 에녹에게만 완곡어법을 사용한단 말인가? 게다가 앞서 언급한 대로 엘리야의 마지막에도 같은 표현이 사용되었지만, 그는 죽지 않았다. 일평생 하나님과 동행한 에녹은 온 인류에 내려진 죽음의 저주를 피할 수 있었다(cf. 3장). 에녹은 3장에서 인류에게 접근 금지령이 내려졌던 생명나무로 가까이 나아가는 비밀길을 알게 된 것이다(Sailhamer). 이처럼 하나님과 동행하는 삶을 산다면 죽음을 면할 수 있다.

위경에 에녹과 관련된 이야기들이 많다. 위경의 저자들도 에녹이 죽지 않았다고 이해하여 그와 관련한 이야기들을 많이 저작했다. 히브리서 저자도 에녹이 죽지 않았다고 증언한다: "믿음으로 에녹은 죽음을 보지 않고 옮겨졌으니 하나님이 그를 옮기심으로 다시 보이지 아니하였느니라 그는 옮겨지기 전에 하나님을 기쁘시게 하는 자라 하는 증거를 받았느니라"(히 11:5). 에녹은 죽지 않고 하늘나라로 옮겨진 최초의 인간이 되었다(Mathews; Waltke; cf. Friedman). 마치 하나님이 인간을 창조하실 때 계획하셨던 일의 실현을 보는 듯하다. 인간은 원래 이 세상에서 살다가 때가 되면 죽지 않고 곧장 하늘나라로 가도록 디자인되었는데, 죄로 말미암아 세상에서 하늘나라로 옮겨지기 전에 죽음을 맛보게 되었다.

노아는 계보에 이름을 올린 사람 중에 아담이 죽고 난 다음에 태어난 첫 번째 자손이다. 그가 태어났을 때 아담이 살아있었다면 1,056세였을 텐데 930세에 죽었기 때문이다. 계보가 노아의 세 아들 셈, 함, 야벳을 마지막으로 막을 내린다. "노아가 셈과 함과 야벳을 낳았을 때의 나이는 오백 세였다"(32절, 공동번역)는 구절은 마치 노아가 세쌍둥이를 낳은 것처럼 혹은 노아가 500세가 되기 전에 이들이 태어난 것처럼 해석될 수 있으나, 실은 노아가 500세를 넘기고 난 후부터 이들을 낳기 시작했다는 뜻으로 이해하는 것이 바람직하다. 다음을 참고하라. "노아는 오백 세 된 후에 셈과 함과 야벳을 낳았더라"(개역개정), "노아는 오백 살이 지나서, 셈과 함과 야벳을 낳았다"(새번역).

셋의 후손이 이룬 문화는 내세울 것이 없는지 별 언급이 없다. 그러나 하나님의 구원 역사는 셋의 후손을 통해서 이루어질 것이다. 그렇다면 인류 문명의 기술 발전은 하나님 앞에 아무런 의미가 없다는 말일까? 6장에서 두 부류의 인류가 섞이면서 세상을 죄인들의 세상, 죄인들의 땅으로 만들어 버린다.

I. 아담에서 데라까지(1:1–11:32)
C. 아담의 자손들(5:1–6:8)

## 3. 결론: 번성과 타락(6:1–8)

하나님의 모양과 형상대로 창조된 인간은 에덴동산에서 쫓겨난 후, 계속 타락해만 간다. 급기야 하나님은 인간을 지은 것을 후회하신다. 그들의 죄를 더 이상 방관할 수만은 없기에 지상에서 인류를 쓸어버리기로 결정하신다. 다만 노아와 그의 가족들은 예외적으로 범세계적인 멸망의 생존자들이 된다. 하나님은 물 심판으로부터 남은 자들, 즉 생존자들을 떼어 두는 은혜를 베풀기로 하신 것이다.

모든 생명을 삼켜 버린 물이 제자리를 찾고 땅이 다시 모습을 드러나자 하나님은 노아와 그의 가족들로 하여금 인류 역사를 새로이 창조해 나가도록 하신다. 아담과 하와로부터 시작된 역사가 노아와 그의 가족들을 통해 새로운 전환점을 맞게 된 것이다. 그러므로 노아의 홍수 이야기는 '제2의 창조' 혹은 '새로운 창조' 드라마이다.

이 이야기는 널리 알려져 있으면서도 몇 가지 해석적인 문제를 안고 있다. 이슈들을 질문으로 바꾸어 보자. 첫째, '하나님의 아들들'은 누구이며 이들과 결혼한 '사람의 딸들'은 누구인가? 둘째, 하나님이 말씀하시는 '120년'은 무엇을 의미하는가? 인간의 수명인가 아니면 다른 해석이 가능한가? 이 질문들을 염두에 두고 본문을 살펴보자.

노아의 홍수의 서곡을 알리는 본문은 다음과 같이 두 파트로 구분된다.

A. "하나님의 아들들"과 "인간의 딸들"(6:1–4)

B. 물 심판의 이유(6:5–8)

I. 아담에서 데라까지(1:1-11:32)
C. 아담의 자손들(5:1-6:8)
3. 결론: 번성과 타락(6:1-8)

### (1) "하나님의 아들들"과 "인간의 딸들"(6:1-4)

**[1] 사람이 땅 위에 번성하기 시작할 때에 그들에게서 딸들이 나니 [2] 하나님의 아들들이 사람의 딸들의 아름다움을 보고 자기들이 좋아하는 모든 여자를 아내로 삼는지라 [3] 여호와께서 이르시되 나의 영이 영원히 사람과 함께 하지 아니하리니 이는 그들이 육신이 됨이라 그러나 그들의 날은 백이십 년이 되리라 하시니라 [4] 당시에 땅에는 네피림이 있었고 그 후에도 하나님의 아들들이 사람의 딸들에게로 들어와 자식을 낳았으니 그들은 용사라 고대에 명성이 있는 사람들이었더라**

하나님은 인간을 창조하신 후 땅에서 "생육하고 번성하라"(רבה)는 축복을 주셨다(1:26-28). 창세기 저자는 이 축복이 6장에 접어들며 상당 부분 성취되고 있음을 시사한다: "사람이 땅 위에 번성하기(רבב) 시작할 때에"(1a절). 아울러 1절은 5장에서 제시된 아담(셋)의 계보와 6장 2-4절의 사건을 연관시키는 역할을 한다. 새로운 이야기를 소개할 뿐만 아니라 앞에서 제시된 아담의 자손들이 얼마나 번성했는가를 요약하고 있다.

5장이 아담의 '아들들'에 전적인 초점을 맞추었다면, 6장에서는 인간의 '딸들'이 소개된다. 지금까지 저자는 개인에 관한 이야기들을 진행해 왔다. 이제부터 인류에 관한 이야기를 시작함으로써 독자들로 하여금 온 인류를 멸망케 할 홍수에 대하여 마음의 준비를 하도록 한다. 본 텍스트가 4-5장의 결론일 뿐 뒤이을 홍수 이야기와는 연관성이 없다고 주장하는 주석가들도 있다(Sailhamer). 그러나 앞부분의 결론이면서 동시에 뒷 이야기의 배경을 그려 주는 역할을 하는 과도(transition)로서 본문을 보는 것이 바람직하다. 앞으로 보겠지만, 본문이 언급하고 있는 120년은 노아와 가족들이 방주를 만드는 데 필요한 시간이자 동시에 하나님이 물 심판을 내리시기 전까지 인류가 회개하고 돌아오도록 기다려 주시는 시간이기도 하기 때문이다.

지상에 인간이 많아지면서 하나님의 아들들이 인간의 딸들과 결혼하기 시작한다. 저자는 이들의 행동을 3장 6절에서 하와의 타락을 묘사했던 '보다-좋아하다-취하다'(saw-good-took)로의 패턴대로 엮어 나감으로써 이 사건 역시 죄에 관한 것임을 암시한다.

그런데 '하나님의 아들들'(בְנֵי־הָאֱלֹהִים)은 누구를 두고 하는 말일까? 정관사가 붙은 것으로 보아, 당시에 이 이야기를 들은 사람들은 그들이 어떤 존재인지를 쉽게 이해할 수 있었을 것이다. 이에 대해 전통적으로 네 가지 해석이 제시되어 왔다.

첫째, 이들은 천사들이다(Cooke, Sarna, Waltke). 이것은 욥기의 천상어전 회의에 참석하는 천사들이 '하나님의 아들들'로 일컬음에 근거로 삼은 해석이다(욥 1:6; 2:1; 38:7). 또한, 신이나 신적인 존재들(divine beings)이 인간과 피를 섞는 것은 고대 근동 신화들에 자주 등장하는 현상이라는 점도 힘을 더해 준다. 이 해석에 의하면 사람의 딸들은 인간을 지칭하는 것이다. 그러므로 죄는 영과 육이 "섞이는 일"이다. 그러나 영과 육이 어떻게 섞일 수 있다는 말인가? 성경의 가르침은 첫 번째 해석의 원리와 천사들이 결혼할 수 있다는 점을 모두 부정한다(cf. 마 22:29-30; 막 12:24-25; 눅 20:34-36). 우리가 아는 바로는 영과 육의 "섞임"은 예수그리스도의 성령 잉태 외에는 없다. 또한, 이 해석에 따르면, 죄를 지은 자는 천사들인데 왜 인간들이 심판을 받아야 하는가? 납득이 되지 않는 부분이다.

둘째, 이들은 왕족들이다(Kraeling; Millard; Cassuto). 가인 계열의 통치자들이었다는 해석도 있다(Kline). 이 해석 또한 매우 오래전부터 제시되어 왔던 것이며 네피림(6:4)을 근거로 제시된 해석이다. 고대 근동의 정서에서 흔히 신격화되는 왕족들이 "인간의 딸들"(평민)과 결혼하여 매우 특이한 자손들(네피림)을 가지게 되었다는 것이다. 이 경우 이들의 죄는 일부다처혼과 무분별한 성관계이다. 그러나 구약은 구체적으로 일부다처를 불법으로 취급하지 않는다. 또한, 근동의 정서에 의하면 경우에 따라 왕이 신격화되기는 하지만, 왕들을 한꺼번에 "하나님의 아들들"이라고 부르는 예는 없다(Hamilton).

셋째, 이들은 자신들이 다스리는 영토 안에서 결혼하는 모든 신부에게 초야권(初夜權)을 행사하는 나쁜 왕들/지주들이다(cf. Walton). 이 해석은 바빌론의 창조 신화인 《길가메시 서사시》(Gilgamesh Epic)에서 언급된 이야기에 근거한 것이다. 서사시의 한 대목에 의하면 매우 못된 한 왕이 자기 영토에서 결혼식이 있을 때마다 신랑보다 먼저 신부와 잠자리를 했다고 한다. 이 해석에 의하면, 인간의 딸들은 결혼을 앞둔 신부들이다. 그렇다면 이것은 무분별한 성관계와 부도덕의 죄이다. 그러나 "[자기들이 마음에 드는] 여자를 아내로 삼으니라"(לָהֶם נָשִׁים יִקְחוּ)라는 문구는 흔히 정상적인 결혼에 쓰인 표현이며(창 4:19; 11:29; 12:19; 20:2; 21:21; 24:4; 25:1; 36:2; 출 34:16; 삼하 11:4), 강제성이 있다거나 그러한 행위에 연루된 여인에 대한 비난이 더해지지 않은 표현이다(Sarna). 또한, 이처럼 신화에나 있을 법한 사건이 이야기의 배경이 될 가능성이 얼마나 되는가? 그러므로 설득력이 떨어지는 추론에 불과하다.

넷째, 이들은 셋의 자손들로서 신앙적인 사람들을 뜻한다(Murray). 전통적으로 교회 안에서 가장 많은 지지를 받아 왔던 해석이며 마태복음 22장 30절과 같은 말씀에 근거를 둔 해석이다. 어거스틴(Augustine), 루터(Luther), 칼빈(Calvin), 델리취(Delitzsch) 등이 이 해석에 동의했다. 여기서 인간의 딸들은 가인의 후손들을 가리킨다. 따라서 이 이야기에서 죄는 믿는 자와 믿지 않는 자의 결합이 된다. 문맥을 감안할 때도 가장 설득력이 있는 해석이다. 생각해 보자. 가인이 아벨을 죽인 후에 '죄인'의 자손 이야기가 4장에 소개되고, '거룩한' 셋과 그의 자손 이야기는 5장에 소개되었다. 가인의 후손과 셋의 후손 이야기를 구분하여 따로 다룬 것이다. 그러나 6장에 접어들면서 두 그룹에 대한 구분이 아예 사라져 버렸다. 새로운 인류의 시작을 상징했던 셋의 후손들이 포악한 죄인들로 이루어진 가인의 후손들과 피를 섞으면서 함께 타락의 길로 들어서게 된 것이다. 위경의 〈아담과 하와의 책 제2서〉도 이 해석을 따르고 있다.

같은 맥락이지만, '하나님의 아들들'이 가인의 자손들이며 '인간의 딸들'은 셋의 자손들을 가리킨다고 해석하는 학자도 있다(Hamilton). 5장에서 딸들의 탄생이 셋의 계보에만 언급된다는 점과 여기서 아내를 취하는 것이 가인의 후손인 라멕이 '아내를 취하였다'는 것과 평행을 이룬다는 것이 근거로 제시된다. 저자가 하와의 타락을 묘사했던 패턴대로 '보다-좋아하다-취하다'로 엮어 나감으로써 두 이야기의 평행을 형성하고자 하는 것도 추가 증거가 될 수 있다. 이렇게 해석할 경우, 여기에 언급된 사건은 3장의 사건을 재현하는 것이 된다. 그러나 하와(여자)가 아담(남자)으로 하여금 죄를 짓게 한 것과 달리 남자들(가인의 후손들)이 여자들(셋의 후손들)을 죄의 길로 인도한다는 점에서 다르다.

"나의 영이 영원히 사람과 함께 하지 아니하리니 이는 그들이 육신이 됨이라 그러나 그들의 날은 백이십 년이 되리라"(3절)는 해석하기가 매우 어려운 구절이다. 본문이 지닌 여러 가지 요소들을 개별적으로 살펴본 다음에 전체적인 결론에 도달하고자 한다. 먼저 본문이 말하고 있는 '영'은 1장 2절의 영과 원어상 같은 단어(רוּחַ)이며 본문에서의 의미는 다양하게 해석되어 왔다. (1) 영적인 물질로서 인간이 더 이상 소유하지 않는 것이다. 이때 이후로 인간은 이 물질을 잊어버렸기 때문이다, (2) 윤리적인 원리이다. 인간이 하나님의 형상대로 만들어졌기 때문에 그나마 지니고 있던 도덕성을 이때 잃은 것이다, (3) 격앙된 하나님의 감정을 뜻한다. 죄에 도취하여 사는 인간이 하나님을 격노케 하니 하나님이 스스로 인간사에 간섭하는 것을 자제하시는 것이다, (4)

창조 때 인간에게 주신 생명의 원리를 말한다(cf. 개정개역; 새번역). 인간은 영원토록 살 수 있었지만, 이때 거두어 감으로써 시한부적인 인생을 살게 하시는 것이다, (5) 은혜/은사를 뜻한다. 하나님이 무한정으로 자비를 베풀지는 않겠다는 의지를 밝히신 것이다. 이들 중 가장 많이 받아들여지고 유력한 해석은 마지막 두 견해이다.

'함께하다'(דון)(3절)를 어떻게 이해하느냐에 따라 120년에 대한 해석도 달라진다. 무엇보다도 문제가 되는 것은 '함께하다'로 번역되고 있는 히브리어 단어의 존재 여부이다. 만일 이 단어(דון)가 존재한다면 성경에서 유일하게 이곳에서만 사용된 단어(hapax legomenon)로서 "함께하다"로 해석하는 것이 무난하다. 그러나 학자 중에는 이 단어가 구약에서 자주 사용되는 동사 "심판하다/다투다"(דין)의 변형 내지 잘못 표기된 것이라고 생각하는 이들이 많다. 두 단어의 차이는 중간에 끼어 있는 바브(ו)와 요드(י)의 차이이며, 특히 오경에서 사용된 히브리어에서 요드(י)가 바브(ו)로 바뀌어 사용된 경우가 자주 목격되기 때문이다(cf. 창 3:12, 20).

게다가 욥기 사본들을 살펴보면 19장 29절에서 두 단어에 대한 혼선이 빚어지고 있다. 문맥에 의하면 이곳에 필요한 단어는 분명 '심판하다/다투다'(דין)인데 몇몇 사본들이 '함께하다'(דון)로 표기하고 있는 것이다. 이러한 해석적 차이 때문에 주요 영어 번역본들도 3절의 해석에 있어서 둘로 나뉘어 있다. (1) '다투다/심판하다'(NIV: 'contend'; NAS와 KJV: 'strive'); (2) '함께하다'(NRS: 'abide'; 칠십인역[LXX]과 라틴어역본(Vulgate)도 이렇게 해석함). 전통적인 유대인 해석자들도 이분화되기는 마찬가지였다. 칠십인역, 라틴어역본을 바탕으로 "함께하다"로 해석하는가 하면(Saadia; Ramban), "심판하다"로 해석하기도 했다(Rashi; Rashbam; Ibn Ezra; Bekhor Shor). 불행하게도 이 문제에 대해서는 이스라엘의 주변 언어들도 전혀 도움이 되지 못한다. 다음 도표를 참조하라(Westermann).

| | |
|---|---|
| דון | Remain, last |
| דין | Judge, contend |
| Arabic dana | Humble, suffer a loss |
| Arabic dun | Humiliated; brought low |
| Akkad. dnn | Personal substitute; scapegoat |
| Akkad. dananu | Be strong, powerful |
| Akkad. dinanu | Shield, substitute |
| Ugaritic dnt- | Be oppressed, humbled |

하나님의 영에 대하여 생각해 보자. 이미 언급한 대로 가장 유력한 두 가지 해석이 있다. 생명의 원리와 은혜/은사로 이해하는 것이다. 먼저, 창세기 저자가 생명의 원리(수명)를 논할 때는 '하나님의 영'(רוּחַ אֱלֹהִים)이란 말보다는 '생기'(נִשְׁמַת חַיִּים) 혹은 '생명의 바람'(רוּחַ חַיִּים)이라는 표현을 주로 사용한다. 하나님이 인간을 빚고 생명을 주실 때 그 코에 불어 넣어 주신 것은 영이 아니라 생기이다(2:7). 홍수 이야기에서 "생명/수명"을 뜻하는 말이 3차례 사용되는데, 사람이건 짐승이건 살아있는 것은 '생명의 바람' (רוּחַ חַיִּים)을 지닌 것으로 묘사되고 있다(6:17; 7:15, 22). 저자는 그 어디에서도 생명/수명을 하나님의 영으로 표현하고 있지 않다. '하나님의 영'과 '생명의 바람'을 호환할 수 있는 비슷한 말로 취급하는 사람들이 있기는 하지만, 저자는 세밀한 차이로 두 표현을 구분하고 있는 것이 역력하다.

그렇다면 창세기 안에서 하나님의 영은 어떻게 사용되고 있는가? 요셉은 창세기의 인물 중 유일하게 하나님의 영을 받은 사람이다(41:38). 이집트의 바로가 요셉의 해몽을 듣고 감탄해서 "너는 진정으로 하나님의 영(רוּחַ אֱלֹהִים)을 소유한 자로다"라고 감탄하는 데서 이 표현이 사용된다. "하나님의 영"이 요셉의 해몽하는 은사와 연관되어 있는 것이다. 나머지 모세오경 안에서 하나님의 영을 받은 사람은 셋이 더 있는데, 한결같이 은사와 관련하여 이 표현이 쓰였다. 첫째, 장막과 장막에서 사용될 도구를 디자인하고 만들었던 브살렐이 하나님의 영을 받고, 모든 물건을 디자인하고 만드는 데 필요한 지혜를 얻었다(출 31:2-3). 반면에 그를 도왔던 오홀리압에 대하여는 하나님의 영을 받았다는 말이 없다. 둘째, 돈을 받고 이스라엘을 저주하려 했던 발람이 하나님의 영을 받고 난 다음에는 자세가 바뀌어 이스라엘을 축복했다(민 24:2). 셋째, 여호수아는 하나님의 영을 받은 후 리더십을 발휘하기 시작했다(민 27:18).

지금까지의 내용을 정리해 보자. 첫째, '함께하다'로 번역된 히브리어 동사(דון)는 '다투다' 혹은 '심판하다'(דין)로 해석될 수 있다. 둘째, 오경 안에서 '하나님의 영'이 사용되고 있는 실제 예들을 살펴보면 한결같이 수명이 아닌 은사/은혜와 연관되어 있다. 셋째, 저자가 인간이나 짐승들의 수명/생명을 논할 때는 의도적으로 '하나님'(אֱלֹהִים)이란 단어를 피하고 '생명'(חַיִּים)이라는 단어를 선호하여 사용하고 있다. 이러한 정황을 감안할 때, 본문은 "내가 언제까지 이처럼 타락한 사람들에게 계속 은혜를 베풀고만 있을 수 있겠느냐?"라는 의미에서 "나의 영이 사람들과 영원히 다투지는 않으리라"로 번역하는 것이 바람직하다.

이 경우에 120년은 사람의 수명이 아니라 하나님이 이 말씀을 선포하신 순간부터 노아의 홍수 때까지의 시간이며 인류가 회개하고 돌이켜 하나님께 돌아올 수 있는 제한적인 기간을 가리킨다(Targum, Rashi, Radak, Ibn Ezra, Hamilton, Waltke). 120년은 하나님이 인류를 심판하기 전에 회개의 기회를 주기 위하여 베푸신 마지막 은혜였던 것이다.

이에 따라 노아가 방주를 120년 만에 완성했으며, 만들기 시작한 것은 480세가 되던 해였다고 할 수 있다(cf. 7:6). 방주를 짓는 동안, 500세가 된 후에 세 아들을 낳았고(cf. 5:32), 세상 사람들을 향해 회개할 것을 외쳤다(cf. 마 24:37-38; 눅 17:26-27; 벧전 3:20; 벧후 2:5). 만일 우리가 '함께하다'를 고집하고 '영'을 생명으로 해석하여 120년을 사람의 수명으로 본다면, 노아의 시대 이후에 120년 이상을 살았던 사람들에 대하여 어떻게 설명할 것인가? 이스라엘의 선조들인 아브라함, 이삭, 야곱도 모두 120년 이상을 살았다. 창세기 안에서 120년 이상을 살지 못한 주요 인물은 요셉뿐이다. 창세기에서는 120년 이상을 사는 것이 비정상이 아니라 오히려 120년을 채우지 못하고 죽는 것이 비정상이었던 것이다.

"그들이 육신이 됨이라"(3절)가 종종 오해를 불러일으킨다. 이 말씀은 '영'이 '육'으로 변했다는 뜻이 아니다. 단순히 "그들은 나[하나님]와 달리 육을 지닌 자들이기 때문이다"로 해석되어야 한다. 즉 인간은 썩어 없어질 것으로 만들어진 존재라는 뜻이다. 하나님이 창세기 2-3장에서 인간에게 하셨던 "정녕 죽으리라"는 말씀이 재차 확인되고 있다고 할 수 있다.

네피림과 하나님의 아들들과 사람의 딸들 관계도 오해의 소지를 다분히 안고 있다. 번역본들에서는 마치 이들이 깊이 관련되어 있는 것처럼 생각되는데, 히브리어 원문에서는 네피림에 대한 언급이 문맥의 흐름을 방해하는 듯한 느낌을 준다. 심지어 괄호를 쳐서 집어넣어도 될 정도이다. 그래서 TNK 같은 경우는 네피림에 대한 언급을 아예 괄호로 처리한다(cf. Hamilton; Mathews). 하나님의 아들들과 사람의 딸들의 결혼과 네피림의 등장은 서로 관련이 없는 사건들인 것이다. 또한, 네피림은 민수기 13장 33절에 다시 한 번 등장하는데 특정한 지파/족속이라기보다는 "덩치가 매우 큰 사람"을 가리키는 의미이다.

가나안 정복에 대해 심리적인 부담을 느끼는 이스라엘 백성을 격려하기 위하여 모세가 이곳에 '거인족'(네피림) 이야기를 삽입한 것으로 보인다. 이스라엘은 가데스바네아에서 12명의 정탐꾼을 보내 40일 동안 약속의 땅을 정탐하도록 했다. 그들이 돌아와 보고하기를, 실로 "젖과 꿀이 흐르는 땅"이지만 그 땅의 주민들이 문제라는 것이다. 그곳에는 아낙 자손들이 살고 있는데, 네피림의 후손들, 곧 거인족이라 그들 앞에서 자신들은 메뚜기에 불과하다고 탄식하며 가나안 입성을 거부했다(cf. 민 13장). 이 일로 인하여 이스라엘은 결국 40년 동안 광야 생활을 하게 되었다. 모세는 6장에 네피림에 대한 언급을 삽입함으로써 이스라엘 사람들에게 위로와 용기를 주며 격려하기를 원했다. 노아의 홍수 이전에도 거인들이 있었지만, 하나님의 심판으로 모두 멸종했다는 점을 강조함으로써 이스라엘이 하나님만 의지하면 그들이 두려워하는 거인들을 여호와 하나님이 물리쳐 주실 것이라는 확신과 용기를 주고자 한 것이다.

I. 아담에서 데라까지(1:1–11:32)
C. 아담의 자손들(5:1–6:8)
3. 결론: 번성과 타락(6:1–8)

### (2) 물 심판의 이유(6:5–8)

**[5] 여호와께서 사람의 죄악이 세상에 가득함과 그의 마음으로 생각하는 모든 계획이 항상 악할 뿐임을 보시고 [6] 땅 위에 사람 지으셨음을 한탄하사 마음에 근심하시고 [7] 이르시되 내가 창조한 사람을 내가 지면에서 쓸어버리되 사람으로부터 가축과 기는 것과 공중의 새까지 그리하리니 이는 내가 그것들을 지었음을 한탄함이니라 하시니라 [8] 그러나 노아는 여호와께 은혜를 입었더라**

노아의 홍수 이야기는 여러 곳에서 다양한 교차대구법적 구조를 특징으로 드러낸다. 히브리어 원문은 5–8절에서 다음과 같은 교차대구법을 보이고 있다.

A. 여호와가 인류를 보셨다(5절)
　B. 여호와가 후회하셨다(6절)
　　C. 여호와가 말씀하셨다: “쓸어버리겠다”(7a절)

B′. 여호와가 후회하셨다(7b절)
A′. 여호와가 노아를 보셨다(8절)

사람이 땅 위에 번성한 만큼(1절) 악이 세상 속에 번성했다(5절). 사람의 마음은 전적으로 병들었고, 그들 삶에서 악이 끊임없이 행해졌다. 시간이 지날수록 인간의 본성이 더 선해지지 않고 오히려 계속 악해져만 가는 것이다. 하나님이 세상을 "만드실 때" 선과 아름다움이 탄생했다. 그러나 인간이 자신의 사고와 행동으로 세상을 "만들어 가자" 악과 부정이 만연할 뿐이다. 의인 10명이 없어서 멸망한 소돔과 고모라를 생각하게 한다. 그러나 죄 문제는 결코 노아 시대나 아브라함 시대의 문제만은 아니다. 오늘날은 어떤가? 빌리 그래함(Billy Graham) 목사가 1980년대 중반에 미국 사회를 바라보며 "만일 하나님이 미국을 심판하시지 않는다면 소돔과 고모라에 사과하셔야 한다"고 선언함으로써 현대사회의 죄 문제를 심각하게 비난한 바 있다. 우리 한국 사회, 한국 교회는 어떠한가?

하나님은 결코 우유부단하거나 순간적인 감정에 따라 행동하시는 분이 아니다. 하나님은 세상의 악을 보고(ראה)(5절), 아픔을 느끼고(עצב)(6절), 인류를 지면에서 쓸어버리기로 결정하셨다(מחה)(7절). 본문은 하나님을, 화가 나서 죄인들을 벌하는 심판자보다 엇나가는 자식을 안타까워하는 부모로 묘사하고 있다. 이 과정에서 하나님은 인간을 지은 것을 "한탄/후회하셨다"(נחם)(6절). 이 표현은 하나님의 감정을 의인화(anthropopathism)하여 표현한 것으로 인간이 이미 저지른 실수에 대해 후회하는 것과는 달리 취급해야 한다. 모든 피조물을 아름답게 창조하신 하나님이 인간을 지은 일을 후회하실 리 없다. 인류가 심판을 받게 된 이유는, 하나님의 창조 행위에 결함이 있어서가 아니라 인간 스스로가 상황을 그렇게 만들었기 때문이다.

성경은 하나님의 본성을 크게 두 가지로 논하는데 초월성과 내재성이다. 하나님은 세상의 일부가 아닌 세상 밖에 계신 분이며 피조세계를 초월하신 분이다. 동시에 하나님은 피조물들, 특히 인간에게 내재하시는 분이다. 하나님의 고통은 바로 이 내재성에서 비롯된다. 함께 교통하기 위하여 창조한 인간이 저지른 범죄와 반역으로 인해 배신감을 느끼는 아픔인 것이다. 탄식과 아픔은 하나님이 항상 느끼시는 분노의 한 부분이다(Fretheim).

태초에 천지를 창조하실 때, 하나님은 '보시기에 좋았더라'를 반복하고 최종적으로 '심히 좋았더라'(1:31)라고 말함으로써 극에 달할 정도로 충만한 기쁨을 역력히 드러내셨다. 그러나 이와 대조적으로, 심판을 앞둔 하나님의 마음은 괴로움으로 가득 차 있다(6절). '모든 것'과 '악'이 5절에서 두 차례씩 반복되며 하나님의 눈에 비친 인간의 총체적인 악이 극에 달하는 완전한 타락을 묘사한다. 주의 백성이 죄를 지을 때 초래하는 가장 심각한 결과는 그들을 사랑하시는 하나님의 마음을 괴롭게 하는 것이다. 죄의 심각성이 바로 여기에 있다. 죄는 우리를 아끼고 사랑하는 이의 가슴에 못을 박는 행위인 것이다.

결국, 하나님은 "세상의 모든 것을 몰살하겠다"고 선포하신다(7절). 저자는 5-13절에서 땅/세상(הָאָרֶץ)을 8차례나 사용함으로써 하나님이 계획하시는 심판이 범세계적일 것임을 강조한다. 고대 근동 신화에서 신(들)이 온 인류를 벌하는 일은 자주 목격된다. 《아트라하시스 서사시》(Atrahasis Epic)에서는 인간이 창조된 지 1,200년이 지난 때에 인구가 많아지면서 인간이 내는 소음이 엔닐(Enlil) 신으로 하여금 불면증에 시달리게 한 사건이 등장한다. 엔닐은 인류를 멸종시키기 위해 갖은 방법을 동원해도 실패하자 최종적으로 홍수를 보낸다. 아트라하시스는 배를 만들어 탐으로써 홍수 재앙을 견디어 낸다. 고고학적으로 주전 3000년대에 고대 근동을 강타한 엄청난 규모의 홍수가 있었음을 확인되기도 했다(Bailey).

그런데 인간이 잘못했는데 왜 온 만물이 심판을 받아야 하는가(7절)?

인간이 자연을 다스리는 지도자로서 제구실을 하지 못하고 하나님 앞에 범죄하면, 그의 지휘 아래 있는 모든 피조물이 피해를 본다는 것이 성경의 가르침이다. 저자는 이 이야기를 통하여 지도자의 중요성을 다시 한 번 강조한다. 우리는 나라와 교계의 지도자들을 위하여 얼마나 기도하고 있는가? 또한, 지도자로서 어떠한 모습을 보여 주고 있는가? 심각한 반성이 필요하다.

하나님은 모두 다 멸하지 않고 노아와 그의 가족들에게 은혜를 베푸신다(8절). 에녹은 타락한 세상에서도 하나님과 "동행하여" 죽음을 맛보지 않았다(5:24). 노아 역시 자기 세대를 본받지 않고 하나님과 "동행했다"(6:9). 이처럼 저자는 에녹에게 사용했던 '동행하다'라는 단어를 노아에게도 사용함으로써 노아가 죽지 않는 또 한 명의 인간이 될 수 있는 소망을 제시한다. 그러나 9장에 가서 노아가 죄로 인하여 그 기회를 놓친 것으로 정리한다. 또한, 노아가 하나님과 동행할 수 있었던 것은 하나님이 그에게 은혜를 베푸셨기 때문이라는 것이 저자의 주장이다(cf. 8절). 인류에 심판을 선언하신 주님이 살릴 만한 사람들은 은혜를 통하여 구원에 이르게 하신 것이다.

I. 아담에서 데라까지(1:1-11:32)

## D. 노아와 가족들(6:9-9:29)

톨레돗(תּוֹלְדֹת)으로(9절) 새롭게 시작하는 이 섹션은 노아와 가족들이 하나님의 심판으로 땅에 임한 홍수를 어떻게 대비했고, 하나님의 은혜로 홍수를 견디어 낸 뒤 어떻게 되었는가를 회고한다. 노아는 아담에서 아브라함으로 이어지는 계보의 정확히 중간 지점에 위치한 인물이다. 또한, 그와 가족들의 이야기도 아담의 창조 이야기와 아브라함의 소명 이야기의 중간 지점을 차지하며, 1-11장에서 중추적인 역할을 한다(Waltke). 특히 노아가 600세 되던 해에 시작되는 홍수 이야기는 수천 년 역사를 다루는 창세기에서 상당한 분량을 차지하고 있다. 그만큼 노아의 홍수는 인류 역사에서 비극적이고 중요한 사건이었음을 뜻한다.

다음은 이 섹션의 구조를 파악해 놓은 것이다(cf. Anderson). 교차대구법적인 구조가 역력하다. 역시 중앙을 차지하고 있는 것은 하나님의 은혜이다: "하나님이 노아를 기억하시다"(G). 구약에서 하나님이 기억하신다는 것은 은혜의 시작이며 구원의 수단이다. 이 이야기에서도 하나님이 노아를 기억하시자 모든 심판 요소들이 반전되는 현상을 보인다. 하나님은 심판을 위한 심판 혹은 모두를 죽이기 위해 심판하시는 분이 아니라, 생존자들에게 새로운 기회를 허락하고 인간과 세상을 정결하게 하기 위하여 심판하시는 분이다. 그러므로 하나님의 심판이 시작된다고 해서 체념하고 절망할 필요가 없다. 심판을 견디고 이겨 내는 사람에게는 분명히 새로운 기회가 주어질 것이기 때문이다.

A. 입문(6:9–10)
B. 창조물의 타락(6:11–12)
C. 하나님의 1번째 말씀: "모든 생명을 몰살하겠다"(6:13–22)
D. 하나님의 2번째 말씀: "방주로 들어가라"(7:1–10)
E. 땅이 젖기 시작함(7:11–16)
F. 물이 차기 시작함(7:17–24)
G. 하나님이 노아를 기억하시다(8:1a)
F′. 물이 빠지기 시작함(8:1b–5)
E′. 땅이 마르기 시작함(8:6–14)
D′. 하나님의 3번째 말씀: "방주를 떠나라"(8:15–19)
C′. 하나님이 다짐하심: "다시는 몰살하지 않겠다"(8:20–22)
B′. 창조물과의 새 언약: 처음으로(9:1–17)
A′. 말문(末文)(9:18–29)

위와 같이 교차대구법적 구조를 지닌 홍수 이야기는 또한 다음과 같은 평행적 구조도 지녔다(Waltke). 6장 9절에서 9장 17절과 9장 18-29절이 서로 평행을 이루고 있는 것이다. 한 본문이 이처럼 교차대구법적 구조와 평행적 구조를 동시에 지닌 것은 흔한 일이 아니다. 다소 아쉬운 것은 두 섹션의 분량이 현저한 차이를 보인다는 점이다.

A. 계보적 서론(6:9-10)
  B. 정황(6:11)
    C. 이야기 진행(6:12-8:21)
      D. 노래(8:22)
        E. 말문(9:1-17)
A. 계보적 서론(9:18-19)
  B. 정황(9:20)
    C. 이야기 진행(9:20-24)
      D. 노래(9:25-27)
        E. 말문(9:28-29)

위와 같은 통일성과 짜임새를 감안하여, 온 인류가 물 심판을 받았는데 노아와 그의 가족들은 어떻게 해서 살게 되었는가에 대해 주해해 나가고자 한다. 본 텍스트는 다음과 같이 구분될 수 있다.[34]

A. 노아와 그의 세계(6:9-12)
B. 다가오는 심판과 방주(6:13-7:10)
C. 심판의 물결(7:11-24)

---

34 오래전부터 비평학자들은 홍수 이야기에서 여러 가지 표현들이 반복되는 것을 의식했다(cf. Speiser; Sailhamer). 그들은 이유를 홍수 이야기가 제사장 문서(P)와 야훼 문서(J)를 정교하게 섞고 있기 때문에 빚어진 현상이라고 했다(Skinner, Westermann; Fretheim). 그러나 최근에 와서는 대부분 학자들이 이 표현들의 반복적인 사용은 저자의 스타일이지 서로 다른 문서가 조합되어서 빚어진 일은 아니라고 주장한다(Andersen; Whybray; Wenham; cf. Sternberg).

D. 노아가 방주를 떠남(8:1-19)

E. 예배와 약속의 말씀(8:20-22)

F. 새로운 질서와 언약(9:1-17)

G. 노아와 아들들(9:18-29)

## 1. 노아와 그의 세계(6:9-12)

**[9] 이것이 노아의 족보니라 노아는 의인이요 당대에 완전한 자라 그는 하나님과 동행하였으며 [10] 세 아들을 낳았으니 셈과 함과 야벳이라 [11] 그 때에 온 땅이 하나님 앞에 부패하여 포악함이 땅에 가득한지라 [12]하나님이 보신즉 땅이 부패하였으니 이는 땅에서 모든 혈육 있는 자의 행위가 부패함이었더라**

하나님이 선하고 아름답게 창조하신 세상이 아담으로부터 10대에 이르러서 악과 추악함으로 가득 찼다. 최초의 인간이 창조된 지 불과 1,600여 년 만에 인류는 더 이상 타락할 수 없는 부패의 막다른 골목에 이르렀다(11-12절). 결국, 하나님은 온 세상을 몰살하기로 결정하셨다. 저자의 단어 사용이 의미심장한 뜻을 담고 있는 듯하다. 저자는 "[땅이] 부패하다"(שחת)(11절), "[땅이] 부패하다" (שחת)(12절), "[행위가] 부패하다"(שחת)(12절) 하고 세상이 처한 상황을 설명하며 같은 동사를 세 차례나 사용하고 있다. 인간이 부패하니 세상이 "포악함"으로 가득했다(11절). 본문은 당대의 의인인 노아와 부패하고 포악한 세상을 대조하고자 한 것이다.

완전히 부패한 세상을 바라보신 하나님이 "내가 그들을 땅과 함께 멸하리라"(שחת)고 선언하신다(13절). 인류의 부패함을 묘사한 동사가 이번에는 하나님의 심판과 연관되어 사용되고 있는 것이다! 저자가 이 동사를 반복적으로 사용하는 것은 하나님이 인류를 심판하기로 결정하신 것은 이미 "자신을 스스로 멸망시켰고, 계속 멸망시키고 있는" 인류를 멸하는 것뿐임을 강조하는 듯하다. 또한, 인간이 도덕적으로 타락하는 것은 자신의 생존을 위협하는 행위라는 것을 의미한다(Sarna).

다행히 하나님은 소수의 생존자들/남은 자들을 두기로 하신다. 노아와 그의 가족들을 선택하신 것이다(9-10절). 노아는 하나님 앞에 신실하여 자신과 가족을 재앙으로부터 구할 수 있었다. 저자는 노아를 세 가지로 설명한다. 첫째, 노아는 당대에 의로운 사람이었다(9절). "의"(צַדִּיק)는 노아가 정의롭기 때문에 법적으로 판결받기에 어떠한 결함이나 하자가 없음을 강조하는 개념이며(cf. 7:1), 성경에서는 이 개념이 이곳에서 처음 사용되었다(Mathews). 노아는 인류 최초로 하나님의 기준을 만족시킨 사람이므로 재판장이신 하나님께 의롭다고 인정받게 된 것이다. 둘째, 노아는 흠이 없는 사람이었다(9절). "흠이 없다"(תָּמִים)는 것은 그가 생각과 행실에 있어서 온전하고 건강하다는 뜻이다(von Rad; cf. HALOT). 셋째, 노아는 하나님과 동행하는 사람이었다(10절). "하나님과 동행하다"(אֶת־הָאֱלֹהִים הִתְהַלֶּךְ)는 말은 앞서 에녹의 삶에서 이미 본 적이 있다(5:24). 에녹은 하나님과 동행하여 죽음을 맛보지 않고 하늘나라로 옮겨졌다. 노아도 이러한 가능성을 지닌 사람이다. 그러나 불행하게도 그의 이야기는 "그[노아]가 죽었다"는 말로 마친다(9:29). 에녹과 노아는 시작이 같았으나 끝은 달라진 두 사람의 예가 되어 우리에게 교훈을 준다.

노아의 믿음과 의로움은 훗날에도 두루 기념되며(겔 14:14, 20; 사 54:9-10), 신약에서도 모범적인 믿음으로 부각된다(히 11:7; 벧전 3:20). 노아는 또한 "의를 전파한 자"로 기억된다(벧후 2:5). 그러나 저자는 "당대에/그의 시대에"(בְּדֹרֹתָיו)(9절)라는 말을 더하여 노아의 의로움의 조건성과 상대성을 강조한다(cf. Fretheim). 만일 노아가 아브라함 시대의 사람이었더라면 아브라함의 의로움에 의하여 노아의 의로움이 가려졌을 수도, 즉 평가절하되었을 수도 있다는 것이다(Sarna). 이 점을 시인하듯 노아는 한마디 말이 없다. 성경에 최초로 기록된 노아의 목소리는 "가나안은 저주를 받아 그의 형제의 종들의 종이 되기를 원하노라"(9:25)이다. 그럼에도 불구하고 노아의 의로움은 부패와 포악함으로 요약된 그가 살던 시대의 상황과 극명한 대조를 이룬다. 노아는 그 시대의 "빛과 소금"이었던 것이다.

저자는 노아와 그의 가족들이 하나님의 심판을 피할 수 있었던 최종적인 이유는 하나님의 은혜 덕분임을 강조한다(8절). 그럼에도 불구하고 남보다 상대적으로 의롭게 살았던 노아는 온 세상을 멸망시키는 심판에서 생존자로 남아 인류의 미래를 위한 씨앗이 되며, 하나님의 유일한 희망이 된다(cf. Friedman). 우리 또한 이 세상에서 하나님이 흡족해 하실 정도로 완벽하게 살 수는 없겠지만, 최선을 다해 의롭게 살려고 노력한다면 하나님이 긍휼을 베풀어 주실 것이다. 노아의 이야기는 하나님이 인류의 죄는 분명 심판하시지만, 태초에 주셨던 축복이 심판으로 인해 사라지지 않게 하시며 영원히 보존되고 계승되도록 하실 것이라는 사실을 재차 확인해 주고 있다(Mathews).

I. 아담에서 데라까지(1:1–11:32)
D. 노아와 가족들(6:9–9:29)

## 2. 다가오는 심판과 방주(6:13–7:10)

하나님이 노아와 그의 가족들에게 은혜를 베푸실 것을 결정하셨지만, 그들의 생명을 유지해 줄 수단인 방주는 스스로 만들어야 한다: "너는 잣나무로 방주 한 척을 만들어라"(14절, 새번역). 하나님의 은혜와 인간의 노력/노동이 잘 어우러지는 예이다. 또한, 방주의 규모는 한 가족을 위한 것이 아니라 온 세상 짐승들의 종자를 보존할 정도로 커야 한다. 비록 인간의 잘못으로 온 피조물이 멸망하게 되었지만, 홍수 중에 피조물들의 종자를 보존하고 홍수 후에 그들의 생존을 돕는 일에 인간이 기여해야 했다. 본 텍스트는 다음과 같이 구분된다.

A. 심판 경고와 방주 제작(6:13-17)
B. 방주에 들어갈 생명들(6:18-22)
C. 방주로 들어감(7:1-10)

I. 아담에서 데라까지(1:1-11:32)
D. 노아와 가족들(6:9-9:29)
2. 다가오는 심판과 방주(6:13-7:10)

(1) 심판 경고와 방주 제작(6:13-17)

**[6] 하나님이 노아에게 이르시되 모든 혈육 있는 자의 포악함이 땅에 가득하므로 그 끝 날이 내 앞에 이르렀으니 내가 그들을 땅과 함께 멸하리라 [14] 너는 고페르 나무로 너를 위하여 방주를 만들되 그 안에 칸들을 막고 역청을 그 안팎에 칠하라 [15] 네가 만들 방주는 이러하니 그 길이는 삼백 규빗, 너비는 오십 규빗, 높이는 삼십 규빗이라 [16] 거기에 창을 내되 위에서부터 한 규빗에 내고 그 문은 옆으로 내고 상 중 하 삼층으로 할지니라 [17] 내가 홍수를 땅에 일으켜 무릇 생명의 기운이 있는 모든 육체를 천하에서 멸절하리니 땅에 있는 것들이 다 죽으리라**

인간의 포악함과 죄에 대한 하나님의 대응은 단호하다. 그들에게 죗값을 물으시겠다는 것이다(13절). 사람들은 윤리와 도덕성을 버리면서도 인류의 생존이 위험에 빠지지 않을 수 있다고 생각하는데, 이러한 생각은 큰 오산이며 위험하다(Sarna). 고대 근동 신화에서는 신들이 인간을 멸할 계획을 세우면 일이 진행될 때까지 비밀로 했다가 한순간에 실행하는 것이 판에 박은 듯 흔한 전개였는데(Waltke), 하나님은 그렇게 하지 않으신다. 하나님은 온 인류를 심판하여 멸할 계획을 홀로 마음에 담아 두지 않고 노아에게 말씀하신다. 비록 대다수가 심판을 받아 죽게 될 것이지만, 소수의 생존자는 남을 테니 인류의 재(再)번영의 길이 열린 것이다.

방주를 만들라는 하나님의 지시에 '방주'(תֵּבָה)가 5차례 사용되었으며(14-16절), 홍수 후에 물이 빠지기까지를 회고하는 8장 1-14절에서는 7차례 사용되었다. 이외에 성경에서 "방주"는 어린 모세를 눕힌 갈대 상자를 가리킬 때 한 번 더 사용되었을 뿐이다(출 2:3-5).[35] 방주의 크기는 300규빗x50규빗x30규빗으로 길이 135미터, 폭 22미터, 높이 13미터에 달한다. 농구장 20개를 10개씩 2열로 배열한 규모이며 총 적재량은 43,000톤에 달한다. 어떤 사람들은 이 정도 공간이면 포유류, 조류, 파충류 등 현존하는 생물 17,600여 종의 암수 한 쌍씩, 즉 35,200마리를 싣는다고 해도 방주의 1/3 정도밖에 차지하지 않는다고 말하기도 한다.

고대 근동의 배들은 습지나 강 유역을 오가며 사냥하는 데 용이하도록 주로 가죽이나 갈대를 엮어 3미터 안팎의 길이로 만들곤 했다. 큰 바다를 항해하는 배에 대한 최초의 기록은 주전 2500년경에 이집트에서 제작된 약 50미터 길이의 배이다(cf. Emery).

오늘날 제작되는 목선 중 가장 긴 것은 90미터에 달한다. 현재의 기술로는 이보다 더 크게 만들 수 없다고 한다. 90미터 규모의 목선도 수압 때문에 이음매 사이로 물이 계속 스며들기 때문에 지속적으로 물을 퍼내야 항해할 수 있다고 한다. 방주의 크기는 훗날 모세를 통해 주어질 성막의 안뜰 면적에 정확히 3배가 된다(100규빗x50규빗, cf. 출 27:9-13). 17세기에 네덜란드의 얀센(Peter Janssen)이 실제 크기의 2/5 정도되는 방주 모형을 만들었으며, 이 배로 실험한 결과 성경에 기록된 방주의 비율이 항해하기에 가장 안정적이라는 사실을 입증했다고 전해진다(Walton).

방주는 상 중 하 3층으로 지어졌다(16절). 창이 있지만 거의 지붕에 붙어 있다. 문은 옆으로 나 있으며, 모두가 탑승한 후에 하나님이 문

35 방주와 성막의 연관성에 대하여는 프렛하임(Fretheim)과 세일해머(Sailhamer)를 참조하라.

을 밖에서 닫으신다(7:16). 하나님 당신이 방주에 오른 연약한 생명들의 보호자가 되어 주신 것이다(Cassuto). 방주를 운항하는 데 필요한 키나 돛에 대한 언급은 전혀 없다. 배에 탄 사람들의 운명이 전적으로 하나님의 손에 달려 있다는 점을 강조하는 듯하다. 개역한글과 새번역이 '잣나무'로 번역한 '고페르 나무'(עֲצֵי־גֹפֶר)(14절)는 성경에서 이곳에 한 번밖에 나오지 않으며 정확히 무슨 나무였는지 아무도 모른다. 그래서 오늘날에는 대부분의 영어 번역본들과 한국어 번역본들이 소리 나는 대로 "고페르 나무"(gopher wood)로 표기한다(개정개역; NAS; NAB; TNK). 방주에 물이 스며들지 않도록 안팎으로 역청(כֹּפֶר, tar)을 칠했는데, 이것은 모세의 갈대 상자에 방수용으로 칠한 것과 같은 것이다(cf. 출 2:3).

이미 언급했듯이 현대 기술로도 방주 규모의 목선은 만들 수가 없다. 그러므로 비록 본문이 언급하고 있지는 않지만, 하나님이 노아와 짐승들이 탄 방주를 보호하고 물이 새지 않도록 개입하셨음을 생각할 수 있다. 모든 준비가 완료되면, 하나님은 홍수를 일으키실 것이다(17절). 홍수(הַמַּבּוּל מַיִם)가 정확히 무엇을 의미하는지는 알 수 없지만, 정관사가 붙은 것으로 보아 당시에 이 이야기를 처음 들은 사람이라도 무엇을 가리키는지 정확히 알고 있었을 것이다(Sarna).

I. 아담에서 데라까지(1:1-11:32)
D. 노아와 가족들(6:9-9:29)
2. 다가오는 심판과 방주(6:13-7:10)

### (2) 방주에 들어갈 생명들(6:18-22)

**[18] 그러나 너와는 내가 내 언약을 세우리니 너는 네 아들들과 네 아내와 네 며느리들과 함께 그 방주로 들어가고 [19] 혈육 있는 모든 생물을 너는 각기 암수 한 쌍씩 방주로 이끌어들여 너와 함께 생명을 보존하게 하되 [20] 새가 그 종류대로, 가축이 그 종류대로, 땅에 기는 모든 것이 그 종류대로 각기 둘씩**

**네게로 나아오리니 그 생명을 보존하게 하라 [21] 너는 먹을 모든 양식을 네게로 가져다가 저축하라 이것이 너와 그들의 먹을 것이 되리라 [22] 노아가 그와 같이 하여 하나님이 자기에게 명하신 대로 다 준행하였더라**

땅 위의 모든 생물이 멸망하고 난 후에 하나님은 노아와 언약을 맺으실 것이다(18절). 하나님이 홍수 이후 노아와 맺을 언약에 대하여 미리 말씀한다. 구약성경에서 매우 중요한 개념인 언약(בְּרִית)이 이곳에서 처음 등장하고 있다. 창세기에서 언약은 총 24회 등장하는데, 그중 8회는 홍수 이야기에서, 16회는 아브라함의 이야기에서 주로 할례와 연관하여 쓰였다(Mathews). 노아의 언약이 임의로 맺어진 것이 아니라 하나님의 치밀한 계획에 의해 체결된 것임을 시사한다. 그런데 여기서 언약을 세운다는 것이 이미 세워진 언약(1:28)을 성취하실 것이라는 뜻인지 아니면 새로운 언약 체결을 의미하는 것인지 확실하지 않다. 홍수 이야기가 아닌 곳에서 이 단어가 사용될 때는 항상 이미 세워진 것을 성취한다는 뜻으로 쓰인다(Sarna). 그러므로 여기서도 아담에게 하신 약속을 노아를 통해서 성취하실 것을 의미하는 것으로 해석하는 것이 바람직하다. 하나님은 창조 때에 인간과 맺은 언약을 잊지 않고 유지해 나가신다는 것이 성경의 가르침이기 때문이다.

방주에는 노아와 세 아들과 그 아내들까지 총 8명이 타게 된다(cf. 18절). 혈육 있는 모든 생물을 각기 암수 한 쌍씩 태우게 될 것이다(19절). 짐승들이 '그 종류대로' 방주에 오른다니 1장 20-23절을 연상케 한다. 여기서는 정결한 짐승과 부정한 짐승을 구분하지 않고 말씀하시지만, 방주가 완성된 다음에는 정결한 것은 7쌍씩, 부정한 것은 1쌍씩 실으라고 더 구체적으로 말씀하신다(7:2-3). 정결한 짐승을 7쌍씩 실으라고 하신 것은 부정한 짐승의 종류가 정결한 짐승의 종류보다 월등히 많기 때문이다.

노아가 세상 곳곳을 찾아다니며 혈육 있는 모든 생물을 종류대로 모아 올 필요는 없다. 때가 되면 하나님이 노아에게 보내실 것이기 때문이다(20절). 옛적에 아담에게 짐승들의 이름을 지어 보라고 보내셨던 것처럼 말이다(cf. 2:19). 그러므로 노아가 짐승 중에 무엇이 정결한지에 대해 특별히 연구할 필요는 없다. 그에게 찾아오는 짐승 중에 정결한 짐승은 7쌍씩 올 것이며, 부정한 짐승은 1쌍씩 올 것이기 때문이다. 방주에 탈 모든 사람들과 짐승들은 노아와 그의 가족들이 미리 준비해 놓은 먹거리를 먹게 된다(21절).

노아와 그의 가족들이 하나님의 은혜를 입어 살게 되었지만, 그 대신 심판을 받아 멸망할 사람들보다 몇 배나 더 일해야 한다. 상상해 보라. 그들은 거대한 방주를 지을 나무를 구하여 산 위로 운반해 와서 깎고 다듬어 배를 만들어야 한다. 또한, 그들 자신과 짐승들이 먹고살아야 할 식량을 모아 배에 실어야 한다. 엄청난 노동이다. 그러나 자신들의 안녕뿐 아니라 피조세계의 생존이 달린 값진 노동이다.

노아는 하나님의 말씀에 절대적으로 순종한다. "노아는 하나님이 명하신 대로 다 하였다. 꼭 그대로 하였다"(22절)라고 한 새번역의 번역이 이 구절이 강조하고자 하는 바를 잘 드러내고 있다. 노아는 내내 주께서 "명하신 대로" 다 준행한다(7:5, 9, 16). 그가 의롭다 인정받아 홍수에서 살아남을 수 있었던 것은 하나님이 명령하신 모든 것을 다 수행했기 때문이다. 그는 그의 시대를 살아가던 사람들과는 달리 참으로 하나님께 순종하는 사람이었다.

I. 아담에서 데라까지(1:1-11:32)
D. 노아와 가족들(6:9-9:29)
2. 다가오는 심판과 방주(6:13-7:10)

### (3) 방주로 들어감(7:1-10)

**[1] 여호와께서 노아에게 이르시되 너와 네 온 집은 방주로 들어가라 이 세대**

**에서 네가 내 앞에 의로움을 내가 보았음이니라 [2] 너는 모든 정결한 짐승은 암수 일곱씩, 부정한 것은 암수 둘씩을 네게로 데려오며 [3] 공중의 새도 암수 일곱씩을 데려와 그 씨를 온 지면에 유전하게 하라 [4] 지금부터 칠 일이면 내가 사십 주야를 땅에 비를 내려 내가 지은 모든 생물을 지면에서 쓸어버리리라 [5] 노아가 여호와께서 자기에게 명하신 대로 다 준행하였더라 [6] 홍수가 땅에 있을 때에 노아가 육백 세라 [7] 노아는 아들들과 아내와 며느리들과 함께 홍수를 피하여 방주에 들어갔고 [8] 정결한 짐승과 부정한 짐승과 새와 땅에 기는 모든 것은 [9] 하나님이 노아에게 명하신 대로 암수 둘씩 노아에게 나아와 방주로 들어갔으며 [10] 칠 일 후에 홍수가 땅에 덮이니**

본문은 하나님의 명령(1-5절)과 노아의 순종(6-10절), 두 파트로 구성되어 있다. 방주가 완성되자 하나님은 노아에게 가족을 이끌고 방주로 들어가라고 하신다(1a절). 세상 사람들이 모두 죽게 된 마당에서 노아와 그의 가족들만 예외인 것은 하나님이 그의 의로움을 인정하시기 때문이다(1b절; cf. 6:9). 노아는 분명 하나님의 은혜를 입었으므로 죽지 않는다(cf. 6:8). 그러나 동시에 그의 의로움이 그를 살린 것이다(6:9; 7:1). 하나님의 은혜는 이처럼 의로운 사람을 살리고, 사람의 의는 곤경에서 그 자신을 구한다.

노아와 그의 가족들이 자기들만 살기 위하여 이처럼 큰 방주를 지은 것은 아니다. 그들에게는 하나님이 창조하신 모든 피조물을 보존하라는 하나님의 명령이 있다(2절). 방주를 만들라고 명령할 때에는 정결한 짐승과 부정한 짐승을 구별하지 않고, 모든 짐승을 각각 1쌍씩 태우라고 하셨다(6:19). 그러나 방주에 오를 시점이 되자 하나님이 명령을 더 구체화하셨다. 정결한 짐승은 7쌍씩(혹은 7마리씩), 부정한 것은 1쌍씩 실으라고 하신 것이다(2-3절).

노아가 방주에서 내리자마자 제일 먼저 하나님께 제물을 드리는 일을 생각하면, 우리는 방주에 정결한 짐승들이 왜 7쌍씩 실렸는가를 쉽게 알 수 있다. 제물로 바쳐지기 위해서이며 또한 곡식과 채소가 수확될 때까지 사람이 먹고살 수 있도록 배려하신 하나님의 은총인 것이다. 문제는, 율법이 주어지기 이전 시대에 그가 정결한 짐승과 부정한 짐승을 어떻게 구분할 수 있었을까 하는 것이다. 우리는 창세기 곳곳에서 홍수 이전 사람들과 이스라엘의 선조들이 율법을 준수하며 살았던 모습을 발견한다. 즉, 모세가 이스라엘에 준 율법은 그동안 세상 어느 민족도 알지 못했던 완전히 새로운 것이 아니었고, 사실 상당 부분 이미 존재하던 것들을 체계화한 것이었다(cf. 서론).

노아는 모든 일을 마무리하고 짐승들과 함께 방주에 들어간다. 그런데 비가 곧장 쏟아져 내리지 않고, 7일 후에나 내리기 시작한다(4절). 왜 하나님은 비를 일주일 동안 보류하셨을까? 유대인 문헌들은 하나님이 일주일이란 시간을 주신 이유가 홍수가 시작되기 바로 전에 죽은 므두셀라를 애도하기 위해서라고 하기도 하고(므두셀라의 나이를 계산해 보면 그가 죽은 해에 바로 홍수가 났다), 세상의 죽음을 지켜보셔야 하는 하나님의 애도 기간이라고 하기도 하고, 인류에게 회개할 기회를 마지막으로 한 번 더 주시기 위해서라고 하는 등 다양하게 해석했다(cf. Mathews).

이레가 지나면 40일 동안 주야로 세찬 비가 내릴 것이다(4절). 숫자 40은 성경에서 긴 시간을 상징하며 자주 등장한다. 또한, 새로운 시작을 예고하는 숫자이기도 하다(Waltke). 이삭과 에서가 40세에 결혼했고(25:20; 26:34), 모세가 시내 산에 올라가 40일을 머물렀다(출 24:18). 또한, 모세의 연수는 40-40-40년으로 나뉘며(행 7:23, 30, 36), 이스라엘의 정탐꾼들이 약속의 땅을 정탐한 기간 또한 40일이다. 이 일로 인해 이스라엘이 가나안에 입성하지 못하고, 광야에서 머물며 출애굽 1세대가 죽는 것을 지켜본 기간이 40년이다.

쏟아지는 비로 인해 세상의 모든 피조물이 죽어 갈 것이다. 노아는 하나님이 말씀하신 것을 그대로 빠짐없이 순종한다(5-9절). 그의 순종이 지속적으로 강조되며 홍수로 죽어 간 사람들의 불순종과 대조를 이룬다. 하나님의 말씀대로 7일이 지난 다음에 비가 내려 홍수가 온 땅을 뒤덮었다(10절).

I. 아담에서 데라까지(1:1-11:32)
D. 노아와 가족들(6:9-9:29)

## 3. 심판의 물결(7:11-24)

[11] 노아가 육백 세 되던 해 둘째 달 곧 그 달 열이렛날이라 그 날에 큰 깊음의 샘들이 터지며 하늘의 창문들이 열려 [12] 사십 주야를 비가 땅에 쏟아졌더라 [13] 곧 그 날에 노아와 그의 아들 셈, 함, 야벳과 노아의 아내와 세 며느리가 다 방주로 들어갔고 [14] 그들과 모든 들짐승이 그 종류대로, 모든 가축이 그 종류대로, 땅에 기는 모든 것이 그 종류대로, 모든 새가 그 종류대로 [15] 무릇 생명의 기운이 있는 육체가 둘씩 노아에게 나아와 방주로 들어갔으니 [16] 들어간 것들은 모든 것의 암수라 하나님이 그에게 명하신 대로 들어가매 여호와께서 그를 들여보내고 문을 닫으시니라 [17] 홍수가 땅에 사십 일 동안 계속된지라 물이 많아져 방주가 땅에서 떠올랐고 [18] 물이 더 많아져 땅에 넘치매 방주가 물 위에 떠 다녔으며 [19] 물이 땅에 더욱 넘치매 천하의 높은 산이 다 잠겼더니 [20] 물이 불어서 십오 규빗이나 오르니 산들이 잠긴지라 [21] 땅 위에 움직이는 생물이 다 죽었으니 곧 새와 가축과 들짐승과 땅에 기는 모든 것과 모든 사람이라 [22] 육지에 있어 그 코에 생명의 기운의 숨이 있는 것은 다 죽었더라 [23] 지면의 모든 생물을 쓸어버리시니 곧 사람과 가축과 기는 것과 공중의 새까지라 이들은 땅에서 쓸어버림을 당하였으되 오직 노아와 그와 함께 방주에 있던 자들만 남았더라 [24] 물이 백오십 일을 땅에 넘쳤더라

드디어 홍수가 시작되고, 물 심판이 끝난 후에 세상을 다시 생명으로 번성시킬 인간과 온갖 피조물의 '씨앗'들이 방주 안에서 생활을 시

작한다. 세상의 모든 짐승이 종류별로 빠짐없이 방주에 오르는 것을 강조하기 위하여 '모든'(כל)이란 말이 본문에서 7차례나 사용된다. 특히 방주에 탄 짐승들에 대하여 언급하는 14-15절에서만 6차례나 사용된다. 이들은 모두 '생명의 기운'(רוּחַ חַיִּים)을 지닌 살아있는 것들이다(15절). 홍수가 시작되자 지하에 흐르던 물줄기들이 터지고, 구멍 난 듯한 하늘에서 세찬 빗줄기가 내리기 시작하는데, 무려 40일 동안 계속될 것이다(11-12절). 이날의 일은 노아와 짐승들이 방주에 들어간 다음 하나님이 방주의 문을 밖에서 직접 닫아 주시는 것으로 마무리된다(16절). 노아와 짐승들의 생명이 하나님의 손에 달렸을 뿐만 아니라, 하나님이 문을 다시 열어 주실 때까지 방주를 떠날 수 없음을 의미한다. 하나님은 세상을 심판하는 중에도 남은 자들을 보호하신다. 하나님은 우리의 심판주이자 동시에 구세주이신 것이다.

주야 40일 동안 내린 비로 인해 온 땅의 생물들이 모두 죽어 간 일을 회고하는 17-24절에서도 단어의 반복 사용이 눈에 띈다. '땅 위에'(עַל־הָאָרֶץ)라는 말이 8차례, '모든'(כל)이 8차례, '물'(מַיִם)과 '불었다/늘었다'(גבר/רבה)가 각각 5차례씩 반복된다. 하나님의 말씀대로 생명이 있는 모든 것이 온 세상을 덮은 물에 의해 죽었음을 강조한다. 유일한 생존자는 '오직 노아'(אַךְ־נֹחַ)와 그와 함께 방주에 있던 자들"과 짐승들이다(23절).

이날이 얼마나 중요한지 본문에 정확한 날짜가 기록되어 있다. 홍수는 노아가 600세 되던 해 2월 17일에 시작되었다(11절). 저자가 창세기에서 구체적으로 날짜를 제시하기는 이번이 처음이다. 노아는 지난 120년 동안 산 위에 방주를 지으며 숱한 비웃음과 멸시를 당했을 것이다. 심지어는 미친 자로 취급되었을 수도 있다. 간간이 회개하라고, 심판이 온다고 외쳤지만 귀담아듣는 사람은 없었다. 드디어 홍수가 시작된 이날, 그가 미친 사람이 아니라 하나님의 말씀은 반드시 이루어짐을 믿은 사람이라는 온 천하에 드러났다. 이날은 노아와 그의 가족들에게는 하나님의 구원이 임하는 날이지만, 홍수로 인해 죽게 될 사람들에게는 비가 많이 올 뿐 그저 평범한 하루였다. 한날이 이처럼 희비가 극명하게 엇갈리는 날이 된 것이다. 또한, 홍수가 땅을 덮친 해는 에녹의 아들 므두셀라(cf. 5:25-27)가 죽은 해이기도 하다.

노아가 600세 되던 해 2월 17일 땅이 젖기 시작했고, 이듬해 1월 1일 땅이 말랐으나(8:13), 2월 27일이 되어서야 노아가 방주 밖으로 나왔다(8:14-19). 노아와 짐승들은 방주 안에서 12개월 11일을 보낸 것이다(cf. 7:11, 8:14). 이 중 1년인 12개월을 빼면 11일이 남는데, 이것은 공교롭게도 양력으로 1년(365일)과 음력으로 1년(354일)의 날짜 차이와도 같고, 이것을 흥미롭게 생각하는 사람들도 있다.

홍수 이야기에 나오는 날짜를 정리해 보면 다음과 같은 짜임새 있는 구조가 나온다(Wenham).

A. 7일 동안 기다림(7:4)
　B. 7일 동안 기다림(7:10)
　　C. 40일 동안의 홍수(7:17)
　　　D. 150일 동안 물이 범람(7:24)
　　　D'. 150일 동안 물이 빠짐(8:3)
　　C'. 40일 동안 기다림(8:6)
　B'. 7일 동안 기다림(8:10)
A'. 7일 동안 기다림(8:12)

위 사건의 날짜들을 노아의 나이(600세)를 기준으로 살펴보면 다음과 같은 결론이 나온다. 유대인의 달력은 1년이 364일로 구성되어 있었기 때문에 날짜마다 매년 요일이 동일했다. 예를 들어, 1월 1일은 항상 수요일이라는 것이다. 천지창조(creation)는 주의 첫째 날인 일요일에 시작됐다. 창조된 모든 것을 멸하는 홍수는 역(逆)창조(de-creation)라 할 수 있는데, 역창조의 시작도 주일에 시작된다. 창조가 끝난 것은 금요일이었다. 홍수도 금요일에 끝난다. 홍수 이야기는 이처럼 창조 이야기와 밀접한 관계가 있다(Wenham).

| | |
|---|---|
| 1. 홍수 예고(7:4) | 600년 2월 10일 주일 |
| 2. 홍수 시작(7:11) | 600년 2월 17일 주일 |
| 3. 40일 동안 내린 비가 멈춤(cf. 7:12) | 600년 3월 27일 금요일 |
| 4. 150일간 물이 범람하고 빠짐 (40일의 비가 포함됨)(8:4) | 600년 7월 17일 금요일 |
| 5. 산봉우리가 보이기 시작(8:5) | 600년 10월 1일 수요일 |
| 6. 까마귀들을 보냄(8:6, 7) | 600년 11월 10일 주일 |
| 7. 비둘기를 보냄(8:10) | 600년 11월 24일 주일 |
| 8. 비둘기를 다시 보냄(8:12) | 600년 12월 1일 주일 |
| 9. 물이 마름(8:13) | 601년 1월 1일 수요일 |
| 10. 방주를 떠남(8:14, 16) | 601년 2월 27일 수요일 |

하나님은 방주의 문을 닫아 주시는 일을 마지막으로(16절) 물이 세상을 휩쓰는 동안에는 아예 자취를 감추신다. 이야기가 진행되는 분위기를 살펴보자. 6장 앞부분에서 저자는 "하나님의 관점"에서 본 세상을 보여 주었다(cf. 6:1-12). 그리고 하나님은 자신의 심판 계획을 노아에게 알려 주셨다(6:13-7:4). 그 후 하나님은 별말씀 없는 채로 자취를 감추었다가 말없이 방주의 문을 닫으셨다(7:16). 그리고 홍수가 끝나갈 무렵 방주를 기억하셨다(8:1). 하나님은 8장 15절에 가서야 다시 말씀하신다. 홍수가 진행되는 동안 우리 눈에 들어오는 것은 모든 것을 삼킬 듯이 넘실거리는 파도뿐이다.

모세는 이러한 서술법을 의도적으로 사용하고 있다. 어떤 의미에서일까? 아마도 사건의 심각성을 강조하여 우리에게 교훈을 주기 위해서일 것이다. 이 글을 읽는 우리도 심판을 받고 죽어 간 사람들에 비해 별로 나을 것이 없으니 살고 싶으면 노아처럼 신실하게 살아야 한다는 교훈이다. 또한, 모세는 우리에게 아름답게 창조하신 피조물들을 스스로 죽여야만 하는 하나님의 마음을 슬며시 엿보도록 해 준다(Sailhamer).

저자는 노아와 그의 가족들이 어떻게 해서 온 인류를 뿌리째 뽑아 버린 대홍수에서 생존자가 될 수 있었는지를 확실히 밝히고 있다. 그들은 무엇보다도 하나님의 말씀에 절대적으로 순종했던 사람들이다. 저자는 이 사실을 6-7장에서 네 차례나 강조하고 있다(6:22; 7:5; 7:9; 7:16). 아무리 험하고 무시무시한 심판이 세상에 임한다 할지라도 하나님의 말씀에 순종하고 그분을 의지하려고 노력하는 이들은 하나님의 진노를 피할 수 있다는 것이다.

I. 아담에서 데라까지(1:1-11:32)
D. 노아와 가족들(6:9-9:29)

### 4. 노아가 방주를 떠남(8:1-19)

**[1] 하나님이 노아와 그와 함께 방주에 있는 모든 들짐승과 가축을 기억하사 하나님이 바람을 땅 위에 불게 하시매 물이 줄어들었고 [2] 깊음의 샘과 하늘의 창문이 닫히고 하늘에서 비가 그치매 [3] 물이 땅에서 물러가고 점점 물러가서 백오십 일 후에 줄어들고 [4] 일곱째 달 곧 그 달 열이렛날에 방주가 아라랏 산에 머물렀으며 [5] 물이 점점 줄어들어 열째 달 곧 그 달 초하룻날에 산들의 봉우리가 보였더라 [6] 사십 일을 지나서 노아가 그 방주에 낸 창문을 열고 [7] 까마귀를 내놓으매 까마귀가 물이 땅에서 마르기까지 날아 왕래하였더라 [8] 그가 또 비둘기를 내놓아 지면에서 물이 줄어들었는지를 알고자 하매 [9] 온 지면에 물이 있으므로 비둘기가 발 붙일 곳을 찾지 못하고 방주로 돌아와 그에게로 오는지라 그가 손을 내밀어 방주 안 자기에게로 받아들이고 [10] 또 칠 일을 기다려 다시 비둘기를 방주에서 내놓으매 [11] 저녁때에 비둘기가**

**그에게로 돌아왔는데 그 입에 감람나무 새 잎사귀가 있는지라 이에 노아가 땅에 물이 줄어든 줄을 알았으며 [12] 또 칠 일을 기다려 비둘기를 내놓으매 다시는 그에게로 돌아오지 아니하였더라 [13] 육백일 년 첫째 달 곧 그 달 초하룻날에 땅 위에서 물이 걷힌지라 노아가 방주 뚜껑을 제치고 본즉 지면에서 물이 걷혔더니 [14] 둘째 달 스무이렛날에 땅이 말랐더라 [15] 하나님이 노아에게 말씀하여 이르시되 [16] 너는 네 아내와 네 아들들과 네 며느리들과 함께 방주에서 나오고 [17] 너와 함께 한 모든 혈육 있는 생물 곧 새와 가축과 땅에 기는 모든 것을 다 이끌어내라 이것들이 땅에서 생육하고 땅에서 번성하리라 하시매 [18] 노아가 그 아들들과 그의 아내와 그 며느리들과 함께 나왔고 [19] 땅 위의 동물 곧 모든 짐승과 모든 기는 것과 모든 새도 그 종류대로 방주에서 나왔더라**

이 섹션은 창세기 1장의 창조 이야기에서 사용된 용어들을 대거 사용하여 하나님이 새로운 창조 사역을 진행하고 계심을 암시한다. 노아의 홍수 이야기는 파괴 이야기로 끝나지 않고, 새로운 창조를 시작하는 이야기라는 뜻이다. 노아와 그의 가족들이 새로운 "아담과 하와"가 되는 것이다. 유일하게 빠진 것은 창조 4일째에 있었던 해와 달과 별에 관한 이야기뿐이다. 이 천체들은 홍수를 통해 없어지지 않기 때문이다. 다음 사항을 참조하라(Mathews).

| 창조 이야기 | | 홍수 이야기 | |
|---|---|---|---|
| 첫째 날 (1:2) | 땅, 깊음, 영(רוּחַ), 물 | 8:1b-2a | 바람(רוּחַ), 땅, 물, 깊음 |
| 둘째 날 (1:7-8) | 물, 하늘 | 8:2b | 하늘 |
| 셋째 날 (1:9) | 물, 마른 땅, 드러나다 | 8:3-5 | 물, 산봉우리, 드러나다 |
| 다섯째 날 (1:20) | 새, 땅 위, 날아다니다 | 8:7-8 | 까마귀, 땅 위, 날아다니다 |

| 창조 이야기 | | 홍수 이야기 | |
|---|---|---|---|
| 여섯째 날 (1:24-25) | 생물, 가축, 기어다니는 것, 들짐승 | 8:17 | 생물, 새, 가축, 기어다니는 것 |
| 여섯째 날 (1:26) | 사람, 형상 | 9:6 | 형상, 사람 |

물이 세상을 뒤덮어 모든 피조물을 죽음으로 몰아간 때에, 이 섹션을 시작하는 두 단어 "하나님이 기억하시다"(וַיִּזְכֹּר אֱלֹהִים)(1a절)가 모든 것을 반전시킨다. 이제부터는 가득 찼던 물이 빠져 젖은 땅이 마른 땅이 될 것이고, 머지않아 방주에 들어간 사람과 짐승들이 모두 방주를 떠나게 될 것이다. 빠지는 물과 드러나는 마른 땅은 하나님의 신실하심에 대한 간증이다. 노아에게 이미 약속했던 일을 이루어 가고 계실 뿐이기 때문이다(cf. 6:18). "기억하다"(זכר)는 단순히 어떤 것을 떠올린다는 것이 아니라, 약속을 신실하게 지키신다는 의미의 언약적 용어이다. 그래서 구약에서는 하나님이 "기억하시면" 모든 일이 해결된다.

하나님이 땅에서 물이 빠지게 하려고 일으키신 바람(רוּחַ)(1절)은 창조 이야기에서 모습을 보인 하나님의 영(רוּחַ)을 연상시킨다(cf. 1:2). 하나님은 땅속 물과 하늘의 물을 멈추게 하신다(2절). 150일이 지난 7월 17일에 방주가 아라랏 산에 안착했다(נוח)(4절). 노아(נֹחַ)의 이름은 동사 "쉬다/머물다"(נוח)에서 유래된 것이다. 노아의 아버지 라멕은 아들에게 이 이름을 주면서 "우리를 이 아들이 안위하리라" (5:29)라고 했는데, 그의 바람이 드디어 현실로 드러난 것이다. 물은 계속 줄어들어 10월 1일에는 산봉우리들이 보이기 시작한다(5절).

"아라랏"(אֲרָרָט)은 아시리아 문헌에서는 우라르투(Urartu)로 알려져 있으며 터키, 러시아, 이란 등에 인접한 메소포타미아 북쪽 지역에 넓게 펼쳐진 지역이다(Mathews). 오늘날 터키와 아르메니아 경계선에 위치한 높은 산 중 하나가 이 이름을 지니고 있으며 높이가 5,200미터에 달한다(ABD). 터키 사람들은 이 산을 비크아리다(Byk Ari Da)라고 부른다. 주후 11-12세기에 시작된 전승에 의하면, 노아의 방주가 이곳에 안착했다고 하지만, 본문은 방주가 한 산봉우리가 아니라 "아라랏 산들"(אֲרָרָט הָרֵי)에 안착했다고 전하며 넓은 지역을 의미할 뿐, 구체적인 봉우리를 지적하지는 않는다. 예나 지금이나 노아의 방주를 찾으려는 사람들이 많다. 그러나 본문이 정확한 위치를 지적하지 않고, 넓은 지역을 언급하고 있기 때문에 신중해야 한다. 자칫하면 백사장에서 바늘을 찾으려는 격이 될 것이기 때문이다. 저자가 이처럼 넓은 지역을 말하는 것으로 보아 그도 이 산의 정확한 위치를 알지 못했음을 알 수 있다(Waltke).

산봉우리가 보이기 시작한 지 5개월이 지나서야 비로소 물이 모두 빠졌다(5, 14절). 이 기간에 노아는 땅의 상태를 알아보기 위해 새들을 내보냈다. 먼저 까마귀를 보냈는데(7절), 까마귀는 땅에 물이 마를 때까지 날아다닐 뿐 방주로 돌아오지 않는다. 까마귀는 죽은 짐승을 먹고사는 새이기 때문에 물에 떠 있는 시체들을 먹으면서 땅이 마를 때까지 기다렸던 것으로 생각된다(Mathews). 그다음 비둘기를 7일 간격으로 세 차례 내보냈다. 첫 번째 비둘기는 마른 땅을 찾지 못해 곧 방주로 돌아왔고(9절), 두 번째 비둘기는 올리브 잎을 물고 왔으며(11절), 세 번째 비둘기는 돌아오지 않았다(12절). 두 번째 비둘기가 물어 온 올리브 잎은 땅에서 물이 빠지고 있으며, 땅에 식물이 다시 자라기 시작했음을 알려 준다. 세 번째 비둘기는 땅이 완전히 드러났기 때문에 방주로 돌아와 갇힐 이유가 없으니 돌아오지 않은 것이다.

노아는 이듬해, 즉 그가 601세가 되던 해 1월 1일에 방주의 뚜껑을 제치고 바깥을 내다본다. 땅이 모두 말라 있다(13절). 그러나 거의 두 달을 기다렸다가 2월 27일에 하나님의 허락이 있고서야 비로소 방주에서 내려온다(14-17절). 방주에서의 생활이 지긋지긋할 만도 한데, 노아는 하나님의 허락 없이는 방주에서 한 발자국도 뗄 생각이 없는 순종의 사람이기 때문이다(Calvin). 방주에 들어간 지 1년 11일 만에 노아가 방주를 떠났다. 하나님은 방주를 나온 노아와 짐승들에게 "생육하고 번성하라"는 축복을 주신다(17절; cf. 1:22, 28).

I. 아담에서 데라까지(1:1-11:32)
D. 노아와 가족들(6:9-9:29)

## 5. 예배와 약속의 말씀(8:20-22)

**[20] 노아가 여호와께 제단을 쌓고 모든 정결한 짐승과 모든 정결한 새 중에서 제물을 취하여 번제로 제단에 드렸더니 [21] 여호와께서 그 향기를 받으시고 그 중심에 이르시되 내가 다시는 사람으로 말미암아 땅을 저주하지 아니하리니 이는 사람의 마음이 계획하는 바가 어려서부터 악함이라 내가 전에 행한 것 같이 모든 생물을 다시 멸하지 아니하리니 [22]땅이 있을 동안에는 심음과 거둠과 추위와 더위와 여름과 겨울과 낮과 밤이 쉬지 아니하리라**

방주에서 나오자마자 노아는 제일 먼저 하나님께 제단을 쌓는다(20절). 가인과 아벨 시대에도 사람들은 하나님께 예물을 드렸지만, 제단(מִזְבֵּחַ)이란 용어가 성경에서 사용되기는 처음이다. 노아는 이 제단에서 번제(עֹלָה)를 드렸는데, 제물의 가죽을 제외한 모든 것을 태워서 올리는 예배이다. 번제라는 단어 역시 이곳에서 처음 등장한다.

노아는 무엇을 번제로 삼았을까? 여기서 우리는 왜 정결한 짐승을 7쌍씩 방주에 태웠는지에 대한 답을 얻는다. 노아는 하나님께 제물로 드리기 위하여 정결한 짐승을 부정한 짐승보다 7배나 더 많이 실었다. 아울러 하나님은 홍수 이후에 당장 먹을 채소와 곡식을 구할 수 없는 노아와 그의 가족에게 짐승을 먹이로 주신다(9:3). 만일 짐승이 먹이로 주어지지 않았더라면 홍수로 모두 망가진 세상에서 노아의 가족은 생존하기가 매우 어려웠을 것이다. 그러므로 정결한 짐승을 7쌍씩 방주에 태우신 것은 하나님의 인자하심에서 비롯된 인간을 보살피는 은혜이다. 비록 피할 수 없는 필연적인 심판이었지만, 하나님은 비극적인 사건을 은혜로 마무리하신다.

하나님이 심판을 은혜로 마무리하시는 것은 지금까지 이미 두 차례나 경험한 바 있는 패턴이다. 태초에 아담과 하와를 심판하실 때 하나님은 그들에게 메시아를 약속해 주셨고(3:15), 그들의 부끄러움을 가릴 수 있는 가죽옷을 지어 입혀 주셨다(3:21). 가인에게 심판을 선언하신 후에 사람들의 보복을 두려워하는 그에게 누구도 해할 수 없는 증표를 주셨다(4:15). 홍수 이후에는 정결한 짐승들을 인간들에게 먹이로 주셨다. 저자는 이 사건들을 통하여 "여호와 이레"의 은혜를 부각시키고자 한다.

인간들의 예배를 받으신 하나님은 자연과 인류에게 축복을 내리신다(21-22절). 먼저 자연을 축복하면서 두 가지를 약속하고 약속의 보장으로 증표를 주신다. 다시는 인간 때문에 땅을 저주하지 않으시리라는 것과 이번 홍수에서처럼 모든 생물을 멸망시키는 일이 다시는 없으리라는 약속이다(21절). 인간 때문에 다시 땅을 저주하지는 않으실 것이라는 선언은 매우 중요하다. 만일 하나님이 인간으로 인해 땅을 계속 벌하셨다면, 아마도 지금쯤 세상은 사라지고 없었을지도 모른다. 왜냐하면, 인간은 어려서부터 악하고, 그 마음이 평생 변하지 않기 때문이다(21b절). 그러니 만일 하나님이 인간이 하는 대로 갚아 주신다면, 세상은 많이 달라져 있을 것이다. 둘째, 홍수는 모든 사람과 짐승을 쓸어버렸는데, 앞으로는 이런 일이 없을 것이라고 하신다(21c절). 지금부터는 공동체적/사회적인 차원에서 인간의 죄를 벌하시는 것이 아니라 개별적으로 대처하실 것을 시사하는 대목이다. 하나님은 두 가지 약속을 보장하는 증표로 계절이 반복적으로 찾아올 것이라고 말씀하신다(22절). 매년 계절이 제때 찾아오는 것은 하나님의 축복일 뿐만 아니라 하나님이 노아와 짐승들에게 약속한 것을 기억하고 계시다는 증거이다.

I. 아담에서 데라까지(1:1-11:32)
D. 노아와 가족들(6:9-9:29)

## 6. 새로운 질서와 언약(9:1-17)

노아의 예배(8:20)를 받으신 하나님이 새로이 창조된 세상에서 새로운 아담과 하와가 되어 살아갈 노아와 아들들에게 옛적에 첫 사람들에게 주셨던 것처럼(cf. 1:26-28), 복을 주셨다. 홍수로 인해 위협을 받았던 인류의 '씨앗'이 셋의 후손 노아를 통해 보존되었으며, 하나님은 이 씨앗을 통해 인류를 다시 번성케 하실 것이다.

이 섹션은 하나님이 인류를 대표하고 있는 노아와 아들들에게 주신 축복(1-7절)과 이 축복을 근거로 한 언약과 언약의 증표인 무지개를 주신 일(8-17절)에 대한 기록 등 두 파트로 다음과 같이 구분될 수 있다.

A. 새로운 세상, 새로운 질서(9:1-7)

B. 새로운 언약과 증표(9:8-17)

I. 아담에서 데라까지(1:1-11:32)
D. 노아와 가족들(6:9-9:29)
6. 새로운 질서와 언약(9:1-17)

### (1) 새로운 세상, 새로운 질서(9:1-7)

**[1] 하나님이 노아와 그 아들들에게 복을 주시며 그들에게 이르시되 생육하고 번성하여 땅에 충만하라 [2] 땅의 모든 짐승과 공중의 모든 새와 땅에 기는 모든 것과 바다의 모든 물고기가 너희를 두려워하며 너희를 무서워하리니 이것들은 너희의 손에 붙였음이니라 [3] 모든 산 동물은 너희의 먹을 것이 될지라 채소 같이 내가 이것을 다 너희에게 주노라 [4] 그러나 고기를 그 생명 되는 피째 먹지 말 것이니라 [5] 내가 반드시 너희의 피 곧 너희의 생명의 피를 찾으리니 짐승이면 그 짐승에게서, 사람이나 사람의 형제면 그에게서 그의 생명을 찾으리라 [6] 다른 사람의 피를 흘리면 그 사람의 피도 흘릴 것이니 이**

**는 하나님이 자기 형상대로 사람을 지으셨음이니라 [7] 너희는 생육하고 번성하며 땅에 가득하여 그 중에서 번성하라 하셨더라**

하나님이 내리신 축복은 아담과 하와에게 이미 주셨던 것과 동일하다: "생육하고 번성하여 땅에 충만하라"(1, 7절; cf. 1:28). 저자는 홍수 이야기를 제2의 창조 이야기로, 또한 노아를 창조 이야기의 주인공인 [새로운] 아담으로 묘사하고 있다. 하나님은 축복으로 시작해서 축복으로 끝나는 말씀을 통해 창조주로서 피조물들을 어떻게 대하기를 원하는지 알려 주신다. 무엇보다도 인간과 세상을 축복하기 원하시는 것이다.

창조주의 축복은 온 인류에게 주시는 것이다. 세상 사람들은 모두 노아의 아들들에게서 유래되었기 때문이다. 또한, 이 말씀은, 자녀란 하나님이 창조 때부터 인류에게 내려 주신 축복임을 재차 확인한다.

하나님은 여기에 두 가지를 더하신다. 첫째, 모든 자연 만물이 인간을 두려워할 것이다(2절). 이전에는 짐승들이 인간을 두려워했는지, 두려워하지 않았는지 알 수는 없지만, 이 순간부터 하나님이 짐승들에게 인간에 대한 두려움을 더하실 것이다. 예전에 하나님이 아담과 하와에게 세상을 정복하고 다스리라(1:28)고 말씀하신 것과는 상당히 다르다. 그러나 인간이 자연을 정복하고 다스리는 대신에 자연이 인간을 두려워하도록 축복이 대체된 것이 아니라, 정복과 다스림의 축복에 짐승들의 두려움이 추가되는 것으로 이해해야 한다(Mathews). 홍수로 인해 새로이 시작되는 세상은 처음 세상과는 많이 다르다. 노아 이후의 세상은 아담과 하와의 죄가 이미 오염시켜 놓은 세상이다. 또한, 이 세상은 사람의 생존을 위협하는 세상이다. 그러므로 하나님이 짐승들에게 두려움을 더하여 인간을 보호하고자 하신다. 시간이 지날수록 자연이 인간의 삶에 어려움을 더하는 곳이 되어 가는 것이다.

둘째, 모든 산 동물을 인간의 먹을거리로 주신다(3절). 정결한 짐승과 부정한 짐승의 구분 없이 모두 먹을 수 있다는 뜻이다(Fretheim; Waltke). 이스라엘이 오직 정결한 짐승만 먹게 된 것은 시내 산에서 율법이 주어진 이후의 일이다. 하나님이 세상을 창조할 때 사람과 짐승이 모두 채식을 해야 한다고 못 박으신 적은 없지만, 이러한 정서가 1장에 암시되어 있다. 그러나 죄가 세상에 들어온 후 이러한 기준은 모두 파괴되었다. 가인과 아벨 시대부터 사람들은 양을 키웠고, 하나님께 짐승을 제물로 바쳤다(cf. 4장). 이로 미루어 볼 때, 그들은 이미 비공식적으로 육식을 해 왔을 것으로 생각된다. 이때부터 인간이 합법적으로 고기를 먹을 수 있도록 배려하신 것이다. 만일 이러한 배려가 없다면 땅에는 아직 곡식과 과일이 자라지 않은 상태이기 때문에 노아와 그의 가족들은 생계가 당장 위협받을 수밖에 없다. 또한, 만일 하나님이 허락하지 않으신다면, 오늘날 많은 주의 백성들에게 육식은 양심에 걸리는 문제가 되었을 것이다. 그러나 그렇다고 해서 짐승들에게 행해지는 잔인함과 포악함이 정당화되는 것은 아니다(Sarna).

다만 피째 먹어서는 안 된다(4절). 고대 근동의 어떤 문화에서도 이런 규례는 발견된 적이 없다(Fretheim). 오직 성경에서만 발견되는 독특한 정서이다(cf. 레 17:10-14; 신 12:15-27; 행 15:20; 21:25). 이 금지령 또한 옛적 일을 생각나게 한다. 하나님이 아담에게 에덴동산에 있는 모든 나무의 열매를 먹을 수 있지만, 딱 하나 선악을 알게 하는 나무의 열매는 먹어서는 안 된다고 하셨다(2:17). 그때처럼 이번에는 모든 짐승을 먹을 수 있되 피째 먹는 일은 금하신다. 피에는 생명이 있기 때문이다(5절; cf. 레 17:11). 생명이 있는 피를 먹지 못하게 하신 것은 사람들에게 생명에 대한 존엄성을 불어넣어 남의 목숨을 하찮게 여기는 일을 막기 위함이다(cf. 레 3:17; 7:2-27; 신 12:1-24). 이 금지령에 의하면, 짐승을 산 채로 먹어서는 안 되며, 죽인 후에도 반드시 피를 흘려 버린 뒤 먹어야 한다.

누구든지 남의 피를 흘리게 하는 사람은 응징을 받게 될 것이다(5절).

생명의 존엄성을 강조하는 경고이다. 사람의 생명이 왜 이렇게 소중하게 보호되어야 하는가? 모든 사람이 하나님의 형상대로 지음 받았기 때문이다(6절; cf. 1:26). 남의 피를 흘리게 하는 자는 반드시 자신도 피를 흘리게 될 것이라고 하는 짧은 구절이지만 노래로 되어 있다(6절, cf. 새번역). 진행 도중 장르가 갑자기 바뀌는 것은 그만큼 이 부분을 관심 있게 보고 마음에 새기라는 뜻이다. 피에 대한 경고를 심각하게 받아들여야 함을 암시한다.

하나님이 이처럼 소중하게 여기는 사람들을 한꺼번에 죽여야 했으니 홍수가 진행되는 동안에 얼마나 마음이 아프셨겠는가? 우리가 하나님께 드릴 수 있는 최고의 선물은 죄를 짓지 않는 것이다. 우리가 죄를 짓지 않는다면, 하나님이 우리를 벌하면서 괴로워하실 필요가 없기 때문이다. 하나님이 피를 흘린 사람들을 응징하시는 것은, 가해자에게 희생자의 핏값을 묻는 것은 친족들 개인의 책임이 아니라 사회적 의무임을 뜻한다(Mathews).

I. 아담에서 데라까지(1:1–11:32)
D. 노아와 가족들(6:9–9:29)
6. 새로운 질서와 언약(9:1–17)

(2) 새로운 언약과 증표(9:8–17)

**[8] 하나님이 노아와 그와 함께 한 아들들에게 말씀하여 이르시되 [9] 내가 내 언약을 너희와 너희 후손과 [10] 너희와 함께 한 모든 생물 곧 너희와 함께 한 새와 가축과 땅의 모든 생물에게 세우리니 방주에서 나온 모든 것 곧 땅의 모든 짐승에게니라 [11] 내가 너희와 언약을 세우리니 다시는 모든 생물을 홍수로 멸하지 아니할 것이라 땅을 멸할 홍수가 다시 있지 아니하리라 [12] 하나님이 이르시되 내가 나와 너희와 및 너희와 함께 하는 모든 생물 사이에 대대로 영원히 세우는 언약의 증거는 이것이니라 [13] 내가 내 무지개를 구름 속**

**에 두었나니 이것이 나와 세상 사이의 언약의 증거니라 [14] 내가 구름으로 땅을 덮을 때에 무지개가 구름 속에 나타나면 [15] 내가 나와 너희와 및 육체를 가진 모든 생물 사이의 내 언약을 기억하리니 다시는 물이 모든 육체를 멸하는 홍수가 되지 아니할지라 [16] 무지개가 구름 사이에 있으리니 내가 보고 나 하나님과 모든 육체를 가진 땅의 모든 생물 사이의 영원한 언약을 기억하리라 [17] 하나님이 노아에게 또 이르시되 내가 나와 땅에 있는 모든 생물 사이에 세운 언약의 증거가 이것이라 하셨더라**

하나님이 인간과 직접 언약을 세우신 일은 이때까지 없었다. 언약에 가장 가까운 예는 아담에게 동산의 모든 나무의 열매는 먹어도 선악과는 먹지 말라고 하신 명령이다. 이것은 선악과를 먹는 날에는 정녕 죽게 될 것이라는 경고가 담긴 금지령이다. 일부 신학자들은 이것을 아담 언약이라고 부르기도 하는데, 사실 언약이라고 하기에는 아쉬운 부분이 많다. 이제 하나님은 제2의 아담이 되어 새로운 인류를 시작하는 노아와 구체적인 언약을 맺으신다. 이 언약은 결코 물릴 수 없음을 강조하기 위하여 11절에서 "다시는"이라는 말을 두 차례나 사용하신다 (Mathews).

이 섹션은 다음과 같은 구조로, 언약의 증표인 무지개를 중심으로 교차대구법적으로 형성되어 있다.

A. 언약을 세우리라(9-11절)
  B. 언약의 증거(12a절)
    C. 언약이 "영세에까지 유효하리라"(12b절)
      D. 무지개 증표(13-16a절)
    C′. 언약이 "영원하리라"(16b절)
  B′. 언약의 증거(17a절)
A′. 언약을 세웠다(17b절)

노아의 아들들뿐 아니라 그들의 후손과 심지어 방주에서 나온 모든 짐승까지도 이 언약의 대상이 된다(9-10절). 하나님의 축복은 자연과 인간에게 공동으로 주신 약속으로 이어진다. 다시는 홍수를 통한 심판이 없을 것이라는 하나님의 약속이다. 그리고 약속의 증표로 무지개를 주셨다. 홍수 이전에 무지개가 존재했는지는 중요하지 않다. 아마도 창조 때부터 있었을 것이다(cf. Fretheim). 중요한 것은 이 순간부터 무지개에 인류와 자연의 보존을 위한 새로운 의미가 부여되었다는 것이다.

히브리어 원문에는 사실 무지개(rainbow)가 아닌 단순히 "활"(קֶשֶׁת; bow)로 표기되어 있다(13절). 활은 전쟁이나 사냥에 쓰이던 무기이다. 적대적 행위의 상징인 것이다. 여기서는 하나님이 세상을 심판하면서 사용했던 무기를 더 이상 사용하지 않고 하늘에 두셨으며, 그 활의 방향이 더 이상 세상[땅]을 향하지 않고 세상 밖을 향하고 있다는 뜻이다(Kline). 이날 이후로 무지개는 하늘과 땅 사이에 펼쳐지는, 온 우주를 끌어안는 하나님의 자비하심의 상징이 된다(Delitzsch).

사실 무지개는 인간을 위한 것이라기보다는 하나님을 위한 것이다(Fretheim). 하나님이 무지개를 볼 때마다 노아와 맺은 언약을 기억하시겠다고 했기 때문이다(15절). 무지개는 하나님께 세상과의 언약을 상기시켜 드리는 증표인 것이다. 그러나 언약의 수혜자인 우리도 무지개를 볼 때마다 하나님이 노아와 맺으신 언약을 생각하며 감사해야 한다. 아무리 큰 비가 내려도 두려워하지 않을 수 있는 것은, 비로 인해 인류의 종말이 오지는 않을 것을 확신하기 때문이다(Luther). 무지개는 또한 인간의 죄에도 불구하고 세상이 지속될 것이라는 증표이기도 하다.

I. 아담에서 데라까지(1:1-11:32)
D. 노아와 가족들(6:9-9:29)

## 7. 노아와 아들들(9:18-29)

**[18] 방주에서 나온 노아의 아들들은 셈과 함과 야벳이며 함은 가나안의 아버지라 [19] 노아의 이 세 아들로부터 사람들이 온 땅에 퍼지니라 [20] 노아가 농사를 시작하여 포도나무를 심었더니 [21] 포도주를 마시고 취하여 그 장막 안에서 벌거벗은지라 [22] 가나안의 아버지 함이 그의 아버지의 하체를 보고 밖으로 나가서 그의 두 형제에게 알리매 [23] 셈과 야벳이 옷을 가져다가 자기들의 어깨에 메고 뒷걸음쳐 들어가서 그들의 아버지의 하체를 덮었으며 그들이 얼굴을 돌이키고 그들의 아버지의 하체를 보지 아니하였더라 [24] 노아가 술이 깨어 그의 작은 아들이 자기에게 행한 일을 알고 [25] 이에 이르되 가나안은 저주를 받아 그의 형제의 종들의 종이 되기를 원하노라 하고 [26] 또 이르되 셈의 하나님 여호와를 찬송하리로다 가나안은 셈의 종이 되고 [27] 하나님이 야벳을 창대하게 하사 셈의 장막에 거하게 하시고 가나안은 그의 종이 되게 하시기를 원하노라 하였더라 [28] 홍수 후에 노아가 삼백오십 년을 살았고 [29] 그의 나이가 구백오십 세가 되어 죽었더라**

저자는 노아의 이야기가 시작될 무렵에 그가 에녹처럼 하나님과 "동행했다"고 기록하여 노아도 혹시 에녹처럼 이 세상에서 죽음을 맛보지 않는 특별한 은혜를 누리게 될 것인가 하는 관심을 불러일으켰다(cf. 6:9). 그러나 노아는 자기 인생의 마침표를 의롭게 찍지 못하여 결국 "죽었다"는 기록을 남긴다(29절). 우리는 노아의 이야기를 읽어 내려가며 그가 하나님의 심판을 받아 죽어 간 사람들과 다르지 않을까 하는 기대를 해보았다. 그가 하나님의 심판을 받아 죽지 않았으니, 홍수로 죽어 간 사람들과는 분명 다른 면모를 지녔을 것이라고 생각한 것이다. 그러나 그를 통해 새롭게 시작될 인류에 대하여 실망할 뿐이다. 홍수 이후에도 인간의 타락은 변함이 없었다. 심지어 온 인류가 수장되는 것을 보고도 악한 본성이 바뀌지 않았다. 그러니 주님의 은혜가 아니면 구원에 이르는 것은 둘째치고 세상에서 경건하게 사는 일조차 불가능하다는 것이 아니겠는가!

노아가 어떤 죄를 얼마나 많이 지었는가를 알 길은 없다. 다만 우리에게 주어진 정보는 그가 술에 취했다는 것이다(21절). 저자는 술 취함을 죄라고 직접적으로 정의하지는 않는다. 그러나 훗날 야곱이 자신의 결혼식 날 "코가 비뚤어지게" 술을 마신 탓에 신부가 누구인지도 모르고 첫날밤을 보냈다가 낭패를 본 사실을 생각하면 술 취함은 하나님의 백성이 지향할 일이 결코 아님을 알 수 있다. 신약에서는 술에 취하지 말고 성령에 취하라며 술 취함에 대한 부정적인 시각을 우회적으로 드러낸다. 또한, 노아가 술 취하여 "벌거벗은 것"은 창세기 3장에 묘사된 죄인들의 모습과 흡사하다는 것을 감안할 때, 술 취한 노아의 모습은 죄인의 모습임이 확실하다. 실제로 이 이야기와 2-3장에 기록된 아담과 하와의 죄 이야기는 다음과 같은 공통점을 가지고 전개된다(Sailhamer).

| 창세기 2-3장 | 창세기 9:18-29 |
|---|---|
| a. 하나님이 동산을 일구셨다(2:8) | a. 노아가 포도나무를 심었다(20절) |
| b. 여자가 열매를 먹었고… 남자도 먹었다 | b. 노아가 포도주를 마셨다 |
| c. 그들의 눈이 밝아졌다(3:7) | c. 노아가 자기 장막에서 술에 취하여 하체를 드러냈다(21절) |
| d. 그들은 자신들이 벗은 것을 보았다(3:7) | d. 함이 그[노아]의 벗은 것을 보았다(22절) |
| e. 그들은 자신을 위하여 옷을 만들었다(3:7) | e. 그들은 자기 어깨에 옷을 걸었다(23절) |
| f. 그들은 나무 사이로 숨었다(3:8) | f. 그들은 아버지의 벌거벗음을 덮어 주었고… 보지 않았다(23절) |
| g. 하나님이 물으셨다: "어디 있느냐?"(3:9) | g. 노아는 자기 아들이 무엇을 했는지 알게 되었다(24절) |

| 창세기 2-3장 | 창세기 9:18-29 |
|---|---|
| h. 여자의 "씨앗"을 통한 약속(3:15) | h. "씨앗"을 통한 축복이 셈에게 약속되었다(27절) |

본문은 아담의 타락을 기록하고 있는 2-3장처럼 노아의 타락을 회고하고 있다. 아담과 노아가 기회를 얻자마자 타락하는 것이 못내 아쉽다.

노아는 홍수가 끝난 후 포도나무를 가꾸는 농부가 되었다(20절). 하루는 포도주를 마시고 자신의 장막에 벌거벗은 채로 누웠다. 함은 그의 벌거벗은 모습을 보고 아무런 대책을 세우지 않았다. 결국, 그의 아들 가나안이 노아의 저주를 받는다. 대부분의 주석가들은 이 사건을 문자적으로 해석한다. 그렇게 해석해야 그의 형제들이 뒷걸음질쳐 들어가 아버지의 부끄러움을 가렸다는 점이 무난히 설명될 수 있기 때문이다. 그러나 간혹 다른 해석을 제시하는 사람들이 있다. 함이 아버지의 아내, 즉 자기 어머니를 범했고 그 결과 가나안이 태어났기 때문에 노아가 그를 저주한 것이라는 주장이 있다(Basset). 함이 아버지를 거세했고, 그로 인해 노아가 다시는 자식을 낳지 못하게 되었다는 해석도 있고, 함이 잠자고 있는 아버지를 성폭행, 즉 동성애 행위를 했다는 해석도 있다. 함을 관음증(觀淫症) 환자로 보기도 한다(Leupold). 참으로 어이없는 해석들이다. 이야기의 핵심은, 셈과 야벳은 아버지를 존경하여 그의 부끄러움을 덮어 주려고 했는데, 아버지에 대한 존경심이 없는 함은 경솔하게 행동했다는 데 있다.

혼란스러운 것은, 함이 실수를 했는데 왜 그의 아들 가나안이 대가를 치러야 하느냐는 것이다. 옛 유대인 주석가들은 본문에서 [가나안의] "아버지"가 빠져 버린 것으로 간주하기도 했다(Saadia; Ibn Janah; cf. Rashi). 저주를 받은 사람이 가나안이 아니라, 가나안의 아버지 함이라는 것이다. 본문이 언급하지는 않지만, 가나안도 아버지 함의 범죄에 가담했다는 주장이 제시되기도 한다(Sarna). 더 흥미로운 해석은 함이 술에 취해 잠든 노아를 거세했기 때문에 술에서 깬 노아가 자신은 더 이상 넷째 아들을 낳을 수 없게 되었다는 사실을 깨닫고는, 함이 아니라 함의 아들 가나안을 저주했다는 것이다(Genesis Rabba 36:7). 참으로 상상력이 풍부한 이야기들이다. 함과 그의 아들 가나안이 함께 노아를 거세했는데, 본문에서 세부적인 내용이 많이 빠져 버렸기 때문에 이런 결과를 초래한 것이라는 해석도 있다(Fretheim).

이 이야기의 목적은 함의 잘못을 탓하는 것이 아니라 그의 아들 가나안이 저주를 받았다는 사실을 강조하는 데 있다(Mathews). 그래서 함의 행동과 가나안 사람들이 받은 저주의 연관성에 대하여 자세하게 언급하지 않고 결과만 기록하고 있는 것이다. 정보가 충분히 제공되지 않은 상황에서 상상력을 지나치게 발휘하는 것은 바람직하지 않다. 함의 죄로 인하여 왜 그의 아들인 가나안이 저주를 받게 되었는가는 당분간 수수께끼로 남을 수밖에 없다.

왜 가나안이 저주를 받아야 하는가에 대한 최종적인 답변은 구약 시대, 특히 창세기 시대의 축복과 저주는 인간이 임의로 결정한 대로 이루어지는 것이 아니라는 점만 찾을 수 있을 듯하다. 이 시대에는 축복과 저주는 하나님이 하실 수 있는 일이었다. 그러므로 이삭은 에서에게 가야 할 축복을 야곱에게 주었고, 야곱은 요셉의 아들들을 축복하며 손을 바꾸었다. 노아가 아들들을 축복/저주하는 것은 그가 마음에 내키는 대로 하는 것이 아니라 하나님의 섭리에 따라 선포하는 예언이자 유언인 것이다(Mathews).

애매모호한 요소들이 있기는 하지만, 모세는 이 이야기를 통해 이스라엘이 정복해야 할 가나안 땅의 조상이 이미 오래전에 저주를 받았다는 사실을 상기시키고, 가나안 정복에 나서는 이스라엘 군대에 용기를 북돋워 주려는 듯하다. 가나안 사람들이 함의 자손이기 때문에 이스라엘의 손에 죽게 된 것은 아니다. 그들이 죽게 된 이유는 함의 자손이어서가 아니라 그들이 함처럼 악하게 행동했기 때문이다(Sarna). 라합도 가나안 사람이었지만 여호와를 경외함으로써 그와 온 집안사람들이 살 수 있었고(수 2장), 반면에 아간은 이스라엘 사람이었지만, 죄로 인해 그와 온 집안이 멸망했던 사실(수 7장) 역시 이러한 원리를 뒷받침한다.

이미 지적한 대로 홍수 이야기는 해석적인 면에서 많은 난제를 안고 있다. 그럼에도 불구하고 텍스트가 선포하고자 하는 기본적인 메시지는 명확하다. 첫째, 하나님은 결코 심판을 위한 심판은 하지 않는 분이며 하나님의 심판은 새 출발/회복을 최종적인 목표로 삼고 있다. 인간들의 죄가 기하급수적으로 늘어난 탓에 그들을 멸하셨지만, 심판 이후 노아와 가족을 통하여 인류의 새로운 시작을 계획하셨다. 둘째, 하나님은 어느 때에라도 의인들을 죄인들로부터 구분하여 따로 대하신다. 노아와 가족들이 다른 사람들과 함께 멸망하지 않은 사실이 이 점을 강조한다. 셋째, 인간의 노력과 상관없이 하나님의 자비와 은혜만이 인간을 구원할 수 있다. 비록 노아가 당대 최고의 의인이었지만, 그럼에도 불구하고 하나님의 은혜만이 그를 구할 수 있었던 것처럼 말이다.



## E. 열방과 바벨탑(10:1–11:9)

창세기에서 네 번째 톨레돗(תּוֹלְדֹת)이 등장하는 본 텍스트는 홍수 이후 노아의 아들들과 후손들이 어떻게 되었는가를 회고한다. 인류는 하나님의 축복 아래 다시 한 번 온 땅을 채울 정도로 번성한다. 그러나 이번에도 하나님의 모양과 형상대로 창조된 인간이 많아질수록 경건과 거룩이 땅을 채우는 것이 아니라, 오직 교만과 죄악이 온 땅을 채운다. 인간들은 그들을 축복하신 창조주 하나님께 감사의 제단을 쌓기는커녕 오히려 주님의 고유 영역을 침범하려 한다. 마치 에덴동산에서 아담과 하와가 하나님처럼 되기 위하여 어이없는 죄를 저지른 것처럼 말이다. 하지만 하나님은 인간이 이길 수 있는 상대가 아니다. 결국, 하나님은 "흩어짐을 면하자"는 인간들의 의지를 꺾고 그들을 온 세상에 흩으신다. 마치 동산에서 첫 사람들을 내치신 것처럼 그들을 시날 평지에서 내치신 것이다.

이 섹션은 열방의 계보를 나열하는 목록(10:1-32)과 바벨탑 이야기(11:1-9)로 구성되어 있으며, 두 파트는 서로 다른 장르로 쓰였다. 그럼에도 불구하고 두 파트는, 단어의 반복적 사용 등을 통하여 언어적으로 서로 밀접한 관계를 유지하며 함께 읽히도록 디자인되어 있다(Wenham). 학자들 대부분은 열방 목록과 바벨탑 이야기의 시대 순서가 서로 바뀐 것으로 간주한다(Aalders; Blenkinsopp; Wenham). 바벨탑 사건이 10장에 기록된 일보다 먼저 있었던 일이라는 것이다. 이들이 이렇게 생각하는 것은 10장 5절, 20절, 31절 등에 반복되는 "지역과 언어가 갈라져 나갔다"는 말 때문이다. 또한, 이 해석에 의하면, 바벨탑 사건은 에벨의 아들 벨렉의 시대에 있었던 일이다: "에벨은 두 아들을 낳았는데, 한 아들의 이름은, 그의 시대에 세상이 나뉘었다고 해서 벨렉이라고 하였다"(10:25, 새번역). '벨렉'은 '나뉘다'라는 뜻이다.

성경에서 사건의 시대 순서가 바뀌어 기록되는 것은 종종 있는 일이다. 그러나 저자가 굳이 순서를 바꿔 가면서까지 이야기를 진행해 나가는 것은 무슨 이유일까? 이 질문에 대하여는 아직까지 만족할 만한 답이 제시되지 않고 있다. 게다가 이 해석은 바벨탑 이야기 자체에 근거를 두고 있는 것이 아니라 10장의 구절들(5, 20, 25, 31절)에 근거를 두고 있다. 그렇다면 다른 가능성은 없는가?

많지는 않지만, 소수의 학자는 창세기 10-11장이 역사적인 순서에 따라 기록되었다고 주장한다(Gordon). 즉 바벨탑 사건이 있기 전에 이미 세상의 언어들이 나뉘어 있다는 것이다(cf. 10:5, 20, 31). 그렇다면 바벨탑으로 인해 빚어진 언어의 혼선은 무엇을 뜻하는가? 통용어(lingua franca)의 혼선이라고 해석한다(cf. DeWitt). 바벨탑 사건이 있기 전에 언어는 이미 각 종족이 사는 지역에 따라 나뉘어 있었고, 사람들은 자기 종족의 고유 언어와 함께 통용어를 사용하고 있었다는 것이다. 그런데 바벨탑 사건으로 인해 통용어에 혼선이 왔다는 것이 이 해석을 지향하는 사람들의 주장이다.

이러한 해석의 장점은 10장과 11장의 순서를 있는 그대로 읽으면 된다는 것과 각 민족이 사용하고 있는 언어를 하나님의 심판 결과로 보는 대신에 민족들이 서로에게서 분리되면서 나타난 자연스러운 현상으로 보는 것이다. 성경 어디에서도 민족마다 다른 언어를 구사하는 것을 부정적으로 보거나 죄의 결과로 평가하는 곳은 없다는 것을 감안할 때, 전자보다 훨씬 더 매력적인 해석으로 생각된다. 그러나 아직까지는 대부분 학자가 전자를 고수하고 있다는 점을 고려하여 신중하게 결정해야 한다. 후자에 대하여 큰 매력을 느끼지만 조금 더 신중히 처리하기 위해 전자를 수용하는 것이 바람직하다.

노아의 아들들로부터 유래한 여러 자손과 인종들, 그리고 그들이 세운 바벨탑에 관한 이야기를 회고하고 있는 본 텍스트는 다음과 같이 두 파트로 나뉜다.

A. 열방 목록(10:1-32)
B. 바벨탑(11:1-9)

I. 아담에서 데라까지(1:1-11:32)
E. 열방과 바벨탑(10:1-11:9)

## 1. 열방 목록(10:1-32)

그동안 창세기 10장은 읽기에 어렵고 별다른 의미가 없는 목록으로만 간주되어 왔다. 그러나 최근에 와서 많은 학자들이 10장과 11장에 비상한 관심을 쏟고 있다. 이 계보가 창세기의 신학과 구조를 이해하는 데 매우 중요한 역할을 한다는 것을 알게 되었기 때문이다. 이 섹션은 노아의 아들들로부터 비롯된 세상의 모든 인류가 어떻게 다양한 언어를 가지고 세계 곳곳에 흩어져 살게 되었는가를 설명한다. 아울러 11장 마지막 부분에서 12장에서부터 주인공으로 떠오를 이스라엘의 선조 아브라함이 모습을 드러낸다.

본 텍스트에 나열된 민족과 나라 들을 살펴보면 온 세상을 아우르고 있는 것이 아니라, 상당히 제한된 지역에 위치한 나라와 민족들만이 언급되고 있다. 북쪽으로 흑해와 카스피아 해 사이에 있는 코가서스(Caucasus) 산맥에서 남쪽으로 아라비아에 이르는 지역에 위치한 민족과 나라들이 포함되어 있다. 동쪽 이란에서 서쪽 그레데(Crete) 섬에 이르는 지역의 나라들이 언급된다. 모두 미래에 이스라엘의 영토가 될 가나안에서 주변을 둘러볼 때 접하는 나라와 민족들인 것이다(Sarna). 그러나 저자가 어떠한 기준이나 원리에서 이름들을 선별하여 사용하고 있는가는 아직도 풀리지 않는 수수께끼로 남아 있다. 인종별 특징, 신체적 여건, 피부 색깔, 언어 등도 세 그룹의 특성을 설명하는 데 전혀 도움이 되지 못한다. 간혹 셈, 야벳, 함의 자손들을 오늘날 세상에 존재하는 특정한 피부색을 지닌 인종들과 연결하여 해석하는 사람들이 있는데 전혀 근거 없고 무모한 주장이다.

야벳의 자손들은 가나안에서 북쪽과 서쪽 지역을 차지하고 있으며 소아시아, 그리스, 지중해 섬들이 이들의 몫이 된다. 함의 자손들은 가장 넓고 광범위한 지역을 차지하며 나일 강과 유프라테스 강을 중심으로 한 문명 지역을 차지한다. 셈의 자손들은 이란에서 메소포타미아 지역을 거쳐 시리아, 아라비아 반도에 이르는 지역을 차지한다. 목록 자체가 설명하기 어려운 것들로 가득하기 때문에 더 이상의 일반화(generalization)는 어렵다.

본문에 등장하는 이름들의 의미와 중요성을 이해하는 일에는 많은 어려움이 도사리고 있다. 본 텍스트에 언급된 상당수의 사람 이름들이 성경의 다른 곳에서는 지역이나 인종의 이름으로 등장하기 때문이다(Fretheim). 이곳에 등장하는 이름 중 10개는 복수형을 취하고 있으며 9개는 인종/지파를 뜻하는 접미사(ִי -)를 붙이고 있다. 또한, 많은 이름들에 정관사가 더해져 있다. 이런 경우에는 고유명사가 될 수 없다는 것이 일반적인 문법 이해이다. 스바와 하윌라는 함의 자손이면서, 또한 셈의 자손으로도 표기되어 있다.

10-11장에 기록된 민족/나라 수는 정확히 70이다. 야벳의 자손이 14, 함의 자손이 30, 그리고 셈의 자손이 26이다. 70이란 숫자는 우연이 아니다. 특히 "이들로부터 여러 나라 백성으로 나뉘어서 각기 언어와 종족과 나라대로 바닷가의 땅에 머물렀더라"(5절, cf. 20, 32절)에서 이외에 더 많은 나라/민족들이 있었다고 밝힌 것은, 저자가 많은 나라 중에 의도적으로 70개만을 선별하여 언급하고 있음을 암시한다. 70개 민족이 언급되는 것은 온 인류의 총체성(totality), 포괄성(comprehensiveness)을 뜻한다. 훗날 이집트로 내려간 야곱 자손들의 숫자가 70이었으며(창 46:27), 광야에서 이스라엘 공동체를 대표하는 장로들의 숫자도 70이었다(출 24:9; 민 11:24). 야곱의 자손 수와 본문이 언급하고 있는 민족의 수가 70이라는 사실이 모세의 노래를 통해 새로운 의미를 찾는다. 이러한 사실을 의식한 모세가 다음과 같은 노래를 남겼다. "지극히 높으신 자가 민족들에게 기업을 주실 때에, 인종을 나누실 때에 이스라엘 자손의 수효대로 백성들의 경계를 정하셨도다"(신 32:8).

세상의 언어들이 언제 나뉘었을까? 즉 바벨탑 사건이 언제 일어났을까? 바벨탑 사건이 10장과 11장 두 계보 사이에 있는 점을 근거로 이때쯤으로 생각하는 사람들이 많다. 전통적인 해석에 의하면, 벨렉의 시대에 있었던 일이 확실하다: "에벨은 두 아들을 낳고 하나의 이름을 벨렉이라 하였으니 그 때에 세상이 나뉘었음이요 벨렉의 아우의 이름은 욕단이며"(10:25). 벨렉(פֶּלֶג)이란 이름은 "나뉘다"(פָּלַג)란 동사에서 비롯되었으며, 세상이 나뉘었다는 것은 대륙이 나뉜 게 아니라 언어가 나뉘었다는 뜻으로 해석된다(Sailhamer; Hamilton; cf. HALOT).

전통적인 해석을 따르지 않는 사람들도 많다. 본문이 "땅(세상)이 나뉘었다"고 말하는 것을 농사를 위해 수로를 놓는다거나 혹은 지파가 지파에서 나뉘었다거나 심지어는 지진에 대한 언급이라고 해석하는 사람들도 있다. 벨렉이 아카디아어 *palgu*에서 비롯된 것으로 여겨지는데, 아카디아어로 이 단어의 의미가 "수로/지역"이란 뜻이기 때문이다(cf. NIDOTTE). 이들은 벨렉이란 이름에서 "수로의 창시자"를 보는 것이다(Sarna). 또한, 벨렉 시대 이전 사람들은 최소한 400년을 살았는데, 벨렉 이후 사람들은 200년 정도에서 수명을 다한 것에 근거하여 벨렉을 인간의 수명이 400에서 200으로 반 줄어든 것을 뜻하는 것으로 해석하기도 한다(Bekhor Shor; cf. Sarna).

그러나 전통적인 해석이 가장 설득력 있다는 것이 10장에서 3차례나 반복되는 문구에서 역력하게 드러난다: "이들로부터 여러 나라 백성으로 나뉘어서 각기 언어와 종족과 나라대로"(5절, cf. 20, 32절) 즉 바벨탑 사건은 벨렉 시대 때 있었던 일이지만, 계보를 완성하기 위하여 잠시 보류되었던 것이다.

야벳, 함, 셈에서 비롯된 민족들의 이름을 나열하고 있는 본문은 다음과 같이 구분된다. 서론(1절)과 결론(32절)이 세 아들에게서 유래된 민족들의 목록을 감싸고 있다.

A. 노아 아들들의 계보(10:1)

    B. 야벳의 자손(10:2-5)

    B'. 함의 자손(10:6-20)

    B". 셈의 자손(10:21-31)

A'. 노아 자손들의 계보(10:32)

I. 아담에서 데라까지(1:1-11:32)
E. 열방과 바벨탑(10:1-11:9)
1. 열방 목록(10:1-32)

### (1) 노아 아들들의 계보(10:1a)

**1a 노아의 아들 셈과 함과 야벳의 족보는 이러하니라**

창세기를 여러 섹션으로 나누는 톨레돗이 다시 등장한다. 새로운 이야기의 시작을 알리는 것이다. 톨레돗(תּוֹלְדֹת)은 10-11장에서 4차례 사용된다(10:1, 32; 11:10, 27). 저자가 계보를 얼마나 소중하게 다루는가는 그의 상세한 기록에서 엿볼 수 있다. 그는 왜 계보를 이렇게까지 중요시하는 것일까? 족보들을 통해 강조되는 몇 가지가 있다. 첫째, 저자는 끊임없이 족보를 거론함으로써 뿌리의 중요성을 강조하는 듯하다. 정체성 확립에 있어서 뿌리가 얼마나 큰 비중을 차지하고 있는가는 따로 설명할 필요가 없다. "나는 누구인가"는 "나는 어디서 왔는가"와 뗄 수 없는 관계에 있는 것이다. 저자는 처음 독자였던 이스라엘 사람들에게 아담 이후의 족보를 구체적이며 세부적으로 정리해 줌으로써 자신들의 정체성을 확립할 뿐만 아니라 이웃 나라들과의 관계도 적절하게 유지하도록 권고하고 있다. 과거에 대한 올바른 이해는 현재뿐 아니라 미래에까지 영향을 미친다.

둘째, 저자는 계보를 통해, 모든 인류의 아버지인 아담에게서 이스라엘의 아버지인 아브라함까지 어떻게 이어지게 되는가를 설명하고자 한다. 오늘날 성경을 읽어 내려가는 우리에게는 별문제가 아니지만, 이집트를 탈출하여 광야를 거쳐 가나안에서 새 출발을 하고자 했던 백성들에게는 그들의 조상 아브라함과 최초의 인간이 어떤 관계에 있는가는 매우 중요한 문제였을 것이다.

셋째, 저자가 계보를 통하여 강조하고자 하는 것은 계속되는 하나님의 선택이다. 아담에게는 세 무리의 자손이 있었다: 가인, 셋, 그 외.

그중 셋의 계보에서 태어난 노아를 통하여 인류가 다시 시작되었다. 노아에게도 셈, 야벳, 함 등 세 아들이 있다. 하나님은 그중 셈의 자손을 택하셨다. 셈에게도 두 무리의 자손이 있다. 에벨에게는 욕단, 벨렉 두 아들이 있다. 하나님은 그중에서 벨렉의 계보를 택하셨다. 그리고 벨렉의 5대 손이 이스라엘의 선조인 아브라함이다. 이러한 선택은 창세기가 끝날 때까지 계속된다. 그런데 하나님이 사람을 선택하시는 기준은 무엇인가? 성경은 이 사람들이 왜 택함을 입었는지 설명하지 않는다. 그러나 대부분의 선택, 특히 아브라함, 야곱 등의 선택을 보면 인간의 행위나 성품을 선택의 근거로 삼지는 않으셨음이 확실히 드러난다. 결국, 선택은 하나님의 은혜인 것이다. 우리도 하나님의 택하심을 입었다. 이 사실에 어떤 모양으로 감사하고 있는가?

| I. 아담에서 데라까지(1:1–11:32)<br>E. 열방과 바벨탑(10:1–11:9)<br>1. 열방 목록(10:1–32) |
|---|

(2) 야벳의 자손(10:1b–5)

**1b 홍수 후에 그들이 아들들을 낳았으니 2 야벳의 아들은 고멜과 마곡과 마대와 야완과 두발과 메섹과 디라스요 3 고멜의 아들은 아스그나스와 리밧과 도갈마요 4 야완의 아들은 엘리사와 달시스와 깃딤과 도다님이라 5 이들로부터 여러 나라 백성으로 나뉘어서 각기 언어와 종족과 나라대로 바닷가의 땅에 머물렀더라**

야벳은 노아의 둘째 아들이다. 위로 셈, 아래로 함이 있다. 야벳의 후손이 제일 먼저 언급된 이유는 이들이 이스라엘의 삶과 연관이 거의 없는 족속들이기 때문이다. 창세기는 계보를 소개할 때, 이스라엘과 연관성이 약한 민족들을 앞에, 연관성이 많은 민족을 뒤에 두는 성향이 있다. 가인–셋(4–5장), 욕단–벨렉(10:26–30; 11:18–26), 이스마엘–이삭(25:12–18; 25:19–26) (Mathews).

야벳의 자손들은 가나안에서 북쪽과 서쪽 지역을 차지하고 있으며 소아시아, 그리스, 지중해 섬들도 이들의 몫이 되었다. 본문에 기록된 아들은 7명이다. 그중 고멜과 야완의 자식들만 이름이 기록되었다. 기록된 야벳의 후손은 총 14명이다. 그들 중 "마곡"(מָגוֹג)이 가장 관심을 끄는 이름이다. 요한계시록에서 1000년 왕국이 지난 다음에 사탄이 마지막으로 세상에 잠시 풀릴 때 사탄의 도구가 되는 민족이 바로 마곡이다(계 20:8). 본문에 근거하여 마곡의 위치를 논하기는 어렵다. 에스겔 38–39장에 의하면 이스라엘에서 바라볼 때 최북단에 있던 나라로 추측된다. 마곡은 리디아(Lydia)(Millard; Waltke) 혹은 리디아의 왕 기게스(Gyges)로 풀이되기도 하고(Hamilton), 러시아의 남쪽으로 추정되기도 한다(Sarna).

"마대"(מָדַי)는 훗날 고레스가 정복하는 메대(cf. 왕하 17:6; 렘 51:11; 단 5:28)를 뜻하며 오늘날 이란의 북서 지역에 있었다(Waltke). 야완(יָוָן)은 훗날 그리스의 이오니아 지역에 살게 되는 헬라인들이다(Brinkman; cf. Waltke). 메섹(מֶשֶׁךְ)은 흑해의 남동쪽에 위치한 카프카스(Caucasia) 산악 지역에 살았으며 소아시아에서 유래한 민족이다(HALOT).

"이들로부터"(5절; cf. 20절)에서 "이들"은 이곳에 나열된 야벳의 모든 자손을 가리킨다. 저자가 이처럼 개괄적으로 말하는 것은 이 목록이 포괄적이지 않고 선별적임을 의미한다. 편집 의도에 따라 일부만 나열된 것이다.

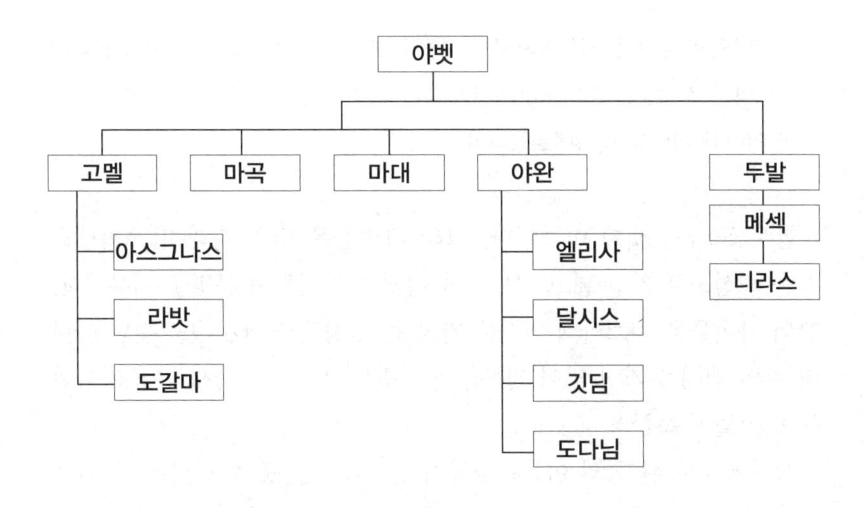


I. 아담에서 데라까지(1:1-11:32)
E. 열방과 바벨탑(10:1-11:9)
1. 열방 목록(10:1-32)

(3) 함의 자손(10:6-20)

[6] 함의 아들은 구스와 미스라임과 붓과 가나안이요 [7] 구스의 아들은 스바와 하윌라와 삽다와 라아마와 삽드가요 라아마의 아들은 스바와 드단이며 [8] 구스가 또 니므롯을 낳았으니 그는 세상에 첫 용사라 [9] 그가 여호와 앞에서 용감한 사냥꾼이 되었으므로 속담에 이르기를 아무는 여호와 앞에 니므롯 같이 용감한 사냥꾼이로다 하더라 [10] 그의 나라는 시날 땅의 바벨과 에렉과 악갓과 갈레에서 시작되었으며 [11] 그가 그 땅에서 앗수르로 나아가 니느웨와 르호보딜과 갈라와 [12] 및 니느웨와 갈라 사이의 레센을 건설하였으니 이는 큰 성읍이라 [13] 미스라임은 루딤과 아나밈과 르하빔과 납두힘과 [14] 바드루심과 가슬루힘과 갑도림을 낳았더라 (가슬루힘에게서 블레셋이 나왔더라) [15] 가나안은 장자 시돈과 헷을 낳고 [16] 또 여부스 족속과 아모리 족속과 기르가스 족속과 [17] 히위 족속과 알가 족속과 신 족속과 [18] 아르왓 족속과 스말 족속과 하맛 족속을 낳았더니 이 후로 가나안 자손의 족속이 흩어져 나아갔더라

**[19] 가나안의 경계는 시돈에서부터 그랄을 지나 가사까지와 소돔과 고모라와 아드마와 스보임을 지나 라사까지였더라 [20] 이들은 함의 자손이라 각기 족속과 언어와 지방과 나라대로였더라**

함은 노아의 셋째 아들이다. 그의 자손들은 나일 강과 유프라테스 강을 중심으로 가장 넓고 광범위한 지역을 차지하며 문명을 이루었다. 함의 자손들은 이스라엘 역사에 가장 큰 영향력을 행사했을 뿐만 아니라 주의 백성을 가장 많이 괴롭혔던 이집트, 바빌론, 아시리아, 가나안 등이 이들에 속한다.

성경에 기록된 함의 아들은 4명이다. 이들 중 붓을 제외한 세 아들의 자손들이 기록되어 있다. 붓의 경우, 자손이 없이 죽어서인지 아니면 모세 시대까지 그들의 계보가 보존되지 않아서인지 정확히 알 수는 없다. 저자가 70을 중심으로 계보를 정리하는 과정에서 숫자를 맞추다 보니 누락되었을 가능성도 있다. 칠십인역(LXX) 일부 사본은 "붓"(פוט)을 리비아로 표기했다. 그래서 오늘날 많은 사람이 붓을 리비아로 간주한다(Waltke; cf. 새번역). 그러나 이집트의 일부였던 푼트(Punt; 오늘날의 소말리아)였다는 해석도 있다(cf. Westermann). 함의 자손은 모두 30명이다.

"구스"(כוש)는 이집트 남쪽에 위치한 누비아/에티오피아를 이르는데, 오늘날의 에티오피아와는 다르다. 구스가 에덴동산에서 흐르는 강줄기와 연관되어 있다는 점을 근거로, 한때 바빌론의 북동쪽에 살았던 카스족(Kassites)이라고 하기도 한다. 성경에 의하면 구스가 니므롯의 아버지인데(8절), 니므롯이 바빌론을 다스렸기 때문이다(10절). 모세의 아내가 속했던 구스(cf. 민 12:1)가 본문에 나오는 구스라는 해석도 있다. 모세의 아내는 그가 망명하여 살았던 미디안 지역, 즉 구스 사람이었다(cf. Astour; Mathews). "미스라임"(מִצְרַיִם)은 히브리어 단어를 소리 나는 대로 쓴 명칭이다. 이 단어가 다른 곳에서는 "이집트"(מִצְרַיִם)로 번역된다(cf. HALOT). 그래서 대부분은 미스라임과 이집트를 동일시한다. 미스라임(מִצְרַיִם)은 쌍수(dual)의 형태를 취하고 있는 명사이다. 일부 주석가들은 이 단어가 하이집트(Lower Egypt)와 상이집트(Upper Egypt)를 함께 뜻하는 것으로 간주한다(Mathews). 미스라임을 통하여 이집트를 중심으로 한 족속들이 생겼다는 것이다. 가나안은 나중에 아브라함에게 주어질 약속의 땅에 거하는 족속들의 원조가 되었다.

저자가 나라와 족속을 나열하는 일을 잠시 멈추고, 불쑥 니므롯(נִמְרֹד)이란 인물에 관한 이야기를 한다(9-12절). 니므롯은 "반역"이란 뜻이다. 그가 이스라엘 사람들을 가장 많이 괴롭혔던 바빌론과 아시리아(니느웨)를 창시한 사람이기 때문이다. 니므롯은 매우 힘이 세었으며 무력 사용에 있어서 주저함이 없는 잔인한 사람이었다. 그렇기에 그가 이룬 모든 업적은 폭력으로 얻어진 것이라 할 수 있다(Mathews). 저자는 이때까지 세상에 이런 사람이 없었다고 묘사함으로써 니므롯을 통해 인류가 새로운 전기, 곧 폭력을 남용하는 시대로 접어들었음을 암시한다. 니므롯이 실제로 누구를 가리키는가에 대하여 다양한 실제 또는 가상(신화에 등장하는) 인물들이 제시된다. 그중 가장 유력한 자는 아카드(Akkad)의 사르곤 왕(Sargon, 주전 2350-2295년)인데 만족스러운 답은 못 된다(Waltke; cf. Mathews). "주님께서 보시기에도 힘이 센 니므롯과 같은 사냥꾼"(9절, 새번역)이란 속담이 긍정적인 의미인지 아니면 부정적인 의미인지 다소 논란이 있기는 하지만, 대부분의 주석가들은 부정적인 것으로 간주한다.

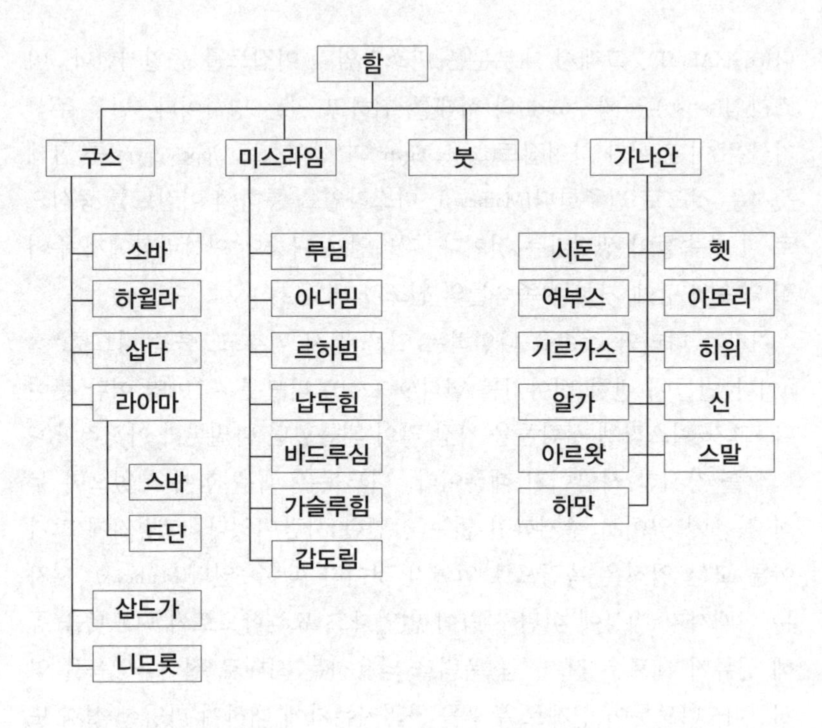




(4) 셈의 자손(10:21–31)

[21] 셈은 에벨 온 자손의 조상이요 야벳의 형이라 그에게도 자녀가 출생하였으니 [22] 셈의 아들은 엘람과 앗수르와 아르박삿과 룻과 아람이요 [23] 아람의 아들은 우스와 훌과 게델과 마스며 [24] 아르박삿은 셀라를 낳고 셀라는 에벨을 낳았으며 [25] 에벨은 두 아들을 낳고 하나의 이름을 벨렉이라 하였으니 그 때에 세상이 나뉘었음이요 벨렉의 아우의 이름은 욕단이며 [26] 욕단은 알모닷과 셀렙과 하살마웻과 예라와 [27] 하도람과 우살과 디글라와 [28] 오발과 아비마엘과 스바와 [29] 오빌과 하윌라와 요밥을 낳았으니 이들은 다 욕단의 아들

**이며 [30] 그들이 거주하는 곳은 메사에서부터 스발로 가는 길의 동쪽 산이었더라 [31] 이들은 셈의 자손이니 그 족속과 언어와 지방과 나라대로였더라**

여인의 씨앗(3:15)을 보존하게 될 셈의 계보이다. 셈의 다섯 아들 중에서도 유독 아르박삿의 자손들에게 저자의 관심이 집중된다. 더 나아가 아르박삿의 4대 손인 욕단과 벨렉에 이르러서 계보가 둘로 나뉜다. 하나님의 선택을 받지 못한 욕단의 계보가 먼저 제시되고(10:26-30), 주님의 선택을 받은 벨렉의 계보는 나중에 가서야 등장한다(11:18-26). 창세기는 선택받은 자의 계보를 항상 뒤에 둔다(cf. 4-5장에 기록된 가인의 계보와 셋의 계보).

셈의 자손들은 이란에서 메소포타미아 지역을 거쳐 시리아, 아라비아 반도에 이르는 지역을 차지했다. 셈의 자손들 중 총 26명의 이름이 기록되어 있다. 셈의 자손들은 오늘날 아랍 땅을 중심으로 나라를 펼쳐 나간다. 앗수르(אַשּׁוּר)(22절)는 오늘날의 시리아를 말하며, 이스라엘을 계속 위협하는 나라가 된다. 아람(אֲרָם)(22절)은 오늘날의 이라크 지역을 말하며 선조들 이야기와 연관된 중요한 곳이다.

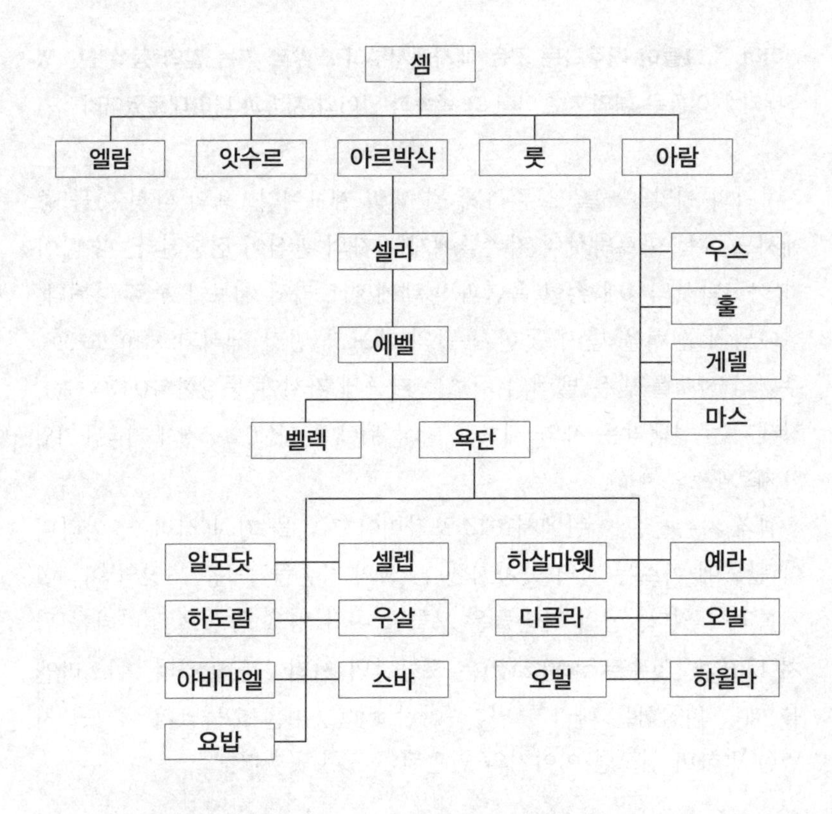


| I. 아담에서 데라까지(1:1–11:32)<br>E. 열방과 바벨탑(10:1–11:9)<br>1. 열방 목록(10:1–32) |
|---|

(5) 노아 자손들의 계보(10:32)

**[32] 이들은 그 백성들의 족보에 따르면 노아 자손의 족속들이요 홍수 후에 이들에게서 그 땅의 백성들이 나뉘었더라**

저자는 계보를 시작할 때 했던 말과 비슷한 말로 섹션을 마친다. 본문은 1절과 32절이 큰 괄호(inclusio)를 만들며 중간에 야벳-함-셈 자손들에 관한 이야기를 감싸고 있다. 그러나 32절이 1절의 내용을 그대로 반복하는 것은 아니고 추가적 정보를 제시한다. 이 족속들로부터 여러 민족이 나와서 세상으로 퍼져 나갔다는 말을 더한 것이다. 이로써 독자들로 하여금 다음에 등장할, 인류가 온 세상으로 "퍼져 나간 이야기"인 바벨 탑 사건에 대해 준비하도록 한다. 비록 직접적으로 언급되어 있지는 않지만, 세상의 모든 민족이 하나님께로부터 땅을 받았음을 전제한다. 하나님이 각 인종과 민족별로 살아갈 땅을 구분하여 선을 그어주신 것이다(Waltke).

지금까지의 내용을 살펴보면 아시아 또는 유럽 민족들에 대한 언급이 거의 없다. 이들은 어디서 왔을까? 다음 사항들을 생각해 보자. 10장에 등장하는 계보들은 온 세상에 사는 족속들을 빠짐없이 모두 언급하지 않는다. 훗날 이스라엘의 조상 아브라함이 받을 약속의 땅을 중심으로 인근 지역에, 그리고 이스라엘 역사에 큰 영향을 끼진 족속들과 나라들을 제시할 뿐이다. 그래서 저자는 이곳에서 언급된 나라와 민족의 숫자를 "70"으로 맞추고 있다. 이 목록은 상징적인 의미를 지닌 것이지 결코 포괄적인 열방 목록이 아니다. 따라서 여기서 다른 대륙의 민족들을 찾는 것은 무리이다. 다만 우리가 아는 것은 노아의 세 아들의 후손에서 모든 족속이 나왔다는 것뿐이다. 한국 교회에서 어떤 사람은 우리가 "단 지파" 아니면 "욕단"의 자손이라고 주장한다. 전혀 근거 없는 이야기이며 성경을 왜곡하는 행위이다.

I. 아담에서 데라까지(1:1-11:32)
E. 열방과 바벨탑(10:1-11:9)

## 2. 바벨탑(11:1-9)

저자는 10장에서 70개 민족과 나라들을 나열하며 온 세상이 다양한 족속들로 가득하게 되었음을 회고했다. 하나님이 아담과 하와에게 주셨던 "생육하고 번성하라"는 축복을 이어받은 노아의 자손들이 온 세상을 가득 채우게 되었다. 노아와 그의 가족들이 짐승들과 방주에서 나왔을 때 세상에 인류는 고작 8명밖에 되지 않았다. 인류의 보존이 염려될 정도였는데, 세월이 지나면서 하나님의 축복 아래 다시 번성하게 된 것이다. 그러나 사람의 숫자가 많아지는 것이 꼭 좋은 일만은 아니다. 우리는 이미 5-6장을 통해 세상에 사람이 많아지면 죄 또한 많아진다는 것을 알았기 때문이다.

바벨탑 사건 역시 하나님의 축복으로 세상에서 번성하게 된 인간들이 합작하여 저지른 죄이다. 인류는 다시 한 번 하나님의 선을 악으로 갚는다. 그러므로 인간이 많아지는 것이 꼭 좋은 일만은 아니다. 죄의 질을 생각해 보면 바벨탑 사건이 에덴동산에서 있었던 일보다 가벼운 것은 결코 아니다. 오히려 인류는 바벨탑 사건을 통하여 에덴동산에서 더욱 더 크고 심각한 죄를 짓는다. 옛적에 인간은 하나님처럼 되고자 하는 욕심 때문에 죄를 지었다. 그러나 이번 바벨탑 쌓기는 감히 하나님의 고유 영역을 침해하려고 드는 죄를 짓는 것이다. 단순한 불순종에서 훨씬 더 심각한 반역 죄로 발전한 것이다.

그나마 불행 중 다행은 하나님이 노아의 홍수가 있은 후에 다시는 인간 때문에 온 세상을 멸하는 일은 없을 것이라고 약속하셨다는 사실이다(8:21). 덕분에 우리는 비록 인간이 더 부패해 가더라도 온 세상이 멸망하는 일은 없을 것이라는 안도감을 가지고 이 이야기를 읽어 내려갈 수 있다.

저자는 계보가 이야기를 감싸고 있는 구조를 이미 두 차례나 사용해왔다(cf. 5:32-6:10; 6:10-9:19). 바벨탑 사건도 두 계보 사이에 끼어 있다. 첫 번째 셈족 계보(10:21-31)와 두 번째 셈족 계보(11:10-26) 사이에 바벨탑 이야기가 등장한다. 첫 번째 셈족 계보는 에벨의 아들 욕단의 후손들에 관한 것이고, 두 번째 셈족 계보는 에벨의 아들 벨렉의 후손들에 대한 것이다. 다음 사항을 생각해 보라(Hamilton).

A. 계보: 노아의 아들들(5:32)
　B. 이야기: 하나님의 아들들(6:1-8)
A′. 계보: 노아의 아들들(6:9-10)

A. 계보: 노아의 아들들(6:9-10)
　B. 이야기: 홍수(6:11-9:17)
A′. 계보: 노아의 아들들(9:18-19)

A. 계보: 셈족들(10:21-31)
　B. 이야기: 바벨탑(11:1-9)
A′. 계보: 셈족들(11:10-32)

바벨탑 사건은 노아의 홍수 이야기처럼 교차대구법적 구조와 평행적 구조를 동시에 지니고 있는 것이 특징이다. 한 이야기가 평행적 구조와 교차대구법적 구조를 함께 지닌다는 것이 흔한 일은 아니다. 히브리어와 우리말 어순이 다르고 몇몇 단어들이 번역 과정에서 정확히 번역되지 않았거나 정확한 의미가 전달되지 않아 우리말로 재현하기가 쉽지 않다. 우리말보다는 히브리어에 더 가까운 영어를 통해 구조를 살펴보고자 한다.

먼저, 교차대구법적인 구조는 다음과 같다(cf. Kikawada & Quinn). 이 구조에 의하면 이야기의 중심이 "하나님이 내려오셨다"(the Lord came down)(5절)이다. 이 문구 이후로 모든 것이 반전된다. A/A′는 서로 대조적인 정황을 제시한다. 온 세상이 한 언어를 사용한 것으로 이야기가 시작되지만(A), 결국 서로 알아들을 수 없는 여러 언어의 이야기로 끝이 난다(A′). B/B′는 한곳에 함께 머물고자 하는 인간의 욕망과 그들을 여러 곳으로 흩으시는 하나님의 의지를 대조한다. C/C′에서는 한곳에 모인 인간의 결집력과 서로의 말을 알아들을 수 없어 흩어져야 하는 인간의 나뉨이 대조를 이룬다. D/D′는 하나님을 거역하면서까지 [탑]을 건설하려는 인간의 의지와 이 일을 막기 위해 그들의 언어를 교란시키겠다는 하나님의 의지를 대립시킨다. E/E′와 F/F′은 성과 탑에 대한 대립되는 관점을 제시한다. 인간의 관점에서 성과 탑은 하늘의 통치를 거부하는 인간들이 힘을 합하여 이루어 낼 수 있는 능력의 상징이다. 하나님의 관점에서 성과 탑은 인간이 하나님의 통치를 거부하는 반역의 상징에 불과하다. G는 이야기의 중심으로 모든 것을 반전시킨다. 하나님이 인간들이 하는 일을 막기 위하여 "내려오셨다."

A "All the earth(כָּל־הָאָרֶץ) one language"(v. 1)
  B "People settle together there(שָׁם)"(v. 2)
    C "Said to each other(רֵעֵהוּ)"(v. 3)
      D "Come now, let us make bricks(הָבָה נִלְבְּנָה)"(v. 3)
        E "let us build for ourselves"(v. 4)
          F "a city and a tower"
            G "the Lord came down"(v. 5)
          F′ "the city and the tower"
        E′ "which mankind had built"
      D′ "come now. . . let us confuse(הָבָה ··· וְנָבְלָה)"(v. 7)
    C′ "[Not understand] each other(רֵעֵהוּ)"(v. 7)
  B′ "People disperse from there(שָׁם)"(v. 8)
A′ "Language of whole earth(כָּל־הָאָרֶץ)"(v. 9)

바벨탑 이야기의 평행적 구조는 다음과 같다(Waltke).[36] 이 구조는 인간이 하나님에게 반역하면서까지 일구어 내려는 프로젝트와 이 프로젝트를 무산시키시는 하나님의 심판 사이의 극한 긴장감을 조성하고 있다. 인간의 말과 하나님의 말씀이 대조를 이룬다.

Words of the people(11:1-4)
A. One language and a common speech
  B. "Come" + 2 cohortatives
    C. "Let us build ourselves a city, with a tower"
      D. Let us "make a name"
        E. Lest we be scattered over the face of earth
Words of the Lord(11:5-9)
A′. One people and one language
  B′. "Come" + cohortative
    C′. Ceased to build
      D′. Its "name" was Babel
        E. The Lord scattered them over the whole earth

위와 같은 상황을 고려하여 본 주석은 다음과 같이 바벨탑 이야기를 구분하여 주해해 나가고자 한다. 사람들이 바벨탑을 쌓기 위하여 모여듦(A)과 흩어짐(A′)이 대칭을 이루며, 대조되는 인간의 계획과 하나님의

---

36 다음과 같이 거의 비슷한 구조가 제시되기도 했다(Fokkelman; cf. Wenham).

| | | | |
|---|---|---|---|
| v. 1 | "one language"(A) | v. 6 | "one people"(A′) |
| | "one kind of speech" | | "one language" |
| v. 2 | "there"(B) | v. 7 | "there"(B′) |
| v. 3 | "each other" | | "each other" |
| v. 4 | "build . . . a city"(C) | v. 8 | "building the city"(C′) |
| | "name"(D) | v. 9 | "its name"(D′) |
| | "lest we are scattered over(E) | vs. 8, 9 | "the Lord scattered them over(E′) |
| | the face of the whole earth" | | the face of the whole earth" |

계획을 감싸고 있다.

A. 사람들이 모여듦(11:1-2)
　B. 인간의 계획(11:3-4)
　B′. 하나님의 계획(11:5-7)
A′. 사람들이 흩어짐(11:8-9)

I. 아담에서 데라까지(1:1-11:32)
　E. 열방과 바벨탑(10:1-11:9)
　　2. 바벨탑(11:1-9)

(1) 사람들이 모여듦(11:1-2)

**[1] 온 땅의 언어가 하나요 말이 하나였더라 [2] 이에 그들이 동방으로 옮기다가 시날 평지를 만나 거기 거류하며**

인류가 한 언어를 사용했다는 말로 이야기가 시작된다(1절). 서로 완벽하게 소통할 수 있었다는 뜻이다. 히브리어로 "혀"라는 뜻의 "언어"(שָׂפָה)는 구어(口語)를, "단어들"이란 뜻의 "말"(דְּבָרִים)은 문어(文語)를 가리키는 것으로 해석된다(Waltke). 저자는 "하나"(אֶחָד)를 두 차례 반복함으로써 당시 사람들이 동일한 구어와 문어를 사용하여 뜻을 같이하는 연합체를 이루었음을 시사한다. 학자들 사이에 "온 땅"(כָּל־הָאָרֶץ)을 문자적으로 해석해야 할지 아니면 일종의 과장법(hyperbole)으로 해석할지에 대해 다소 논란이 있다. 문자적으로 해석할 경우에 세상 모든 민족이 같은 언어를 사용했다는 것이고, 과장법으로 간주할 경우에는 메소포타미아 지역에 사는 민족들만 한 언어를 사용했던 것으로 해석할 수 있다. 그러나 10장에 언급된 민족과 나라들의 상당수가 메소포타미아를 벗어난 지역에 정착한 것을 감안할 때, "온 땅"은 세상 모두를 뜻하는 것으로 풀이하는 것이 바람직하다(Mathews).

이동하던 사람들이 시날 들판에 이르러서 그곳에 자리를 잡았다(2절). 10장 10절에 의하면 시날(שִׁנְעָר)은 바벨, 에렉, 악갓, 갈레 등이 있던 상대적으로 넓은 지역이다. 메소포타미아 지역 전체를 뜻하는 것으로 해석하는 사람들도 있지만(Waltke), 바벨과 수메르 지역으로 제한하여 해석하기도 한다(HALOT). 이들이 동쪽으로 가고 있었는지(개역개정, 개역한글), 아니면 동쪽에서 오고 있었는지(공동번역; 새번역) 확실하지 않다. 히브리 단어 미케뎀(מִקֶּדֶם)은 "동쪽으로부터" 또는 "동쪽으로" 모두 해석할 수 있기 때문이다. 실제로 영어 성경들도 둘로 나뉘어 있다. (1) "동쪽으로부터"(from the east)(NRS; TNK; KJV); (2) "동쪽으로"(to the east/eastward)(NAS; NIV; NAB). 가인이 아벨을 죽이고 동쪽으로 쫓겨난 뒤에 하나님의 말씀을 어기고 한 성을 건설하려고 한다는 점과 창세기에서 동쪽으로 가는 것은 흔히 좋지 않은 일과 연관되어 있다는 사실을 감안할 때(cf. 다음 단락), 이들이 서쪽에서 동쪽으로 이동하다가 이곳에 정착한 것으로 생각된다.

이들은 시날 땅에 정착하기 전에 "동쪽으로" 가고 있었다(2절). 창세기에서 "동쪽"은 분리된/쫓겨나는 사람들이 가는 방향이기도 하고(Mathews), 죄를 짓고 쫓겨 가는 곳 혹은 일을 저지르기 위하여 가는 곳이기도 하다. 아담이 죄를 짓고 에덴의 "동쪽"으로 쫓겨 갔고, 아벨을 살해한 가인 역시 "동쪽"으로 떠났다. 훗날 롯이 아브라함과 헤어지고 난 후 "동쪽" 소돔과 고모라 지역으로 가서 정착하여 살다가 전쟁 포로가 되었고, 아브라함에 의해 자유를 되찾기는 했지만(14장), 다시 그곳에서 살다가 모든 것을 잃고 떠나야 했다(19장).

이처럼 창세기에서 동쪽은 죄 혹은 죄에 대한 대가와 연결된 곳이다. 학자들은 이러한 현상을 먼 훗날 있을 이스라엘의 바빌론 포로생활과 연관시킨다. 바빌론이 이스라엘의 동쪽에 있었기에 포로로 끌려갈 때 동쪽으로 갈 것을 염두에 두고, 창세기가 이스라엘의 포로 생활을 예고하고 있다는 것이다(Sailhamer). 이런 관점에서 생각하면, 이스라엘이 이집트를 떠나 가나안에 입성할 때 요단 강을 동쪽에서 서쪽으로 건너는 일과 성막의 입구가 동쪽에 있고 법궤가 안치된 지성소가 서쪽에 있었던 일도 창세기의 동쪽에 대한 이해와 연관이 있어 보인다. 어찌 되었건 동쪽으로 가는 것은 별로 좋은 일이 아니다. 그러므로 본문에서 사람들이 동쪽으로 이동하고 있다는 것은 그들이 하나님의 축복으로부터 점점 더 멀어져 가고 있음을 뜻한다.

하나님은 아담과 하와를 창조하고 "생육하고 번성하여 땅에 충만하라"고 축복하셨다(1:26-28). 이 축복은 홍수 이후 노아와 아들들에게도 그대로 선포되었다(9:1). 하나님은 인류가 한곳에 모여 사는 것보다 온 땅에 흩어져 자연과 조화를 이루며 살기를 원하신다. 하나님은 왜 사람들이 온 세상에 흩어져 사는 것을 원하시는가? 그 해답은 인간이 세상을 정복하고 지배하는 것에 있다. 이미 1장 26-28절과 2장 주해에서 언급한 바와 같이 인간이 땅을 정복하고 지배한다는 것은, 땅을 혹사하거나 파괴한다는 뜻이 아니라 청지기로서 지혜롭게 관리한다는 뜻이다. 자연은 인간의 관리와 보살핌을 필요로 하는 것이다. 그러므로 이들이 시날 땅에 이르러서 더 이상 이동하지 않고 자리를 잡았다는 것은 자연과 더불어 살면서 그것을 보살피라는 하나님의 명령을 거역하는 일이며 하나님의 축복에 반역하는 행위가 된다(cf. Hamilton).

I. 아담에서 데라까지(1:1-11:32)
E. 열방과 바벨탑(10:1-11:9)
2. 바벨탑(11:1-9)

(2) 인간의 계획(11:3-4)

**[3] 서로 말하되 자, 벽돌을 만들어 견고히 굽자 하고 이에 벽돌로 돌을 대신하며 역청으로 진흙을 대신하고 [4] 또 말하되 자, 성읍과 탑을 건설하여 그**

**탑 꼭대기를 하늘에 닿게 하여 우리 이름을 내고 온 지면에 흩어짐을 면하자 하였더니**

한곳에 정착하여 사람들끼리 동질성과 평안을 누리는 것은 인간의 원초적인 욕망 중 하나이다. 동쪽으로 이주하다가 시날 땅에 정착한 사람들도 이러한 욕망을 실현하려 했다(Anderson). 이 이야기는 인간이 성(도시)을 건설함으로써 하나님의 뜻에 반역하고, 더 나아가 하나님을 배제한 채 자신들만의 평안을 누리려 했던 사람들의 이야기이다(Frick, Miller).

시날 땅에 정착한 사람들이 만든 공동체의 가장 두드러지는 특징은 하나된 마음이다. 저자는 3-4절에서 "자, (우리가) …을 하자"(הָבָה)는 표현을 2차례나 씀으로써 이들의 하나됨을 강조한다. 아쉬운 것은, 이들이 하나된 마음으로 하나님께 경배드리고 말씀에 순종했더라면 얼마나 좋았을까 하는 점이다. 하나님은 이들이 죄짓는 일에 한마음이 되는 것을 보고 "자, (우리도) ….하자"(הָבָה)(7절)고 비웃으며 심판을 시작하신다. 그들과 똑같은 말투를 씀으로써 자업자득, 인과응보라는 메시지를 주시는 것이다(Mathews). 3절에서는 비슷한 소리가 나는 세 쌍의 단어들이 독자의 흥미를 돋운다. "벽돌을 만들자"(נִלְבְּנָה לְבֵנִים = nilbĕnâ lĕbenîm), "견고히 굽자"(נִשְׂרְפָה לִשְׂרֵפָה =nisrĕpâ lisrēpâ), "진흙"(חֹמֶר = Hõmer)과 "역청"(חֵמָר = Hemãr).

당시 가나안에서는 건물을 지을 때 벽돌 대신 주변에 널린 돌을 사용하였다. 반면에 메소포타미아에서는 주전 4000년대부터 벽돌을 만들어 사용했다. 진흙으로 벽돌을 만들어서 말리거나 불에 구워서 사용하였는데, 이것으로 지구랏을 건설했다. 메소포타미아 지역에서 벽돌이 건축 자재로 널리 사용된 데는 흙을 쉽게 구할 수 있는 환경적 이점과 시간이 지날수록 견고해지는 벽돌의 특성이 주효했다. 저자는 벽돌로 건물을 짓는 일에 생소한 이스라엘 사람들에게 메소포타미아의 건축 방식을 설명해 주기 위해, 시날에 정착한 사람들이 탑을 건설하는 장면을 보여 주기에 앞서 벽돌 만드는 과정을 먼저 회고한다(Walton).

동쪽으로 이주하기를 멈추고 시날 땅에 정착한 사람들은 벽돌을 만들어 성읍을 만들고 탑을 쌓고자 했다(4절). 그들은 "꼭대기가 하늘에 닿을 정도로 높은 탑"을 계획했다. 일부 학자들은 이 말에 별다른 의미를 두지 않고, 단순히 마천루(skyscraper)를 짓고 싶은 건축가들의 희망을 표현한 것으로 이해한다(cf. Mathews). 그러나 하늘이 하나님의 거처를 상징하며, 하나님의 "흩어지라"는 명령을 어기면서까지 이런 일을 하는 것으로 보아 그들의 궁극적인 목적은 하나님의 고유 영역을 침해하는 것임을 알 수 있다(Waltke). 에덴동산에서 인간이 저질렀던 죄가 반복되는 것이다.

그들은 기념비적 사업을 통해 두 가지를 이루고자 했다: (1) 자신들의 이름을 남기는 것; (2) 흩어지는 일을 예방하는 것. 첫째, "이름"(שֵׁם)은 명예를 뜻한다. 성경은 하나님이 명예를 주셔야 오래간다고 말한다(cf. 12:2). 그들은 이 원리를 무시하고 자신들의 이름을 남기기 위하여 도시를 건설하고 탑을 쌓는다. 하나님을 거역하며 얻은 명예는 오래가지 못하며 수치로 기억될 뿐이다. 역설적으로 그들은 이름을 제대로 남겼다. 그들의 의도와 달리 반역자로서 이름이 기억된 것이다. 둘째, 하나님은 인간을 창조하고 흩어지라고 하셨다. 그런데 그들은 흩어지기를 두려워하며 높은 탑을 세운다. 탑이 보이는 곳에서 살겠다는 뜻이다. 사실 인간의 흩어짐은 하나님의 명령이라기보다 축복이다(1:28). 그런데 그들은 하나님의 축복을 감사히 받기는커녕 축복이 현실화되는 일에 저항하고 있다. 하나님의 선하신 뜻을 믿지 못하기 때문이다.

저자는 4절에서 "이름/명예"(שֵׁם)를 사용하여 재치 있게 언어유희를 구사한다. "이름/명예"를 뜻하는 히브리어 단어 셈(shem, שֵׁם)은 노아의 아들 셈과 철자가 같다. 또한 셈(shem)과 비슷한 샴(sham, שָׁם)은 "거기"란 뜻이다(cf. 2, 9절). 바벨탑 이야기는 "셈족"(שֵׁם)의 두 계보 사이에 삽입되어 있다. "셈"(שֵׁם)의 자손들이 "거기"(שָׁם)에 정착하였고(2절), 그곳에 자신들의 "이름/명예"(שֵׁם)를 남기기 위하여 탑을 쌓았다(4절). 그러나 하나님은 그들이 하는 일을 보시고 그들의 언어를 혼란시키기 위해 하늘에서 "거기"(שָׁם)로 내려가셨다(7절). 그리고 그들을 "거기"(שָׁם)에서부터 세계 각처로 흩으셨다(8절). 이 일로 인해 "거기"(שָׁם)는 바벨이라 이름 지어졌고, 사람들이 "거기"(שָׁם)서 흩어졌다(9절). 결국, 그들은 "이름"(שֵׁם)을 남기기는커녕 하나님의 심판을 받아 "거기"(שָׁם)서부터 온 땅으로 흩어졌다. 그들이 그렇게 원했고, 궁극적인 목적이 되었던 "이름/명예"(שֵׁם)를 내는 일은 훗날 아브라함에게 축복으로 주어진다(12:2). 하나님은 스스로 "이름"(שֵׁם)을 남기고자 하는 사람들을 심판하신다. 영원한 "명예"(שֵׁם)는 하나님이 주시는 것이기 때문이다.

I. 아담에서 데라까지(1:1-11:32)
E. 열방과 바벨탑(10:1-11:9)
2. 바벨탑(11:1-9)

(3) 하나님의 계획(11:5-7)

**[5] 여호와께서 사람들이 건설하는 그 성읍과 탑을 보려고 내려오셨더라 [6] 여호와께서 이르시되 이 무리가 한 족속이요 언어도 하나이므로 이같이 시작하였으니 이 후로는 그 하고자 하는 일을 막을 수 없으리로다 [7] 자, 우리가 내려가서 거기서 그들의 언어를 혼잡하게 하여 그들이 서로 알아듣지 못하게 하자 하시고**

사람들은 하나님의 명령과 상관없이 한곳에 모여 살기 위해 결속했고, 명예와 위상을 기념하기 위하여 큰 도시와 탑을 쌓기로 했다. 인간의 결정과 행동에 대해 하나님은 오래지 않아 반응하셨다. 공사가 끝나기도 전에 제재를 가하기로 결정하신 것이다. 하나님이 염려하신 것이 바벨탑만이 아니다. 인간이 하나님의 말씀을 거역하면서까지 탑을 짓는 데 성공하고 나면, 앞으로 점점 더 나쁜 일들을 할 수 있다는 우려도 한몫했다(6절). 문제의 핵심은 사람들이 한 언어를 쓴다는 데 있다(cf. 6절). 같은 언어를 사용함으로써 결속을 다지고 힘을 집중시킬 수 있기 때문이다. 그래서 하나님은 그들의 언어를 교란하는 방법을 쓰기로 결정하신다(7절). 문제를 원천적으로 제거하시겠다는 뜻이다.

이 섹션은 여러 가지 아이러니로 가득하다. 그들은 자신들이 쌓는 탑의 꼭대기가 하늘에 닿을 것이라고 했다(4절). 인간의 노력을 비웃기라도 하듯 하나님이 높은 곳에서 내려오신다(5절). 인간들이 쌓고 있는 탑이 아무리 대단하다 해도 하나님께는 보잘것없고 초라할 뿐이다. 얼마나 작은지 탑을 보기 위해 하나님이 하늘에서 내려오셔야 할 정도이다(5절). 탑을 쌓는 사람들은 자신들이 대단하다고 생각하지만, 하나님께는 언젠가 흙으로 돌아갈, 볼품없고 연약한 피조물에 불과하다. 그들의 인간적 한계를 강조하기 위하여, 하나님은 그들을 "사람들"(אֲנָשִׁים)(cf. 4절)이라고 부르지 않고, "아담[인간]의 아들들"(בְּנֵי הָאָדָם)이라고 부르신다(5절). 인간은 흙에서 비롯된 연약한 존재라는 뜻에서 "아담"(אָדָם)을 떠올리게 하는 것이다. 인간은 결코 하나님과 같아질 수 없는, 육신을 가진 존재라는 것이다(Mathews).

하나님이 탑을 쌓은 사람들을 보고 "이 후로는 그 하고자 하는 일을 막을 수 없으리로다"(6b절)라고 말씀하시는데, 인간이 마음만 먹으면 못할 일이 없을 것이라는 뜻이다. 어느 정도 일리가 있는 평가이긴 하지만, 사실 이 말씀은 다소 냉소적인 비아냥거림이 섞여 있는 것이다. 탑을 세우면서 스스로 위대하다고 착각하는 인간들의 생각에 장단을 맞추어 주시는 것이다. 에덴동산에서 아담과 하와를 쫓아내실 때 "이 사람이 선악을 아는 일에 우리 중 하나 같이 되었다"고 말씀하신 것을 연상케 한다(cf. 3:22). 3-4절에서 그들이 두 차례나 "자, (우리가) …하자"(הָבָה)며 서로를 독려하자 하나님도 그들과 똑같은 표현을 써서 그들의 일을 훼방하신다(7절).

I. 아담에서 데라까지(1:1-11:32)
E. 열방과 바벨탑(10:1-11:9)
2. 바벨탑(11:1-9)

### (4) 사람들을 흩으심(11:8-9)

**[8] 여호와께서 거기서 그들을 온 지면에 흩으셨으므로 그들이 그 도시를 건설하기를 그쳤더라 [9] 그러므로 그 이름을 바벨이라 하니 이는 여호와께서 거기서 온 땅의 언어를 혼잡하게 하셨음이니라 여호와께서 거기서 그들을 온 지면에 흩으셨더라**

하나님이 사람들을 온 세상으로 흩으셨다(8절). 그래서 그곳 이름이 바벨이 되었다(9절). "바벨"(בָּבֶל)은 원래 "혼잡하다/혼동하다"(בלל)(7, 9절)에서 유래된 "혼란"이란 뜻의 단어이다(HALOT). 바벨탑이 시날 땅에 있었고(2절), 니므롯이 이곳에 바빌론을 세웠던 점(10:10) 등을 종합해 볼 때 바벨은 곧 바빌론을 가리키는 말이다(Hamilton; Waltke). 바빌론은 원래 아카디아어 bab-ilu(gate of god; "신의 문")에서 유래된 이름이다. 저자는 "신의 문"을 "혼란"에 불과하다며 비하하고 있는 것이다(Mathews).

본문에서 반복적으로 사용되는 여러 개의 단어 중 하나가 "온 땅/지면"이다. "온 땅/지면"(whole earth, כָּל־הָאָרֶץ)이 5차례 반복된다(1, 4, 8, 9[2x]절). "온 땅"이 같은 언어를 사용함으로써 이야기가 시작된다(1절). 그들은 "온 땅"에 흩어지기 싫어서 탑을 쌓았다(4절). 그러나 결국에는 하나님이 그들을 "온 땅"에 흩으셨다고 세 번 강조한다(8, 9절). 온 땅이 같은 "언어"를 사용했다(1절). 언어(שָׂפָה) 역시 5차례 사용되었다. 온 세상 사람들이 죄에 동참함을 강조하기 위함이다(Sarna). 이 일은 우리에게 어떤 교훈을 주는가? 하나님은 오래전에 인간에게 "생육하고 번성하여 온 땅에 충만하고, 땅을 정복하라"는 사명을 축복으로 주셨다. 바벨탑 이야기는 인간의 어떠한 노력도 하나님의 의지와 계획을 꺾을 수 없다는 진리를 선포한다.

저자는 바벨탑 사건을 통해, 인간과 하나님의 관점이 극명하게 대립할 수 있음을 경고한다. 탑을 세운 사람들은 자신들이 하는 일을 좋게 여겨 열심히 했다. 그러나 하나님은 그들이 하는 일을 죄와 반역으로 여기셨다. 무엇이 문제인가? 인간에게 바벨탑은 자신들의 실력을 과시할 수 있는 놀라운 업적이지만, 하나님의 관점에서는 하나님께 반역하고, 하나님을 배제하는 실력 과시이며 이것은 최악의 교만인 것이다.

모세를 통해 바벨탑에 대하여 처음 들은 이스라엘 백성들이 얻었을 교훈은 명확하다. 앞으로 그들은 하늘을 찌를 듯 높은 성벽으로 둘러싸인 가나안 족속의 성읍들을 정복해야 한다(cf. 민 13:28; 신 1:28; 3:5; 9:1). 옛적에 "하늘에 닿도록" 지어졌던 바벨탑이 하나님의 심판에 힘없이 무너진 것처럼, 가나안 족속의 성읍들도 하나님의 심판을 받아 무너질 것이다. 그러므로 이스라엘은 두려워하거나 낙심하지 말고 정복 전쟁을 잘 수행하라는 권면이다. 하나님이 함께하시니 걱정할 것이 없다는 뜻이다.

비교종교학적으로 성경을 분석하는 사람들은 오래전부터 바벨탑 이야기를 고대 근동 신화와 연계시켜 보려고 했지만 여의치 않았다. 어느 신화나 역사적 자료에서도 비슷한 이야기를 찾지 못했기 때문이다(cf. "Babel," ABD). 그러다 보니 바벨탑 사건이 언제쯤 있었던 일인지를 규명하기가 쉽지 않다. 그러나 일부 사람들이 주장하는 것처럼 바벨탑 이야기는 신화나 전설이 아니다. 그 시기를 규명하는 일은 불가능하지만, 당시 사람들이 공모하여 저지른 역사적 사건임은 분명하다.

고고학적 자료들을 바탕으로 바벨탑을 탐구하는 사람들이 제시한 최선의 답은 지구랏(ziggurat)이다. 바벨탑이 단순히 지구랏을 배경으로 하는 것이 아니라 지구랏 자체라고 간주하는 사람들도 있다(Waltke). 지구랏은 엘람, 바빌론, 수메르 등에서 유행했던 신전이며 주로 계단 형태를 취했다. 사람들은 이 계단을 [하늘에 있는] 신들과 [땅에 있는] 인간을 연결하는 통로로 간주했다(cf. 창 28:12). 지구랏에 붙여진 이름들이 이러한 사실을 증거한다. 한때 수메르의 요충지였던, 오늘날 이라크 남쪽에 위치한 라르사(Larsa)에 있는 지구랏은 "하늘과 땅을 잇는 집"(The House of the Link Between Heaven and Earth)라는 이름을 지녔고, 바빌론의 지구랏은 "하늘과 땅의 토대가 되는 집"(The House of the Foundation of Heven and Earth)이라고 불렸다(Waltke).

지구랏은 사람들이 와서 예배하는 곳이라기보다는 도시를 지키는 신(들)의 궁으로 여겨져 일반인들의 출입을 금했으며 제사장들만 왕래할 수 있었다. 계단을 따라 올라가면 맨 위에 신전이 있었는데, 신들의 거처인 하늘을 모방하기 위하여 신전을 파란색으로 칠했다(cf. 4절). 일부 지구랏은 높이가 50미터 이상이 되었다고 하니 당시 상황을 고려할 때 참으로 "하늘을 찌를 듯" 높아 보였을 것이다.

바벨탑을 지구랏과 연결하는 사람들은 아브라함이 태어난 곳으로 알려진 우르(Ur)를 지배했던 수메르 왕조의 멸망에 관심을 쏟는다. 수메르의 우르 제3왕조는 지구랏에 대한 애착이 강해서 지구랏을 많이 건설한 것으로 알려졌다. 제3왕조를 시작한 우르남무(Ur-nammu; 주전 2062-2046)가 지구랏 중에서 가장 유명했던 우르 지구랏을 건설하기 시작했다. 이 왕조가 몰락할 때 수메르는 그들의 지구랏과 함께 몰락했고, 엘람 사람들과 아모리 사람들이 우르를 다스리기 시작했다. 이 해석을 주장하는 사람들은 바벨탑 사건이 수메르의 정치적 몰락을 배경으로 하고 있다고 주장한다(DeWitt). 재미있는 발상이긴 하지만 성경은 정확한 시대를 가늠할 수 있는 단서를 주지 않으며, 바벨탑의 멸망은 정치적 혼란 때문이 아닌 인간의 교만에 대한 하나님의 심판에서 비롯되었다는 점을 감안할 때 이 해석은 그다지 매력적이지 않다. 바벨탑 사건은 분명 역사적 사건이지만 그 시기는 미스터리로 남을 수밖에 없다.

우리는 창세기 1-11장에서 한 가지 공통점을 발견한다. 하나님이 축복으로 주신 좋은 것들이 죄짓는 인간들에 의하여 지속적으로 나쁜 것들로 변질되는 패턴이 있다는 것이다. 첫째, 하나님은 세상과 인간을 좋게 그리고 아름답게 창조하셨다. 그런데 인간은 타락으로 말미암아 아름다운 피조세계를 살인으로 오염시켰다. 둘째, 하나님은 홍수 전에 살았던 인간에게 장수(張數)를 주셨다. 그런데 그들이 장수하면서 무엇을 했던가? 경건하지 못한 결혼을 비롯한 온갖 죄를 지어 홍수 심판을 자처했다. 셋째, 하나님은 노아와 그의 가족을 새로운 인류의 씨앗으로 삼고 언약을 맺으셨다. 그러나 노아는 술에 취해 추태를 보였고, 그 결과 함의 아들 가나안에게 저주가 내려졌다. 넷째, 하나님이 인간에게 주신 "생육하고 번성하라"는 축복이 홍수 이후에도 실현되었다. 10장에 펼쳐진 열방에 대한 긍정적인 계보가 그 증거이다. 그러나 인간은 바벨탑 사건을 저지름으로써 하나님의 은혜에 죄로 보답한다.

창세기가 시작된 이후 지금까지 인간들이 지은 죄와 이에 대한 하나님의 심판, 그리고 그 후 일어나는 일들을 보면 다음과 같은 유형으로 정리된다. 인간이 죄를 지으면 그에 상응하는 심판이 꼭 선언된다. 그러나 집행 과정에서 형벌이 어느 정도 완화되거나 위로가 되는 증표가 뒤따른다는 것이다.

| | 죄 | 심판 선언 | 형벌 완화 |
|---|---|---|---|
| 처음 죄 | 3:6 | 3:14–19 | 3:21 |
| 가인의 아벨 살인 | 4:8 | 4:11–12 | 4:15 |
| 노아의 홍수 | 6:6, 11 | 6:7, 13–21 | 6:8, 18f. |
| 바벨탑 사건 | 11:4 | 11:6–7 | |

I. 아담에서 데라까지(1:1–11:32)

## F. 셈의 후손들(11:10–26)

**[10] 셈의 족보는 이러하니라 셈은 백 세 곧 홍수 후 이 년에 아르박삿을 낳았**

**고 [11] 아르박삿을 낳은 후에 오백 년을 지내며 자녀를 낳았으며 [12] 아르박삿은 삼십오 세에 셀라를 낳았고 [13] 셀라를 낳은 후에 사백삼 년을 지내며 자녀를 낳았으며 [14] 셀라는 삼십 세에 에벨을 낳았고 [15] 에벨을 낳은 후에 사백삼 년을 지내며 자녀를 낳았으며 [16] 에벨은 삼십사 세에 벨렉을 낳았고 [17] 벨렉을 낳은 후에 사백삼십 년을 지내며 자녀를 낳았으며 [18] 벨렉은 삼십 세에 르우를 낳았고 [19] 르우를 낳은 후에 이백구 년을 지내며 자녀를 낳았으며 [20] 르우는 삼십이 세에 스룩을 낳았고 [21] 스룩을 낳은 후에 이백칠 년을 지내며 자녀를 낳았으며 [22] 스룩은 삼십 세에 나홀을 낳았고 [23] 나홀을 낳은 후에 이백 년을 지내며 자녀를 낳았으며 [24] 나홀은 이십구 세에 데라를 낳았고 [25] 데라를 낳은 후에 백십구 년을 지내며 자녀를 낳았으며 [26] 데라는 칠십 세에 아브람과 나홀과 하란을 낳았더라**

바벨탑 사건은 벨렉을 통한 셈 자손의 두 번째 계보로 연결된다(11:10-32). 욕단을 통한 셈 자손의 첫 번째 계보가 앞서 제시되었는데(10:21-31), 이번에는 욕단의 형 벨렉의 자손들이 언급되고 있다. 욕단의 계보를 포함한 10장의 계보들과 11장의 계보 사이에는 큰 차이가 있다. 10장의 계보들은 이름 외에는 정보를 주지 않는다. 심지어 10장 마지막에 나오는 셈족 계보에도 다른 정보가 없다. 반면에 11장의 계보에는 각 사람의 나이가 정보로 주어진다. 이러한 면에서 이 계보는 5장에 등장했던 셋의 계보와 비슷하다. 이미 5장에서 언급한 것처럼, 상세한 정보가 주어지는 것은 하나님의 특별한 계획이 이 계보를 통하여 진행될 것임을 암시하는 것이다.

이 계보의 가장 중요한 포인트는 마지막에 등장하는 데라와 그의 자손들이다(11:27-32). 그들 중에 바로 아브람이 있기 때문이다. 이 계보 역시 셈에서 아브라함까지를 10대로 정리하며(cf. 4:17-22; 5:1-31) 거론되는 사람은 아브라함의 형제 나홀과 하란을 포함해 12명이다. 계보가 진행되는 양식은 5장의 셋의 계보와 동일하며 각 사람에 대한 기록이

다음과 같은 순서로 진행된다.

1. _____가 _____세에 _____를 낳았다.
2. _____를 낳은 후 _____년을 지내며 아들·딸들을 낳았다.
3. _____을 향수하고 죽었다.

| 이름 | 대를 잇는 아들을 낳았을 때 | 그 후 살아간 햇수 | 죽을 때 나이 |
|---|---|---|---|
| 셈 | 100 | 500 | 600 |
| 아르박삿 | 35 | 403 | 438 |
| 셀라 | 30 | 403 | 433 |
| 에벨 | 34 | 430 | 464 |
| 벨렉 | 30 | 209 | 239 |
| 르우 | 32 | 207 | 239 |
| 스룩 | 30 | 200 | 230 |
| 나홀 | 29 | 119 | 148 |
| 데라 | 70 | 135 | 205 |
| 아브람, 나홀, 하란 | | | |

이 계보는 아담으로부터 노아까지의 계보(5장)를 노아의 아들 셈을 통하여 아브라함에까지 지속시키는 효과를 발휘한다. 두 계보를 연결하면, 아브라함은 셈으로부터 10대, 아담으로부터 20대 자손이 된다. 아브라함은 계보가 나뉜 벨렉과 욕단의 아버지 에벨에서부터 정확히 7대 자손이기도 하다. 성경에서는 계보에 7대로 등장하는 사람이 매우 중요한 사람이다(Sasson). 계보에 언급된 사람들의 나이를 보면 시간이 지날수록 수명이 짧아지고 있음을 알 수 있다.

홍수가 있은 지 2년 만에 셈이 아르박삿을 낳았다는 것으로 셈의 계보가 시작된다(10절). 셈이 아르박삿을 낳았을 때 나이가 100세이다. 노아가 600세 되던 해에 홍수가 있었으니(7:11), 그때 셈의 나이가 98세였다. 노아는 셈을 502세에 낳은 것이다. 일부 주석가들은 이 말씀이 "노아가 셈과 함과 야벳을 낳았을 때의 나이는 오백 세였다"(5:32, 공동번역; cf. NAS; TNK; NAB)와 맞지 않는다고 생각한다. 그러나 이 말씀을 문자적으로 해석하면 세 아들은 노아가 500세가 되던 해에 낳은 쌍둥이가 되어야 하는데 가능성이 희박해 보인다. 그러므로 5장 32절은 "노아는 오백 살이 지나서, 셈과 함과 야벳을 낳았다"(새번역)의 의미로 이해되어야 한다(cf. 개정개역; NIV; NRS).

이 계보를 이스라엘 선조들, 특히 아브라함의 나이와 연결하면 문제가 상당하다. 계산해 보면 아브라함이 태어난 해는 홍수가 있은 지 292년이 되던 해이다. 그렇다면 홍수 이후에 350년을 더 살았다는 노아는 아브라함이 태어난 후에도 여전히 살아있었다는 이야기이며(cf. 9:28-29), 셈은 야곱의 시대에도 살아있었을 뿐만 아니라 아브라함이 죽은 후에도 35년을 더 살았다는 얘기가 된다. 대부분 주석가들은 홍수에서 데라까지의 292년이 현실적으로 지나치게 짧다고 생각한다(Aalders). 계보에 등장하는 사람들의 나이가 잘 보존되지 않은 탓에 오류가 생겼다고 생각하는 것이다. 게다가 사마리아 오경과 칠십인역(LXX)은 셋의 계보에서처럼(cf. 5장) 이 계보에 대해서도 마소라 사본과 다른 숫자들을 제시한다. 칠십인역의 경우, 아르박삿과 셀라 사이에 가이난이 추가됐다. 다음을 참조하라.

| 각사본별 / 이름 | 마소라 사본 | | 사마리아 오경 | | 칠십인역 | |
|---|---|---|---|---|---|---|
| | 아들을 낳을 때 | 죽을 때 | 아들을 낳을 때 | 죽을 때 | 아들을 낳을 때 | 죽을 때 |
| 셈 | 100 | 500 | 100 | 500 | 100 | 500 |
| 아르박삿 | 35 | 403 | 135 | 303 | 135 | 430 |
| 가이난 | | | | | 130 | 330 |
| 셀라 | 30 | 403 | 130 | 303 | 130 | 330 |
| 에벨 | 34 | 430 | 134 | 270 | 134 | 370 |
| 벨렉 | 30 | 209 | 130 | 109 | 130 | 209 |
| 르우 | 32 | 207 | 132 | 107 | 132 | 207 |

| 각사본별 / 이름 | 마소라 사본 | | 사마리아 오경 | | 칠십인역 | |
|---|---|---|---|---|---|---|
| | 아들을 낳을 때 | 죽을 때 | 아들을 낳을 때 | 죽을 때 | 아들을 낳을 때 | 죽을 때 |
| 스룩 | 30 | 200 | 130 | 100 | 130 | 200 |
| 나홀 | 29 | 119 | 79 | 69 | 79 | 129 |
| 데라 | 70 | 135 | 70 | 75 | 70 | 135 |
| 아브람, 나홀, 하란 | | | | | | |

저자는 데라의 세 아들에서 계보를 마친다(26절). 데라는 "70세가 된 이후에"(cf. 10:26) 아브람, 나홀, 하란을 낳았다. 노아의 세 아들 중에서 가장 중요한 위치를 차지하게 될 셈이 제일 먼저 언급되었던 점을 감안할 때, 데라의 세 아들 중에서 아브람이 가장 유력한 인물이 될 것을 예상할 수 있다.

아브라함의 이야기가 시작되기 전에 창세기 이야기가 바벨탑 사건으로 마무리되지 않은 것에서 다시 한 번 하나님의 은총을 확인한다. 만일 바벨탑 이야기로 11장이 끝났다면, 우리는 이 섹션을 슬픈 실패 이야기로 마치게 될 뿐만 아니라 미래에 대한 어떠한 소망도 기대할 수 없게 된다. 다행히 바벨탑 사건 이후에 셈의 두 번째 계보가 있어서 미래에 대한 희망을 품을 수 있게 해 준다. 바벨탑 사건 이후에도 사람들은 계속 태어났고, 12장에서부터 인류를 위한 구원과 축복의 통로가 될 아브라함이 계보의 마지막을 장식하고 있다. 바벨탑 건설에 나선 사람들의 죄마저도 하나님의 인류를 향한 축복과 구원 계획을 멈출 수 없었기 때문이다. 이런 맥락에서 본문의 계보는 절망적인 과거와 희망적인 미래를 연결해 주는 연결 고리가 된다.

이 계보의 중요성과 10절에 다시 등장하는 "톨레돗"을 고려하여 이 섹션을 10-11장과 따로 구분했다. 비록 분량이 짧기는 하지만, 따로 취급되어야 할 정도로 그 역할이 다르기 때문이다.

# II. 아브라함 이야기
(11:27–25:11)

지금까지 우리는 끊임없이 죄를 짓는 인류의 모습을 보아 왔다. 하나님은 인간의 죄악성에 아랑곳하지 않고 은혜를 베풂으로써 인류의 미래에 대한 등불을 끄지 않으셨다. 그러나 시간이 흐를수록 커져만 가는 죄의 심각성에 대하여 우리는 불안해할 수밖에 없다. 인류가 하나님의 권위에 정식으로 도전장을 낸 바벨탑 사건에 이르러서는 "정녕 인류에게 소망이 있는가?"라는 질문을 할 수밖에 없다.

이러한 불안감을 해소하는 것이 아브라함의 소명이다. 그동안 하나님이 인류를 직접 대하셨다면 이제부터는 한 개인 혹은 한 지파를 중심으로 구원의 역사를 이루어 나가실 것이다. 하나님은 인류를 구원하기 위하여 아브라함과 그의 후손들을 통로로 정하셨다. 물론 아브라함의 모든 자손을 사용하시는 것은 아니다. 하나님은 그리스도가 탄생할 때까지 아브라함의 자손 중에서 한줄기를 끊임없이 선택해 나가실 것이다. 다음 도표를 참조하라.

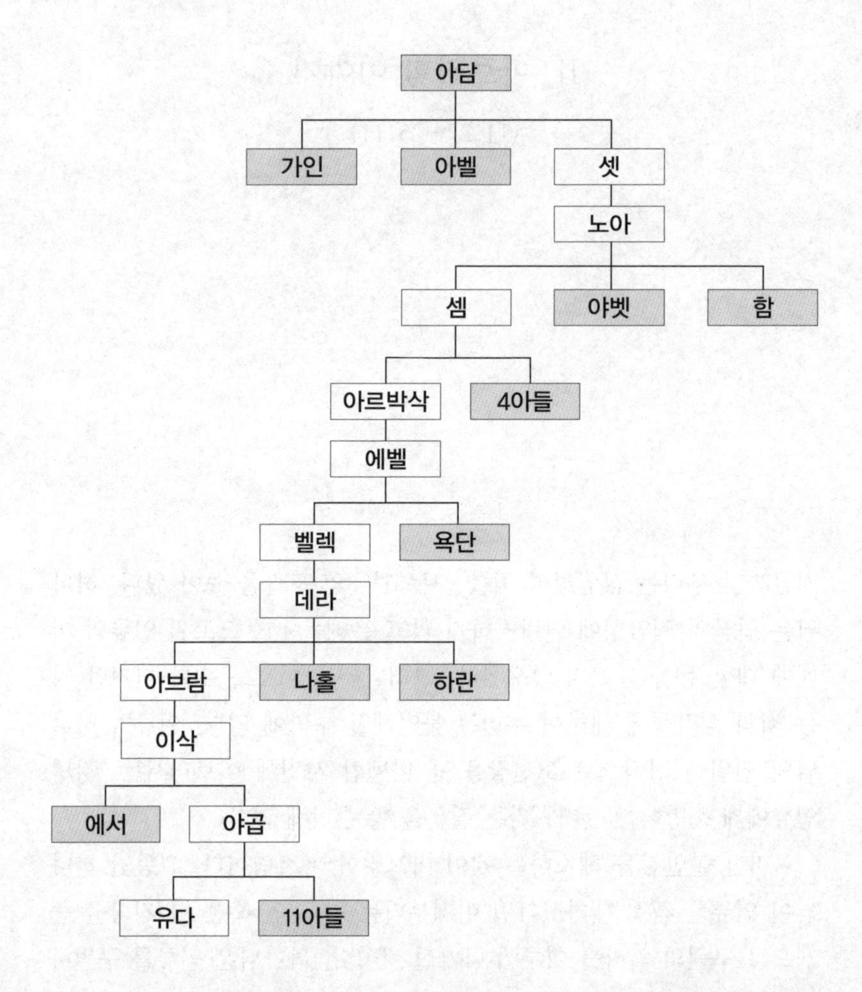


아브라함의 이야기가 시작되는 11장 26절에 톨레돗(תּוֹלְדֹת)이 등장하며 새로운 섹션이 시작됨을 알려 준다. 창세기에서 톨레돗이 11차례 등장하는데, 아브라함의 계보가 6번째이다. 아브라함의 이야기를 중심으로 이전에 5차례, 이후에 5차례 등장한다. 창세기 기록 중에 아브라함의 이야기가 가장 중심이자 중요한 위치를 차지하고 있음을 암시하는 것이다(Mathews).

아브라함의 이야기를 분석해 보면 다음과 같은 구조가 보인다(cf.

Rendsburg, Dorsey, Waltke).[37] 아쉬운 점은 23장 1절에서 25장 11절이 이 분석에 포함되지 않는다는 것이다.

A. 데라의 계보(11:27–32)
  B. 아들 약속과 아브람의 신앙생활 시작(12:1–9)
    C. 아브람의 사래에 대한 거짓말(12:10–20)
      D. 롯이 소돔에 정착함(13:1–18)
        E. 아브람의 롯을 위한 소돔과의 전쟁(14:1–24)
          F. 아브람과의 언약–이스마엘 탄생 예고(15:1–16:16)
          F′. 아브라함과의 언약–이삭 탄생 예고(17:1–18:15)
        E′. 아브라함의 소돔과 롯을 위한 중보(18:16–33)
      D′. 롯이 소돔을 떠남(19:1–38)
    C′. 아브라함의 사라에 대한 거짓말(20:1–18)
  B′. 아들 탄생과 아브라함 신앙의 클라이맥스(21:1–22:19)
A′. 나홀의 계보(22:20–24)

---

37 매튜스(Mathews)는 다음과 같은 구조를 제시한다. 아쉬운 점은 F'과 G'의 돌발적인 출연과 아브람 이야기의 중심이 하갈의 도피와 이스마엘의 탄생(F)에 있다는 점과 이 분석 역시 아브람의 이야기 전체를 포함하지 못한다는 점이다(25:11까지).

A. 데라의 계보(11:27–32)
  B. 아브람의 부르심과 첫 번째 시험(땅)(12:1–9)
    C. 이집트에서 볼모가 된 사래(12:10–13:1)
      D. 아브람과 롯(13:2–14:24)
        E. 언약 체결식(15:1–21)
          F. 하갈의 도주와 이스마엘의 탄생(16:1–16)
        E′. 언약의 증표(17:1–27)
      D′. 아브람과 롯(18:1–19:38)
    C′. 그랄에서 볼모가 된 사래(20:1–18)
          F′. 이삭의 탄생과 하갈과 이스마엘의 내침(21:1–21)
            G′. 아브람—아비멜렉 언약(21:22–34)
  B′. 아브람의 두 번째 시험(씨앗)(22:1–19)
A′. 나홀의 계보(22:20–24)

하나님의 부르심을 받아 가나안으로 온 이스라엘의 선조 아브라함의 이야기는 다음과 같이 구분될 수 있다. 그가 믿음의 조상이 되는 근간을 마련해 준 사건이 아브라함 이야기의 절정이라 할 수 있다(22장).

A. 아브람의 시작(11:27-32)
B. 아브람의 부르심과 순종(12:1-9)
C. 이집트로 내려간 아브람과 사래(12:10-13:1)
D. 아브람과 롯의 분가(13:2-18)
E. 아브람이 롯을 구함(14:1-24)
F. 언약 체결(15:1-21)
G. 아브람의 첫아들 이스마엘(16:1-16)
H. 언약의 증표 할례(17:1-27)
I. 심판과 은혜(18:1-19:38)
J. 그랄로 간 아브라함과 사라(20:1-18)
K. 약속의 아들 이삭(21:1-21)
L. 아비멜렉과 맺은 협정(21:22-34)
M. 아브라함의 시험(22:1-19)
N. 나홀의 가족(22:20-24)
O. 사라의 죽음(23:1-20)
P. 이삭의 아내 리브가(24:1-67)
Q. 아브라함의 죽음과 장례(25:1-11)

II. 아브라함 이야기(11:27-25:11)

## A. 아브람의 시작(11:27-32)

**[27] 데라의 족보는 이러하니라 데라는 아브람과 나홀과 하란을 낳고 하란은**

**롯을 낳았으며 [28] 하란은 그 아비 데라보다 먼저 고향 갈대아인의 우르에서 죽었더라 [29] 아브람과 나홀이 장가 들었으니 아브람의 아내의 이름은 사래며 나홀의 아내의 이름은 밀가니 하란의 딸이요 하란은 밀가의 아버지이며 또 이스가의 아버지더라 [30] 사래는 임신하지 못하므로 자식이 없었더라 [31] 데라가 그 아들 아브람과 하란의 아들인 그의 손자 롯과 그의 며느리 아브람의 아내 사래를 데리고 갈대아인의 우르를 떠나 가나안 땅으로 가고자 하더니 하란에 이르러 거기 거류하였으며 [32] 데라는 나이가 이백오 세가 되어 하란에서 죽었더라**

12장 이후에 본격적으로 시작될 아브람 이야기와 창조 때부터 바벨탑까지의 이야기를 회고하는 1-11장은 이 섹션을 통해 연결되어 있다. 앞뒤 이야기를 연결하는 다리 역할을 하는 것이다. 그동안 창세기의 계보들은 10개 이름을 중심으로 구성되어 왔다. 그런데 이와 달리 데라의 자손들을 언급하는 본문은 10개가 아닌 8개만 제시한다. 지금까지 제시된 기준에 의하면 이 계보는 미완성임을 암시하는 것이다. 8개 이름은 아브람 이야기를 이해하는 데 중요한 상황적 배경을 그려준다.

내용을 정리하면 다음과 같다. 이 섹션은 데라(1)의 족보라는 말로 시작한다(27a절). 데라에게서 태어난 2세들은 아브람(2), 나홀(3), 하란(4)이다(27b절). 저자는 하란이 갈대아의 우르에서 아버지보다 일찍 죽었다는 사실을 기록한다(28절). 하란(4)은 죽기 전에 아들 롯(5)과 두 딸 밀가(6)와 이스가(7)를 낳았다(29, 31절). 나홀은 죽은 형제의 딸이자 조카인 밀가(6)와 결혼했다. 아브람은 사래(8)와 결혼했다. 훗날 아브람과 사래도 이복 남매임이 밝혀진다(20:12).

그렇다면 계보의 비어 있는 두 자리를 누가 채울 것인가? 이야기의 초점이 아브람에 맞추어져 있음을 의식하는 순간, 그를 통하여 일이 진행될 것임을 직감하게 된다. 또한, 그의 아내 사래에 대하여 특별한 정보가 제공되고 있음(30절)도 앞으로 두 사람을 주목하라는 힌트이다. 이스마엘과 이삭이 아브람 이야기의 빈 두 자리를 채울 것이다(Sailhamer).

창세기 계보에서 7대나 10대째에 언급되는 인물이 중요한 위치를 차지한다는 점을 감안할 때, 이삭의 탄생은 이 계보의 미래지향적인 성격을 암시한다고 할 수 있다. 그러나 저자는 미래가 쉽지만은 않을 것을 미리 알려 준다. 아브람의 아내 사래가 임신을 못하고 있다는 사실을 귀띔질해 주기 때문이다(30절). 이 섹션이 전하고자 하는 핵심 메시지는 사래가 아이를 낳지 못했다는 사실이다. 앞으로 아브람과 사래가 부모가 되려면 하나님이 베풀어 주시는 기적이 꼭 필요하다는 것을 암시한다. 다음 구조를 참조하라(Dorsey).

A. 서론: 데라와 자손들(11:27)
  B. 가족이 갈대아 우르에서 삶; 하란이 죽음(11:28)
    C. 아브람이 사래를 취함(לקח); 나홀이 하란의 딸 밀가와 결혼함(11:29)
      X. 사래가 임신하지 못하여 아이가 없음(11:30)
    C′. 데라가 아브람과 사래, 하란의 아들 롯을 데리고(לקח) 떠남(11:31a)
  B′. 가족이 갈대아 우르를 떠나 하란에 머묾(11:31b절)
A′. 결론: 데라의 삶과 죽음 요약(11:32)

데라는 70세가 되던 해부터 세 아들을 낳았다(26절). 이러한 표현 방법은 노아가 500세 되던 해부터 아들들을 갖게 되었던 것에서 이미 그 예를 보았다(5:32). 그러므로 아브람, 나홀, 하란을 세 쌍둥이로 간주할 필요는 없다. 또한 아브람의 이름이 먼저 나왔다고 해서 그가 셋 중 맏이였다고 간주할 필요도 없다. 그가 가장 중요한 인물이기에 제일 먼저 표기되었을 수 있기 때문이다.

데라가 70세가 되어서야 아브람, 나홀, 하란을 낳았다는 것은 다소 의외이다. 그의 아버지이자 아브람의 할아버지인 나홀은 29세에 데라를 낳았다. 또한, 그의 조상들 대부분이 30세를 전후로 대를 이을 아들을 낳았다(cf. 11:12-22). 그런데 유독 데라만 70대가 되어서야 아들을 낳았다. 아브람은 하나님의 부르심을 입었던 때(75세)에도 아이가 없었으며, 100세에 가서야 비로소 이삭을 볼 수 있었다. 데라의 시대로 접어들면서 집안에 손이 귀해진 것이다. 이스라엘 선조들의 아내 리브가(25:21)와 라헬(29:31)도 아이를 낳지 못해 하나님의 자비를 구하게 된다. 저자는 인간이란 하나님이 도와주시지 않으면 자손도 마음대로 가질 수 없는 연약한 존재라는 사실을 강조하고자 하는 듯하다. "사래는 임신을 하지 못하여서, 자식이 없었다"(30절, 새번역)는 말씀은 절대적인 절망을 표현하는 비유이며 인간의 힘으로는 밝은 미래를 도저히 만들어 갈 수 없음을 선언한다(Brueggemann).

아브람이 태어났을 때 데라는 몇 살이나 되었을까? 본문에서는 도저히 알 수 없지만, 그가 205세에 죽었다는 점을 감안하고(32절), 만일 데라가 130세가 되기 전에 아브람이 태어났다면 아브람이 75세 때 가나안을 향하여 떠날 당시 데라가 살아있었다는 결론이 나온다. 즉 12장에서 "가족과 부모를 떠나라"는 말이 새로운 현실감을 갖게 되는 것이다.[38] 그러나 저자가 바라는 것은 그게 아니다. 그는 데라가 오래전에 죽은 것으로 독자들이 읽어 주기를 바란다. 12장부터 아브람의 이야기가 본격적으로 시작되기 전에 11장 말미에 "데라는 나이가 이백오 세

38 사마리아 오경은 데라가 205세가 아닌 145세에 죽었다고 말한다. 또한 스데반은 아브람이 하란에 머물다가 아버지 데라가 죽은 후에야 가나안으로 떠났다고 말한다(cf. 행 7:4). 그래서 일부 학자들은 데라가 죽은 때를 145세로 봐야 한다고 주장한다(Waltke). 마소라 사본이 데라의 나이를 잘 보존하지 못했고, 145세가 더 정확하다고 할 수는 있지만, 내러티브의 중심인물이 죽기 전에 이미 죽은 것처럼 이야기하는 성향이 성경 여러 곳에서 포착된다.

가 되어 하란에서 죽었더라"(32절)고 붙인 이유가 그것이다. 등장인물이 아직 죽지 않았는데 죽었다고 정리한 후에 곧바로 다음 등장인물의 이야기를 시작하는 이야기 전개 방식은 아브라함의 죽음을 기록하고 있는 25장 7-8절에서도 사용된다. 아브라함의 나이를 계산해 보면 야곱과 에서 쌍둥이 손주들이 태어난 다음에도 15년을 더 살다가 죽는 것으로 나오는데, 창세기 저자는 마치 그가 쌍둥이들이 태어나기 전에 죽은 것처럼 기록하고 있는 것이다.

아브람의 출신은 어디인가? 성경은 그가 "갈대아 우르"(אוּר כַּשְׂדִּים)에서 왔다고 한다(28절). 문제는 갈대아 우르가 어디에 있었느냐는 것이다. 오래전부터 우르에 대한 학자들의 견해는 둘로 나뉘어 있다. 아직도 대부분의 학자가 유프라테스 강의 남쪽에 위치한, 매우 유명했던 수메리아의 도시 우르(Ur)로 간주한다(Fretheim; Sailhamer; Waltke). 이것을 남메소포타미아설(Lower Mesopotamia Theory)이라고 한다. 이 해석은 1920-30년대에 월리 경(Sir Leonard Wolley)이 이 지역을 발굴하면서 각광을 받았다. 그는 이곳에 이신라르사(Isin-Larsa) 시대(주전 20-19세기)에 건축된 개인 집들을 발굴했으며, 구(舊)바빌론 시대(주전 19-16세기)의 유물들도 상당량 발굴했다(cf. Walton).

그런데 저자는 아브라함의 고향 우르를 언급할 때 왜 항상 "갈대아"(כַּשְׂדִּים)라는 수식어를 붙이는가? 지금까지 발굴된 토판들을 살펴보면 우르를 "갈대아 우르"라고 부른 것은 하나도 없다(Hamilton). 또한, 수메르의 우르가 "갈대아 우르"로 결코 불릴 수 없는 이유가 있는데, "갈대아"는 아람 사람들과 연관이 있는 인종이며 이들이 주전 1000년대 말까지 남메소포타미아 지역을 장악한 증거가 없다는 것이다.[39] 게다가 갈대아인은 아브람 시대에 주로 티그리스 강의 북쪽에 자리 잡고 살았다는 점을 감안할 때 잘 이해되지 않는 부분이다(Walton).

39 남메소포타미아 학설을 따르는 사람들은, 본문이 훗날 개정되는 과정에서 이 도시의 옛 이름이 "갈대아"라는 당시 이름으로 바뀌었을 뿐이라고 주장한다.

발굴된 도시 중에 티그리스 강 북쪽에 위치한 작은 마을 우르파(Urfa; 하란에서 서북쪽으로 30킬로미터 떨어져 있음)가 아브람의 고향 우르였다고 하기도 하고, 헷 족속의 도시 우라(Ura)라고 하기도 한다(Gordon; cf. Hamilton). 이것이 북메소포타미아설(Upper Mesopotamia Theory)이다. 이 해석에 따르면 아브람의 고향을 "갈대아"의 우르라고 칭한 것은 크고 유명했던 수메리아(당시 바빌론)의 우르와 구분하기 위해서다(Walton). 또한, 그의 고향을 "아람나하라임"(창 24:10, 새번역) 또는 "밧단아람"(창 28:2)으로 부르는 것도 우르가 이 지역에 있었기 때문이라고 한다. 두 지역은 티그리스 강과 유프라테스 강 사이에 위치한 북쪽 지역의 이름이다. 최근 들어서는 이 해석이 학자들 사이에 상당한 지지를 얻고 있다(Speiser; Stigers; Walton; Hamilton; Sarna).

하나님이 그를 불렀을 때 그가 하란에 살고 있었던 점(31절)도 중요한 단서이다. 하란은 오늘날 터키—시리아 국경에서 터키 쪽으로 약 15킬로미터 들어간 곳에 위치했다. 하란은 아모리 족의 중심지였으며 마리(Mari) 문서들(주전 18세기)에 의하면 이곳은 매우 중요한 상업 도시였다. 거기에는 월신(月神)으로 숭배되었던 신(Sin)의 신전이 있었다.[40] 그러나 오늘날도 많은 사람이 이 지역에 살고 있기 때문에 발굴 작업이 거의 진행되지 못하고 있다. 언젠가는 여기서 발굴된 유물들로 이곳이 아브람의 고향이었음을 증명할 날이 올지도 모른다.

아브람이 하나님의 부르심을 받은 곳이 하란이다. 그리고 가나안 땅으로 향했다. 그의 아버지 데라가 가족들을 데리고 우르를 떠나 이미 가나안 땅을 향하여 가던 중이었다(31절). 그러다가 어떠한 이유에서인지 하란에서 멈추었다. 혹시 병을 얻어서 더 이상 여행을 할 수 없었던 것일까?[41] 어찌 되었건 데라와 가족들은 하란에 정착하게 되었고, 아브

40 "공주"라는 뜻의 사래(שָׂרָי)는 신(Sin)의 아내를 가리키는 이름으로, "공주"라는 뜻의 밀가(מִלְכָּה)는 신의 딸인 이스타르(Ishtar) 여신을 가리키는 것으로 풀이되기도 한다(Waltke).

41 하란도 우르처럼 월신(月神)인 신(Sin)을 숭배하는 도시였다는 점을 근거로 데라가 종교적인 이유에서 이곳에 정착하게 되었다는 해석도 있다(cf. Mathews; Waltke).

람만 아내 사래와 조카 롯을 거느리고 가나안을 향해 떠났다. 그렇다면 아브람이 받은 소명은 아버지 데라에게 이미 주어졌던 것이 그에게 위임된 것은 아닐까?

저자는 아브람이 "갈대아 우르" 사람임을 의도적으로 상기시킨다. 11장 27-32절에서 아브람이 우르에서 태어났다는 것을 알려주었다. 이미 언급한 것처럼 아브람이 하란을 떠났을 때 그의 아버지 데라가 살아있었을 확률이 매우 높다. 그러나 저자는 11장 32절에서 데라의 죽음을 언급함으로써 아브람이 소명을 받았을 때 데라는 이미 죽은 뒤였다고 읽히도록 의도한다(Sailhamer).

이러한 "읽기 전략"(reading strategy)에 의하면, 데라가 벌써 죽은 다음에 아브람에게 주시는 "아버지의 집을 떠나라"(12:1)는 명령은 어떤 의미를 지니는가? 그의 몫으로 돌아올 유산을 포기하는 것을 의미한다(Walton). 그렇다면 하란에 정착해서 타향살이를 하고 있는 자에게 "너의 고향"을 떠나라는 명령은 어떤 중요성을 지니는가? 과거를 완전히 정리하고 새로운 곳으로 떠나 정착할 것을 의미하는 듯하다. 실제로 아브람은 가나안으로 이주한 뒤 다시 고향을 찾지 않는다. 심지어 그의 아들 이삭의 아내를 찾을 때도 종을 보낼 뿐 아들은 가나안 땅을 벗어나지 못하도록 한다.

훗날 포로로 바빌론에 강제 이주되었다가 가나안으로 귀향하는 이스라엘 백성의 모형(type)으로 아브람을 해석하는 학자들도 있다. 바빌론은 바벨탑 이야기를 통해 이미 암시된 적이 있다. 바벨탑이 무너지면서 모든 사람이 온 세상으로 흩어졌다. 훗날 갈대아는 행정상 신(新)바빌론 제국의 일부가 된다. 아브람은 바빌론에서 나온 사람으로 소개되고 있다. 그러니 아브람은 바빌론에서 탈출/출애굽(exodus)하는 모든 사람의 모형이 된다는 것이 학자들의 주장이다(Sailhamer).

II. 아브라함 이야기(11:27-25:11)

## B. 아브람의 부르심과 순종(12:1-9)

이미 언급한 것처럼 대부분 학자가 12-22장에 대하여는 어느 정도 설득력이 있는 구조를 제시하지만, 아브람의 이야기 전체(12-25장)를 아우르는 구조를 제시하는 일에는 상당한 어려움을 겪는다. 미처 다 파악하지 못해서 그럴 수도 있지만, 저자가 원래부터 12-22장과 나머지 부분을 따로 구분하고자 의도했기 때문에 전체를 반영할 구조가 없는 것일 수도 있다. 그러므로 다른 대안을 찾는 것이 오히려 현실적이고 저자의 의도에 가까이 가는 것일 수가 있다.

12장에서부터 본격적으로 시작하는 아브람의 이야기(12:1-25:18)는 크게 두 부분으로 구분할 수 있다. 이스마엘의 탄생을 중심으로 한 12-20장이 첫 섹션이며 이삭의 삶에 중점을 둔 21-25장이 두 번째 섹션이다. 첫 번째 섹션에서 아브람은 이스마엘이 언약의 아들이며 그의 대를 이을 자라고 생각한다. 그러나 저자는 이스마엘의 탄생이 아브람 일생의 가장 큰 위기이자 실패라고 말한다. 두 번째 섹션은 아브람의 대를 잇는 아들이 이스마엘이 아닌 이삭임을 회고한다. 날이 갈수록 왕성해지는 이삭이 저물어 가는 전(前) 세대를 대체해 나가는 이야기로 가득하다. 다음 구조를 참조하라(cf. Coats; Wenham; Rendsburg).

A. 사래의 위기: 아브람의 이집트 행(12:10-13:1)
  B. 롯 사건 1(13:2-14:24)
    C. 언약(15:1-21)
      D. 이스마엘의 탄생(16:1-16)
    C'. 언약(17:1-27)
  B'. 롯 사건 2(18:1-19:38)
A'. 사라의 위기: 아브라함의 그랄 행(20:1-18)

A. 이삭의 탄생과 위기(21-22장)
  B. 사라의 죽음(23장)
A'. 이삭의 결혼(24장)
  B'. 아브라함의 죽음(25장)

하란에 머물던 아브람을 하나님이 불러 가나안으로 보내신 이야기를 회고하는 본문은 다음과 같이 두 파트로 구분된다.[42]

A. 부르심과 약속(12:1-3)
B. 순종(12:4-9)

42 앞으로 전개될 이스라엘의 선조들(아브람, 이삭, 야곱, 요셉)에 대한 이야기는 여러 가지 공통점을 지녔다. 다음 도표를 참조하라.

| | 공통점 | 연관된 창세기 구절 |
|---|---|---|
| 1 | 아브람, 야곱, 요셉이 자의/타의에 의하여 고향을 떠난다. | 12:1; 28:2; 37:28 |
| 2 | 아브람, 야곱, 요셉이 형제/친척들과 다툰다. | 13:7; 27:41; 37:4 |
| 3 | 아브람, 야곱, 요셉 등 세 명은 이집트로 가고, 이삭은 이집트로 가는 길에 위치한 도시 그랄로 간다. | 12:10; 26:1; 37:28; 46:6 |
| 4 | 두 명의 아내(사래, 리브가)가 유혹을 당한다. 반면에 이집트인 보디발의 아내는 요셉을 유혹한다. | 12:14-16; 20:1-14; 26:1; 39:6-18 |
| 5 | 아브람과 야곱은 임신을 못하는 아내들과 다툰다 | 16:1-6; 29:31-30:8 |
| 6 | 하나님이 아들들을 축복으로 주신다 | 17:18-19; 25:23; 48:14; 49:8-12, 22-26 |
| 7 | 신부를 우물가에서 찾는다 | 24:15; 29:9 |
| 8 | 자손, 땅, 하나님의 축복에 대한 약속이 주어진다 | 12:1-3; 26:2-5; 28:13-14 |
| 9 | 이방인들이 이들에게 임한 하나님의 축복에 대하여 증거한다 | 21:21-22; 26:28-29; 41:39-40 |
| 10 | 모두 막벨라의 동굴에 묻힌다 | 23:1-20; 25:9; 35:27-29; 49:29-32 |

## 1. 부르심과 약속(12:1-3)

**[1] 여호와께서 아브람에게 이르시되 너는 너의 고향과 친척과 아버지의 집을 떠나 내가 네게 보여 줄 땅으로 가라 [2] 내가 너로 큰 민족을 이루고 네게 복을 주어 네 이름을 창대하게 하리니 너는 복이 될지라 [3] 너를 축복하는 자에게는 내가 복을 내리고 너를 저주하는 자에게는 내가 저주하리니 땅의 모든 족속이 너로 말미암아 복을 얻을 것이라 하신지라**

이 이야기는 노아의 이야기와 비슷한 점이 많다(cf. Sarna). 노아가 480세 되던 해에 갑자기 등장했던 것처럼 아브람도 75세 되던 해에 갑자기 주인공으로 등장한다. 저자가 노아의 이전 세월에 대해 침묵한 것처럼 아브람의 75세 이전 세월에 대해 침묵한다. 하나님의 명령이 두 사람에게 임할 때, 어떠한 예고나 준비도 없이 갑자기 임했던 것도 동일하다. 온 인류가 물 심판으로 멸망한 후, 하나님이 노아와 언약을 맺으신 것처럼, 아브람도 하나님과 언약을 체결하게 된다. 아브람과의 언약은 15장에서 구체화될 텐데, 12장 1-3절에서부터 언약 체결에 대한 기대를 갖게 한다. 노아가 제2의 창조를 의미하는 만큼이나 아브람도 새 창조를 상징한다. 노아가 새 언약을 통하여 온 세상에 축복을 가져왔는데, 아브람도 마찬가지이다. 아브람이 하나님의 말씀에 순종하면 온 인류가 그를 통하여 복을 받게 될 것이라는 약속을 받는다. 두 이야기에 사용되는 문구들도 비슷하다. 다음 사항을 참조하라 (Sailhamer).

| 노아(8:15-9:9) | 아브람(12:1-7) |
| --- | --- |
| 하나님이 노아에게 말씀하셨다(8:15) | 주께서 아브람에게 말씀하셨다(12:1) |
| 방주에서 나오거라(8:16) | 네 땅을 떠나라(12:1) |
| 노아가 나왔다(8:18) | 아브람이 길을 떠났다(12:4) |
| 노아가 주 앞에 제단을 쌓았다(8:20) | 아브람이 주께 제단을 쌓았다(12:7) |
| 하나님이 노아를 축복하셨다(9:1) | 내가 너를 축복하리라(12:2) |
| 생육하고 번성하라(9:1) | 내가 너로 큰 민족이 되게 하리라(12:2) |
| 너와 네 자손들과 언약을 세운다(9:9) | 내가 이 땅을 네 자손에게 주리라(12:7) |

더 나아가 아브람은 새로운 아담이라고 할 수 있다. 하나님이 아담을 통하여 사람들을 번성시키신 것처럼 아브람을 통하여 주의 백성을 번성시키실 것이기 때문이다. 그래서 아브람에게 주시는 축복은 아담에게 주셨던 것과 비슷한 데가 많다. 하나님이 아브람을 찾아와 가나안으로 떠나라는 말씀을 믿고 순종할 것을 요구하고, 그가 순종하면 축복하시겠다고 하는 본문은 창세기뿐 아니라 오경의 가장 중요한 말씀 중 하나라는 것이 학자들의 공통적인 견해이다(cf. Fretheim).

하나님이 아브람에게 떠나라고 말씀하시는 것으로 이야기가 시작된다(1절). 천지를 말씀으로 창조하신 주님이 아브람을 직접 찾아와 그에게 먼저 말씀하신 것이다. 이때 아브람은 아버지 데라와 함께 하란에 머물고 있었다(cf. 11:31). 훗날 순교자 스데반은 아브람의 가나안 여정을 두 단계로 회고한다(행 7:2-4). 그는 우르에 거할 때 이미 하나님의 명령을 받았으며, 명령을 실현하는 첫 단계로써 하란으로 이주한 것이다. 그런 다음 하란에서 데라가 죽은 후에 가나안으로 향했다고 한다. 그러나 이미 언급했듯이 아브람이 하란을 떠났을 때 데라는 아직 살아 있었다(cf. 11:26, 32). 하나님의 명령은 전에 알지 못했던 삶으로의 초대이다.

하나님이 아브람에게 "너의 땅"(אַרְצְךָ)(새번역)과 "너의 친척"(מוֹלַדְתְּךָ)

과 "너의 아버지의 집"(בֵּית אָבִיךָ)을 떠나라고 하시면서, 그의 떠남을 세 가지로 표현하신다(1절). 세 가지는, 남겨 두고 떠나기에 비교적 쉬운 것에서부터 어려운 것까지 순차적이다: "땅—친척—부모." "너의 땅"은 대개 고향을 뜻한다(Friedman; cf. 개역개정). 그래서 학자들은 아브람이 우르가 아닌 하란에서 태어났을 것이라고 하기도 하고, 데라의 가족이 원래 이 지역 출신이었는데 우르까지 갔었던 것이라고 하기도 한다. 또 아브람에게 소명이 주어질 때, 그가 우르에 거하고 있었는데 편집자의 실수로 여기에 기록된 것이라도 하거나 혹은 아브람이 우르에 있을 때 주셨던 소명을 하란에서 재차 확인하신 것이라고 하기도 한다(Kitchen; Mathews; Friedman).

이처럼 땅—친척—부모 등 세 가지를 구분해서 살펴볼 수도 있겠지만, 세 가지를 합하여 "눈을 꾹 감고 [떠나라]… 너의 나라를 완전히 버리고, 너 자신을 온전히 내게 줄 수 있도록 [떠나라]" 하고 아브람에게 강력한 결단을 요구하는 표현으로 볼 수도 있다(Calvin). 아브람이 이렇게 하면 하나님은 그에게 땅을 보여 주실 것이다(1c절; cf. 7절). 아브람이 "땅"을 얻고자 하면 "땅"을 포기해야 하는 것이다. 하나님이 어떤 땅인지 아브람에게 자세히 말씀하지는 않지만, 그의 아버지 데라가 가족을 이끌고 가나안으로 가는 도중에 하란에 머물렀던 점을(cf. 11:31) 감안하면, 아브람은 하나님이 어느 땅을 보여 주실 것인지 대충 짐작하고 있었다. 아브람은 순종하면 하나님이 자신을 가나안으로 인도해 주실 것을 알고 있다. 다만 가나안 지역에서 받게 될 땅의 위치나 규모를 구체적으로 알지 못할 뿐이다. 그래서 히브리서 기자는 아브람이 갈 바를 알지 못한 채 믿음으로 하나님을 따라나섰다고 말한다(히 11:8).

하나님은 아브람이 순종하면 네 가지를 주시리라 약속한다. 네 가지 축복을 담고 있는 2절이 1절의 목적 문구로 해석되기도 한다. 이렇게 해석할 경우, 1-2절은 "떠나라… (so that) 내가 너를 축복하고자 해서 [떠나라고] 하는 것이다"가 된다(Waltke). 또한, 네 가지 축복은 5개의 일인칭 선언문으로 구성되어 있다: (1) 내가 너를 [큰 민족으로] 만들리라; (2) 내가 너를 축복하리라; (3) 내가 너의 이름을 크게 하리라; (4) 내가 너를 축복하는 자들을 축복하리라; (5) 내가 너를 저주하는 자를 저주하리라(2-3a절). 이 선언문들이 언급하고 있는 "땅[영토], 축복/저주, 씨앗/자손, 가족/열방, 이름" 등은 모두 선조들 이야기에서 중요하게 전개되며 반복되는 주제들이다. 아울러 이 선언문들은, 아브람과 그의 후손들이 누릴 축복은 그들이 노력해서 스스로 이루어 내는 것이 아니라 그들을 사랑하여 선택하신 하나님의 선물임을 강조한다(Brueggemann).

하나님이 아브람에게 약속하신 첫 번째 축복은 "큰 민족"(גּוֹי גָּדוֹל)이다(2a절). 큰 민족이란 땅을 차지하는 것을 전제로 한다. 즉, 땅, 자손, 유산이 큰 자리를 차지했던 당시의 문화적 배경을 감안해 보면 이 축복은 매우 거창하게 들렸을 것이다. 이 약속은 하나님의 명령을 따르기로 결정한 아브람의 믿음의 크기를 암시한다(Sarna). 그러나 중요한 것은 아브람이 이것들을 당장 받게 되지는 않는다는 것이다. 아브람에게 미래를 바라보는 믿음의 투자를 요구하고 있다.

하나님이 아브람에게 약속하신 두 번째 축복은, 단순히 "내가 네게 복을 주겠다"라고 표현된다(2b절). 창세기가 말하는 "복"(בְּרָכָה)은 자식과 재물 등 크게 두 가지이다(Mathews). 큰 민족에 대한 약속은 이미 주셨기 때문에 이 말씀은 재물의 축복이다. 훗날 아브람의 아들 이삭이 많은 재물을 누리게 되는데, 내레이터와 주변 사람들이 그 모든 것이 여호와의 축복임을 고백한다(26:12, 29). 아브람이 순종하면 그를 절대 굶기지 않으시겠다는 하나님의 강력한 의지의 표현이다.

세 번째 축복은 "[큰] 이름/명예"(שֵׁם)이다. 아브람의 영향력이 시대와 장소를 초월하여 세상에 두루두루 퍼질 것을 뜻한다. 바벨탑을 쌓았던 사람들은 "이름"(שֵׁם)을 남기기 위하여 무모한 일을 벌였다. 그들이 하나님을 거역하면서까지 추구했던 명예가 아브람에게 주어지고 있다. 하나님이 아브람의 이름을 크게 하시겠다(גדל)고 하신다. 명예는 스스로 세우는 것이 아니라 하나님이 키워 주시는 것이다. 오랜 세월 동안 지속되는 명예는 인간이 스스로 세울 수 없기에 하나님이 높여 주실 때만 가능하다는 것이다. 하나님이 축복으로 주셔야만 명예가 우리 것이 된다.

네 번째 축복은 복의 근원이다. "너는 복의 근원이 될찌라"(הֱיֵה בְּרָכָה) (2절, 개역한글)는 문법적으로 명령문이다. 즉 "너는 복이 되라!"는 뜻이다. 믿는 사람들에게, 복을 남에게 끼치느냐 끼치지 않느냐는 선택 사항이 아니다. 하나님의 백성은 누구나 주변 사람들에게 복을 끼치라는 명령을 받은 사람들이다. 우리로 인해 세상이 조금 더 행복한 곳이 되고, 살맛 난다는 이웃의 간증이 있어야 한다. 아브람은 어떻게 해서 복의 근원이 된다는 말인가? 저자는 3절에서 구체적으로 설명한다. 누구든지 아브람을 축복하는 사람은 하나님으로부터 복을 받을 것이요, 아브람을 저주하는 사람은 하나님으로부터 저주를 받을 것이다. 히브리어 문장이 "축복하는 자"(מְבָרְכֶיךָ)는 복수로, "저주하는 자"(מְקַלֶּלְךָ)는 단수로 표기하고 있는 것에 근거하여 일부 주석가들은 아브람의 적이 그를 축복하는 자들에 비해 수적으로 적을 것임을 암시한다고 해석하기도 한다(Kimchi; cf. Sarna). 우리가 꿈꾸는 삶이 이런 것이 아니겠는가? 우리를 미워하는 사람들의 수가 우리를 좋아하는 사람들의 수에 비하여 훨씬 적을 것이라는 희망 말이다.

그뿐만 아니라 하나님은 아브람에게 "땅의 모든 족속이 너로 말미암아 복을 얻을 것이라"고 말씀하신다(3절). 주석가들 사이에서 "그들이 [너를 통하여] 복을 얻을 것이라"(נִבְרְכוּ)에 대한 해석이 세 가지로 나뉜다. 대부분의 주석가들과 번역본들이 이처럼 해석하여 수동형(passive)으로 취급하지만(개정개역; 새번역; NIV; NAS; NRS), 이 동사의 형태(niphal, ו-cons., perf., 3cp)를 재귀형(reflexive)으로 간주하여 "그들이 스스로 자신들을 축복할 것이다"로 해석하는 사람들도 있다(RSV; JPS; Westermann). 최근 들어 이것을 중간태(middle)로 간주하여 "그들이 네 안에서 복을 찾을 것이다"라고 해석하는 것이 점차 힘을 얻고 있다(NAB; Wenham). 이렇게 해석할 경우, 이 말씀은 축복의 도구인 아브람이 아니라 아브람 안에 중립적으로 존재하는 축복을 발견하는 일에 초점을 맞추는 것이다.

표면적으로는 세 해석이 별 차이가 없는 것처럼 보이나 신학적으로는 중요한 차이를 드러낸다(Speiser). 만일 수동형으로 간주할 경우, 본문은 하나님의 범인류적인 구원 계획이 아브람을 통하여 이루어질 것을 암시하는 것이 된다. 그러나 만일 재귀형으로 간주하면, 이러한 신학적 해석이 포함되지 않을 뿐 아니라 "스스로 축복하는 것"의 중요성이 무엇인지도 알 수 없게 된다. 그리고 중간태로 간주할 경우, 아브람은 모든 민족에게 그들이 어떻게 하느냐에 따라서 복이 될 수도 있고, 저주가 될 수도 있다. 이 말씀은 하나님이 아브람에게 주시는 것이며 그가 온 인류의 복의 근원이라는 점을 감안할 때, 첫 번째의 수동형 해석이 가장 설득력 있다.

아브람의 순종은 단순히 개인사로 끝나지 않고, 온 열방에 영향을 미친다. 어느 해석을 선호하든 본문은 믿는 사람들의 복이란 근본적으로 개인적인 차원을 넘어서야 한다는 것을 암시한다. 하나님의 축복은 개인의 소유가 아니다. 성령의 은사처럼 하나님의 축복은 다른 사람들을 세우고 격려하는 데 사용되어야 한다. 특히 신약은 우리가 속한 교회를 공동체라 칭하며 이 부분에 대하여 강력히 요구한다. 하나님이 우리게 은사를 주시는 것은 한 몸의 지체된 교회를 영화롭게 하기 위함이다. 이런 면에서 우리 모두는 아브람처럼 남에게 복을 끼치기 위하여 하나님의 축복을 받아야 한다.

명령의 내용과 순서를 생각해 보자. 하나님은 먼저 순종을 요구하신다. "너의 고향과 친척과 아버지의 집을 떠나라"(1절). 이 요구가 충족

될 경우 축복이 임할 것을 약속하신다: "내가 네게 복을 주리라"(2절). 마지막으로 아브람의 순종은 제삼자에게까지 복이 전해지게 한다. "너는 복이 될지라"(3절). 저자는 1-2절에서 사용되는 문법을 통하여 이 내용들의 밀접한 연관성, 즉 첫 번째 명령이 충분히 성취되는 것에 그 다음 사항들의 가부가 달려 있음을 명백히 한다(Yarchin). 축복이 있기 전에 순종이 있어야 한다는 뜻이다. 순종이 축복으로 연결되기 때문이다. 많은 사람이 "복을 주십시오" 하고 무조건 기도하지만, 기도를 드리기 전에 먼저 순종이 있어야 한다. 승리의 삶을 바라기 전에 순종을 연습해야 한다. 계시록의 "네가 죽도록 충성하라 그리하면 내가 생명의 관을 네게 주리라"(2:10)는 말씀도 상급보다는 순종이 우선임을 강조한다.

또한, 아브람의 믿음을 통하여 세상 모든 사람에게 복을 끼친다는 것은 그의 순종이 단순히 개인적인 축복을 가져다주는 것으로 끝나지 않을 것을 암시한다. 아브람이 순종하면, 온 세상이 그의 순종으로 말미암아 축복을 누리게 될 것이다. 아브람이 하나님께 순종해야 할 이유가 한 가지 더 생긴 것이다. 그는 온 세상(우주)에 복을 끼치기 위해서라도 순종해야 한다. 그의 순종은 개인적인 차원을 넘어 범세계적인 의미를 지녔기 때문이다. 이것은 하나님의 자녀들 모두에게 마찬가지로 요구된다. 우리가 순종하면, 그 순종으로 인하여 온 세상이 복을 받게 된다. 우리는 온 세상에 복을 끼치기 위하여 순종하라는 위대한 사명을 띠고 이 땅에 태어난 것이다.

아브람을 찾아오신 하나님은 어떤 분이신가? 아브람은 처음부터 여호와를 섬겼던 사람이 아니다(cf. 수 24:2, 14). 하나님은 아브람을 처음 찾아왔을 때 특별한 교리를 주시지도 않았다. 단순히 "네가 내 말을 따르면 내가 네게 이렇게 하리라"라는 조건을 제시하셨을 뿐이다. 하나님은 당신만이 유일한 하나님이란 말씀도 하지 않고, 또한 아브람에게 그의 조상이나 집안의 신들을 다 버리라고 강요하지도 않으셨다

(Walton). 다만 그가 일정한 것(고향, 친척, 부모)을 포기하면 축복으로 주실 것이 있다고 말씀하셨다.

하나님이 아브람에게 어떠한 조건도 전제하지 않고 그를 선택하신 것에서 우리는 전도 전략을 찾아야 한다. 구도자들에게 교회의 문턱이 높아서는 안 된다. 그들의 삶이 어느 정도 정리가 되었을 때야, 예를 들어 금주나 금연을 결단했을 때야 비로소 교회로 초청되는 것이 아니라, 아무 조건 없이 초청되어야 한다. 하나님의 은혜 안에서 그들 스스로 변화해 갈 수 있도록 하는 것이 바람직하다. 이렇게 되면 구도자들 자신에게 큰 간증이 될 것이다.

아브람을 믿음의 조상으로 두고 있는 우리는 모두 세상 사람들의 복과 저주의 근원이다. 우리는 공동체 안에서 서로에게 축복의 통로가 되어야 한다. 연약한 지체들을 세우고 격려하고, 돌보고 섬기는 일을 통해 서로에게 하나님의 복이 임하도록 해야 한다. 또한 우리는 세상 사람들에게 하나님의 축복을 맛보게 하는 통로가 되어야 한다. 크리스천이 많아질수록 세상이 살 만한 곳으로 변해야 한다.

II. 아브라함 이야기(11:27–25:11)
B. 아브람의 부르심과 순종(12:1–9)

## 2. 순종(12:4–9)

**[4] 이에 아브람이 여호와의 말씀을 따라갔고 롯도 그와 함께 갔으며 아브람이 하란을 떠날 때에 칠십오 세였더라 [5] 아브람이 그의 아내 사래와 조카 롯과 하란에서 모은 모든 소유와 얻은 사람들을 이끌고 가나안 땅으로 가려고 떠나서 마침내 가나안 땅에 들어갔더라 [6] 아브람이 그 땅을 지나 세겜 땅 모레 상수리나무에 이르니 그 때에 가나안 사람이 그 땅에 거주하였더라 [7] 여호와께서 아브람에게 나타나 이르시되 내가 이 땅을 네 자손에게 주리라 하신지라 자기에게 나타나신 여호와께 그가 그 곳에서 제단을 쌓고 [8] 거기서 벧엘**

**동쪽 산으로 옮겨 장막을 치니 서쪽은 벧엘이요 동쪽은 아이라 그가 그 곳에서 여호와께 제단을 쌓고 여호와의 이름을 부르더니 [9] 점점 남방으로 옮겨 갔더라**

노아가 하나님의 말씀에 온전히 순종했던 것처럼(6:22; 7:9, 16), 아브람도 하나님의 말씀에 순종한다(4절). 저자는 아브람이 하나님이 "떠나라"(הלך)(1절)고 한 말씀에 따라 "떠났다"(הלך)고 회고함으로써(4절), 그가 하나님의 명령을 온전히 실행했음을 강조한다. 사실 아브람이 하나님의 약속만을 믿고 떠나기에는 두 가지 장애물이 있다. 첫째는 그의 나이이다. 그는 하란을 떠날 때 75세였다(4절). 아무리 생각해 봐도 새로운 인생을 시작하기에는 늦은 나이이다. 둘째는 가나안은 빈 땅이 아니라 사람들이 이미 살고 있는 곳이었다는 사실이다(6b절). 아무 연고도 없는 그가 무슨 수로 그곳에 사는 수많은 원주민을 내몰고 그 땅을 차지할 수 있단 말인가? 이러한 정황을 고려할 때, 아브람의 순종은 참으로 대단한 결단이었다. 일부 주석가들은 아브람의 믿음과 순종을 구분하여, 그의 이야기는 믿음보다는 순종을 더 강조한다고 주장하지만(Friedman), 아브람이 어려운 상황에도 불구하고 순종할 수 있었던 것은 하나님에 대한 믿음이 있었기 때문이다. 다시 말해 두 요소를 구분하기란 쉽지 않을뿐더러 함께 취급되어야 의미가 제대로 산다는 것이다.

인생의 황혼에 접어든 그에게 임한 하나님의 도전이 이야기를 읽어 내려가는 우리에게 시사하는 바가 크다. 상식적으로 생각할 때 그의 나이는 삶에 새로이 도전하기에는 너무 많다고 할 수 있다. 그러나 나이는 숫자에 불과하며 하나님의 일을 하는 데 전혀 장애가 될 수 없다는 사실을 성경은 곳곳에서 암시한다. 하나님이 예레미야를 선지자로 부르셨을 때, 그는 자신이 아이이기 때문에 사역을 감당하기에 너무 어리다고 말한다(렘 1:4-6). 반대로 모세는 80세에 찾아온 하나님께 너무 늦었다고 말한다(cf. 출 3-4장). 만일 사람이 자신의 재능과 능력으로 사역해야 한다면 우리는 두 사람의 말에 전적으로 동의할 수밖에 없다. 그러나 우리가 잘 알다시피 하나님은 그렇게 사역하지 않으신다. 우리의 재능을 충분히 사용하시지만, 부족한 부분은 채워 주고 훈련시켜서 사용하신다. 바야흐로 100세 시대가 활짝 열렸다. 예전보다 훨씬 더 젊고 건강하게 산다. 이러한 시대에 70세는 하나님의 일을 하기에 너무 늙은 나이가 결코 아니다. 그러므로 소명을 받고 주저하는 것은 겸손이 아니라 변명에 불과하며 심지어 불신의 행위일 수 있다. 부르신 이가 어련히 알아서 부르셨겠는가! 우리의 의무는 순종하는 것 외에는 없다.

아브람이 하란을 떠나 가나안으로 향하는 첫 여행은, 그의 일생의 마지막 여행으로 기록된 브엘세바에서 모리아 산으로 가는 것과 평행을 이룬다(Hamilton). 방향이 서로 반대일 뿐이다. 첫 번째 여행은 아내와 조카, 그리고 여러 종들이 함께했지만, 모리아 산을 향한 마지막 여정에는 아들과 두 종만이 함께했다. 첫 여행에 아내 사래가 함께 가는 것은 당연한데, 조카 롯을 데리고 가는 것이 부정적으로 해석될 필요는 없다. 그러나 이것은 아브람이 앞으로 조카와 분리되어야 할 때가 올 것을 암시한다. 사래와 롯뿐만 아니라 상당한 재산과 종들이 아브람과 함께하고 있다(5절). 곧 이집트 왕 바로로부터 많은 것을 얻게 될 텐지만, 그러기 전부터 아브람은 이미 상당한 부를 누리고 있었음을 알 수 있다(Sarna). 그의 부가 남을 속이는 일로 형성된 것만은 아니라는 뜻이다.

"그 때에 가나안 사람이 그 땅에 거주하였더라"(הַכְּנַעֲנִי אָז בָּאָרֶץ)(12:6)는 문장은 지금까지 많은 논란과 혼란을 초래해 왔다. 무엇보다 문제가 되는 것은 "그때"(אָז)이다. "그때" 그곳에 가나안 사람들이 있었다면 저자가 살고 있는 "지금/이때"에는 그곳에 가나안 사람들이 없다는 뜻이기 때문이다. 그래서 모세가 오경을 모두 기록했다고 믿는 일부 보수적 유대인들도 이 문구를 매우 당혹스럽게 여겼다. 이 문구가 미래적 인 관점에서 쓰였다고 주장하는 사람들도 있고, 아브람 시대 때 가나안 사람들이 다른 거주민들로부터 이 지역을 빼앗은 일을 말하는 것으로 해석하는 사람들도 있고, 단순히 본문을 신비로 남겨야 한다고 한다고 말하는 사람들도 있다(cf. Sarna). 일반적으로 대부분의 사람이 이 문구가 훗날, 즉 가나안 사람들이 더 이상 그곳에 거하지 않던 때에 창세기 편집자에 의해 삽입되었을 것으로 추정한다. 편집자는 여호수아일 수도 있고 에스라일 수도 있다.

"여호와께서 [아브람에게] 나타나"(וַיֵּרָא יְהוָה)(7절)는 하나님의 현현 혹은 계시를 뜻하는 전형적인 문구이다. 하나님이 아브람에게 나타나셨다는 것은 그가 하나님의 말씀에 잘 순종하여 이곳까지 왔음을 확인해 준다. 이 문구는 아브람과 연관하여 세 차례(7절, 17:1; 18:1), 이삭과 연관하여 두 차례(26:2, 24), 야곱과 연관하여 한 차례(35:9) 사용된다. 동사 "나타나다"(ראה)는 선지자적 용어로 자주 등장한다. "내가 이 땅을 네 자손에게 주리라"(7절)는 아브람이 큰 민족의 조상이 되리라는 약속을 다시 확인하는 것이며, 아울러 "내가 네게 보여 줄 땅"(1절)이 바로 이 땅임을 선언한다. 하나님이 말씀에 순종하여 이곳까지 오게 된 아브람에게 자손과 땅의 약속을 재차 확인해 주시는 것이다(Mathews). 이날부터 아브람은 이 땅의 법적인 소유자가 되었다. 하나님이 주셨기 때문이다. 그러나 소유권이 넘어오기까지는 상당한 시간이 걸릴 것이다. 사실 땅보다 더 급한 것은 자손이다. 그와 사래는 아이를 낳기에는 의학적으로 이미 불가능한 나이가 되었다. 그런데도 하나님은 땅과 자손을 약속하셨다. 이러한 상황에서 그가 할 수 있는 최선은 오직 하나님의 약속을 믿으며 기다리는 일이다.

아브람이 감사의 표시로 하나님께 제단을 쌓는다(7절). 이스라엘의 선조들은 이방인들이 세워 둔 제단을 사용하지 않고, 예전에 자신들이 세워 놓은 것이나 새로운 제단을 세워 하나님께 예배를 드린다. 또한,

그들은 하나님이 그들에게 약속하신 영토 밖에서 제단을 쌓은 적이 없다. 아브람도 하나님이 이 땅을 "약속의 땅"으로 확인해 주시자 그제야 제단을 쌓는다(cf. 7절).

아브람의 가나안 순례는(cf. 6-9절) 매우 제한된 범위에서 소개된다. 겨우 세 지역만 언급된다. 이 지역들은 훗날 이스라엘 역사의 한 장을 장식한다. 첫 번째, 세겜(6절)은 아브람이 가나안으로 들어온 후 처음 방문한 지역이다. 세겜은 예루살렘에서 북쪽으로 70킬로미터 정도 떨어진 곳이며 에발 산과 그리심 산 사이에 있는 교통의 요충지이다. 여기서 아브람은 하나님께 제단을 쌓는다. 제단을 쌓는다는 것은 "이상적인 정복"(ideal conquest)과 이 땅이 하나님께 특별히 구별되었다는 점을 상징한다(Sailhamer). 그 후 아브람은 벧엘과 아이 사이의 지역으로 향했다(8절). 두 번째, 벧엘의 원래 이름은 루스였으며(28:19) 예루살렘에서 17킬로미터 북쪽에 위치한 오늘날의 베이틴(Beitin)이다. 구약에서 예루살렘 다음으로 자주 언급되는 지명이기도 하다. 아이의 위치에 대하여는 다소 논란이 있지만, 대체로 벧엘에서 동쪽에 위치한 오늘날 엣텔(et-Tell)이라는 곳으로 간주된다(cf. ABD). 아브람은 여기에 또 하나의 제단을 쌓는다. 아브람이 벧엘이나 아이가 아닌 둘 사이에 제단을 쌓은 이유가 무엇일까? 저자가 밝히지 않으니 알 수는 없지만, 이곳이 어떤 상징적인 의미를 지녔음이 확실하다. 마지막 세 번째, 아브람은 네게브로 간다(9절). 네게브는 헤브론이 있는 지역이다. 나중에 아내 사라를 매장하기 위하여 이곳에서 땅을 살 것이다.

훗날 가나안으로 돌아온 야곱이 방문하는 곳들이 바로 이 세 곳이다(cf. 34-35장). 그는 세겜으로 가서 땅을 구입하여 거처지로 삼았다. 그리고 그곳에 제단을 쌓는다(33:18-20). 그러나 디나의 강간 사건으로 인하여 더 이상 세겜에 머물 수 없게 되자 그곳에서 도주하면서 가족들에게 우상을 버리라고 한다(35:2-4). 그러고는 곧바로 그가 형 에서의 눈을 피해 하란으로 달아날 때, 하나님이 그를 만나 주셨던 벧엘로 간다(35:14-15). 이후 야곱은 네게브에 있는 헤브론으로 간다(35:27).

세 지역은 여호수아가 지휘한 가나안 정복 여정의 중심지들이기도 하다(cf. 여호수아서). 아이 성을 가까스로 정복한 여호수아는 정복 여정을 잠시 멈추고, 온 백성을 이끌고 세겜 바로 옆에 있는 에발 산과 그리심 산으로 가 제단을 쌓는다(수 8:30). 이곳에서 여호수아가 정복군을 둘로 나누어, 한 무리는 벧엘과 아이의 남쪽으로 가고(수 10장), 한 무리는 세겜의 북쪽으로 갔다(수 11장). 여호수아는 세겜에서 고별 설교를 통해 이스라엘 사람들이 가지고 있는 모든 이방신을 버리라고 권면한다(수 24:23).

모레 상수리나무(אֵלוֹן מוֹרֶה)는 "가르치는 자의 상수리나무"라는 뜻으로 세 사건을 연결하는 고리 역할을 하는 듯하다. 가나안에서 상수리나무는 매우 무성하고 키가 큰 나무 중 하나이다. 그래서 큰 상수리나무가 있으면 사람들은 이곳에 특별히 신(들)의 능력이 임한다고 생각하거나, 아니면 하늘을 찌를 듯 높은 나무가 하늘과 땅을 연결한다고 생각하여 그 앞에 제단을 세우고 우상을 숭배하곤 했다. 신들의 관심을 얻어 내기에 최적의 장소로 생각했던 것이다. 게다가 모레(מוֹרֶה)는 "선생"이란 뜻인데, 아마도 상수리나무 아래에서 신(들)을 대언하는 선지자들이 활동했음을 암시하는 듯하다(Waltke).

아브람이 이처럼 유명한 상수리나무를 지나갔다(6절). 훗날 야곱은 가족들이 지니고 있던 모든 우상과 우상숭배의 상징들을 상수리나무 밑에 묻는다(35:4). 여호수아는 말씀을 하나님의 율법 책에 기록하고 큰 돌을 취하여 여호와의 성소 곁에 있는 상수리나무 아래 세웠다(수 24:26). 이러한 역사적 정황을 감안할 때, 아브람이 상수리나무를 지나가는 것이 훗날 후손들에게 하나의 상징적인 행동이 되었던 것으로 보인다.

아브람이 상수리나무를 지나가는 일이 어떠한 의미를 지니는가? 당시 아브람은 북쪽에서 남쪽으로 가로질러 가는 가나안 여정을 시작하던 차에 이 상수리나무를 지났다. 그는 이 행위를 통하여 가나안 땅이 언젠가는 자기와 자기 자손들의 땅이 될 것을 확신한다. 일종의 상징적인 정복을 진행하고 있는 것이다. 아브람의 상징적인 행위의 중요성이 그가 제단을 쌓고 땅을 사들이는 일에서도 암시된다. 그래서 훗날 야곱도 같은 행동을 했다. 아브람의 행동은 그가 여호와 하나님을 철저히 신임하고 있음을 의미하며 하나님은 이런 아브람의 믿음을 축복하신다. 아브람의 행위가 후손들에게 약이 된 것 같다. 우리는 다음 세대를 위하여 무엇을 하고 있는가, 생각해 보아야 한다.

II. 아브라함 이야기(11:27-25:11)

## C. 이집트로 내려간 아브람과 사래(12:10-13:2)

**[10] 그 땅에 기근이 들었으므로 아브람이 애굽에 거류하려고 그리로 내려갔으니 이는 그 땅에 기근이 심하였음이라 [11] 그가 애굽에 가까이 이르렀을 때에 그의 아내 사래에게 말하되 내가 알기에 그대는 아리따운 여인이라 [12] 애굽 사람이 그대를 볼 때에 이르기를 이는 그의 아내라 하여 나는 죽이고 그대는 살리리니 [13] 원하건대 그대는 나의 누이라 하라 그러면 내가 그대로 말미암아 안전하고 내 목숨이 그대로 말미암아 보존되리라 하니라 [14] 아브람이 애굽에 이르렀을 때에 애굽 사람들이 그 여인이 심히 아리따움을 보았고 [15] 바로의 고관들도 그를 보고 바로 앞에서 칭찬하므로 그 여인을 바로의 궁으로 이끌어들인지라 [16] 이에 바로가 그로 말미암아 아브람을 후대하므로 아브람이 양과 소와 노비와 암수 나귀와 낙타를 얻었더라 [17] 여호와께서 아브람의 아내 사래의 일로 바로와 그 집에 큰 재앙을 내리신지라 [18] 바로가 아브람을 불러서 이르되 네가 어찌하여 나에게 이렇게 행하였느냐 네가 어찌하여 그를 네 아내라고 내게 말하지 아니하였느냐 [19] 네가 어찌 그를 누이라 하여 내가 그를 데려다가 아내를 삼게 하였느냐 네 아내가 여기 있으니 이**

**제 데려가라 하고 [20] 바로가 사람들에게 그의 일을 명하매 그들이 그와 함께 그의 아내와 그의 모든 소유를 보내었더라 [13:1] 아브람이 애굽에서 그와 그의 아내와 모든 소유와 롯과 함께 네게브로 올라가니 [2] 아브람에게 가축과 은과 금이 풍부하였더라**

창세기에는 아내를 여동생으로 속이는 이야기가 세 번 나온다. 아브람이 사래를 여동생이라고 했다가 바로에게 빼앗길 뻔했고(12:10-20), 아브람이 아비멜렉에게 거짓말을 해서 다시 사래를 빼앗길 뻔했고(20:1-18), 이삭이 아비멜렉에게 리브가에 대하여 거짓말을 한 일이 있었다(26:1, 7-17). 다음은 세 이야기의 요약이다(Garrett).

A. 아브람의 이집트 여정(12:10-20)

| 요소 | 구절 | 내용 |
|---|---|---|
| 이주 | 10 | 아브람이 기근을 피해 이집트로 내려감 |
| 속임 | 11-13 | 아브람이 사래에게 거짓말을 하도록 함 |
| 탈취 | 14-16 | 바로가 사래를 데려가고 아브람에게 재물을 줌 |
| 구원 | 17 | 하나님이 바로를 치심 |
| 대면 | 18-19 | 바로가 아브람을 책망함 |
| 결론 | 20 | 아브람이 재물을 가지고 떠남 |

B. 아브람의 그랄 여정(20:1-18)

| 요소 | 구절 | 내용 |
|---|---|---|
| 이주 | 1 | 아브람이 그랄로 내려감 |
| 속임 | 2a | 아브람이 아비멜렉에게 사래가 여동생이라고 함 |
| 탈취 | 2b | 아비멜렉이 사래를 데려감 |
| 구원 | 3-8 | 꿈속에서 하나님이 아비멜렉을 야단하심 |
| 대면 | 9-13 | 아비멜렉이 아브람을 책망함 |
| 결론 | 14-18 | 아비멜렉이 아브람에게 재물을 줌; 아브람이 아비멜렉을 위하여 기도함 |

C. 이삭의 그랄 여정(26:1, 7-17)

| 요소 | 구절 | 내용 |
|---|---|---|
| 이주 | 1 | 이삭이 기근을 피해 그랄로 내려감 |
| 속임 | 7 | 이삭이 그랄 사람들에게 리브가가 여동생이라고 함 |
| 탈취 | | |
| 구원 | 8 | 아비멜렉이 이삭이 리브가를 애모하는 장면을 목격함 |
| 대면 | 9-16 | 아비멜렉이 이삭을 책망함, 그러나 하나님이 이삭을 보호하심; 하나님이 이삭을 축복하심 |
| 결론 | 17 | 이삭이 경쟁 의식을 느낀 아비멜렉을 떠남 |

위 도표들에서 볼 수 있듯이 세 이야기는 여러 가지 공통점을 지니고 있다. 그래서 역사비평학적인 관점에서 창세기를 연구하는 사람들 대부분은 창세기 저자가 한 이야기를 세 번이나 재활용하고 있다고 생각한다(Fretheim). 특이한 것은 공통점이 세 이야기 중 꼭 두 개씩만 등장한다는 점이다(Garrett). 다음 사항들을 생각해 보자. A와 C는 기근으로 이야기를 시작하는데, B는 기근과 전혀 상관없는 이야기이다. A와 B는 아브람과 사래에 관한 이야기이지만, C는 그들의 아들 이삭과 며느리 리브가에 관한 이야기이다. A의 장소는 이집트인데, B와 C의 장소는 그랄이다. A와 C는 "아내의 아름다움"을 언급하는데, B에는 그런 이야기가 없다. A와 C에서는 상대방의 종들이 아내의 아름다움을 의식하는데, B에는 그런 말이 없다. A와 B에서는 아내가 탈취되지만, C에서는 그렇지 않다. A와 B에서는 하나님이 직접 개입하시지만, C에서는 하나님의 개입이 없이도 문제가 해결된다. A와 B에서는 상대방이 재물을 주는데, C에서는 하나님이 축복하신다. A와 C에서는 하나님이 "여호와"로 불리지만, B에서는 "엘로힘"으로 불린다. A와 C에서는 마지막에 곧장 그곳을 떠나지만, B에서는 이러한 사실이 암시될 뿐 언급은 없다.

이러한 현상을 어떻게 이해해야 하는가? 먼저, 세 이야기는 지속적으로 위협받는 "씨앗"에 관한 것이다. 저자는 하나님이 직접 개입하여 씨앗을 보존하지 않으셨다면 12장에서 아브람에게 주신 약속이 엄청난 위험에 처함을 누누이 강조하고 있다. 세 이야기가 비슷하지만 서로 다른 점을 지니고 있다는 것은 이 이야기들이 한 사건을 세 차례나 활용하고 있는 증거가 아니라, 오히려 서로 다른 사건들인데 저자가 동일한 "모형 양식"(type-scene)을 적용하여 통일성을 준 것으로 이해해야 한다. "모형 양식"은 일종의 문학적 기법이며 동일한 유형으로 비슷한 사건들을 묘사하는 방법이다(cf. Alter). 예를 들자면, 구약에서는 혼인이 흔히 우물가에서 이루어진다. 또한, 중요한 영웅의 탄생은 천사들을 통해 부모에게 미리 귀띔되기도 한다. 이런 것들을 모형 양식이라 할 수 있다.

본문과 다른 두 이야기를 모형 양식을 통해 하나로 묶으면 정황이 더 확실해진다. 선조들이 아내를 여동생이라고 속인 일이 실제로 각기 다른 상황에서 세 차례 있었는데, 저자가 이 사건들에 통일성을 주어 거의 비슷한 순서와 절차에 따라 회고하는 것이다. 저자가 이처럼 동일한 모형 양식을 사용하는 것은 세 사건을 서로 다르게 묘사해 놓으면, 자칫 독자들이 그가 전하고자 하는 메시지를 읽지 않고 관심을 다른 곳에 줄 수 있기 때문이다. 저자가 세 사건을 거의 동일하게 묘사하며 전하고자 하는 메시지는, 하나님의 개입이 없으면 거룩한 씨앗의 보존은 매우 어려운 일이었다는 사실이다. 즉 하나님의 보호를 강조하고자 하는 것이다. 본문은 다음과 같은 구조를 지니고 있다(Mathews).

A. 아브람이 내려감(12:10)
  B. 아브람이 사래에게 명령함(12:11-13)
    C. 바로의 사래 탈취와 하나님의 개입(12:14-17)
  B'. 바로가 아브람과 자기 부하들에게 명령함(12:18-20)
A'. 아브람이 올라옴(13:1-2)

아브람이 가나안에 입성한 지 얼마나 되었을까? 가나안 지역에 심한 기근이 들었다(10절). 가나안은 비가 제때 내리기만 하면 세상에서 가장 생산성이 높은 비옥한 땅 중 하나였다. 그래서 사람들은 가나안에서 시작하여 바빌론까지 이어지는 비옥한 땅의 모양이 초승달처럼 생겼다고 해서 오래전부터 이 지역을 "비옥한 초승달"(fertile crescent)이라고 불렀다. 그러나 비가 내리지 않으면 팔레스타인의 자연환경은 위험해진다. 우기인 겨울과 봄에 비가 오지 않으면 순식간에 사막처럼 변해 버린다. 또한, 비가 너무 많이 오거나 너무 적게 와도 농작물의 피해가 이루 말할 수 없이 커진다. 하나님은 왜 이렇게 열악한 환경을 "젖과 꿀이 흐르는 땅"이라는 선물로 이스라엘에 주신 것일까? 여러 가지 이유가 있을 수 있겠지만, 이 땅은 진정으로 창조주께 의존해야만 생명을 유지할 수 있는 곳으로 신앙 훈련에 더없이 좋은 땅이기 때문이다.

성경에는 기근을 경고하는 메시지가 많이 나오지만 자연 현상으로 일어나는 기근에 대한 기록은 별로 없다. 그러므로 이스라엘의 선조들이 경험한 기근(26:1; 42:1; 43:1)은 매우 특별한 의미를 지니고 있다(Sarna). 가나안 지역에 기근이 들면 거주민들은, 안정적으로 양식을 제공할 뿐만 아니라 모든 것을 사고팔 수 있는 시장이 형성되어 있는 이집트로 내려갔다. 아브람도 여느 가나안 사람들처럼 이집트로 내려가고 있다(10절). 그곳에는 나일 강이 있고 사람들이 물을 이용해 농사를 짓기 때문에 전적으로 비에 의존해야 하는 가나안보다는 기근을 나기가 훨씬 쉽기 때문이다.

그러나 아브람에게는 문제가 된다(Luther; cf. Brueggemann). 그가 너무 쉽게 "약속의 땅"을 떠나기 때문이다(cf. 26:2). 아브람은 하나님의 허락이 없는 상태에서 가나안을 벗어나고 있다. 물론 기근이 풀리면 곧바로 돌아오리라고 생각하고 떠났을 것이다. 저자는 이 점을 강조하기 위하여 그가 "얼마 동안 몸붙여서 살려고"(לָגוּר) 이집트로 갔다고 말한다(10절, 새번역). 가나안을 약속으로 받았지만 잠시 순례자/방랑자의 길을 떠나는 것이다. 그러나 일단 약속의 땅을 떠나는 것은 좋은 일이 아니다. 훗날 이삭의 시대에도 똑같은 일이 일어난다(26:1-4). 그럼에도 불구하고 이삭은 가나안 땅을 떠나지 않는다. 이 사건은 아브람이 하나님의 은혜에 의존하여 살지 못하고, 인간적인 방법으로 살려고 노력하다가 빚어진 일인 것이다(Calvin).

아브람은 이집트 국경에 이르러 사래에게 한 가지 제안을 한다(11-13절). 사래가 너무 아름다워서 사람들이 그녀를 빼앗기 위하여 자기를 해할 수도 있다는 생각에 부부가 아닌 오빠와 누이 사이라고 하자는 것이다.[43] 이렇게 하면 서로에게 좋을 것으로 생각했다(13절). 아브람의 논리가 잘 이해되지 않는다. 그가 만나게 될 사람들이 남편을 죽이면서까지 아내를 빼앗을 만한 사람들이라면, 결혼하지 않은 누이라면 더욱더 쉽게 데려가지 않겠는가? 누이를 아내로 삼을 테니 달라고 하면 어떻게 거부할 것인가? 그는 자신을 보호하기 위해 아내를 더 큰 위험에 노출시키고 있다. 하나님은 사래를 통해 아브람에게 자식을 줄 계획을 갖고 계셨는데, 아브람은 그녀를 위기에 처하게 만들어 하나님의 약속을 위험에 빠뜨리고 있는 것이다.

아브람이 하나님의 말씀에 순종하여 가나안에 입성하던 때의 믿음과 의지는 어디로 가고 이렇게 되었는지 안타깝다(Brueggemann). 또한, 그는 그를 의심하지 않는 바로와 그의 집안에도 피해를 주고 있다(Mathews). 한 사람의 불신과 거짓이 이처럼 여러 사람을 당혹스럽게 만들고 있는 것이다. 그러나 더 큰 문제는 그가 하나님을 두려워하지 않고, 사람을 두려워하고 있다는 점이다. 훗날 믿음의 조상이라고 불리는 아브람마저도 이 같은 문제를 지녔기 때문에 옛적에 랍비들은 "선조들의 부끄러움을 가려 주는 것"이 자신들이 해야 할 일 중 하나라고

---

43 스파이저(Speiser)는 후리 사람들(Hurrians)은 남편이 아내를 누이로 입양하는 풍습을 지녔다고 한다. 그러나 이러한 풍습이 이 이야기를 설명하는데 그다지 도움이 되지는 않는다.

논리적으로 설명했다.

아브람이 사래와 이집트에 도착했을 때 그가 우려하던 일이 현실로 드러난다. 사래의 미모가 이집트의 왕 바로의 마음을 사로잡은 것이다. "대가[大家]"라는 뜻의 "바로"(פַּרְעֹה)는 이집트 왕을 가리키는 환유(metonymy)이다(Bullinger). 오늘날 "청와대"하면 대통령을 뜻하는 것처럼 말이다. 바로가 사용되기 시작한 것은 주전 2500년대로 거슬러 올라간다(Sarna). 왕은 가나안에서 기근을 피해 온 아브람이 사래를 여동생으로 소개하는 말을 곧이곧대로 듣고 그녀를 아내로 맞아들인다. 바로는 사래를 맞이하면서 그녀의 "오빠" 아브람에게 많은 재물을 선물로 제공한다(16절). 바로는 이집트의 젊고 아름다운 여인들을 제쳐 놓고 왜 사래에 "필(feel)"이 꽂혔을까? 남자와 여자 사이의 화학작용은 참으로 알 수 없다.

아브람이 바로에게서 받은 선물 중에 낙타(גָּמָל)가 있다(16절). 고고학적 자료에 의하면 낙타가 짐을 나르는 짐승으로 사용되기 시작한 것은 주전 12세기라고 한다. 이 점을 근거로 일부 학자들은 본문의 진실성에 문제를 제기한다. 그러나 별문제가 되지 않는다. 이때부터 낙타가 가축화(domesticate)된 것으로 간주할 필요가 없기 때문이다(Sarna; Hamilton). 낙타가 주전 3000년대부터 제한된 범위에서 가축화되어 왔음을 입증하는 자료들이 곳곳에 있다(Kitchen; cf. Speiser).

선조들의 이야기를 살펴보면 교통수단으로 낙타를 사용하는 것은 여자들에게 국한된다. 리브가가 이삭과 결혼하기 위하여 하란을 떠나 가나안을 찾을 때 탔던 것이 낙타이다(24:64). 훗날 라헬도 야곱과 함께 아버지의 집을 떠나면서 낙타를 탔다(31:34). 짐을 나르는 일반 가축으로 사용되기 전부터 낙타는 부잣집 여인들이 타고 다니는 교통수단이었던 것이다. 낙타는 매우 고가였기 때문에 귀부인들의 신분을 과시하는 좋은 수단이었을 것이다.

여자들과 달리 남자들은 나귀를 타고 다녔다. 아브람이 이삭을 데리고 모리아 산을 갈 때 나귀를 탔고(22:3), 시므온과 레위가 세겜 사람들을 몰살하고 약탈할 때도 나귀를 찾았다(34:28). 야곱의 아들들이 곡식을 구하기 위하여 이집트로 내려갈 때 나귀를 타고 간다(42:26). 먼 길을 떠날 때 말을 사용하지 않고 나귀를 주로 사용했던 이유는 당시 말은 전쟁 무기로서 사람들에게 위협적으로 여겨졌기 때문이다. 그래서 예수님도 예루살렘에 입성할 때 말을 타지 않고 나귀를 타셨다.

사래의 "아리따움"(יָפֶּה)(11절)은 해석가들을 혼란스럽게 한다. 이때 사래의 나이가 최소한 65세였다. 과연 그녀는 어느 정도의 젊음을 유지하고 있었을까? 아름다움이 젊음과 비례하는 것은 아니지만, 큰 연관이 있는 것은 사실이다. 어떤 사람들은 사래가 지적으로 아름다웠다고 하거나 나이와 상관없이 우아하게 아름다웠다고 설명한다(cf. Wenham). 나이가 들긴 했지만, 매우 아름다운 자태와 교양을 겸비한 매력적인 사람이었다는 것이다. 어떤 사람들은 사래가 나이에도 불구하고 관리를 잘한 "피부 미인"이었다고 한다(cf. Waltke). 그다지 만족스러운 설명은 아니다.

당시 사람들은 매우 오래 살았기 때문에 65세는 그다지 늙은 게 아니었다는 해석도 있다. 그러나 이 해석으로도 설명할 수 없는 두 가지가 있다. 첫째는 고고학적 자료들이다. 지금까지 발굴된 자료들에 의하면 아브람 시대 때 근동 지역 사람들의 평균수명은 45년 정도였다. 그런데 이스라엘의 선조들만 유독 오래 살고, 사래는 65세가 되어서도 젊은 여성으로 취급받았다는 게 쉽게 이해되지 않는다. 둘째는, 이 사건은 그렇다손 치더라도 아비멜렉 일은 어떻게 설명할 것인가 하는 문제이다. 이삭을 낳기 바로 전에 아비멜렉이 사래의 아름다움에 넘어가 아브람에게서 그녀를 데려간다(cf. 20장). 이 일이 있기 전에 사래는 자신이 폐경기가 지난 지 오래되었고 남편은 자식을 낳기에 너무 늙었다는 고백을 한다(18:11-12). 그런데도 아비멜렉은 그녀에게 마음을 빼앗겼다! 그러므로 이 해석도 설득력이 있어 보이지 않는다. 이외에도 여러 가지 추측이 있지만, 어느 것 하나 만족할 만한 해석은 없다. 아마도 창세기가 지닌 다른 난제들과 함께 신비로 남겨져야 할 것으로 생각된다.

아브람의 계획은 자신의 생명은 구할지 모르지만, 아내를 큰 위험에 빠뜨렸다! 자신이 판 구덩이에 스스로 빠진 것이다. 스스로 빠져나올 수 있는 구덩이가 아니다. 만일 아브람이 바로에게 사실을 말하면 그는 어떻게 될까? 아마도 목숨을 부지하기 쉽지 않을 것이다. 바로가 아브람을 죽이고, 그의 재산을 모두 압수하고 사래를 아내로 삼는다고 해도 바로에게 반론할 명분을 찾을 수 없는 상황이다. 아브람의 거짓말 때문에 모든 일이 시작되었고, 다른 사람도 아닌 당대 최강국인 이집트의 왕을 상대로 벌인 일이기 때문이다. 그러므로 그가 위기를 헤쳐 나올 수 있는 유일한 방법은 하나님의 직접적인 개입밖에 없다. 다행히도 하나님이 바로와 그의 집안에 "큰 재앙"(נְגָעִים גְּדֹלִים)을 내리셨다(17절). 비록 아브람이 잘못을 저질렀지만, 하나님이 그를 내버려 두지 않고 보호의 손길을 내미셨다.

고대 근동 사회에서는 질병을 신(들)의 불만 표시용 재앙으로 생각했다(Walton). 약재를 사용해서 병을 치료하기도 하지만, 대부분은 정결의식이나 진노한 신들에게 제물을 바치는 제사 등을 통해 분노한 신들을 달래려고 했다. 재앙이나 병을 죄의 결과 또는 풍습에 거스른 대가로 생각했기 때문이다. 그러므로 근동 사람들은 누가 병에 걸리면 신들의 불편한 심기를 어떻게 달랠 것인가를 고심했다(Sarna). 아마 바로도 자신의 집에 내린 재앙을 보면서 어느 신(들)으로부터, 무엇 때문에 이런 재앙이 자기 집안에 임했는지 이유를 알아내려고 했을 것이다.

저자는 바로와 그의 집안에 내려진 재앙이 어떤 것이었는지는 밝히지 않는다. 대부분 자식을 못 낳는 일이었을 것으로 생각한다. 하나님이 비슷한 일로 인하여 아비멜렉 집안에 불임을 재앙으로 내리시기 때문이다(cf. 20:17). 바로는 이 재앙이 아브람과 사래로 인해 임했다는 사실을 누구로부터 알게 되었을까? 저자는 이 부분에 대해서도 침묵하고 있지만, 사래를 통해 들었을 가능성이 가장 높다(Waltke).

이 이야기에서 우리는 앞으로 여러 차례 반복될 테마, 즉 "위협받는 하나님의 약속"을 접한다. 이스라엘의 선조들에게 "수많은 자손"이나 "땅 선물"이 언급될 때마다 거의 모든 경우에 이 약속이 위협을 받는다. 본문의 사건도 마찬가지이다. 아브람에게 내려 주셨던 하나님의 약속(12:1-3)이 위협을 받는다. 그런데 약속이 실패로 끝날 수 있는 상황이 하나님의 직접적인 개입으로 전화위복된다. 저자가 이런 일들을 통하여 거듭 강조하고자 하는 진리는, 인간에게는 하나님이 그들과 맺으신 약속을 성취하는 능력은 고사하고 약속이 이루어질 때까지 보존할 만한 힘이나 능력이 없고, 오직 하나님만이 약속을 보존하고 성취하실 수 있다는 것이다. 인간의 실패는 하나님의 계획을 결코 수포로 만들지 못한다. 주의 백성은 실패해도 하나님은 실패하지 않는 분이시라는 것이다.

아브람은 하나님의 약속을 위기에 빠뜨린 일과 이집트 사람들을 속인 일에 대한 대가를 치른다. 이집트 사람들에게 큰 수모를 당하고 쫓겨난 것이다(19-20절). 그는 하는 수 없이 네게브로 다시 올라온다(13:1). 저자가 가나안으로 돌아오는 그의 행렬을 아내—소유물—롯의 순서로(cf. 13:1) 나열하는 것은 이때 아브람과 롯의 사이가 이미 멀어지고 있음을 암시한다(Sarna).

이때쯤에 기근이 끝났는지, 아니면 당분간 지속될 것인지 본문은 언급하지 않는다. 다만 그가 한동안 기근을 피해 살려고 찾았던 이집트에서 강제로 추방당한 일만 회고할 뿐이다. 아브람의 입장에서는 이번 일이 꼭 나쁜 것만은 아니다. 이 일로 인해 많은 재물을 얻었기 때문이다(13:2; cf. 16절). 바로가 그의 재산 전체 혹은 최소한 자기가 준 것이라도 빼앗지 않은 것이 신기하다. 훗날 아비멜렉은 아브람이 거짓말한 사실을 알고 난 후에도 그에게 선물을 주었다(20:14). 아브람이 이집트에서 얻은 많은 재산이 다음 이야기의 발단이 된다.

본문이 묘사하는 아브람과 바로의 이야기는 두 사람의 사적인 이야기로 끝나지 않는다. 이들의 이야기는 앞으로 펼쳐질 이스라엘 자손들의 출애굽을 상징한다(Fretheim; Sailhamer; cf. Friedman). 처음에 아브람은 바로의 환영을 받았다. 앞으로 야곱과 그의 자손들도 바로의 환영을 받을 것이다(47:6). 아브람은 그들에게서 많은 재물을 얻었다. 야곱과 그의 자손들은 이집트에서 매우 번성한다. 또한, 이스라엘 백성들이 이집트를 떠날 때 많은 재물을 얻어서 떠난다(출 12:35-36). 바로가 사래 때문에 큰 곤욕을 치렀다. 출애굽 하려는 이스라엘을 막았다가 바로와 이집트 백성들이 얼마나 큰 대가를 치렀는지를 생각해 보라(출 12:29-31). 바로는 아브람과 그의 모든 소유를 자기 땅에서 신속하게 내보냈다. 훗날 모세를 통하여 열 번째 재앙을 경험한 이집트 사람들도 이스라엘 백성을 신속하게 떠나보낸다(출 12:31-32). 이 이야기는 앞으로 이스라엘을 통하여 이집트에 임할 재앙과 이집트 사람들이 이스라엘 사람들에게 많은 재물을 주어 보낼 출애굽 사건을 암시하는 역할을 한다. 그러나 아브람의 이야기에서 이집트 사람들은 박해자/가해자가 아니라는 차이점이 있다.

아브람 이야기와 요셉 이야기(출애굽 사건)는 사용하는 표현에서도 다음과 같은 공통점이 있다(Sailhamer; cf. Wenham; Fretheim).

| 창 12:10 | 그 땅에 기근이 임했다 | 41:54b | 온 세상에 기근이 임했다 |
|---|---|---|---|
| 12:11 | 그가 이집트에 들어갈 무렵 | 46:28 | 그들이 고센 지역에 도착할 무렵 |
| 12:11 | 그가 아내 사래에게 말했다 | 46:31 | 요셉이 형제들에게 말했다 |
| 12:11 | 내가 아노라 | 46:31 | 내가 바로에게 나아가 말할 것이다 |

| | | | |
|---|---|---|---|
| 12:12 | 이집트 사람들이 당신을 보면 말할 것이다 | 46:33 | 바로가 당신들을 불러 물어볼 것이다 |
| 12:13 | 말하라 | 46:34a | 당신이 대답하라 |
| 12:13 | 당신으로 인하여 내가 생명을 보존하리라 | 46:34b | 당신들은 고센에 정착하도록 허락을 받을 것이다 |
| 12:15 | 바로의 부하들이 그녀를 보고 바로에게 그녀를 칭찬하였다 | 47:1 | 요셉이 바로에게 말하였다 |
| 12:15 | 그녀를 바로의 궁으로 데려갔다 | 47:5-6 | 바로가 말하기를 "이 땅에서 가장 좋은 곳에 당신의 아버지와 형제들이 정착하도록 하라" |
| 12:16 | 아브람은 양들과 소들을 얻었다 | 47:6 | 그들이 내 가축을 관리하게 하라 |
| | | | 그들이 부를 얻고 번성하여 숫자가 크게 늘어났다 |
| 12:17 | 여호와께서 바로에게 혹독한 재앙을 내리셨다 | 출 11:1 | 내가 재앙 하나를 더 바로에게 내리리라 |
| 12:18 | 바로가 아브람을 불렀다 | 출 12:31 | 바로가 모세와 아론을 불렀다 |
| 12:19 | 그녀를 데리고 떠나라 | 출 12:32 | …을 데리고 떠나라 |
| 12:20 | 그들이 그를 내보냈다 | 출 12:33 | 황급히 땅을 떠났다 |
| 13:1 | 아브람이 이집트에서 네게브로 올라갔다 | 출 12:37 | 이스라엘이 라암셋을 떠나 숙곳으로 갔다 |
| 13:1 | 롯이 그와 함께 갔다 | 출 12:38 | 많은 사람들이 그들과 함께 갔다 |
| 13:2 | 아브람은 가축들로 인해 큰 부자가 되었다 | 출 12:38 | 양떼와 소떼 등 많은 가축들을 데리고 갔다 |
| | 은과 금 | 출 12:35 | 은과 금 |
| 13:4 | 아브람은 그곳에서 여호와의 이름을 불렀다 | 출 12:47 | 유월절 |

## D. 아브람과 롯의 분가(13:3-18)

창세기에는 롯과 관련된 이야기가 세 군데 있다(13:2-18; 14:1-24; 18:16-19:38). 아브람과 이삭이 아내를 누이로 속인 이야기가 공통적인 구조와 순서에 따라 진행되었던 것처럼 롯에 대한 세 이야기 역시 동일한 패턴과 순서에 따라 진행된다. 같은 모형 양식(type-scene)에 따라 전개되는 것이다(cf. Alter). 다음 내용을 참조하라(Garrett).

A. 아브람과 롯이 헤어짐(13:1-18)

| 구분 | 구절 | 내용 |
|---|---|---|
| A | 1-4 | 서론적 배경: 부자 아브람이 벧엘과 아이 사이에 있는 제단을 찾음 |
| B | 5-7 | 롯이 느낀 위협: 아브람의 종들과 롯의 종들이 다툼 |
| C | 8-13 | 아브람이 롯을 구함; 소돔은 매우 악한 곳 |
| D | 14-18 | 하나님이 아브람을 축복하심 |

B. 아브람이 전쟁 포로가 된 롯을 구함(14:1-24)

| 구분 | 구절 | 내용 |
|---|---|---|
| A' | 1-11 | 서론적 배경: 전쟁 |
| B' | 12 | 롯이 느낀 위협: 전쟁 포로가 되어 끌려감 |
| C' | 13-16 | 아브람이 롯을 구함 |
| D' | 17-24 | 멜기세덱이 아브람을 축복함; 소돔은 매우 악한 곳 |

C. 아브라함이 재앙에서 롯을 구함(18:1-19:38)

| 구분 | 구절 | 내용 |
|---|---|---|
| A" | 18:1-15 | 서론적 배경: 이삭의 탄생 예언; 모압과 암몬의 탄생과 대조 |
| B" | 18:16-21 | 롯이 느낀 위협: 하나님이 소돔을 심판하려 하심 |

| C" | 18:22-19:29 | 아브라함과 하나님이 롯을 구함; 소돔은 매우 악한 곳 |
|---|---|---|
| D" | 19:30-38 | 롯의 비참한 끝 |

저자는 세 이야기를 통해 하나님의 선택을 받은 아브람과 그의 후손들의 복된 삶과 선택받지 못한 사람들의 비참한 삶을 대조한다(Mathews). 아브람과 그의 후손들은 날이 갈수록 번성하고 왕성해지지만, 롯의 경우 잘못된 선택으로 전쟁 포로가 되는 것도 모자라 결국 모든 것을 잃고 딸들과 동침하는 비참한 말로를 맞는다. 롯이 이렇게 된 데에 가장 큰 문제는 하나님의 선택이 아니라 그의 선택이었다. 아브람이 롯과 함께 가나안에 입성했을 때, 아브람에게는 아직 자식이 없고, 롯은 그의 조카이기 때문에 롯이 아브람의 대를 이을 언약의 상속자가 될 가능성을 조금이나마 생각할 수 있었다. 그러나 롯에 관한 첫 번째 이야기인 본문을 통해 저자는 롯이 아브람의 대를 이을 가능성을 완전히 배제한다.

본 텍스트는 다음과 같은 구조를 지니고 있다(Waltke).

A. 벧엘 제단에 서 있는 아브람 그리고 롯과의 다툼(13:3-7)
  B. 아브람의 제안: 롯에게 땅을 줌(13:8-9)
    X. 롯이 소돔을 선택함(13:10-13)
  B'. 하나님의 말씀: 아브람에게 땅을 주심(13:14-17)
A'. 헤브론 제단에 홀로 서 있는 아브람(13:18)

위 분석을 염두에 두고, 본문을 다음과 같이 구분해서 주해해 나가고자 한다. 아브람은 롯과 헤어지는 위기를 맞이하지만(A), 롯과 헤어지고 나자(B) 하나님이 아브람에게 이 땅은 오로지 그와 그의 후손이 차지하게 될 것이라는 사실을 확인해 주시고, 롯은 가나안 땅에 어떠한 권리도 주장할 수 없게 된다(C). 14장에서도 아브라함은 큰 위기를 맞이하는데, 바로 이어지는 15장에서 하나님은 그와 맺으신 언약을 재차 확인하며 아브람을 안심시키신다. 이 같은 패턴이 14-15장에서도 사용되고 있는 것이다.

A. 다툼(13:3-7)
B. 이별(13:8-13)
C. 언약 재확인(13:14-18)

II. 아브라함 이야기(11:27-25:11)
D. 아브람과 롯의 분가(13:2-18)

## 1. 다툼(13:3-7)

**[3] 그가 네게브에서부터 길을 떠나 벧엘에 이르며 벧엘과 아이 사이 곧 전에 장막 쳤던 곳에 이르니 [4] 그가 처음으로 제단을 쌓은 곳이라 그가 거기서 여호와의 이름을 불렀더라 [5] 아브람의 일행 롯도 양과 소와 장막이 있으므로 [6] 그 땅이 그들이 동거하기에 넉넉하지 못하였으니 이는 그들의 소유가 많아서 동거할 수 없었음이니라 [7] 그러므로 아브람의 가축의 목자와 롯의 가축의 목자가 서로 다투고 또 가나안 사람과 브리스 사람도 그 땅에 거주하였는지라**

아브람은 이집트에서 쫓겨나 가나안으로 다시 돌아온다(13:1). 애초에 그의 발걸음을 이집트로 향하게 했던 기근이 언급되지 않는 것으로 보아 가나안에 다시 비가 내리면서 농사를 지을 수 있는 여건이 조성된 것으로 생각된다. 아브람은 이 여행을 통해 많은 재물을 얻었다(2절). 그러나 가나안에 입성한 후 치른 첫 번째 신앙 테스트에서 낙제했다(Mathews). 아브람은 벧엘과 아이 사이, 곧 그가 이집트로 내려가기 전에 살던 곳으로 다시 돌아와 여호와께 예배를 드린다. 개역개정은 마치 아브람이 네게브에서 곧바로 벧엘로 올라간 듯한 느낌을 주지만, 실은 그가 네게브를 출발하여 "이곳 저곳으로 떠돌아 다니다가"(לְמַסָּעָיו)(새번역; NIV) 벧엘에 이른 것이다. 하지만 별다른 계획 없이 발 닿는 대로 이곳저곳을 배회했다는 뜻은 아니다. 계획을 세우고 그에 따라 한 단계씩(stage by stage) 목적지를 향해 갔다는 뜻이다(cf. NRS; TNK; NAB). 이집트와 가나안의 접경에서 벧엘/아이까지는 약 300킬로미터에 달하는 먼 길이다(Hamilton). 그는 가족과 짐승들을 이끌고 상당한 거리를 걸었다.

아브람은 전에 벧엘과 아이 사이에 세웠던 제단으로 돌아와 여호와의 이름을 불렀다(4절). 저자는 우리에게 이곳이 아브람이 전에 장막을 치고 살았던 곳이자(3절), 그가 하나님의 명령을 받아 가나안에 입성하여 처음으로 제단을 세웠던 곳임을 귀띔한다(4절). 아브람이 영육 간에 신앙의 첫걸음을 떼었던 곳으로 돌아왔음을 암시하기 위해서이다(Waltke). 신앙 테스트에서 실패한 아브람이 돌아와 새 출발을 하는 것이다. 그가 이곳에서 여호와의 이름을 부른다. 가나안에 입성했을 때 경험한 하나님과의 관계를 회복하고 싶어서이다.

아브람은 이집트에서 상당한 재물을 얻었지만, 그것을 하나님이 인정해 주신 증거로 여기며 자신의 행위를 정당화시키지 않는다. 물론 그가 얻은 재물은 하나님이 그에게 내려 주신 축복이다. 그러나 아브람은 자신이 이집트에서 저지른 잘못에 대해 잘 알고 있기 때문에 하나님의 축복이 곧 하나님의 인정이라는 생각을 하지 않는다. 축복과 인정은 별개 문제라는 것이다. 그래서 그는 이곳에서 제단을 쌓고 하나님을 찾는다. 신앙의 여정을 처음부터 다시 시작해 보고 싶기 때문이다.

아브람의 곁에는 아직 롯이 있다(5절). 그러나 저자가 그들 관계에 불편함이 생기기 시작했음을 암시한 적이 있다(cf. 1절). 불안이 수면 위로 떠오른다. 둘 다 거느리고 있는 종과 짐승들의 수에 비해 거하는 땅의 면적이 충분하지 않아 종들 사이에 다툼이 일어나곤 한 것이다(6-7절). 게다가 그들 주변에는 가나안 사람과 브리스 사람까지 짐승을 거느리며 살고 있다(7b절). 브리스(פְּרִזִּי)는 가나안의 계보에 기록되어 있지 않다(cf. 10:15-18). 그래서 학자들은 이들을 한 족속으로 보기보다 도시에서 살지 못하고 시골로 내몰린 사회적 약자들을 가리키는 호칭으로 간주한다(cf. HALOT). 건기와 우기가 뚜렷한 가나안 지역에서는 물과 초원을 쉽게 얻을 수 없기 때문에 짐승들을 이끌고 유목하는 사람들 사이에 항상 다툼이 있었다(cf. 21, 26장). 하나님이 그들에게 내려 주신 축복이 두 사람을 갈라놓는 화근이 된다는 것이 아이러니하다.

아브람이 아버지 데라와 갈대아 우르를 출발할 때부터 롯이 함께했다. 롯은 이때까지 아브람과 동고동락해 온 것이다. 그러나 이제 헤어져야 한다. 그 동기가 별로 좋지 않다. 두 집안의 가축이 불어나자 땅이 비좁게 느껴졌고, 이것이 화근이 되어 종들 사이에 불화가 있었기 때문이다. 안타까운 것은, 아브람이 그 땅에 거하고 있던 가나안 사람들이나 브리스 사람들과는 공존할 수 있지만(7절), 가나안 여정을 내내 함께했던 조카 롯과는 끝까지 갈 수 없다는 것이다.

II. 아브라함 이야기(11:27-25:11)
D. 아브람과 롯의 분가(13:2-18)

## 2. 이별(13:8-13)

**[8] 아브람이 롯에게 이르되 우리는 한 친족이라 나나 너나 내 목자나 네 목자나 서로 다투게 하지 말자 [9] 네 앞에 온 땅이 있지 아니하냐 나를 떠나가라 네가 좌하면 나는 우하고 네가 우하면 나는 좌하리라 [10] 이에 롯이 눈을 들어 요단 지역을 바라본즉 소알까지 온 땅에 물이 넉넉하니 여호와께서 소돔과 고모라를 멸하시기 전이었으므로 여호와의 동산 같고 애굽 땅과 같았더라 [11] 그러므로 롯이 요단 온 지역을 택하고 동으로 옮기니 그들이 서로 떠난**

**지라 [12] 아브람은 가나안 땅에 거주하였고 롯은 그 지역의 도시들에 머무르며 그 장막을 옮겨 소돔까지 이르렀더라 [13] 소돔 사람은 여호와 앞에 악하며 큰 죄인이었더라**

아브람을 포함하여 이스라엘의 선조들은 유목민이었다. 짐승들을 잘 치기 위해서는 무엇보다 풀과 물이 있어야 한다. 건기와 우기가 뚜렷하게 구분되는 가나안 지역에서 목축하는 유목민들은 짐승들을 먹이기 위해 풀을 찾아 항상 이동해야 한다. 한곳에 머물러서는 짐승 떼를 먹일 수 없기 때문이다. 그래서 목자들은 태양이 뜨겁게 내리쬐고 비가 오지 않는 4-9월은 짐승 떼를 물과 풀이 있는 높은 산악 지대로 이동시켰다. 고산지대는 지중해에서 몰려온 구름 덕분에 풀들이 자랄 수 있었기 때문이다. 비가 오고 추운 10~3월은 다시 저지대로 내려와 짐승들을 먹이곤 했다. 이때 아브람과 롯의 목자들이 짐승들에게 먹일 풀을 확보하지 못해서 다툼이 잦았다(7절).

아브람과 롯의 가축과 재산이 계속 늘어난다는 것은 "생육하고 번성하라"(1:28)는 축복이 이들의 삶에서 상당 부분 성취되고 있음을 의미한다. 그러나 하나님의 축복이 "너무 많이" 임해서 이들이 함께할 수 없을 정도가 되었다. 아브람은 조카 롯과 사이가 더 나빠지기 전에 헤어질 것을 다짐한다(8절). 지혜로운 결정이다. 타향살이를 하고 있는 아브람과 롯 주변에는 낯선 족속들뿐이었다. 그들은 언제라도 원수로 돌변할 수 있는 이방인들이다. 그러니 아브람이 롯과 우호적인 관계를 유지하는 것은 친척의 도리이자(8c절), 객이 되어 낯선 곳을 떠도는 사람들이 서로를 돌볼 수 있는 길이다. 또한, 이 일을 통해 아브람이 롯과 가나안 땅의 축복을 나누는 것이 아니라 독차지할 것임을 확인했다.

만날 때가 있으면 헤어질 때가 있는 법이다. 못내 아쉽더라도 때가 되었을 때 헤어지는 것이 복된 일이 아닐까? 붙잡는다고 주저앉지 말라. 떠날 때를 아는 사람이야말로 복된 사람이다. 훗날 야곱과 에서는 아브람과 롯이 헤어지는 이유와 똑같은 이유로 헤어진다(36:7). 결국에는 "돈" 때문에 울고, "돈" 때문에 갈라서야 하는 이들의 모습에서 우리는 과연 무엇을 배우는가? 하나님을 잊을까 봐 너무 많이 주시지 말고, 하나님의 명예에 누를 끼칠까 봐 너무 적게도 주시지 말라는 아굴 왕의 기도가 생각난다.

아브람은 롯에게 먼저 선택할 권리를 준다. 그들 앞에 펼쳐진 땅이 넓으니 롯이 어느 쪽을 택하든지 자기는 그 반대 방향으로 가겠다는 것이다(9절). 사실 그들 앞에 펼쳐진 땅에는 가나안 사람들이 살고 있으니 이들이 거할 수 있는 땅은 사실 그리 넓지 않았다. 그래서 이 말을, 언젠가는 하나님이 모든 지역을 그들에게 주실 것을 염두에 둔 예언적 발언으로 보기도 한다(Mathews).

아브람의 제안에 따라 롯은 소알까지 펼쳐진 동쪽 요단 들판을 택했다(10절). 소알은 훗날 롯이 딸들과 함께 소돔과 고모라를 탈출할 때 한동안 머물게 될 작은 마을의 이름이다. 롯이 이 마을이 작아서 소알(צוֹעַר)이라고 불렀다고 한다(19:22). 그렇다면 이때는 다른 이름으로 불렸을 것이다. 그러나 모세는 이 마을의 이름을 소알로 알고 있는 사람들이 쉽게 이해하도록 이곳에서도 소알로 부르고 있다.

롯이 선택한 요단의 들판을 생각해 보자. 벧엘에서 보면 요단 강 주변과 사해의 북쪽 지역이 환히 보인다. 오늘날에는 이 지역이 별로 매력적이지 않지만, 본문을 살펴보면 하나님의 심판이 있기 전까지는 소돔과 고모라 지역이 매우 아름답고 풀이 많았던 것 같다(10절). 에덴동산과 이집트 땅에 비교할 정도로 좋은 땅이었던 것이 확실하다. 그러나 한편으로 먼 훗날 아브람의 후손들이 경험할 출애굽 사건을 예고하는 듯하다. 소돔과 고모라의 울부짖음이 하늘에 상달되어 하나님이 듣고 땅에 내려오시는데(18:20), 먼 훗날 주의 백성이 이집트 사람들로 인해 울부짖을 때 하나님이 듣고 내려오신 이야기를 연상시킨다. 이때 출애굽이 시작되었기 때문이다.

롯이 바라본 땅은 비옥하다. 그러므로 많은 가축을 소유한 롯의 관심이 그쪽으로 쏠리는 것은 당연한 일이다. 그러나 그 선택은 잘못된 선택이다. 그가 하나님의 약속을 의식했다면 그쪽을 선호할 수 없다. 가나안을 택해야 했다. 그러나 롯은 "별 볼 일 없는 하나님의 축복"과 "매력적인 세상의 부귀영화" 중에서 후자를 택한다. 결국, 그가 맞이하게 될 비극적인 종말은 그의 선택의 결과인 것이다. 신앙인이라 자청하는 우리의 모습에서도 롯이 보일 때가 있지 않은가?

롯은 지금 어느 쪽으로 가고 있는가? 동쪽으로 가고 있다! 이미 언급한 것처럼 창세기에서 동쪽으로 이동하는 것은 별로 좋지 않은 것을 암시한다(Armstrong; cf. Walton). 저자는 그가 정착하게 된 소돔이 악했다고 기록하여(12-13절) 앞으로 있을 소돔과 고모라에 대한 심판을 암시한다(cf. 18장). 롯의 눈에 좋아 보여 선택한, 심지어 에덴동산과 이집트 땅과 비교될 만큼 좋은 땅이 얼마 후면 하나님의 심판의 불에 모두 타 버리고 마는 "좋지 않은 땅"이라는 것이 아이러니하다. 롯이 소돔과 고모라를 택한 것은 아담과 하와가 죄를 지을 때와 비슷한 선택이라고 할 수 있다. 롯의 눈에는 소돔과 고모라가 "먹음직도 하고 보암직도" 하였던 것이다.

아브람이 롯과의 관계가 더 악화되기 전에 문제를 해결하고 싶어 했고, 롯에게 선택권을 주었다고 해서 이 사건을 롯에게 선처를 베푸는 아브람의 인격을 보여 주는 아름다운 이야기로 해석하는 사람들이 있다(Waltke). 그러나 이것은 하나님이 아브람에게 주신 약속을 다시 한 번 위험에 빠뜨리는 사건인 것이다. 아브람은 이집트에서 바로에게 아내를 동생으로 속임으로써 하나님의 "후손/씨앗 약속"을 위험에 빠뜨린 적이 있다. 그런데 이번에는 하나님의 "땅 약속"을 위험에 빠뜨리는 것이다. 그는 조카 롯에게 가나안 땅을 내줄 각오가 되어 있었다(cf. 9절). 만약에 롯이 가나안 땅을 선택했다면, 하나님이 아브람에게 주셨던 가나안 땅의 소유권은 어떻게 되는 것인가? 그렇게 됐더라도 물론 하나님은 롯의 후손의 번성을 막음으로써 아브람에게 가나안 땅을 다시 주실 수도 있을 것이다. 어쨌든 아브람의 롯에 대한 배려는 그와 그의 자손들이 차지해야 할 땅을 위기에 빠트리고 있다.

롯이 훗날 모압 족과 암몬 족의 조상이 되는 것도 문제의 심각성을 상기시키기에 충분하다. 모세 시대에 이스라엘이 가나안을 정복할 때 가장 훼방했던 족속들이 바로 이들이 아닌가(cf. 민 22-25장). 심지어 두고두고 이스라엘을 괴롭히기까지 한다(cf. 신 23:3-6; 스 9:1). 아브람의 실수로 그와 후손들에게 약속된 땅이 원수들에게 넘어갈 위기에 빠졌던 것이다. 참으로 무책임한 처사이다. 그러나 아브람에게 손가락질할 자격이 우리에겐 없다. 우리도 살다가 하나님의 약속과 축복을 스스로 위험에 빠뜨리는 일이 종종 있지 않은가!

다행히 아브람의 실수에도 불구하고 하나님의 약속은 곤경에 처하지 않는다. 롯은 아브람에게 임한 하나님의 약속 같은 것에는 별 관심이 없는 사람이기 때문이다. 약속의 땅의 동쪽 경계가 요단 강이란 점을 감안할 때, 롯은 약속의 땅을 벗어났으므로 가나안 땅은 아브람과 그의 후손들의 소유가 될 것이다(cf. Hamilton). 무책임한 발언으로 약속을 곤경에 빠뜨린 아브람에게 임한 하나님의 은혜가 아니고 무엇이겠는가? 우리가 망칠 뻔한 일을 구제하시는 하나님을 우리는 평생 경험하며 산다.

롯의 인생을 생각해 보자. 그는 지금까지 삼촌 아브람과 동행했다. 지금 그가 누리는 부유함은 그의 인생의 클라이맥스(climax)이다. 아브람과 헤어진 다음부터 그의 인생은 쇠퇴하기 시작하여 끝에 가서는 딸들을 범하는 비참한 종말을 맞는다. 즉 롯은 아브람과 함께할 때 가장 행복했고, 아브람이 없는 그의 인생은 볼품이 없다. 이것은 하나님이 아브람에게 주신 "너는 복이 될지라"라는 예언의 첫 성취라고 할 수 있다. 만약에 롯이 "삼촌과 절대로 헤어질 수 없어요" 하고 아브람에게 매달렸다면 어떻게 되었을까? 우리는 혹시 너무 쉽게 축복을 포기하는 것은 아닐까? 아브람은 롯에게 복의 근원이었다. 우리는 다른 사람들에게 어떤 영향을 미치고 있는가?

II. 아브라함 이야기(11:27-25:11)
D. 아브람과 롯의 분가(13:2-18)

### 3. 언약 재확인(13:14-18)

**[14] 롯이 아브람을 떠난 후에 여호와께서 아브람에게 이르시되 너는 눈을 들어 너 있는 곳에서 북쪽과 남쪽 그리고 동쪽과 서쪽을 바라보라 [15] 보이는 땅을 내가 너와 네 자손에게 주리니 영원히 이르리라 [16] 내가 네 자손이 땅의 티끌 같게 하리니 사람이 땅의 티끌을 능히 셀 수 있을진대 네 자손도 세리라 [17] 너는 일어나 그 땅을 종과 횡으로 두루 다녀 보라 내가 그것을 네게 주리라 [18] 이에 아브람이 장막을 옮겨 헤브론에 있는 마므레 상수리 수풀에 이르러 거주하며 거기서 여호와를 위하여 제단을 쌓았더라**

하나님이 롯과 헤어진 후 공허함을 느끼는 아브람을 찾아와 땅에 대한 약속과 자손에 대한 약속을 재확인해 주셨다. 이 섹션은 상대적으로 짧은 내용이지만 짜임새 있는 구조를 과시한다. 다음을 참조하라(Wenham).

A. 내가 너에게 [땅을] 주리라(15절)
  B. 네 자손(15절)
    C. 땅의 티끌(16a절)
    C'. 땅의 티끌(16b절)
  B'. 네 자손(16c절)
A'. 내가 [이 땅을] 너에게 준다(17절)

하나님이 아브람에게 매우 부드럽고 따뜻하게 다가오신다. 영어로 표현하자면 "please"(נָא)라는 불변화사(particle)를 사용하신다(14절). 이 불변화사는 구약에 자주 등장하는 것으로서 창세기에만 60회 사용된다. 그러나 하나님이 사람과 대화하면서 불변화사를 사용하신 예는 이곳을 포함하여 구약 전체에 4번밖에 없다(창 15:5; 22:2; 출 11:2). 하나님이 불변화사를 사용할 때는 인간의 이해력과 사고로는 이해할 수 없는 일을 요구하시는 경우이다. (1) 아브람처럼 나이가 많은 사람에게 아들이 태어날 것을 선언하실 때(15:5); (2) 독생자를 제물로 바치라고 하실 때(22:2); (3) 이집트를 탈출하는 이스라엘에게 이집트 사람들에게 금은보화를 요구하라 하실 때(출 11:2). 본문에서는 아브람이 사방으로 볼 수 있는 모든 땅이 언젠가는 그의 소유가 될 것이라는 사실을 믿고 확신하는 신앙을 요구하신다(Radday).

하나님이 아브람에게 주변을 둘러보라고 말씀하신다(14-15절). 아브람이 하마터면 롯에게 넘겨줄 뻔했던 땅이 그와 그의 후손들의 것이라는 사실을 재차 확인하시는 것이다. "북쪽과 남쪽 그리고 동쪽과 서쪽을 바라보라"(14절)는 법적으로 땅의 소유권을 넘겨줄 때의 풍습을 근거로 하고 있다(Daube). 하나님은 훗날 모세에게도 동일한 명령을 내리신다(신 34:1-4). 아브람과 모세는 둘 다 땅에 대한 약속은 받았지만, 가나안 사람들을 내치고 땅을 직접 차지하는 일에서는 배제되었다는 공통점이 있다. 하나님은 아브람이 보는 사방 모든 땅을 그와 그의 후손들에게 영원히(עַד־עוֹלָם) 주겠다고 하신다(15절). 이 땅의 소유권은 아브람과 그의 후손들에게 영원히 있다는 사실을 확인하시는 것이다. 그러나 이 약속이 현실화되려면 수백 년이 지나야 한다. 그동안 아브람과 그의 후손들은 믿음으로 하나님의 때를 기다려야 한다.

아브람과 그의 후손들이 하나님으로부터 이 땅을 영원히 받았다면, 그 땅에 살며 경작할 자손들이 필요하다. 그래서 하나님은 아브람의 자손들의 수가 언젠가는 "땅의 티끌처럼" 많아지도록 만들겠다고 하셨다(16절). 사람이 땅의 티끌을 셀 수 없듯이 아브람의 자손들도 셀 수 없이 많아질 것이다. 이 약속은 자식을 볼 나이를 훌쩍 넘겨 버린 아브람과 사래에게는 가장 크고 중요한 하나님의 약속이다. 그들은 이 약속을 믿고 이곳까지 왔다. 하나님은 약속을 반드시 지킬 것을 재차 확인하신다. 그러므로 아브람은 오직 하나님의 능력을 믿고 순종하며 약속이 성취될 때를 기다리면 된다.

하나님은 두 약속, 곧 땅과 자손에 대한 약속이 그대로 이루어질 것을 보장하는 의미에서 아브람에게 그가 본 땅의 동서남북을 걸어 다녀 보라고 하신다(17절). 땅을 밟는 행위는 소유권이나 통치권을 확인하는 의식이다. 고대 근동 문헌들을 보면 이러한 예가 허다하다. 유대인들은 이 말씀에서 땅의 가로세로를 밟아 법적인 소유권을 상징하는 하자카(hazakah) 풍습을 만들었다(Sarna; cf. 요나단 탈굼). 롯과 헤어진 바로 이 때, 하나님이 아브람에게 땅의 소유권을 상징적으로나마 넘기신다.

아브람은 하나님께 약속을 재차 확인받은 후 헤브론으로 내려가 그곳에서 살면서 하나님께 제단을 쌓는다(18절). 하나님이 새로이 확인해 주신 약속에 대한 감사의 제단이다. "동맹"이란 뜻의 "헤브론"(חֶבְרוֹן)은 예루살렘에서 남동쪽으로 30킬로미터 떨어진 곳에 있었으며, 해발 1,000미터에 위치한 가나안 지역에서 가장 높은 성읍이었다(Walton). 주변의 샘들과 시냇물들이 올리브, 포도, 방목 등 다양한 농업, 목축업을 가능하게 했다. 성경은 이 도시가 이집트의 소안(Zoan)이 세워지기 7년 전에 창설된 것으로 밝히고 있다(민 13:22). 훗날 아브람과 사래, 이삭과 리브가, 야곱과 레아가 이곳에 묻힌다(49:31; 50:13). 이런 이유로 헤브론은 훗날 이스라엘 정치에서 매우 중요한 위치를 차지한다. 다윗도 이곳에서 7년 반 동안 유다 지파의 왕으로 군림했다.

북쪽에 있던 아브람이 남쪽에 위치한 헤브론으로 내려온 것은 소유권을 확인하는 일종의 땅 밟기로 볼 수 있다. 아브람이 이곳에 제단을 세운 것이 근거가 되어 훗날 이곳은 종교의 중심지로 자리를 잡는다.

아브람은 가는 곳마다 제단을 쌓는다. 우리는 가는 곳마다 어떤 흔적을 남기는지 생각해 보자.

이 사건은 롯이 하나님의 언약 대상에 포함되지 않았음을 확인해 준다. 아브람이 하나님의 "떠나라"는 제안을 받아들여 하란을 떠났을 때 롯도 함께했다. 그 후 이집트에 내려갔다가 돌아올 때도 함께했다. 롯과 아브람이 결속력 있는 행동을 하고 있기에 둘이 모두 하나님의 언약의 대상인 줄 알 수도 있다. 그러나 본문은 아브람만이 하나님의 언약의 대상이라는 사실을 확인해 준다.

창세기 안에서 계속 반복되는 테마 중 두 가지가 여기서 다시 부각된다. 첫째 테마는 축복(blessing)이다. 아브람과 그의 자손이 하나님의 유일한 축복의 대상임을 확인해 준다. 또한, 축복의 내용이 계속 반복된다. 하나님이 이스라엘의 선조들에게 주신 축복은 1장 28절에서 처음으로 인간에게 주신 축복을 다른 말로 표현한 것이다. 이러한 사실은 하나님으로부터 항상 개인적이고 새로운 계시를 원하는 사람들에게 신선한 도전이 된다. 하나님의 뜻과 계획 대부분은 그분의 말씀인 성경만 확실히 알아도 어느 정도 쉽게 파악할 수 있기 때문이다.

둘째 테마는 분리(separation)이다. 형제와 형제가, 친척과 친척이, 민족과 민족이 계속 분리되는 현상이 책 전체에서 드러난다. 아담의 자손 중 셋의 후손만 선택을 받았고, 셋의 후손 노아의 아들 중에서도 셈의 후손만, 그것도 벨렉의 계보만 따로 분리되었다. 이제 아브람과 롯이 분리됨으로써 하나님의 언약은 아브람에게만 유효하다는 것이 확인되는 순간이다. 이것이 하나님의 이치이다. 때가 이르면 모든 것이 분리되고 구별되는 것이다.

아브람의 생애를 살펴보면 하나님은 그가 위기를 맞을 때마다 나타나 약속을 확인하거나 언약을 맺으시는 것을 알 수 있다. 아버지 데라가 아브람과 함께 가나안으로 가고자 길을 떠났지만, 어떤 이유에서인지 하란에 머물게 되어 계획이 수정되어야 하는 순간에 하나님이 그를 찾아와 약속을 주며 길을 떠나라고 말씀하셨다(12:1-3). 본문에서는 아브람이 롯과 작별한 후 허탈해하고 있을 때 하나님이 그를 찾아와 땅과 자손을 줄 것을 확인해 주셨다. 훗날 하나님의 약속이 지연되는 듯해서 아브람이 불안해하고 있을 때 주님은 그를 찾아와 언약을 맺으신다(15:1-5). 이스마엘이 태어난 직후, 그를 연약의 아들로 생각해야 한다는 상실감이 임할 만한 때에 할례를 언약의 증표로 주셨다(17:1-10). 아브람이 하나님의 명령에 따라 모리아 산에서 이삭을 바치려 한 뒤에 숨을 고르고 있을 때도 하나님은 그에게 언약을 확인해 주셨다(22:16-18). 이처럼 아브람이 위기를 맞을 때마다 하나님은 언약을 확인하거나 새로운 약속을 주는 일로 그를 격려하신다.

여호와 하나님은 아브람이 땅의 주인으로서 마음껏 걸어 다니며 즐길 수 있다고 말씀하신다(17절). 바로 이 순간에 하나님이 이 땅을 아브람에게 주신 것이다. 그러나 그는 사는 동안에 이 땅의 소유권을 주장하지 못했다. 약속이 성취되려면 몇백 년을 더 기다려야 한다. 우리의 신앙생활도 이런 것이 아닐까? 우리는 하나님의 약속을 가슴에 품고 살아간다. 그 약속은 우리 것이며 하나님은 그 약속을 반드시 이루실 것이다. 그러나 경우에 따라 그 약속이 우리 시대에는 미처 실현되지 않을 수 있다. 먼 훗날, 아브람의 경우처럼 몇 백 년이 지난 후에야 이루어질 수도 있다. 그러나 한 가지 확실한 것은 하나님이 주신 약속은 꼭 이루어진다는 사실이다. 미국에 이런 가사를 담은 노래가 있다: "꿈은 죽지 않는다네, 꿈꾸는 자가 죽는 것이지 // 노래는 죽지 않는다네 가수가 죽는 것이지"(dream never die, but the dreamer // song never dies, just the singer). 우리는 약속을 받았지만, 그 약속이 이루어지기 전에 죽을 수 있다. 그러나 하나님의 약속은 계속 유효하며 실현될 때까지 세대를 거듭하며 누군가를 통해 전수될 것이다.

하나님이 아브람에게 "땅의 티끌"처럼 많은 약속을 하셨는데 이 약속 역시 현실감이 없어 보인다. 아브람과 사래는 아이를 낳을 만한 나이가 아니며 이미 낳아 둔 자식도 없다. 아브람의 증손주인 야곱의 아들들 세대에 가서야 "땅의 티끌처럼"이라는 자손의 약속이 실현될 가능성이 보인다. 이런 상황에서 아브람과 이삭과 야곱에게 "자손 창대의 약속"은 어떻게 받아들여졌을까? 이웃들이 이들의 집에 놀러 왔다가 우연히 여호와 하나님이 이 집안에 가나안 땅과 많은 자손을 약속으로 주셨다는 말을 들으면 어떤 반응을 보일까? 아마도 위협을 느끼기보다는 비웃음이 앞섰을 것이다. 하나님을 믿는다는 것이 때로는 이처럼 세상의 비웃음을 살 수 있다. 그러나 말씀을 믿고 기다리면 비웃음이 경외로 바뀔 때가 꼭 온다.



## E. 아브람이 롯을 구함(14:1-24)

이 이야기의 역사적인 정황이나, 언급되는 인물들이 누구인가에 대하여는 아직도 모르는 것이 더 많다(cf. Sarna; Wenham). 그래서 많은 학자가 본문을 창세기에서 가장 난해한 텍스트로 간주한다(Fretheim). 그럼에도 불구하고 이 이야기가 아브람 이야기에서 하는 역할은 확실하다.

본문은 성경에 기록된 첫 번째 전쟁 이야기이다. 여기서 아브람은 전쟁에 능한 군사 지도자이자 영웅으로 묘사된다. 반면에 롯은 힘이 없고 무능한 사람으로 묘사된다. 아브람을 떠나자마자(cf. 13장) 이런 모습을 보임으로써 아브람과 함께 있을 때와 극명한 대조를 이룬다. 이스라엘의 선조가 군사적 영웅으로 부각되는 것은 이번이 처음이자 마지막이다.

저자가 이 이야기를 기록한 목적은 세 가지이다. 첫째, 이집트에서 두려움에 떨던 아브람이 용감무쌍한 용사로 변했다는 것을 독자들에게 알리고자 한다. 둘째, 비록 아브람이 롯과 헤어지긴 했지만, 가족의 소중함을 잘 알고 있는 온유하고 자상한 사람이라는 것을 암시한다. 셋째, 아브람이 큰 군대를 이끌고 조카를 구하러 간 사실은 그가 가나안의 도시국가 왕들에 버금가는 권세를 누리고 있음을 강조한다(cf. 14절 주해).

아브람은 전쟁 포로로 끌려가는 조카 롯을 구하는 과정에서 하나님의 약속을 다시 한 번 위기에 빠뜨린다. 만에 하나라도 그가 이 전쟁에서 죽는다면 하나님의 약속은 어떻게 될 것인가? 실제로 전투의 규모로 보아 아브람이 이기고 돌아온 것은 기적이다. 그러므로 저자가 하나님의 개입을 구체적으로 언급하지는 않지만, 바로를 속인 일에서처럼 하나님의 개입이 있었던 것이 분명하다. 그래서 15장을 시작하면서 하나님은 아브람에게 "나는 네 방패다"라고 말씀하신다. 하나님이 전쟁에 개입하여 아브람에게 승리를 주셨다는 뜻이다. 아브람은 이 사실을 잘 알기 때문에 돌아오는 길에 만난 하나님의 제사장 멜기세덱에게 주저 없이 십일조를 바친다.

이 이야기에는 구약성경에 다시 등장하지 않거나 거의 사용되지 않는 히브리어 단어들이 다수 등장한다. 본문에 사용된 단어 중 11%에 달하는 수이다. 따라서 정확하게 번역하고 해석하기가 매우 어렵다(Sarna). 그러나 본문이 강조하고자 하는 기본적인 의미는 쉽게 파악할 수 있다. 저자는 이 이야기에서도 7이란 숫자를 중요하게 여기는 듯하다. "아브람"이란 이름이 정확히 7차례 등장하며 멜기세덱의 두 축복이 히브리어로 각각 7단어씩 구성되어 있다. 이야기는 다음과 같이 크게 두 섹션으로 구분될 수 있으며, 특별히 짜임새 있는 구조를 지닌 것으로 생각되지는 않는다.

A. 왕들의 전쟁(14:1-16)

B. 아브람과 두 왕(14:17-24)

II. 아브라함 이야기(11:27–25:11)
E. 아브람이 롯을 구함(14:1–24)

## 1. 왕들의 전쟁(14:1–16)

[1] 당시에 시날 왕 아므라벨과 엘라살 왕 아리옥과 엘람 왕 그돌라오멜과 고임 왕 디달이 [2] 소돔 왕 베라와 고모라 왕 비르사와 아드마 왕 시납과 스보임 왕 세메벨과 벨라 곧 소알 왕과 싸우니라 [3] 이들이 다 싯딤 골짜기 곧 지금의 염해에 모였더라 [4] 이들이 십이 년 동안 그돌라오멜을 섬기다가 제십삼년에 배반한지라 [5] 제십사년에 그돌라오멜과 그와 함께 한 왕들이 나와서 아스드롯 가르나임에서 르바 족속을, 함에서 수스 족속을, 사웨 기랴다임에서 엠 족속을 치고 [6] 호리 족속을 그 산 세일에서 쳐서 광야 근방 엘바란까지 이르렀으며 [7] 그들이 돌이켜 엔미스밧 곧 가데스에 이르러 아말렉 족속의 온 땅과 하사손다말에 사는 아모리 족속을 친지라 [8] 소돔 왕과 고모라 왕과 아드마 왕과 스보임 왕과 벨라 곧 소알 왕이 나와서 싯딤 골짜기에서 그들과 전쟁을 하기 위하여 진을 쳤더니 [9] 엘람 왕 그돌라오멜과 고임 왕 디달과 시날 왕 아므라벨과 엘라살 왕 아리옥 네 왕이 곧 그 다섯 왕과 맞서니라 [10] 싯딤 골짜기에는 역청 구덩이가 많은지라 소돔 왕과 고모라 왕이 달아날 때에 그들이 거기 빠지고 그 나머지는 산으로 도망하매 [11] 네 왕이 소돔과 고모라의 모든 재물과 양식을 빼앗아 가고 [12] 소돔에 거주하는 아브람의 조카 롯도 사로잡고 그 재물까지 노략하여 갔더라 [13] 도망한 자가 와서 히브리 사람 아브람에게 알리니 그 때에 아브람이 아모리 족속 마므레의 상수리 수풀 근처에 거주하였더라 마므레는 에스골의 형제요 또 아넬의 형제라 이들은 아브람과 동맹한 사람들이더라 [14] 아브람이 그의 조카가 사로잡혔음을 듣고 집에서 길리고 훈련된 자 삼백십팔 명을 거느리고 단까지 쫓아가서 [15] 그와 그의 가신들이 나뉘어 밤에 그들을 쳐부수고 다메섹 왼편 호바까지 쫓아가 [16] 모든 빼앗겼던 재물과 자기의 조카 롯과 그의 재물과 또 부녀와 친척을 다 찾아왔더라

아브람이 헤브론 지역에 사는 동안(cf. 13:18) 주변에 국제적인 규모의 분쟁이 일어났다. 동쪽 나라 왕들과 사해 주변을 중심으로 한 서쪽 나라 왕들 사이에 전쟁이 벌어진 것이다. 동쪽 연합군은 네 왕으로 구성되어 있으며 엘람 왕 그돌라오멜이 이 그룹의 리더이다(1절). 엘람은 셈의 자손들이 페르시아 지역에 세운 나라였다(10:22), 오늘날 이란의 남서쪽 위치이다(ABD). 그돌라오멜과 함께 가나안 지역을 침략해 온 세 왕은 시날(바빌론) 왕 아므라벨, 엘라살 왕 아리옥, 고임 왕 디달이다(1절). 일부 학자들의 많은 노력에도 불구하고 이 사람들 모두 역사적 인물과 연결하기가 쉽지 않다(cf. Kitchen; Wenham). 게다가 고임이란 민족과 엘라살은 아예 들어보지 못한 나라들이다. 엘람 왕 그돌라오멜은 서쪽 왕들에게서 지난 12년 동안 조공을 받아 왔다(4절).

서쪽 연합군은 소돔 왕 베라, 고모라 왕 비르사, 아드마 왕 시납, 스보임 왕 세메벨, 벨라 곧 소알 왕 등 5명으로 구성되었다(2절). 이 왕들 역시 역사적 인물들과 연결시키기가 거의 불가능하다. 이들은 지난 12년 동안 엘람 왕에게 조공을 바치다가 13년째 되는 해에 반란을 일으킨다(4절). 지나친 요구에 견디지 못해서인지, 혹은 엘람이 약해진 것을 틈탄 것인지, 혹은 서쪽 나라들이 어느 정도 강해져서 독립을 선언한 것인지는 확실하지 않다.

엘람 왕 그돌라오멜이 반역한 서쪽 왕들을 응징하러 나서기까지 1년이 걸렸다(5절). 그는 동맹군을 이끌고 와서 이 지역을 체계적으로 정복해 나간다. 그는 아스드롯 가르나임, 함, 사웨 기랴다임, 세일, 엔미스밧, 하사손다말을 차례로 친다(5-7절). 이 지역들 모두를 정확히 알 수는 없지만, 대체로 요단 강 동편에 남북으로 뻗어 있던 국도(King's Highway)를 따라 북쪽에서 남쪽으로 진군하여 정복한 것이다(cf. Mathews).

반역을 일으켰던 서쪽 왕 다섯 명이 싯딤 벌판에 모여 동쪽 왕들과 전쟁을 하지만, 마치 오합지졸과 정예군의 싸움처럼 쉽게 결판이 난다

(8-10절). 서쪽 왕들은 크게 패하여 도망한다. 벌판 곳곳에 있던 역청 수렁이 서쪽 왕들과 군인들에게 상당히 불리하게 작용했던 것으로 보아(10절), 그돌라오멜이 사용한 전술은 지역의 천연적인 요소를 충분히 활용한 것으로 생각된다. 승리한 동쪽 왕들은 소돔과 고모라에 들어가 약탈을 감행한다(11절). 재물과 먹을 것만 빼앗은 것이 아니라 주민들까지 인질로 잡아 자기 나라로 끌어가는 것이다. 잡혀간 인질 중에 아브람의 조카 롯이 있다(12절). 이들은 욕심을 너무 부린 바람에 화를 불렀다. 재물만 약탈했으면 전쟁이 끝났을 텐데 포로까지 잡아가려고 욕심내다가 결국 빼앗은 것 모두를 반납하게 된다(16절).

한 사람이 소돔에서 탈출하여 히브리 사람 아브람을 찾아와 전쟁에 대하여 알려 주었다(13절). 성경에서 "히브리 사람"(עִבְרִי)이란 단어가 처음 사용되고 있다. 이것의 어원은 정확하지 않으며 "[건너편] 저쪽에서 건너온 사람"과 "사회적으로 소외된 계층"을 뜻한다는 추측이 가장 유력하다(NIDOTTE; cf. Walton). 그러나 아브람을 히브리 사람이라고 하는 것은 그의 이웃인 아모리 사람들로부터 아브람을 구분하기 위해서이다(Matthews). 이때 아브람은 "아모리 사람 마므레의 땅, 상수리나무들이 있는 곳"(13절, 새번역)에 살고 있었다.

마므레에게는 에스골과 아넬 두 형제가 있었으며, 세 형제는 아브람과 동맹을 맺었다(13절). 성경에서 마므레(מַמְרֵא)와 에스골(אֶשְׁכֹּל)과 아넬(עָנֵר)이 사람 이름으로 사용된 곳은 이곳이 유일하다. 마므레는 "힘", 에스골은 "[포도]송이", 아넬은 "소년"이란 뜻이다. 다른 곳에서 항상 지역의 명칭으로 사용된다. 마므레는 헤브론에서 북쪽으로 3킬로미터 정도 떨어진 곳이며 오늘날 라마트 엘 칼릴(Ramat el-Khalil)로 알려진 곳이다(ABD). 에스골은 헤브론 근처에 있는 계곡이며 훗날 큰 포도송이로 정탐꾼들에게 깊은 인상을 남긴 곳이다(ABD; cf. 민 13:23-24; 32:9; 신 1:24). 아넬은 레위 사람의 성읍이었으며 요단 강 서편, 므낫세 지파에게 속한 땅에 있었다(ABD; cf. 대상 6:70). 정황을 고려할 때 이들은 헤브론 지역에 사는 유지들이었음이 확실하다(Waltke).

아브라함은 동맹을 맺은 세 형제와 함께 종 318명을 동원하여 롯을 잡아간 군대의 뒤를 따랐다(14절). 주전 12세기까지도 근동 지역의 도시국가(city state)들의 군대 대부분이 이 정도에 미치지 못한 것으로 알려져 있다. 아브라함의 군대 규모는 그의 재력과 능력이 어느 정도였는지를 증거한다. 도시국가의 왕에 버금가는 아브라함은 벌써 가나안에서 상당한 세력을 가진 자로 자리를 굳혀 가고 있었던 것이다(cf. 13:2).

고대 문헌들을 살펴보면 318명이 매우 큰 무리를 상징하는 예들이 있다. 이집트의 아멘호텝 3세(Amenhotep III)의 왕쇠똥구리 모양의 부적(scarab)에 기록된 바에 의하면, 그와 결혼할 신부 기루헤파(Giluhepa of Mitanni)가 317명의 시녀들을 거느리고 결혼식장에 도착하여 신부를 포함해 총 318명의 왕궁 여자들이 결혼식에 참석했다고 기록하고 있다(Sarna). 호머의 일리아드(Illiad)에 기록된 4일간의 전투에서 처참하게 죽어간 사람들의 수가 318명이다(Hamilton). 또한, 많은 랍비가 아브라함의 종 엘리에셀(אֱלִיעֶזֶר)에 사용되는 히브리어 자음의 가치를 더하면 318이라는 사실을 지적해 왔다(א: 1; ל: 30; י: 10; ע: 70; ז: 7; ר: 200)(Sasson). 우연이겠지만 318은 7에서 72 사이에 있는 12개의 소수(素數)(prime number)를 더한 숫자이기도 하다(7, 11, 13, 17, 19, 23, 29, 31, 37, 41, 43, 47)(Gevirtz). 요세푸스는 아브라함이 거느린 군대 지휘관의 숫자가 318명이었고, 실제적인 군인 숫자는 그보다 훨씬 많았다고 주장하지만 본문을 잘못 해석한 결과이다(Feldman).

318명으로 구성된 군대는 구약에서 어떤 전쟁을 생각나게 하는가? 기드온은 300명을 데리고 10만 명이 훨씬 넘는 군대를 물리쳤다. 저자가 이곳에 아브라함이 동원한 군대가 318명이라고 밝힌 것에는 두 가지 의미가 있는 듯하다. 첫째, 세부적인 사실을 제시함으로써 이 사건이 실제로 있었던 역사적 사건이라는 사실을 강조하고자 한다. 둘째, 동쪽에서 온 연합군에 비하면 아브라함의 군대는 형편없이 작다. 그런데도 그가 승리한다면 하나님이 그와 함께하셨기 때문이다. 저자는 하나님의 도우심을 암시하고자 하는 것이다. 아브람의 승리가 그의 능력에서 비롯된 것이 아니라 하나님의 축복이었다는 사실이 그가 돌아오는 길에 만난 멜기세덱의 축복에서 역력하게 드러난다(20절). 또한, 이 일이 있은 다음 하나님이 아브람을 찾아와 당신이 아브람의 방패가 되신 일을 말씀하신다(15:1).

아브람이 적들을 만난 곳은 "단"(דָּן)이었다(14절). 단은 훗날 이스라엘 영토의 최북단에 위치하는 지역 이름이다(cf. 삿 20:1; 삼상 3:20). 단의 원래 이름은 라이스(Laish)였으며 주전 1850년대 이집트 문헌들이 이 도시에 대하여 이미 언급하고 있다(ABD). 훗날 창세기를 편집한 사람이 라이스라는 이름에 익숙하지 않은 독자들을 위하여 "단"이란 친숙한 이름으로 대체한 것으로 추정된다. 아브람은 밤새 적들을 공격하여 모두 물리쳤다(15절). 하나님이 아브람과 함께하시며 그를 보호하셨기 때문에 기적적인 승리를 맛보게 된 것이다. 그는 동쪽 왕들이 빼앗아 간 모든 것을 다시 찾아올 수 있었다(16절). 물론 롯과 그의 재산도 모두 찾아왔다.

이 일을 통해 아브람은 조카 롯에게 다시 한 번 축복의 통로가 되었다. 롯이 사로잡혀 가게 된 이유는 그동안 그가 누린 복의 근원인 아브람을 떠나 소돔과 고모라에 살았기 때문이다. 아브람과 같이 있는 사람은 복을 받을 것이요, 아브람을 떠나는 사람은 소돔과 고모라 같이 될 것이다. 이 사건은 소돔이 롯의 거처지로 적합하지 못하다는 것을 암시한다. 저자도 이 같은 사실을 두 차례나 언급한 적이 있다(13:10, 13). 그러나 롯은 아브람에 의하여 구원을 받은 후에도 다시 소돔으로 돌아가서 산다. 우리는 롯의 이러한 행동에서 무엇을 배우는가? 죄란 이런 것이다. 한번 맛을 들이면 끊을 수 없는 것이다. 그러니 성경이 말하는 것처럼 죄는 처음부터 순을 자르고 멀리하는 것이 가장 좋다.

아브람은 롯에게 두 번이나 구원의 손길을 내민다. 전쟁을 통해 롯을 구원한 이 사건이 처음이다. 아브람은 18-19장에서 중보 기도를 통해 롯이 소돔과 함께 멸망하지 않도록 하나님의 마음을 움직인다. 아브람의 중보 역할이 결정적으로 묘사된 곳이 창세기 20장 17절이다: "아브라함이 하나님께 기도하매 하나님이 아비멜렉과 그의 아내와 여종을 치료하사 출산하게 하셨으니"

아브람은 롯뿐만 아니라 전쟁 포로로 끌려간 모든 사람에게 해방과 자유의 축복을 안겨 주었다(16절). 그는 그들에게도 자유를 선사하여 복의 근원이 되고 있다. 중요한 것은 아브람이 이들의 복의 근원이 된 배경에는 죽음을 각오한 비장한 결단과 용기가 있었다는 것이다. 그는 생명을 담보로 싸우고 돌아오는 길이다. 우리의 희생을 통하여 이웃이 복을 받을 때, 그 복이야말로 참으로 고귀하고 아름다운 복이 아니겠는가? 우리는 희생을 감수하면서까지라도 남들에게 복의 근원이 되려고 노력해야 한다.



## 2. 아브람과 두 왕(14:17-24)

**[17] 아브람이 그돌라오멜과 그와 함께 한 왕들을 쳐부수고 돌아올 때에 소돔 왕이 사웨 골짜기 곧 왕의 골짜기로 나와 그를 영접하였고 [18] 살렘 왕 멜기세덱이 떡과 포도주를 가지고 나왔으니 그는 지극히 높으신 하나님의 제사장이었더라 [19] 그가 아브람에게 축복하여 이르되**

**천지의 주재이시요 지극히 높으신 하나님이여**
**아브람에게 복을 주옵소서**
**[20] 너희 대적을 네 손에 붙이신**
**지극히 높으신 하나님을 찬송할지로다**

**하매 아브람이 그 얻은 것에서 십분의 일을 멜기세덱에게 주었더라 [21] 소돔**

**왕이 아브람에게 이르되 사람은 내게 보내고 물품은 네가 가지라 [22] 아브람이 소돔 왕에게 이르되 천지의 주재이시요 지극히 높으신 하나님 여호와께 내가 손을 들어 맹세하노니 [23] 네 말이 내가 아브람으로 치부하게 하였다 할까 하여 네게 속한 것은 실 한 오라기나 들메끈 한 가닥도 내가 가지지 아니하리라 [24] 오직 젊은이들이 먹은 것과 나와 동행한 아넬과 에스골과 마므레의 분깃을 제할지니 그들이 그 분깃을 가질 것이니라**

아브람은 돌아오는 길에 두 왕을 만났다. 멜기세덱과 소돔의 왕이다. 이 왕들을 대하는 아브람의 태도가 매우 대조적이다. 아브람은 멜기세덱을 매우 따뜻하고 깍듯이 대하지만, 소돔 왕은 냉대한다. 본문을 살펴보면 아브람이 왜 멜기세덱은 반갑게, 소돔 왕은 차갑게 맞이하는지 그 이유가 드러난다.

아브람은 멜기세덱을 먼저 만났다. 멜기세덱 이야기(17-21절)는 문서설이 문제를 제기하기 오래전부터 이미 완성된 이야기에 임의로 삽입된 느낌을 준다는 평을 받아 왔다(Rashi). 그러나 멜기세덱은 소돔 왕과 대조를 이루며 이 사건을 영적인 중요성을 지닌 이야기로 승화시킨다. 즉 멜기세덱의 이야기가 있어야만 소돔 왕의 이야기가 의미를 찾는다는 것이다. 그러므로 멜기세덱 사건이 본문에 "침입"한 듯한 느낌을 주기는 하지만 처음부터 있었던 이야기임에 틀림없다(Sarna).

멜기세덱(מַלְכִּי־צֶדֶק)은 살렘의 왕이다(18절). 그의 이름을 풀이하면 "의로운 왕"라는 뜻이다(Mathews; cf. 히 7:2). "살렘"(שָׁלֵם)은 확실하지는 않지만, 예루살렘을 가리키는 것으로 이해된다(HALOT; cf. 시 76:2에서 "살렘"은 "시온"과 평행을 이룬다). 아마도 이스라엘의 삶에 앞으로 예루살렘이 얼마나 큰 영향을 미치게 될 것인가를 암시하는 듯하다. 또한, 살렘은 살롬(שָׁלוֹם)과 같은 말로서 그가 "살렘의 왕"이라는 것은 "평화의 왕"이란 뜻이다. 신약에 와서는 이 타이틀이 예수님께 적용되며 예수님은 제2의 멜기세덱으로 표현된다(cf. 히브리서).

멜기세덱은 지극히 높으신 하나님의 제사장으로 소개된다(18절). "제사장"(כֹּהֵן)이란 단어가 성경에서 처음으로 사용되고 있다. 여호와를 섬기는 제사장이 있었다면 여호와를 섬기는 신도들도 상당히 많았을 것으로 생각된다. 아브람 외에 여호와를 섬기는 사람들이 있었다는 것에 놀랄 필요는 없다. 이 시대의 사람으로서 하나님을 섬겼던 대표적인 인물이 욥이다. 하나님은 어느 시대에든지 당신의 백성을 보존하신다. 그러므로 엘리야가 "주님을 따르는 자는 나뿐입니다"라며 탄식할 때 하나님은 바알에게 무릎을 꿇지 않은 7,000명이 있다고 말씀하신다(왕상 19:18).

"지극히 높으신 하나님"(אֵל עֶלְיוֹן)은 우주를 창조하신 창조주이자 인류 역사의 주권자를 뜻한다(Mathews). 그러므로 이 이야기에 가장 잘 어울리는 성호이다. 멜기세덱은 여호와의 제사장이다. 하나님의 제사장 멜기세덱은 아브람에게 "빵과 포도주"를 준다(18절). 빵과 포도주는 제사장들이 가지고 다니는 물건이다. 그러나 이 이야기에서는 전쟁에서 돌아오는 아브람에게 식사를 대접한 것을 가리킨 표현이다(Mathews; Waltke).

멜기세덱은 아브람에게 신성한 복도 빌어 주었다(19절). 그는 아브람에게 승리를 주신 가장 높으신 하나님을 찬양하라고 권면한다(20절). 멜기세덱은 하늘의 신령한 것을 가지고 아브람을 찾아온 것이다. 그는 하늘의 복을 아브람에게 빌어 주고 떠난다. 축복에 대한 반응으로 아브람은 멜기세덱에게 십일조를 바친다(20절). 아브람은 훗날 시내 산 율법에서 구체화되는 십일조 생활을 벌써 하고 있는 것이다(cf. 26:5).

멜기세덱에 대한 언급은 이 사건 이후 구약에서는 유일하게 시편 110편 4절에서 한 번 더 등장한다. 지극히 높으신 하나님의 제사장은 구약에서도 매우 희미한 인물인 것이다. 그럼에도 불구하고 히브리서 저자는 예수 그리스도를 제2의 멜기세덱으로 묘사한다(cf. 히 5-7장). 특히 히브리서 7장 1-4절은 멜기세덱을 (1) 평화의 왕, (2) 지극히 높으신 하나님의 제사장, (3) 아브람에게 복을 빌어 준 사람, (4) 의의 왕 등으로 정의하여 예수님과 연결한다. 이외에도 히브리서는 멜기세덱에 대하여 더 많은 정보를 제공하고 있지만, 구약을 통해 확인될 수 있는 내용은 아니다.

얼핏 보면 히브리서 저자가 구약에 기록된 사실을 왜곡하고 있다고 생각할 수도 있다. 그러나 히브리서 저자는 영감을 받아 정경을 기록하고 있으며, 이제는 우리에게 전수되지 않는 다른 출처들을 인용하고 있을 가능성을 배제해서는 안 된다. 그는 멜기세덱에 대하여 우리보다 훨씬 더 많은 정보를 가졌기 때문에 그에 대하여 창세기보다 더 많은 이야기를 하는 것이다.

아브람이 돌아오는 길에 만난 두 번째 왕은 소돔 왕이다. 소돔 왕은 아브람에게 소돔의 백성들을 제외한 "모든 것"을 가지라고 한다(21절). 소돔 왕은 하늘의 신성한 복을 빌어 주었던 멜기세덱과 달리 "세상의 복"을 아브람에게 주고자 한다. 아브람은 단호히 거절한다(22-24절). 소돔 왕에게 속한 것은 실오라기 하나, 신발 끈 하나라도 갖지 않겠다는 말을 덧붙인다(23절). "실오라기"(חוּט)와 "신발 끈"(שְׂרוֹךְ)은 가장 보잘것없고 가치가 없는 물건들의 상징이다(cf. 삿 9:13; 사 5:7; 암 2:6; 8:6; 마 3:11). 소돔 왕에게 속한 것은 티끌 하나 받지 않겠다는 뜻이다. 아브람이 이처럼 단호하게 소돔 왕의 제의를 거부했기 때문에 다음 장(章)에서 하나님은 자신을 아브람의 지극히 큰 상급이라고 하신다(15:1; cf. Kline). 하나님이 하늘의 신성한 것을 사모한 아브람을 축복하신 것이다.

아브람이 소돔 왕의 제안을 단호하게 거절한 것은 네 가지 의미를 지녔다. 첫째, 아브람은 이 세상의 복을 추구하지 않는 사람이다. 그는 하늘의 신성한 복을 추구하는 사람이기에 하늘의 복을 빌어 준 멜기세덱의 축복은 받지만 "세상의 것"을 제시하는 소돔 왕의 복은 거부한다(cf. 23절). 우리가 이 땅에서 살면서 어떤 복을 추구하고 있는가를 반성하게 하는 대목이다.

둘째, 아브람은 하나님이 그를 존귀하게 해 주실 때를 사모한다. 어떻게 보면 아브람은 이 전쟁을 통해 절호의 기회를 얻었다고 할 수 있다. 이 지역 사람들의 은인이 된 아브람은 그들의 "왕"이 될 수 있다. 하나님의 땅 약속을 쉽게 성취할 수 있는 기회를 얻은 것이다. 그러나 아브람은 그렇게 하지 않는다. 하나님의 방법이 아니기 때문이다. 멜기세덱 사건에서 보여 주는 것 같이 그는 하늘의 신성한 것을 사모하는 사람이다. 아브람은 하나님이 하나님의 방식에 따라 주시는 기회를 기다릴 뿐, 스스로 하나님을 앞서가지는 않는다. 만약 우리가 아브람이라면 이런 절호의 찬스 앞에 어떻게 행동할까?

셋째, 소돔 왕이 아브람에게 주고자 하는 재물은 억울하게 착취당한 사람들의 눈물과 피로 얼룩진 가증한 물건들이다. 이때 소돔은 죄악으로 가득 차 있었으며 얼마 지나지 않아 심판을 받아 멸망할 도시이다 (cf. 13:13; 19장). 그곳에 사는 사람들의 소유물 역시 의롭거나 정결하지 않다는 것을 알 수 있다. 그러므로 신성한 축복을 사모하는 아브람이 이런 물건을 받아들일 수 없는 것은 당연하다. 하나님은 우리가 부자가 되는 것을 막지 않으신다. 그러나 경건하지 못한 수단과 방법을 통해 얻은 재물은 싫어하신다. 우리는 거룩한 방법으로 많은 돈을 번 사람들의 모범 사례가 필요한 시대에 살고 있다.

넷째, 소돔의 모든 사람과 짐승은 곧 멸망하게 된다. 소돔의 종말은 하나님이 구약 시대에 간혹 요구하셨던 진멸(חֵרֶם)의 한 예라고 생각할 수 있다. 진멸이 선포되면 남녀노소 할 것 없이 모든 사람과 그들의 짐승들이 모두 죽여야 한다. 그러므로 아브람이 이들의 재산을 거부하는 것은 앞으로 소돔에 임할 진멸에 대한 경고라고 할 수 있다.

## F. 언약 체결(15:1-21)

15장은 아브라함 이야기의 구조에서 중심에 서 있을 뿐만 아니라 지난 수백 년 동안 아브람 이야기의 가장 핵심으로 간주되어 왔다(Westermann; Brueggemann). 하나님이 인류 역사상 처음으로 인간과의 계약에 자신을 묶으시는 순간이다. 이 섹션이 아브람 이야기의 바탕이 되는 하나님의 언약에 대하여 신학적으로 배경 설명을 하고 있을 뿐만 아니라 아브람에게 약속하신 땅과 자손들이 출애굽과 가나안 정복을 통해 성취될 것을 구체적으로 선언하고 있기 때문이다(cf. 13-16절). 그뿐만 아니라 이 사건 이후로 씨앗/후손에 대한 약속 실현도 급물살을 타 아브람이 아들들을 얻게 된다(cf. 16, 21장).

하나님과 아브람이 얼굴을 맞대고 많은 대화를 나누는 장면은 이 이야기가 매우 특별함을 암시한다. 그동안 아브람은 하나님의 말씀을 듣기만 했는데, 아브람이 하나님과 대화를 시도하는 것에서도 이 이야기의 중요성을 알 수 있다.

아브람이 하나님과 언약을 어떻게 체결하게 되었는가를 회고하는 본문의 일부(1-12절)는 다음과 같은 구조를 지녔다(Waltke; cf. Mathews).

A. 하나님이 "I am"(אָנֹכִי) 형식에 따라 아브람에게 약속하심(1절)
　B. 불안한 아브람이 "주 여호와"(אֲדֹנָי יֱהוִה)께 질문함(2-3절)
　　C. 하나님이 상징적인 행동을 통해 아브람을 안심시킴: 별들을 보여 주고 아브람의 후손과 연결하심(4-6절)
A′. 하나님이 "I am"(אָנֹכִי) 형식에 따라 아브람에게 약속하심(7절)
　B′. 불안한 아브람이 "주 여호와"(אֲדֹנָי יֱהוִה)께 질문함(8절)
　　C′. 하나님이 상징적인 행동을 통해 아브람을 안심시킴: 별들을 보여 주심: 짐승들 사이를 횃불이 지나가게 하고 장차

후손들이 받을 땅과 연결시키심(9-12절)

또한 15장 전체는 다음과 같이 크게 두 섹션으로 구분될 수 있다.

1. 자손/씨앗 약속(15:1-6)
2. 언약 체결식(15:7-21)

II. 아브라함 이야기(11:27-25:11)
F. 언약 체결(15:1-21)

### 1. 자손/씨앗 약속(15:1-6)

**[1] 이 후에 여호와의 말씀이 환상 중에 아브람에게 임하여 이르시되 아브람아 두려워하지 말라 나는 네 방패요 너의 지극히 큰 상급이니라 [2] 아브람이 이르되 주 여호와여 무엇을 내게 주시려 하나이까 나는 자식이 없사오니 나의 상속자는 이 다메섹 사람 엘리에셀이니이다 [3] 아브람이 또 이르되 주께서 내게 씨를 주지 아니하셨으니 내 집에서 길린 자가 내 상속자가 될 것이니이다 [4] 여호와의 말씀이 그에게 임하여 이르시되 그 사람이 네 상속자가 아니라 네 몸에서 날 자가 네 상속자가 되리라 하시고 [5] 그를 이끌고 밖으로 나가 이르시되 하늘을 우러러 뭇별을 셀 수 있나 보라 또 그에게 이르시되 네 자손이 이와 같으리라 [6] 아브람이 여호와를 믿으니 여호와께서 이를 그의 의로 여기시고**

하나님의 말씀이 환상 중에 아브람에게 임했다(1절). "하나님의 말씀이 …에게 임하다"(דְּבַר־יְהוָה אֶל־)는 표현은 창세기에서 이곳에서만 쓰였지만, 선지서에서는 매우 자주 사용된다(cf. 렘 1:2; 겔 1:3; 학 1:1, 3; 슥 7:1; 8:1). "환상"(מַחֲזֶה)(1절)은 창세기만 아니라 구약에서 별로 사용되지 않는 히브리어 단어이다(cf. HALOT). 일반적으로 환상을 뜻할 때 쓰는 단어는 카존(חִזָּיוֹן)이며 구약에서 총 35차례 사용된 데 비해, 이 단어는 고작 4차례 사용되었다(HALOT; cf. 민 24:4, 16; 겔 13:7). 이 단어들은 같은 어원(חזה)("환상을 보다")에서 비롯되었으며 둘 다 선지자의 사역과 연관된 개념이다. 저자는 1절에서 아브람을 선지자로 묘사하고 있다(cf. Sailhamer; Fretheim). 실제로 20장 7절에서는 아브라함을 "선지자"로 부른다. "선지자 아브람"이 받은 말씀에는 그의 후손들의 미래에 대한 예언이 포함되어 있다(cf. 13-16절). 저자가 아브람을 예언자로 묘사한 것은 성경에 기록된 내용이 하나님으로부터 직접 받은 계시임을 강조하기 위해서이다. 그 내용이 매우 중요하기 때문이다.

아브람이 하나님의 계시를 받은 때는 그가 목숨을 걸고 전쟁터에 나가 포로로 끌려가던 롯을 구한 지 얼마 지나지 않은 때였다(cf. 1절). 그래서인지 마치 전쟁에서 승리하고 돌아온 장교에게 왕이 포상(royal grant)을 내리는 듯한 분위기이다(Kline). "상급"(שָׂכָר)(1절)은 노동에 대한 대가뿐 아니라 전쟁을 마치고 돌아온 병사에게 내리는 포상을 뜻하기도 한다. 아브람이 소돔 왕의 "상급"을 거부했기 때문에(cf. 14:22-23), 하나님이 그의 상급이 되어 주신다. "두려워 말라"(אַל־תִּירָא)(1절)는 선지자가 전쟁으로 떠나는 왕에게 주는 위로와 격려의 말이며, 신앙생활을 전쟁에 임하는 일에 비유하는 표현이다(van Seters; cf. von Rad). 이 말씀은 아브람이 조카 롯을 구하기 위하여 싸웠던 왕들의 보복을 두려워하고 있다는 것을 암시한다(Waltke). 이에 대하여 하나님은 당신이 아브람의 방패가 될 것이니 전혀 두려워 말라고 말씀하신다. "방패"(מָגֵן)(1절) 역시 군사적인 용어이다. 롯을 구한 전쟁(cf. 14장)의 기억이 생생할 때 하나님이 아브람을 찾아오신 것이다.

하나님은 전쟁에서 돌아온 아브람에게 누구도/어떤 일도 두려워할 필요가 없는 이유를 확실하게 말씀하신다. 바로 하나님이 그의 방패가 되시고 그의 상급이 되시기 때문이다. 바로 앞 장에 기록된 전쟁을 회상하면서 아브라함이 자신의 군대보다 몇 배나 더 큰 군대와 싸워 이

길 수 있었던 것은 하나님이 그의 방패가 되어주셨기 때문이라는 사실을 암시한다(cf. 14:20). 저자는 이러한 사실을 강조하기 위하여 "너의"(ךָ-)라는 2인칭 남성단수 접미사를 반복적으로 사용한다(1절). 아브람이 적들을 두려워할 필요가 전혀 없는 것은, 그가 하나님과 "나—너/당신"(I—You)하는 특별한 관계를 맺고 있기 때문이다. 하나님이 아브람의 보호막이 되시면 누가 그를 해할 수 있겠는가?

전쟁 외에도 아브람을 불안하게 하는 것이 있다. 아브람이 가족과 고향을 떠나 주님을 따르면 자손을 주시겠다고 약속하신 후로 상당한 시간이 지났다. 그런데도 아직까지 자식이 없다. 게다가 전쟁을 겪고 나니 자손에 대한 열망이 더 강해졌다. 안타깝게도 아브람에게는 자손이 생길 기미조차 보이지 않는다. 그러므로 하나님이 하란에서 주셨던 약속이 성취되기를 학수고대하던 아브람은 불안해지기 시작했다. 초조해지기 시작한 그에게 "두려워하지 말라"(אַל־תִּירָא)는 하나님의 위로 메시지가 임한 것이다(1절). 이 메시지는 훗날 위기에 처한 이삭과(26:24), 야곱에게도(46:3) 동일하게 임한다.

아브람은 무엇을 두려워하고 있는 것일까? 이야기를 시작하는 "이런 일들이 일어난 뒤에"(אַחַר הַדְּבָרִים הָאֵלֶּה)(1a절, 새번역)는 이 말씀이 14장에 기록된 전쟁 이야기를 배경으로 하고 있음을 분명히 한다. 전쟁에서 패한 왕들이 복수해 올 수도 있고, 소돔 왕이 자신의 호의를 무시한 대가로 보복해 올지도 모른다는 두려움이 있을 수 있다. 그러나 더 큰 두려움은 하란을 떠날 때 주셨던 하나님의 자식 약속이 성취되지 않을 수도 있다는 것이다(cf. 2절). 우리는 여기서 믿음의 조상 아브람의 매우 초조해하는 인간적인 모습을 본다.

아브람이 하나님께 대꾸했다(2절). 이때까지 아브람은 하나님의 말씀을 경청하고 순종만 해 왔지 하나님께 자기 생각을 표현한 적이 없다. 우리는 그의 발언에서 심적 갈등을 엿볼 수 있다. 창세기 안에 묘사된 아브람이 하나님께 고하는 장면을 보면, 대체로 마음의 고민을 드러내는 질문을 올리곤 한다. 반면에 그가 침묵할 때는 순종하는 신앙인의 모습을 보일 때이다.

지연되고 있는 약속의 성취가 아브람을 초조하게 한다(2절). 자신과 사래는 늙어만 가는데, 자식이 태어날 기미가 보이지 않으니 당연하다. 그는 불안한 나머지 나름대로 비상 대책도 세워 놓았다. 주전 2000년대 중반에 제작된 것으로 보이는 누지(Nuzi) 토판들에 의하면 자식이 없는 사람들은 종들 중 하나를 택하여 양자로 삼고, 그에게 상속권을 주는 것이 당시 풍습이었다(Speiser). 아브람은 이 풍습에 따라 그의 종들 중에서 다마스크스의 엘리에셀을 상속자로 지명했다(2-3절). 어떤 학자들은 훗날 이삭의 아내를 찾아 라반에게로 갔던 종이 바로 이 사람일 것으로 추측한다. 그러나 근거 없는 추측일 뿐이다. 엘리에셀처럼 전혀 피가 섞이지 않은 사람을 통해 대를 이어 가는 것은 당시에도 최후의 수단으로 여겨졌기 때문에, 아브람이 그를 실제로 양자 삼았는지 아니면 그럴 계획이 있었는지는 알 수 없다. 그러나 아브람의 말투에 체념과 한숨이 들어 있는 것은 확실하다.

그는 하나님을 "주 여호와"(אֲדֹנָי יֱהוִה)로 부른다(2절). 이것은 선지서에서 자주 사용되지만, 오경에서는 거의 사용되지 않는 성호이다. 주로 하나님께 무언가를 호소할 때 사용된다(Mathews; cf. 신 3:24; 9:26). "주"(אֲדֹנָי)는 주인이라는 뜻이다(HALOT). 아브람은 하나님과의 관계가 어떤 것인가를 망각하지 않았다. 그는 자신이 하나님의 노예/종이라는 사실을 시인하고 있다. 즉 이곳에서 노출된 그의 불안은 불신에서 비롯된 것이 아니라 하나님에 대한 믿음에서 비롯된 것이다(Waltke; cf. 6절). 아브람이 하나님의 능력을 믿지 못해서 불안해하는 것이 아니라, 하나님이 어떤 분이신지를 알고 믿고 있는데, 그의 하나님에 대한 이해와 현실 사이의 괴리 때문에 불안해하는 것이다. 마치 욥처럼 말이다.

아브람은 자신의 처지를 "자식이 없다"라고 표현한다. 이 히브리어 문구(אָנֹכִי הוֹלֵךְ עֲרִירִי)를 문자적으로 해석하면 "나는 자식이 없는 상태에서 걷고 있는 자이다"라는 뜻이다. 이 발언의 배경 이미지는 "걷다"이며 삶을 여정으로 묘사하는 표현이다(Sarna). 하나님을 믿는다는 것은 곧 그분과 함께 걸어간다는 뜻이다. 믿음은 한순간에 가시적인 결과를 볼 수도 있지만, 평생을 걸어야 얻을 수 있는 것이기도 하다. 아브람은 자신이 자식 없이 걷고 있다는 점을 하나님께 상기시켜 드림으로써 자기와 함께 걷고 계시는 그분께 이 문제에 대하여 신경을 써 달라고 호소하는 것이다.

고대 근동 사회는 사람이 자식을 남기지 못한 채 죽는 것을 가장 큰 비극이자 수치로 생각했다. 심지어 자식이 없는 것을 신[들]의 심판으로 간주하기도 했다(cf. 레 20:20-21; 렘 22:30). 그러므로 아브람은 자신이 하나님의 축복을 받은 사람이라면, 이 문제가 당연히 해결되었어야 한다는 생각을 하고 있다. 아브람은 하나님의 어깨에 묵직한 문제를 지워 드리고 있는 것이다(Mathews). 그러나 그가 모르는 한 가지가 있다. 자녀가 없는 것이 경우에 따라서는 하나님의 기적과 역사를 체험할 수 있는 기회라는 사실이다(Waltke; cf. 삿 13:2; 삼상 1:1-2:10; 사 54:1-5).

이 이야기를 처음 들은 사람들은 모세의 인도를 받아 가나안 땅을 찾아 나섰던 이스라엘 백성들이다. 이집트를 떠나온 이후 그들은 광야를 떠돌 뿐, 가나안 정복이 실현될 기미는 아직 보이지도 않는다. 사실 정복이 40년이나 지연된 것은 그들의 죄 때문이다. 이러한 정황에서 아브람이 하나님의 약속에 대하여 초조해했다는 이야기가 그들에게 어떻게 들렸을까? 성경은 오래 참고 기다리는 것이 신앙의 매우 중요한 부분이라고 가르친다. 시간이 믿음의 가장 큰 연단이자 테스트라는 것이다. 우리 삶에 오래 참음이 있는가를 생각해 볼 필요가 있다. 성경은 사랑의 가장 중요한 요소로 오래 참고 기다림을 꼽는다(cf. 고전 13장).

아브람의 원망 섞인 탄식을 들으신 하나님이 그에게 단호하게 말씀하신다. 엘리에셀은 결코 아브람의 상속자가 되지 않을 것이며, 그를 상속할 아들은 분명 그의 몸에서 나오리라는 것이다(4절). 그러고는 실의에 빠져 있는 아브람을 일으켜 세워 바깥으로 데리고 나가 별을 보여 주며 선포하신다: "하늘을 쳐다보아라. 네가 셀 수 있거든, 저 별들을 세어 보아라 … 너의 자손이 저 별처럼 많아질 것이다"(5절; 새번역). 아브람은 자기 몸에서 상속자를 얻을 뿐 아니라 그 상속자는 장차 큰 민족이 될 것이다. 아브람이 수많은 자손을 갖게 될 것이라는 약속은 앞으로도 되풀이된다(22:17; 26:4; 출 32:13). 아브람이 이 약속을 처음 받은 이후 상당한 시간이 지났음에도 불구하고 아직은 약속이 성취될 때가 아니기 때문에 훗날로 미루어 두어야 한다.

하나님이 아브람에게 알려 주신 것은 엘리에셀이 그의 상속자가 아니며, 아브람의 상속자는 그의 몸에서 나올 것이라는 사실이다. 하나님이 알려 주시지 않은 것은 사래를 통해 상속자가 나올 것이라는 사실이다(cf. 17:19). 하나님이 이것을 알려 주지 않으신 것이 하나의 동기가 되어 아브람은 사래의 몸종 하갈을 통해 이스마엘을 얻는다(cf. 16장).

믿음의 조상이라 불리는 아브람의 믿음이 어떠했는가가 6절에 묘사되어 있다: "아브람이 여호와를 믿으니"(6a절). "…를 믿었다"(הֶאֱמִן בְּ־)는 표현은 확신을 가지고 누구를 신뢰한다는 뜻이다(Mathews). 하나님이 아브람에게 약속을 주면서 그에게 요구하셨던 반응은 확실하다. 단순히 하나님의 말씀이 그대로 이루어질 것을 믿고 그분을 계속 신뢰하는 것이다(cf. 히 11:13). 믿음의 요구가 매우 쉽고 간단한 것으로 생각될 수 있지만, 현실적으로는 항상 어려움과 난관이 도사리고 있다. 경우에 따라서 믿음은 우리가 처해 있는 상황과 느낌을 모두 부인할 것을 요구하기도 하기 때문이다. 하나님의 자손 축복 약속이 주어진 후에도 10여 년 동안이나 성취되지 않았고, 땅에 대한 약속도 아직 현실로 드러나지 않고 있기에 방랑 생활을 계속하면서도 늙어만 가는 아브람의 입장에서 하나님의 "나를 믿으라"는 말씀은 너무나 어려운 결단과 강한 신뢰를 요구하는 것이다. 인간적인 차원에서 생각할 때 아브람은 진퇴양난(進退兩難)의 곤경에 처해 있다. 만일 이 순간에 하나님을 믿기를 거부한다면 하란에서 그분의 말씀을 믿고 친지들을 떠나와 지금까지 10여 년 동안 방랑하며 살아온 삶의 의미와 가치를 어디서 찾을 것인가? 아브람은 죽으나 사나 여호와 하나님의 약속을 믿고 따를 수밖에 없었다.

믿음=순종, 불신=불순종의 공식이 성립된다. 여기서 아브람이 "믿었다"는 것은 한순간의 일이 아니다. 히브리서 11장 8-9절은 증언하기를 그가 부모의 집을 떠나올 때 이미 믿음을 행동으로 옮겼다고 한다. 그렇다면 왜 10여 년이 지난 지금에야 아브람이 의롭다는 평가를 받는가(6절)? 저자가 이곳에서 강조하는 것은 아브람의 지속적인 하나님에 대한 신뢰이다(Mathews). 이 순간 주신 말씀을 받아들인 한 번의 행위만이 아니라 지난 10여 년 동안 약속이 성취되지 않았어도 여호와를 신뢰하고 바라보며 지내 온 것이 의로 인정받은 것이다.

아브람의 믿음은 7절 이후의 사건과 연결해서 이해되어야 한다. 저자는 이후에 어떤 일이 일어나기 전에 아브람이 "믿음으로 의롭다"는 인정을 이미 받은 사실을 강조하여 하나님 앞에서의 믿음과 행위의 관계를 분명히 한다. "의롭다"(צְדָקָה)의 기본 뜻은 "기준에 맞다/도달하다"이다(NIDOTTE). 폰라트(von Rad)는 훗날 이 개념이 이스라엘에서 "공동체의 평안과 안녕을 위하여 하나님이 세우신 기준"을 뜻한다고 말한다. 그래서 성도가 성전에 예배를 드리러 가면 성전 문 앞에서 제사장으로부터 그가 공통체적인 책임[기준]을 충족시키는 삶을 살았는지를 질문받고 긍정적으로 대답할 수 있어야만 입장이 허락되었다(NIDOTTE). 아브람은 하나님이 세워 놓으신 "믿음의 기준"에 부합하는 사람이었다는 것이다.

## 2. 언약 체결식(15:7-21)

여호와의 자손 약속을 전적으로 신뢰하면서도 마음 한구석에 석연치 않음을 품고 있을 수도 있는 아브람에게 하나님은 당신이 약속한 모든 것을 이룰 것을 확인하는 예식을 치르자고 하셨다. 예식을 진행하는 도중에 하나님은 네 차례 말씀을(7, 9, 13-16, 18-21절) 통해 자식과 땅에 대한 약속을 재차 확인하시고, 땅 약속의 경우 언제 실현될 것인지에 대하여 구체적으로 말씀하셨다. 하나님의 네 말씀 사이에는 아브람의 반응(8, 10-12절)과 언약 체결식(17절)이 끼어 있다. 본 텍스트는 다음과 같이 구분될 수 있다.

A. 언약식 준비(15:7-11)
  B. 후손들의 나그네 생활과 고난(15:12-16)
A′. 언약 체결식(15:17-21)



### (1) 언약식 준비(15:7-11)

**[7] 또 그에게 이르시되 나는 이 땅을 네게 주어 소유를 삼게 하려고 너를 갈대아인의 우르에서 이끌어 낸 여호와니라 [8] 그가 이르되 주 여호와여 내가 이 땅을 소유로 받을 것을 무엇으로 알리이까 [9] 여호와께서 그에게 이르시되 나를 위하여 삼 년 된 암소와 삼 년 된 암염소와 삼 년 된 숫양과 산비둘기와 집비둘기 새끼를 가져올지니라 [10] 아브람이 그 모든 것을 가져다가 그 중간을 쪼개고 그 쪼갠 것을 마주 대하여 놓고 그 새는 쪼개지 아니하였으며 [11]**

**솔개가 그 사체 위에 내릴 때에는 아브람이 쫓았더라**

하나님은 앞 섹션(1-6절)에서 아브람에게 하늘의 별들처럼 많은 자손을 약속하셨다. 비록 그가 자식을 바랄 수 없는 늙은 나이에 혈혈단신이지만, 아브람의 후계자는 그의 몸에서 나올 것이기 때문에 그의 종 엘리에셀을 양자로 삼을 필요가 없다고 하신 것이다. 저자는 하나님에게 불가능한 일이 없다는 사실을 다시 한번 강조하고, 아브람은 하나님의 말씀을 믿었다.

이제 하나님은 아브람의 두 번째 관심사이자 그를 불안하게 하는 땅에 대하여 말씀하신다. "나는 여호와니라"(אֲנִי יְהוָה)(7절) 라는 시작은 고대 근동 왕들이 중요한 선언문을 시작할 때 사용하던 형태와 동일하며 침해될 수 없는 선포자의 절대적인 권위를 상징한다(Waltke). 아브람에게 말씀하시는 하나님은 진정한 왕이며, 지금부터 선포되는 내용은 왕이 부하에게 선물을 하사하는 것과 같은 것이라는 뜻이다. 아브람이 받는 것은 그가 노력해서 얻는 대가가 아니라 그의 왕이신 하나님이 일방적으로 하사하는 은혜(royal grant)라는 것이다.

"나는… 너를 갈대아인의 우르에서 이끌어 낸 여호와니라"(7절; cf. 11:28, 31)는 그동안의 아브람의 여정을 요약하고 있을 뿐만 아니라, 언약/계약을 시작하는 전형적인 역사적 서론이다(cf. 출 20:2). 고대 근동의 계약 문서는 역사적 서론으로 시작하며 언약을 맺는 쌍방이 언약을 맺게 된 경위를 요약적으로 회고하곤 하는데, 언약을 맺게 된 역사적 정황을 설명하는 역할을 하는 것이다. 하나님은 이 서론에서 아브람을 우르에서 불러낸 이유를 재차 확인하신다. 그에게 "이 땅," 곧 아브람의 눈앞에 펼쳐진 가나안 땅을 주기 위하여 그를 불러내신 것이다(7절). 아브람이 이 땅을 얻기 위하여 우르를 떠났던 것은 앞으로 이스라엘이 이 땅을 차지하기 위하여 이집트를 떠날 일(cf. 13-16절)과 평행을 이룬다.

하나님이 아브람에게 떠나라고 하실 때(cf. 12:1-3), 아브람은 비장한 각오로 많은 것을 포기하고 희생하며 집을 나섰지만, 그를 기다리고 있는 주님의 축복은 그가 감수한 희생보다 훨씬 더 큰 것이었다. 때로는 하나님께 순종하는 일이 크게 손해 보는 일 같지만, 오히려 더 큰 축복과 은혜가 됨을 체험한다. 하나님을 믿고 따르다가 끝까지 손해 본 사람은 없다. 하나님은 우리의 헌신과 희생보다 훨씬 더 값지고 큰 것들로 보상해 주시기 때문이다.

하나님이 내가 너의 상급이니 두려워하지 말라고 말씀하실 때 아브람이 의구심을 품고 질문했던 것처럼(cf. 1절), 이번에도 하나님의 말씀에 질문으로 반응했다. 그와 자손들이 가나안 땅을 소유하게 될 것을 어떻게 아느냐는 것이다(8절). 아브람의 발언은 불신에서 나온 반론이 아니다. 그는 세상 누구보다도 하나님을 신뢰하여 이곳까지 왔으며, 하나님도 그의 믿음을 인정하셨다(cf. 6절). 그가 이렇게 질문하는 이유는 앞으로 하나님의 말씀이 성취될 것이라는, 일종의 "증표"를 달라는 것이다. 아브람은 하나님의 말씀을 전적으로 신뢰하며, 하나님은 꼭 그렇게 하실 것이라는 확신과 믿음을 가지고 증표를 구하고 있다(cf. Fretheim). 훗날 히스기야가 죽게 되자 하나님이 그의 수명을 15년 연장해 주신다(cf. 사 38장). 그때 히스기야에게 두 가지 징조를 주시는데, 첫째, 왕궁 뜰에 있는 아하스의 해시계가 10도 뒤로 돌아갈 것과 무화과를 으깨어 바르면 나을 것이라는 증표이다. 그런데도 히스기야는 자기가 병에서 회복되어 3일 후에 여호와의 전에 나아가 예배드릴 수 있게 될 것이라는 세 번째 증표를 구한다. 본문의 아브람처럼 히스기야도 하나님은 모든 일을 하실 수 있다는 확고한 믿음에 근거하여 증표를 구한 것이다. 이사야 선지자는 이런 히스기야를 최고의 믿음을 가진 사람으로 묘사한다. 하나님께 증표를 구하는 것보다 왜 구하는지가 더 중요하기 때문이다.

하나님은 증표를 구하는 아브람에게 짐승들을 준비해 오라고 하신다. 아브람이 준비해야 할 짐승은 3년 된 암소 한 마리, 3년 된 암염소 한 마리, 3년 된 숫양 한 마리, 산비둘기 한 마리, 집비둘기 한 마리 등 총 5마리이다(9절). 모두 훗날 이스라엘이 제단에서 하나님께 제물로 바치게 될 정결한 짐승들이다. 그러나 이 이야기는 예배가 아니라 언약 체결에 관한 것이다. 하나님이 암소, 암염소, 숫양은 3년 된 것들로 준비하라고 하시는데, 이때 가장 혈기가 왕성하며 가치도 제일 높다(Mathews). 가장 좋은 때를 맞은 짐승들로 준비하라는 뜻이다. 훗날 이스라엘은 일상적으로 1년 된, 다소 어린 짐승들을 제물로 사용했다(cf. 레위기).

아브람은 하나님이 명령하신 대로 짐승들을 가져다 둘로 쪼개어 두 줄로 세워 마주 보게 하고(10절), 너무 작아서 둘로 쪼개기가 어려운 새들은 통째로 놓는다(cf. 레 1:17). 이렇게 해서 언약 체결식 준비가 마무리된다. 그런데 가축들을 쪼개어 펼쳐 놓으니 솔개 같은 맹금류가 주변을 맴돌며 틈만 생기면 사체 위로 내려앉곤 해서 아브람이 하루 종일 새들을 쫓으며 하나님을 기다린다(11절).

아직도 이 사건을 아브람이 죄를 씻기 위하여 번제물을 드리는 행위로 설교하거나 가르치는 사람들이 있다. 심지어 어떤 이들은 본문을 가지고 영해 설교를 하기도 한다. 솔개는 마귀이고, 비둘기는 성령이라는 식의 설교이다. 웬함(Wenham)은 두 줄로 나열되어 있는 짐승들은 이스라엘을 상징하며 위에 맴도는 솔개들은 이방 나라들을 상징하며, 이방 나라들이 이스라엘을 공격하는 것을 아브라함이 막는 것이라고 해석한다. 그러나 "나는 너를 갈대아 우르에서 이끌어 낸 여호와"라는 표현은 무엇을 연상시키는가? 전형적인 언약 문서의 서론이다(cf. 출 20:2). 이 장면에는 제단이 없고 피를 뿌리는 행위도 없다(cf. 출 24:8). 이 짐승들이 제사에 쓰인 제물이 아님을 시사한다(Sarna). 그뿐만 아니라 하나님은 이 일의 목적을 아브람에게 "땅의 소유"를 확인케 하는 절차임을 말씀하셨다(7-9절). 그러므로 웬함의 해석도 영해에 가깝다는 생각이 든다.

II. 아브라함 이야기(11:27–25:11)
F. 언약 체결(15:1–21)
2. 언약 체결식(15:7–21)

(2) 후손들의 나그네 생활과 고난(15:12–16)

**[12] 해 질 때에 아브람에게 깊은 잠이 임하고 큰 흑암과 두려움이 그에게 임하였더니 [13] 여호와께서 아브람에게 이르시되 너는 반드시 알라 네 자손이 이방에서 객이 되어 그들을 섬기겠고 그들은 사백 년 동안 네 자손을 괴롭히리니 [14] 그들이 섬기는 나라를 내가 징벌할지며 그 후에 네 자손이 큰 재물을 이끌고 나오리라 [15] 너는 장수하다가 평안히 조상에게로 돌아가 장사될 것이요 [16] 네 자손은 사대 만에 이 땅으로 돌아오리니 이는 아모리 족속의 죄악이 아직 가득 차지 아니함이니라 하시더니**

하루 종일 하나님을 기다리며 제물에 내려앉는 솔개들을 쫓던 아브람이 해 질 녘에 "깊은 잠"(תַּרְדֵּמָה)에 빠졌다(12절). 하나님이 사람들에게 꿈을 통해 계시하실 때 주시는 아주 깊은 잠이다(Mathews; cf. 욥 4:13; 사 29:10; 단 8:18; 10:9). 잠든 아브람을 큰 어둠과 두려움이 엄습했다. 어둠과 두려움은 앞으로 아브람의 후손들에게 닥칠 고난과 역경을 예고하는 것들이다(Waltke).

하나님이 꿈속에서 아브람에게 "너는 똑똑히 알고 있거라"라고 말씀하신다(13a절, 새번역). "똑똑히 알라"(יָדֹעַ תֵּדַע)는 아브람의 "무엇으로 알리이까"(בַּמָּה אֵדַע)(8절)에 대한 답이 시작되고 있음을 뜻한다. 하나님은 아브람과 후손들이 이 땅을 반드시 받게 될 것이라며 그에게 이미 주었던 약속을 재차 확인하신다. 하나님은 앞으로 무슨 일이 있어도 아브람에게 약속한 모든 것을 지키실 것이다. 그러나 그가 약속의 땅을 당장 받을 수는 없고, 그의 후손이 400년 동안 남의 나라에서 종살이한 후에야 받게 될 것이라고 말씀하신다(14절). 이 말씀은 하나님의 약속이 먼 훗날에야 이루어질 것이라는 부정적인 면모를 지닌 것이 사실이지만, 긍정적인 것은 하나님이 아직까지 아들이 없는 아브람을 축복하셔서 이 땅을 차지할 만한 엄청난 규모의 민족을 그에게 후손으로 주실 것이라는 암시이다.

아브람의 후손들은 4대째 이 땅에 돌아오게 될 것이다(16절). 하나님은 한 세대를 100년으로 계산하신단 말인가? 한 세대를 100년으로 정의하는 것은 비현실적이다. 게다가 이스라엘이 이집트에 머문 기간은 400년이 아닌 430년이다(cf. 출 12:40). 성경은 요셉 시대부터 노예 생활이 시작될 때까지 얼마나 많은 세월이 흘렀는지에 대하여 전혀 언급하지 않는다. 이처럼 이 말씀은 여러 가지 질문을 유발하지만 기본적인 의미는 분명하다. 하나님이 아브람에게 약속을 주셨지만, 그는 약속이 성취되는 것을 목격하지 못한 채 죽으리라는 것이다(15절). 4세대, 400년이라는 오랜 시간이 지난 후에야 실현될 일이기 때문이다. 또한, 이 약속이 성취되기 전에 아브람의 자손은 많은 아픔과 고통을 경험해야 한다. 때가 차면 하나님이 이스라엘을 종으로 부리는 나라를 벌하실 것이며 아브람의 자손들은 많은 재물을 가지고 그곳을 떠나게 될 것이다. 이집트를 떠난 자손들이 드디어 가나안 땅을 차지하게 될 것이다(16절).

아브람과 자손들이 이 순간 땅을 기업으로 받고 있지만, 약속이 실현되기까지는 이방 땅에서 종살이해야 하는 400년을 포함한 오랜 세월을 기다려야 한다. 왜? 하나님은 가나안 사람들의 죄가 아직 차지 않았기 때문이라고 하신다(16b절). 하나님의 공평과 정의가 드러나는 순간이다. 하나님은 한 민족의 부귀영화를 위하여 다른 민족에게 이유 없이 심판과 파괴를 행하시는 분이 아니다. 모든 민족에게 공평한 기회를 주시는 통치자이다. 이 말씀은 모세-여호수아 시대에 가면, 가나안 사람들의 죄가 가득 참으로써 창조주의 심판을 받아 멸망해도 마땅한 때가 이르렀음을 암시한다.

텍스트가 언급하고 있는 "이방에서 400년간 종살이 후 탈출"(13-14절)은 훗날 이스라엘이 이집트를 탈출하는 일을 예고한다. 시내 산에 불과 연기가 있듯이 이곳에도 불이 등장한다(cf. 17절). 저자는 의도적으로 이 사건을 시내 산 언약과 연계시키고 있는 것이다. 그렇다면 왜 시내 산 언약을 상기시킬까? 이 책의 목적과 연관이 있는 듯하다. 저자는 출애굽 사건이 하나님의 능력을 과시하는 것뿐 아니라 하나님의 신실하심을 드러내는 사건임을 독자들에게 가르치고자 한다(cf. Sailhamer). 출애굽 사건은 하나님의 섭리 아래 오랜 시간 동안 준비되고 계획되어 온 일이다. 얼마나 많은 세월이 지나든 상관없이 하나님은 시작하신 일은 꼭 끝내신다는 고백이 서려 있다.

그러나 본문을 지배하고 있는 전체적인 분위기는 "지연되는 하나님의 약속"이다. 저자는 이 사건을 통하여 광야 생활의 여정을 보내면서 가나안 정복에 대하여 초조해하는 이스라엘 백성들에게 "하나님을 기다리라"고 권면한다. 그들의 조상 아브람은 하나님께 받은 약속이 성취되는 것을 보지 못하고 죽었지만, 신실하신 하나님이 몇백 년 후에 그 약속을 잊지 않고 이루어 주셔서 그들이 이집트를 떠날 수 있었다는 사실을 강조하면서 권면한다. 우리는 종종 신앙생활에서 결코 서두를 수 없는 일들이 있음을 깨닫는다. 하나님의 때가 찰 때까지 그분을 믿고 기다릴 수 있어야 한다.

II. 아브라함 이야기(11:27-25:11)
F. 언약 체결(15:1-21)
2. 언약 체결식(15:7-21)

### (3) 언약 체결식(15:17-21)

**[17] 해가 져서 어두울 때에 연기 나는 화로가 보이며 타는 횃불이 쪼갠 고기 사이로 지나더라 [18] 그 날에 여호와께서 아브람과 더불어 언약을 세워 이르시되 내가 이 땅을 애굽 강에서부터 그 큰 강 유브라데까지 네 자손에게 주노니 [19] 곧 겐 족속과 그니스 족속과 갓몬 족속과 [20] 헷 족속과 브리스 족속과 르바 족속과 [21] 아모리 족속과 가나안 족속과 기르가스 족속과 여부스 족속의 땅이니라 하셨더라**

드디어 언약 체결식이 진행된다. 하나님을 상징하는 횃불이 아브람이 낮에 쪼개어 두 줄로 놓은 짐승들 사이로 지나가며 태운 것이다(17절). 저자는 "그 날에"(בַּיּוֹם הַהוּא)(18절) 하나님이 아브람과 언약을 세우셨다는 사실을 강조하며 "이날"의 중요성을 언급한다. 실제로 이날은 이스라엘 역사에 매우 중요한 날이다. 가나안 땅에 대한 약속이 구체화되고, 그 약속이 공식적인 계약 체결로 공인되는 순간이기 때문이다. 비록 언약의 이행은 먼 훗날에나 이루어지겠지만, 이 순간부터 아브람과 그의 후손들은 이 땅을 자신들 소유로 생각해도 된다. 하나님의 신실하심이 약속을 반드시 이루실 것이기 때문이다.

언약의 구체적인 내용은 하나님이 아브람의 자손들에게 남쪽 이집트 강에서부터 북쪽 유프라테스 강 사이에 있는 땅을 주시겠다는 것이다(18절). "이집트 강"(נְהַר מִצְרַיִם)이라는 표현은 이곳에서 유일하게 사용되었다. 일부 학자들은 이것은 이집트의 나일 강을 뜻한다고 하지만, "나일 강"(יְאֹר, 41:1) 이라는 단어가 따로 있다는 사실을 감안할 때, 이 강은 아마도 이집트—가나안 접경에 있는 샛강/시내였을 것이다(Sarna; Mathews; Waltke).

하나님은 이 땅이 "겐 족속과 그니스 족속과 갓몬 족속과 헷 족속과 브리스 족속과 르바 족속과 아모리 족속과 가나안 족속과 기르가스 족속과 여부스 족속의 땅"이라고 말하며 아브람 시대에 그 땅에 살고 있었던 10개 족속의 이름을 나열하신다(19-21절). 그러나 창세기에서 10이란 숫자가 민족/족속 목록에서 사용될 때는 총체성을 상징한다는 점을 감안할 때(cf. 4장; 5장; 10-11장), 이 목록이 당시 가나안 지역에 살았던 모든 족속을 낱낱이 나열하는 것은 아니라는 사실을 알 수 있다. 가나안에 사는 모든 족속을 총체적으로 의미하는 상징적인 목록인 것이다. 실제로 구약의 이곳저곳에 총 17개의 가나안 족속 목록이 등장한다. 이 목록 중 어떤 것은 7개(신 7:1; 수 3:10; 24:11), 어떤 것은 6개(출 3:8, 17; 23:23; 33:2), 어떤 것은 5개(출 13:5; 왕상 9:20; 대하 8:7) 어떤 것은 3개(출 23:28) 족속들만 언급한다(Sarna).

구약에서 가나안 족속의 이름을 나열하는 17개의 목록 중에서 10개를 나열하고 있는 본문의 목록이 가장 포괄적이다. 사실 이스라엘은 하나님이 아브람에게 약속하신 이 넓은 땅을 한 번도 차지해 본 적이 없다. 가장 근접했던 때가 다윗-솔로몬 시대이지만, 본문이 밝히고 있는 범위에는 근접하지 못했다. 그래서 많은 사람이 이곳에 언급된 영토의 범위는 이상적인 것일 뿐 애초부터 현실적으로 실현성이 없었던 것이라고 한다. 그러나 우리는 왜 일이 이렇게 되었는가에 대해 질문해야 한다. 하나님의 능력이 미치지 못해서가 아니다. 이스라엘이 하나님이 주신 비전을 스스로 일부 포기했기 때문에 빚어진 일이다. 여호수아와 원정에 나선 아브람의 후손들은 하나님이 그의 선조에게 약속하신 큰 땅 중 지극히 작은 부분을 정복하고는 "이 정도면 충분하다" 하고 스스로 안주했다. 이러한 사실을 강조하기 위하여 여호수아서는 "완전히 정복했다"와 "일부는 정복하지 못했다"는 두 가지 관점을 반영하고 있다(cf. 『엑스포지멘터리 여호수아기』).

아브람 시대에는 계약이 체결되면 당사자들이 숭배하는 신들의 이름을 계약서에 써넣었다. 신들이 증인의 역할을 할 뿐만 아니라 언약을 맺은 쌍방 중 어느 한쪽이 언약을 파기하면 계약서에 열거된 저주가 그에게 내리기를 원한다는 의미가 담긴 것이다. 계약서를 세 개 작성하여 계약 당사자들이 하나씩 갖고, 하나는 봉인하여 신전에 두었다. 신들이 이 계약을 보호하고, 두 사람의 약속이 가장 성스러운 곳에 보관되어야 한다는 생각에서 비롯된 풍습이다. 또한, 계약이 피로 체결된 약속이란 것을 상징하기 위해 체결 시 짐승을 희생시켰다.

특별히 중요한 계약/언약이 체결될 때에는 본문에 묘사된 것과 같은 예식이 행해졌다. 계약을 체결한 쌍방이 짐승을 반으로 쪼개서 두 줄로 늘어놓고 그 사이를 걷는 것이다. 그렇게 함으로써 만일 누구든 체결된 계약 조항의 일부를 어기면 "이 [죽은] 짐승들에게 행해진 대로 나에게 행하라"는 상징적인 의미를 보이는 것이다(cf. 렘 34:18). 이 약속만큼은 죽어도 지키겠다는 의지와 각오를 드러내는 의식이다. 계약을 체결하는 쌍방의 각오가 히브리어 동사 "[언약을] 세우다"(כָּרַת)에서도 역력히 드러난다. 이 동사의 기본적인 개념은 "쪼개다/자르다"(cut)이다(cf. 10절). 계약을 체결할 때마다 "[짐승들이] 쪼개져야" 하는 것이다.

하나님이 어떠한 각오로 이 예식에 임하셨는가를 쉽게 상상할 수 있다. "만일 내가 약속을 지키지 않으면 나는 하나님이 아니다"라는 각오로 임하신 것이다. 하나님이 자신의 모든 명예와 능력을 걸고, 아브람이 이 땅을 꼭 차지하게 될 것이라고 선언하신 것이다. 하나님은 아브람에게 한 약속을 꼭 지키실 것이다. 인간이 도대체 무엇이기에 창조주가 이처럼 쪼개진 짐승들 사이를 지나가면서까지 그와 약속한 것을 꼭 지키겠다고 하시는 것일까? 하나님의 인간에 대한 배려가 놀라울 뿐이다.

본문에서 쪼개진 짐승들 사이를 누가 지나갔는가가 매우 중요하다. 하나님만 그 사이를 지나가면서 짐승들의 사체를 태우셨다. 아브람은 그 모습을 바라볼 뿐이었다. 이것이 의미하는 바를 생각해 보자. 하나님과 그의 백성들 사이에 맺어지는 언약은 일방적이고(unilateral) 은혜로운 계약이다. 본문에서 하나님이 아브람과 맺으신 언약이 무조건적인 성향을 띠고 있는 것도 둘 사이에 맺어진 언약이 여호와의 일방적인 은총의 언약임을 암시한다(Clements). 사실 인간이 무슨 수로 하나님의 요구 사항과 기준에 자신을 맞출 수 있겠는가? 그러니 아브람이 짐승들 사이를 지나가지 않은 것이 천만다행이다.

하나님은 성경을 통해 많은 것을 우리에게 약속하셨다. 본문이 하나님이 약속하신 것 한 가지 한 가지에 대하여 무엇을 증언하는가를 생각해 보라. 하나님은 비장한 각오로 자신의 모든 명예를 걸고 우리와 언약을 맺으셨다. 하나님은 우리에게 주신 약속을 꼭 지키실 것이다. 주님의 때에 맞추어서 말이다.



## G. 아브람의 첫아들 이스마엘(16:1-16)

인생은 롤러코스터와 같은 것이어서 올라갈 때가 있으면 내려올 때가 있다. 신앙생활도 마찬가지이다. 하나님과 항상 동행하고 싶지만, 어떤 때는 하나님의 임재가 피부로 느껴지며 당장 천국에 입성할 수 있을 듯 느껴지다가도 어떤 때는 가장 낮은 곳에서 깨어진 삶과 믿음을 움켜잡고 절망에 빠지기도 한다. 이런 순간이 올 때 가장 중요한 것은 "이 또한 지나가리라"는 믿음으로 주님의 은총을 갈망하며 소망의 끈을 놓지 않는 것이다.

아브람도 일종의 신앙 롤러코스터를 경험하고 있다. 바로 앞 장에서 우리는 그의 영웅적인 믿음을(cf. 15:6) 보았다. 그러나 본 텍스트에서는 타락하고 무책임한 아브람의 모습을 본다. 초조해하는 아브람에게 미안함을 느낀 사래가 하나님이 약속하신 아이를 남편에게 안겨 주기 위하여 경건하지 못한 묘책을 세웠는데, 그가 별다른 저항 없이 동조한 것이다. 하나님은 이때까지 아브람의 몸에서 자손이 나올 것이라고 말씀하셨지, 사래의 몸에서 나올 것이라는 말씀은 하지 않으셨다(12:1-3; 15:14). 하나님이 미리 알려 주셨다면 좋았으련만 사래의 몸에서 약속의 아들이 나올 것이라는 말씀은 18장 10절에 가서야 하신다. 그러므로 이때 사래는 하나님의 아들 약속과 남편 아브람 사이에서 자신이 걸림돌이 되고 있다고 생각할 수밖에 없다. 그래서 남편에게 한없이 미안한 마음에 자기 몸종 하갈을 통해서라도 하나님의 약속이 남편에게 성취되기를 바란 것이다. 이런 계획을 세운 사래를 비난할 수만은 없다.

그러나 아브람은 하나님께 인정받은 믿음의 사람이며 이 가정의 가장이다. 아내가 계획한 일이 바람직한 일이 아니니 집안의 영적 지도자로서 그녀의 제안에 동조해서는 안 되며, 오히려 아내를 위로하고 격려해야 한다. 결국, 아브람의 침묵과 동조는 이스마엘을 탄생시키는데, 이스마엘은 훗날 이스라엘 자손들을 가장 괴롭히는 아랍 사람들의 조상이 된다(cf. 16:11-12).[44] 아브람의 실수로 인해 그가 가장 사랑하게 될 이삭과 그의 후손들에게 가장 큰 큰 짐을 지워 주게 된 것이다. 순간적으로 흐트러진 판단력이 빚어낸 영원한 갈등이다.

아브람의 행동은 옛적 일을 상기시키기도 한다. 아브람이 어떠한 저항도 하지 않고 하갈을 "씨받이"로 취한 일은 창세기 3장에서 하와가 준 선악과를 덥석 받아먹은 아담의 모습과 평행을 이룬다. 아브람도 별수 없는 아담의 자손인 것이다. 본문이 묘사하고 있는 아브람과 사래 이야기는 사람이 하나님께 약속을 받았다 할지라도 하나님이 약속을 성취하실 때까지 굳건한 믿음과 강한 의지로 기다리지 않으면 낭패

44 일부 주석가들은 아랍 사람들과 이스마엘 사람들을 구분하여 이스마엘이 아랍 사람의 조상이 아니라 이스마엘 사람들의 조상일 뿐이라고 하지만(Friedman), 세월이 지나면서 이스마엘은 자연스럽게 아랍 사람들에게 흡수가 되어 아랍 사람들의 주류가 되었다(cf. Fretheim). 그래서 오늘날 그들은 자신들을 이스마엘의 후손들이라고 말한다.

를 볼 수 있다는 교훈을 준다.

하갈에 관한 이야기는 창세기에 두 차례 등장한다(16:1-16; 21:1-21). 두 이야기는 동일한 순서에 따라 전개된다. 이야기에서 하갈은 역경 속에서 하나님의 극적인 은혜를 체험하는 영웅적인 여인으로 부상한다. 물론 그녀의 의로움 때문이 아니라 그녀와 아브람의 관계 때문이다. 다음을 참조하라(Garrett).

A. 하갈이 이스마엘을 낳음(16:1-16)

| 구분 | 구절 | 내용 |
|---|---|---|
| A | 1 | 사래의 불임 |
| B | 2-3 | 사래의 대응: "나의 몸종과 잠자리를 같이 하라" |
| C | 4 | 임신한 하갈이 사래를 깔봄 |
| D | 5-6 | 사라가 불만하며 하갈을 내침 |
| E | 7-9 | 천사가 말하여 하갈을 돌려보냄 |
| F | 10 | 약속: "내가 너의 아들에게 많은 후손을 주리라" |
| G | 11-14 | 천사의 두 번째 말: "이스마엘은 친척을 떠나 홀로 살게 될 것이다" |
| H | 15 | 아브람에게 이스마엘이 태어남 |
| I | 16 | 하갈에게서 이스마엘이 태어남 |

B. 하갈과 이스마엘이 쫓겨남(21:1-21)

| 구분 | 구절 | 내용 |
|---|---|---|
| A' | 1-5 | 사라의 출산 |
| B' | 6-8 | 사라의 반응: 찬양과 웃음 |
| C' | 9 | 이스마엘이 이삭을 놀림 |
| D' | 10 | 사라의 불만: "하갈을 내치라" |
| E' | 11-12 | 하나님의 말씀: "하갈을 내보내라" |
| F' | 13 | 약속: "내가 너의 여종의 아들을 큰 민족으로 만들리라" |
| G' | 14-18 | 광야에 홀로 선 하갈과 이스마엘; 하나님의 두 번째 말씀 |
| H' | 19-20 | 이스마엘이 구제됨 |

| I' | 21 | 하갈이 이스마엘에게 아내를 줌 |
|---|---|---|

하갈과 이스마엘 이야기는 훗날 이스라엘이 이집트에서 겪게 될 일의 모형이다(Dozeman). 다만 순서가 바뀌어 전개된다: 학대(6절; 출 1:11-12), 추방(21:10; 출 12:39), 도주(21:16; 출 14:5). 하갈의 도주와 모세의 도주도 평행을 이룬다. 학대(출 2:11-15a), 광야 도주와 하나님의 현현(출 2:15; 3:2), 귀로와 이어지는 추방(출 10:11; 11:1). 이야기에서 이집트 사람 하갈이 히브리 사람 사래에게 학대를 받지만, 훗날에는 이집트 사람들이 히브리 사람들을 학대하는 일이 대조를 이룬다(Dozeman).

아브람이 어떻게 하여 약속의 수혜자가 아닌 이스마엘을 탄생시켰는가를 기록하고 있는 본문의 구조는 다음과 같이 세 파트로 구분될 수 있다.[45]

A. 이스마엘 임신(16:1-6)
　B. 아들 약속(16:7-14)
A'. 이스마엘 탄생(16:15-16)

II. 아브라함 이야기(11:27-25:11)
　G. 아브람의 첫아들 이스마엘(16:1-16)

## 1. 이스마엘 임신(16:1-6)

**[1] 아브람의 아내 사래는 출산하지 못하였고 그에게 한 여종이 있으니 애굽**

45 한 주석가는 다음과 같이 네 파트로 나누기도 한다(Mathews).
　A. 서론: 사래가 아브람에게 아이를 낳아 주지 못함(16:1)
　　B. 사래가 하갈을 아브람에게 줌(16:2-6)
　　B'. 천사가 하갈에게 아들을 약속함(16:7-14)
　A. 결론: 하갈이 아브람에게 이스마엘을 낳아 줌(16:15-16)

**사람이요 이름은 하갈이라 [2] 사래가 아브람에게 이르되 여호와께서 내 출산을 허락하지 아니하셨으니 원하건대 내 여종에게 들어가라 내가 혹 그로 말미암아 자녀를 얻을까 하노라 하매 아브람이 사래의 말을 들으니라 [3] 아브람의 아내 사래가 그 여종 애굽 사람 하갈을 데려다가 그 남편 아브람에게 첩으로 준 때는 아브람이 가나안 땅에 거주한 지 십 년 후였더라 [4] 아브람이 하갈과 동침하였더니 하갈이 임신하매 그가 자기의 임신함을 알고 그의 여주인을 멸시한지라 [5] 사래가 아브람에게 이르되 내가 받는 모욕은 당신이 받아야 옳도다 내가 나의 여종을 당신의 품에 두었거늘 그가 자기의 임신함을 알고 나를 멸시하니 당신과 나 사이에 여호와께서 판단하시기를 원하노라 [6] 아브람이 사래에게 이르되 당신의 여종은 당신의 수중에 있으니 당신의 눈에 좋을 대로 그에게 행하라 하매 사래가 하갈을 학대하였더니 하갈이 사래 앞에서 도망하였더라**

아이를 낳지 못해 남편 아브람에게 한없이 미안했던 사래가 자기 몸종인 이집트 여인 하갈을 통해 하나님의 "자손 약속"을 실현하고자 한다. 사래의 불임이 중대한 고비를 맞이한 것이다. 그녀는 순수한 동기에서 시작한 일이겠지만, 얼마 지나지 않아 사래와 하갈의 주종 관계가 도마 위에 올랐다. 임신한 하갈이 아이를 낳지 못하는 사래에게 주인 노릇을 하려고 들었던 것이다(4절). 결국, 둘 다 상처만 입고 하갈은 사래의 학대를 견디지 못하고 도망간다(6절).

이 섹션은 다음과 같은 평행적 구조를 지녔다(Waltke). 두 사이클에서 모든 일을 주도하고 추진해 나가는 이는 사래이다(A, A'). 이 이야기에서 아브람은 그저 사래가 하자는 대로 하는 무능한 사람이다(B, B'). 하갈의 방자한 행동에 응징이 가해진다(D, D').

A. 사래의 제안(proposes)(1–2a절)

B. 아브람의 동조(agrees)(2b절)

C. 사래의 실행(action)(3절)

D. 하갈의 태도(reaction)(4절)

A′. 사래의 제안(proposes)(5절)

B′. 아브람의 동조(agrees)(6a절)

C′. 사래의 행동(action)(6b절)

D′. 하갈의 반응(reaction)(6c절)

하나님은 15장에서 자손과 땅에 대하여 불안해하는 아브람과 언약을 세우면서, 그에게 약속하신 것들은 모두 이루어질 것이니 걱정하지 말고 때를 기다리라고 당부하셨다. 아브람은 하나님의 말씀을 온전히 믿었다(15:6). 이번에는 사래가 불안해한다. 하나님이 아브람과 언약을 맺으신 것은 분명한데 이때까지도 주님의 자손 약속은 실현될 조짐이 보이지 않는다. 이러한 상황에서 사래는 늙어만 가는 자신의 몸을 생각하며 남편에게 미안할 뿐이다. 게다가 이때까지 하나님이 주신 말씀은 아브람이 아버지가 된다는 것뿐, 사래를 통해서 아이가 태어날 것이라는 내용은 없었다.

사래가 이런 생각을 하게 된 것은, 아브람에게 자손을 약속하신 창조주 하나님의 능력을 통해 문제를 해결하려는 믿음이 없었기 때문이라고 주장하는 주석가도 있지만(Waltke), 우리는 사래의 심경을 충분히 헤아리며 그녀의 행동을 비난하기보다는 못내 안쓰럽게 여겨야 한다. 사래는 하나님이 아브람에게 주신 약속이 실현되는 일에 자신이 걸림돌이 되고 있다고 생각한 것이다. 결국, 남편과 함께 가나안에 입성한 지 10년째 되던 해에 궁여지책으로 하갈을 아브람에게 주었다(3절).

사래가 하갈을 아브람에게 넘겨준 일은 몇 년 전 이집트에서 아브람이 사래를 바로에게 넘겼던 일을 연상케 한다(cf. 12장). 사래가 자식을 얻기 위하여 하갈을 남편에게 준 것은 하나님이 첫 사람들의 결혼을 주례할 때 정의해 주셨던 결혼의 의미를 희석시키는 것이다. 하나님은 결혼의 가장 중요한 목적을 동반/교제(companionship)라고 하셨는데(2:18), 사래는 번식(reproduction)으로 생각한 것이다(Hamilton). 하나님은 한 남자와 한 여자가, 즉 둘이 한 몸을 이루어야 한다고 하셨다(2:24). 사래가 남편을 위해 하고자 하는 일은 이 원리에 위배되는 행위이다. 그러므로 하나님은 사래의 계획을 인정하지 않으신다(cf. 17:15-19).

임신하지 못하는 아내가 남편을 위하여 첩이나 노예를 준비해 주는 것은 고대 근동에서 흔히 있었던 관습이다. 그래서 훗날 야곱의 아내 라헬과 레아도 같은 방법을 사용하여 아들들을 얻는다(30:3-12). 주전 19세기에 기록된 리핏 이스타르(Lipit-Ishtar) 법전은 한 창녀가 임신하지 못하는 부부를 위하여 남자와 관계를 갖고 아이를 출산한 일을 기록하고 있다(cf. ANET). 주전 19세기에 기록된 아시리아(Old Assyrian) 결혼 계약서에는 만일 신부가 2년 내에 아이를 낳지 못하면 노예를 사서 이 목적을 달성해야 한다는 의무 조약이 담겨 있다(Sarna). 함무라비 법전(주전 1700년대), 누지 문헌(주전 1500년대) 등도 이러한 사례와 연관된 법을 기록으로 남겨 두었다.

아브람은 별다른 말없이 아내의 제안을 수용한다(2d절). 아브람이 사래의 제안에 따라 하갈과 잠자리를 같이하는 것이 당시에는 평범한 일상으로 보일 수 있다. 하지만 저자는 잘못된 일임을 암시한다. "아브람의 아내 사래"(1절)로 이야기를 시작함으로써 하나님이 주실 자손은 사래의 몸에서 나올 것이라는 힌트를 주고 있다(Waltke). 더 나아가 아브람의 행동을 죄로 묘사한다. 창세기 3장의 사건과 비교하면, 두 사건 모두 여자가 시작하고, 그들의 남편들은 소극적인 자세를 취한다. 끝에 가서는 사건에 연루된 남편들이 책임을 회피한다. 저자는 아브람이 죄를 짓고 있다고 노골적으로 언급하지는 않지만, 그를 아담에게 빗대는 기법을 통하여 그의 행동을 부정적으로 평가하고 있다. 또한, 다음과 같은 언어적인 공통점이 발견된다(Sailhamer).

| 16:2a | 사래가 이르되 | 3:2 | 여자가 말하되 |
|---|---|---|---|
| 16:2b | 아브람이 사래의 말을 들으니라 | 3:17 | 네가 네 아내의 말을 듣고… |
| 16:3a | 사래가…데려다가 | 3:6a | 여자가…따먹고 |
| 16:3b | 사래가 [하갈을] 남편에게 주었다 | 3:6b | 여자가 [선악과를] 남편에게 주었다 |

이 이야기에서 사래는 제2의 하와이다. 사래의 행동 역시 부정적으로 평가되고 있는 것이다. 하와가 "하나님과 같아지려고" 일을 저질렀던 것처럼 사래는 하나님의 말씀을 스스로 실현하려고 일을 꾸몄다. 바로 앞 장에서 하나님이 "아이를 주겠다"고 약속하셨다. 사래는 그 약속을 인간의 힘으로 실현하려 한다. 물론 하나님의 뜻을 거역하려는 마음은 없었다. 때로 하나님의 일을 한다면서 오히려 주님의 사역을 방해하거나 주권을 침해하는 경우가 있다. 그러니 크리스천들은 하나님의 계획과 역사에 대한 경각심을 늦추어서는 안 되며, 하나님을 앞서가는 일은 절대 하지 말아야 한다.

사래는 아브람의 아내이고 하갈은 아브람의 첩이 되는데, 둘의 차이는 무엇인가? 예외적인 경우도 있었지만, 고대 근동 사회에서 가장 기본적인 차이는 결혼지참금(dowry)이었다. 아내는 지참금을 가지고 오지만 몸종이나 첩은 지참금이 없다(cf. ABD). 그래서 남편의 재산에 대한 상속권은 아내들에게만 주어지고 첩에게는 주어지지 않는다. 무일푼으로 들어왔으니 무일푼으로 나가라는 원리이다. 또한, 당시 문화에서는 아내의 몸종과 관계를 갖는 것은 간음으로 취급하지 않았다. 그리고 몸종이나 첩에게서 아이가 태어나면 여주인의 소유물로 취급되었다. 몸종은 마님의 소유물이자 법적인 연장(legal extension)으로 간주되었던 것이다(cf. 3절).

아브람이 하갈을 취한 것은 85세 때이다. 아브람은 아무 말 없이 사래가 하라는 대로 했다. 그러나 하갈이 임신한 후에 그녀의 교만함이 문제 되었을 때(5절), 아브람은 하갈에 관한 일에서 일체 손을 떼고 사래에게 그녀의 운명을 전적으로 맡긴다(6절). 이번에도 사래가 하라는 대로 한 것이다. 비록 아이를 갖기 위해 육체적으로 관계는 가졌지만 하갈과의 사이에서 애정이 싹트지는 않았던 것이 확실하다.

하갈이 임신하자 사래가 자신의 죄에 대한 고통을 받기 시작했다. 임신한 하갈이 사래를 멸시한 것이다(4절). 여기서 사용되는 "멸시"(קלל)란 단어는 12장 3절에서 아브람과 그의 자손을 "저주"(קלל)하는 자들이 저주를 받을 것이라는 원리를 선포할 때 사용된 단어와 같은 것이다. 즉 하갈은 아브람의 가족/자손을 멸시한 대가를 치르는 첫 사례가 됨을 암시한다(cf. Fretheim).

몸종의 방자함에 어이없어 하던 사래는 아브람이 하갈에 대하여 아무런 조처를 하지 않는 것을 보고 원망하며 비난한다(5절). 아브람은 하갈은 사래의 일이라며 발뺌한다. 이런 경우에 당시 함무라비 법전에 의하면, 사래는 첩 하갈에게 낙인을 찍어 종으로 계수할 수는 있어도 팔아 버릴 수는 없다. 우르남무(Ur-Nammu) 법은 하갈처럼 천박하게 구는 첩은 소금 1리터로 입을 문지르라고 한다!(ANET) 사래가 하갈을 박대하기 시작했고, 결국, 사래의 핍박을 견디지 못한 하갈이 임신한 몸으로 도망가는 불상사가 발생했다(6절).

II. 아브라함 이야기(11:27-25:11)
G. 아브람의 첫아들 이스마엘(16:1-16)

## 2. 아들 약속(16:7-14)

**[7] 여호와의 사자가 광야의 샘물 곁 곧 술 길 샘 곁에서 그를 만나 [8] 이르되 사래의 여종 하갈아 네가 어디서 왔으며 어디로 가느냐 그가 이르되 나는 내 여주인 사래를 피하여 도망하나이다 [9] 여호와의 사자가 그에게 이르되 네 여주인에게로 돌아가서 그 수하에 복종하라 [10] 여호와의 사자가 또 그에게**

**이르되 내가 네 씨를 크게 번성하여 그 수가 많아 셀 수 없게 하리라 [11] 여호와의 사자가 또 그에게 이르되 네가 임신하였은즉 아들을 낳으리니 그 이름을 이스마엘이라 하라 이는 여호와께서 네 고통을 들으셨음이니라 [12] 그가 사람 중에 들나귀 같이 되리니 그의 손이 모든 사람을 치겠고 모든 사람의 손이 그를 칠지며 그가 모든 형제와 대항해서 살리라 하니라 [13] 하갈이 자기에게 이르신 여호와의 이름을 나를 살피시는 하나님이라 하였으니 이는 내가 어떻게 여기서 나를 살피시는 하나님을 뵈었는고 함이라 [14] 이러므로 그 샘을 브엘라해로이라 불렀으며 그것은 가데스와 베렛 사이에 있더라**

임신한 하갈이 사래의 학대를 이기지 못하고 가출했다가 광야에서 하나님의 사자를 만난 일을 기록하고 있는 이 섹션은 다음과 같은 구조를 지녔다(Waltke). 천사가 이스마엘에 대하여 선포한 두 예언을 중심으로 구조가 형성되어 있다. 이야기가 진행되는 장소는 우물이다(A, A′). 하갈은 우물가에서 천사를 만나 대화를 나누고(B), 이 경험을 매우 경이로운 일로 여긴다(B′). 천사는 하갈과의 대화 후에 그녀가 잉태한 아이에 대하여 두 예언을 준다(C, C′). 천사의 예언에 격려와 소망을 얻은 하갈이 마음과 발길을 돌이켜 다시 아브람의 집으로 돌아온다.

A. 천사가 우물에서 하갈을 만남(7절)
　B. 천사와 하갈의 대화(8-9절)
　　C. 천사의 첫 번째 예언(10절)
　　C′. 천사의 두 번째 예언(11-12절)
　B′. 하갈이 천사와 대화를 경이롭게 여김(13절)
A′. 하갈이 우물에 이름을 지어 줌(14절)

하갈의 도주는 창세기 3장의 사건을 연상케 한다. 죄를 짓고 숲으로 숨은 인간을 하나님이 찾아 나서셨던 것 같이(3:9) 천사가 하갈을 찾

아 나섰다: "네가 어디서 왔으며 어디로 가느냐"(8절) 또한 실망과 좌절의 순간에 하나님의 말씀이 소망이 되었다는 점도 비슷하다(10-12절; 3:15). 하나님은 우리가 절망과 좌절로 주저앉을 때 위로와 희망으로 일으켜 세우는 자비로운 분이시다.

안주인의 구박을 견디지 못해 가출한 하갈은 술로 가는 길에 있는 우물에 와 있다(7절). "성벽"이란 뜻의 "술"(שׁוּר)은 "에담"(אֵתָם)이라고도 알려진 시내 광야의 북서쪽에 위치한 곳이며, 이스라엘이 이집트를 떠나 광야로 나갈 때 이 지역 옆을 지난다(cf. 출 13:20; 민 33:8). 아브람의 임시 거처지(cf. 20:1)이기도 했던 이곳은 브엘세바에서 이집트로 내려가는 길목이다(cf. HALOT). 하갈은 고향인 이집트 쪽으로 도망가고 있었던 것이다.

천사가 샘가에서 숨을 돌리고 있던 하갈을 찾아왔다. "여호와의 메신저"라는 뜻의 "천사"(מַלְאַךְ יְהוָה)(7절, 새번역)는 구약에서 48차례 사용되는 문구이다(cf. HALOT). 창세기에서는 이 이야기에서 4회(7, 9, 10, 11), 아브라함이 이삭을 바친 이야기에서 2회 사용된다(22:11, 15). 구약에서 하나님과 천사의 관계를 명확하게 규명하기는 쉽지 않다. 때에 따라 하나님과 천사가 동일시되기도 하고, 확연하게 구분되기도 하기 때문이다(cf. 22:15-16; 출 3:2-4; 민 22:22, 31, 35; 삿 6:11-18; 13:21-22; 행 7:30-32). 이곳에서도 마찬가지로 천사와 하나님의 관계가 혼란스럽다(cf. Fretheim). 처음에는 분명히 천사라고 했는데(7절), 이 천사는 마치 자신이 하나님인 것처럼 말하고(10절), 내레이터와 하갈도 그를 "여호와"(יְהוָה)라고 부르기 때문이다(13절). "여호와의 메신저"와 평행을 이루는 "하나님의 메신저"(מַלְאַךְ אֱלֹהִים)라는 말의 용례에서도 하나님과 천사의 관계를 정의하기가 어렵기는 마찬가지다.

천사는 하갈에게 크게 두 가지를 지적한다. (1) 하갈의 현재 상황(8-9절), (2) 하갈의 미래 상황(10-12절). 천사는 먼저 하갈을 "사래의 여종 하갈"(הָגָר שִׁפְחַת שָׂרַי)이라고 부르며 이 순간 그녀가 있어야 할 곳이 어디인지를 상기시킨다(8a절). 하갈의 정체성은 사래와의 관계로 정의되며, 그녀는 종으로서 주인인 사래 옆에 있는 것이 마땅하다는 것이다. 천사는 하갈에게 그녀가 있어야 할 자리, 곧 사래의 곁으로 돌아가라고 권면한다.

하갈은 자신의 처지를 솔직하게 고백한다(8b절). 하갈은 사래를 "내 여주인 사래"(שָׂרַי גְּבִרְתִּי)라고 부름으로써 자기도 주인 사래 옆에 있어야 하는 줄 알지만, 어쩔 수 없어서 도망쳐 나왔다고 하소연한다. 천사는 자신이 어디에 있어야 하는지를 정확히 아는 하갈에게 왔던 길을 되돌아가 주인 사래에게 복종하면서 살라고 권면한다(9절). 하갈이 사래와 함께 사는 것이 하나님의 뜻이기 때문이다. 하나님은 때가 되면 하갈을 아브람 집에서 내보내실 것이다(cf. 21장). 그러나 지금 그녀가 있어야 할 곳은 사라의 곁이다.

하갈은 여러 가지 측면에서 최초의 여인으로 기록된다. 성경에 기록된 여인 중 처음으로 천사가 이름을 불러 준 여인이다. 더 나아가 고대 근동 문헌에서 신이나 천사가 여자의 이름을 불러 주는 것은 하갈이 유일하다(Waltke). 천사가 그녀의 이름을 부르며 대화를 시작한 것은 그가 하갈에 대하여 잘 알고 있다는 것을 미리 알려 주어 그녀의 경계심을 낮추게 하려는 것이다. 또한, 하갈은 태어날 아들에 대하여 하나님의 신탁을 받은 최초의 여인이다. 그리고 하나님의 축복을 약속 받은 최초의 여인이기도 하다. 그러나 하나님이 약속하신 축복이 그녀의 삶에서 실현되려면 먼저 사래에게 돌아가 종으로 사는 삶을 다시 살아야만 한다.

지금 하갈이 있어야 할 자리가 어디인가를 정확하게 말해 준 천사가 그녀의 미래에 대해 예언한다(10-12절). 천사는 하갈에게 그녀의 태중에 있는 아이를 통한 자손의 창대를 약속한다(10절). 하갈이 아브람의 집으로 돌아갈 동기를 제공한 것이다. 하갈은 주인에게 돌아갈 용기가 생겼다. 돌아가면 사래의 학대가 다시 시작될 게 뻔하지만 이제 어떤 학대도 견뎌 낼 수 있을 만한 비전이 생겼다. 하나님이 이스마엘을 통한 자손 번성을 약속해 주신 것이다. 이것이 그녀의 비전이다. "자손이 셀 수도 없을 만큼 불어나게 하겠다"(10절, 새번역)는 말씀은 하나님이 아브람에게 주신 약속을 반복하는 것이다(cf. 15:5). 이스마엘도 아브람의 아들이기 때문에 아브람이 받은 축복의 대상이 된다. 인간이 실수를 해도 하나님이 은혜롭게 마무리해 주시는 모습이 성경에 자주 등장한다.

천사는 하갈에게 복중에 있는 아이의 이름을 이스마엘(יִשְׁמָעֵאל)이라 부르라고 한다(11절). 풀이하면 "하나님이 들으셨다"는 뜻으로, 하갈이 고통 속에서 부르짖는 소리를 하나님이 들으셨다는 뜻이다. 본문의 중심 단어는 "고통"이다. 사래가 하갈을 학대했다(6절). 학대를 견디지 못하여 도망가는 하갈에게 다시 돌아가라는 권면은 주인의 학대를 계속 참아 내라는 뜻이다(Mathews). 그러나 하나님은 하갈의 고통을 들으셨다. 복음성가 중 하나님을 "작은 신음에도 응답하시는 분"으로 노래한 곡이 있다. 이스마엘! 하나님이 들으셨다! 얼마나 아름다운 이름인가!

천사는 이스마엘이 "사람 중에 들나귀 같이 되리니 그의 손이 모든 사람을 치겠고 모든 사람의 손이 그를 칠지며 그가 모든 형제와 대항해서 살리라" 하고 예언한다(12절). 이 예언은 긍정적인 면과 부정적인 면을 모두 갖고 있다. 들나귀(פֶּרֶא)는 힘이 세고, 두려움이 없고, 떼를 지어 다니기 때문에 짐승 중 가장 가축화하기가 힘들었던 부류에 속한다(cf. ABD). 노예로서 아브람과 사래에게 속박당하고 견디기 힘든 구박을 받다가 급기야는 도망쳐 나온 하갈에게 그녀의 아들은 누구도 속박할 수 없는 자유로운 삶을 살게 될 것이라는 예언은 복음이었을 것이다(von Rad). 자식은 자기보다 더 좋은 삶을 살기를 바라는 것이 부모의 마음이기 때문이다. 그러나 이스마엘의 후손들이 누리게 될 자유는 모든 사람과 적대 관계가 되는 일을 통해 실현될 것이다. 이스마엘의 후손들과 이웃들이 평생 원수로 살 것을 선언하는 것은 그들이 그만큼

무절제한 삶을 살게 될 것이라는 암시이기에 부정적이다(Sarna). 훗날 이스마엘은 이삭과 함께 살지 않는다(cf. 25:18).

말씀을 받은 하갈이 여호와를 "[나를] 살피시는 하나님"(אֵל רֳאִי)이라 불렀다(13절). 하갈의 신음과 아픔을 헤아리신 하나님의 이름으로 안성맞춤이다. 만일 하나님이 우리에게 자신이 경험한 하나님을 바탕으로 성호를 하나 정해 보라고 하신다면, 과연 우리는 어떤 이름으로 하나님을 부를까? 아브람은 "여호와 이레"(22:14)라고 불렀고, 사무엘은 "에벤에셀"이라고 불렀다(삼상 7:12). 또한, 하갈은 천사를 만난 샘을 "브엘라해로이"(בְּאֵר לַחַי רֹאִי)라 불렀는데 "로이 지파에게 속한 우물"(Sarna) 혹은 "나를 지켜보시는 살아계신 자의 우물"이란 뜻이다(Mathews; Waltke).

천사가 선포한 하나님의 말씀대로 이스마엘은 훗날 큰 지파가 된다(cf. 17:20). 그러나 이들이 누군가? 훗날 이스마엘의 후손들은 이스라엘 사람들을 괴롭히는 족속들이 아닌가! 인간의 힘으로 하나님의 역사를 이루려 하면 오히려 이런 난감한 결과를 초래할 수 있다는 점을 마음에 새겨야 한다.

II. 아브라함 이야기(11:27-25:11)
G. 아브람의 첫아들 이스마엘(16:1-16)

### 3. 이스마엘의 탄생(16:15-16)

**[15] 하갈이 아브람의 아들을 낳으매 아브람이 하갈이 낳은 그 아들을 이름하여 이스마엘이라 하였더라 [16] 하갈이 아브람에게 이스마엘을 낳았을 때에 아브람이 팔십육 세였더라**

천사의 돌아가라는 명령과 미래에 대한 신탁을 받은 하갈이 아브람의 집으로 돌아온다. 비록 다시 사래의 노예로 살아가야 하지만, 하나님으로부터 복중에 있는 아이에 대해 밝은 미래를 약속받은 것으로 위로 삼고 모든 것을 견딘다. 그녀가 하나님의 말씀이 그대로 실현될 것을 믿었다는 증거이다. 그래서 일부 주석가들은 하갈이 하나님을 믿은 참 신앙인이라고 주장하기도 한다(Fretheim).

얼마 지나지 않아 아들이 태어나자 천사가 지어 준 대로 이스마엘이라 불렀다. 원래 아이의 이름은 집안의 남자 어른이 지어 주는 것이 당시의 풍습이었다. 아브람이 아이에게 이스마엘이라는 이름을 준 것을 보면 하갈이 돌아와서 천사의 계시에 대하여 말한 모든 것을 그가 믿었던 것으로 생각된다.

이스마엘은 아브람이 노예를 통해 얻은 아들이기 때문에 자동으로 상속권을 받을 위치에 있지 않다. 그러나 그가 아브람 집안의 장자라는 것은 상당히 고무적이다. 불행하게도 훗날 아브람은 아무것도 주지 않고 하갈과 이스마엘을 내보내는 매정한 아버지가 된다(cf. 21장). 이스마엘이 태어난 것은 아브람이 86세가 되던 해였다(16절). 가나안에 입성한 지 11년이 지난 때이다. 이 순간에는 모든 것이 평안해 보이지만, 머지않아 하갈과 이스마엘 때문에 집안에 불화가 생긴다(cf. 21장).

II. 아브라함 이야기(11:27-25:11)

## H. 언약의 증표 할례(17:1-27)

이 이야기는 16장의 일이 기록된 지 13년 후에 일어난 일이다(cf. 16:16과 17:1). 이때까지의 아브람 이야기(12-15장)가 10년 동안 진행된 일임을 감안하면 16장과 17장 사이에 많은 시간이 압축된 것이다. 아브람은 어느덧 99세가 되었고, 이스마엘은 13살이 되었다(24-25절). 아브람이 99세가 된 이때 많은 일이 일어난다. 창세기에 기록된 사건들이 역사적 순서에 따라 전개되고 있다면, 아브람이 99세에 할례를 언약의 증표로 받은 일(17장)에서부터 100세에 이삭이 태어나기(21장)까지의 일은 모두 1년 안에 있었던 것이다. 반면에 이스마엘이 태어난 해(cf. 16장)부터 이때까지 13년이 흘렀지만, 저자는 이 기간에 대하여 아무런 기록도 남기지 않았다. 아마도 성경에 기록할 정도로 주목할 만한 일이 없었기 때문일 것이다.

서술을 중심으로 쓰인 창세기의 다른 부분들과 달리 이 장은 등장인물들의 직접적인 대화를 많이 사용하고 있다. 직접화법을 중심으로 구성된 이 장은 하나님의 명령(1-22절)과 아브람의 순종(23-27절) 두 부분으로 크게 구분된다. 본문에서 하나님은 아브람에게 5차례 말씀하신다: (1) 1-2절; (2) 3-8절; (3) 9-14절; (4) 15-16절; (5) 19-21절. 그중 세 번(#2, #4, #5)은 아브람과 자손을 축복하시겠다는 하나님의 의지에 초점이 맞추어져 있고, 나머지 두 번(#1, #3)은 아브람에 대한 하나님의 요구/기대에 맞추어져 있다(Hamilton). 대부분 하나님의 말씀으로 구성되어 있는 본 텍스트에서 아브람은 두 차례 발언하는데, 한 번은 자기 스스로에게(17절), 한 번은 하나님께 드리는 말씀이다(18절). 하나님과 아브람 사이에 오가는 대화는 언약(cf. 12:1-3; 15장)에 관한 것이다. 하나님의 언약 이행이 지연되는 상황에서 언약이 꼭 실현될 것을 재차 확인하는 차원에서 대화가 오간 것이다.

하나님이 아브람에게 주시는 말씀(3b-16절)은 세 파트로 세분화될 수 있다(3b-8; 9-14; 15-16절). 세 부분 모두 "하나님이 이르시되…"로 시작하며 언약에 관련된 세 인물에 관한 내용이다: (1) "나는 너와"(as for me…")(4절); (2) "너는 나와"(as for you…")(9절); (3) "네 아내 사래"(as for Sarai your wife…")(15절). 아울러 세 파트 모두 언약에 대한 증표를 포함한다: 첫 부분에서는 아브람의 이름이 바뀐다(5절); 둘째 부분에서는 할례가 주제로 떠오른다(10-14절); 셋째 부분에서는 사래의 이름이 바뀐다(15절)(Sailhamer). 이 섹션은 다음과 같은 구조를 지녔다(cf. Sarna).

A. 아브람의 이름 변화(17:1-8)
　B. 할례 규례 제정(17:9-14)
A′. 사래의 이름 변화(17:15-22)
　B′. 할례 규례 집행(17:23-27)



## 1. 아브람의 이름 변화(17:1-8)

**[1] 아브람이 구십구 세 때에 여호와께서 아브람에게 나타나서 그에게 이르시되 나는 전능한 하나님이라 너는 내 앞에서 행하여 완전하라 [2] 내가 내 언약을 나와 너 사이에 두어 너를 크게 번성하게 하리라 하시니 [3] 아브람이 엎드렸더니 하나님이 또 그에게 말씀하여 이르시되 [4] 보라 내 언약이 너와 함께 있으니 너는 여러 민족의 아버지가 될지라 [5] 이제 후로는 네 이름을 아브람이라 하지 아니하고 아브라함이라 하리니 이는 내가 너를 여러 민족의 아버지가 되게 함이니라 [6] 내가 너로 심히 번성하게 하리니 내가 네게서 민족들이 나게 하며 왕들이 네게로부터 나오리라 [7] 내가 내 언약을 나와 너 및 네 대대 후손 사이에 세워서 영원한 언약을 삼고 너와 네 후손의 하나님이 되리라 [8] 내가 너와 네 후손에게 네가 거류하는 이 땅 곧 가나안 온 땅을 주어 영원한 기업이 되게 하고 나는 그들의 하나님이 되리라**

사래와 하갈의 갈등 속에 이스마엘이 태어난 지 어느덧 13년이 지났다. 그동안 아브람은 이스마엘을 하나님이 약속하신 자식으로 간주하고 만족했다(cf. 17-18절). 그러나 하나님의 계획은 달랐다. 이스마엘은 결코 언약의 자식이 아니므로 아브람에게 주신 축복을 상속하는 아이는 분명 사래의 몸에서 나와야 한다는 것이 하나님의 계획이다(21절). 드디어 하나님의 때가 이르렀다. 하나님이 아브람에게 약속하신 아이를 주시기에 가장 적합한 시간이 된 것이다. 이때 아브람의 나이가 99세였으며(1절), 주님의 말씀을 의지하여 하란을 떠나 가나안에 입성한 지 24년이 흘렀다.

하나님이 아브람을 방문하여 자신을 "전능한 하나님"이라 밝히신다(1절). 히브리어 그대로 "엘샤다이"라는 성호로 알려진 "전능한 하나님"(אֵל שַׁדַּי)은 구약에서 48차례 사용된다(cf. HALOT). "샤다이"(שַׁדַּי)는 산(山)과 연관이 있으며, 엘샤다이는 "산에 사는 산들의 신"을 뜻하는 것이라는 주장이 있지만(Friedman), 정확한 어원에 대하여는 추측만 난무할 뿐 아직까지 밝혀진 바는 없다(cf. HALOT). 그러나 이 성호가 무엇을 강조하고자 하는가는 확실하다. 하나님은 누구와도 비교할 수 없이 강하고 무한한 능력을 가진 신이심을 강조하는 이름인 것이다(Hamilton). 무한하신 하나님의 능력은 평생 아이를 낳아 보지 못했을 뿐만 아니라 폐경기가 한참 지난 사래에게서 아들을 탄생시키는 일로 드러난다(Wenham; cf. 18:14). 하나님은 기적을 이루는 능력을 지닌 분이신 것이다. 능력의 하나님이 아브람을 찾아오셨다.

전능하신 하나님이 아브람에게 "너는 내 앞에서 행하여 완전하라"(1절)고 하신다. "나에게 순종하며, 흠 없이 살아라"(새번역)라는 뜻이다. 하나님께 순종하며 흠 없이 사는 것은 어떤 삶인가? 장차 주의 백성이 될 온 이스라엘을 대표하는 아브람은 매일 하나님을 중심에 두고 살아야 하며 순간순간마다 하나님을 가장 가까운 곳에서 경험해야 한다는 뜻이다(Westermann). 훗날 하나님은 솔로몬(왕상 9:4–5)과 히스기야(왕하 20:3) 등 이스라엘의 왕들에게도 동일한 요구를 하신다. 하나님 앞에서 "완전하다/흠이 없다"(תָּמִים)는 것은 죄를 짓지 않는 것보다 훨씬 더 강한 도덕적인 요구이며 청렴하라는 뜻이다(Waltke).

아브람에게 경건하고 청렴한 삶을 살라고 당부하신 하나님이 그와 언약을 맺겠다고 하신다(2절). 일부 주석가들은 1절에서 요구된 거룩한 삶이 2절이 언급하는 언약의 전제 조건(necessary condition)이라고 주장한다(Mathews; Waltke). 그러나 언약이 전적으로 하나님의 일방적이고 무조건적인 은총임을 생각할 때, 1절은 무조건적인 언약(royal grant)을 받은 사람이 지향해야 할 삶의 방식이지만, 언약의 전제 조건이 될 수는 없다. 왕이 신하에게 조건 없이 하사품을 내려 주듯이 하나님이 아브라함에게 주신 언약에는 전제 조건이 없기 때문이다.

하나님과 아브람은 15장에서 이미 언약을 맺지 않았던가? 그런데 왜 이곳에서 또 언약이 필요한가? 일부 주석가들은 앞으로 아브람과 그의 후손들이 경험할 일들을 염두에 두고 15장에 기록된 언약이 개정되고 있다고 한다(Fretheim). 그러나 본 텍스트는 옛 언약을 개정하는 것이 아니라, 완전히 새로운 언약을 체결하는 것으로 봐야 한다. 두 언약의 내용이 서로 다르기 때문에 상호 보완적 관계를 형성하고 있다는 것이 여러 학자의 주장이다(cf. Sailhamer). 15장의 언약은 땅을 약속하는 것이며(cf. 15:18-21), 17장의 언약은 자손을 약속하는 것이다(cf. 2절).

본문에서 언약이 체결되는 과정을 보면, 15장에서 맺어진 언약과 비교하여 공통점과 차이점이 동시에 있다. 첫째, 둘 다 하나님의 "나는…"(אֲנִי)이라는 계시로 시작한다(15:7; 17:1). 둘째, 두 이야기 모두 아브람에게 아들을 약속한다(cf. 15:4; 17:15-16). 다른 점은, 15장에서는 누구를 통해서 아이가 태어날 것인가를 밝히지 않았는데, 이 장에서는 사래를 통해 언약된 아이가 태어날 것이라고 하신다(17:16, 19, 21). 셋째, 두 언약 모두 많은 자손과 그들이 차지하고 살게 될 땅을 언급한다(cf. 15:5; 17:4). 그리고 아브람과 그의 후손들에게 주실 땅이 영원히 그들의 소유가 될 것이라는 약속을 더하신다(cf. 15:18; 17:8). 넷째, 두 이야기 모두 이러한 사실은 하나님이 아브라함에게 약속하신 것이고, 이 약속은 반드시 이루어질 것이라는 뜻에서 "언약"(בְּרִית)이라는 단어가 반복적으로 사용되고 있다. 그러나 17장은 "영원한 언약"(בְּרִית עוֹלָם)이라는 표현을 세 차례 사용함으로써 15장의 언약과 차별화를 시도하는 듯하다(17:7, 13, 19). 다만 차이점이라면 15장에서는 아브람이 별다른 역할을 하지 않고 언약 체결 예식을 위하여 짐승들을 쪼개고 하나님을 기다림으로써 하나님이 주시는 언약을 받기만 했는데, 반면에 이번 이야기에서는 언약을 체결하기 위하여 온 집안 남자들에게 할례를 행한다는 것이다.

"크게/심히 번성하라"(אַרְבֶּה אוֹתְךָ בִּמְאֹד מְאֹד)(2, 6절)는 1장 28절의 재확인이며 9장 1절의 재확인이기도 하다. 즉 12장 1-3절에 예시된 것 같이 창조 때에 하나님이 인간에게 주셨던 축복과 노아를 통하여 온 인류에게 주셨던 축복이 이제 아브람을 통하여 실현될 것을 선언하신다. 하나님이 아담과 하와에게 빌어 주셨던 복이 타락 이후에도 별로 바뀌지 않았다는 사실을 확인한다. 생각해 보면 아브라함과 노아는 비슷한 점이 많다. 하나님이 아브람에게 "나에게 순종하며(הִתְהַלֵּךְ), 흠 없이 살아라(תָמִים)"(1절, 새번역)고 권면하시는데, 이 말씀은 6장 9절에서 노아의 삶을 평가하는 표현으로 사용되었다. 이 문구들이 창세기에서는 상대적으로 흔하지 않은 것들임을 감안하면 두 사람에게 우연히 쓰인 게 아님을 알 수 있다. 노아와 아브람, 두 사람 모두 하나님의 말씀에 순종하며 살았다는 것을 의미한다(Sailhamer).

그러나 축복의 대상에는 큰 차이가 있다. 노아의 시대까지는 온 인류에게 축복을 직접 주셨다. 그러나 바벨탑 사건 이후로는 하나님의 선택을 받은 사람들에게 제한적으로 축복이 적용된다. 1-11장을 통해 깨달은 것처럼 시간이 지날수록 인간의 죄악이 심각해졌다. 따라서 온 인류를 상대로 구원 계획을 진행해 나가는 것이 어려워졌다. 이런 상황에서 하나님은 아브람을 통하여 온 인류를 축복할 것을 구체적으로 말씀하셨다(12장). 본문의 말씀은 이런 하나님의 계획을 재확인하고 있는 것이다.

많은 자손을 주겠다는 언약을 주시는 하나님께 아브람이 엎드려 경배하고 있을 때 하나님이 말씀을 이어 가신다(3절). 아브람의 많은 자손은 한 민족이 아니라 여러 민족이 될 것이며, 그는 여러 민족과 왕들의 조상이 될 것이다(4, 6절). 이때 새로운 신분과 지위에 걸맞게 아브람의 이름을 바꾸어 주신다. "아브람"이 "아브라함"이 된 것이다(5절). "존귀한 아버지"라는 뜻의 아브람(אַבְרָם)은 그가 섬기는 하나님, 그의 귀족 신분과 사회적 지위에 걸맞은 이름이었다(Waltke). 그가 새로이 받은 아브라함(אַבְרָהָם)의 어원은 정확하지 않지만, 하나님이 아브람에게 약속하신 "여러 민족의 아버지"(אַב־הֲמוֹן גּוֹיִם)(4, 5절)에서 비롯된 언어유희라는 점을 감안할 때 "아버지"(אָב)와 "무리/청중"(הָמוֹן)이 합성되어 만들어진 이름임이 확실하다(Sarna). 아브라함은 "여러 민족의 아버지"라는 뜻을 지닌 이름인 것이다.

이름은 단순히 한 개인을 가리키는 명사가 아니라 그 사람의 본질과 인격의 표현으로 간주되었던 고대 근동의 정서에 의하면, 아브람의 이름 변화는 그의 인격과 운명이 변화되었음을 의미한다. 또한, 근동의 왕들은 새 시대의 시작이나 새 정책이 시작될 때 자신의 이름을 바꾸기도 했다(Sarna). 성경에서도 새로운 이름을 받는 일은 곧 특별한 사건이나 새로운 시대의 시작과 연관되어 있다(cf. 창 32:27-29; 35:10; 단 1:7). 그러므로 하나님이 아브람에게 아브라함이라는 새로운 이름을 주신 것은 12장에서 약속하셨던 자손 축복의 실현이 그리 멀지 않거나 곧 실현될 것임을 암시한다. 이것은 이스마엘족, 에돔족, 미디안족 등등 아브라함에게서 비롯된 여러 족속에만 제한된 변화일 수도 있지만, 세상 모든 민족이 아브라함을 영적인 아버지로 바라보게 될 것이라는 암시로 해석되기도 한다(Waltke). 아브라함은 이스라엘 사람들의 조상일 뿐 아니라, 세상 모든 믿는 사람들의 조상이 되기 때문이다(cf. 롬 4:16).

본문이 묘사하고 있는 사건을 고대 근동의 정서에 비교해 보면 매우 독특한 위치를 차지하고 있다. 근동의 신화들에서 신들이 인간들에게 일방적으로 여러 가지를 요구하거나 신들 사이에 언약이 맺어지는 일은 자주 보이지만 인간과 신(들) 사이에 언약이 체결되는 예는 없다. 그러므로 이 사건에서 세상의 어느 신(들)보다도 우리를 인격적으로 대해 주시는 하나님이 돋보인다.

이 언약은 하나님과 아브라함 사이에만 맺어진 것이 아니다. 하나님과 앞으로 태어날 아브라함의 후손들 사이에도 유효하다(7절). 여호와 하나님이 아브라함의 하나님인 것처럼 그의 후손들에게도 하나님이 되어 주실 것이다. 그러므로 이 언약은 "영원한 언약"이다. 물론 "영원한 언약"(בְּרִית עוֹלָם)(7절; cf. 9:16)이라 해서 무슨 일이 있어도, 절대로 깨지지 않을 것을 보장하는 것은 아니다. 경우에 따라서 영원한 언약을 깨기도 하시기 때문이다(cf. 삼상 2:30). 그러나 아브라함의 후손들이 먼저 파기하지 않는 한 언약은 영원히 지속될 것이다(Waltke). 아브라함과 그의 후손들에게 언약을 주신 하나님이 먼저 파기하실 일은 없기 때문이다.

하나님이 언약을 통해 아브라함이 많은 자손과 왕들을 두게 될 것이라고 약속하시지만, 그래도 언약의 가장 중요한 요소는 그와 그의 자손들에게 하나님이 되어 주겠다고 선언하신 일이다(7, 8절). 주님이 그들의 하나님이 되어 주시는 한, 그들은 어떠한 것에도 두려워하거나 불안해할 필요가 없다. 하나님이 그들을 보호하는 방패가 되어 줄 뿐만 아니라(cf. 15:1), 그들의 앞날을 인도하실 것이기 때문이다. 사람이 하나님 한 분만 붙잡으면 다른 것은 하나도 걱정할 필요도, 붙잡을 필요도 없다.

하나님이 아브라함과 맺으신 언약의 증표로 가나안 땅의 소유권을 말씀하신다(8절). 지금은 아브라함이 객이 되어 살고 있지만, 그의 후손들이 가나안 땅을 영원히 소유하게 될 것이라고 하신다. 훗날 이스라엘은 자신들의 역사에서 이 사실을 여러 차례 확인한다. 아브라함에게 약속된 지 몇백 년이 지난 때에 그들은 그 땅을 얻기 위하여 이집트에서 나온다. 죄를 지어 바빌론을 끌려가지만, 70년 후에 다시 이 땅으로 돌아온다. 로마제국에 의하여 주후 70년에 그 땅에서 쫓겨났던 사람들이 1900년 만에 그 땅을 되찾는다. 하나님이 아브라함과 그의 후손들과 세우신 영원한 약속은 이스라엘이 곤경에 처할 때마다 끝까지 견디어 내며 미래를 소망하는 힘이 되었을 것이다. 우리는 과연 무엇을 미래에 대한 소망의 근거로 삼고 있는가?

사무엘이 왕을 세워 달라는 이스라엘 사람들을 야단친 적이 있다(삼상 8장). 이 사실을 근거로 이스라엘에는 왕이 절대 없어야 한다고 주장하는 사람들이 있다. 그런데 본문에서는 하나님이 아브라함에게 왕들을 축복으로 약속하신다. 신명기 17장에는 왕이 어떤 역할과 활동을 해야 하는가에 대한 율법이 기록되어 있다. 이스라엘에 왕정 시대가 도래할 것을 예견하고 율법이 준비해 두었다는 것이다. 그렇다면 왕정 제도를 나쁜 것으로만 여길 수는 없다. 아브라함 시대부터 하나님이 준비해 오신 축복이기 때문이다. 그렇다면 사무엘상 8장에 기록된 사건을 어떻게 이해해야 하는가? 하나님은 적절한 때가 되면 아브라함의 후손들에게 왕을 주려고 계획하셨다. 그러나 사무엘 시대에 살았던 이스라엘 사람들은 그때, 곧 하나님의 때를 기다리지 못했던 것이다. 하나님의 뜻이 분명하다 할지라도, 하나님의 때가 아니면 기다려야 한다.

| II. 아브라함 이야기(11:27–25:11)<br>H. 언약의 증표 할례(17:1–27) |
|---|

## 2. 할례 규례 제정(17:9–14)

**[9] 하나님이 또 아브라함에게 이르시되 그런즉 너는 내 언약을 지키고 네 후손도 대대로 지키라 [10] 너희 중 남자는 다 할례를 받으라 이것이 나와 너희와 너희 후손 사이에 지킬 내 언약이니라 [11] 너희는 포피를 베어라 이것이 나와 너희 사이의 언약의 표징이니라 [12] 너희의 대대로 모든 남자는 집에서 난 자나 또는 너희 자손이 아니라 이방 사람에게서 돈으로 산 자를 막론하고**

**난 지 팔 일 만에 할례를 받을 것이라 [13] 너희 집에서 난 자든지 너희 돈으로 산 자든지 할례를 받아야 하리니 이에 내 언약이 너희 살에 있어 영원한 언약이 되려니와 [14] 할례를 받지 아니한 남자 곧 그 포피를 베지 아니한 자는 백성 중에서 끊어지리니 그가 내 언약을 배반하였음이니라**

하나님이 아브라함에게 명령하신 첫 번째 지침은 "순종하며 흠이 없이 살아라"이다(1절, 새번역). 이제 하나님은 첫 번째 지침을 실행할 수 있는 하나의 예를 두 번째 조건으로 주신다. 아브라함과 그의 자손들이 대대로 지킬 할례를 명하신 것이다. 언약은 분명 하나님이 먼저 아브라함에게 주신 것이다. 그러나 그 언약을 수용하고 확인하는 것은 아브라함과 후손들의 몫이다(Wenham). 아브라함과 후손들은 하나님의 말씀에 순종하며 흠이 없이 사는 것과 할례를 행하는 일을 통해서, 하나님이 주신 언약을 받아들인다는 사실을 확인할 책임이 있다(Waltke).

할례는 고대 근동에서 여러 민족이 행했던 풍습이다. 때로는 성년식으로, 다산(多産) 예식으로, 결혼 예식으로 사용되었다. 결혼 예식에서는 신부 집안의 남자들이 신랑에게 할례를 행했다. 신부의 집안사람들이 신랑을 가족의 일원으로 받아들인다는 상징적인 의미에서 할례를 해 준 것이다. 아이에게 행할 때는 건강상의 이유보다는 종교적인 의미가 더 컸다. 당시에는 태어나자마자 며칠 내에 죽는 아이들이 많았기 때문에 갓 태어난 아이가 1주일을 살면 생존할 가능성이 커진다고 생각했다. 그래서 고대 근동 사람들도 태어난 지 8일째 되는 남자 아이들에게 할례를 행하곤 했다(Walton).

그러나 성경의 할례는 그 의미가 다르다. 아이가 태어난 지 8일째 되는 날에 할례를 해야 하는 이유는 아기가 7일 동안의 천지창조 사이클을 경험한 후 맞이하는 첫날이기 때문이다(Sarna; cf. 출 22:29; 레 22:27). 또한, 8일째 되는 날은 속죄일과도 연관이 있는 듯하다(cf. 출 22:30; 레 9:1; 14:10, 23; 15:14, 29; 22:27; 민 6:10). 그러므로 여러 가지 성경적인 정황을 고려할 때 아이가 태어난 지 8일째 되는 날은 하나님께 아이를 헌신하기에 더없이 좋은 날이다(Mathews). 훗날 율법에 따르면, 사내아이를 낳은 산모는 7일 동안 부정하게 되며 그 후 33일의 정결 기간을 지나야 한다(레 12:2-4).

할례의 범위는 가족, 종들 중 모든 남자들이다(12-14절). 아브라함의 후손 중 할례를 행하지 않으면 언약을 깨뜨리는 행위로 간주하여 주의 백성에서 끊어지게 된다(14절). 할례에 특별한 신비력이 포함되어서 그런 것이 아니라, 하나님이 언약의 상징으로 주신 할례를 거부하는 것은 곧 하나님을 거부하는 행위로 간주되기 때문이다. 그만큼 할례는 중요한 예식이다. 그러나 아브라함과 그의 후손들이 착각하여 할례가 언약의 전부인 것처럼 생각할까 봐 하나님은 할례가 언약의 "표징"(אוֹת)이라고 선언하신다(11절). 할례는 아브라함과 후손들이 하나님과 맺은 언약을 통해 주님과 특별한 관계를 갖게 되었다는 사실의 표징이지 언약 자체는 아니라는 뜻이다(Sailhamer; Mathews). 할례는 하나의 흉터이며 하나님의 백성이 이것을 볼 때마다 하나님이 그를 부르신 이유를 묵상하도록 하는 영원한 증표이다. 이러한 관점과 할례에 관한 규정들은 훗날 시내 산에서 이스라엘에 주실 할례에 관한 율법과 일치한다. 창세기는 지속적으로 시내 산 언약을 바라보며 진행되어 가고 있는 것이다.

아브라함 사이클에서 그동안 진행되어 온 언약의 구체화를 되돌아보자. 하나님은 우르를 떠나 하란에 머물고 있던 아브라함에게 떠나라고 하시며, 만일 그가 떠나면 그를 통해 큰 나라를 만들고, 복을 주어서 그의 이름을 높이고 그가 복의 근원이 되도록 하겠다고 약속하셨다(12:1-3). 이것이 아브라함 언약의 서곡이었다. 롯과 헤어진 후, 하나님은 아브라함과의 약속을 재확인하면서 그가 눈으로 볼 수 있는 모든 땅을 그와 후손에게 주겠다고 하셨다(13:14-17). 가나안 땅의 소유에 대한 구체적인 언급이었다. 그러나 아브라함이 하나님의 약속을 믿고 가나안으로 입성한 지 10년이 지나서야 비로소 하나님과 아브라함 사이에 언약이 정식으로 체결되었다(cf. 15장). 하나님은 언약 체결식에서 아브라함에게 자손을 약속하며, 땅에 대하여 구체적으로 말씀하셨다. 아브라함과 후손들은 가나안 땅을 차지할 테지만, 그 일이 있기 전에 먼저 아브라함의 후손들은 다른 나라에 가서 400년 동안 종살이를 해야 한다고 하셨다. 아직 가나안 땅을 아브라함과 후손들에게 넘겨주실 여건이 차지 않았다고 하시면서 말이다.

이스마엘이 태어났지만(cf. 16장), 이 아이는 하나님이 아브라함에게 약속하신 언약의 아이가 아니다. 이스마엘이 태어난 지 13년이 지난 후에 하나님이 아브라함과 맺으신 언약을 더 구체적으로 드러내신다(17장). 이 일을 기념하면서 아브람과 사래의 이름을 바꾸셨다. 그리고 할례 제도를 만들어서 종들과 이방인까지도 할례를 받도록 명하셨다. 눈에 보이지 않으면 잊고 망각하는 것이 인간의 심리이다. 그래서 하나님은 아브라함과 그의 자손들의 몸에 아예 영구적인 언약의 증표를 주기로 하신 것이다. 이것이 할례이다.

오직 구약만을 정경으로 대하는 유대인들은 지금도 할례를 행한다. 크리스천은 할례를 어떻게 대해야 하는가? 예수 그리스도를 통해 구원에 이른 우리도 할례를 받아야 하는가? 신약 시대에 와서 성경은 육체적 할례보다 더 중요한 것을 강조한다. 바로 마음의 할례이다. 사실 마음의 할례의 중요성에 대하여는 구약에서도 여러 차례 강조된 바 있다(cf. 신 10:16, 30:6; 렘 4:4). 마음의 할례가 없으면, 신체의 할례는 의미가 없다. 게다가 본문은 할례가 언약의 증표일 뿐 언약 자체가 아니라는 사실을 강조한다(11절). 육체적인 할례는 참 언약의 주인이신 그리스도가 와서 주의 백성들에게 성령의 인치심을 주실 때까지 임시로 있는 제도이기 때문에 이제는 더 이상 할례를 행할 필요가 없다(cf. 행 15장).

II. 아브라함 이야기(11:27-25:11)
H. 언약의 증표 할례(17:1-27)

## 3. 사래의 이름 변화(17:15-22)

**[15] 하나님이 또 아브라함에게 이르시되 네 아내 사래는 이름을 사래라 하지 말고 사라라 하라 [16] 내가 그에게 복을 주어 그가 네게 아들을 낳아 주게 하며 내가 그에게 복을 주어 그를 여러 민족의 어머니가 되게 하리니 민족의 여러 왕이 그에게서 나리라 [17] 아브라함이 엎드려 웃으며 마음속으로 이르되 백 세 된 사람이 어찌 자식을 낳을까 사라는 구십 세니 어찌 출산하리요 하고 [18] 아브라함이 이에 하나님께 아뢰되 이스마엘이나 하나님 앞에 살기를 원하나이다 [19] 하나님이 이르시되 아니라 네 아내 사라가 네게 아들을 낳으리니 너는 그 이름을 이삭이라 하라 내가 그와 내 언약을 세우리니 그의 후손에게 영원한 언약이 되리라 [20] 이스마엘에 대하여는 내가 네 말을 들었나니 내가 그에게 복을 주어 그를 매우 크게 생육하고 번성하게 할지라 그가 열두 두령을 낳으리니 내가 그를 큰 나라가 되게 하려니와 [21] 내 언약은 내가 내년 이 시기에 사라가 네게 낳을 이삭과 세우리라 [22] 하나님이 아브라함과 말씀을 마치시고 그를 떠나 올라가셨더라**

하나님이 아브람의 이름을 아브라함으로 바꾸어 주신 것처럼 사래도 사라로 바꾸어 주신다(15절). "공주/여왕"이란 뜻의 "사래"(שָׂרַי)는 그녀의 귀족 신분을 암시한다(Waltke). "사라"(שָׂרָה)는 사실 "사래"(שָׂרַי)라는 이름을 다르게 표기한 것이다(Mathews). 그러나 하나님은 그녀도 아브라함처럼 많은 민족과 왕들의 어머니가 될 것을 말하므로써 이 이름의 중요성을 설명하신다(16절). 사라는 "여러 민족의 어미" 더 구체적으로 "많은 왕의 어미" 곧 공주/왕비를 뜻하는 것이다. 아브라함과 사라의 이름 변화는 언약의 범위가 개인적인 차원을 초월해서 세계화될 것임을 암시한다.

사라의 이름 변화는 아브라함보다 더 큰 의미가 있다. 성경에서 이름이 바뀐 여인은 사라가 유일하기 때문이다. 또한, 창세기 23장 1절은 그녀가 127세에 죽었다고 기록하고 있는데, 성경이 죽을 때 나이를 밝힌 여인은 사라가 유일하다. 그녀는 성경 저자들에게 매우 독보적인 존재였던 것이다. 아브라함은 이름이 바뀌면서 왕들을 후손으로 둘 것이라는 것 외에는 특별히 더해지거나 새로워진 것이 없다. 반면에 사라는 하나님이 말씀하시는 "여러 민족과 왕들"이 사라의 몸을 통해서 나올 것이라는 말씀을 더하신다(16절). 사라의 몸종 하갈을 통해서 얻은 아들 이스마엘이 아니라, 그녀의 몸에서 나올 아들을 통해 이런 일이 있을 것이라는 사실은 파격적이다 못해 충격적이다. 이미 89세가 된 사라가 어떻게 아이를 낳을 수 있단 말인가? 게다가 그녀는 평생 아이를 낳아 보지도 못한 여인이다. 그러니 사라의 이름 변화가 시사하는 바는 아브라함의 것보다 훨씬 더 크고 파격적이다.

사라가 아이를 낳고 그 아이를 통해 민족의 어머니가 될 것이라는 하나님의 말씀은 진정한 의미에서 복음이다. 아이를 낳지 못한다는 평생의 수치를 한 방에 날려 버릴 수 있는 대단한 뉴스이다. 또한, 이 말씀은 시간이 지나면서 언약의 내용이 점차 구체화되어 가고 있음을 시사한다. 이때까지 하나님은 아브라함에게 그가 많은 족속의 아버지가 될 것이라고 말씀하셨을 뿐, 사라의 몸에서 나오는 아들을 통해 이 일을 성취할 것을 밝히신 적이 한 번도 없었다. 남편에게 한없이 미안하기만 했던 사라가 몸종 하갈을 통해서 남편에게 아들을 안겨 주려 했던 이유가 이것이다(16장). 그런데 인제 와서 하나님은 이스마엘이 아니라 사라가 직접 낳은 아이를 통해서 약속을 이루어 나가겠다고 하신다. 참으로 좋은 일이지만 매우 아쉽다. 물론 하나님의 약속이 하나님의 방법에 따라 이루어지는 것을 기다리지 못한 사라와 아브라함에게 책임이 있다. 그럼에도 불구하고 "좀 일찍 말씀해 주시지!" 하는 아쉬움이 남는다. 믿음 생활에서 하나님의 뜻을 분별하여 신뢰하는 것보다 그 뜻이 이루어질 때를 기다리는 것이 더 중요하고 결정적일 때가 많다. 모든 일에는 하나님의 때가 있다. 오직 주님만을 바라보며 그때를 기다리는 것이 믿음이다.

하나님의 말씀에 아브라함도 충격을 입었다. 그는 땅에 엎드려 웃으면서 혼잣말을 했다(17절). 어떻게 나이가 100살이 된 남자와 90살이 된 여자가 아이를 낳을 수 있느냐는 것이다. 대부분 주석가들이 이런 아브라함의 모습을 보며 그의 불신을 비난한다. 그러나 그의 반응이 불신을 표현한다고만 볼 필요는 없다(cf. Sailhamer). 우리는 충분히 그의 마음을 이해할 수 있다. 하나님의 말씀은 어디에서도 들어보지 못한 너무 황당한 이야기였기 때문이다. 게다가 아브라함은 이스마엘을 얻은 후 줄곧 하나님이 이 아이를 통해 모든 약속을 이루실 것으로 간주했다. 그런데 아이가 태어난 지 13년이 지나서야 하나님이 이런 말씀을 하시니 믿기지 않는다는 것이다. 처음부터 말씀해 주셨으면 충격이 덜했을 텐데 말이다.

그래서 아브라함은 하나님께 사라를 통해 새 아이를 주시는 일은 사양하겠으니 이미 장남으로 자라고 있는 이스마엘이나 잘 키워 달라고 부탁한다(18절). 훗날 아브라함이 이삭을 얼마나 귀하게 여기고 사랑했는가를 생각할 때, 이 순간 참 어이없는 말을 하고 있는 것이다. 아브라함은 자신이 무슨 말을 하고 있는지조차 모르는 사람이다. 새 아이를 주시겠다는 하나님의 축복을 그가 왜 거부하고 있는가? 아마도 이스마엘이 태어난 이후 지난 10여 년 동안 안정적으로 자리 잡은 자신의 삶에 변화가 오는 것이 싫어서일 것이다. 모든 것이 안정되고 익숙해졌는데, 아이가 새로 태어나면 그 아이는 축복이 아니라 골칫거리가 될 수 있다(Roop). 만일 사라를 통해 아들이 태어나면, 그 아이가 아브라함의 상속자가 될 것이다. 그런데 그렇게 되면 이때까지 언약을 상속할 아들로 생각해 왔던 이스마엘은 순식간에 언약을 위협하는 존재가 되어 버린다(Bruggemann). 변화가 가져올 장점을 생각하기 전에 무조건 싫어하고 반대하는 것은 아브라함이나 우리나 마찬가지이다.

아브라함이 새 아이가 필요 없으니 이스마엘이나 잘 키워 달라고 한 말은, 아브라함이란 새 이름을 받은 다음에 처음으로 한 말이다. 일종의 아이러니(irony)이다. 아브라함이 "많은 백성의 아비"라는 새 이름의 의미를 스스로 비웃고 있기 때문이다(Sailhamer). 아브라함의 삶은 하나님과의 관계를 빼면 죄인의 모습 그대로이다. 오죽하면 고대부터 율법학자들이 "우리가 해야 할 일은 우리 선조의 부끄러움을 가리는 것이다"라고 말했을까? 우리는 아브라함의 성숙하지 못한 신앙의 모습을 보고 있다. 아브라함도 이런 때가 있었다. 그가 믿음의 조상이 된 것은 하루아침의 일이 아니다.

본문에 묘사된 아브라함의 어리석음과 이기주의적인 생각은 우리에게 소망을 갖게 한다. 훗날 이삭을 바칠 정도로 큰 믿음을 소유했던 아브라함이(cf. 22장), 이 이야기에서는 그런 면모를 전혀 보이지 못하고 있다. 본 텍스트에 묘사된 아브라함의 짧은 안목과 불신이 마치 이 순간 자신의 모습과 같다고 생각하는 사람들은 훗날 아브라함이 이삭을 바칠 정도의 믿음을 가진 것처럼 자신도 그런 믿음을 가질 수 있다는 가능성을 소망으로 삼아야 한다. 성경이 신앙적 영웅들의 연약함을 있는 그대로 기록해 둔 것은 우리에게 교훈과 권면을 주기 위해서이다.

하나님은 아브라함의 부탁을 단호하게 거절하신다. 이스마엘은 결코 하나님이 아브라함과 맺으신 언약의 상속자가 될 수 없으며 1년 뒤에 사라의 몸에서 태어날 아이가 상속자가 될 것을 알려 주신다(19-22절). 하나님은 아브라함과 언약을 맺으신 것처럼 그 아이와 그 아이의 후손들과도 언약을 맺으실 것이다(19절). 심지어 1년 뒤에 태어날 아기의 이름까지 지어 주신다. 그 아이의 이름을 "이삭"이라 하라고 하신다(19절). 이삭(יִצְחָק)은 "그가 웃다"라는 뜻이다(cf. HALOT).

이스라엘의 선조 중에서 아브람과 야곱은 하나님으로부터 새 이름을 받았지만, 이삭은 받지 않았다. 이삭의 이름은 처음부터 하나님이 지어 주신 것이기 때문에 중간에 바꿀 필요가 없었다. "그가 웃다"라는 뜻의 이삭은 부모의 불신에서 비롯된 이름이다. 아브라함과 사라가 하나님의 말씀을 비웃은 것이 동기가 되었다(cf. 17절; 18:12). 훗날 사라가 이삭을 출산하고는 진심으로 좋아서 웃는다(21:6). 본문을 통해 하나님이 아브라함과 사라에게 이렇게 말씀하시는 듯하다: "오늘은 너희가 나의 말을 믿지 못해서 웃지만, 머지않아 너희들의 비웃음이 참 웃음으로 변할 것이다. 그때 너희가 기뻐하리라."

아브라함이 새 아이를 거부하고 이스마엘이나 잘 키워 달라고 부탁했던 것이 생각하지도 못한 좋은 일을 초래했다. 아브라함이 이스마엘을 주제로 꺼내자 하나님은 "내가 네 말을 들었나니" 그도 축복할 것이라고 말씀하신 것이다(20절). "이스마엘"(יִשְׁמָעֵאל)이 원래 "하나님이 들으시다"라는 뜻임을 감안할 때 "내가 네 말을 들었나니 이스마엘을 축복하리라"는 말씀은 일종의 언어유희라고 할 수 있다(Mathews). 이스마엘도 번성하여 큰 민족을 이룰 것이며, 그에게서 12명의 두령/족장들이 나올 것이라고 하신다(cf. 25:12-16). 그럼에도 불구하고 이스마엘은 하나님의 뜻에 따라 태어난 언약의 상속자가 아니다. 언약의 상속자는 이듬해에 사라의 몸에서 태어날 이삭이다. 하나님은 이 모든 말씀을 마치고 [하늘로] 올라가셨다(22절).

II. 아브라함 이야기(11:27-25:11)
H. 언약의 증표 할례(17:1-27)

## 4. 할례 규례 집행(17:23-27)

**[23] 이에 아브라함이 하나님이 자기에게 말씀하신 대로 이 날에 그 아들 이스마엘과 집에서 태어난 모든 자와 돈으로 산 모든 자 곧 아브라함의 집 사람 중 모든 남자를 데려다가 그 포피를 베었으니 [24] 아브라함이 그의 포피를 벤 때는 구십구 세였고 [25] 그의 아들 이스마엘이 그의 포피를 벤 때는 십삼 세였더라 [26] 그 날에 아브라함과 그 아들 이스마엘이 할례를 받았고 [27] 그 집의**

**모든 남자 곧 집에서 태어난 자와 돈으로 이방 사람에게서 사온 자가 다 그와 함께 할례를 받았더라**

하나님이 올라가신 다음에 아브라함은 하나님의 약속을 믿음으로 받아들이고 집안의 모든 남자에게 할례를 행하여 하나님과의 언약을 준수해 나갈 것을 확인한다. 한순간 하나님의 말씀을 비웃었던(cf. 17절) 아브라함이 마음을 가다듬고 자신의 불신을 반성한다. 그래서 하나님의 말씀에 전적으로 동의하고 믿는다는 취지에서 하루도 늦추지 않고 바로 "이 날에"(הַיּוֹם הַזֶּה)(23절), 곧 하나님이 그에게 말씀하신 날에 자기 집안 모든 남자에게 할례를 행한 것이다.

이때 아브라함은 99세, 그의 아들 이스마엘은 13세였다(24, 25절). 하나님이 아브라함을 아버지의 집에서 불러내신 지 24년 만에 약속의 아이 탄생이 드디어 눈앞에 다가왔다. 매우 오랜 시간이 지났지만, 하나님은 한 번도 아브라함과의 약속을 잊으신 적이 없다. 다만 가장 적절할 때, 즉 하나님의 때를 기다려 오신 것뿐이다. 그런데 어떻게 이때가 가장 적절하단 말인가? 아브라함이 사라와 처음 가나안에 입성했을 때, 그때까지 아이를 낳지 못했지만 희망은 있다고 생각했을 것이다. 사라의 아름다움이 바로의 마음을 휘어잡을 정도였다면 충분히 가능하다.

그러나 세월이 지나 이 순간까지 왔다. 아브라함과 사라는 모든 희망을 접은 상태이다. 사라에게 폐경기가 온 지도 오래되었다. 의학적으로 불가능한 상태에 도달한 것이다. 하나님은 바로 이때를 기다리셨다. 사라에게 신체적으로/의학적으로 티끌만 한 희망이라도 남아있는 한 그때는 하나님의 때가 아니었던 것이다. 하나님은 당사자들이 완전히 불가능하다고 인정할 때까지 기다리셨다. 왜냐하면, 앞으로 아브라함을 통해 세상에 모습을 드러낼 이스라엘은 자신들이 잉태 단계에서부터 하나님이 베푸신 기적에 의하여 비롯되었음을 깨닫고 살아가야 하기 때문이다. 이 사건은 우리에게, 경우에 따라서는 인간이 불가능하다고 완전히 포기할 때에 하나님이 비로소 사역을 시작하신다는 교훈을 준다. 아무것도 기대할 수 없을 정도로 처한 상황이 절망적이라 스스로 포기하고 싶을 때가 하나님의 은총을 기대하기에 가장 좋은 때일 수 있다는 것이다. 그러므로 우리는 어떠한 상황에 처하더라도 낙심하거나 포기해서는 안 된다. 그때가 하나님의 때일 수 있기 때문이다.

II. 아브라함 이야기(11:27-25:11)

## I. 심판과 은혜(18:1-19:38)

아브라함과 헤어진 롯이 소돔과 고모라 지역에 정착했다가(13장) 전쟁 포로로 끌려가게 된 적이 있다(14장). 그때 아브라함은 생명을 걸고 롯을 구해 주었지만, 롯은 소돔으로 돌아가 정착하여 살았다. 롯에게 소돔과 고모라는 그를 곤경에 빠뜨린 곳이긴 하지만 등지기엔 너무나 매력적이며 가나안 근방에서는 가장 살기 좋은 곳으로 여겨졌기 때문이다(cf. 13:10). 이번에도 롯이 곤경에 빠진다. 이 역시 그가 소돔과 고모라에 거주했기 때문에 일어난 사건이다. 어려움을 당한 조카를 구원한 적이 있던 아브라함은 이 섹션에서 또 한 번 영웅이 된다. 전에는 아브라함이 군사와 무기로 조카를 구했는데, 이번에는 영적 무기라고 할 수 있는 중재의 힘으로 롯을 구원한다.

그동안 저자는 아브라함을 왕—선지자—제사장으로 묘사해 왔다. 첫째, 아브라함은 왕의 자격을 갖춘 사람이다(cf. 14장). 하나님은 그가 큰 백성의 조상이 될 뿐 아니라 그에게서 왕들이 나올 것이라고 선언하신다(17:6). 아브라함이 군대를 이끌고 가서 롯을 구한 사건은 그가 당시 여느 왕처럼 군사적인 리더로서도 전혀 부족함이 없음을 입증한 것이다. 그뿐만 아니라 "많은 왕의 어머니"라는 뜻의 사라라는 이름 역시 아브라함의 왕적(王的) 신분을 암시한다(cf. 17:15-16). 둘째, 아브라함은 선지자이다(15장; cf. 20:7). 하나님은 선지자들에게 하시는 것처럼 아브라함에게 말씀하신다. 아브라함은 선지자들이 보는 것과 같은 이상을 본다. 또한, 곧 선지자로 불릴 것이다(20:7). 셋째, 아브라함은 하나님과 인간 사이를 중재하는 일을 통해 제사장 역할도 한다(cf. 18장; 19:29). 집안 여자들이 불임 심판을 받은 아비멜렉의 집안을 위하여 기도하여 하나님이 내리신 재앙을 해결해 준다(20:17). 그는 가는 곳마다 제단을 쌓아 하나님께 제사를 드린다.

본문에서는 위에 언급된 아브라함의 세 역할 중 세 번째 것, 즉 제사장으로서 중보하는 역할이 부각된다. 아브라함이 하란을 떠날 때 하나님이 그에게 주셨던 약속이 혹시 그와 함께 길을 떠났던 롯에게도 적용되지 않을까 하는 기대가 13-14장을 지나며 산산조각이 났음에도 불구하고, 아주 조금이라도 남아 있었다면 여기서 그 기대를 완전히 없애 버린다. 하나님이 주신 약속의 상속자는 아브라함과 그의 자손들이지 결코 롯과 그의 후손들이 아니라는 것이다.

또한, 우리는 롯의 완전한 몰락을 목격한다. 그의 몰락은 어디서부터 시작되었는가? 그가 아브라함을 떠난 일에서 시작되었다. 그는 아브라함과 함께 있을 때 행복하고 풍요로웠다. 그가 "더 좋은 곳"을 찾아 아브라함을 떠난 이후부터 인생이 하향 곡선을 그리기 시작했다. 결국, 이 섹션이 끝날 무렵에는 인간으로 더 이상 낮아질 수 없는 곳까지 내려가 있다. 이처럼 롯의 이야기는 아브라함이 "복의 근원"(축복의 통로)이라는 하나님의 말씀을 실감 나게 한다(cf. 12:2).

18장과 19장은 사용하는 언어와 테마를 통해서 밀접하게 연관되어 있다(cf. Letellier). 그러나 이 섹션의 구조를 파악하는 일은 절대 쉽지 않다. 만족스럽지는 않지만, 현재까지는 다음 구조가 가장 발전된 면모를 보인다(Wenham). 아쉬운 점은 18장 1-15절이 이 구조에서 제외된 것과 웬함(Wenham)이 서로 대칭을 이룬다고 하는 일부 문단들의 관계가 그다지 설득력이 있어 보이지 않는다는 점이다.

A. 아브라함을 방문한 자들이 소돔 쪽을 바라봄(18:16)
　B. 아브라함과 소돔에 대한 하나님의 생각(18:17-21)
　　C. 아브라함이 소돔을 위하여 호소함(18:22-33)
　　　D. 천사들이 소돔에 도착함(19:1-3)
　　　　E. 롯과 방문자들이 공격을 받음(19:4-11)
　　　　　F. 소돔 파괴 선언(19:12-13)
　　　　E′. 롯의 사위들이 롯의 간청을 거부함(19:14)
　　　D′. 소돔에서 떠남(19:15-16)
　　C′. 롯이 소알을 위하여 호소함(19:17-22)
　B′. 소돔과 고모라가 파괴됨(19:23-26)
A′. 아브라함이 소돔 쪽을 바라봄(19:27-28)
요약(19:29)

하나님이 사라가 아이를 낳을 것이라고 예언하신 일과 아브라함이 소돔과 고모라를 위하여 하나님께 중재하는 일을 담고 있는 본 텍스트는 다음과 같이 구분될 수 있다. 18장이 상당히 느긋하게 진행되는 반면에 19장에 들어서면서부터는 매우 긴박하게 급변한다.

A. 세 손님(18:1-8)
B. 사라가 예언을 비웃음(18:9-15)
C. 소돔에 대한 하나님의 계획(18:16-21)
D. 소돔을 위한 중재(18:22-33)
E. 천사들의 소돔 도착(19:1-3)
F. 주민들의 롯과 천사 공격(19:4-11)

G. 임박한 재앙(19:12-14)
H. 롯의 소알 도피(19:15-22)
I. 소돔과 고모라의 멸망(19:23-29)
J. 모압과 암몬 족의 시작(19:30-38)

II. 아브라함 이야기(11:27-25:11)
I. 심판과 은혜(18:1-19:38)

## 1. 세 손님(18:1-8)

[1] 여호와께서 마므레의 상수리나무들이 있는 곳에서 아브라함에게 나타나시니라 날이 뜨거울 때에 그가 장막 문에 앉아 있다가 [2] 눈을 들어 본즉 사람 셋이 맞은편에 서 있는지라 그가 그들을 보자 곧 장막 문에서 달려나가 영접하며 몸을 땅에 굽혀 [3] 이르되 내 주여 내가 주께 은혜를 입었사오면 원하건대 종을 떠나 지나가지 마시옵고 [4] 물을 조금 가져오게 하사 당신들의 발을 씻으시고 나무 아래에서 쉬소서 [5] 내가 떡을 조금 가져오리니 당신들의 마음을 상쾌하게 하신 후에 지나가소서 당신들이 종에게 오셨음이니이다 그들이 이르되 네 말대로 그리하라 [6] 아브라함이 급히 장막으로 가서 사라에게 이르되 속히 고운 가루 세 스아를 가져다가 반죽하여 떡을 만들라 하고 [7] 아브라함이 또 가축 떼 있는 곳으로 달려가서 기름지고 좋은 송아지를 잡아 하인에게 주니 그가 급히 요리한지라 [8] 아브라함이 엉긴 젖과 우유와 하인이 요리한 송아지를 가져다가 그들 앞에 차려 놓고 나무 아래에 모셔 서매 그들이 먹으니라

성경에서 신적인 존재 셋이 함께 나타나는 장면은 이곳이 유일하다. 우리말 번역본들이 1절을 "여호와께서 아브라함에게 나타나셨다"라는 말로 시작한다(개역; 새번역; 공동; cf. NIV; NRS). 그러나 마소라 사본에는 아브라함의 이름이 6절에 가서야 언급되며 그때까지 저자는 아브라

함을 단순히 3인칭 남성 "그"(הוא)로 부른다. 저자는 이러한 기법을 통해 18장의 이야기가 17장 내용과 끊김 없이 연결되어 읽히도록 유도한다(Sarna). 두 장(章)은 날이 갈수록 번성하는 아브라함과 쇠퇴해 가는 롯을 대조한다. 동시에 몇 가지 공통점도 지니고 있다. 하나님이 아브라함에게 주셨던 이삭 탄생 예고를(17:19) 사라에게도 직접 주시지만(18:10), 아브라함이 비웃었던 것처럼(17:17) 사라도 비웃는다(18:12). 사라가 내년 이맘때에 이삭을 낳아줄 것(17:21)이라는 사실도 재차 확인된다(18:14).

아브라함이 무더운 한낮에 마므레의 상수리나무(cf. 14:13) 밑에서 더위를 피하고 있을 때 여호와께서 그를 찾아오셨다(1절). 저자는 세 사람이 찾아왔는데(2절), 그중 한 분이 여호와(יְהוָה)라고 한다. 그러나 본 텍스트는 몇 가지 애매모호함을 지니고 있다(cf. Sailhamer; Sarna; Hamilton). 첫 번째 애매함은 인칭변화이다. 저자는 1절에서 분명히 여호와가 아브라함에게 오셨다고 한다. 그런데 그 순간 아브라함은 한 명이 아닌 세 명을 본 것이다(2절)! 이러한 상황에 대하여 히브리어 텍스트도 상당히 뜻밖이라는 점을 강조한다. 저자가 2절에서 놀라움을 표현하는 데 사용하는 히브리어 단어 "보라!"(הִנֵּה)를 사용하고 있는 것이다.

아브라함은 3절에서 한 명(2인칭 남성 단수)에게 모든 말을 한다. 여기서 주목할 것은 아브라함의 상대가 "내 주님들"(ארנים)이 아니라 "내 주"(אֲדֹנָי)라는 점이다(cf. NIV; NRS; NAS). "내 주"라는 표현은 구약 안에서 대부분 하나님을 가리키는 말로 사용된다(cf. BDB). 그러므로 새번역과 공동번역의 "손님들"은 본문의 애매함을 살리지 못한 번역이다. 아브라함은 4-9절에 가서는 여러 사람을 염두에 두고 2인칭 남성 복수로 대화를 진행하는데, 이런 애매함이 19장에서도 발견된다(cf. Sailhamer). 롯은 두 천사와 계속 복수를 사용하여 대화한다. 그러다가 19장 19절에 가서는 단수를 사용한다. 롯은 19장 18절에서 아브라함처럼 이 사람(들)에게 "내 주"(אֲדֹנָי)(단수)라고 부르는데, 이 표현은 대부분 하나님을 가리키는 말이다. 무슨 일이 벌어지고 있는가? 저자는 우리에게 무엇을 말하고자 하는가?

두 번째 애매함은 아브라함의 이름 사용이다. 원문에는 1절에 "아브라함"이란 이름이 없이 이미 언급한 대로 "그"(הוּא)(3인칭 남성 단수)가 있을 뿐이다. 아브라함이 "그"로 확인되는 것은 그의 이름이 6절에 가서 밝혀질 때의 일이다. 새번역은 1-3절에서 4차례나 아브라함의 이름을 사용하지만, 원문에는 없다. 저자는 왜 의도적으로 아브라함의 이름 사용을 6절까지 지연하는 것일까?

세 번째 애매함은 여호와와 그의 사자들의 관계이다. 이야기가 끝날 때 천사들은 소돔으로 향한다. 그런데 소돔에 도착한 천사의 숫자는 둘 뿐이다. 셋째 "천사"는 어디에 있는가? 몇몇 학자들은 셋째 천사가 고모라로 갔을 것으로 추측한다(Sailhamer). 소돔과 고모라로 향한 자들이 한 말을 기록하고 있는 18장 21절은 분명히 여호와의 말씀이다. 그러나 여호와 하나님은 천사들을 보내고 나서 아브라함과 대화를 계속하셨다. 실제로 소돔과 고모라로 향한 두 천사는 여호와가 아닌 것이다.

천사들은 롯에게 소돔과 고모라를 파괴할 것을 알려 준다(19:13). 그들은 롯이 소알에 도착할 때까지 자신들이 아무런 일을 할 수 없다고 한다(19:22). 그러나 끝에 가서 소돔과 고모라에 유황불을 내리는 분은 여호와이시다(19:24-25). 롯이 처음에는 그들을 알아보지 못하다가 나중에는 그들이 누구인지를 알아보고 그중 한 분을 단수 "내 주"로 부른다. 저자는 아브라함은 하나님을 즉시 알아보았고, 롯은 한참 동안 알아보지 못했던 것으로 묘사한다. 즉 두 사람의 영적 분별력이 평가되고 있는 것이다.

주로 유목 생활을 했던 고대 근동에서 손님 환대(hospitality)는 죽음에서 생명을 구할 수도 있는 매우 중요한 일이었다. 당시 풍습에서는 누구든지 자기 장막으로 다가오면 쉬고 먹고 마실 수 있는 여건을 제공하는 것을 미덕으로 삼았기에 환대를 하지 않는 것은 이상하고 예외적인 일이었다. 그들이 이렇게 행한 이유는 선을 베풂으로 잠재적인 원수(potential enemy)를 잠시 동안이라도 자기편으로 만들거나 해하려는 의도를 가지고 온 사람의 마음을 돌이킬 가능성 때문이다(Walton). 이러한 근동 지역의 관습이 아브라함의 행동뿐 아니라 다음 장에 기록된 롯의 천사들을 향한 섬김의 모습을 설명한다.

자기가 머물고 있는 장막 앞으로 객이 지나가는 것을 보고 아브라함이 벌떡 일어나 절하며 그냥 가지 말고 잠시 쉬어 갈 것을 권한다(2-3절). "발이라도 씻고 가라"(4절)는 인사는 먼지가 많은 건기의 가나안 길을 염두에 둔 말이다. 샌들을 주로 신던 당시 상황에서 발이 지저분해질 수밖에 없었다. 먼지와 때로 얼룩진 남의 발을 만지는 일은 누구에게도 즐거운 경험이 아니다. 그래서 손님이 집에 도착하면 손님의 발을 씻어 주는 것은 그 집의 종들 중에서도 제일 말단의 몫이었다. 예수님이 십자가에서 죽기 전에 제자들의 발을 씻기신 것의 의미가 여기에 있다. 스승이 제자들의 발을 씻는다는 것은 당시 문화로는 상상할 수 없는 일이었던 것이다.

성경에 기록되어 있는 하나님의 현현은 대체로 예배나 제단을 쌓는 일로 이어진다. 그런데 이 사건에서는 단순히 접대로 이어진다. 예로부터 유대인들은 낯선 사람을 환대하는 것을 일종의 예배 행위(an act of worship)로 간주했다(Sarna). 그래서 탈무드는 "객들에게 베푸는 호의는 하나님의 임재(Divine Presence)를 환영하는 것보다 더 위대하다"고 기록하고 있다(Shab. 127a). 아브라함이 세 사람을 극진히 대접하는 것이 곧 예배에 해당하는 행위라는 것이다.

객을 대접하는 일에서 중요한 것은 주인이 처음에 제시했던 것보다 항상 더 좋은 것이 나와야 한다는 것이다. 예를 들어, 주인이 객에게 "쉬었다 가라" 했다면 일단 그가 자기 집으로 들어오면 마실 것이라도 내와야지 그냥 쉬었다 가도록 하면 도리가 아니다. 이 이야기에서도 아브라함이 "조금만 먹고 가라"(5절)고 했다가 송아지를 잡는 등 큰 잔치를 치른다. 또한, 일단 자기 집에 들인 손님은 그가 스스로 떠날 때까지 떠나 달라고 해서도 안 된다. 대신 손님은 피치 못할 사정이 없는 한 무슨 일이 있어도 3일 내에는 떠나 주어야 한다. 이것이 고대 근동 사회의 미풍양속인 객 접대 풍습(hospitality code)이다.

손님들이 아브라함의 초청에 응하자 아브라함이 매우 분주해졌다: "급히 가서…속히 만들라…달려가서…급히 요리한지라"(6-7절). 아브라함은 사라에게 세 스아의 고운 가루로 빵을 굽도록 했다(6절). 성경에서 "고운 밀가루"(סֹלֶת)는 하나님께 제물로 드리는 빵을 빚는 재료로 언급되며 본문은 이러한 원리의 유일한 예외이다(cf. HALOT). 학자들에 따라 한 스아(סְאָה)가 어느 정도였는가에 대한 추측이 다르다. 적게는 8리터(Waltke), 많게는 15리터에 달한다(HALOT).

사무엘서에 의하면 아비가일이 그녀의 남편 나발을 죽이려고 진군하는 다윗과 400여 명의 부하를 달래기 위하여 곡식 다섯 세아(스아)로 먹을 것을 만들어 만나러 간 일이 있다(삼상 25:18). 다섯 세아로 장정 400명을 먹일 수 있었다면, 한 스아도 상당한 양이었음이 확실하다. 또한 엘리야가 갈멜 산에서 바알 선지자들과 싸울 때, 여호와의 제단 주변에 골을 파서 물이 고이게 하는데 이 골이 두 세아의 곡식 종자를 둘 만했다고 한다(왕상 18:32). 이 같은 사례들을 감안하면, 본문에서 가루 세 스아로 만든 빵은 사람 수에 비해 지나치게 많은 양이다. 아브라함이 손님들을 극진히 대접했다는 뜻이다. 많은 빵은 손님들뿐 아니라 종들을 포함한 온 집안 식구들이 먹기에도 충분했을 것이다.

아브라함은 "기름지고 좋은 송아지"(בֶּן־בָּקָר רַךְ וָטוֹב)도 잡도록 했다(7절). 당시에 송아지 요리는 매우 귀하게 여겨졌으며, 귀한 손님을 접대할 때나 나오던 요리이다. 아브라함이 손님을 위하여 송아지를 잡는 것은 손님을 최고로 대접하기 위해서이기도 하지만 자신의 지위를 과시하기 위해서이기도 하다(Hamilton). 오늘날에도 사람들이 남을 극진하게 대접하는 것은 그 사람에 대한 배려이기도 하지만, 동시에 "나는 이 정도 할 수 있는 사람"이라는 것을 과시하는 면모가 있지 않은가.

기름진 송아지와 엉긴 젖과 우유를 함께 이들 앞에 내놓았다(8절). "엉긴 젖"(חֶמְאָה)은 요구르트처럼 우유를 발효시킨 것이다. 근동 지역에서는 소화가 잘되고 마시면 힘이 난다고 해서 염소젖을 최고로 쳤다(Waltke). 길 가는 손님들을 위한 융숭한 대접은 아브라함의 관대함을 드러낸다. 탈무드는 아브라함의 이러한 행동을 보고 "의인의 길이 이렇다. 작은 것을 약속하고 큰 것을 베푸는 것이다"라고 한다(BM 87a; cf. Sarna). 객에게 이처럼 관대한 사람이 왜 자기 아들 이스마엘과 첩 하갈을 내보낼 때는 그렇게 매정했을까? 아마도 아브라함은 세 방문자가 누구인지를 어느 정도 알았던 것 같다. 그래서 이처럼 극진하게 대접할 수 있었다(cf. Mathews).

세 사람은 아브라함이 속히, 그러나 정성스럽게 준비해 차려 온 음식을 먹는다(8절). 그런데 천사가 진짜로 음식을 먹을 수 있을까? 먹을 수 없다는 입장을 가진 유대인 해석자들과 문헌들은 이들이 "먹은 척"하는 것뿐이지 실제로는 먹지 않았다고 주장한다(Josephus; Targum Jonathan; Talmud; cf. Sarna). 부활하신 예수님이 음식을 드신 것을 보면 천사들이라고 먹지 못했다고 전제할 필요는 없다.

II. 아브라함 이야기(11:27-25:11)
I. 심판과 은혜(18:1-19:38)

## 2. 사라가 예언을 비웃음(18:9-15)

**[9] 그들이 아브라함에게 이르되 네 아내 사라가 어디 있느냐 대답하되 장막에 있나이다 [10] 그가 이르시되 내년 이맘때 내가 반드시 네게로 돌아오리니 네 아내 사라에게 아들이 있으리라 하시니 사라가 그 뒤 장막 문에서 들었더라**

**[11] 아브라함과 사라는 나이가 많아 늙었고 사라에게는 여성의 생리가 끊어졌는지라 [12] 사라가 속으로 웃고 이르되 내가 노쇠하였고 내 주인도 늙었으니 내게 무슨 즐거움이 있으리요 [13] 여호와께서 아브라함에게 이르시되 사라가 왜 웃으며 이르기를 내가 늙었거늘 어떻게 아들을 낳으리요 하느냐 [14] 여호와께 능하지 못한 일이 있겠느냐 기한이 이를 때에 내가 네게로 돌아오리니 사라에게 아들이 있으리라 [15] 사라가 두려워서 부인하여 이르되 내가 웃지 아니하였나이다 이르시되 아니라 네가 웃었느니라**

아브라함을 찾아온 손님들은 그가 준비한 음식을 맛있게 먹은 후, 그의 아내 사라를 찾는다: "네 아내 사라가 어디 있느냐"(9절) 아담(3장)과 가인(4장) 이야기에서 언급한 것처럼 하나님이 몰라서 물으시는 것이 아니다. 대화를 시작하기 위한 질문이다(Sarna). 아브라함은 사라가 장막 안에 있다고 말한다. 사라가 장막 안에 계속 머물고 있는 것을 두고, 그녀가 생리 중이었기 때문이라고 해석하는 주석가도 있지만(Walton), 12절에 기록된 그녀의 말을 보면, 폐경기가 온 지 오래였다. 지금도 일부 근동 문화에서는 여자가 외간 남자와 함께 있는 것이 금기시된다. 그러므로 여자는 남자 손님들과 함께 식사하지 않는 것이 당시 풍습이었음을 상상할 수 있다.

하나님은 1년 내에 다시 아브라함을 찾을 것이며, 그때 사라는 아들을 안고 있을 것이라고 하셨다(10절). 그동안 하나님이 아브라함에게 자식에 대하여 몇 차례 말씀해 왔는데, 시간이 지날수록 더 구체적인 내용을 밝혀 오셨다. 처음에는 아들이 태어날 것을 말씀하셨다(15:4). 그다음에 사라의 몸에서 아들이 태어날 것을 밝히셨다(17:16-21). 이제 1년 내에 언약의 아이가 사라의 몸을 통해 태어날 것이라고 선언하시는 것이다(cf. 17:21).

하나님은 1년 내에 사라가 아이를 낳을 것이라고 말씀하면서 그녀에게 이 말씀을 전적으로 믿을 것을 요구하신다(Waltke). 그러나 사라의 반응은 한마디로 "말도 안 된다!"이다. 하나님의 말씀이 그대로 실현될 것을 도무지 믿을 수 없다는 것이다(12절). 저자는 사라가 왜 이렇게밖에 반응할 수 없는지에 대하여 설명한다. 남편 아브라함은 매우 늙었고, 자신은 월경(אֹרַח כַּנָּשִׁים)이 끝난 지 오래됐으니 사라는 자신이 아이를 가지는 일이 불가능하다고 볼 수밖에 없다(18:11). 월경은 "여자들의 길"이란 뜻이다. 사라는 인간으로서 지극히 정상적인 사고를 보이고 있다. 저자는 이 같은 사라의 사고를 지지하는 듯, 그들이 매우 늙었다는 사실을 강조하기 위하여 "늙다"(זקן)라는 어원에서 비롯된 단어들을 11-13절에서 세 차례나 사용하고 있다.

하나님의 자손 약속이 성취되려면 기적이 필요하다. 아브라함과 사라에게 바로 이 사실을 인지시키는 것이 하나님이 의도하신 바이다. 이스라엘은 처음부터 하나님이 베푸신 기적의 결과이다. 아브라함이 24년 전에 하나님의 약속을 믿고 가족들과 고향을 떠나왔을 때, 그때만 해도 그와 사라는 자신들의 신체적인 가능성에 대하여 작으나마 희망을 지녔었는지 모른다. 그러나 하나님이 약속 이행을 이때까지 지연한 것은 그들이 가지고 있던 작은 가능성이라도 완전히 제거하시기 위해서이다.

아브라함은 17장에서 자신의 가능성에 대하여 이미 포기했다. 하나님이 사라를 통해 아이를 주실 것을 선언하시자 아브라함은 하나님의 말씀을 비웃으며 말했다: "백 세 된 사람이 어찌 자식을 낳을까 사라는 구십 세니 어찌 출산하리요 … 이스마엘이나 하나님 앞에 살기를 원하나이다"(17:17-18). 이번에는 사라가 하나님의 말씀을 비웃고 있다. 부부는 일심동체라더니 이들을 두고 한 말인가 보다! 두 사람 모두 임신에 관하여는 자신들의 신체적 가능성에 대하여 포기한 지 오래이다. 하나님은 지난 24년 동안 이날을 기다리셨다. 인간이 완전히 포기하는 순간 하나님의 사역이 시작되는 것이다. 사라의 의심이 당연하게 여겨지는 만큼 하나님이 하시고자 하는 일은 초자연적인 기적이다

(Sternberg).

비웃는 사라를 두고 하나님이 아브라함에게 따끔하게 한마디 하신다; "여호와께 능하지 못한 일이 있겠느냐"(14a절). 하나님의 능력에는 한계가 없다는 것을 강조하는 말씀이다. 사라가 믿지 못해서 비웃고 있음에도 불구하고 하나님은 계획한 바를 1년 안에 성취할 것을 다시 한번 선포하신다(14절). 정말 다행스러운 일이다. 인간의 불신이 하나님의 섭리와 계획을 결코 무산시킬 수 없다는 진리가 선포되고 있다. 만일 인간의 불신이 하나님의 계획을 무산시킬 수 있다면 이 세상은 어떻게 되었을까? 생각만 해도 끔찍하다.

"나 여호와가 능하지 못한 일이 있겠느냐?"(14절)는 질문은 주의 백성들의 귓가에 영원히 맴돌아야 한다. 정말로 하나님이 하실 수 없는 일이 있을까? 중세기 신학자들이 벌인 신학적 논쟁 중에는 이런 주제도 있었다: "하나님은 모든 것을 만드실 수 있다. 그분은 또한 모든 것을 하실 수 있다. 그렇다면 그분은 자신이 들어 올릴 수 없을 정도로 무거운 바위를 창조하실 수 있을까?" 탁상공론이 되어 버린 신학이 빚어낸 소모적인 논쟁이었다. 우리 삶에서 하나님은 얼마나 크고 위대하신가? 그분의 능력은 어느 정도 되는가? 이런 질문에 신중하게 답할 필요가 있다.

불신을 들켜 버린 사라가 두려워하며 거짓말을 한다(15절). 두려움은 사람들로 하여금 본인의 의도와는 상반되는, 비이성적인 행위를 하게 한다. 아담은 하나님이 두려워서 나무 사이에 숨었다. 아브라함은 이집트 사람들이 두려워서 거짓말을 꾸몄다(12:13). 사라는 자신의 불신이 노출되자 두려워서 거짓말을 한다. 첫 번째 죄를 덮기 위해 두 번째 죄를 범하고 있는 것이다(Hamilton). 죄라는 것은 항상 이렇다. 이미 지은 죄를 숨기고 가리기 위하여 새로운 죄를 짓게 된다. 자신의 죄를 일찍 인정하고 회개하는 자가 복이 있다.

하나님은 사라의 거짓말에 "아니라 네가 웃었느니라"라고 단호히 말씀하신다(15b절). 하나님의 능력을 믿지 못하는 사라를 책망하는 말씀이다. 또한, 앞으로 하나님이 말씀하신 대로 사라가 아이를 낳을 것이라는 확신을 준다. 아브라함과 세 방문자가 대화를 나누는 장소에 사라는 없었다. 그녀는 따로 떨어져 있는 장막 안에 있으면서 아이에 관한 이야기를 들었다. 하나님이 앞에 서 있는 그녀의 표정이나 몸짓을 읽으신 것이 아니다. 딴 곳에 있는 사라의 마음을 읽는 능력을 가지신 하나님이 사라의 태 또한 열어 주실 것이다(Waltke).

하나님은 아브라함과 사라 사이에 태어날 아이의 이름을 이삭(יִצְחָק)이라 하라고 하신다(cf. 17:19). 이삭은 "웃다"(צחק) 동사의 미완료형 3인칭 남성 단수이다. 이삭이라는 이름이 본문에서 사라의 불신으로 주어진 것이 아니라 이미 17장에서 아브라함이 하나님의 말씀을 비웃었던 일과 연관하여 주어진 것과 이삭이 3인칭 남성형 동사에서 비롯된 이름이라는 사실을 고려할 때, 이 이름은 사라의 불신보다는 아브라함의 불신과 연관되어 있다.

저자는 창세기에서 "웃다"(צחק) 동사를 가지고 몇 가지 언어유희를 구사한다(cf. Sailhamer). 하나님이 이삭의 탄생을 선포하실 때 아브라함이 비웃었다(יִצְחָק)(17:17). 본문에서는 사라가 하나님의 말씀을 비웃는다(תִּצְחַק)(18:12). 소돔에 곧 심판이 임할 것이니 함께 떠나자고 호소하던 롯을 사위가 될 사람들이 비웃는다(וַיְהִי כִמְצַחֵק)(19:14). 이삭의 출산 소식을 듣고 모든 사람이 웃는다(יִצְחַק־לִי)(21:6). 이스마엘이 어린 이삭을 비웃는다(업신여긴다)(מְצַחֵק)(21:9). 아비멜렉이 창밖에서 "이삭이 [리브가를] 껴안은 것"(יִצְחָק מְצַחֵק)을 본다(26:8). 모두 다 이삭의 이름과 연관된 동사를 사용하고 있다.

II. 아브라함 이야기(11:27-25:11)
I. 심판과 은혜(18:1-19:38)

## 3. 소돔에 대한 하나님의 계획(18:16-21)

**[16] 그 사람들이 거기서 일어나서 소돔으로 향하고 아브라함은 그들을 전송하러 함께 나가니라 [17] 여호와께서 이르시되 내가 하려는 것을 아브라함에게 숨기겠느냐 [18] 아브라함은 강대한 나라가 되고 천하 만민은 그로 말미암아 복을 받게 될 것이 아니냐 [19] 내가 그로 그 자식과 권속에게 명하여 여호와의 도를 지켜 의와 공도를 행하게 하려고 그를 택하였나니 이는 나 여호와가 아브라함에게 대하여 말한 일을 이루려 함이니라 [20] 여호와께서 또 이르시되 소돔과 고모라에 대한 부르짖음이 크고 그 죄악이 심히 무거우니 [21] 내가 이제 내려가서 그 모든 행한 것이 과연 내게 들린 부르짖음과 같은지 그렇지 않은지 내가 보고 알려 하노라**

아브라함의 극진한 대접을 받은 손님들이 길을 떠나기 위하여 집을 나서고, 아브라함은 그들을 배웅하기 위하여 함께 집을 나선다(16절). 아브라함은 손님을 접대한 좋은 주인의 역할을 끝까지 다하고자 한 것이다. 그는 하나님과 거닐면서 롯을 위하여 중재할 기회를 얻게 되었다(cf. 23-32절). 만약에 아브라함이 문 앞에서 손님들을 배웅했다면 롯을 위한 중재 역할을 할 기회가 없었을 수도 있다. 그래서 선을 베풀 때는 끝까지 베푸는 것이 좋다. 아브라함은 끝까지 선을 베푸는 도중에 롯의 생명을 구하게 되었다.

얼마쯤 가다가 하나님이 계획하신 일을 아브라함에게 말씀하기로 하신다(17절). 이미 언급한 것처럼 아브라함은 왕이자 선지자이자 제사장이기도 한데, 하나님이 그의 선지자 됨을 인정하신 것이다(Waltke). 하나님은 마치 선지자에게 말씀하시듯 아브라함에게 말씀하신다.

이어 하나님은 아브라함을 특별히 하란에서 불러내고 택한 목적을 말씀하신다(18-19절). "아브라함은 반드시 크고 강한 나라를 이룰 것이며, 땅 위에 있는 나라마다, 그로 말미암아 복을 받게 될 것이다"(18절, 새번역)라는 말씀은 12장 2-3절의 내용을 다른 말로 표현해 놓은 것이다. 즉 이 말씀은 아브라함과의 약속을 요약한다. 세부적인 사항을 생각해 보자.

"내가 아브라함을 선택한 것"(19절, 새번역)은 하나님이 처음으로 아브라함을 선택하신 일을 구체적으로 언급하는 구절이다. 이 말씀에 있는 히브리어 동사는 "알다"(ידע)이다. 그러나 본문에서 하나님이 아브라함을 아신다는 것은 곧 하나님의 아브라함 선택과 연관되어 있기에 거의 모든 번역본이 "택하다/선택하다"로 해석한다(개역개정; 개역한글; 새번역; 공동; NIV; NAS; NRS).

"여호와의 도를 지켜 의와 공도를 행하게 하려고"(19절)는 17장 1절을 재차 확인하는 말씀이다. 하나님이 아브라함에게 복을 주기 위하여 그를 가나안으로 인도해 오셨지만, 최종적인 목적은 그가 이 세상에서 여호와를 닮아 의롭게 살아가게 하는 것이다. "옳고 바름"(צְדָקָה וּמִשְׁפָּט)(19절, 새번역)은 자주 쌍으로 등장하는 표현이며, 윤리적이고 도덕적인 삶을 뜻한다. 성경은 "바름"(מִשְׁפָּט)은 옳음(צְדָקָה)을 실천할 때 얻어지는 결과라고 한다(Mathews). 이러한 삶은 한순간의 노력으로 이룰 수 있는 것이 아니다. 평생 꾸준히 노력해야 얻을 수 있는 것이다. 이 점을 강조하기 위하여 저자는 "여호와의 도(道)"(דֶּרֶךְ יְהוָה)라는 말을 사용한다. 하나님은 옳고 바른 일을 하는 사람들을 좋아하신다. 그리고 하나님이 우리에게 요구하시는 올바른 일은 그분을 순종할 때만 행할 수 있다.

하나님이 그를 선택하신 이유는 "자식들과 자손을 잘 가르쳐서, 나에게 순종하게 하고, 옳고 바른 일을 하도록 가르치라"(19절, 새번역)는 말씀에서도 드러난다. 자신의 의를 드러내는 것에만 유념하지 않고, 자손들이 대대로 여호와께 잘 순종하도록 가르치는 것도 아브라함의 소명의 일부인 것이다. 하나님은 아브라함의 후예들로부터 아브라함에게 요구했던 수준의 순종과 의를 요구하신다. 이스라엘은 누구에게서 순종과 의로운 일을 배우는가? 저자는 아브라함에게서 배우라고 한다.

하나님이 15장에서 아브라함과 맺은 언약은 무조건적이었다. 그러나 여기서는 일종의 조건이 제시된다: "그의 자손이 아브라함에게 배운 대로 하면, 나는 아브라함에게 약속한 대로 다 이루어 주겠다"(19절, 새번역). 이 말씀은 부모가 자식들에게 신앙에 대하여 철저하게 가르쳐야 하는 의무를 지니고 있음을 시사한다(Sarna). 신명기 6장 17-25절도 이와 비슷한 말씀을 담고 있다.

아브라함에 대한 계획을 말씀하신 하나님이 주제를 소돔과 고모라로 바꾸신다(20절). 하나님의 축복을 누리며 날이 갈수록 더 의롭게 살아가는 아브라함과 달리 소돔과 고모라는 갈수록 악해지고만 있다. 저자는 소돔과 고모라의 상황과 임박해 있는 하나님의 심판에 대하여 이미 힌트를 준 적이 있다(13:13). 하나님은 의롭게 살아가는 아브라함에게는 사라를 통해 아들을 주겠다는, 새로운 시작을 선사하고(10절), 죄악의 소굴로 전락한 소돔과 고모라에는 끝을 주러 오셨다(Bruggemann). 하나님은 죄악의 도시들에 대한 "부르짖음"(זְעָקָה)이 하늘에까지 크게 들려오고 있다고 말씀하신다(20절). 이 단어(זְעָקָה)의 기본적인 의미는 억울하게 혹은 부당하게 착취당하는 자들이 하늘을 향하여 자신의 억울함을 호소하는 행위를 뜻한다(TWOT). 소돔과 고모라에 비인간적인 행위와 약자들에 대한 착취가 지나치게 만연해 있었다.

그래서 하나님이 "알아보려고 내려오셨다"(21절). 이 말씀은 바벨탑 사건을 연상케 한다(cf. 11:5). 그때도 하나님이 알아보려고 내려오셨다. 저자는 이 표현을 통해 하나님은 심판을 진행하기 전에 죄인들의 죄를 낱낱이 조사하여 신중하고 정의로운 판결을 내리시는 분이라는 것을 강조하고자 한다(Waltke). 소돔과 고모라에서 울부짖는 소리가 하늘에까지 들렸다면, 아브라함이 거하고 있던 마므레에도 당연히 들렸을 것이다. 아브라함도 소돔과 고모라의 죄악에 대하여 익히 알고 있었던 것이다.

우리는 흔히 소돔과 고모라를 우리 사회보다 훨씬 못한 악의 대명사로 간주한다. 그러나 우리 사회와 소돔과 고모라를 실제로 비교하면 얼마나 다르다고 할 수 있을까?

II. 아브라함 이야기(11:27-25:11)
I. 심판과 은혜(18:1-19:38)

### 4. 소돔을 위한 중재(18:22-33)

[22] 그 사람들이 거기서 떠나 소돔으로 향하여 가고 아브라함은 여호와 앞에 그대로 섰더니 [23] 아브라함이 가까이 나아가 이르되 주께서 의인을 악인과 함께 멸하려 하시나이까 [24] 그 성 중에 의인 오십 명이 있을지라도 주께서 그 곳을 멸하시고 그 오십 의인을 위하여 용서하지 아니하시리이까 [25] 주께서 이같이 하사 의인을 악인과 함께 죽이심은 부당하오며 의인과 악인을 같이 하심도 부당하니이다 세상을 심판하시는 이가 정의를 행하실 것이 아니니이까 [26] 여호와께서 이르시되 내가 만일 소돔 성읍 가운데에서 의인 오십 명을 찾으면 그들을 위하여 온 지역을 용서하리라 [27] 아브라함이 대답하여 이르되 나는 티끌이나 재와 같사오나 감히 주께 아뢰나이다 [28] 오십 의인 중에 오 명이 부족하다면 그 오 명이 부족함으로 말미암아 온 성읍을 멸하시리이까 이르시되 내가 거기서 사십오 명을 찾으면 멸하지 아니하리라 [29] 아브라함이 또 아뢰어 이르되 거기서 사십 명을 찾으시면 어찌 하려 하시나이까 이르시되 사십 명으로 말미암아 멸하지 아니하리라 [30] 아브라함이 이르되 내 주여 노하지 마시옵고 말씀하게 하옵소서 거기서 삼십 명을 찾으시면 어찌 하려 하시나이까 이르시되 내가 거기서 삼십 명을 찾으면 그리하지 아니하리라 [31] 아브라함이 또 이르되 내가 감히 내 주께 아뢰나이다 거기서 이십 명을 찾으시면 어찌 하려 하시나이까 이르시되 내가 이십 명으로 말미암아 그리하지 아니하리라 [32] 아브라함이 또 이르되 주는 노하지 마옵소서 내가

**이번만 더 아뢰리이다 거기서 십 명을 찾으시면 어찌 하려 하시나이까 이르시되 내가 십 명으로 말미암아 멸하지 아니하리라 [33] 여호와께서 아브라함과 말씀을 마치시고 가시니 아브라함도 자기 곳으로 돌아갔더라**

본 텍스트와 바로 앞 섹션(1–15절)은 여러 가지로 연결되어 있다. 1절은 세 사람의 도착으로 시작한 반면에 이 섹션은 그들이 떠남으로 시작된다(22절). 아브라함이 이들을 처음 만났을 때 마므레의 상수리나무 밑에 있었다. 모든 일이 끝나면 아브라함은 다시 마므레의 상수리나무로 돌아간다(33절). 전 섹션의 주제는 "여호와께 능하지 못한 일이 있겠느냐"라는 수사학적인 질문에 요약되어 있었다(14절). 이번 섹션의 주제는 "주께서 의인을 악인과 함께 멸하려 하시나이까"에 요약되어 있다(23절). 아브라함이 1–15절에서는 매우 친절한 주인으로서 객을 맞아들인 것에 반해 여기서는 매우 적극적인 중재자로 나선다.

아브라함이 초대했던 손님 중 두 사람은 소돔으로 떠나고, 그와 하나님만 남았다(22절; cf. 19:1). 하나님이 소돔과 고모라에서 올라오는 억울한 자들의 울부짖음을 더 이상 묵과할 수 없어서 천사들을 보내신 것이다. 인간의 죄가 영원히 하나님의 관심 밖에 있다고 생각하는 것은 어리석다. 죄는 언젠가는 죄인들에게 대가를 치르게 한다. 율법에 따르면 사형에 해당하는 죄의 경우, 최소한 2명의 증인이 필요하다. 소돔과 고모라를 향해 두 사람이 갔다는 것은 머지않아 "사형을 당할" 두 도시의 죄에 대한 증인들이 그곳을 찾는다는 듯하다(Waltke).

상황을 파악한 아브라함은 즉시 하나님의 마음을 돌려 보려고 노력한다. 중재하는 선지자의 역할을 시작한 것이다. 훗날 모세와 아모스가 이스라엘을 위하여 중재한다(출 32:11–14; 암 7:1–6). 아브라함은 이스라엘과 전혀 상관없는 이방인들, 그것도 악하기가 끝이 없는 이방인들을 위하여 중재했다. 그는 하나님이 주신 소명에 따라 열방에게 축복의 통로가 되고 있는 것이다(cf. 12:3). 그가 중재에 나서면서 이슈화시키는 것은 롯과 가족들의 평안이 아니라 공평과 정의이다. 아브라함은 공동체의 운명이 그곳에 속해 있는 악인들이 아니라 의인들에 의해 결정되어야 한다고 주장하고 있다(Roop). 하나님도 아브라함의 생각에 전적으로 동의하셨다. 하나님이 사람의 모습으로 오셔서(cf. 18:1) 사람(아브라함)의 말을 들으시고, 사람(롯과 가족들)을 구원하시는 일은 그분의 겸손을 보여 준다(Mathews).

아브라함은 총 6차례에 걸쳐 하나님으로부터 소돔과 고모라에 의인 10명만 있어도 심판하지 않으시겠다는 약속을 받아 낸다. 처음 세 번은 50—45—40 순으로 5씩 줄인다. 그다음 세 번은 40—30—20—10 순으로 10씩 줄인다. 50명(24절)은 당시 도시 인구의 1/2 수준이다(Waltke; cf. 암 5:3). 아브라함은 만일 소돔에 사는 사람들의 반(半) 정도가 의인일 경우, 그래도 심판을 강행하시겠느냐는 취지로 중재를 시작한 것이다. 그러나 안타깝게도 두 도시에는 의인 10명이 없었다. 결국, 소돔과 고모라는 하나님의 진노의 대상이 될 수밖에 없다.

그런데 왜 아브라함은 계속 중재하지 않고 10명에서 끝내는가(32절)? 롯과 그의 가족들을 생각하면 4명까지는 내려가야 하지 않는가? 10은 완전성을 뜻하는 상징적인 숫자로 전체를 대표하기도 한다. 그래서 고대 근동 사회에서 10은 효과적인 사회를 구성하는 가장 작은 숫자로 여겨졌다(Westerman; Sarna). 이러한 사실을 근거로 훗날 디아스포라 유대인들은 어느 도시에서든 유대인 성인 남자 10명이 있어야 회당을 세웠다. 그러므로 아브라함이 10에서 멈춘 것은 이 숫자가 공동체를 뜻하는 최소한의 숫자이기 때문이다. 당시 소돔과 고모라에 얼마나 많은 사람이 살았든 상관없이, 이 도시들 안에 의인 10명만 있었어도 하나님은 도시에 사는 사람 모두를 보지 않고 이들 10명을 공동체로 인정하여 심판하지 않으실 것이다. 그러므로 의인 10명이 없다는 것은 도시 전체를 구원하기가 불가능하다는 뜻이다.

또한, 50명으로 하나님과 대화를 시작한 아브라함은 하나님의 심판

원리를 여러 차례 확인하였기 때문에 하나님께 숫자는 더 이상 별 의미가 없음을 깨달았을 것이다(Mathews). 의인 10명이 없어서 온 공동체가 심판을 피할 수 없게 되면 그 안에 있는 소수의 의인은 어떻게 되는가? 이때부터 하나님은 개인적인 차원에서 구원을 이루어 나가신다. 옛적에 노아와 가족들이 그랬고, 이번에는 롯과 가족들이, 정복 시대에는 라합과 가족들이 이와 같은 하나님의 구원 사역을 경험했다.

아브라함은 하나님과 대화하는 과정에서 주님의 고유 권한을 침해하지 않으려고 노력했다. 그는 소돔과 고모라에 대한 하나님의 평가와 판단에 어떠한 문제도 제기하지 않는다. 그는 소돔과 고모라에 대한 평가와 판단은 창조주 하나님의 고유 영역이므로 논쟁의 대상이 아니라는 것을 잘 알고 있다. 아브라함은 하나님의 권위와 주권을 침해하지 않는 범위 내에서 주님의 은혜를 간구한다. 그는 하나님은 의인과 악인을 함께 멸하는 분이 아니라는 것을 믿었다. 그러므로 혹시라도 악인들과 함께 희생될 수 있는 의인들에게 자비를 베풀어 달라고 간구한 것이다. 이러한 차원에서 아브라함과 하나님의 대화는 20장에서 전개될 하나님과 아비멜렉의 대화를 예고하고 있다. 아비멜렉도 자신의 억울함을 호소하면서 "주께서 의로운 백성도 멸하시나이까"라는 질문하고, 이에 대하여 하나님은 "아니다"라고 답하시기 때문이다(cf. 20:3-6). 아브라함의 이러한 모습은 훗날 그의 뒤를 이을 중재자들에게 모범적인 모델을 제시한다(Hamilton). 모세(출 32:11-13, 31-34; 33;12-15; 34:9; 민 12:11-13; 14:13-19; 신 9:16-29), 사무엘(삼상 7:5-9; 12:19-25), 엘리야(왕상 17:17-23), 엘리사(왕하 4:33; 6:15-20), 욥(욥 42:7-9), 아모스(암 7:1-6). 모두 하나님의 고유 영역을 침해하지 않으면서 남을 위하여 중재했다.

아브라함이 하나님과의 대화에서 이슈화하는 것이 바로 이것이다. 죄짓는 다수 혹은 소수의 의인, 두 그룹 중 어느 쪽이 하나님의 결정에 더 많은 영향력을 발휘하는가이다(Hamilton). 하나님은 소수의 의인이

다수의 악인보다 훨씬 더 중요하다고 하며 이 도시의 운명을 결정하는 일에 소수 의인들이 더 많은 영향을 끼친다고 하신다. 10명의 의인은 거룩한 남은 자들이요 악에 찌든 사회를 보존할 수 있는 도구가 되는 것이다(Hasel). 오늘날에는 옛날보다 죄악이 세상에 더 만연하다. 그러나 아직까지 하나님의 심판이 이 땅에 임하지 않은 것은 세상의 주류를 이루는 죄인들 사이에 하나님을 경외하는 의인들이 있기 때문이다.

하나님은 "소수의 의인을 어떻게 하실 것인가?"라는 질문에 대하여 18장에서 여러 가지 가능성을 열어 놓고 있다가 다음 장에서 확실하게 대답하실 것이다. 롯 일가의 구원을 통하여 의인을 죄인과 같이 망하게 놓아두지 않을 것을 확인하시는 것이다. 비록 의인 10명이 없어서 공동체는 망하지만, 그 공동체에 속한 소수의 의인은 따로 구별하여 자비를 베푸신다. 의인 숫자가 10명이 되지 않아 의인의 공동체가 만들어지지 않으면, 그 이후에는 개별적으로 소수의 남은 자들을 구원하신다는 뜻이다.

소돔과 고모라의 멸망은 구약에서 가끔 등장하는 "진멸"(חֵרֶם)의 한 예이다. 진멸이 선포되면 남녀노소를 가리지 않고 모든 사람을 처형해야 한다. 경우에 따라서는 짐승들도 모두 죽였다. 그러나 이 사건에서 중요한 것은 의인들 덕분에 악인들이 멸망하지 않을 가능성이 제시되고 있다는 점과 진멸이 선포된 상황에서라도 하나님이 의인의 숫자가 아무리 소수라 할지라도 악인들과 함께 멸망하도록 하지는 않으신다는 사실이다. 훗날 라합과 그녀의 가족들이, 기브온 성 사람들 모두가 진멸이 선포된 상황에서도 죽지 않는다. 모두 하나님을 경외하는 믿음이 있었기 때문이다. 오늘날 하나님이 죄 많은 세상을 심판하기를 더디 하시는 이유도 바로 여기에 있지 않을까?

## 5. 천사들의 소돔 도착(19:1-3)

**[1] 저녁 때에 그 두 천사가 소돔에 이르니 마침 롯이 소돔 성문에 앉아 있다가 그들을 보고 일어나 영접하고 땅에 엎드려 절하며 [2] 이르되 내 주여 돌이켜 종의 집으로 들어와 발을 씻고 주무시고 일찍이 일어나 갈 길을 가소서 그들이 이르되 아니라 우리가 거리에서 밤을 새우리라 [3] 롯이 간청하매 그제서야 돌이켜 그 집으로 들어오는지라 롯이 그들을 위하여 식탁을 베풀고 무교병을 구우니 그들이 먹으니라**

소돔과 고모라의 위치는 확실치 않다(cf. ABD). 소알이 사해 남쪽에 있는 작은 마을이었다는 점과 주변에 역청 수렁이 있었다는 점(cf. 14:10)을 감안해서 사해 남서쪽이나 남동쪽에 있었던 것으로 추정하는 사람들이 있다. 이와 달리 당시 아브라함이 거하던 헤브론에서 "요단의 들판"(cf. 13:10-12)이 있었을 사해의 남쪽까지는 60킬로미터나 되는 데 비해 사해와 요단 강이 만나는 곳까지는 북쪽으로 30킬로미터에 불과하다는 점을 감안해 사해의 북동쪽으로 주장하는 학자들도 있다(Fretheim). 일부 학자들은 19장 1절의 "저녁 때"가 18장 1절의 "날이 뜨거울 때"와 같은 날이라는 점을 감안하여 천사들이 정오에 아브라함을 만나 극진한 대접을 받고 떠나서 해 질 녘에 소돔에 도착했기 때문에 사해 북쪽이어야 한다고 주장한다. 그러나 천사들이 이 짧은 시간에 30킬로미터를 가는 것도 기적이다. 만일 천사들이 사람이 걷는 속도로 이동했다면, 이들이 소돔에 도착한 날은 다음 날이었을 것이다. 그러므로 소돔과 헤브론 사이의 거리는 도시의 위치를 규명하는 데 그다지 중요하지 않다.

천사들이 소돔을 방문했을 때 롯은 어느덧 도시의 유지가 되어 있었다. 롯이 도시의 유지 행세를 하고 있다는 것은 그가 성문에 앉아있는 것에서 알 수 있다(1절). 당시 성문은 장사하는 사람들과 지역 유지들이 진을 치고 있던 장소이다. 성의 일상적인 일들이 모두 성문 앞에서 이루어졌기 때문이다. 사람들은 이곳에서 재판을 비롯한 온갖 행정적-상업적 업무를 보았다. 롯이 어떠한 물건도 팔지 않는 것으로 보아 그는 소돔의 유지가 되어 성 앞에 자리를 잡았던 것이 확실하다. 전쟁 포로가 되어 끌려가는 그를 아브라함이 구해 준 뒤에도 끝내 소돔과 고모라를 버리지 못하고 다시 돌아가 정착했던 이유가 이것일 것이다. 천사들이 그에게 도시를 떠나라고 명령하는데도 쉽게 떠나지 못하는 것도 그의 사회적 위치와 무관하지 않다(cf. 16절). 그러나 소돔의 모든 사람이 그를 인정한 것은 아니다. 나중에 도시 사람들이 롯에게 하는 말에 "뼈"가 있다: "이 사람이, 자기도 나그네살이를 하는 주제에, 우리에게 재판관 행세를 하려고 하는구나"(9절, 새번역).

롯이 성문을 들어서는 천사들을 자기의 집으로 청했다(2절). 그도 객으로서 그곳에 정착하여 살면서 객을 맞이한다는 것은 두 가지를 의미한다. 첫째, 비록 그가 소돔에서 상당한 위치에 올랐지만, 그곳 사람들과 다른 가치관을 가지고 있었음을 뜻한다. 그들 중에 거하고 있지만 그들 중 하나는 아니었던 것이다. 둘째, 롯이 홀로 객들을 자기 집으로 청하는 것은 소돔과 고모라 사람들의 타락과 부패에 대한 증언이다(Mathews). 소돔 사람들은 해 질 녘에 성에 도달한 방문자들에게 전혀 관심을 주지 않는다. 객을 대접하는 것이 미풍양속이었던 시대에 납득하기 어려운 일이다. 그들은 죄짓는 일에 바빠서 좋은 일을 하는 것에는 관심조차 없었던 것이다. 그래서 이들 중에 객(גֵּר)으로 사는 롯이(cf. 9절) 객들을 청하였다. "객"이라는 개념은 이 이야기를 이해하는 데 큰 역할을 한다. 소돔 남자들의 소행과 동일한 죄에 관한 이야기가 사사기에도 기록되어 있다. 그때에도 친정으로 도망한 아내를 데리고 집으로 돌아가다 기브아에서 봉변을 당한 레위 사람을 맞이한 사람도 에브라임에서 이주해 온 객이었다(cf. 삿 19장).

롯이 땅에 엎드려 방문자들에게 인사하는 것은 자기보다 더 높은 사람들에게 "나는 당신을 해할 의도가 없습니다"라는 뜻을 전하는 상징적인 행동이며 손님들을 자기 집에 들이고 싶다는 의사 표현이다. 아브라함도 그렇게 손님들을 청했다(cf. 18:2). 방문자들이 롯의 호의를 거절하자 그는 간곡히 부탁했다(3절). 이집트에서 발견된 문서에 의하면 손님을 자기 집으로 청하기 위하여 때로는 일곱 번까지 절했던 것으로 알려져 있다(Walton). 롯의 간곡한 부탁에 따라 손님들이 그의 집에 머물기로 했다. 롯의 겸손과 간곡함이 천사들의 마음을 움직인 것이다. 롯도 아브라함처럼 선을 베풀고 있지만, 손님들이 아브라함에게는 소망의 메시지(그의 아내 사라가 아이를 낳을 것이라는 예언)를 주었지만, 롯에게는 심판이 임박했으니 곧바로 도시를 떠나라는 절망의 메시지를 준다.

손님을 집으로 한번 청하면, 보통 3일까지는 정성껏 대접하는 것이 당시 풍습이었다. 롯은 그들에게 누룩이 들어 있지 않은 빵(מַצּוֹת)을 대접했다. 이것은 훗날 이스라엘 자손들이 유월절 때 먹을 빵이기도 하다(출 12장). 여기서는 어떠한 상징성을 지니고 이 빵이 준비된 것이 아니라, 단순히 이들이 밤에 도착했기 때문에 빵을 제대로 숙성시킬 시간적 여유가 없었다는 것을 의미한다. 롯은 이처럼 객들에게 친절을 베풀다가 자신의 생명을 구하게 된다.

II. 아브라함 이야기(11:27-25:11)
I. 심판과 은혜(18:1-19:38)

## 6. 롯과 방문자들이 공격을 받음(19:4-11)

**[4] 그들이 눕기 전에 그 성 사람 곧 소돔 백성들이 노소를 막론하고 원근에서 다 모여 그 집을 에워싸고 [5] 롯을 부르고 그에게 이르되 오늘 밤에 네게 온 사람들이 어디 있느냐 이끌어 내라 우리가 그들을 상관하리라 [6] 롯이 문 밖**

**의 무리에게로 나가서 뒤로 문을 닫고 [7] 이르되 청하노니 내 형제들아 이런 악을 행하지 말라 [8] 내게 남자를 가까이 하지 아니한 두 딸이 있노라 청하건대 내가 그들을 너희에게로 이끌어 내리니 너희 눈에 좋을 대로 그들에게 행하고 이 사람들은 내 집에 들어왔은즉 이 사람들에게는 아무 일도 저지르지 말라 [9] 그들이 이르되 너는 물러나라 또 이르되 이 자가 들어와서 거류하면서 우리의 법관이 되려 하는도다 이제 우리가 그들보다 너를 더 해하리라 하고 롯을 밀치며 가까이 가서 그 문을 부수려고 하는지라 [10] 그 사람들이 손을 내밀어 롯을 집으로 끌어들이고 문을 닫고 [11] 문 밖의 무리를 대소를 막론하고 그 눈을 어둡게 하니 그들이 문을 찾느라고 헤매었더라**

저자는 롯과 손님들이 잠들 무렵 "소돔 백성들이 노소를 막론하고 원근에서 다 모여 그 집을 에워쌌다"고 말한다(4절). 물론 과장된 표현이지만, 이 도시의 실체를 드러내기 위하여 저자가 의도적으로 선택한 표현이다. 저자는 온 도시가 하나님의 심판을 받기에 합당할 정도로 타락했다는 사실을 강조한다.

소돔 백성들이 찾아와 롯의 손님들을 내놓으라고 했다. 이들이 성에 도달했을 때에는 모른 체하던 사람들이 인제 와서 알은체한다. 동네 사람들이 롯의 손님들을 "상관하겠다"고 한다(5절). "상관하다"로 번역된 히브리어 동사(ידע)는 본래 "알다"라는 뜻이다. 이 동사는 종종 성적으로 아는 행위, 곧 성관계를 갖는 것을 뜻하기도 한다. 그래서 아담이 하와를 "알았더니" 하와가 임신했다(4:1). 동네 사람들이 롯의 손님들을 알고자 한다는 것은 곧 그들에게 동성 강간하겠다는 뜻이다. 그들은 결혼한 사람들 사이에서나 가질 신성한 친밀함, 즉 성관계를 가장 추하고 저질적인 행위로 추락시킨 것이다(Waltke).

이스라엘에 동성애는 가나안 사람들의 혐오스러운 행위이며(cf. 레 18:22, 24; 20:13, 23), 절대 용납할 수 없는 죄이다. 롯의 집으로 몰려온 소돔 사람들은 동성애에 대한 성경적 혐오감에 윤간이라는 매우 공격적이고 폭력적인 만행까지 더하고 있다. 그러므로 저자는 소돔 사람들의 죄에 대하여 동성애를 행하는 것과 강간/윤간을 주저하지 않는 것, 두 가지를 지적한다. 도시의 부패가 극에 달한 것이다.

롯은 어떻게 해서든 손님들을 보호하고자 집 문을 걸어 잠그고 밖으로 나왔다(6절). 나중에 천사들이 롯을 집 안으로 끌어당기고 문을 걸어 잠그는 것을 보면(10절), 이 이야기에서 문은 하나님의 심판을 받아 죽을 자와 살 자의 경계선을 상징하는 것이기도 하다(Mathews). 롯은 그들을 "내 형제들"(אַחַי)이라고 부르며 달랬다(7절). 자기도 소돔의 일원임을 내세워 그들을 동등하게 대우하여 폭력성을 누그러뜨려 보겠다는 취지였을 것이다. 롯은 그들이 하고자 하는 일이 악한 것임을 분명히 지적했다(7b절). 만일 그들 마음에 조그마한 양심이나 주저함이 남아 있다면, 그것을 자극해 보겠다는 뜻이다. 롯이 그들의 잘못을 지적한 것은 대다수, 즉 온 도시 사람들이 결정한다고 해서 반드시 옳은 일이 아니며, 옳고 그름은 대다수의 결정이 아닌 가치관 곧 하나님이 정해 주신 원리에 따라 판단될 문제인 것을 강조한 것이다(Sarna).

롯은 그의 집을 찾아온 남자들을 내놓으라는 소돔 사람들에게 대안을 제시한다. 자기의 딸 둘을 내줄 테니 손님들에게는 손대지 말라고 부탁한다(8절). 당시 풍습에 의하면 일단 집에 들인 손님은 주인이 자신의 생명을 다해서라도 안전하게 보호해야 했다. 롯은 사명감을 가지고 이들을 보호하려고 한다. 여기까지는 별문제가 없다. 그러나 그가 제시한 대안이 문제이다. 롯은 결혼하지 않은 두 딸을 내주겠다고 하는데, 그의 "딸들 제안"을 어떻게 이해해야 하는가? 이렇게 매정하고 무식한 아버지가 있을 수 있는가? 당시에는 가장이 절대적인 권한을 가지고, 딸들은 매우 낮은 위치에 두는 가치관이 팽배했기 때문에 롯이 최악의 상황에 대처하기 위해 마지막 카드를 내미는 필사의 노력을 한 것으로 해석되기도 한다(Sarna). 그러나 사회적인 정황을 감안한다 하더라도 롯의 행동을 바람직한 행위로 간주하기는 어렵다. 그래서 대부분 주석가들이 롯을 참담한 죄인, 곧 소돔과 고모라의 일원으로 취급한다. 그가 이곳에 살면서 어느덧 소돔의 가치관에 물들게 되었고, 그 가치관에 따르면 이런 상황에서 딸들을 내놓은 것이 괜찮은 일 중에 하나라는 것이다(Mathews; Waltke). 하지만 그가 동네 사람들에게 "이런 악을 행하지 말라"고 단호히 말하는 것을 보면(7절), 이 해석은 그다지 설득력이 있어 보이지 않는다.

다른 곳에서 답을 찾아보자. 롯의 딸들에게는 이미 약혼자들이 있다(cf. 14절). 롯의 집으로 몰려온 도시 사람들이 롯의 딸들이 그들의 친구들과 약혼한 사이라는 것을 모를 리가 없다. 그러므로 롯이 딸들을 내놓은 것은 그들이 딸들의 남편이 될 사람들의 얼굴을 봐서라도 함부로 대하지 못하리라 기대했기 때문이 아닐까? 게다가 고대 근동의 법전들은 한결같이 약혼한 여자를 강간하는 자는 사형에 처하도록 규정하고 있다(cf. ANET; 신 22:23-24). 롯은 그들이 그의 "절충안"을 받아들이기만 하면 게임이 끝날 것으로 생각한 것 같다. 즉 자신의 딸들이 강간당하리라는 생각은 하지도 않았던 것이다. 롯이 부랑배들에게 딸들을 "범하라"고 했지만, 나중에 이 딸들을 "범하는" 자는 누구인가? 롯 자신이 아닌가! 시적 정의(poetic justice)와 아이러니가 그의 운명을 덮친 것이다(cf. 30-38절).

도시 사람들은 롯의 말을 듣기는커녕 오히려 욕설을 퍼부어 댔다. 그들은 "이 자가 들어와서 거류하면서 우리의 법관이 되려 하는도다" 하며 롯을 비웃는다(9절). 소돔 사람들은 롯을 "이 자"(הָאֶחָד)라고 부르며 그의 정체성과 사회적 지위를 개의치 않고 있다(Waltke). 롯은 자신이 이 도시에서 유지로서 자리 잡았다고 나름대로 생각해 왔는데, 소돔 사람들은 그렇게 생각하지 않는다는 사실이 확연하게 드러나는 순간이다.

지금까지 전개된 소돔과 롯의 이야기를 살펴보면 다음과 같이 정리할 수 있다. 롯이 장막을 옮겨 소돔까지 이르러 그 도시와의 인연이 시작되었다(13:12). 이후 그는 자연스럽게 소돔에 거하게 되었는데(14:12), 이것이 화근이 되어 전쟁 포로로 끌려갔다. 소식을 들은 아브라함이 군대를 일으켜 포로로 끌려가는 롯만 아니라, 소돔 주민 모두를 구했다(14:14). 전쟁 포로로 끌려가는 끔찍한 일을 경험한 롯은 계속 소돔에 거했고, 드디어 성문에 앉아 유지 노릇을 하는 위치에까지 올랐다. 두 딸은 소돔의 청년들과 약혼한 상태이다. 그러나 그동안 그가 소돔에 쏟은 애정과 노력에도 불구하고 소돔 사람들은 그를 여전히 객(גור)으로 취급하고 있다(9절). 롯의 소돔 사랑은 짝사랑이었던 것이다.

롯의 말에 오히려 더 화가 난 사람들이 손님들보다 롯을 먼저 욕보이려고 그를 밀치며 대문을 부수려고 한다(9절). 롯이 위험에 처하자 천사들이 그를 집 안으로 끌어들이고 문을 닫아건다(10절). 해 질 녘에 롯이 손님들을 집으로 청하여 보호했는데, 이제는 손님들이 그를 보호하게 된 것이다. 천사들이 롯의 집 앞에 모인 남자들을 모두 쳐서 눈을 어둡게 하여 대문을 찾지 못하게 했다(11절). 그들은 일시적인 "실명"(סַנְוֵרִים)을 경험한 것이다(cf. 왕하 6:18; 행 9:3–9). 유대인들은 이들이 순간적으로 큰 빛에 노출되어 시력을 잃게 되었다고 풀이한다(cf. TNK). 하나님이 소돔과 고모라의 죄악을 보라고 천사들을 보내셨는데, 천사들이 주민들의 눈을 보지 못하도록 막았다. 소돔과 고모라에 대한 하나님의 심판이 시작된 것이다.

II. 아브라함 이야기(11:27–25:11)
I. 심판과 은혜(18:1–19:38)

## 7. 임박한 재앙(19:12–14)

**[12] 그 사람들이 롯에게 이르되 이 외에 네게 속한 자가 또 있느냐 네 사위나 자녀나 성 중에 네게 속한 자들을 다 성 밖으로 이끌어 내라 [13] 그들에 대한 부르짖음이 여호와 앞에 크므로 여호와께서 이 곳을 멸하시려고 우리를 보**

**내셨나니 우리가 멸하리라 [14] 롯이 나가서 그 딸들과 결혼할 사위들에게 말하여 이르기를 여호와께서 이 성을 멸하실 터이니 너희는 일어나 이 곳에서 떠나라 하되 그의 사위들은 농담으로 여겼더라**

폭력적인 패거리의 손에서 롯을 빼앗아 집 안으로 끌어들인 천사들은 그에게 자신들이 소돔과 고모라를 찾은 이유를 알려 준다. 하나님이 이 도시를 멸하려고 그들을 보내셨다는 것이다(13절). 천사들은 도시가 얼마나 타락했는지 직접 경험했으며, 어느새 이 도시가 하나님의 심판을 받아 멸망하기에 마땅하다는 사실의 증인이 되어 있다. 그들은 롯에게 자신들의 임무에 대하여 말하기 전에 롯과 함께 도시를 탈출할 가족들이 더 있는지를 묻는다(12절). 그만큼 심판이 임박해 있다는 뜻이다. 롯에게 호의를 받은 천사들은 롯뿐만 아니라 그의 가족과 친척들을 모두 구원의 대상에 포함시킨다. 인상적인 것은 사위들이 구원의 대상에 포함될 뿐만 아니라 자녀들보다 먼저 언급된다는 것인데, 이것은 하나님의 은총을 강조하기 위해서이다(Waltke). 롯으로 인해 온 가족이 구원을 받게 된 것은 훗날 라합이 이스라엘 정탐꾼들에게 베푼 호의로 인해 그녀의 온 집안사람이 살게 되는 이야기와 비슷하다.

천사들의 말을 듣고 상황을 파악한 롯은 다급하게 사위가 될 사람들을 찾아가 사실을 알려 준다. 그러나 롯의 사위가 될 자들은 장인의 경고와 권면을 농담(מְצַחֵק)으로 알아듣고 웃어 버린다(cf. 이삭의 이름에 얽힌 언어유희)(14절). 사위들의 태도는 심판을 받아 멸망할 이 도시 사람들의 마음 자세를 대표한다(Sailhamer). 이 도시 사람들은 심판을 받을 만한 어리석고 영적으로 아둔한 사람들임을 증언하고 있는 것이다. 또한, 롯이 매우 긴박한 상황에 대해 말하는 것을 사위들이 농담으로 듣는 것은 평소 그가 사위들에게서 별 신임을 얻지 못했다는 증거이기도 하다. 상황을 보면 야밤에 그들을 찾아간 롯이 농담이나 하지는 않을 것이 분명한데도 그렇게 여겼다는 것은 그들이 평소에 롯을 별로 신뢰하지 않았다는 뜻이기 때문이다.

II. 아브라함 이야기(11:27–25:11)
I. 심판과 은혜(18:1–19:38)

## 8. 롯의 소알 도피(19:15–22)

**[15] 동틀 때에 천사가 롯을 재촉하여 이르되 일어나 여기 있는 네 아내와 두 딸을 이끌어 내라 이 성의 죄악 중에 함께 멸망할까 하노라 [16] 그러나 롯이 지체하매 그 사람들이 롯의 손과 그 아내의 손과 두 딸의 손을 잡아 인도하여 성 밖에 두니 여호와께서 그에게 자비를 더하심이었더라 [17] 그 사람들이 그들을 밖으로 이끌어 낸 후에 이르되 도망하여 생명을 보존하라 돌아보거나 들에 머물지 말고 산으로 도망하여 멸망함을 면하라 [18] 롯이 그들에게 이르되 내 주여 그리 마옵소서 [19] 주의 종이 주께 은혜를 입었고 주께서 큰 인자를 내게 베푸사 내 생명을 구원하시오나 내가 도망하여 산에까지 갈 수 없나이다 두렵건대 재앙을 만나 죽을까 하나이다 [20] 보소서 저 성읍은 도망하기에 가깝고 작기도 하오니 나를 그 곳으로 도망하게 하소서 이는 작은 성읍이 아니니이까 내 생명이 보존되리이다 [21] 그가 그에게 이르되 내가 이 일에도 네 소원을 들었은즉 네가 말하는 그 성읍을 멸하지 아니하리니 [22] 그리로 속히 도망하라 네가 거기 이르기까지는 내가 아무 일도 행할 수 없노라 하였더라 그러므로 그 성읍 이름을 소알이라 불렀더라**

저자는 동사 "도피하다/탈출하다"(מלט)를 5차례 사용하여(17[2x], 19, 20, 22절) 매우 절박한 상황을 묘사한다. 20절에서는 "도망하다"(נוס)도 사용하여 등장인물들 모두가 곧바로 소돔을 탈출해야만 살 수 있다는 긴박감을 조성한다. 또한, 동틀 때에 천사들이 재촉하며 "일어나 여기 있는 네 아내와 두 딸을 이끌어 내라"(קוּם קַח)(15절)는 말씀과 마지막 순간에 천사들이 다시 한 번 "속히 도망하라"(מַהֵר הִמָּלֵט)(22절)라고 재촉하는 말씀도 상황의 긴박함을 잘 묘사하고 있다. 천사들은 이처럼 발을 동동 구르고 있건만 정작 롯은 느긋하기만 하다. 긴박한 상황에 관한 판단이 잘 서지 않았던 것이다.

롯은 새벽이 될 때까지 소돔과 고모라를 떠나는 것을 주저한다(16a절). 상황의 절박함을 아는지 모르는지 천사들이 아무리 재촉해도 꾸물대기만 할 뿐이다(16절). 그는 하나님과 함께하는 낯선 곳보다는 익숙한 죄인들의 도시에서 더 평안을 느끼는 사람이다(Sailhamer; cf. 18-21절). 롯의 우유부단함에 위기감을 느낀 천사들이 그와 가족들을 도시에서 강제로 끌어내 안전한 곳으로 피신시킨다(16b절). 저자는 이것을 "여호와께서 그에게 자비를 더하신 것"이라고 말한다(16c절). 롯이 의로워서 살게 된 것이 아니라 하나님의 은혜로 살게 되었다는 것이다. 또한, 18장과 연결해서 생각해 보면, 우리는 하나님이 롯에게 자비를 베푸신 것은 아브라함이 그와 가족들을 위하여 중보했기 때문이라는 것을 안다.

천사들은 롯과 가족들을 반(半)강제로 피신시킨 후 뒤를 돌아보지 말라고 경고한다(17절). 롯의 마음이 소돔에 대한 미련으로 가득 차 있다는 사실을 감안할 때 적절한 요구이다. 그는 소돔에서 살다가 전쟁 포로가 되었고, 아브라함 덕분에 겨우 구출된 엄청난 경험을 하고서도 소돔에 돌아가 정착하여 살았다(14장). 롯은 천사들을 통해 도시에 유황과 불이 곧 쏟아질 것을 알았음에도 떠나기를 주저하며 못내 아쉬워한다(15-16절). 그만큼 소돔에 많은 애착이 강했던 것이다. 그러므로 강제로 도시를 떠나게 된 그에게 천사가 "돌아보지 말라"고 하는 것은 그가 그렇게 좋아하는 소돔은 하나님의 심판을 받아 곧 없어질 죄악의 성읍이니 이 도시를 잊고 더 이상 미련을 갖지 말라는 상징적인 권면이다(Walton). 천사는 도피 도중에 들에 잠시라도 머물지 말고 신속하게 산으로 도망하라(מלט)는 말을 덧붙인다(17절). 성경은 전쟁에서 피하는 일을 묘사할 때 이 동사(מלט)를 사용한다(삼상 19:10; 렘 48:6; 51:6, 45).

사람이 전쟁에서 죽지 않으려면 필사적으로 도망쳐야 하는 것처럼, 롯도 살고 싶으면 필사적으로 산으로 도주해야 할 것을 요구하는 것이다(cf. 17c절). 그만큼 상황이 급박하다.

이번에도 롯은 다급해하는 천사들은 아랑곳없이 주저한다. 도저히 산까지 가지 못하겠으니 근처에 있는 작은 성으로 도피하게 해 달라는 것이다. 이 과정에서 롯은 가장 긴 말을 남긴다(18-20절). 목숨이 경각에 달렸는데 엉뚱한 일에 귀중한 시간을 낭비하고 있는 것이다. 사실 롯이 가고자 하는 성 역시 하나님의 심판을 받아 멸망해야 하는 도시이다(cf. 21절). 롯이 이 성의 멸망을 막아 낸 일을 좋게 여길 수도 있겠지만, 그가 왜 그렇게까지 도시의 삶에 집착하는지 잘 이해되지 않는다.

롯이 지명한 성은 그의 말대로 "작다"하여 소알(צוֹעַר)이라고 불리게 되었다(22절). 소알은 "하찮음"이란 뜻이다. 성의 원래 이름은 벨라였다(cf. 14:2). 이 성읍이 소돔과 고모라 근처에 있었다는 사실만 알 뿐 정확한 위치는 지금까지도 알려지지 않았다(ABD). 천사는 롯의 청을 들어준다(21절). 조건은 롯과 가족들이 한순간도 지체하지 않고 그 성으로 가는 것이다(22절). 하나님의 입장이 딱하시다. 죽어 마땅한 죄인에게 은혜를 베풀어 살게 해 주시는 일이 너무나 어렵기 때문이다. 죄인들의 요구 사항이 너무 많다!

롯이 새벽에야 그 도시를 떠나는 것에는(15절) 어떤 상징적인 의미가 있을까? 새벽은 밤의 어둠이 사라지고 빛이 하늘을 열기 시작하는 시간이다. 성경은 아침에 뜨는 해는 하나님의 백성에게 구원을, 악인들에게는 멸망을 가져다준다고 말한다(cf. 말 4:1-2; 사 9:2-4). 롯이 소돔 사람들보다는 더 의로웠던 것이 사실이다. 그러나 그의 의로움이 그를 구했는가? 절대 아니다. 저자는 하나님의 은혜와 자비(16절), 그리고 아브라함의 기도가 그를 구했다는 사실을 강조한다(29절). 이곳에 기록된 롯의 이야기는 아브라함에게 주어진 "땅의 모든 족속이 너로 말미암아 복을 얻을 것이라"(12:3)라는 원리가 현실로 드러나는 하나의 좋은 예이다.

II. 아브라함 이야기(11:27-25:11)
I. 심판과 은혜(18:1-19:38)

## 9. 소돔과 고모라의 멸망(19:23-29)

**[23] 롯이 소알에 들어갈 때에 해가 돋았더라 [24] 여호와께서 하늘 곧 여호와께로부터 유황과 불을 소돔과 고모라에 비같이 내리사 [25] 그 성들과 온 들과 성에 거주하는 모든 백성과 땅에 난 것을 다 엎어 멸하셨더라 [26] 롯의 아내는 뒤를 돌아보았으므로 소금 기둥이 되었더라 [27] 아브라함이 그 아침에 일찍이 일어나 여호와 앞에 서 있던 곳에 이르러 [28] 소돔과 고모라와 그 온 지역을 향하여 눈을 들어 연기가 옹기 가마의 연기같이 치솟음을 보았더라 [29] 하나님이 그 지역의 성을 멸하실 때 곧 롯이 거주하는 성을 엎으실 때에 하나님이 아브라함을 생각하사 롯을 그 엎으시는 중에서 내보내셨더라**

롯과 가족들이 소알에 도착한 것은 이미 해가 떴을 시간이었다(23절). 당시 성읍들에서는 해가 뜨는 시간에 맞추어 성문 어귀에서 재판이 시작되었다(cf. 룻 3:15). 그런데 마치 재판 시간에 맞춘 듯 해가 뜰 무렵 소돔과 고모라에 유황과 불이 소나기처럼 내렸다(24절). 주석가들은 소돔과 고모라에 큰 지진이 일어나 도시가 초토화된 것을 이렇게 묘사한 것이라고 해석한다(Walton). 하나님이 정확하게 어떤 현상/방법을 사용하여 도시들을 심판하셨는가에 대해서는 해석의 차이가 있을 수 있지만, 이 일은 우연히 일어난 게 아니라 하나님이 하신 일이라는 사실만큼은 의심할 여지가 없다. 이 점을 강조하기 위하여 저자는 24절에서 여호와의 이름을 두 차례나 사용한다. "여호와께서 하늘 곧 여호와께로부터…"

하나님이 내리신 불은 두 성과 성들 사이에 사는 모든 사람과, 넓은 들과 땅에 심은 채소를 다 태웠다. 롯이 아브라함으로부터 독립하여 이곳을 선택했을 때, 그의 마음을 사로잡았던 것은 푸르른 들판이었다(cf. 13:10). 그러나 심판으로 인해 들판의 푸르름과 생기는 모두 사라져 버렸다. 나무와 채소까지 탔으니 짐승들의 멸망 역시 말할 필요가 없다. 영원한 것 대신에 잠시 있다 사라질 것을 좇아 여기까지 온 롯은 결국 그가 소중하게 여겼던 모든 것을 잃게 되었다. 하나님의 심판이 임하는 날, 우리가 삶에서 추구하는 것들은 하나님의 불 심판을 견딜 수 있을 것인가를 생각해 보아야 한다(cf. 벧전 1:7).

천사들은 롯과 가족들에게 어떠한 일이 있어도 뒤를 돌아보지 말라고 당부했다(17절). 그런데 롯의 아내가 뒤를 돌아봤다가 소금 기둥으로 변해 버렸다(26절). 롯의 아내는 왜 돌아보았을까? 우리는 그녀가 어디서 왔는지 알지 못한다. 그래서 그녀가 롯과 결혼하기 전부터 원래 소돔 사람이었기 때문에 자신의 가족과 친지들을 생각하며 돌아봤을 것이라는 추측이 있다(Mathews; Waltke). 저자는 이유를 밝히지 않고 있지만, 그녀의 행동은 명백한 불순종이다. 아마도 소돔과 고모라에 대한 여러 가지 미련과 아쉬움이 그녀의 발목을 잡았던 것 같다. 그래서 머뭇거리다가 죄인들과 함께 심판을 받은 것이다. 이 일은 "구원의 대상자들" 중에서도 불순종하는 사람을 구별하여 처벌하는 사건이다. 훗날 하나님의 축복 아래 가나안을 정복하던 이스라엘 백성 중에서 아간이 하나님의 말씀에 불순종했다가 주의 백성에서 제외되어 가족과 함께 처형당하는 일이 벌어진다(cf. 수 7장). 아간 사건은 롯의 아내의 일을 떠올리게 한다.

소돔과 고모라는 하루 내내 불탔다. 다음 날 아침에 아브라함이 먼 발치에서 그 광경을 지켜보았다. 그는 하나님을 만났던 장소에서 그 도시들을 내려다보고 있다. 그곳에서는 아직도 연기가 피어오르고 있다. 불이 얼마나 컸는지, 다음날까지도 계속 타고 있었던 것이다. 저자는 하나님이 도성들을 멸할 때 아브라함을 기억하여 롯을 재앙에서 건져 주셨다는 말로 섹션을 마무리한다(29절). 구약에서 하나님이 "기억하신다"(זכר)는 곧 은총을 베푼다는 의미이다(cf. 8:1). 아브라함의 중재가 효과를 발휘했으며, 롯이 살게 된 것은 그의 의로움이 아니라 아브라함이 중보한 결과였음을 확실히 하고자 하는 것이다. 14장에서 아브라함이 롯에게 축복의 근원이 되었던 것처럼 이번에 다시 한 번 조카에게 복의 근원이 되었다.

II. 아브라함 이야기(11:27-25:11)
I. 심판과 은혜(18:1-19:38)

## 10. 모압과 암몬 족의 시작(19:30-38)

[30] 롯이 소알에 거주하기를 두려워하여 두 딸과 함께 소알에서 나와 산에 올라가 거주하되 그 두 딸과 함께 굴에 거주하였더니 [31] 큰 딸이 작은 딸에게 이르되 우리 아버지는 늙으셨고 온 세상의 도리를 따라 우리의 배필 될 사람이 이 땅에는 없으니 [32] 우리가 우리 아버지에게 술을 마시게 하고 동침하여 우리 아버지로 말미암아 후손을 이어가자 하고 [33] 그 밤에 그들이 아버지에게 술을 마시게 하고 큰 딸이 들어가서 그 아버지와 동침하니라 그러나 그 아버지는 그 딸이 눕고 일어나는 것을 깨닫지 못하였더라 [34] 이튿날 큰 딸이 작은 딸에게 이르되 어제 밤에는 내가 우리 아버지와 동침하였으니 오늘 밤에도 우리가 아버지에게 술을 마시게 하고 네가 들어가 동침하고 우리가 아버지로 말미암아 후손을 이어가자 하고 [35] 그 밤에도 그들이 아버지에게 술을 마시게 하고 작은 딸이 일어나 아버지와 동침하니라 그러나 아버지는 그 딸이 눕고 일어나는 것을 깨닫지 못하였더라 [36] 롯의 두 딸이 아버지로 말미암아 임신하고 [37] 큰 딸은 아들을 낳아 이름을 모압이라 하였으니 오늘날 모압의 조상이요 [38] 작은 딸도 아들을 낳아 이름을 벤암미라 하였으니 오늘날 암몬 자손의 조상이었더라

모압과 암몬의 기원에 관한 이야기는, 롯은 결코 하나님이 구원하실 만한 의인이 아니었다는 사실을 다시 한 번 암시한다. 딸들이 그를 술에 취하게 만든 다음에 일을 벌였기 때문에 롯에게는 책임이 없다고 주장할 수도 있지만, 이 사건은 노아의 술 취함(cf. 9장)과 비슷한 점들을 갖고 있다: (1) 두 사건 모두 심판 후에 일어났다; (2) 두 사건 모두 술 취함과 연관되어 있다; (3) 두 사람 모두 자식 앞에서 "부끄러움"을 드러낸다.

아내와 모든 것을 잃어버린 롯은 소알에 머물기를 두려워한다(30절). 무엇이 두려웠던 것일까? 하나님이 소알을 멸하지 않겠다고 약속하셨음에도 불구하고, 혹시 주님의 심판이 소돔과 고모라처럼 타락한 소알을 기습할까 봐 두려웠던 것일까? 만일 그렇다면 롯은 하나님을 온전히 믿지 못하는 사람이다(cf. Waltke). 소돔과 고모라의 참상을 너무 가까이에서 본 것이 부담되었을까? 그렇다면 롯은 심리적인 병을 앓고 있다고 할 수 있다. 무엇이 롯을 그렇게 두렵게 만들었는지 정확히 알 수는 없지만, 그가 공포에 떨었던 것은 확실하다. 왜냐하면, 도시의 편안함을 너무 좋아한 나머지 심판이 임박했음에도 불구하고 탈출하기를 주저했던 사람이(cf. 16절) 굴에 들어가 원시적으로 살기 시작한 것은 그만큼 두려움이 컸다는 뜻이기 때문이다. 일부 유대인 주석가들은 소알을 포함한 이 지역의 다섯 도시 모두가 파괴된 것으로 해석한다(지혜서 10:6; Josephus; Rashi; Rashbam; cf. Sarna). 이 해석의 장점은 롯의 딸들이 소돔과 고모라가 멸망할 때 두 성읍뿐 아니라 온 세상이 파괴되었다고 믿는 정황을 설명할 수 있다는 것이다. 그러나 하나님이 소알을 파괴하지 않겠다고 약속하셨기 때문에 이것은 올바른 해석은 아니다.

소돔과 함께 온 세상이 파괴된 것으로 생각한 롯의 딸들은 자손을 남기기 위하여 아버지 롯에게 술을 먹인 후 술 취한 아버지와 성관계를 가졌다(33-36절). 자손을 남기는 것은 좋은 일이지만, 이들이 사용하는 방법은 율법이 금하는 죄이다(cf. 창 38:13-26; 레 18:6-18). 그래서 주석가들은 롯의 딸들의 하는 일을 "씨앗을 보존하기 위한 좋은 일"로 평가하기도 하고(Westermann; cf. Fretheim), "소돔 사람들에게 배운 나쁜 짓"이라고 평가하기도 한다(Keil).

롯의 딸들이 한 일은 분명 나쁜 짓이며 온 세상이 멸망했다는 공포감에서 비롯된 죄이다. 딸들도 이 사실을 알고 있다. 그래서 먼저 아버지에게 술을 먹여 인사불성으로 만들었다. 아브라함이 자손들을 하나님의 말씀으로 잘 가르치도록 소명을 받은 것과는(cf. 18:19) 달리 롯은 딸들에게 가르친 것이 별로 없다. 그래서 그들은 옳고 그름을 판단할 만한 기준을 갖고 있지 않아 자기 마음에 내키는 대로 행한 것이다. 비록 그들이 하나님의 은혜를 입어 소돔을 탈출할 수 있었지만, 그들의 마음은 아직도 소돔으로 가득 차 있다. 그들은 "각기 자기 소견에 옳은 대로 행하는 자들"이 된 것이다.

한때 아브라함에 버금가는 부와 권력을 자랑했던 롯이 모든 것을 잃었다(cf. 13:5-6; 19:1). 더 나아가 자신에게 어떤 일이 일어나고 있는지도 모르는 무기력한 존재로 전락했다. 반면에 아브라함은 25년간이나 기다려 온 약속의 아들 이삭이 태어나는 일을 통해 생명력으로 가득한 삶의 새로운 계기를 곧 맞이할 것이다. 가나안에 함께 입성했던 두 사람의 운명이 이처럼 극명하게 엇갈린다. 롯이 손님들을 내놓으라는 소돔 사람들에게 딸들을 내주겠다고 했는데 결국 그가 딸들을 범한다. 이것이 성경에 기록된 롯의 마지막 모습이다. 참으로 비참한 모습이다.

롯과 딸들의 근친상간 결과로 모압과 벤암미가 탄생했다. "모압"(מוֹאָב)(37절)은 "아버지"(אָב)에 "…로부터"를 뜻하는 전치사 מִן이 더해져 만들어진 이름이며 "아버지로부터 유래한 자"라는 뜻을 지녔다(Mathews). "벤암미"(בֶּן־עַמִּי)는 "나의 친족의 아들/자손"이라는 뜻이며 그에게서 암몬족이 시작된다(38절). "암몬"(עַמּוֹן)은 "[같은] 족속"이라는 뜻을 지니고 있다. 두 족속이 이런 연고로 시작되었기 때문에 훗날 유대인들은 이방 사람 중에서도 두 민족을 유난히 멸시한다. 그러나 하나님이 모압과 암몬을 미워하신 것은 그들의 출생이 문제되어서가 아니라 출애굽한 이스라엘을 그들이 광야에서 훼방했기 때문이다(cf. 신 23:3-6). 하지만 하나님은 훗날 모압에서 룻을 불러내 다윗의 조모가 되게 하신다.

지금까지의 이야기를 정리해 보면 18-19장은 다음과 같은 주제와 결론을 제시한다. (1) 의인들 때문에 죄인들이 심판을 피할 수 있다, (2) 아브라함 때문에 롯이 죽음을 피할 수 있었다, (3) 훗날 이스라엘을 괴롭게 하는 모압과 암몬 족은 아브라함의 친척에게서 비롯되었다(Hamilton).

II. 아브라함 이야기(11:27-25:11)

## J. 그랄로 간 아브라함과 사라(20:1-18)

아브라함의 씨앗/후손을 낳아야 하는 사라가 또 한 번 위협을 받는다. 전에 이집트의 바로가 그랬던 것처럼(cf. 12:10-13:1) 아브라함이 아내 사라를 자기 누이라 하였으므로 그랄 왕이 그녀를 탐한 것이다. 이번에도 하나님이 직접 개입하신 후에야 문제가 해결된다. 첫 번째 위협이 아브라함에게 자손 약속이 처음 주어진(12:1-3) 직후에 있었던 반면에 두 번째 위협은 아브라함에게 자손 약속이 마지막으로 주어진(18:9) 이후에 일어났다. 이처럼 두 사건은 일종의 문학적 프레임(literary framework)을 형성한다(Sarna).

지금까지 대부분 학자는 "위기에 처한 사라의 이야기"(20장)를 주해하면서 이와 비슷한 유형의 사건을 회고하는 바로와 아브라함의 이야기(12:10-20), 이삭과 아비멜렉의 이야기(26장)와 비교하고 대조하는 데 초점을 맞추었다. 그러다 보니 창세기의 흐름 속에서 이 이야기의 위치와 의미를 파악하는 데는 다소 소홀했던 것이 사실이다. 선조들이 아내를 여동생으로 속이는 이야기는 하나의 모형 장면(type-scene)이다 (Alter). 아브라함과 아비멜렉의 이야기는 하나님이 죄가 없는 이방인들을 어떻게 대하시는가에 초점이 맞추어져 있다. 그러므로 바로와 아브라함의 이야기에서는 바로가 어떻게 해서 사라를 아내로 맞이하게 되었는가에 대한 세부적인 설명이 필요했지만, 이 이야기는 거두절미하고 아비멜렉이 사라를 데려갔다는 한마디로 모든 것을 요약한다(2절). 두 이야기의 강조점이 서로 다르다는 것이다.

또한, 이 이야기는 소돔과 고모라 사건(18-19장)과도 몇 가지 공통점을 지니고 있다(cf. Hamilton). 첫째, 두 이야기는 낯선 공동체에 나그네(גור)로 머물던 사람들(롯과 아브라함)에 관한 것들이다(cf. 19:9; 20:1). 둘째, 두 이야기 모두 여자들이 위협을 받는다. 롯은 딸들을 부랑배들에게 넘겨주려 했다. 아브라함은 아내를 아비멜렉에게 넘겨주었다. 셋째, 여자들이 위협을 받는 이유는 남자들을 보호하기 위해서이다. 롯은 딸들을 부랑배들에게 넘겨주어 자기 집을 찾은 남자 손님들을 보호하려고 했고, 아브라함은 아내를 여동생으로 속임으로써 자신을 보호하려고 했다. 넷째, 이 이야기들에서 하나님의 심판이 중요한 주제로 부상한다. 소돔과 고모라는 하나님의 심판을 받아 멸망했다. 아비멜렉의 집안은 아브라함 때문에 하나님의 심판을 받아 아이를 생산하지 못하는 고통을 겪었다. 너무 억울했던 아비멜렉은 이 일로 인해 그를 해하려는 하나님께 항변한다. 다섯째, 두 사건은 공통 이슈를 제시하고 있다: “하나님이 무고한 사람들을 죄인을 멸하듯이 멸하실 것인가?” 여섯째, 아브라함은 두 이야기에서 중보자 역할을 한다(18:23-33; 20:17).

이야기의 구조는 다음과 같다(Waltke).[46] 본 주석에서는 8절(X)을 다음 섹션(B')과 함께 취급하여 주해해 나가고자 한다.

A. 아비멜렉이 사라를 아내로 취함(20:1-2)
　B. 하나님이 아비멜렉을 제소하심(20:3-7)
　　X. 아비멜렉과 신하들이 두려워함(20:8)
　B'. 아비멜렉이 아브라함을 제소함(20:9-13)
A'. 아비멜렉의 보상과 아브라함의 기도(20:14-18)

II. 아브라함 이야기(11:27-25:11)
　J. 그랄로 간 아브라함과 사라(20:1-18)

### 1. 아비멜렉이 사라를 아내로 취함(20:1-2)

**[1] 아브라함이 거기서 네게브 땅으로 옮겨가 가데스와 술 사이 그랄에 거류하며 [2] 그의 아내 사라를 자기 누이라 하였으므로 그랄 왕 아비멜렉이 사람을 보내어 사라를 데려갔더니**

어떠한 이유에서인지 아브라함이 헤브론을 떠나 네게브로 옮겨가 가데스와 술 사이에서 살았다(1절). 12장에서 이집트를 다녀온 이후로 그가 다른 지역으로 이동한 것은 이번이 처음이다. 공교롭게도 아브라함은 이집트에서 그랬던 것처럼 이번에도 아내를 여동생이라고 속인다. "네게브"(נֶגֶב)는 가나안 남쪽 지역에 펼쳐져 있는 광야를 가리킨다.

---

46 해밀턴(Hamilton)은 20장의 구조를 다음과 같이 제시한다.
A. 내레이터의 문제 제시(1-2절)
　B. 하나님과 아비멜렉의 대화(3-7절)
　B'. 아브라함과 아비멜렉의 대화(8-16절)
A'. 내레이터의 해결책 제시(17-18절)

“가데스”(קָדֵשׁ)는 시내 반도의 북동쪽에 위치한 오아시스이며 브엘세바에서 약 75킬로미터 떨어진 곳에 있었다(ABD). “술”(שׁוּר)은 나일 델타의 동쪽에 위치한 것으로 알려졌다(ABD). 가데스와 술 사이에는 짐승들을 먹일 만한 목초 지역이 있었다(Waltke). 하갈이 사라에게서 도망한 후 이집트로 가는 길에 천사를 만난 데가 바로 이곳이다(16:7, 14).

개역개정은 가데스와 술 사이에 그랄이 위치한 것으로 번역하고 있지만, 실제는 그렇지 않다. 히브리어 문장은 단순히 “그가 가데스와 술 사이에 거했다(정착했다). 그리고 그랄에서 잠시 머물렀다”라고 되어 있다. 또한, 확실하지는 않지만 대부분 학자가 “그랄”(גְּרָר)은 브엘세바와 가사(Gaza) 중간쯤에 위치한 곳으로 추정한다(Mathews). 그렇다면 아브라함이 가데스와 술 사이에 정착한 후에 가나안 쪽으로 발을 옮겨 그랄에 잠시 머물렀다가 다시 가데스와 술 사이에 정착한 것으로 보기보다는 그곳으로 가던 길에 그랄에 들러 잠시 머물렀던 일을 회고하는 것으로 풀이해야 한다.

아브라함은 당시 갑부나 지역 유지라고 할 수 있을 정도로 많은 재산과 가축을 거느리고 있었다. 또한, 롯과 소돔 사람들을 구한 전쟁을 통하여 그는 헤브론 지역에서 상당히 명성을 누렸을 것이다. 그럼에도 불구하고 그랄의 왕 아비멜렉(אֲבִימֶלֶךְ)이[47] 아브라함을 전혀 알아보지 못하고 그의 아내를 취한 이유는 무엇일까? 아비멜렉은 “내 아버지는 왕이다”라는 뜻이다. 아마도 아브라함이 이때 거리가 약 70킬로미터에 달하는 상당히 먼 곳으로 이사를 하였기 때문일 것이다. 아브라함은 그의 정보와 형편이 잘 알려지지 않았을 정도로 멀리 갔다.

사실 설명하기 더 어려운 질문은 그가 왜 그랄까지 가서 객이 되었느냐는 것이다. 이집트로 내려갔을 때에는 가나안 지역에 엄습한 기

---

47 기드온의 아들(삿 8:31)과 제사장이 된 아비아달의 아들(대상 18:16)도 이름이 “아비멜렉”이 지만, 창세기의 “아비멜렉”은 사람 이름이라기보다는, “바로”가 이집트의 왕호인 것처럼 그랄의 왕호였을 가능성이 높다(Sarna; Mathews; Waltke).

근 때문이었다(12:10). 그러나 이번에는 이유가 주어지지 않는다. 어쨌든 그가 부자로서 편안하게 살고 있던 지역을 떠나야 할 정도로 어려운 상황이 있었던 것은 확실하다. 혹시 기근이 다시 가나안 땅을 엄습한 것은 아닐까?

이집트에서와 달리 이번에는 아브라함이 사라에게 동의를 구하지도 않고 곧바로 그녀를 "내 누이"(אֲחֹתִי)로 소개한다(2절). 또 이번에는 그녀의 아름다움에 대한 언급이 없다. 아비멜렉은 사람을 보내 아브라함이 누이라고 소개한 사라를 데려간다(2절). 혼란스러운 것은 이때 사라의 나이가 90세였다는 사실이다. 게다가 18장에서 사라는 자신이 이미 폐경기를 지난 여자라고 고백한 바 있다(18:11-12). 아비멜렉은 도대체 사라에게서 무엇을 보았기에 그녀를 아내로 삼으려고 했던 것일까? 랍비들의 문헌을 보면 이때 사라의 피부가 탱탱하게 회생했고, 주름도 없어졌고, 원래의 아름다움이 회복되었다고 한다(Sarna). 회춘도 대단한 회춘이 사라를 찾아왔던 것이다! 물론 믿기지 않는 상상에 불과한 이야기이다. 더 현실적이고 가능성이 있는 이유는 아브라함의 경제적인 여건이다(Mathews). 당시 아브라함은 많은 부를 지닌 사람이었다. 아비멜렉은 갑부의 여동생을 아내로 맞이하여 아브라함의 신분과 부를 함께 누리려고 했다. 일종의 정략결혼이 추진되었던 것이다.

II. 아브라함 이야기(11:27-25:11)
J. 그랄로 간 아브라함과 사라(20:1-18)

## 2. 하나님이 아비멜렉을 제소하심(20:3-7)

**[3] 그 밤에 하나님이 아비멜렉에게 현몽하시고 그에게 이르시되 네가 데려간 이 여인으로 말미암아 네가 죽으리니 그는 남편이 있는 여자임이라 [4] 아비멜렉이 그 여인을 가까이 하지 아니하였으므로 그가 대답하되 주여 주께서 의로운 백성도 멸하시나이까 [5] 그가 나에게 이는 내 누이라고 하지 아니하였**

**나이까 그 여인도 그는 내 오라비라 하였사오니 나는 온전한 마음과 깨끗한 손으로 이렇게 하였나이다 [6] 하나님이 꿈에 또 그에게 이르시되 네가 온전한 마음으로 이렇게 한 줄을 나도 알았으므로 너를 막아 내게 범죄하지 아니하게 하였나니 여인에게 가까이 하지 못하게 함이 이 때문이니라 [7] 이제 그 사람의 아내를 돌려보내라 그는 선지자라 그가 너를 위하여 기도하리니 네가 살려니와 네가 돌려보내지 아니하면 너와 네게 속한 자가 다 반드시 죽을 줄 알지니라**

아브라함의 거짓말로 인해 죄 없는 아비멜렉이 위기에 처했다. 하나님이 그를 죽이겠다고 하신 것이다. 아비멜렉이 자신의 억울함을 주장하자 하나님도 그의 주장에 동의하신다. 그래서 하나님은 아비멜렉에게 살길을 알려 주신다. "과연 하나님이 억울한 자들을 죽이실 것인가"라는 이슈가 원만하게 해결되고 있는 것이다. 이 섹션은 다음과 같은 구조를 지녔다(Alexander).

A. "너는 죽는다"(3a절)
  B. "네가 취한 여자"(3b절)
    C. 아비멜렉은 여인을 가까이하지 않음(4a절)
      D. "의로운 백성도 멸하시나이까?"(4b절)
        E. 깨끗한 마음으로 떳떳하게(5절)
          F. 하나님이 꿈에 말씀하셨다(6a절)
        E′. 깨끗한 마음으로 떳떳하게(6b절)
      D′. "네가 나에게 죄를 짓지 못하게 하였다"(6c절)
    C′. "내가 여자를 건드리지 못하게 하였다"(6d절)
  B′. "여자를 남편에게 돌려보내라"(7a절)
A′. "너는 살 것이다…그러나 돌려보내지 않으면 죽는다"(7b절)

하나님이 아비멜렉의 꿈속에 나타나 그가 남의 아내를 취했으므로 죽을 것이라고 선언하신다(3절). 그에게 간음죄를 물으신 것이다. 이스라엘뿐 아니라 고대 근동의 여러 문화권에서 간음은 심각한 범죄로 간주되었으며 범죄자는 사형에까지 처할 수 있었다. 그러나 헷 족속 법전은 범죄자가 간음할 당시 여자가 결혼한 사실을 몰랐다는 사실을 증명할 수 있으면 무죄로 처리하는 예외 규정을 두었다(ABD). 아비멜렉의 주장은 이러한 논리를 바탕으로 하고 있다(Mathews).

꿈은 하나님이 사람에게 계시를 주실 때 흔히 사용하는 방법이다. 하나님이 꿈을 주시는 대상은 언약에 속한 백성들만이 아니다. 경우에 따라서는 언약 공동체 밖에 있는 사람들에게도 꿈을 통해 말씀을 주신다(31:24; 40:5; 41:1; 민 22:9, 20). 그러나 꿈이 하나님이 당신의 뜻을 사람들에게 알리는 유일한 수단은 아니다. 하나님은 창세기 1-11장과 선조들의 이야기 앞부분에서는 현현과 꿈과 환상을 통해 말씀하시지만, 끝부분에 가서는 섭리를 통해 뜻을 알려 주신다(Waltke).

아비멜렉의 입장에서는 매우 황당하고 당혹스러운 일이다. 그는 하나님께 자신의 억울함을 호소한다(4-5절). 그의 논리를 정리해 보면 다음과 같다: (1) 아브라함이 사라를 자신의 누이라고 소개했다; (2) 사라도 아브라함을 오라버니라고 했다; (3) 그러므로 자신이 하나님의 심판을 받는 것은 너무나도 억울한 일이다; (4) 자신은 온전한 마음(בְּתָם־לְבָבִי)과 깨끗한 손(בְּנִקְיֹן כַּפַּי)으로 모든 것을 행했다(5절). 성경에서 마음과 손은 생각과 행동을 상징한다. 아비멜렉은 생각이나 행동에 있어서 이 일에 대하여 전혀 잘못이 없음을 거듭 주장한다. 아비멜렉의 "주께서 의로운 백성도 멸하시나이까"(4절)라는 질문은 아브라함이 소돔과 고

모라를 위하여 하나님께 호소할 때 부각되었던 이슈와 동일하다.[48]

하나님이 아비멜렉의 주장을 인정하신다: "네가 온전한 마음으로 이렇게 한 줄을 나도 알았으므로 너를 막아 내게 범죄하지 아니하게 하였나니 여인에게 가까이 하지 못하게 함이 이 때문이니라"(6절). 하나님이 아비멜렉이 억울하게 심판을 받는 일이 없도록 죄를 짓지 않게 막아 주셨다는 것이다. 이 말씀은 아비멜렉이 도덕적으로 높은 위상을 지니고 있는 사람이었음을 암시한다(Hamilton). 그러나 만일 그가 여인을 당장 남편에게 돌려보내지 않으면 죽게 될 것이라고 경고하신다. 이제 진실을 알았으니 잘못된 것들을 신속하게 바로잡으라는 요구이다.

하나님은 아비멜렉에게 살길을 알려 주셨다. 여인을 남편에게 돌려보내고 그녀의 남편이 아비멜렉을 위하여 기도하도록 하라는 것이다(7절). 여인의 남편 아브라함을 선지자라고 하신다. "선지자"(נָבִיא)라는 단어가 여기서 처음 등장한다. 아브라함의 어떤 면모가 그를 선지자로 만드는가? 본문에서는 단 한 가지, 중보의 역할을 염두에 두고 그를 선지자라고 부른 것이다(Walton; Sarna; Hamilton). 즉 선지자의 가장 기본적인 의무는 죄인들을 위한 중보기도에 있다.

저자는 이 말씀을 통해 하나님은 결코 사람이 억울하게 당하도록 내버려 두지 않으시며 필요에 따라서는 그를 보호하기 위하여 조처를 하실 수도 있다는 점을 강조한다. 우리가 짓는 모든 죄는 우리 책임이라는 결론에 도달하며 반면에 죄를 짓지 않는 것은 우리 노력의 대가이

---

48 아비멜렉 이야기가 포함된 19장 29절에서 21장 34절이 하나님이 이방 민족들에 대하여 지대한 관심을 가지고 계시다는 사실을 역력하게 드러냄을 다음 분석에서도 알 수 있다 (Sailhamer).

| | |
|---|---|
| 1. 19:29–38 | 모압 사람들, 암몬 사람들 |
| 2. 20:1–18 | 블레셋 사람들 |
| (21:1–8) | 이삭의 탄생 |
| 3. 21:9–21 | 이스마엘 사람들 |
| 4. 21:22–34 | 블레셋 사람들 |

기도 하겠지만 경우에 따라서는 하나님의 배려와 보호의 결과라는 사실을 깨달아야 한다.

II. 아브라함 이야기(11:27-25:11)
J. 그랄로 간 아브라함과 사라(20:1-18)

### 3. 아비멜렉이 아브라함을 제소함(20:8-13)

**[8] 아비멜렉이 그 날 아침에 일찍이 일어나 모든 종들을 불러 그 모든 일을 말하여 들려 주니 그들이 심히 두려워하였더라 [9] 아비멜렉이 아브라함을 불러서 그에게 이르되 네가 어찌하여 우리에게 이렇게 하느냐 내가 무슨 죄를 네게 범하였기에 네가 나와 내 나라가 큰 죄에 빠질 뻔하게 하였느냐 네가 합당하지 아니한 일을 내게 행하였도다 하고 [10] 아비멜렉이 또 아브라함에게 이르되 네가 무슨 뜻으로 이렇게 하였느냐 [11] 아브라함이 이르되 이 곳에서는 하나님을 두려워함이 없으니 내 아내로 말미암아 사람들이 나를 죽일까 생각하였음이요 [12] 또 그는 정말로 나의 이복 누이로서 내 아내가 되었음이니라 [13] 하나님이 나를 내 아버지의 집을 떠나 두루 다니게 하실 때에 내가 아내에게 말하기를 이 후로 우리의 가는 곳마다 그대는 나를 그대의 오라비라 하라 이것이 그대가 내게 베풀 은혜라 하였었노라**

꿈에서 하나님의 경고를 받은 아비멜렉이 다음 날 아침 일찍 일어나서 급히 종들을 불러놓고 전날 밤 일을 이야기해 주었다(8절). 하나님의 명령을 신속하게 이행하는 아비멜렉의 모습이 부각된다(Waltke). 그에게는 여호와를 지극히 경외하는 마음이 있다. 아비멜렉의 말을 들은 사람들은 모두 두려워 떨었다(8절). 그들도 모두 하나님을 두려워한 것이다. 경건한 왕이 경건한 신하들을 두었다. 아비멜렉과 신하들이 하나님을 두려워했다는 것은 아브라함이 그들을 속인 이유로 삼았던 "이 곳에서는 하나님을 두려워함이 없다"(11절)는 것은 사실이 아니라 변명에 불과하다는 것을 보여 준다(Wenham). 이방인 중에도 창조주를 두려워하는 사람들이 많다.

하나님이 꿈에서 아비멜렉을 책망하셨던 것처럼, 아비멜렉도 아브라함을 책망하며 자신의 억울함을 따진다(9-10절). 의로운 이방인이 아브라함의 죄를 문책하고 있는 것이다(Fretheim). 아브라함의 변명이 궁색하다. 이곳에서는 아무도 하나님을 두려워하지 않을 것 같아서 그들의 폭력으로부터 자신을 보호하기 위하여 거짓말을 했다는 것이다(11절). 여기서 "하나님을 두려워하는 것"은 "여호와를 경외하는 일"과는 다르며 사회의 기본적인 도덕성을 뜻한다(NIDOTTE). 아브라함이 소돔과 고모라의 멸망을 지켜보면서 세상이 모두 그 도시들처럼 악하다고 생각하게 된 것일까? 이유야 어찌 되었건 간에 아브라함은 세상에서 자기만 하나님을 두려워하는 사람으로 생각하는 교만과 착각에 빠져 있었다. 지극히 높으신 하나님의 제사장이자 살렘의 왕이었던 멜기세덱을 만나 본 사람이 어떻게 이런 변명을 늘어놓을 수 있는지 의아할 따름이다.

아브라함은 사라가 실제로 그의 이복 누이동생이라고 말한다(12절). 사라에게 가는 곳마다 자신을 "오빠"로 소개하라고 일러두었다고 한다(13절). 아브라함이 사라를 누이라고 속인 일이 성경에 두 차례 기록되어 있는데, 실제로는 이보다 더 많았을 수도 있다는 것을 암시한다. 기록된 두 사건을 보면, 그는 이런 일을 할 때마다 경제적 이익을 상당히 보았다. 아브라함이 이런 방식으로 재산을 모으는 일에 재미를 붙인 것일까? 그렇지는 않겠지만 믿음의 조상이 하는 일치고는 매우 아쉽다. 이 사건은 이삭의 탄생(21장)을 앞둔 시점에서 사탄이 그에게 던져 본 마지막 시험이다. 아브라함은 시험에서 또 한 번 실패했다.

여기서 이슈(issue)가 되는 것은 "하나님이 아브라함을 제외한 사람들을 어떻게 대하실 것인가?"이다. 하나님은 선택받은 아브라함과 그의 후손들만 일방적으로 축복하시고, 나머지 사람들은 선택받은 사람들의 영화를 위하여 억울하게 희생되고 비참해지도록 버려두신다는 말인가? 이 질문에 대하여 하나님은 아브라함과 후손들뿐만 아니라 모든 사람을 공평하게 대할 것이라고 선언하신다. 아브라함이 당장 가나안 땅을 차지하지 못하고 몇 세대나 기다려야 하는 이유는 가나안 사람들의 죄가 아직 차지 않았기 때문이다. 하나님은 누구를 특별히 사랑한다 해서 다른 사람들을 차별 대우하시지는 않는다.

II. 아브라함 이야기(11:27–25:11)
J. 그랄로 간 아브라함과 사라(20:1–18)

## 4. 아비멜렉의 보상과 아브라함의 기도(20:14–18)

**[14] 아비멜렉이 양과 소와 종들을 이끌어 아브라함에게 주고 그의 아내 사라도 그에게 돌려보내고 [15] 아브라함에게 이르되 내 땅이 네 앞에 있으니 네가 보기에 좋은 대로 거주하라 하고 [16] 사라에게 이르되 내가 은 천 개를 네 오라비에게 주어서 그것으로 너와 함께 한 여러 사람 앞에서 네 수치를 가리게 하였노니 네 일이 다 해결되었느니라 [17] 아브라함이 하나님께 기도하매 하나님이 아비멜렉과 그의 아내와 여종을 치료하사 출산하게 하셨으니 [18] 여호와께서 이왕에 아브라함의 아내 사라의 일로 아비멜렉의 집의 모든 태를 닫으셨음이더라**

아비멜렉은 사라를 아브라함에게 조용히 돌려보내 창피와 수모를 최소화할 수도 있다. 그러나 그는 이 일을 많은 사람 앞에서 공개적으로 해결한다. 아브라함이 그를 은밀하게 속인 것과 대조되는 일이다. 아비멜렉은 그에게 많은 재물을 화해의 선물로 준다. 양 떼, 소 떼를 주고 남종들과 여종들과 땅도 주었다. 물론 사라도 돌려보냈다. 그녀를 "오빠"에게 돌려보낸다고 말함으로써(16절) 아브라함의 고백을 모두 그대로 인정함을 밝힌다. 아브라함의 체면을 세워 주는 아비멜렉의 마지막 배려이다.

그는 사라의 훼손된 명예를 보상하기 위하여 은 1000세겔을 아브라함에게 주었다. 1000세겔은 약 11.3킬로그램이다. 고대 근동의 한 신화에는 1000세겔이 신들이 결혼할 때 치르는 혼례금(신부 몸값)으로 기록되어 있다(Walton). 이 액수는 매우 큰 것이며 보통 사람이 평생 벌어도 만질 수 없는 큰돈이다. 한 바빌론 문헌은 노동자의 월급이 1/2세겔이었다고 한다. 이 정도 봉급이라면 1000세겔을 모으기 위해서는 무려 167년이나 일해야 한다는 계산이 나온다(Waltke). 그런데 아브라함이 돈을 받은 일이 어떻게 사라의 명예를 회복시킬 수 있는가? 이 돈은 사라가 남편과 억울하게 헤어지게 되었음을 증명한다. 또한, 아비멜렉이 사라를 범하지 않았다는 것을 증명한다(16절). 나중에 아비멜렉과의 관계에서 아브라함이 비슷한 행동을 취한다(21:28-30). 아브라함이 자신의 억울함을 증명하기 위하여 암양 7마리를 아비멜렉에게 주는 것이다. 그러므로 억울한 일을 당한 사람이 자신의 억울함을 증명하기 위하여 상대방에게 많은 선물을 주는 것은 당시 풍습이었던 것 같다.

아비멜렉이 아브라함에게 억울하게 당했지만, 문제 해결을 위해서는 아브라함이 나서서 결정적인 역할을 해 주어야만 한다(cf. 7절). 아브라함이 아비멜렉을 위하여 중재해야 그가 살 것이라는 것은 아브라함도 나름대로 억울하게 당한 점이 있다는 전제일 수 있다(cf. Sarna). 이렇게 해석할 경우, 아마도 아비멜렉의 부하들이 아브라함으로부터 사라를 데려갈 때 어느 정도 강제성이 있었음을 시사하는 듯하다. 훗날 모세는 그의 권위에 도전한 미리암을 위하여 기도하며(민 12:13), 욥은 그의 친구들을 위하여 하나님께 중보한다(욥 42:8). 고대 근동 문화는 선지자들은 신(들)과 특별한 관계를 맺고 있으며 그들의 기도는 사람들에게 신들의 저주를 내리거나 또는 거둘 수 있는 능력을 지닌 것으로 믿었다(Walton). 우리가 세상의 빛과 소금이 되는 것도 이런 중재 역할을 포함한다.

아비멜렉은 여러 가지로 억울하게 당했다. 그럼에도 불구하고 많은 재물을 내놓으며 모든 것이 자신의 잘못인 것처럼 인정하니 그 모습이 정말 아름답지 않은가? 걸핏하면 교회가 교회를, 교인이 교인을 고소하는 오늘의 현실을 냉정하게 비판하는 듯하다. 물론 개중에는 세상 법정으로 가야 할 이슈들도 있을 것이다. 그러나 우리가 이방 민족의 왕인 아비멜렉의 위치에 있었다면 이 일을 어떻게 해결했을까를 한 번쯤 생각하고 반성해야 할 것이다.

아비멜렉에게 어떤 재앙이 임했던 것일까? 다음과 같은 내용이 포함되어 있다. (1) "네가 죽으리니"(3절), (2) "너와 네게 속한 자가 다 반드시 죽을 줄 알지니라"(7절), (3) "주여 주께서 의로운 백성도 멸하시나이까"(4절). 이러한 내용을 종합해 보면 이 재앙은 아비멜렉 한 사람에게만 적용되는 것이 아니라 그의 민족에게도 내려지고 있음을 알 수 있다. 민족이 멸할 위기에 놓였다. 그 재앙이 무엇이었는지는 18절에 가서야 정확히 밝혀진다. 모두가 불임에 걸렸던 것이다. 이 문제가 해결되지 않으면 아비멜렉과 그의 민족은 번성하지 못하고 서서히 멸망할 것이었다. 하나님이 아비멜렉과 그의 백성들의 불임 문제를 해결하신 것은 곧 사라의 불임 문제도 해결하실 것임을 암시한다(Wenham). 아브라함이 아비멜렉과 백성의 불임 문제는 해결하면서도 자기 아내의 불임은 해결하지 못하는 것이 아이러니하다(Waltke). 아직 하나님의 때가 이르지 않은 탓이다.

아브라함이 아비멜렉과 그의 민족을 위하여 기도한다(17절). 하나님이 그의 여자들을 치료하여 다시 아이를 가질 수 있게 해 주신다. 동사 "치료하다"(רפא)는 육체적인 질병에서 회복되는 것을 뜻한다(HALOT). 당시 사람들은 불임을 질병으로, 경우에 따라서는 언약적 저주로 여겼다. 아브라함이 기도하여 문제가 해결된 것은 "땅의 모든 족속이 너로 말미암아 복을 얻을 것이라"(12:3)라는 말씀이 실현된 또 하나의 예이다(Wenham). 아비멜렉 이야기는 하나님이 앞으로 이스라엘에게 가나안 땅을 주실 때 "의로운 이방 나라"를 어떻게 하실 것인가를 보여 주는 모범 사례이다. 롯을 소돔과 고모라와 함께 멸하지 않으셨던 것처럼, 가나안 백성들을 심판할 때 의로운 백성들은 살려 두실 것을 암시하고 있다.

## K. 약속의 아들 이삭(21:1-21)

모세가 12장에서 이스라엘 선조들의 이야기를 시작한 이후 지금까지 줄곧 첫 선조인 아브라함의 이야기를 해 왔다. 그러나 누구도 영원히 살 수는 없다. 아브라함의 역할은 점차 쇠퇴하고 27장에 가서는 이스라엘의 세 번째 선조인 야곱의 이야기가 책의 중심 주제로 떠오를 것이다. 저자는 그 사이에 있는 21장을 통해 아브라함이 25년 동안 기다렸던 약속의 아들 이삭이 태어난 이야기를 회고한다. 이후 저자는 22-26장을 통해 아브라함의 노년기와 그의 아들들인 이삭과 이스마엘, 그리고 손주 에서의 삶을 간략하게 정리한다. 이스라엘의 중요한 선조인 야곱의 이야기를 본격적으로 시작하기에 앞서 이스라엘 역사의 중심은 되지 못하지만, 아브라함의 후손이라는 한 가지 이유만으로도 중요하게 여겨지는 나머지 선조들의 이야기를 회고하는 것이다. 그러므로 이 장들은 일종의 전환(transition) 역할을 한다고 할 수 있다.

저자가 야곱의 이야기를 본격적으로 시작하기 전에 이삭과 이스마엘과 에서, 세 사람의 삶과 이야기를 기록으로 남긴다. 다음 구조는 이러한 상황을 잘 반영하고 있다(Carr; Dorsey). 아쉬운 것은 D와 D′가 그다지 설득력이 있지 않다는 것이며 이 구조의 취약점이다.

A. 여호와께서 동생 이삭을 택하심(21:8-19)
  B. 선택받지 못한 이스마엘이 이방 여인들과 결혼함(21:20-21)

C. 아비멜렉과 아브라함이 우물 때문에 다툼(21:22-34)
D. 언약에 모든 것을 건 모험(22:1-19)
E. 선택받지 못한 나홀의 계보(22:20-24)
F. 아내 사라의 죽음(23:1-20)
G. 여호와께서 리브가를 이삭의 아내로 택하심(24:1-67)
F′. 남편 아브라함의 죽음(25:1-10)
E′. 선택받지 못한 이스마엘의 계보(25:11-18)
D′. 언약을 내팽개침(25:19-34)
C′. 아비멜렉과 이삭이 우물 때문에 다툼(26:1-33)
B′. 선택받지 못한 에서가 이방 여인들과 결혼함(26:34-35)
A′. 여호와께서 동생 야곱을 택하심(27:1-28:4)

본문인 21장에 기록되어 있는 이삭의 탄생이 사라에게는 더없이 좋고 기쁜 일이다. 그러나 아브라함에게는 이스마엘을 중심으로 이미 세워 놓았던 삶의 계획을 모조리 수정해야 하는 불편함을 초래한다. 이삭의 탄생이 하갈과 이스마엘에게는 그동안 밝게만 보이던 미래에 짙은 어두움이 드리우는 일이기도 하다. 실제로 이삭이 태어난 후 얼마 되지 않아 하갈과 이스마엘이 집에서 쫓겨난다. 이스마엘이 아브라함의 삶의 중심부에 있다가 한순간에 변방으로 내침을 당한 것이다.

저자는 이처럼 아브라함의 삶에서 순식간에 지워져야 했던 이스마엘의 운명을 회고하면서 그를 이름조차 없는 아이로 묘사한다(cf. 14-16절). 이삭의 탄생은 이스마엘의 입지와 연관된 이야기이고 본문은 그와 하갈에 대한 이야기를 중점적으로 다루고 있지만(cf. 8-21절), 실제로는 이스마엘의 이름이 한 번도 언급되지 않고 있다. 이스마엘은 이름 없는 "아이"일 뿐이다. 이처럼 이스마엘이 아브라함의 삶에서 철저하게 배제되며 아버지를 아버지라 부를 수 없게 되었는데, 훗날 아브라함의 장례를 치르기 위하여 이삭을 찾아오는 것을 생각하면 마음이 에인다(25:9). 이삭의 탄생으로 아브라함의 대를 이을 자리에서 밀려난 이스마엘의 이야기를 담고 있는 본 텍스트는 다음과 같이 세 파트로 구분될 수 있다.

A. 이삭의 탄생(21:1-7)
  B. 같이 있을 수 없는 이삭과 이스마엘(21:8-13)
A'. 이스마엘이 쫓겨남(21:14-21)

Ⅱ. 아브라함 이야기(11:27-25:11)
  K. 약속의 아들 이삭(21:1-21)

## 1. 이삭의 탄생(21:1-7)

**[1] 여호와께서 말씀하신 대로 사라를 돌보셨고 여호와께서 말씀하신 대로 사라에게 행하셨으므로 [2] 사라가 임신하고 하나님이 말씀하신 시기가 되어 노년의 아브라함에게 아들을 낳으니 [3] 아브라함이 그에게 태어난 아들 곧 사라가 자기에게 낳은 아들을 이름하여 이삭이라 하였고 [4] 그 아들 이삭이 난 지 팔 일 만에 그가 하나님이 명령하신 대로 할례를 행하였더라**
**[5].아브라함이 그의 아들 이삭이 그에게 태어날 때에 백 세라 [6] 사라가 이르되 하나님이 나를 웃게 하시니 듣는 자가 다 나와 함께 웃으리로다 [7] 또 이르되 사라가 자식들을 젖먹이겠다고 누가 아브라함에게 말하였으리요마는 아브라함의 노경에 내가 아들을 낳았도다 하니라**

하나님이 아브라함에게 약속하셨던 아들이 드디어 태어난다. 하나님은 이삭의 탄생에 대한 구체적인 예언을 이미 두 번이나 주셨다(cf. 17:15-21; 18:10-15). 이삭의 탄생 예고가 아브라함에게 처음으로 주어진 후 두 개의 큰 사건이 있었다. (1) 소돔과 고모라의 멸망(18-19장),

(2) 아비멜렉 사건(20장). 저자는 이삭의 탄생 예언과 성취 사이에 이같이 커다란 사건들을 회고함으로써 두 사건에 이목을 집중시키고, 이삭의 탄생은 별것 아닌 듯 매우 간단하게 서술하고 지나간다. 이러한 사실은 저자가 이삭의 탄생에 할애하는 분량이 탄생 예언의 분량보다 적은 것을 봐도 역력히 드러난다.

저자는 왜 이삭의 탄생에 대하여 대수롭지 않은 일이라는 듯한 자세를 취하는 것일까? 이삭의 탄생은 너무 당연한 일이기 때문이다. 1-2절에서 "여호와께서 말씀하신 대로 그대로 되었다"는 말씀이 3차례나 반복된다. 저자는 이 문구를 반복하여 하나님의 신실하심을 강조하고자 한다. 여호와 하나님이 약속하신 것이 적절한 때에 그대로 이루어지는 것이 뭐 그리 특별하냐는 시각에서 이야기를 전개해 나간다. 저자는 이러한 관점에서 이야기를 전개해 나감으로써 하나님의 약속을 믿지 못하고 이스마엘을 낳았던 아브라함과 사라의 불신을 간접적으로 비난한다. 때가 차면 하나님이 약속하신 대로 모든 것이 이루어질 텐데 그새를 못 참고 일을 벌였던 그들의 모습을 고발하는 것이다. 아브라함처럼 조급하게 생각하지 말고, 하나님이 약속하신 것을 꼭 이루실 것을 믿고 기다리라는 교훈이 내포되어 있다.

이삭은 태어나기 전부터 특별히 구분된 약속의 아이였다. 이삭의 탄생에 대한 예고는 이미 여러 차례 암시된 바 있다. 심지어 그가 태어나기도 전에 하나님이 이름을 지어 주기까지 하셨다. 이스마엘은 13세가 되었을 때 할례를 받았다. 반면에 이삭은 하나님이 명하신 대로 태어난 지 8일째 되던 날에 할례를 받는다(4절). 17장에서 언급한 것처럼, 신생아는 태어난 지 8일째 되는 날에 할례를 해야 한다. 이에 관한 규정은 시내 산 율법에 잘 기록되어 있다. 즉 이삭은 태어날 때부터 율법을 잘 이행하고 있는 것이다!

저자는 이삭의 탄생이 하나님의 은혜로 일어난 기적이라는 사실을 또 한 번 강조한다. 다음 사항들을 생각해 보라. 모든 일은 하나님이 사라를 찾아오신 일에서부터 시작된다. 우리말 성경이 "돌보다"(개역개정; 새번역)로 번역한 히브리어 동사(פקד)는 "방문하다/찾아오다"라는 뜻이다(HALOT). 하나님의 직접적인 개입으로 인해 이삭이 태어나게 되었음을 강조하는 것이다(Waltke). 이미 폐경기를 맞은 데다 성적 기능을 상실할 정도로 늙어 버린 노부부 아브라함과 사라 사이에서 아들이 태어났다(2절). 이삭이 태어났을 때 아브라함의 나이가 100세이다(4절). 사라는 자기가 아이를 낳았다는 것이 믿기지 않는다고 말한다. "나와 같은 늙은이가 아들을 낳았다"(6절, 새번역). 이삭의 탄생이 자신뿐 아니라 아브라함에게도 기적이라는 것을 아는 사라가 말을 잇는다. "내가 지금, 늙은 아브라함에게 아들을 낳아 주지 않았는가!"(7절, 새번역).

아브라함과 사라는 약속을 받고서도 25년을 기다려야 했다. 이삭이 태어날 때 아브라함은 늙어서 시체와 같았고, 사라는 폐경이 온 지 오래였다(18:12). 하나님은 왜 이렇게 오랫동안, 인간적으로 도저히 어떻게 해 볼 수 없는, 어떠한 가능성도 기대할 수 없는 시간을 기다리셨다가 이들에게 아들을 주셨을까? 저자가 말라 비뚤어진 고목과 같은 노부부에게서 새 생명의 순 같은 이삭이 태어났다는 사실을 강조하는 데는 그만한 이유가 있다. 이스라엘 민족은 그들의 선조 아브라함과 사라에게 잉태될 때부터 이미 전적으로 하나님이 베푸신 기적의 결과라는 사실을 강조하려는 것이다. 하나님이 기적을 베풀지 않으셨다면 이스라엘 민족은 탄생하지도 못했을 것이다.

| II. 아브라함 이야기(11:27-25:11)<br>K. 약속의 아들 이삭(21:1-21) |
|---|

## 2. 같이 있을 수 없는 이삭과 이스마엘(21:8-13)

**[8] 아이가 자라매 젖을 떼고 이삭이 젖을 떼는 날에 아브라함이 큰 잔치를 베풀었더라 [9] 사라가 본즉 아브라함의 아들 애굽 여인 하갈의 아들이 이삭을**

**놀리는지라 [10] 그가 아브라함에게 이르되 이 여종과 그 아들을 내쫓으라 이 종의 아들은 내 아들 이삭과 함께 기업을 얻지 못하리라 하므로 [11] 아브라함이 그의 아들로 말미암아 그 일이 매우 근심이 되었더니 [12] 하나님이 아브라함에게 이르시되 네 아이나 네 여종으로 말미암아 근심하지 말고 사라가 네게 이른 말을 다 들으라 이삭에게서 나는 자라야 네 씨라 부를 것임이니라 [13] 그러나 여종의 아들도 네 씨니 내가 그로 한 민족을 이루게 하리라 하신지라**

롯과 아브라함이 함께 있을 수 없었던 것처럼 이스마엘과 이삭도 함께 있을 수 없다. 드디어 이들이 헤어질 날이 왔다. 이삭이 젖을 떼던 날에 큰 잔치가 벌어진다(8절). 고대 근동에서는 보통 만 3세까지 젖을 먹였으며 이스라엘도 이러한 관습을 그대로 따랐다. 그러나 고대 문헌 중에는 젖 먹이는 것을 24개월로 권장하는 것도 있고, 아이가 젖을 먹는 동안은 엄마의 임신 확률이 낮아진다고 하여 젖 먹이는 기간을 4-5세로 연장할 것을 권하는 것도 있다(Sarna).

잔치 중에 이스마엘이 이삭을 놀리고(מְצַחֵק) 있는 것을 사라가 보고 심기가 불편해졌다(9절). 이 단어의 사용은 이삭의 이름에 얽힌 언어유희의 일부이다. "놀리다"(צחק)라는 동사는 기본적으로 "웃다"라는 뜻을 가지고 있는데(HALOT), 나쁜 의도를 가지고 웃는 비웃음을 뜻하기도 한다(cf. 19:14; 출 32:6; 삿 16:25). 본문이 묘사하는 이스마엘의 행동이 정확히 어떤 것인지는 확실하지 않지만, 일부 유대인 문헌들은 이스마엘이 이삭 때문에 큰 잔치가 벌어진 것을 시기하여 자기가 이 집안의 장자임을 떠들며 외친 것이라고 한다(Sarna). 별로 근거 없는 해석이기는 하지만 재미있는 발상이다. 이스마엘이 취한 행동이 어떤 것이었든 간에 이삭에게 해가 되는 일이었을 것이다(cf. 갈 4:29).

사라는 남편에게 이스마엘과 하갈을 내쫓으라고 요구한다(10절). 이스마엘은 사라가 몸종을 통해서라도 아이를 얻어 보겠다고 해서 어렵게 얻은 아들이다. 그러나 이제 자기 몸에서 나온 아이가 있으니 어느 순간부터 이스마엘이 눈엣가시가 된 것이다. 아브라함은 큰 고민에 빠졌다(11절). 이삭이 아들인 것처럼 이스마엘도 그의 아들이 아닌가? 하나님이 축복하신 일부일처를 따르지 않는 사람이 아내들끼리의 갈등 때문에 겪을 수 있는 고민이다(Mathews).

하나님은 고민하고 있는 아브라함에게 두 가지를 확인해 주면서 사라의 청을 들어줄 것을 허락하셨다: (1) 이삭이 아브라함의 유일한 상속자가 될 것이다; (2) 이스마엘도 아브라함의 자손이기에 큰 민족이 될 것이다(12-13절). 다음 날 아브라함은 물과 음식을 조금 싸 주며 둘을 집에서 내보낸다(14절). "내보내다"(שׁלח) 동사는 남자가 이혼하여 아내를 내보내거나 노예를 자유인으로 내보낼 때 자주 사용된다(cf. HALOT). 칠십인역(LXX)은 아브라함이 하갈의 어깨에(ἐπὶ τὸν ὦμον) 아이를 들려주었다고 번역하고 있다. 그러나 이때 이스마엘이 청년이었다는 점을 감안하면 이것은 오역이다.

누지(Nuzi) 문헌들에 의하면 본처는 후처의 자식들을 내보낼 수 없다(cf. ANET). 그러나 이 사건은 두 가지 면에서 다르다. 첫째, 사라가 직접 하갈과 이스마엘을 내보낸 것이 아니라 남편인 아브라함이 내보낸다. 당시 법에 따르면 이것은 합법이다. 둘째, 아브라함은 아내를 내보내는 것이 아니라 종에게 자유를 준 것이다. 함무라비 법전보다 더 오래된 리핏 이스타르(Lipit-Ishtar) 법전(주전 1875년쯤에 제작됨)을 보면 아브라함이 하갈과 이스마엘을 왜 박대했는지 설명이 된다(cf. ANET). 주인이 종을 통하여 아이를 얻게 되면, 주인이 아이를 정당한 아들로 인정할 때에만 상속권이 주어졌다. 아마도 이스마엘은 오래전에 이런 권한을 인정받았을 것이다. 그러나 다른 규정에 따르면, 주인의 아이를 낳은 종에게 자유를 주면 그 종의 자식은 유산에 대한 상속권을 모두 포기해야 했다(ANET). 종을 자유인으로 내보낼 때는 재산을 주지 않고 내보냈던 것이다. 그럼에도 불구하고 지나가는 나그네를 위하여 송아지까지 잡았던 아브라함(cf. 18장)이 아들은 돈 한 푼 주지 않고 내쫓

다니 이해가 되지 않는다. 훗날 이스마엘은 아브라함이 죽었다는 소식을 듣고 찾아와 이삭과 함께 아버지의 장례를 치른다(25:9). 아브라함을 아버지라고 부르지 못했던 그가 아버지가 돌아가셨다는 소식을 듣고 찾아와 정성껏 장례를 치르는 모습을 보니 연민이 느껴진다.

II. 아브라함 이야기(11:27-25:11)
K. 약속의 아들 이삭(21:1-21)

### 3. 이스마엘이 쫓겨남(21:14-21)

**[14] 아브라함이 아침에 일찍이 일어나 떡과 물 한 가죽부대를 가져다가 하갈의 어깨에 메워 주고 그 아이를 데리고 가게 하니 하갈이 나가서 브엘세바 광야에서 방황하더니 [15] 가죽부대의 물이 떨어진지라 그 자식을 관목덤불 아래에 두고 [16] 이르되 아이가 죽는 것을 차마 보지 못하겠다 하고 화살 한 바탕 거리 떨어져 마주 앉아 바라보며 소리 내어 우니 [17] 하나님이 그 어린 아이의 소리를 들으셨으므로 하나님의 사자가 하늘에서부터 하갈을 불러 이르시되 하갈아 무슨 일이냐 두려워하지 말라 하나님이 저기 있는 아이의 소리를 들으셨나니 [18] 일어나 아이를 일으켜 네 손으로 붙들라 그가 큰 민족을 이루게 하리라 하시니라 [19] 하나님이 하갈의 눈을 밝히셨으므로 샘물을 보고 가서 가죽부대에 물을 채워다가 그 아이에게 마시게 하였더라 [20] 하나님이 그 아이와 함께 계시매 그가 장성하여 광야에서 거주하며 활 쏘는 자가 되었더니 [21] 그가 바란 광야에 거주할 때에 그의 어머니가 그를 위하여 애굽 땅에서 아내를 얻어 주었더라**

아브라함은 다음 날 아침 일찍 하갈과 이스마엘에게 먹을거리 조금과 물 한 부대를 들려주고는 그들을 내보낸다(14절). 당시 한 부대면 약 12리터 정도의 물을 담을 수 있었다(ABD). 아무리 당시 법이 아브라함의 행위를 문제 삼지 못한다 할지라도 하갈은 아브라함의 종이기 이전에 그의 아내(첩)였다는 사실을 감안할 때, 그의 매정함이 결코 이해되지 않는다. 조금의 여비도 줄 수 없었단 말인가? 게다가 그는 전혀 모르는 객을 위하여 송아지를 잡고 빵을 구워 잔치를 벌여 주던 사람이 아니었던가(cf. 18장)? 하나님이 아브라함에게 내보내라고 명령하신 것 외에는 이 상황을 적절히 설명할 길이 없다. 하나님이 아브라함에게 하갈과 이스마엘을 내보내라고 명한 것은 그들의 앞날을 그분이 책임지실 것을 암시하며 아브라함이 이 점을 간파하였기에 물질적으로 특별한 배려 없이 내보낸 것이다.

하갈이 전에 가출했을 때에는 자기 고향이 있는 이집트를 향해 갔는데 이번에는 상황이 다르다. 아브라함의 처소에서 그리 멀지 않은 남쪽에 위치한 브엘세바(בְּאֵר שָׁבַע) 빈 들에서 정처 없이 헤매다가 위기를 맞는다(14절). "맹세의 샘" 혹은 "일곱의 샘"이란 뜻의 브엘세바는 그다음에 기록된 아브라함과 아비멜렉이 동맹을 맺은 사건에서 유래된 이름이다(cf. 21:31). 그렇다면 두 사건이 서로 순서가 바뀌었거나, 저자가 훗날 이 사건을 회고하면서 독자들의 이해를 돕기 위하여 브엘세바라는 익숙한 이름으로 대체한 것일 것이다. 아브라함이 동맹을 맺기 전에도 이 샘이 있었고 다른 이름으로 불렸지만, 저자가 독자들에게 생소한 이름을 익숙한 브엘세바로 바꿨다는 것이다.

동사 "방황하다"(תעה)(14절)는 머물 곳이 없어 인적이 드문 곳을 홀로 배회하는 것을 가리킨다(cf. HALOT). 하갈이 임신하여 집을 뛰쳐나왔을 때는 곧바로 이집트 쪽으로 향했는데, 이번에는 주변을 방황한다. 지난 십수 년 동안 상황이 변하여 이집트에 가도 그녀와 아이를 맞아 줄 사람이 더 이상 없었던 것일까? 이스마엘과 하갈이 광야를 배회하는 것은 훗날 이스라엘이 40년 동안 광야를 떠도는 일과 비슷하다(Fretheim). 아브라함이 담아 준 물이 다 떨어진 하갈은 황량한 들판에서 위기를 맞는다(15절). 목말라 죽어 가는 아이의 죽음을 차마 지켜볼 수 없어서 아이를 두고 조금 떨어진 곳에서 통곡한다(16절).

작은 혼선이 빚어지고 있다. 15절에서부터 묘사되고 있는 이스마엘의 모습을 보라. 힘없고 연약한 어린아이의 모습이다. 그러나 나이를 따져 보면 이때 그는 20세에 가까운 청년이 되어 있다. 아마도 저자가 자신의 생명을 보존하는 일에서는 한없이 무력한 이스마엘의 모습을 극적으로 묘사하기 위하여 도입한 표현법으로 생각된다.

하갈의 울부짖음은 원망으로 가득한 절망의 절규이다. 하나님이 통곡소리를 듣고 그들을 구원하신다(17절). "하나님이 들으시다"(יִשְׁמַע אֱלֹהִים)(17절)를 줄이면 아이의 이름인 "이스마엘"(יִשְׁמָעֵאל)이 된다(cf. 16:11). 아이의 이름이 언어유희로 사용되고 있는 것이다. 하나님은 이전에 하갈에게 주셨던 이스마엘에 대한 약속(cf. 16:11-12)을 재확인해 주신다(18절). 한 가지 특이한 점은 하나님이 아브라함에게는 민족과 땅을 약속했는데, 이스마엘에게는 민족만 허락하고 땅에 대하여는 아무 말씀도 없으시다는 것이다. 그의 자손들은 유목민이 되어 영원히 이 땅을 떠돌며 살게 되리라는 뜻일까? 어찌 되었건 하나님의 신실하심이 다시 한 번 드러나는 순간이다. 또한, 불가능한 상황에서 하나님의 개입으로 이삭이 기적적으로 태어나 비로소 이스라엘이 시작되었던 것처럼 위기에 처한 이스마엘이 많은 후손을 갖게 된 것은 전적으로 하나님의 자비임을 드러내는 사건이다.

하나님은 하갈의 눈을 밝혀 샘물을 발견하게 하신다(19절). 이스마엘이 큰 민족이 될 것이라고 약속한 하나님이 하갈과 이스마엘이 당장 필요로 하는 물도 허락하신 것이다. 하나님은 이처럼 우리의 미래뿐 아니라 현실의 어려움도 해결해 주는 자상한 배려자이시다.

샘이 이미 그곳에 있었는데 하갈이 보지 못한 것인지, 아니면 하나님이 두 모자를 위해 없던 샘을 만들어 주신 것인지는 확실하지 않다. 재미있는 것은 그녀가 "맹세의 샘/7개의 샘"이란 뜻의 브엘세바 근처에 머물면서도 샘을 찾지 못해 죽을 고비를 맞았다가 하나님이 눈을 뜨게 해 주시자 비로소 샘을 발견했다는 사실이다. 브엘세바는 우리가 끊임없이 기도하며 하나님의 인도하심을 받아야 하는 이유가 여기에 있다. 우리는 이미 주변에 있는 것도 볼 수 없는 연약한 존재들이기 때문이다.

하나님은 이스마엘이 자라는 동안에 늘 함께하셨다(20절). 아브라함의 자손이기 때문에 하나님이 특별히 그를 보살펴 주신 것이다. 이스마엘은 광야에 살면서 활 쏘는 사람이 되었다(20절). 그의 후손이 활 쏘는 자들이었다는 전승은 이사야서에서도 발견된다. 게달은 이스마엘의 아들로 기록되어 있는데(창 25:13), 게달에 대해 이사야는 다음과 같이 말한다. "게달의 자손 가운데서 활 쏘는 용사들이 얼마 남는다고 하여도, 그 수는 매우 적을 것이다"(사 21:17, 새번역). 이스마엘은 장성하여 바란 광야에 살 때에 어머니의 주선으로 이집트 여인과 결혼했다(21절). 바란 광야는 훗날 출애굽한 이스라엘 사람들이 지나는 곳이며 시내 광야의 일부를 뜻하는 것으로 이해된다(HALOT).

저자가 묘사하고 있는 이스마엘은 철저하게 언약의 테두리 밖에 있는 사람이다(cf. Mathews). 첫째, 그는 노예의 아들로 태어났다. 그도 아브라함의 아들이기는 하지만 아브라함이 이삭만을 적자로 인정했으니 이스마엘이 상속자가 될 가능성은 없다. 둘째, 이스마엘은 약속의 땅 밖에 거하고 있다. 그는 아브라함과 후손들이 차지할 약속의 땅에서 스스로 벗어나 살고 있는 것이다. 셋째, 그는 무력을 좋아하는 사람이었다. 평화의 하나님이 아브라함과 맺으신 언약은 내용이 매우 평화적이다. 심지어 세상 모든 민족에게 축복의 통로가 되어야 한다고까지 말씀하셨다. 그러나 이스마엘은 매우 폭력적이므로 하나님의 축복과는 거리가 멀었다. 넷째, 이스마엘은 이집트 여인과 결혼하여 자기 삶의 영역을 아버지 아브라함에게서 더 멀어지게 하였다. 앞으로 이스라엘이 이집트 사람들에게 엄청난 핍박을 받게 될 것을 생각하면 더욱더 그렇다. 사라의 말대로 그는 절대로 아브라함의 상속자가 될 수 없는 사람이었던 것이다.

II. 아브라함 이야기(11:27-25:11)

## L. 아비멜렉과 맺은 협정(21:22-34)

이 이야기의 시대적 정황이 정확하지 않다. 그러나 저자가 이야기를 통하여 전하고자 하는 메시지는 분명하다(cf. Sarna). 첫째, 저자는 아브라함의 새로운 이미지를 제시하고자 한다. 전쟁 포로가 되어 끌려가는 롯을 구하기 위해 아브라함은 도시국가의 왕에 버금가는 군사력을 동원한 적이 있다(cf. 14장). 멸망할 도시, 소돔에 사는 조카를 살리기 위해 적극적으로 나서 하나님께 중보한 적도 있다(cf. 18장). 그럼에도 불구하고 이때까지 창세기에서 묘사된 아브라함의 모습은 대체로 힘이 없고 소극적이다. 그러나 이제는 하나님으로부터 땅과 백성을 약속받았고, 그 약속들이 지켜질 것을 보장하는 아들 이삭까지 받았으니 자신감 있고 당당하게 살아갈 수 있게 된 것이다. 아비멜렉과 협상할 때 한결 당당해진 그의 모습이 돋보인다.

둘째, 아브라함은 이 이야기를 통하여 하나님이 그와 후손들에게 약속하신 땅을 조금씩 확보해 나간다. 그동안 하나님은 여러 차례 아브라함에게 땅을 약속하셨지만, 정작 아브라함은 가나안 땅을 단 한 평도 소유하지 못했다. 이 사건을 통해 그가 브엘세바 우물과 주변 땅을 소유하게 되어 처음으로 약속의 땅 일부를 법적으로 소유하게 된다. 아비멜렉은 아브라함의 브엘세바 지역에 대한 법적 권리를 보장하는 역할을 한다.

셋째, 이 이야기는 이스라엘의 삶에 매우 중요한 정치적—종교적 장소로 자리 잡게 될 브엘세바(בְּאֵר שָׁבַע)라는 이름의 유래를 설명하고 있다. 훗날 성경이 온 이스라엘의 영토를 표시할 때 "단(북쪽 끝)에서부터 브엘세바(남쪽 끝)까지"라는 말을 자주 사용한다(삿 20:1; 삼상 3:20; 삼하 3:10; 17:11; 24:2; 왕상 4:25). 또한, 브엘세바는 이스라엘 사람들이 자주 찾는 성지들 중 하나이다(cf. 암 5:5).

아브라함이 아비멜렉과 언약을 체결하는 이 이야기는 숫자 "일곱"(שֶׁבַע)을 중심으로 구성되어 있다. 이야기 속에서 아브라함과 아비멜렉의 이름이 정확히 7번씩 사용되며 7마리의 암양 새끼가 등장한다. 저자는 이 짧은 이야기에서 7번씩 언급되는 단어 2세트(아브라함, 아비멜렉)와 "7마리" 를 사용하여 텍스트에 점착력(cohesiveness)을 더한다. 또한 "맹세하다"(שׁבע)와 브엘세바(בְּאֵר שֶׁבַע)라는 이름 역시 "일곱"(שֶׁבַע)이란 단어와 같은 어원에서 비롯된 것들이다. 본 텍스트는 다음과 같이 두 파트로 구분된다.

A. 동맹 체결 제안(21:22-24)
B. 동맹 체결식(21:25-34)

II. 아브라함 이야기(11:27-25:11)
L. 아비멜렉과 맺은 협정(21:22-34)

## 1. 동맹 체결 제안(21:22-24)

**[22] 그 때에 아비멜렉과 그 군대 장관 비골이 아브라함에게 말하여 이르되 네가 무슨 일을 하든지 하나님이 너와 함께 계시도다 [23] 그런즉 너는 나와 내 아들과 내 손자에게 거짓되이 행하지 아니하기를 이제 여기서 하나님을 가리켜 내게 맹세하라 내가 네게 후대한 대로 너도 나와 네가 머무는 이 땅에 행할 것이니라 [24] 아브라함이 이르되 내가 맹세하리라 하고**

아브라함은 아비멜렉이 다스리는 영토에 속한 그랄에 살고 있다(23절). 만일 이삭이 태어난 이후 이 일이 있었다면, 아브라함은 20장에서 그랄에 들어온 이후 아직도 이곳에 머물고 있다는 것이며, 이삭도 이곳에서 태어났다. 그러나 만약에 18-21장의 일들이 시대적인 순서에 따라 기록된 것이 아니라면 이 일은 아마도 20장 사건이 있은 지 얼마

되지 않은, 그리고 이삭이 태어나기 전에 있었던 일이었을 것이다. 아비멜렉이 아브라함에게 "나와 내 아들과 내 손자"와 동맹을 맺자고 제안하면서 아브라함 측에 대해서는 자식에 대한 언급 없이 단순히 "너"라고 부르는 것으로 보아(23절) 이 사건은 이삭이 태어나기 전에 있었던 일로 생각된다.

20장에서와 같이 아비멜렉은 좋은 동기로 아브라함에게 다가왔다. 이곳에서 그려지는 아비멜렉의 모습은 복의 근원인 아브라함을 축복하여 자신과 자신의 후손들이 축복을 받게 하려는 이상적인 이방인의 모습이다. 즉 모세는 이 이야기를 처음 듣는 이스라엘 백성들에게 만일 가나안 사람들이 원했다면 진멸되지 않고 아비멜렉과 같은 위치에 설 수 있었을 것이라는 사실을 전한다. 가나안 사람들에게도 기회가 주어졌는데(cf. 라합, 기브온), 결국 그들이 이스라엘의 손에 죽게 된 것은 그들 자신의 선택의 결과임을 암시하는 것이다.

훗날 이삭은 또 다른 아비멜렉을 만난다(26장). 아비멜렉은 이삭이 번성하는 것에 시기와 질투심을 느낀다. 그러나 그는 이러한 감정을 본문의 아비멜렉처럼 긍정적인 대안으로 승화시키지 못하고 이삭에게 떠나라고 한다. 아비멜렉에게 이삭은 오로지 위협적인 사람으로 여겨졌기 때문이다. 이처럼 같은 상황에서도 다른 반응이 나온다는 것이 우리에게 교훈을 주어야 한다. 우리도 분명 잘 되는 이웃을 보면서 시기와 질투와 심지어는 위협까지 느낄 수 있다. 이런 상황에서 중요한 것은 이러한 부정적인 감정에 어떻게 대응하느냐이다. 부정적인 감정을 건강한 경쟁과 우리 자신을 더 개발하고 이웃과 상생하는 에너지로 바꾸어야 한다.

아비멜렉의 아브라함에 대한 관찰이 의미심장하다. 비록 그가 여호와 하나님을 믿지는 않지만, 아브라함의 계속되는 번성과 발전이 그의 눈에는 여호와의 신실하심과 선하심을 증언하는 것으로 비추어진 것이다: "네가 무슨 일을 하든지 하나님이 너와 함께 계시도다"(22절).

그래서 그는 군대 장관 비골을 아브라함에게 보내 동맹을 제안한다(22절). 우리도 살면서 세상 사람들로부터 "하나님이 저 사람과 함께하신다"라는 말을 들을 수 있도록 노력해야 한다. 아비멜렉이 군대 장관을 보낸 것은 그가 아브라함을 존귀하게 여기고 있음을 뜻하지만, 동시에 만일 동맹 협정이 체결되지 않으면 군사적 폭력이 가해질 수도 있다는 위협을 내포하고 있다(Mathews). 그러므로 선택의 여지가 별로 없는 아브라함으로서는 아비멜렉의 제안을 흔쾌히 받아들일 수밖에 없다.

II. 아브라함 이야기(11:27-25:11)
L. 아비멜렉과 맺은 협정(21:22-34)

## 2. 동맹 체결식(21:25-34)

**[25] 아비멜렉의 종들이 아브라함의 우물을 빼앗은 일에 관하여 아브라함이 아비멜렉을 책망하매 [26] 아비멜렉이 이르되 누가 그리하였는지 내가 알지 못하노라 너도 내게 알리지 아니하였고 나도 듣지 못하였더니 오늘에야 들었노라 [27] 아브라함이 양과 소를 가져다가 아비멜렉에게 주고 두 사람이 서로 언약을 세우니라 [28] 아브라함이 일곱 암양 새끼를 따로 놓으니 [29] 아비멜렉이 아브라함에게 이르되 이 일곱 암양 새끼를 따로 놓음은 어찜이냐 [30] 아브라함이 이르되 너는 내 손에서 이 암양 새끼 일곱을 받아 내가 이 우물 판 증거를 삼으라 하고 [31] 두 사람이 거기서 서로 맹세하였으므로 그 곳을 브엘세바라 이름하였더라 [32] 그들이 브엘세바에서 언약을 세우매 아비멜렉과 그 군대 장관 비골은 떠나 블레셋 사람의 땅으로 돌아갔고 [33] 아브라함은 브엘세바에 에셀 나무를 심고 거기서 영원하신 여호와의 이름을 불렀으며 [34] 그가 블레셋 사람의 땅에서 여러 날을 지냈더라**

아브라함은 이 기회에 아비멜렉에게 브엘세바에 얽힌 자신의 억울함을 털어놓는다(25절). 브엘세바는 반(半)사막 지역이기 때문에 물이 매우 귀한 곳이었다. 그러므로 가축을 먹이는 사람들 사이에 우물의 소유권과 사용권을 놓고 자주 싸움이 일어났다. 아브라함의 이야기를 들은 아비멜렉은 이 문제를 즉시 해결해 준다(26절). 아브라함이 적절한 순간에 마음에 두었던 문제를 꺼내 쉽게 해결하는 것은 그가 지혜로운 사람이라는 것을 보여 준다. 아브라함은 보답으로 그에게 암양 새끼 7마리를 선물한다(28절). 아비멜렉은 이 선물이 뜻밖이라는 반응을 보이며 선물의 의미를 묻는다(29절). 아브라함은 이것으로 자신이 문제의 우물의 주인이 됨을 확인해 달라고 한다(30절). 아비멜렉이 더 이상 문제를 제기하지 않고 그대로 따르는데, 이것은 아브라함이 주장한 모든 것을 인정하고 수용하겠다는 뜻이다.

오늘날에는 가해자가 피해자에게 보상하는 것이 당연한데, 창세기에서는 바로가 가해자 아브라함에게, 아브라함이 가해자 아비멜렉에게 오히려 선물을 주는 일을 우리는 어떻게 이해해야 하는가? 아마도 이 선물들은 "내가 지금까지 억울하게 당한 것을 생각하면 이건 아무것도 아니다"라며 자신이 선물보다 더 큰 손실을 봤다는 것을 선언하는 행위로 보인다.[49] 동맹을 체결한 아비멜렉 일행은 블레셋 사람의 땅으로 돌아간다(32절). 아비멜렉이 언약을 체결하기 위하여 아브라함이 살던 곳으로 왔다가 다시 자신의 궁으로 돌아갔다는 뜻이다.

성경 밖에서 블레셋 사람들이(פְּלִשְׁתִּים)(32, 34절) 처음 언급되는 때는 주전 12세기경이다. "바다 사람들"로 불렸던 이들은 가나안 남부 해안 지방에 자리를 잡고 이집트의 용병 노릇을 했다(Dothan). 그러므로 아브라함 시대에 블레셋 사람이 등장하는 것은 우리가 지금까지 발견한

49 웬함(Wenham)은 아브라함이 아비멜렉에게 선물을 주지만 아비멜렉은 아브라함에게 선물을 주지 않은 것은 아브라함이 약자이고, 이 계약을 통해 아비멜렉보다 더 많은 이득을 얻게 되었기 때문이라고 한다. 그러나 이 계약은 아비멜렉이 날로 왕성해지는 아브라함을 두려워해서 먼저 제안한 것이고, 그가 아브라함에게 "너는 나와 내 아들과 내 손자에게 거짓되이 행하지 아니하기를" 요구하는 것으로 보아(23절) 두 사람은 동등한 자격에서 조약을 체결하고 있는 것이 확실하다.

어떤 기록과도 맞지 않는다. 그렇다면 본문의 블레셋 사람들에 대한 언급을 어떻게 설명해야 하는가? 둘 중의 하나일 것이다(cf. Fretheim). 첫째, 바다 사람들이 정착하며 차지했던 지역에 살고 있던 족속의 이름이 블레셋일 수 있다. 이 경우 훗날 소아시아에서 이주해 온 바다 사람들이 그곳에 살고 있던 원주민들의 이름을 자신들에게 적용한 것으로 해석된다. 둘째, 훗날 이 땅이 블레셋의 땅이 될 것을 아는 사람이 그 지역에 살고 있는 옛 주민들을 블레셋 사람들이라고 부르는 것일 수 있다. 누군가가 독자의 편의를 위하여 후대에 붙여질 이름인 블레셋을 당시 이름으로 개정(update)한 것으로 설명할 수 있다.

"에셀 나무"(אֶשֶׁל)(33절)는 히브리어 단어를 소리 나는 대로 붙인 이름이다. "고페르 나무"(6:14)처럼 말이다. 영어로는 타마리스크(tamarisk)로 알려져 있으며 우리말로는 위성류(渭城柳) 또는 능수버들이라고 한다. 에셀은 뿌리가 깊이 뻗는 나무로 모래가 많이 섞인 땅이나 건조한 땅에서도 잘 자라는 나무이다(Sarna). 낙엽성 나무로 6미터까지 자라며 나뭇잎에서 작은 소금알갱이 같은 분비물을 분출한다(ABD). 나무는 주로 숯을 만들거나 건축 재료로 쓰였고, 나무의 껍질은 가죽을 다루는 데 사용되었다. 유목민들은 무더위를 막아 줄 그늘을 얻고 나무의 줄기를 가축들의 먹이로 쓰곤 했기에 이 나무를 많이 심었다(Zohary). 아브라함이 이곳에 이 나무를 심는 것은 아비멜렉과의 언약 체결을 상징한다. 생명력을 산출하는 나무와 같이 그들의 미래가 왕성해지기를 바라는 의미에서였을 것이다.

브엘세바에 얽힌 아브라함의 억울함은 이 세상을 떠도는 방랑자로 살아가는 우리에게 어떤 교훈을 주는가? 그가 억울한 일을 당한 이유는 타향에서 객으로 살기 때문에 왕의 부하들이 텃세를 부린 탓이다. 우리도 이 세상에서 객으로 사는 한 억울한 일을 당할 수 있다. 그러니 주님을 따른다는 이유로 세상이 우리를 부당하게 대하더라도 이상하게 생각할 필요가 없다. 오히려 하나님이 그리스도의 고난에 동참할 기회를 주신 것에 감사해야 한다. 그렇게 삶을 바라보면 억울한 일과 원통한 일이 많이 줄어든다.

II. 아브라함 이야기(11:27-25:11)

## M. 아브라함의 시험(22:1-19)

아브라함은 살아오면서 신앙 검증 테스트를 여러 차례 받았다(cf. 12, 13, 16, 20장). 그때마다 아브라함은 믿음을 보여 주는 데 실패했다. 이 이야기에서 그는 일생 최대의 시험을 맞이한다. 하나님이 아브라함에게 그가 가장 사랑하고 아끼는 이삭을 바치라고 하시기 때문이다. 아브라함은 이미 이스마엘을 "잃었다." 이제 이삭까지 잃을 상황에 부닥친 것이다. 그는 이 위기를 어떻게 이겨 낼 것인가? 그동안의 실패와 시련이 약이 되었을까 아니면 다시 한 번 실패의 잔을 마시게 될까?

아브라함은 "여호와께서 예비하신다"라는 의미로 해석되는 "여호와 이레"(יְהוָה יִרְאֶה)의 신앙고백으로 최고의 위기를 잘 넘길 뿐 아니라 두고두고 "믿음의 조상/아버지"로 기억되는 영광을 누리게 된다. "여호와 이레"란 "여호와께서 [자신을] 보이실 것이다"라는 뜻이다. 하나님은 시험을 위한 시험은 절대 주지 않으시는 분이다. 그렇다면 우리는 하나님이 아브라함의 시험을 통하여 "어떤 새로운 사실을 가르쳐 주실 것인가"에 대한 기대를 갖고 본문에 임해야 한다.

이 일이 있은 지 얼마 지나지 않아 사라가 죽으며(23:1), 그 후 아브라함도 괄목할 만한 업적을 더 이상 남기지 못한 채 죽는다(25:8). 12장에서 시작된 하나님과 아브라함의 동행은 마치 이삭을 바치는 사건을 향하는 듯 계속해서 상승세를 타다가 이 사건으로 정점을 찍고 이후 인생의 하향 곡선을 그리는 점강법(漸降法)(anticlimactic)적인 성향을 지닌 듯하다. 아브라함이 쇠해지는 만큼 이삭은 강해진다. 세대 교체가 이루어지고 있는 것이다.

아브라함의 여정의 출발인 부르심(12:1-3)과 그의 삶에서 가장 큰 위기라고 할 수 있는 이 이야기가 시작하는 방식이 비슷하다(cf. Wenham; Sarna; Waltke). 첫째, 두 이야기 모두 아브라함에게 큰 믿음을 요구한다. 둘째, 둘 다 명령형으로 시작한다. "떠나가라!"(לֵךְ)(12:1), 데려가라!(קַח)(22:2). 셋째, 두 군데 모두 명령이 세 개의 목적어로 이어지는데, 점차로 친밀감이 높아지는 순서로 나열되어 있다. "너의 고향과 친척과 아버지의 집을 떠나라"(12:1), "네 아들 네 사랑하는 독자 이삭을 데리고…가라"(2절). 넷째, 하나님의 두 명령에는 구체성이 결여되어 있다. 길을 떠나야 하는 아브라함에게 "내가 네게 보여 줄 땅으로 가라"(12:1)고만 말씀하실 뿐 구체적인 목적지는 말씀하시지 않았다. 이번에는 이삭을 데리고 "내가 네게 일러 준 한 산"으로 가라고 하실 뿐 정확한 목적지를 밝히지 않으신다.

아브라함이 이삭을 바치는 이야기의 구조를 파악하는 일은 쉽지 않다. 다만 "내가 여기 있나이다/내가 여기 있노라"(הִנֵּנִי)가 1, 7, 11절에서 사용되면서 텍스트를 1-6절, 7-8절, 9-19절로 분리할 따름이다. 각 섹션마다 "두 사람이 동행하다/함께 나아가다"(וַיֵּלְכוּ שְׁנֵיהֶם יַחְדָּו)(6, 8절) 혹은 "(그들이) 함께 떠나다"(וַיֵּלְכוּ יַחְדָּו)(19절)가 한 차례씩 등장하면서 텍스트에 점착성을 더한다. 다행히 마지막 섹션(9-19절)에서는 간략한 평행 구조를 파악할 수 있다. 다음을 참조하라(Mathews).

A. 브엘세바에서 모리아 산으로(1-6절)
　B. 모리아 산 밑에서 정상으로(7-8절)
　　C. 모리아 산 정상에서 있었던 일(9-19절)
　　　a. 이삭을 제물로 바치려 함(9-10절)
　　　　b. 하늘에서 들려온 첫 번째 말씀(11-12절)
　　　a'. 양을 제물로 바침(13-14절)

b'. 하늘에서 들려온 두 번째 말씀(15–18절)
c. 모든 일을 마치고 집으로 돌아옴(19절)

또한 이 이야기는 진행되는 장소에 따라 다음과 같이 구분할 수도 있다.

A. 브엘세바에서 모리아 산으로(22:1–6)
B. 모리아 산 밑에서 정상으로(22:7–8)
C. 모리아 산 정상에서(22:9–19)

II. 아브라함 이야기(11:27–25:11)
M. 아브라함의 시험(22:1–19)

## 1. 브엘세바에서 모리아 산으로(22:1–6)

**[1] 그 일 후에 하나님이 아브라함을 시험하시려고 그를 부르시되 아브라함아 하시니 그가 이르되 내가 여기 있나이다 [2] 여호와께서 이르시되 네 아들 네 사랑하는 독자 이삭을 데리고 모리아 땅으로 가서 내가 네게 일러 준 한 산 거기서 그를 번제로 드리라 [3] 아브라함이 아침에 일찍이 일어나 나귀에 안장을 지우고 두 종과 그의 아들 이삭을 데리고 번제에 쓸 나무를 쪼개어 가지고 떠나 하나님이 자기에게 일러 주신 곳으로 가더니 [4] 제삼일에 아브라함이 눈을 들어 그 곳을 멀리 바라본지라 [5] 이에 아브라함이 종들에게 이르되 너희는 나귀와 함께 여기서 기다리라 내가 아이와 함께 저기 가서 예배하고 우리가 너희에게로 돌아오리라 하고 [6] 아브라함이 이에 번제 나무를 가져다가 그의 아들 이삭에게 지우고 자기는 불과 칼을 손에 들고 두 사람이 동행하더니**

아브라함이 하란에서 처음으로 하나님의 말씀을 들었을 때, 하나님은 그에게 모든 친지와 가족들을 떠나는 일을 통해 과거와 결별하라고 하셨다. 이번에는 아브라함에게 지금까지 허락하셨던 모든 약속과 미래에 대한 기대를 한순간에 물거품으로 만들어 버릴 수 있는 순종을 요구하신다. 아브라함의 존재 의미이자 미래에 대한 소망의 "계약금"인 이삭을 번제로 바치라고 요구하신 것이다(2절)! 물론 아브라함은 12장에서 처음 하나님의 말씀을 듣고 순종했던 것처럼 이번에도 묵묵히 하나님의 인도하심을 받아들인다.

아브라함이 소명을 받고 하란을 떠나 가나안으로 온 일과 이 사건의 연관성은 "가서 내가 네게 일러 준 한 산"(22:2)과 "떠나 내가 네게 보여 줄 땅"(12:1)로 번역된 동일한 히브리어 문구(לֶךְ־לְךָ)의 반복에서도 역력히 드러난다. 이 문구는 이 두 곳을 제외하면 성경에서 다시는 사용되지 않는다는 사실도 두 이야기의 연관성을 암시하는 듯하다. 또한 "네가 살고 있는 땅과, 네가 난 곳과, 너의 아버지의 집을 떠나라"(12:1, 새번역)와 "너의 아들, 네가 사랑하는 외아들 이삭을 데리고 모리아 땅으로 가거라"(22:2, 새번역)는 아브라함의 마음속에 동일한 비중의 심리적 갈등을 유발하는 문구들로 생각된다. 저자가 아브라함의 하나님과의 여정의 시작과 끝이라 할 수 있는 사건들을 이렇게 연결시키는 것은 독자들에게 이스라엘의 시작과 그들이 누리는 축복이 모두 하나님의 축복과 아브라함의 순종에서 비롯된 것이라는 사실을 강조하기 위해서이다(de Vaux).

이 사건은 "그 일 후"(וַיְהִי אַחַר הַדְּבָרִים הָאֵלֶּה)에 있었던 일이다(1절). 문자적으로 "이런 일들이 일어난 다음"이라는 뜻이다. 아마도 아브라함이 하갈과 이스마엘을 내보낸 사건이 있은 후에 일어난 일임을 암시하는 듯하다. 그러나 상당한 시간이 흐른 것은 확실하다. 아브라함이 이스마엘을 내보낼 때 이삭의 나이가 2-3세였는데 이 사건에서 그는 나무를 지고 산을 오를 수 있을 뿐만 아니라, 아버지에게 똑똑한 질문을 할 수 있는 나이가 되었다. 한 유대인 전승은 이때 이삭의 나이가 37세였다고 한다(Genesis Rabbah 56:8). 이스마엘을 내보낸 지 30여 년이 흐른 뒤라는 것이다. 그러나 이삭은 이때 37세 장년이라기보다는 10대 소년이었을 것으로 생각된다.

하나님이 아브라함을 시험해 보려고 그를 부르신다(1절). 마소라 사본은 하나님이 아브라함을 한 번 부르신 것으로 기록하고 있는데, 칠십인역(LXX)과 사마리아 오경은 두 번 부르신 것으로 기록하고 있다. 성경에서 하나님이 중요한 일로 사람을 부르실 때는 두 차례 연거푸 부르시는 것이 일상적이다(Friedman). 아브라함이 모리아 산 정상에서 이삭을 바치려는 순간, 천사가 하늘에서 그를 두 차례 부르신다(11절). 하나님이 이집트로 내려가려는 야곱을 두 차례 부르시고(46:2), 훗날 하나님이 호렙 산에서 모세를 부르실 때도 두 차례 부르신다(출 3:4). 하나님이 사무엘을 처음 찾아오실 때도 두 차례 부르신다(삼상 3:10). 이러한 정황을 고려할 때, 아마도 이곳에서도 하나님은 아브라함의 이름을 두 차례 부르셨을 것이다. 그러므로 본문에서 아브라함의 이름이 한 번 누락된 것으로 생각된다.

하나님이 아브라함에게 요구하시는 일이 매우 어려운 일임을 히브리어 문장이 암시하고 있다. 하나님이 아브라함에게 이삭을 데리고 길을 떠나라고 하면서 정중한 당부나 부탁을 표현할 때 사용되는 히브리어 불변화사(particle) נָא를 사용하신다(2절). 이 불변화사는 창세기 안에서 60차례 이상이나 사용되지만, 하나님이 인간에게 말씀하실 때 사용된 것은 구약성경 전체에서 고작 5번에 불과하며(창 13:14; 15:5; 22:2; 출 11:2; 사 7:3) 불변화사가 사용될 때마다 하나님은 인간에게 매우 어려운 일을 요구하신다(Radday). 여기에서도 하나님은 아브라함에게 요구하는 일이 그에게 얼마나 부담스럽고 어려운 일인가를 헤아리고 계심을 암시하고 있는 것이다(Wenham). 또한 본문에서처럼 불변화사가 "내가 여기 있습니다"(הִנֵּנִי)(1절)와 함께 사용될 때에는 행동의 순서를 엮는 것으로 간주되기도 한다(Lambdin). 이곳에서는 "네가 나에게 순종할 준비가 되어 있으니, 네 아들을 바쳐라"라는 의미에서 1절과 2절을 연결하고 있다(Waltke).

하나님이 정말 인간 번제를 원해서 이삭을 바치라고 하시는가? 고대 근동 사람들은 다산(多産)을 축복으로 주는 신들은 축복의 일부, 즉 산물의 일부를 제물로 요구할 수 있는 권리를 가졌다고 생각했다(Walton). 이러한 종교적 정서에서 인간 번제를 바치는 종교들이 생겨난 것이다. 사람들은 신들에게 사람을 번제로 바치면 다산의 축복을 지속적으로 보장받을 수 있다고 생각했다. 구약에서 저자들과 선지자들이 인간 번제를 계속해서 비난하는 것을 보면, 이스라엘이 나라로 존재하던 시대에도 주변 나라들에서는 이런 흉측한 일이 성행했음을 짐작할 수 있다.

하나님도 가나안 지역의 신들처럼 인간 번제를 받으실 것인가? 저자는 1절에서 이미 하나님이 아브라함을 "시험하시려고"(נסה) 이런 요구를 하신다고 밝히고 있다. 이 히브리어 동사는 일정한 기준을 세워 놓고 그 기준에 따라 테스트하는 의미를 지녔을 뿐만 아니라 "훈련하다"라는 뜻도 가지고 있다(HALOT). 사탄은 우리를 쓰러뜨리기 위하여 시험하지만, 하나님은 우리를 더 굳건히 세우기 위하여 시험하신다(Youngblood).

처음부터 하나님은 인간 번제를 요구할 마음이 전혀 없으셨다. 이삭을 요구한 것은 아브라함의 믿음을 테스트하기 위해서였다. 혹시라도 우리가 이런 사실을 오해할까 봐 모세는 처음부터 이 일은 하나님이 아브라함을 "시험하시려고" 주신 테스트에 불과하다는 정보를 제공한다(1절). 그러므로 엄밀히 말하자면 이 이야기에서 위기를 맞는 것은 생명을 위협받는 이삭이 아니라 아브라함과 하나님의 관계이다(Waltke). 아브라함이 이삭을 제물로 바치기를 거부한다면 어떻게 될 것인가? 아마도 아브라함에게 추가적인 신앙의 연단과 훈련이 있은 후에 다시 시험하시지 않았을까 생각한다.

아브라함에게는 이스마엘이란 큰아들이 있다. 그런데 하나님은 왜 이삭을 "너의 독자"(יְחִידְךָ)라고 하시는가(2절)? 일부 주석가들은 이 말을 "가장 아끼는"이라는 의미로 해석한다. 그러나 이 단어의 의미는 "유일한/하나밖에 없는"이다(HALOT). 21장에서 보았듯이 이스마엘은 이미 아브라함의 품을 떠났다. 비록 그가 아브라함의 피붙이이기는 하지만 법적으로는 상속권이 없는 자가 된 것이다. 게다가 "외아들"이라는 말은 아브라함의 감정을 자극하기에 충분하다. 하나님은 아브라함이 상상할 수 있는 최고의 심리 테스트를 주신 것이다. 게다가 이스마엘은 인간이 하나님의 뜻을 이루어 보겠다고 노력해서 얻은 아들인데, 이삭은 하나님의 약속 성취로 태어난 아들이다. 즉 하나님의 관점에서는 이삭만이 아브라함의 정당한 상속자라는 것이다. 또한, 지금 아브라함과 같이 있는 아들은 이삭뿐이다. 그러므로 하나님이 이삭을 "독자"라고 부르시는 것은 당연한 일이다.

이삭이 아브라함에게 어떤 아들인가를 잠시 생각해 보자. 이삭은 아브라함의 삶의 의미이자 인생의 결정판이다. 아브라함은 이삭 때문에 사는 보람을 느낀다. 하란에 있는 친척들을 떠나와 가나안에서 이곳저곳 정처 없이 떠돌며 사는 그의 나그네 인생에 이삭은 위안이요 보상이다. 즉 아브라함이 "소유"한 것 중에 가장 소중한 것이 노년에 얻은 이삭인 것이다. 그런데 하나님이 늙은 아브라함이 지팡이 삼아 의지하며 살고 있는 이삭을 바치라고 하신다. 하나님이 늙은 아브라함에게서 지팡이를 빼앗으려 하신 것이다(Waltke).

문제는 그를 하란에서 불러내신 하나님이 시기하시는 주님이라는 것이다. 하나님의 질투가 아브라함의 삶에만 국한되어 있는 것은 아니다. 우리도 하나님의 질투를 얼마든지 경험할 수 있다. 무엇이든지 우리 삶에서 하나님이 차지해야 할 자리를 다른 사람이나 물건이 차지할 때 그분은 질투를 느끼신다. 우리 삶에서 우리가 가장 소중하게 생각하는 것이 무엇인가를 떠올려 보자. 그리고 그것이 혹시 하나님의 자리를 차지하고 있지는 않은가 생각해 보자. 설령 하나님의 자리를 차지하고 있지 않다고 하더라도, 그것이 아브라함이 모리아 산 시험을 통해 비로소 이삭을 소유하게 된 것처럼 우리도 "소유권 시험"을 지나 하나님 앞에서 당당하게 소유할 수 있는 것인가에 대해 묵상할 필요가 있다.

"모리아 땅"(אֶרֶץ הַמֹּרִיָּה)(2절)에 대한 언급은 성경에 두 번 나온다. 역대하 3장 1절에 의하면 "모리아 산"에 예루살렘 성전이 세워졌다. 당시 예루살렘은 초목이 울창하던 곳으로 알려져 있어서 일부 학자들은 만일 예루살렘이 모리아 산이었다면, 아브라함이 굳이 장작을 가지고 산을 오를 필요가 없었을 것으로 생각한다(Sarna). 또한 칠십인역은 본문에서 모리아를 고유명사로 취급하지 않고, 높은 지역을 뜻하는 일반명사(τὴν ὑψηλὴν)로 번역해 놓았다. "모리아"에 정관사가 더해져 빚어진 혼선으로 생각된다. 이러한 정황을 근거로 그들은 본문이 언급하는 모리아가 예루살렘에 있었을 가능성은 희박하다고 결론짓는다. 우리가 알지 못하는 다른 지역이었을 것이라는 결론이다(cf. Sarna).

창세기 저자는 예배와 연관하여 예배를 통해 드리는 제물보다 예배를 준비하는 과정이 더 중요하다고 이미 강조한 적이 있다(cf. 4장의 가인과 아벨 제사 주해). 그러므로 울창한 예루살렘에서 장작을 구할 수 있는 것과 상관없이 아브라함은 집에서부터 모든 것을 철저히 준비해 가는 모습을 보이고 있다(cf. 3절). 그는 집을 떠나기 전부터 자신의 마음을 예배에 담았던 것이다. 그러므로 예루살렘에서 나무를 구할 수 있다는 이유만으로 예루살렘이 모리아 산이 될 수 없다는 주장은 설득력이 없다(IBD). 오늘날 모슬렘들은 예루살렘에 있는 바위의 돔(Dome of the Rock) 사원이 모리아였다고 주장한다. 한 가지 확실한 것은 모리아 지역은 아브라함이 살던 곳(브엘세바)에서 3일간 가야 하는 먼 곳이라는 것이다. 예루살렘은 브엘세바에서 80킬로미터 정도 떨어져 있었으며, 느긋하게 가면 이 범위에 포함된다(Waltke). 재미있는 사실은 하나님이 아브라함에게 "일러 주는 산들"(הֶהָרִים)로 가라고 하시는데, 이 단어의 철자(h +hrym)가 모리아(הַמֹּרִיָּה)의 철자(h + mryh) 순서를 바꾸어 놓은 단어라는 것이다(Wenham).

하나님의 명령을 받은 아브라함은 지체하지 않고 바로 다음 날 아침 일찍 이삭과 함께 길을 떠난다(3절). 저자는 이 사실을 통해 아브라함이 한순간의 주저함도 없이 하나님께 순종하는 믿음의 사람이 되어 있음을 강조한다. 그런데 하나님은 아브라함에게 집 뒤뜰에서 이삭을 번제로 바치라고 명령할 수도 있었을 텐데 왜 굳이 3일 길을 고집하셨을까? 모리아가 그만큼 특별한 곳이란 말인가? 그런 것 같지는 않다. 만일 장소에 특별한 중요성이 부여되었다면 이 사건 이후로도 모리아에 대한 언급이 성경에 자주 나와야 할 텐데 그렇지 않은 것으로 봐서 사건의 중요성은 장소가 아닌 3일이라는 시간에 있는 듯하다.

성경에서 3일은 중요한 일을 준비하는 기간으로, 혹은 먼 길을 가는 것을 상징하는 시간으로 사용된다(cf. 31:22; 42:18; 출 3:18; 15:22; 19:11, 15, 16). 이날은 하나님과 아브라함에게 매우 중요한 날이기 때문에 3일의 준비 기간이 필요하며, 3일 동안 가는 먼 길이 필요했다. 또한, 하나님이 3일을 가게 하신 것은 만일 아브라함이 즉흥적으로 하나님께 순종하고자 아들을 번제로 드리기로 결심한 것이라면, 그가 결심을 번복할 수 있는 시간을 주고자 하셨기 때문이다. 저자는 이 사실을 통하여 하나님은 철저히 연단되고 시험을 통과한 헌신을 요구하신다는 사실을 강조한다. 아브라함이 이삭을 번제로 바치기 위하여 그를 데리고 길을 떠난 것은 그가 감당해야 할 시험의 가장 어려운 부분이었다. 아브라함은 길에서 보낸 3일 동안 끊임없이 "이 아이를 정말 죽여야 한단 말인가?"라는 질문에 대하여 고민했을 것이다. 결국, 3일 끝에 가서 그는 이삭을 육체적으로 드리기 전에, 먼저 마음으로 드렸을 것이다. 정말 잔인한 시간이었다.

아브라함이 이삭을 데리고 길을 떠날 때, 사라에게 모든 것을 알렸을까? 옛 해석가 중 사라가 알면 방해할까 봐 일부러 알리지 않고 떠났다고 주장하는 사람들도 있었다(cf. Josephus). 위에서 언급한 대로 유대인들의 미드라쉬인 창세기 랍바(Genesis Rabbah)는 이때 이삭의 나이를 37세라고 했는데, 37은 단순히 사라가 죽은 나이 127에서 이삭을 낳았을 때 나이 90을 뺀 것이다. 그 이유는, 사라가 아브라함이 이삭을 제물로 바치려고 했던 일에 대하여 전혀 모르고 있다가 나중에 알고는 충격을 받아 순식간에 죽었다는 것이다(cf. Hamilton)! 그러나 저자는 사라의 반응을 하나의 빈 공간(gap)으로 남겨 놓는다. 독자들이 상상력을 이용하여 추리해 보라는 것이다. 그리고 어떤 결론에 도달하든지 간에 그것이 이 사건이 전하고자 하는 메시지에 큰 영향을 미치지 않을 것을 암시하고 있다.

아브라함은 최악의 경우를 생각하며 만전을 기했다. 혹시 종들이 말리는 불상사가 일어날까 봐 종들을 산 밑에 두고 아들과 단둘이 산을 올랐다(5절). 한 탈굼은 아브라함이 산 밑에 둔 두 종이 엘리에셀(cf. 15:2)과 이스마엘이었다는 황당한 추측을 내놓았다(Targum Pseudo-Jonathan). 아브라함은 이삭에게 장작을 지게 하고 자신은 칼과 불을 가지고 올라갔다(6절). 한 주석가는 아브라함이 이렇게 하는 것은 번제로 드릴 짐승은 흠이 없어야 하는데 혹시 이삭이 칼이나 불을 가지고 산을 오르다가 다치게 되면 번제로 드릴 수 없게 될까 봐 자신이 위험한 도구를 가지고 가고, 이삭에게는 장작을 지게 한 것으로 해석한다(Sarna). 이삭을 번제로 드리겠다는 아브라함의 의지가 확고했다는 것이다. 그러나 칼과 불에 비해 장작은 부피도 크고 무겁다. 그러므로 늙은 아브라함이 가벼운 칼과 불을 들고, 젊은 이삭이 장작을 메는 것이 당연하다.

## 2. 모리아 산 밑에서 정상으로(22:7-8)

**[7] 이삭이 그 아버지 아브라함에게 말하여 이르되 내 아버지여 하니 그가 이르되 내 아들아 내가 여기 있노라 이삭이 이르되 불과 나무는 있거니와 번제할 어린 양은 어디 있나이까 [8] 아브라함이 이르되 내 아들아 번제할 어린 양은 하나님이 자기를 위하여 친히 준비하시리라 하고 두 사람이 함께 나아가서**

아브라함은 3일을 고통 속에 보냈다. 드디어 종들을 모리아 산 밑에 두고 이삭만 데리고 산에 오르면서(6절) 안도의 한숨을 쉬었을지 모른다. 그가 이삭을 바치는 일에 방해가 될 사람이 하나도 없기 때문이다. 그러나 그의 기대와는 달리 가장 어려운 관문이 그를 기다리고 있었다. 아브라함이 이삭을 데리고 산을 오를 때 장작을 지고 가던 이삭이 묻는다: "내 아버지여, 번제할 어린 양은 어디 있나이까"(7절). 이삭은 자신이 바로 그 "어린 양"이라는 사실은 꿈에도 생각 못 하고 별생각 없이 질문을 던진다. 그러나 그의 질문을 받은 아브라함의 심정이 어떠했을까? 아마도 등에 식은땀이 흘렀을 것이다. 억장이 무너져 내리는 아픔을 경험했을 것이다. 그러나 아브라함은 침착하게 "하나님이 자기를 위하여 친히 준비하시리라"고 대답한다(8절). 둘러대는 말일까? 아니면 그의 신앙의 고백일까? 아마도 후자일 것이다. 아브라함이 수십 년의 연단과 훈련을 통해 드디어 하나님이 인정하실 수 있는 믿음의 경지에 도달한 것이다!

이 일이 있었을 때 이삭의 나이가 37세는 아니었겠지만 아무리 어려도 청소년(teenager)이었던 것은 확실하다. 그는 장작을 지고 산을 오를 수 있을 정도로 성숙해 있다. 그렇다면 이삭은 늙은 아버지의 "정신 나간 행동"을 충분히 뿌리칠 수 있었다. 그런데 그는 늙은 아버지의 행동에 반항하지 않고, 가만히 그가 하는 대로 묶여 제단에 놓였다(9절). 아버지의 황당한 행동에 충격을 받아서 정신을 잃은 것일까? 잘 이해가 가지 않는 부분이다.

사실 하나님은 이삭을 번제로 요구할 생각이 전혀 없으셨고, 단지 아브라함의 믿음을 시험하기 위하여 이렇게 하라고 명령하셨지만, 정작 명령을 받은 아브라함의 심정은 어떠했을까? 아브라함이 하나님을 만나서 고향을 떠난 지 어느덧 40여 년이 흘렀다. 그동안 삶의 연단을 통해 여호와 하나님에 대하여 여러 가지 심오한 진리를 배우고 깨달았다. 그분이 어떤 하나님이시라는 것을 모를 리 없는 아브라함은 마지막 순간에라도 하나님이 마음을 바꾸어서 이삭을 죽이지 않게 하실 것이라는 작은 소망이 있었을지 모른다. 아브라함은 지난 40여 년 동안 하나님과 동행하면서 갖게 된 그분에 대한 지식과 분별력으로 여호와는 결코 인간 번제 따위나 요구하시는 분이 아니라는 것을 확신했다. 그러나 그의 희미한 소망을 송두리째 앗아가 버릴 가능성이 도사리고 있다. 그는 주변에서 사람들이 자기 신들에게 인간을 번제로 바치는 일을 수없이 목격해 왔다. 이런 시대적 상황을 감안해 볼 때, 여호와께서 인간 번제를 요구하는 것도 가능한 일로 생각했을지 모른다. 그러므로 한편으로는 여호와 하나님이 결코 그런 분이 아니라고 부인해 보지만 혹시나 하는 마음이 다른 한쪽에서 그를 불안하게 했을 것이다.

II. 아브라함 이야기(11:27-25:11)
M. 아브라함의 시험(22:1-19)

### 3. 모리아 산 정상에서(22:9-19)

**[9] 하나님이 그에게 일러 주신 곳에 이른지라 이에 아브라함이 그 곳에 제단을 쌓고 나무를 벌여 놓고 그의 아들 이삭을 결박하여 제단 나무 위에 놓고**

**[10] 손을 내밀어 칼을 잡고 그 아들을 잡으려 하니 [11] 여호와의 사자가 하늘에서부터 그를 불러 이르시되 아브라함아 아브라함아 하시는지라 아브라함이 이르되 내가 여기 있나이다 하매 [12] 사자가 이르시되 그 아이에게 네 손을 대지 말라 그에게 아무 일도 하지 말라 네가 네 아들 네 독자까지도 내게 아끼지 아니하였으니 내가 이제야 네가 하나님을 경외하는 줄을 아노라 [13] 아브라함이 눈을 들어 살펴본즉 한 숫양이 뒤에 있는데 뿔이 수풀에 걸려 있는지라 아브라함이 가서 그 숫양을 가져다가 아들을 대신하여 번제로 드렸더라 [14] 아브라함이 그 땅 이름을 여호와 이레라 하였으므로 오늘날까지 사람들이 이르기를 여호와의 산에서 준비되리라 하더라 [15] 여호와의 사자가 하늘에서부터 두 번째 아브라함을 불러 [16] 이르시되 여호와께서 이르시기를 내가 나를 가리켜 맹세하노니 네가 이같이 행하여 네 아들 네 독자도 아끼지 아니하였은즉 [17] 내가 네게 큰 복을 주고 네 씨가 크게 번성하여 하늘의 별과 같고 바닷가의 모래와 같게 하리니 네 씨가 그 대적의 성문을 차지하리라 [18] 또 네 씨로 말미암아 천하 만민이 복을 받으리니 이는 네가 나의 말을 준행하였음이니라 하셨다 하니라 [19] 이에 아브라함이 그의 종들에게로 돌아가서 함께 떠나 브엘세바에 이르러 거기 거주하였더라**

아브라함이 혹시라도 마지막 순간에 하나님이 나서서 자기를 막으실 것이라는 기대를 했다면, 그의 바람은 물거품이 되었다. 그가 제단 위에 묶어 올려놓은 것은 어린 양이 아니라 이삭이었고(9절), 하나님은 이 모든 일을 묵묵히 지켜보실 뿐 아무런 개입도 하지 않으시기 때문이다. 아마도 이 짧은 순간이 아브라함에게는 영원한 시간으로 느껴졌을 것이다. 이 점을 강조하기 위하여 저자는 9-10절을 슬로모션처럼 묘사한다(Waltke; Mathews). 아브라함이 깊은숨을 들이쉬고 이삭을 내리치기 위해 칼을 높이 치켜들었을 때야 천사의 다급한 목소리가 그를 막았다(11절). 천사가 급히 아브라함을 불러 칼로 이삭을 내리치는 것을 말렸다(12절). 천사가 얼마나 다급했던지 아브라함의 이름을 두 차례 불렀을 뿐만 아니라 아이에게 손대지 말라는 말도 두 차례 반복한다(12절). 이삭의 털끝 하나라도 건드려서는 안 된다는 다급하고 단호한 명령이다. 이야기의 전환(turning point)은 바로 천사의 다급한 외침이 가져왔다(Mathews).

이렇게 해서 아브라함은 최악으로 치닫던 시험을 무사히 통과했다(12절). 그는 하나님과의 관계를 위해서 아들까지도 바칠 수 있다는 사실을 보여 줌으로써 하나님의 인정을 받았다: "네가 네 아들 네 독자까지도 내게 아끼지 아니하였으니 내가 이제야 네가 하나님을 경외하는(יְרֵא) 줄을 아노라"(12절, cf. 16절). 여호와께서 예비하신다는 신앙고백이 서려 있는 여호와 이레(יְהוָה יִרְאֶה)(8절)의 이레(יִרְאֶה)와 "경외하다/두려워하다"라는 뜻을 지닌 동사형 이레(יְרֵא)(12절)의 소리를 비교해 보라. 저자는 이 단어들을 예술적으로 사용하여 이야기의 테마를 "예비하다"에서 "경외하다"로 바꾸고 있다(TDOT). 여호와가 예비하실 것이라는 믿음으로 이삭을 바치려고 했던 아브라함이 이 일로 인해 여호와를 경외하고 있음을 인정받았다는 뜻이다. 하나님의 은혜로운 예비하심은 사람들이 그를 더욱더 경외하게 하는 목적을 지녔단 뜻일까? 여기에서 아브라함의 믿음을 증명한 것은 그의 "행위/실천"이다. 이날 이후로, 아브라함은 이삭을 진정으로 "소유"할 수 있게 되었다. 우리의 삶을 돌아보자. 관계를 포함한 우리의 모든 소유물은 하나님이 인정하신 것들인가?

"이제야 아노라"(עַתָּה יָדַעְתִּי)(12절)는 매우 의미심장한 말이다. 저자는 하나님의 전지(全知)나 예지(豫知) 능력과 씨름하지 않고, 이 사건을 단순히 역사적인 측면에서 묘사하고 있다(Waltke). 아브라함의 믿음이 이 사건에서처럼 실제적인 역사적 무대 위에서 실천되어야만 의미가 있기 때문이다. 하나님께 순종하는 일은 가상적인 신학에 근거한 가능성을 논하는 일이 아니기 때문에 바로 이 순간, 이곳에서 실천되어야 한다.

아브라함은 이 일이 있기 전부터 하나님은 스스로 예비하시는 분이라는 원리를 이미 터득했다. 그는 8절에서 이러한 사실을 미리 고백하고 있다. 그리고 그의 고백대로 수풀 속에 숫양 한 마리가 걸려 있었다(13절). 그는 여호와께서 예비하신 그것을 가져다가 아들을 대신해서 번제로 드렸다. 이 일이 있은 후 그곳의 이름은 "여호와 이레"(יְהוָה יִרְאֶה)가 되었다(14절). 이곳이 "아브라함이 순종하였다"는 뜻의 "아브라함 샤마"(אַבְרָהָם שָׁמַע)로 불리지 않고 "여호와 이레"로 불린 것은 아브라함이 대단한 일을 해낸 것이 사실이지만, 이야기의 초점은 그의 믿음이 아닌 하나님의 예비하심과 보살피심에 맞추어져 있음을 시사한다(Hamilton). 저자는 이 일로 인하여 아브라함을 영웅시하거나 기념하기보다는 하나님을 높이고 하나님을 기념하라고 외치고 있는 것이다.

"여호와 이레!" 우리 마음을 참으로 뜨겁게 하는 말이다. 사역이란 이런 것이다. 하나님은 분명히 스스로 준비하시는 분이다. 만약에 하나님이 인간의 재능이나 물질에 의존해서 역사하는 분이었다면 벌써 오래전에 부도 처리되셨을 것이다. 그렇기에 기회가 주어지면 우리는 감사와 감격으로 그분을 섬겨야 한다. 열심히 최선을 다해서 봉사하되, 결정적인 것들은 하나님이 미리 준비해 주실 것을 기대해도 좋다. 또한 기회란 항상 주어지는 것이 아니다. 기회가 주어질 때 주님의 몸된 교회를 섬기는 것은 우리의 당연한 의무이자 특권이다.

아브라함이 시험을 통과한 다음에 하나님은 그와 맺었던 언약을 다시 한 번 확인해 주신다. 자손들의 수가 "하늘의 별과 같고 바닷가의 모래와 같게" 하겠다고 선언하신 것이다(17절). 아브라함은 딱 하나 있는 아들을 하나님께 드리겠다고 했고, 하나님은 이 아이를 축복하여 많은 자손의 씨앗으로 삼을 것을 확인해 주셨다. 아담과 하와 이후 지속적으로 반복된 자손 축복이 다시 한 번 확인되고 있는 것이다.

그러나 본문에서 가장 강조되는 것은 자손 번성이 아니라 아브라함의 순종이다: "네 아들 네 독자도 아끼지 아니하였은즉"(16절); "네가 나의 말을 준행하였음이니라"(18절). 그사이에 언약의 재확인이 들어 있다(17절). 즉 이 구절들은 내용적으로 A-B-A′ 구조를 구성하고 있다. 이러한 구조는 축복이 그의 순종에 근거하고 있음을 드러낸다. 또한, 하나님이 아브라함의 믿음을 의로 인정하셨다(15:6). 이 사건은 아브라함의 "믿음"이 맹목적인 고백이 아니었음을 온 세상에 확실히 드러낸다. 하나님은 아브라함의 순종을 통하여 세상 모든 민족이 덕을 입어 복을 받게 될 것이라고 선언하신다(18절). 우리가 하나님께 순종하면 하나님의 축복이 우리에게만 내려지는 것이 아니라 많은 사람이 우리의 순종을 통해 복을 받게 된다는 뜻이다.

모든 일이 끝난 후 아브라함은 산에서 내려와 종들과 함께 브엘세바에 있는 집으로 돌아온다(19절). 한 가지 혼란스러운 것은 아브라함이 산을 오를 때는 분명히 이삭과 함께 갔는데 내려올 때는 혼자 내려오는 것으로 묘사되고 있다는 점이다(19절). 집으로 돌아오는 길에도 이삭은 보이지 않는다. 무슨 일이 벌어지고 있는 것일까? 일부 중세기 유대인 주석가들은 이 점에 근거하여 아브라함이 실제로 이삭을 죽여 제물로 바쳤다고 해석하기도 했다(Ibn Ezra; cf. Friedman). 이삭이 며칠 후에 부활했다는 것이다! 그러나 이러한 해석의 배경에는 예수 그리스도 부활의 유일성과 중요성을 완화하려는 의도가 깔려 있다(Spiegel). 아브라함이 산에서 마치 홀로 내려오는 것처럼 묘사된 것은 이 이야기가 아브라함과 이삭에 관한 이야기가 아니라, 아브라함에 관한 이야기이기 때문이다(Mathews; Waltke). 아브라함의 믿음이 테스트를 받은 것이고 나머지 사람들과 물건들은 모두 장식물에 불과한 것이다.

아브라함은 무엇을 근거로 이 엄청난 일을 할 수 있었을까? 성경에 의하면 아브라함은 하나님이 죽은 사람도 살릴 수 있는 능력을 지닌 분이란 것을 믿었다(cf. 히 11:17-19). 또한, 하나님은 이미 이삭을 통하여 언약을 맺을 것을 누누이 선언하셨다(17:19, 21; 21:12). 아브라함은 아마도 3일 동안 모리아 산을 향해 가면서 이 말씀에 근거해서 거듭 자기 자신을 달랬을 것이다. 그가 이삭을 해치도록 하나님이 내버려 두실 가능성은 희박하지만, 설령 그렇게 될지라도 이삭을 통해 언약을 맺겠다는 약속을 주신 하나님인 만큼 그 약속을 번복하거나 다른 대안을 제시하는 것도 하나님의 고유 권한이라고 인정하는 믿음이 그에게 있었던 것이다. 그는 자신의 모든 일을 하나님의 의지에 전적으로 맡기고 그분의 주권을 인정했다(cf. Westermann). 이런 정황들에 기초해서, 그리고 그동안 자신이 알았던 하나님의 인격을 종합해 볼 때, 아브라함은 하나님이 결코 이런 흉측한 일을 요구하실 분이 아니라는 사실을 깊이 깨닫고 있었을 것이다.

II. 아브라함 이야기(11:27-25:11)

## N. 나홀의 가족(22:20-24)

**[20] 이 일 후에 어떤 사람이 아브라함에게 알리어 이르기를 밀가가 당신의 형제 나홀에게 자녀를 낳았다 하였더라 [21] 그의 맏아들은 우스요 우스의 형제는 부스와 아람의 아버지 그므엘과 [22] 게셋과 하소와 빌다스와 이들랍과 브두엘이라 [23] 이 여덟 사람은 아브라함의 형제 나홀의 아내 밀가의 소생이며 브두엘은 리브가를 낳았고 [24] 나홀의 첩 르우마라 하는 자도 데바와 가함과 다하스와 마아가를 낳았더라**

이 계보의 기본적인 기능은 데라의 계보(11:27-31)와 아브라함 이야기를 함께 감싸는 것이다. 이러한 구조는 아브라함 이야기가 막을 내리고 있음을 뜻하며 하나님이 아브라함을 부르셨던 목적이(12:1-8) 이삭을 바치는 일로 상당 부분 달성되었음을 암시한다. 아브라함은 하나님의 부르심에 신실했던 그의 삶을 이제부터 정리해야 한다. 이삭과 야곱의 이야기로 넘어가야 하기 때문이다. 실제로 22장 이후 아브라함이 죽기 전까지는 사라의 장례를 치르는 일(23장)과 이삭에게 아내를 얻어 주는 일(24장)이 그가 한 일의 전부이다. 다음 구조를 참조하라 (Waltke).

A. 데라의 계보(11:27-31)
　B. 아브라함이 하나님의 부르심을 받음(12:1-8)
　B'. 아브라함이 테스트를 받음(22:1-19)
A'. 데라의 아들 나홀의 계보(22:20-24)

창세기가 그동안 10명을 중심으로 한 계보들을 제시했던 것과는 달리 앞으로는 12명을 중심으로 하는 계보를 제시할 것이다. 이스마엘의 12아들 목록(25:12-15)과 야곱의 12아들 목록(49장)이 좋은 예이다. 계보가 이곳에 기록된 목적은 확실하다(23절). "브두엘은 리브가의 아버지이다. 이 여덟 형제는 아브라함의 동생 나홀과 그 아내 밀가 사이에서 태어났다"(23절, 새번역). 리브가는 나홀과 그의 아내 밀가의 아들로 태어난 브두엘의 딸이지 나홀과 그의 첩 사이에서 태어난 자식의 후손이 아니라는 사실을 밝혀 머지않아 리브가가 창세기에 등장할 것을 예고하고 있다. 또한, 그녀와 이삭 사이에 어떤 일이 있을 것을 기대하게 한다.



## O. 사라의 죽음(23:1-20)

사라의 죽음은 아브라함 이야기의 에필로그이자 창세기의 중심이 아브라함-사라에서 이삭-리브가의 이야기로 넘어가는 전환점(transition)이다. 사라가 죽자 아브라함은 그녀를 묻기 위해 값을 치르고 땅을 사는데, 이 일 역시 상징적인 의미를 지니고 있다. 훗날 하나님이 그의 후손들에게 가나안 땅을 선물로 주실 것이지만, 아브라함 시대 때부터 상징적으로나마 아브라함과 그의 후손들이 법적인 소유권을 주장할 수 있는 땅을 가나안에 두신 것이다. 이런 관점에서 아브라함이 아비멜렉으로부터 소유권을 인정받은 브엘세바 우물도 중요하다.

본 텍스트는 다음과 같이 세 파트로 구분된다. 이야기의 중심에 있는 땅 매입은 아브라함이 그의 후손들이 차지하게 될 약속의 땅 일부를 드디어 소유하게 되었음을 강조한다. 하나님의 약속이 상징적으로나마 성취되어 가고 있다는 것이다.

A. 사라가 죽음(23:1-2)
　B. 장지 매입(23:3-18)
A'. 사라가 묻힘(23:19-20)

II. 아브라함 이야기(11:27-25:11)
O. 사라의 죽음(23:1-20)

## 1. 사라가 죽음(23:1-2)

**[1] 사라가 백이십칠 세를 살았으니 이것이 곧 사라가 누린 햇수라 [2] 사라가 가나안 땅 헤브론 곧 기럇아르바에서 죽으매 아브라함이 들어가서 사라를 위하여 슬퍼하며 애통하다가**

사라가 127세를 향수하고 기럇 아르바에서 죽었다. 이삭이 태어났을 때 사라가 90세였으니, 사라가 죽었을 때 이삭은 37세이다. 아브라함이 이삭을 바치려 했던 사건(22장)이 있은 후 약 20년이 지난 것으로 생각된다. 창세기는 이스라엘의 선조들이 죽을 때 몇 살이었는가는 상세히 기록하지만(cf. 25:7; 35:28; 47:28), 그 아내들의 나이는 밝히지 않는다. 그러므로 본문이 사라의 나이를 밝히는 것은 예외적으로 유일하다. 많은 민족의 어머니로 높임을 받은 사라의 위상이 그만큼 특별하다는 의미이다(cf. 17:15-16).

사라의 연수 127년은 인간이 살 수 있는 가장 이상적인 수명이라고 하는 120년에 충만(fullness)의 상징인 7을 더한 것이라고 풀이되기도 한다(Labuschagne). 사라가 127년을 살다가 죽은 것은 참으로 복된 일이라는 것이다. 물론 아브라함이 175세에 죽는 것에 비하면 다소 짧다는 느낌이 든다.

사라가 죽은 기럇 아르바(קִרְיַת אַרְבַּע)는 "네/넷의 마을"(village of four)이란 뜻으로 헤브론의 옛 이름이며 네 개의 주요 길이 갈라지는 곳이기도 하다. 또한, 네 마을이 합해져서 한 도시를 이루었기에 이런 이름이 주어졌을 것이라는 추측도 있다(cf. ABD). 사라가 죽기 전에 아브라함은 브엘세바에서 살았다고 했다(22:19). 헤브론에서 브엘세바까지는 4킬로미터이다. 그렇다면 그사이에 이사한 것일까? 저자는 2절에서 아브라함이 사라의 죽음을 애도하기 위하여 어딘가(브엘세바)로부터 "왔다"(יָבֹא)고 전한다. 두 사람이 따로 살았던 것일까? 아브라함이 사라가 죽었다는 소식을 듣고 어디에선가 급히 왔다는 사실은 많은 해석가의 상상력을 자아냈다. 그러나 이 동사가 본문에서 정확히 무엇을 뜻하는지는 확실하지 않다. 이 동사가 아브라함이 사라의 텐트/빈소에 들어가 울었다는 것을 뜻할 수도 있고(cf. 새번역; 개정개역), 숙어의 일부일 수도 있으며, 아브라함이 브엘세바 혹은 다른 곳에서 소식을 듣고 왔음을 뜻할 수도 있다(Waltke). 본문이 정확하게 말하고 있지 않으니 지나친 상상은 금물이다.

저자는 아브라함이 사라의 죽음을 애도한 일을 매우 간략하게 기록한다(2절). 반면에 그녀를 묻을 땅을 매입한 일에 대하여는 아주 상세하게 기록한다(3-18절). 상식적으로 생각할 때 평생을 같이한 아브라함의 슬픔이 더 자세하게 묘사되는 것이 당연한 일인 것으로 생각되는데 말이다. 이미 앞에서 언급한 것처럼 이 이야기의 초점이 땅 매입에 있기 때문이다. 아브라함이 돈을 지불하고 헤브론에 땅을 샀기 때문에 그의 후손인 이스라엘이 이 땅에 대한 소유권을 행사할 수 있다는 점을 강조하기 위해서이다.

II. 아브라함 이야기(11:27-25:11)
O. 사라의 죽음(23:1-20)

## 2. 장지 매입(23:3-18)

이 장(章)의 주목적은 사라의 죽음을 회고하는 것보다는 아브라함이 어떤 경위를 통하여 값을 치르고 헤브론에 땅을 사게 되었는가를 설명하는 데 있다. 사라의 묘지가 된 막벨라 굴은 훗날 이스라엘의 거의 모든 선조의 묘지가 되기도 한다. 아브라함과 이삭과 리브가와 레아와 야곱이 이곳에 묻혔다(49:30-32; 50:13). 이 이야기를 계기로 이 땅은 아브라함 집안의 선산이 된 것이다. 훗날 모세가 파견한 정탐꾼들이 40일 동안 가나안 땅을 살피고 돌아올 때도 헤브론에 특별한 관심을 기울인 것 역시 이 땅이 이스라엘 민족에게 역사적으로 얼마나 중요한지를 암시한다(cf. 민 13:22).

그러므로 이스라엘이 부정적인 태도의 정탐꾼들과 어우러져 가나안 땅을 비방하고 정복하기를 거부했던 것은 조상의 얼을 거부하는 행위였다. 또한, 이들의 행동은 자신들에게 법적으로 정당한 소유권이 있는 땅마저도 거부하는 어이없는 행동이다. 이들의 반역은 단순히 하나님에 대한 원망이나 반역만은 아니다. 그들의 선조를 거부하는 어리석은 행동이기도 했다. 아브라함이 아내 사라를 묻기 위하여 구입한 땅의 이야기는 다음과 같이 세 파트로 구분된다.

A. 묘지 구함(23:3-6)
B. 묘지 구입(23:7-16)

## C. 묘지 소유권(23:17-18)

II. 아브라함 이야기(11:27-25:11)
O. 사라의 죽음(23:1-20)
2. 장지 매입(23:3-18)

### (1) 묘지 구함(23:3-6)

**[3] 그 시신 앞에서 일어나 나가서 헷 족속에게 말하여 이르되 [4] 나는 당신들 중에 나그네요 거류하는 자이니 당신들 중에서 내게 매장할 소유지를 주어 내가 나의 죽은 자를 내 앞에서 내어다가 장사하게 하시오 [5] 헷 족속이 아브라함에게 대답하여 이르되 [6] 내 주여 들으소서 당신은 우리 가운데 있는 하나님이 세우신 지도자이시니 우리 묘실 중에서 좋은 것을 택하여 당신의 죽은 자를 장사하소서 우리 중에서 자기 묘실에 당신의 죽은 자 장사함을 금할 자가 없으리이다**

아브라함이 사라를 묻을 장지를 매입하고자 했다. 그는 헤브론에 거주하던 헷 족속 유지들을 찾아가 자신의 의사를 밝힌다(3절). 아브라함 시대 때 헤브론을 중심으로 가나안 남쪽 지역에 거주했던 헷 족속은 시리아의 오론테스 강을 중심으로 형성되었던 헷 제국(Hittite Empire)과는 상관없는 사람들이다. 그들과의 대화에서 아브라함은 한없이 자신을 낮춘다: "나는 당신들 중에 나그네요 거류하는 자이니"(4절). 떠돌이와 나그네는 사회적으로 가장 낮은 계층의 상징이었다. 그러나 자신을 나그네로 낮추는 아브라함은 보통 떠돌이가 아니다. 훗날 이 땅을 차지할 백성의 조상이다. 그런 그가 이때는 보잘것없는 떠돌이였다는 것이 다소 아이러니하기도 하다(Friedman).

아브라함은 가나안에서 땅을 매입하기에는 여러 가지 결점을 안고 있다. 아브라함은 이 지역에 체류하는 방랑자이지 원주민이 아니기 때문에 지역 공동체의 허락 없이는 어느 땅도 묘지로 사용할 수 없다. 땅을 구입하는 것도 쉽지 않다. 당시 전통에 의하면 땅은 친척들 외의 사람들에게는 파는 것이 아니다(cf. 레 25:23). 물론, 친척이 없거나 어려운 상황에 부닥칠 때에는 예외가 있었다. 이런 경우에는 땅을 살 사람을 가족으로 입양하거나 동네 유지들이 나서서 적극적으로 중개 역할을 해 줄 때만 가능했다.

주인이 땅을 처분해야 할 특별한 필요를 느끼지 못하는 경우에는 땅을 매입하는 일이 그만큼 더 어려울 수밖에 없다(cf. 왕상 21:3). 땅을 매입하고자 하는 사람은 먼저 땅 주인을 설득해야 하고, 적정한 가격에 드디어 합의를 보면, 그다음에는 주인이 속한 공동체를 설득해야 양도가 가능했기 때문이다. 그러므로 고대 근동에서 땅을 매매하는 일은 드문 일이었으며 가격도 매우 높았던 것으로 알려졌다.

아브라함의 부탁을 받은 사람들은 그를 정중하게 대했다. 아브라함은 온 공동체에서 존경받는 사람이니 당연히 도울 뿐만 아니라 어느 땅이든지 그가 원하는 땅의 매매를 성사시켜 주겠다고 한다(6절). 헷 족속의 유지들이 아브라함을 "우리 가운데 있는 하나님이 세우신 지도자"(נְשִׂיא אֱלֹהִים אַתָּה בְּתוֹכֵנוּ)(6절)라고 부르는 것은 그들이 아브라함과 함께 살기를 원한다는 확실한 표현이며, 하나님이 아브라함과 함께하며 그를 특별히 축복하신다는 사실을 인정한다(Waltke).

아브라함은 자신을 떠돌이와 나그네라며 가장 낮은 신분으로 그들에게 몸을 낮춰 접근하는데, 그들은 아브라함이 하나님이 세우신 존귀한 자라고 답례한다. 아브라함은 자신을 사회적 사다리의 가장 낮은 계단에 두었는데, 그들은 그를 사다리의 가장 높은 계단에 있는 자라고 경의를 표하고 있는 것이다(Roop). 칠십인역(LXX)은 "우리 중 하나님에게서 오신 왕"(δὲ ἡμῶν βασιλεὺς παρὰ θεοῦ)이라고 번역하여 아브라함의 존귀함을 더 구체화한다. 즉 아브라함은 그들의 가족이나 다름이 없을 뿐만 아니라 매우 존경받는 객이었던 것이다. 아브라함이 존경받는 객이었던 것처럼 우리도 믿지 않는 사람들에게 존경받는 방랑자였으면 좋겠다.

Ⅱ. 아브라함 이야기(11:27-25:11)
O. 사라의 죽음(23:1-20)
2. 장지 매입(23:3-18)

(2) 묘지 구입(23:7-16)

[7] 아브라함이 일어나 그 땅 주민 헷 족속을 향하여 몸을 굽히고 [8] 그들에게 말하여 이르되 나로 나의 죽은 자를 내 앞에서 내어다가 장사하게 하는 일이 당신들의 뜻일진대 내 말을 듣고 나를 위하여 소할의 아들 에브론에게 구하여 [9] 그가 그의 밭머리에 있는 그의 막벨라 굴을 내게 주도록 하되 충분한 대가를 받고 그 굴을 내게 주어 당신들 중에서 매장할 소유지가 되게 하기를 원하노라 하매 [10] 에브론이 헷 족속 중에 앉아 있더니 그가 헷 족속 곧 성문에 들어온 모든 자가 듣는 데서 아브라함에게 대답하여 이르되 [11] 내 주여 그리 마시고 내 말을 들으소서 내가 그 밭을 당신에게 드리고 그 속의 굴도 내가 당신에게 드리되 내가 내 동족 앞에서 당신에게 드리오니 당신의 죽은 자를 장사하소서 [12] 아브라함이 이에 그 땅의 백성 앞에서 몸을 굽히고 [13] 그 땅의 백성이 듣는 데서 에브론에게 말하여 이르되 당신이 합당히 여기면 청하건대 내 말을 들으시오 내가 그 밭 값을 당신에게 주리니 당신은 내게서 받으시오 내가 나의 죽은 자를 거기 장사하겠노라 [14] 에브론이 아브라함에게 대답하여 이르되 [15] 내 주여 내 말을 들으소서 땅 값은 은 사백 세겔이나 그것이 나와 당신 사이에 무슨 문제가 되리이까 당신의 죽은 자를 장사하소서 [16] 아브라함이 에브론의 말을 따라 에브론이 헷 족속이 듣는 데서 말한 대로 상인이 통용하는 은 사백 세겔을 달아 에브론에게 주었더니

헷 사람들의 긍정적인 답례에 격려를 받은 아브라함이 마음에 두었

던 말을 꺼냈다. 소할의 아들 에브론의 밭 끝자락에 있는 막벨라 굴을 매매할 수 있도록 다리를 놓아 달라는 것이다(9절). 때마침 그 자리에 에브론이 와 있었고, 그는 모든 사람이 듣는 앞에서 아브라함에게 그 굴과 밭을 공짜로 주겠다고 한다(11절). 그는 유지들의 중개나 압력을 이기지 못하여 땅을 파는 것이 아니라, 본인이 원해서 팔고 있다. 그러나 아브라함은 에브론의 호의를 거절하고 꼭 값을 치르고 나서야 사라의 시신을 그곳에 안치시키겠다고 한다(13절). 에브론은 못 이기는 척하면서 은 400세겔을 요구한다(15절). 이것이 당시의 토지 거래 방식이다. 갖은 생색과 예우를 모두 동원하여 상대방의 체면을 최대한으로 세워 주어 기분 좋게 해 주면서 동시에 자신이 원하는 가격을 슬그머니 제시하는 방식이다(MacDonald). 그러므로 아브라함이 에브론의 빈말을 곧이곧대로 믿고 땅을 공짜로 받겠다고 했으면 큰일 났을 것이다.

당시 관례에 의하면 부동산을 남에게 무료로 줄 경우에는 그 땅의 원 소유자의 후손들은 언제든지 그 땅에 대한 소유권을 행사할 권리가 있었다(Sarna). 그러므로 영구적으로 땅을 소유하려면 값을 치러야 한다. 창세기 저자는 이스라엘의 선조들이 가나안 사람들로부터 결코 아무것도 선물로 받지 않았음을 강조한다. 이미 있었던 소돔 왕 사건(14:23)과 앞으로 있을 야곱의 일(33:19)을 생각해 보라. 저자는 하나님만이 아브라함과 선조들의 유일한 축복의 근원이심을 강조하는 것이다.

땅 주인 에브론은 갖은 생색을 내면서 땅값을 확실히 챙긴다. 그 당시 한 사람의 1년 수입이 은 5-10세겔이었다는 점을 감안할 때, 아브라함이 사라의 묘지 값으로 지불한 400세겔은 지나치다 싶을 정도로 큰돈이다. 수십 명의 연봉에 해당하는 액수이기 때문이다. 아브라함이 지불한 은의 무게만 해도 44킬로그램 이상이 된다. 다윗이 성전 터를 구입하면서 은 50세겔을 지불하고(삼하 24:24), 예레미야가 사촌의 땅을 사면서 은 17세겔을 지불한 것(렘 32:9)을 감안하면 에브론이 아브라함에게 바가지를 씌운 셈이다.

당시 관례에 의하면, 땅이 실거래가보다 싸게 팔릴 경우에는 판 사람의 후손들이 나중에 원래 거래가만 지불하고 그 땅을 물릴 수 있는 권한을 가지고 있었다(Westbrook). 그래서 아브라함은 가격 협상을 전혀 고려하지 않은 채 바가지를 쓰면서까지 후하게 지불함으로써 이 땅을 아브라함과 그의 후손들의 영원한 소유로 만들었다. 아브라함과 그의 후손들은 이로써 이 땅을 영구적으로 소유할 법적 권리를 갖게 된 것이다.

II. 아브라함 이야기(11:27-25:11)
O. 사라의 죽음(23:1-20)
2. 장지 매입(23:3-18)

(3) 묘지 소유권(23:17-18)

**[17] 마므레 앞 막벨라에 있는 에브론의 밭 곧 그 밭과 거기에 속한 굴과 그 밭과 그 주위에 둘린 모든 나무가 [18] 성 문에 들어온 모든 헷 족속이 보는 데서 아브라함의 소유로 확정된지라**

아브라함이 에브론에게 400세겔을 세어 준 후에 이 땅의 법적인 소유권이 아브라함에게 넘어갔다. 그가 매입한 것은 사라를 묻을 굴이 있는 밭과 밭 주위에 심긴 모든 나무였다. 땅이 매매되면 그 땅에 있는 나무도 새 주인의 소유가 된다. 성문에 있던 모든 헷 사람들이 보는 앞에서 이 땅의 소유권이 에브론으로부터 아브라함에게 넘어간 일이 확인되었다. 이 순간부터 아브라함과 그의 자손들이 이 땅의 영원한 주인이 된 것이다.

하나님이 이 땅을 포함한 가나안 땅 전체를 아브라함의 후손들에게 주실 것을 약속하셨는데 왜 아브라함은 굳이 값을 치르면서까지 땅을 매입하기를 원했을까? 아브라함이 땅을 산 것은 언젠가는 하나님이 이 땅을 그의 후손들에게 주실 것이라는 신앙과 확신의 고백이다. 이런 이유에서 훗날 감옥에 갇혀 있던 예레미야도 사촌에게서 땅을 샀다(cf. 렘 32:6-15). 아브라함이 사라를 묻기 위하여 가나안 땅의 조그만 부분을 산 것은 훗날 하나님이 그의 후손들에게 이 땅을 온전히 주실 것이라는 약속의 "계약금"이라 할 수 있다. 어떤 면에서 가나안 정복은 선조들의 땅을 되찾는 의미가 담긴 것이라고 할 수 있다. 최소한 헤브론 지역은 그렇다.

II. 아브라함 이야기(11:27-25:11)
O. 사라의 죽음(23:1-20)

### 3. 사라가 묻힘(23:19-20)

**[19] 그 후에 아브라함이 그 아내 사라를 가나안 땅 마므레 앞 막벨라 밭 굴에 장사하였더라 (마므레는 곧 헤브론이라) [20] 이와 같이 그 밭과 거기에 속한 굴이 헷 족속으로부터 아브라함이 매장할 소유지로 확정되었더라**

저자는 아브라함이 돈을 주고 헷 족속으로부터 산 땅에 사라를 장사했다는 사실을 재차 선언하여 이 땅은 아브라함이 돈을 주고 산 것이며, 그는 이 땅에 대한 모든 법적인 권리를 가진 사람이라는 사실을 다시 한 번 확인하고 있다. 역시 저자에게 중요한 것은 사라의 죽음이 아니라 어떻게 해서 이 땅이 아브라함의 소유가 되었는가이다. 사라는 매우 인상적인 묘지에 묻혔는데 "여러 민족의 어머니"(cf. 17:15-16)에 걸맞은 묘지였다(Wenham). 훗날 아브라함, 이삭, 리브가, 야곱, 레아도 모두 이곳에 묻히게 된다. 이들은 죽어서도 하나님이 아브라함과 맺으신 언약을 이루실 날을 함께 갈망했던 것이다.

II. 아브라함 이야기(11:27-25:11)

## P. 이삭의 아내 리브가(24:1-67)

아브라함이 이삭에게 리브가를 아내로 구해 준 일을 회고하고 있는 이 장(章)은 창세기에서 가장 긴 장이다. 책의 가장 긴 장이 천지창조나 아브라함의 언약이 아닌 이삭의 결혼에 관한 것이라는 점에 대하여 의아해하는 사람들도 있다. 그러나 이 이야기는 사사로운 개인적 차원을 초월하여 이야기를 묵상하는 믿음 공동체에 큰 신학적 교훈과 원리를 제시한다. 이 이야기는 직설 화법, 반복, 눈에 보이는 듯한 디테일 등을 적절하게 사용한 놀라운 문학작품이다(Fox).

아브라함 이야기의 에필로그(22:20-25:10) 중 일부를 차지하는 이 이야기의 가장 기본적인 기능은 세대가 변하고 있다는 것을 알리는 일이다(Sarna). 이러한 변화를 강조하기 위하여 이야기가 진행되는 도중에 이삭의 아내를 구하기 위해 길을 떠난 종이 "내 주인 아브라함"이라는 말을 수차례 반복한다. 그러다가 끝에 가서는 이삭을 가리켜 "내 주인"(65절)이라고 말한다. 더 나아가 저자는 리브가가 집을 떠나 가나안을 향하여 가는 것을 옛적에 아브라함이 하란에서 하나님의 명령을 받아 가나안을 향하던 일과 비슷하게 묘사하여 아브라함—사라 시대가 이삭—리브가 시대로 바뀌고 있음을 암시한다(Sarna).

학자들은 리브가가 고향과 친지를 떠나 가나안 땅으로 오는 일이 마치 아브라함이 그런 것과 같다 해서 그녀를 "여자 아브라함"(female Abraham)이라고 부르기도 한다(Wenham). 리브가가 노종의 제안에 대해 가나안으로 떠나는 것을 거부해도 별문제가 없는데 스스로 가기로 결단하는 것이 옛적에 아브라함이 스스로 친지와 고향을 떠나기로 결정한 일과 비슷하다는 것이다. 하나님이 아브라함에게 주셨던 축복 "네 씨가 그 대적의 성문을 차지하리라"[וְיִרַשׁ זַרְעֲךָ אֵת שַׁעַר אֹיְבָיו](22:17)라는 말씀도 거의 변함이 없이 리브가에게도 반복된다: "네 씨로 그 원수의 성문을 얻게 할지어다"(וְיִירַשׁ זַרְעֵךְ אֵת שַׁעַר שֹׂנְאָיו)(60절). 또한, 아브라함이 아버지의 집을 떠나 가나안으로 향하던 일을 기록하고 있는 12장 1-3절의 주요 단어들과 개념들이 이 이야기에서도 사용된다. "고향"(4, 7절), "아버지의 집"(7, 23, 38절), "이/그 땅"(5, 7절), "복"(1, 35절), "창성/창대"(35절). 하나님의 "떠나라"는 명령과 아브라함의 적극적인 순종은 리브가의 "꼭 가리라"는 확고한 의지와 평행을 이루고 있다.

데라에게는 아브라함, 하란, 나홀 등 세 아들이 있었다(cf. 11:27-32). 아브라함은 일찍 죽은 하란의 아들이자 조카인 롯을 데리고 가나안에 입성했다(12:4). 이제 나홀의 자손 리브가가 가나안에 입성한다(cf. 22:20-24). 그녀도 롯처럼 아브라함 덕분에 복을 누리고 살게 될 것이다. 하나님이 아브라함에게 내려 주신 축복을 데라의 세 아들의 자손들이 함께 누리게 된 것이다. 또한, 그녀의 가나안 입성은 선조들의 결혼 패턴이 된다. 사라의 경우, 이미 아브라함과 결혼했기 때문에 남편과 함께 가나안으로 왔지만 리브가는 가나안에서 태어난 선조의 아내가 이 땅 밖에서 오게 된 첫 번째 사례이다. 훗날 야곱의 아내들도 모두 가나안 밖에 거하던 리브가의 오빠 라반의 집안에서 온다. 이때까지 아브라함의 후손들은 가나안 사람들과 피를 섞지 않았던 것이다. 그래서 선조들의 이야기에서는 가나안 혹은 주변 지역 원주민들과 결혼하는 일은 언약 밖에 거하는 자손들의 상징이 된다. 이스마엘과 에서가 그러하다.

이 이야기는 전개되는 장소에 따라서 다음과 같이 A-B-B′-A′ 구조로, 누가 누구와 대화를 하느냐에 따라서는 A-B-A′-B′로 구분된다(cf. Hamilton).

진행 장소 패턴

A. 가나안: 아브라함과 종(24:1-9)
　B. 메소포타미아: 종과 리브가(24:10-28)
　B'. 메소포타미아: 종과 라반(24:29-61)
A'. 가나안: 이삭과 리브가(24:62-67)

대화 패턴

A. 남자와 남자: 아브라함과 종(24:1-9)
　B. 남자와 여자: 종과 리브가(24:10-28)
A'. 남자와 남자: 종과 라반(24:29-61)
　B'. 남자와 여자: 종과 리브가(24:62-67)

또한 내용을 살펴보면 이 이야기는 다음과 같이 간단한 구조로 전개된다고 할 수 있다.

A. 종이 아브라함을 떠남(24:1-9)
　B. 나홀의 성에서 있었던 일(24:10-61)
A'. 종과 리브가가 아브라함에게 돌아옴(24:62-67)

II. 아브라함 이야기(11:27-25:11)
　P. 이삭의 아내 리브가(24:1-67)

## 1. 종이 아브라함을 떠남(24:1-9)

**[1] 아브라함이 나이가 많아 늙었고 여호와께서 그에게 범사에 복을 주셨더라 [2] 아브라함이 자기 집 모든 소유를 맡은 늙은 종에게 이르되 청하건대 내 허**

**벅지 밑에 네 손을 넣으라 [3] 내가 너에게 하늘의 하나님, 땅의 하나님이신 여호와를 가리켜 맹세하게 하노니 너는 내가 거주하는 이 지방 가나안 족속의 딸 중에서 내 아들을 위하여 아내를 택하지 말고 [4] 내 고향 내 족속에게로 가서 내 아들 이삭을 위하여 아내를 택하라 [5] 종이 이르되 여자가 나를 따라 이 땅으로 오려고 하지 아니하거든 내가 주인의 아들을 주인이 나오신 땅으로 인도하여 돌아가리이까 [6] 아브라함이 그에게 이르되 내 아들을 그리로 데리고 돌아가지 아니하도록 하라 [7] 하늘의 하나님 여호와께서 나를 내 아버지의 집과 내 고향 땅에서 떠나게 하시고 내게 말씀하시며 내게 맹세하여 이르시기를 이 땅을 네 씨에게 주리라 하셨으니 그가 그 사자를 너보다 앞서 보내실지라 네가 거기서 내 아들을 위하여 아내를 택할지니라 [8] 만일 여자가 너를 따라 오려고 하지 아니하면 나의 이 맹세가 너와 상관이 없나니 오직 내 아들을 데리고 그리로 가지 말지니라 [9] 그 종이 이에 그의 주인 아브라함의 허벅지 아래에 손을 넣고 이 일에 대하여 그에게 맹세하였더라**

사라가 죽은 지 3년이 지났다. 하나님은 나이가 많은 아브라함을 계속 축복하셔서 그는 하는 일마다 잘되었다(1절). 고대 근동에서는 사람이 오래 사는 것도 신(들)의 축복이라고 여겨졌는데, 아브라함은 장수(長壽)의 복을 누리고 있을 뿐만 아니라 다방면에서 하나님의 복을 만끽하는 삶을 살고 있다. "나이가 많아 늙었다"(זָקֵן בָּא בַּיָּמִים)(1절)는 표현은 여호수아와 다윗이 죽음을 앞둔 상황에서 마지막 일을 정리하는 모습을 묘사하는 데 사용되기도 한다(수 13:1; 23:1; 왕상 1:1). 아브라함이 머지않아 죽을 사람으로 묘사되고 있는 것이다. 물론 그는 이 일 후에도 35년을 더 산다. 그러나 저자는 다음 장에서 아브라함의 일생을 죽음으로 정리한다. 이 이야기가 아브라함이 생애의 마지막 순간에 한 일로 읽히기를 원한 것이다. 다음 세대인 이삭과 리브가의 이야기를 본격적으로 시작하기 위한 준비 단계라고 할 수 있다.

아브라함은 이때 나이가 40이 된 이삭을 결혼시키기로 한다. 그래서 자신이 가장 신임하는 늙은 종을 불러 그의 고향으로 돌아가 적절한 여자를 이삭의 짝으로 데려올 것을 명령한다(2-4절). 본문이 밝히고 있지는 않지만 많은 사람이 이 종이 다름 아닌 한때 아브라함이 상속자로 삼으려 했던 다마스쿠스의 엘리에셀(cf. 15:2)이라고 추측한다(cf. Fretheim). 이 종이 누구였든지 간에 그는 이 이야기의 "조용한 영웅"(the quiet hero)이다(Roop).

아브라함이 종에게 맹세를 시킬 때, 종의 손을 자신의 사타구니에 넣게 했다(2절). 당시의 문화에 의하면 어떠한 맹세이든지 모든 맹세는 신/신들의 이름으로 행해졌다. 그리고 때로는—이 이야기의 경우와 같이—그 맹세의 내용과 연관이 있는 행동(gesture)을 곁들였다(Walton). 지금 종이 맹세하는 것은 아브라함의 "씨앗 보존"과 연관이 있는 일이다. 그래서 종이 아브라함의 사타구니에 손을 넣고 맹세하는 것이다.

아브라함은 종에게 이삭의 아내로 가나안 여자를 데려와서는 안 되며, 꼭 아브라함의 고향으로 가서 그의 친척 중에서 구해 올 것을 "하늘의 하나님, 땅의 하나님이신 여호와"의 이름으로 맹세를 하도록 했다(3-4절). 종은 1000킬로미터의 멀고도 위험한 길을 다녀와야 한다. 그러므로 종에게 하나님의 절대적인 통치권과 아브라함과의 특별한 관계를 상징하는 세 성호를 두고 맹세하게 하는 것은 그가 다녀와야 하는 멀고 위험한 여정에 적절하다(Waltke).

종은 만약에 어느 여자도 따라오기를 거부할 때에는 이삭을 데리고 다시 그곳으로 가서 여자를 찾아도 되느냐고 질문한다(5절). 여인이 남편을 보지 않고 따라오기를 꺼릴 경우에 이삭을 데려가 그녀에게 보이겠다는 뜻이다. 아브라함은 어떠한 경우에라도 이삭을 데려가서는 안 된다면서 여호와께서 종을 도와주실 것이기 때문에 절대 그런 일은 없을 것이라고 말한다: "그가 그 사자를 너보다 앞서 보내실지라 네가 거기서 내 아들을 위하여 아내를 택할지니라"(7절). 모리아 산에서 경험했던 "여호와 이레" 원리가 그의 믿음의 바탕이 되어 있음을 엿볼 수 있다.

일부 주석가들은 아브라함이 종을 하란으로 보내 이삭의 아내를 구해 오는 일이 실패할 수도 있다고 생각했다고 주장한다(Fretheim). 그러나 아브라함은 하나님이 이삭의 짝을 분명히 그곳에 준비해 두셨다고 확신하고 있다. 그래서 여호와의 사자가 종을 앞서가서 모든 일을 이루실 것이라고 말한 것이다. 성경에 기록된 아브라함의 마지막 말이 이처럼 철두철미한 믿음과 하나님의 주권에 대한 확신으로 가득 차 있다는 것은 매우 인상적이며 아브라함은 참으로 모든 믿는 자들의 조상이 될 만한 건강한 믿음의 소유자였음을 증명한다. 그는 모든 것을 주님의 섭리에서 바라볼 수 있는 믿음의 조상으로서 조금도 아쉬움이 없는 사람이 되어 있었던 것이다. 아브라함은 만일 여자가 오기를 꺼리면 종은 맹세에서 놓인다고 말한다(8절). 종은 아브라함이 제시하는 조건에 따라 주인의 사타구니에 손을 넣고 맹세했다(9절).

아브라함은 왜 이삭의 아내를 가나안이 아닌 고향 갈대아 우르에서 구하는가? 무엇보다도 하나님의 약속에 대한 신앙에서 비롯된 일이다. 하나님은 가나안 땅을 아브라함과 후손에게 약속하셨다(15:16). 하나님은 아브라함의 후손들에게 땅을 주기 위하여 가나안 사람들을 이 땅에서 어떻게 몰아낼 것인가에 대하여 아직까지 말씀하신 적이 없다. 그러나 분명 전쟁을 통하여 내치실 것이다(cf. 여호수아서). 그런데 만일 아브라함의 후손들이 가나안 사람들과 피를 섞는다면, 하나님의 약속이 실현되는 것은 그만큼 어려워질 수밖에 없다. 그러므로 아브라함은 먼 훗날 하나님의 약속이 실현될 것을 기대하며 이때부터 준비하기 시작한 것이다. 하나님의 약속이 성취되지 않은 상황에서 아브라함이 이러한 행동을 취한 것은 일종의 신앙고백이라고 할 수 있다. 아브라함은 참으로 대단한 믿음의 소유자가 되어 있다.

아브라함이 이삭을 함께 보내지 않고 왜 종만 보내는가? 무엇보다도 그가 아내와 함께 기근을 피하기 위하여 이집트로 내려갔던 일(cf. 12장)

이 그에게 큰 교훈이 되었던 것 같다. 아브라함과 그의 후손은 가나안 땅을 약속받았다. 그런 상황에서 아브라함은 약속의 땅을 너무 쉽게 떠났다가 큰 곤경에 처했다. 이후 그는 하나님의 특별한 계시가 없는 한 자기와 자기 자손들은 하나님이 약속하신 땅을 벗어나서는 안 된다는 생각을 하게 된 것 같다.



## 2. 나홀의 성에서 있었던 일(24:10-61)

아브라함의 종이 약 1000킬로미터의 먼 길을 여행하여 나홀이 사는 성에 도착했다. 이후 그가 리브가와 함께 가나안을 향하여 떠날 때까지 있었던 일을 회고하는 이 섹션은 다음과 같이 여러 파트로 세분화될 수 있다(cf. Mathews).

A. 종의 기도(24:10-14)
B. 샘에 나타난 리브가(24:15-27)
C. 라반의 집으로 간 종(24:28-33)
D. 종의 간증(24:34-49)
E. 리브가의 결정(24:50-58)
F. 라반이 리브가를 보냄(24:59-61)

이 이야기가 강조하는 바는 크게 두 가지이다. 첫째, 종의 세세한 기도를 응답해주신 아브라함의 하나님이다. 하나님은 아브라함의 기도만 듣는 분이 아니라 그의 종의 기도도 들으시고, 더 나아가서 그가 바라는 바대로 가장 작은 디테일까지 모두 응답해 주시는 놀랍고 자상한 하나님이다. 둘째, 리브가가 남편 될 사람을 한 번도 보지 못한 상태에서 믿음의 결단을 내리고 종을 따라 가나안으로 가기로 결정했다는 것이다. 그녀도 아브라함만큼이나 큰 믿음과 각오로 결단해야 했다. 리브가는 참으로 "여자 아브라함"이라고 불리기에 적합하다(Wenham).

II. 아브라함 이야기(11:27-25:11)
P. 이삭의 아내 리브가(24:1-67)
2. 나홀의 성에서 있었던 일(24:10-61)

(1) 종의 기도(24:10-14)

**[10] 이에 종이 그 주인의 낙타 중 열 필을 끌고 떠났는데 곧 그의 주인의 모든 좋은 것을 가지고 떠나 메소보다미아로 가서 나홀의 성에 이르러 [11] 그 낙타를 성 밖 우물 곁에 꿇렸으니 저녁 때라 여인들이 물을 길으러 나올 때였더라 [12] 그가 이르되 우리 주인 아브라함의 하나님 여호와여 원하건대 오늘 나에게 순조롭게 만나게 하사 내 주인 아브라함에게 은혜를 베푸시옵소서 [13] 성 중 사람의 딸들이 물 길으러 나오겠사오니 내가 우물 곁에 서 있다가 [14] 한 소녀에게 이르기를 청하건대 너는 물동이를 기울여 나로 마시게 하라 하리니 그의 대답이 마시라 내가 당신의 낙타에게도 마시게 하리라 하면 그는 주께서 주의 종 이삭을 위하여 정하신 자라 이로 말미암아 주께서 내 주인에게 은혜 베푸심을 내가 알겠나이다**

종이 아브라함이 준비해 준 갖은 선물을 낙타 10마리에 나누어 싣고 길을 떠났다(10절). 낙타는 험악한 여건에서도 오래 살 수 있고 많은 짐을 실어 나를 수 있는 유용한 동물이다. 이러한 유용성 때문에 당시에도 낙타는 매우 비싼 동물이었다. 종이 낙타를 10마리나 끌고 길을 떠난다는 것은 아브라함이 대단한 재력가임을 과시하는 것이다. 이 시대에 낙타가 어떻게 사용되었는가에 대하여는 12장 16절 주해를 참조하라.

종은 가나안을 떠나 “두 강 사이에 있는 아람”이란 뜻의 아람나하라임(אֲרַם נַהֲרַיִם)을 지나갔다(10절, 새번역). 이 이름은 창세기에서는 이곳에만 등장하며 밧단아람(פַּדַּן אֲרָם)의 다른 이름이다(cf. 25:20). 칠십인역(LXX)은 아람나하라임의 두 번째 단어인 나하라임(נַהֲרַיִם)을 강(נָהָר)의 쌍수(dual)로 간주하여 “두 강 사이에 있는”을 뜻하는 “메소포타미아”(Μεσοποταμία)로 번역한다. 이 도시가 유프라테스 강과 티그리스 강 사이에 위치한 것으로 간주했던 것이다. 이 해석을 근거로 우리말 성경 중 개역개정과 개역한글도 메소포타미아로 번역했다. 반면에 새번역과 공동번역은 아람나하라임이라며 소리 나는 대로 표기했다. 탈굼(Targum)은 “유프라테스 강가에 있는 아람”이라고 풀이했다. 나하라임(נַהֲרַיִם)이 단순히 강가에 있는 땅을 의미한다고 주장하는 사람들도 있다(Sarna).

드디어 종이 아브라함의 친척들이 사는 나홀의 성에 있는 우물가에 도착했다(10절). 새번역은 “나홀[의] 성”(עִיר נָחוֹר)을 “나홀이 사는 성”으로 해석하여 마치 아브라함의 형제 나홀이 살고 있던 곳을 나홀과 연관하여 말하는 것 같은 오해를 불러일으킨다. 나홀의 성은 마리(Mari) 문헌에도 언급되어 있는, 하란 근처에 있던 도성의 이름이다. 나홀이 나홀의 성에 살게 된 것뿐, 나홀이 그곳에 살고 있어서 나홀의 성으로 불린 것은 아니라는 뜻이다.

종은 나홀 성의 우물가에 앉아 기도했다(11-12절). 종이 우물가를 맴도는 것은 머지않아 혼인에 관한 일이 벌어질 것을 암시한다. 구약에서는 혼사에 관한 일이 흔히 우물가에서 시작된다. 이삭, 야곱, 모세 모두 우물가에서 짝을 만났다. 일종의 모형 양식(type-scene)이 반복되고 있는 것이다. 종은 자기의 주인 아브라함의 하나님께 그의 인도하심과 섭리가 자기와 이 일에 함께한다는 증거가 될 구체적인 이적을 달라고 기도했다. 기도를 마친 종은 자기가 기도한 대로 “너는 물동이를 기울여 나로 마시게 하라”는 요청에 “마시라 내가 당신의 낙타에게도 마시게 하리라"고 친절하게 화답하는 소녀를 기다렸다. 이런 소녀가 있다면 그녀를 하나님이 이삭을 위해 준비해 두신 여자로 간주하겠다는 것이다. 아브라함의 믿음만큼이나 종도 믿음의 사람이다. 그래서 그는 모든 것을 온전히 그의 주인 아브라함의 하나님께 맡겼다. 만일 하나님이 이곳에 이삭의 아내를 준비해 두셨다면, 주님은 분명 그가 기도한 대로 여건을 만들어 가실 것이라는 확신에서 비롯된 믿음이다.

사실 종은 엄청나게 대단한 일을 해 달라고 기도한 것이다. 사람에게 마실 물을 주는 것은 쉬운 일이지만, 목마른 낙타에게 물을 주는 일은 쉽지 않기 때문이다. 목마른 낙타는 덩치에 따라 한 마리가 한꺼번에 100-200리터를 마신다. 아브라함의 종은 10마리의 낙타를 끌고 왔다. 그러므로 누구든지 그의 낙타에게 물을 먹이려면 우물물 1톤을 길러야 한다. 15리터 양동이로 거의 70번을 길러야 한다. 이 정도의 물을 기른다는 것은 보통 일이 아니다. 특별히 친절하고 심성이 착하다 할지라도 체력이 약하면 이런 일을 기대하기는 쉽지 않다. 그래서 한 학자는 종의 기도를 "매우 영악한 인격과 체력 테스트"라고 부른다(Sternberg).

II. 아브라함 이야기(11:27-25:11)
P. 이삭의 아내 리브가(24:1-67)
2. 나홀의 성에서 있었던 일(24:10-61)

(2) 샘에 나타난 리브가(24:15-27)

**[15] 말을 마치기도 전에 리브가가 물동이를 어깨에 메고 나오니 그는 아브라함의 동생 나홀의 아내 밀가의 아들 브두엘의 소생이라 [16] 그 소녀는 보기에 심히 아리땁고 지금까지 남자가 가까이 하지 아니한 처녀더라 그가 우물로 내려가서 물을 그 물동이에 채워가지고 올라오는지라 [17] 종이 마주 달려가서 이르되 청하건대 네 물동이의 물을 내게 조금 마시게 하라 [18] 그가 이르**

되 내 주여 마시소서 하며 급히 그 물동이를 손에 내려 마시게 하고 [19] 마시게 하기를 다하고 이르되 당신의 낙타를 위하여서도 물을 길어 그것들도 배불리 마시게 하리이다 하고 [20] 급히 물동이의 물을 구유에 붓고 다시 길으려고 우물로 달려가서 모든 낙타를 위하여 긷는지라 [21] 그 사람이 그를 묵묵히 주목하며 여호와께서 과연 평탄한 길을 주신 여부를 알고자 하더니 [22] 낙타가 마시기를 다하매 그가 반 세겔 무게의 금 코걸이 한 개와 열 세겔 무게의 금 손목고리 한 쌍을 그에게 주며 [23] 이르되 네가 누구의 딸이냐 청하건대 내게 말하라 네 아버지의 집에 우리가 유숙할 곳이 있느냐 [24] 그 여자가 그에게 이르되 나는 밀가가 나홀에게서 낳은 아들 브두엘의 딸이니이다 [25] 또 이르되 우리에게 짚과 사료가 족하며 유숙할 곳도 있나이다 [26] 이에 그 사람이 머리를 숙여 여호와께 경배하고 [27] 이르되 나의 주인 아브라함의 하나님 여호와를 찬송하나이다 나의 주인에게 주의 사랑과 성실을 그치지 아니하셨사오며 여호와께서 길에서 나를 인도하사 내 주인의 동생 집에 이르게 하셨나이다 하니라

아브라함이 종을 떠나보내면서 "그가 그 사자를 너보다 앞서 보내실지라"(7절)라고 예언한 것이 현실로 드러났다. 종이 기도를 마치기도 전에 리브가가 물을 긷기 위해 우물가에 나타난 것이다(15절). 저자는 독자들에게 그녀의 "아버지는 브두엘이고, 할머니는 밀가이다. 밀가는 아브라함의 동생 나홀의 아내로서, 아브라함에게는 제수뻘이 되는 사람"(15절, 새번역)이라고 귀띔해 준다. 또한, 그녀가 처녀라는 점도 알려준다(16절). 리브가가 "처녀"(בְּתוּלָה)라는 것은 결혼하기에 적합한 나이에 이른 소녀라는 뜻이다(HALOT). 물론 아브라함의 종은 그녀가 누구인지, 누구의 자손인지에 대하여 전혀 아는 바가 없다. 그러나 일단 기도를 마무리하고 있는 상황에서 아리따운 아가씨가 나타났으니 당연히 관심을 가지고 그녀를 주시했을 것이다.

종은 이 소녀가 하나님이 이삭을 위하여 준비해 두신 아내인가를 확

인하기 위하여 하나님께 기도한 대로 샘에서 물을 길어 올라오는 리브가에게 달려가 마실 물을 부탁했다(17절). 이 이야기에서 종이 리브가에게 "달려간"(רוץ) 후 리브가가 "달리고"(20, 28절), 라반이 "달린다"(29절). 훗날 야곱이 라반을 찾았을 때도 라헬이 달리고 라반도 달려 나와 그를 맞이한다(29:12, 13). 이유야 어떻든지 간에 객을 대접하는 일에 있어서 신속하고 최선을 다하는 사람들이다(Mathews).

리브가는 마치 미리 짜인 각본에 따라 움직이는 사람처럼 아브라함의 종뿐만 아니라 그가 끌고 온 낙타들에게까지 마실 물을 주었다(18-20절). 낙타는 피의 혈장 속에 물을 저장하는 특징이 있어서 물 없이도 며칠을 갈 수 있는 동물이다. 그러다 보니 이미 언급한 대로 목마른 낙타가 한꺼번에 마실 수 있는 물의 양은 200리터까지 된다. 리브가 앞에 10마리의 목마른 낙타가 있다. 그녀는 참으로 많은 물을 길러야 했다. 리브가는 객과 그의 짐승을 배려하는 예쁜 마음만 가진 것이 아니라 체력적으로도 매우 건강한 여인이었던 것이다.

여기까지는 종이 기도한 대로 모두 이루어졌다. 다만 이제부터 종이 알아봐야 하는 것은 소녀의 집안 사정이다. 그의 주인 아브라함은 분명 자기 친척 집에서 이삭의 아내를 데려오라고 했는데, 이 소녀가 뉘 집 딸인지는 아직 알지 못하기 때문이다. 종은 이 일이 하나님의 섭리와 간섭에 따라 진행되고 있는, 자신의 기도에 대한 확실한 응답인지를 확인하기 위하여 낙타에게 물을 주느라 분주한 리브가를 묵묵히 바라보았다(21절).

늙은 종은 리브가에게 금으로 만든 코걸이와 팔찌 두 개를 주었다(22절). 성경에서 코걸이는 부와 아름다움의 상징이다(cf. 잠 11:22; 사 3:21; 겔 16:12). 코걸이의 무게가 반(半) 세겔이었으니 5.5그램 정도였다는 뜻이다. 종이 준 팔찌의 무게가 10세겔이었으니 110그램에 달했다. 종은 거의 230그램의 금을 리브가에게 선사한 것이다. 오늘날 시가로 계산해 보아도 매우 큰 액수에 달하는 양이다. 비록 낙타들이 물을 많이 마시기는 했지만, 물값으로는 지나치게 비싸지 않은가? 세상에 공짜는 없는 법이다. 당시 풍습에 의하면 특별한 이유 없이 처녀에게 큰 선물을 주는 것은 청혼에 속한다(Walton). 만일 리브가가 종이 제시하는 상대자와 조건에 결혼할 의향이 없으면 받은 선물들을 돌려주어야 한다. 그러나 본문에서는 종이 리브가의 친절과 짐승에 대한 배려로 이것들을 선물로 주고 있다고 생각된다. 이 기회를 통해서 자신의 주인 아브라함이 얼마나 큰 부자인가를 과시하여 아브라함의 고향 사람들에게 좋은 이미지를 남길 수 있기 때문이다.

선물을 주면서 집안 내력을 물어보니 리브가는 아브라함의 친척이었다(24절). 중요한 것은 종이 먼저 선물을 준 다음에 이런 사실이 밝혀지고 있다는 것이다. 종은 자기가 믿고 기도한 대로 실천하고 있으며, 전개되는 상황을 보니 하나님의 인도하심이 확실하게 드러난 것이다. 감격할 수밖에 없다. 그래서 그는 그 자리에서 머리 숙여 그의 주인 아브라함의 하나님 여호와께 경배했다(26-27절).

| II. 아브라함 이야기(11:27-25:11)<br>P. 이삭의 아내 리브가(24:1-67)<br>2. 나홀의 성에서 있었던 일(24:10-61) |
|---|

### (3) 라반의 집으로 간 종(24:28-33)

**[28] 소녀가 달려가서 이 일을 어머니 집에 알렸더니 [29] 리브가에게 오라버니가 있어 그의 이름은 라반이라 그가 우물로 달려가 그 사람에게 이르러 [30] 그의 누이의 코걸이와 그 손의 손목고리를 보고 또 그의 누이 리브가가 그 사람이 자기에게 이같이 말하더라 함을 듣고 그 사람에게로 나아감이라 그 때에 그가 우물가 낙타 곁에 서 있더라 [31] 라반이 이르되 여호와께 복을 받은 자여 들어오소서 어찌 밖에 서 있나이까 내가 방과 낙타의 처소를 준비하였나이다 [32] 그 사람이 그 집으로 들어가매 라반이 낙타의 짐을 부리고 짚**

**과 사료를 낙타에게 주고 그 사람의 발과 그의 동행자들의 발 씻을 물을 주고 [33] 그 앞에 음식을 베푸니 그 사람이 이르되 내가 내 일을 진술하기 전에는 먹지 아니하겠나이다 라반이 이르되 말하소서**

아브라함의 종에게 큰 선물을 받은 리브가는 곧장 집으로 달렸다(28절). 흥분되기도 하고 조금은 두렵기까지 한 일이 순식간에 일어난 것에 대하여 다소 혼란스러웠을 것이다. 리브가는 우물가에서 일어난 일을 온 집안에 알렸다. 그녀의 이야기를 들은 오빠 라반이 집안을 대표하여 우물가로 달려간다(29-30절). 리브가가 달려간 곳이 "아버지의 집"이 아니라 "어머니의 집"(בֵּית אִמָּהּ)이고(28절), 종으로부터 선물을 받은 사람들 목록에서 브두엘이 빠져 있고(53절), 혼인 문제를 리브가의 어머니가 아버지와 상의하는 것이 아니라 오빠 라반과 상의하는 것(55절), 오빠가 뛰어나가 종을 맞이하는 것으로 보아 리브가의 아버지 브두엘은 이미 세상을 떠난 것으로 생각된다(Hamilton). 다만 50절에 "라반과 브두엘"이 대답했다고 기록한 것을 보면 그가 아직 살아있는 것 같기도 하다. 아마도 나이나 오랜 지병 때문에 집안을 이끌어 나가기에는 너무 쇠약한 상태에 있지 않았을까 싶다. 라반(לָבָן)의 이름은 "흰색"이라는 뜻을 지녔으며, 시와 노래에서는 달을 상징하는 환유(metonym)로 사용되기도 하기 때문에(cf. 사 24:23) 그의 집안이 달(月)신을 숭배했다고 하는 사람들도 있다(Waltke).

우물가로 달려간 라반은 종을 반갑게 맞이하였고 늙은 종은 그의 안내를 받아 리브가의 집으로 향했다. 여기서 라반의 행동을 잘 관찰하라. 그리고 나중에 야곱이 그를 찾았을 때와 비교해 보라(29:13). 그의 "재물 밝힘 증후군"이 드러난다! 진정한 자비와 섬김에서 비롯된 리브가의 친절과는 달리 라반의 호의는 욕심에서 비롯되었던 것이 확실하다(Sarna; Mathews). 또한, 그의 "여호와 찬양"(31절)을 진실한 것으로 보는 학자는 거의 없다. 재물에 눈이 어두운 사람(라반)이 많은 재물을 가진 사람(종)의 환심을 사기 위하여 펼치는 가식에 불과하다. 이런 면에서 이 이야기는 라반과 야곱 사이에 벌어질 불꽃 튀는 잔머리 싸움을 예견하게 한다.

라반의 집에 도착한 종 일행은 극진한 환대를 받았다. 그가 많은 부를 지니고 있는 듯하니 라반이 성대하게 대접한 것이다. 가나안에서부터 함께 온 짐승들도 보살핌을 받는다. 종은 씻고 난 후 식탁에 앉았다(32절). 그러나 그는 자신의 이야기를 하기 전에는 먹을 수 없다며 라반 일가가 자기 이야기에 귀 기울여 달라고 요구했다(33절). 종은 매우 지혜로운 사람이라, 자신의 이야기와 요구 사항을 말하기 전에 라반이 차려 준 음식을 먹는 것은 그의 요구에 자신을 얽매는 불상사를 유발할 수도 있다는 것을 알고 있었다(Waltke). 라반은 당연히 그렇게 할 인물이다.

II. 아브라함 이야기(11:27–25:11)
P. 이삭의 아내 리브가(24:1–67)
2. 나홀의 성에서 있었던 일(24:10–61)

### (4) 종의 간증(24:34–49)

**[34] 그가 이르되 나는 아브라함의 종이니이다 [35] 여호와께서 나의 주인에게 크게 복을 주시어 창성하게 하시되 소와 양과 은금과 종들과 낙타와 나귀를 그에게 주셨고 [36] 나의 주인의 아내 사라가 노년에 나의 주인에게 아들을 낳으매 주인이 그의 모든 소유를 그 아들에게 주었나이다 [37] 나의 주인이 나에게 맹세하게 하여 이르되 너는 내 아들을 위하여 내가 사는 땅 가나안 족속의 딸들 중에서 아내를 택하지 말고 [38] 내 아버지의 집, 내 족속에게로 가서 내 아들을 위하여 아내를 택하라 하시기로 [39] 내가 내 주인에게 여쭈되 혹 여자가 나를 따르지 아니하면 어찌하리이까 한즉 [40] 주인이 내게 이르되 내가 섬기는 여호와께서 그의 사자를 너와 함께 보내어 네게 평탄한 길을 주**

시리니 너는 내 족속 중 내 아버지 집에서 내 아들을 위하여 아내를 택할 것이니라 [41] 네가 내 족속에게 이를 때에는 네가 내 맹세와 상관이 없으리라 만일 그들이 네게 주지 아니할지라도 네가 내 맹세와 상관이 없으리라 하시기로 [42] 내가 오늘 우물에 이르러 말하기를 내 주인 아브라함의 하나님 여호와여 만일 내가 행하는 길에 형통함을 주실진대 [43] 내가 이 우물 곁에 서 있다가 젊은 여자가 물을 길으러 오거든 내가 그에게 청하기를 너는 물동이의 물을 내게 조금 마시게 하라 하여 [44] 그의 대답이 당신은 마시라 내가 또 당신의 낙타를 위하여도 길으리라 하면 그 여자는 여호와께서 내 주인의 아들을 위하여 정하여 주신 자가 되리이다 하며 [45] 내가 마음속으로 말하기를 마치기도 전에 리브가가 물동이를 어깨에 메고 나와서 우물로 내려와 긷기로 내가 그에게 이르기를 청하건대 내게 마시게 하라 한즉 [46] 그가 급히 물동이를 어깨에서 내리며 이르되 마시라 내가 당신의 낙타에게도 마시게 하리라 하기로 내가 마시매 그가 또 낙타에게도 마시게 한지라 [47] 내가 그에게 묻기를 네가 뉘 딸이냐 한즉 이르되 밀가가 나홀에게서 낳은 브두엘의 딸이라 하기로 내가 코걸이를 그 코에 꿰고 손목고리를 그 손에 끼우고 [48] 내 주인 아브라함의 하나님 여호와께서 나를 바른 길로 인도하사 나의 주인의 동생의 딸을 그의 아들을 위하여 택하게 하셨으므로 내가 머리를 숙여 그에게 경배하고 찬송하였나이다 [49] 이제 당신들이 인자함과 진실함으로 내 주인을 대접하려거든 내게 알게 해 주시고 그렇지 아니할지라도 내게 알게 해 주셔서 내가 우로든지 좌로든지 행하게 하소서

종은 자신이 아브라함의 종이라는 사실을 먼저 밝힌 다음(34절), 그의 주인 아브라함이 여호와의 축복을 많이 받아 큰 부자가 되었다는 말로 이야기를 시작한다(35절). 아브라함이 고향을 떠난 지 60여 년이 지난 이때까지 라반의 식구들은 그에 대한 소식을 들은 적이 없었다. 이런 상황에서 낙타 10마리를 끌고 나타난 사람이 "나는 종에 불과하고, 내 주인이 진짜 부자"라고 말하니 아브라함의 소식을 처음 접한 친

지들은 그에 대한 호감이 급상승할 수밖에 없었다.

리브가를 이삭에게 줄 것인가 말 것인가 하며 저울질하는 라반의 식구들에게 종이 두 가지 중요한 정보를 추가로 제공한다. 이삭은 이처럼 큰 부자가 된 아브라함의 유일한 상속자이며(36절), 아브라함이 이삭의 아내를 가나안에서 찾을 생각은 처음부터 아예 하지도 않았다는 것이다(37-38절). 그러니 만일 리브가가 이삭과 결혼한다면 그녀를 통해 얻은 아들이 아브라함 집안의 유일한 상속자가 되리라는 것이다. 종은 능숙한 세일즈맨이 되어 "손님들"을 설득하고 있다.

종은 이삭에 대한 정보도 간접적으로 제공한다. 이삭은 주인마님 사라가 노년에 얻은 아들이라고 말한다(36절). 이삭이 아직 젊다는 정보를 넌지시 흘리는 것이다. 쉽게 말해서 이삭은 젊고 유능한, 갑부 집의 외아들이므로 신랑감으로는 최고라고 할 수 있다. 이삭 같은 남자는 세상 어디에 내놓아도 1등 신랑감으로서 손색이 없을 것이라는 점을 은근히 강조한다. 그렇다면 왜 아직까지 결혼하지 못했는가? 이삭은 결혼하지 못한 것이 아니라, 안 한 것이다. 그가 아직까지 결혼하지 않은 유일한 이유는, 아버지 아브라함의 고향 집안에서 아내를 얻고자 하는 바람 때문이었다(37-38절). 그래서 자기가 이삭의 아내를 구하려고 이곳까지 오게 되었다고 한다.

종은 이 혼사가 성사되어야 할 종교적인 이유도 제공한다. 자기가 주인 아브라함에게 혹시 여자가 따라오지 않겠다고 하면 어떻게 해야 하는가를 물었을 때(39절), 아브라함은 그의 하나님 여호와께서 천사들을 앞에 보내어 모든 일을 준비해 놓으실 것이니 그런 걱정은 하지 않아도 된다고 말하며 그에게 이 일에 대하여 확신을 주었다고 말한다(40절). 그래도 종이 불안해할까 봐 아브라함이 혹시 그런 일이 생기면 종에게는 아무런 책임이 없다고 했다는 말도 덧붙였다.

종이 오랜 여정 끝에 아브라함의 친척이 산다는 나홀의 성에 도착하긴 했지만, 어디서부터 어떻게 수소문해야 할지 몰랐다. 그래서 우물가에서 이삭의 신붓감을 분별할 수 있도록 매우 세부적인 기도를 드렸는데, 기도가 끝나기도 전에 리브가가 우물에 나타나 자기가 기도한 대로 모두 행하는 놀라운 광경을 목격했다고 증언했다(42-46절). 이 일이 하나님이 하신 일이라는 확신을 갖는 데 결정적인 증거가 된 또 한 가지는 리브가의 집안 내력을 알아보니 마침 그가 찾고 있던 아브라함의 친척이었다는 사실이다(47절). 종은 너무 감격하고 놀란 나머지 그 자리에서 그의 주인 아브라함의 하나님께 경배와 감사의 기도를 드렸다고 고백한다(48절).

종은 세일즈맨으로서 마지막으로 "고객의 결정"을 요구한다. 자신은 지금까지의 일을 총체적으로 생각해 볼 때, 이 일은 분명 하나님이 하신 일이기 때문에 리브가가 하나님이 정해 주신 이삭의 짝이라고 확신한다고 말한다(48b절). 그뿐만 아니라 이삭은 신랑감으로 손색이 없는 부잣집 외아들이니만큼 이보다 더 좋은 혼처는 없을 테니, 이를 감안하여 리브가네 집안 어른들이 최종적인 결정을 내려 달라는 것이다(49절). 종은 자신이 해야 할 말을 다하고 공을 리브가 집안으로 넘기고 있다. 리브가네 집안 어른들이 종이 지금까지 한 말을 모두 믿는다면, 이 혼사를 거부하는 것은 곧 하나님의 섭리를 거역하는 일이 된다. 종은 자신의 말로써 이들이 빠져나갈 수 있는 길을 모두 차단해 놓은 것이다.

앞서 성경에 기록된 내용을 종이 다시 상세하게 회고하는 고대 근동 문학에서 자주 발견되는 기본적인 기법이다(Waltke). 종이가 귀한 시대에 왜 이처럼 똑같은 이야기를 반복하여 상세하게 실었을까? 성경에서 똑같은 내용이 반복될 때는 그 내용이 전하고자 하는 중심 사상을 강조하는 것이다. 저자는 종의 간증을 통하여 그동안 되어 왔던 일들을 재차 정리함으로써 이 사건의 중심 주제인 하나님의 인도하심을 다시 한번 강조하고 있다. 그러나 단순한 반복은 아니다. 몇 가지 새로운 사실을 제시함으로써 하나님의 인도하심을 더욱 빛낸다(Sailhamer).

처음 기록에서는 아브라함이 "주님께서 천사를 너의 앞에 보내셔서, 거기에서 내 아들의 아내 될 사람을 데려올 수 있도록 도와주실 것이다"(7절, 새번역)라고 했다. 그런데 40-41절을 보라. 새로운 사실이 제시되고 있다: "'내가 섬기는 주님께서 천사를 너와 함께 보내셔서, 너의 여행길에서 모든 일이 다 잘 되게 해 주실 것이며, 네가 내 아들의 아내 될 처녀를, 나의 친족, 나의 아버지 집에서 데리고 올 수 있게 도와 주실 것이다. 네가 나의 친족에게 갔을 때에, 그들이 딸을 주기를 거절하면, 나에게 한 이 맹세에서 너는 풀려난다. 그렇다. 정말로 네가 나에게 한 이 맹세에서 네가 풀려난다' 하고 말씀하셨습니다"(새번역). 사건의 순서가 바뀐 곳도 있다. 실제 상황을 기록한 22-23절에서는 종이 리브가에게 먼저 선물을 주고 난 다음에 그녀의 집안에 관하여 묻는다. 종은 이 일을 회고하면서 자신이 먼저 집안에 관하여 물었고, 그녀가 아브라함의 형제 나홀의 손녀딸이라는 것을 알고 나서야 선물을 주었다고 말한다(47절). 종이 왜 이처럼 이야기의 순서를 바꾸었을까? 아마도 그가 리브가에게 선물을 준 이유는 청혼을 전제하는 것이기 때문에 혹여 청혼을 거부하면 선물을 돌려 달라고 할 수도 있다는 점을 암시함으로써 리브가 집안에 추가적인 압력을 가하기 위해서일 것이다(cf. 22절 설명).

II. 아브라함 이야기(11:27-25:11)
P. 이삭의 아내 리브가(24:1-67)
2. 나홀의 성에서 있었던 일(24:10-61)

### (5) 리브가의 결정(24:50-58)

**[50] 라반과 브두엘이 대답하여 이르되 이 일이 여호와께로 말미암았으니 우리는 가부를 말할 수 없노라 [51] 리브가가 당신 앞에 있으니 데리고 가서 여호와의 명령대로 그를 당신의 주인의 아들의 아내가 되게 하라 [52] 아브라함**

**의 종이 그들의 말을 듣고 땅에 엎드려 여호와께 절하고 [53] 은금 패물과 의복을 꺼내어 리브가에게 주고 그의 오라버니와 어머니에게도 보물을 주니라 [54] 이에 그들 곧 종과 동행자들이 먹고 마시고 유숙하고 아침에 일어나서 그가 이르되 나를 보내어 내 주인에게로 돌아가게 하소서 [55] 리브가의 오라버니와 그의 어머니가 이르되 이 아이로 하여금 며칠 또는 열흘을 우리와 함께 머물게 하라 그 후에 그가 갈 것이니라 [56] 그 사람이 그들에게 이르되 나를 만류하지 마소서 여호와께서 내게 형통한 길을 주셨으니 나를 보내어 내 주인에게로 돌아가게 하소서 [57] 그들이 이르되 우리가 소녀를 불러 그에게 물으리라 하고 [58] 리브가를 불러 그에게 이르되 네가 이 사람과 함께 가려느냐 그가 대답하되 가겠나이다**

라반과 그의 아버지 브두엘이 "이 일은 주님이(יְהוָה) 하시는 일입니다. 우리로서는 좋다거나 나쁘다거나 말할 수가 없습니다"(50절; 새번역)라며 긍정적으로 답변한다. 리브가의 아버지 브두엘이 모습을 보인 것은 이곳이 유일하다. 이미 너무 늙어서 집안의 주도권을 아들 라반에게 넘겨주었던지, 아니면 지병으로 자리에 앓아누워 가장으로서 제 역할을 못하고 있는 형편을 상상할 수 있다(Mathews). 브두엘은 아브라함의 조카이다.

리브가의 집안은 하나님을 믿었을까? 훗날 야곱이 라반의 집에서 탈출할 때 라헬이 집안의 수호신 드라빔을 훔쳤던 일을 생각하면 라반이 하나님을 믿었을 가능성은 별로 없다. 게다가 이미 언급한 것처럼 라반이라는 이름이 달(月)신 숭배에서 비롯되었을 수 있다(cf. 29절 설명). 그러므로 여호와의 이름을 빙자한 이들의 반응은 단순한 인사치레로 해석할 수밖에 없다.

가족들로부터 긍정적인 대답을 들은 종이 다시 한 번 하나님을 경배했다(52절). 집을 떠나올 때는 그저 모든 것이 불안하고 불확실했는데, 이곳에 도착하자마자 일이 일사천리로 진행되었으니, 얼마나 감사한 일인가! 모든 일이 주인 아브라함이 말한 것처럼 이루어지도록 그와 함께하신 하나님께 감사를 드리는 것은 당연한 일이다. 종은 더 많은 패물과 온갖 옷들을 꺼내어 리브가와 어머니와 오빠에게 주었다(53절). 그들이 리브가의 가나안 행을 반대하지 않을 것이라는 의지를 파악하고 선물을 준 것이다.

종이 라반의 집에 묵은 지 며칠 만에 리브가와 가나안 땅으로 돌아왔는지는 확실하지 않다. 55절의 "며칠 또는 열흘"(יָמִים אוֹ עָשׂוֹר)을 문자적으로 해석하면 "며칠 혹은 10"이 된다. 탈굼은 이 문구를 "일년 혹은 10분"으로 해석한다. 칠십인역은 "열흘 정도"(ἡμέρας ὡσεὶ δέκα) 머물게 해 달라고 한 것으로 번역했다. 그래서 일부 학자들은 종이 리브가의 집에 머문 기간을 구체적으로 논하는 것은 거의 불가능하다고도 말한다(cf. Speiser). 그러나 분위기를 보면 종은 신속하게 아브라함에게 돌아가기를 원했다(56절). 그는 한시라도 빨리 돌아가서 이 기쁜 소식을 주인에게 전하기를 원했던 것이다. 게다가 일이 이미 성사되었으므로 굳이 이곳에 더 머무를 필요가 없었다. 학수고대하며 그의 귀향을 기다릴 아브라함을 생각하면, 조금이라도 지체하는 것은 곧 하나님의 뜻을 거역하는 범죄행위처럼 여겨졌다. 그래서 그는 바로 다음 날로 길을 떠나기를 원했다.

종이 당장 떠나기를 강력하게 희망하자 가족들은 리브가의 뜻이 어떤지를 알고 싶어 한다(57절). 자신들은 이미 허락했지만, 정작 당사자의 뜻은 어떠한지 모르고 있다! 이제야 리브가의 뜻에 따르겠다는 것이다. 그래서 일부 주석가들은 라반을 중심으로 한 리브가의 가족들이 재물에 눈이 어두워 당사자의 의견은 전혀 수렴하지 않고 혼인을 허락한 것으로 풀이한다(Waltke). 그럼에도 불구하고 다행히 리브가가 종과 함께 떠나겠다고 했다(58절). 리브가도 마음의 결단이 선 이상 지체할 필요가 없었던 것이다. 리브가의 "가겠습니다"라는 대답은 이 이야기에서 가장 강력한 의지가 서린 형태, 즉 강력한 희망을 표현하는 미완료 시제 희구법(desiderative imperfect)을 취하고 있다(Mathews). 그녀의 결단은 단호한 것이며, 아브라함이 하나님의 부르심을 받고 고향을 떠났을 때의 의지를 떠올리게 한다. 그녀는 "여자 아브라함"이었던 것이다.



(6) 라반이 리브가를 보냄(24:59-61)

**[59] 그들이 그 누이 리브가와 그의 유모와 아브라함의 종과 그 동행자들을 보내며 [60] 리브가에게 축복하여 이르되 우리 누이여 너는 천만인의 어머니가 될지어다 네 씨로 그 원수의 성 문을 얻게 할지어다 [61] 리브가가 일어나 여자 종들과 함께 낙타를 타고 그 사람을 따라가니 그 종이 리브가를 데리고 가니라**

온 가족이 가나안으로 떠나는 딸에게 복을 빌어 주고 있지만, 본문에는 라반의 관점이 중점적으로 반영되어 있다. 그래서 "누이"라는 말이 반복적으로 쓰이고 있다(59, 60절). 라반이 집안을 대표하는 가장인 것이다. 그는 누이 리브가에게 두 가지 복을 빌어 주었다. (1) "천만인의 어머니가 될지어다", (2) "네 씨로 그 원수의 성 문을 얻게 할지어다"(60절). "네 씨로 그 원수의 성 문을 얻게 할지어다"는 22장 17절에서 하나님이 아브라함에게 주신 축복과 흡사하다. 즉 이 문장은 리브가가 하나님이 예비하신 이삭의 아내라는 사실을 확인해 주는 역할을 한다.

가족의 축복 속에 리브가는 평생 만나 보지 못한 남자와 결혼하기 위하여 가나안을 향해 길을 떠난다. 그녀가 몸종들을 거느리고 떠났다는 것은(61절), 그녀의 집안도 상당히 잘살고 있었음을 시사한다. 훗날 몸종들 중 한 사람의 이름이 드보라였던 것으로 밝혀진다(35:8). 드보라는 리브가가 태어날 때부터 그녀를 키우고 보살피며 보호자 역할을 했던 보모였다(Wenham). 오늘날의 기준으로 생각할 때 리브가의 결단에는 너무나도 모험적인 요소가 많다. 그러나 이것이 바로 하나님을 믿고 길을 떠나는 사람의 모습이 아니겠는가!

II. 아브라함 이야기(11:27–25:11)
P. 이삭의 아내 리브가(24:1–67)

### 3. 종이 아브라함에게 돌아옴(24:62–67)

**[62] 그 때에 이삭이 브엘라해로이에서 왔으니 그가 네게브 지역에 거주하였음이라 [63] 이삭이 저물 때에 들에 나가 묵상하다가 눈을 들어 보매 낙타들이 오는지라 [64] 리브가가 눈을 들어 이삭을 바라보고 낙타에서 내려 [65] 종에게 말하되 들에서 배회하다가 우리에게로 마주 오는 자가 누구냐 종이 이르되 이는 내 주인이니이다 리브가가 너울을 가지고 자기의 얼굴을 가리더라 [66] 종이 그 행한 일을 다 이삭에게 아뢰매 [67] 이삭이 리브가를 인도하여 그의 어머니 사라의 장막으로 들이고 그를 맞이하여 아내로 삼고 사랑하였으니 이삭이 그의 어머니를 장례한 후에 위로를 얻었더라**

리브가가 이삭과 결혼하기 위하여 가나안 땅을 찾았을 때 이삭은 브엘라해로이를 떠나 남쪽 네게브 지역에 살고 있었다(62절). 브엘라해로이는 하갈이 사라의 구박을 견디지 못하여 임신한 몸으로 도망갔다가 하나님을 만났던 샘(16:14)으로, 헤브론에서 남서쪽에 있었다. 이삭은 리브가와 결혼한 후 이곳에 정착한다(25:11). 이삭이 브엘라해로이에 거하고 있다는 것은 그가 아버지 아브라함과 같이 이사를 했거나 아버지와 따로 살고 있다는 것을 암시한다.

이삭은 리브가를 맞이해서 어머니 사라의 장막으로 인도했다. 사라가 죽은 후에 비어 있던 장막을 리브가가 차지하는 것은 그녀가 시어머니 사라의 자리를 대신하는 것을 뜻한다. 이삭은 리브가를 사랑했고(אהב), 어머니가 죽은 후에 받지 못했던 위로를 그녀에게서 받았다(67절). "사랑하다"(אהב)라는 단어가 성경에서 두 번째로 사용되고 있다. 첫 번째는 아버지—아들(아브라함과 이삭) 관계를 묘사하는 일에서(22:2), 이번에는 남편-아내(이삭과 리브가) 관계를 설명하는 일에 사용되고 있다. 우리는 부부가 남편-아내 관계를 초월하여 때로는 아버지-딸, 어머니-아들 관계가 되기도 한다는 사실을 깨닫는다.

종과 함께 낙타를 타고 평생 만나 본 적도 없는 남편을 찾아 가나안에 온 리브가가 먼발치에서 이삭을 보고 그가 누구인지 종에게 물었다(65절). 종은 그가 바로 이삭이라고 대답했고, 리브가는 낙타에서 내려 베일로 얼굴을 가렸다. 옛 이스라엘 여자들은 평상시에는 베일/너울을 착용하지 않았다. 결혼식 때 한 번 착용했다. 그러므로 그녀의 행동은 이삭에게 자신이 신부임을 알려 주는 행동이다(cf. Fretheim). 종은 아브라함이 아닌 이삭에게 그동안에 있었던 일을 모두 말해 주었다(66절). 종을 보낸 사람은 아브라함이었고, 그가 앞으로 35년을 더 사는데도, 본문은 종이 이삭에게 이번 여정에 대해 보고했다고 할 뿐 아브라함에 관한 이야기는 기록하지 않는다. 세대교체가 이루어지고 있음을 암시하는 것이다(Waltke; Mathews).

리브가가 이삭을 찾았을 때, 이삭은 무엇을 하고 있었는가? 우리말 성경들의 해석이 다양하다: "묵상했다"(개역개정); "바람쐬러 나갔다"(공동번역); "산책했다"(새번역). 영어 번역본들도 우리말 번역본들처럼 다양하다. 그 이유는 이삭의 행동을 묘사하는 히브리어 동사(שוח)가 구약성경에서 이곳에 단 한 차례 나오며 주변 언어들과 비교해 봐도 그 뜻이 분명하지 않기 때문이다.

월키(Waltke)는 여섯 가지의 가능성을 제시한다: (1) 거닐다; (2) [친구와] 대화하다(LXX); (3) 묵상하다(불가타); (4) 기도하다(탈굼); (5) 불평하다/슬퍼하다; (6) 여행하다/떠돌다(아랍어와 시리아어 번역). 이처럼 이삭이 광야에서 무엇을 하고 있었는지에 대해서는 해석이 분분하다.